The ABC-CLIO Companion to
the Disability Rights Movement

障害者
権利擁護
運動事典

フレッド・ペルカ
Fred Pelka
著

中村満紀男／二文字理明／岡田英己子
監訳

明石書店

Translated from the English Language edition of
The ABC-CLIO Companion to the Disability Rights Movement,
by Fred Pelka, originally published by ABC-CLIO, LLC, Santa Barbara, CA, USA.
Copyright ©1997 by Fred Pelka.
Translated into and published in the Japanese language by arrangement with ABC-CLIO, LLC
through Tuttle-Mori Agency, Inc., Tokyo. All rights reserved.

No part of this book may be reproduced or transmitted in any form or by any means electronic
or mechanical including photocopying, reprinting, or any information storage
or retrieval system, without permission in writing from ABC-CLIO, LLC.

デニス・アン・カルースへ

のちに『マウス──障害者権利の声』に改題された『この脳は口をもっている (This Brain Has a Mouth)』の初期の号。『主流──有能な障害者のための雑誌』や『ラグド・エッジ (The Ragged Edge)』と同様『マウス』は、障害者による、障害者のための雑誌として障害者権利運動への興味を喚起するための情報や論評を提供した。(著作権 1992 年『マウス』、許諾を得て掲載)

目　次

まえがき……7

序……9

障害者権利擁護運動事典……11

年表……365

参考文献……384

監訳者あとがき……411

索　引……412

【この事典の使い方】
1. 見出し語について
　見出し語が、該当ページとともに、索引に太字で示してある。また、見出し語の前にある数字は、索引では省略してある（例：1990年アメリカ障害者法は、アメリカ障害者法）。
2. 訳語について
　現代において使用されないか、使用を忌避されている訳語（白痴、精神薄弱、びっこ等）は、歴史的用語として原書で利用されている用語であるため、本訳書でも用いている。

まえがき

　本書の意図は、障害者権利運動に貢献してきた人々および組織を広く紹介することである。また、重要な法律と判決に加えて、障害者の権利を理解する上で重要な数値や概念も示す。本書で記述された人物の中には、フランクリン・ローズヴェルトやヘレン・ケラーのような、社会に広く知られた人々もいるが、ジュディス・ヒューマンやハワード・ゲルドのようなきわめて重要な数人以外のほとんどの人物は、彼らが深い影響を与えたコミュニティの外部では、実質的に知られていない。本書における伝記の大半は、障害のある人々についてのものであるが、障害者の権利の闘いに生涯を捧げた障害のない人々も含まれている。とくに重要な出来事、障害文化センターや障害者の教育も、本書において取り上げられている。

　このような広範なトピックを1冊の本で書くことは、表面的にならざるを得ないし、漏れも生じる。社会正義のための運動ではよくあるように、日の当たらない無数の英雄がいる。記述に誤りがあることも避けがたい。氏名に触れなかったり、その活動を取り上げなかった方々には、お詫びを申し上げる。

　この企画に丁重に助力をして下さったすべての方々に感謝申し上げる。広範なインタヴューに応じて下さった方々は参考文献欄に記載してある。きわめて多くの方々が、私の質問に答えるために時間を割いていただいた上に、資料まで送って下さった。マサチューセッツ州ノーサンプトンのフォーブス図書館、ハンプシャー郡法律図書館、クラーク聾学校図書館、そしてボストン大学のN・ニール・パイク法律・障害学研究所の参考調査司書の皆様は、とくに助けとなった。ウッディ・ケイには、友情、助力、そして連邦議会図書館データベース検索のために、感謝したい。ロバート・グリスにはヘルス・ケア資料入手に関する記載事項の編集に対して、ポール・ロングモアには身体障害者連盟に関する資料に含まれるすべての情報を提供していただいたことに対して感謝する。草稿を読むのを自ら申し出て下さった次の寛容な方々に、私はとくに感謝したい。フランク・バウ（Frank Bowe）、フレッド・フェイ（Fred Fay）、ヒュー・グレゴリー・ギャラハー（Hugh Gregory Gallagher）、トーマス・K・ギルフール（Thomas K. Gilhool）、エイミー・ハズブルック（Amy Hasbrouck）、シンディ・ジョーンズ（Cyndi Jones）、ボニー・オデイ（Bonnie O'Day）、ハイディ・リード Heidi Reed、アンドレア・シャイン（Andrea Schein）、ビル・ストザース（Bill Stothers）、ハートマー・テューバー（Hartmut Teuber）、パトリシア・ライト（Patrisha Wright）。これらの方々のコメント、修正、提案は非常に貴重なものだった。最後に、私の最良の友人で仲間、そしてよき指導者であるデニス・カルースの提案、編集、愛のこもった励ましゆえに感謝し本書を捧げるものである。

序

　障害者が解放運動の真っ最中でさえ、抑圧されたマイノリティであったことは、多くの人にとっては新しく、驚愕することである。障害者は、歴史を通してさまざまな存在として特徴づけられてきた。神罰を受けて当然の犠牲者、嘲笑の対象、大道芸人、医学の事例研究、慈善の受け手、障害の象徴的な存在である。文献や映画、劇や子ども向けの物語において、障害は、邪悪または子どもっぽい純真さの隠喩として利用されている。また、障害者は、邪悪だったり、滑稽だったり、あるいは死よりも悪い運命の犠牲者として描かれている。アメリカの障害者は、障害があるというだけの理由で、いつも決まって施設に拘束されてきたし、それが終生続くこともあった。19世紀から20世紀の初め、多くの州では、特定の障害をもつ人が結婚することを禁止する法律を可決したし、障害者の中には大人でも子どもでも、強制的に断種された人々がいた。シカゴ市の条例は、「何らかの点で目障りであるか、不快な対象であるほど奇形」な何びとに対して、犯罪とするとまで規定したのである。

　アメリカの障害者は、1世紀以上にわたって組織化を図り、このすべてを変えようとしてきた。1850年代初め、聾者は地方の組織を結成し、1880年に全米聾者協会に合同した。大不況の間、身体障害者連盟は、連邦政府の反障害者差別政策に抗議するために、連邦政府の省庁で座り込みを展開した。全米盲人連合とアメリカ身体障害者連盟は1940年代初めに、アメリカ身体まひ退役軍人会は第2次世界大戦後に故国に戻った傷痍軍人により結成された。同じ頃、障害児の親が自ら団体を結成し、1950年代には全国的な権利擁護団体に成長した。1960年代には、ポリオ後遺症と脊椎損傷の障害者が、コミュニティでの学習・就労・生活を明確に要求し、精神疾患者が大規模保護施設に収容されていることに抗議した。この全期間を通じて、少数だが熱意ある理想に燃えたリハビリテーション専門家が、障害者をアメリカ人の生活の主流に入れることに献身した。最後には1970年代初めに、一連の障害者の権利訴訟において、最初で最大のペンシルヴェニア州精神遅滞児親の会（PARC）対ペンシルヴェニア州裁判が、公民権問題としての障害を結晶化させた。1960年代のアフリカ系アメリカ人および女性運動に刺激されて、さまざまな障害者コミュニティが合体して、現在の障害者権利運動を起こした。

　それ以降の数十年において、障害者の権利擁護者たちは、重要な法律および立法上の勝利を勝ち取り、1990年のアメリカ障害者法の可決において頂点に達した。政治運動と並んで、障害文化の成長が始まったが、それは、障害を恥辱の源として考えたり、障害者を人間以下であるという障害観に挑戦するものである。障害をもつ芸術家、著作家、演奏者、そして運動家は今や、人間の多様性の不可欠な一面として障害を讃えている。彼らは、社会が障害をどのように見ているのか、また、障害者が自身をどのように見ているのかということにおいて、革命的な段階に到達したのであった。

　しかし、まだ課題は多い。数百万人の障害のあるアメリカ人が、貧困に閉じ込められたままである。数百万人以上の障害者が施設に任され

たままであり、家庭・就労・教会の大半は、膨大なアメリカ人には利用できないままである。

　障害者コミュニティは、「誰でも参加できるマイノリティ」と称されてきたが、その理由は、ほとんど誰もが人生のある時点で障害をもつようになるからである。この理由だけでも、障害者の権利のための現在進行中の闘いは、すべてのアメリカ人にとって重要である上に、その重要性はそこで終わるわけではない。障害者権利運動は、1人ひとりの人間の価値と保全を力強く肯定するものであり、アメリカの伝統における最良のものから生じているからである。

　かつてマーチン・ルーサー・キング・ジュニア（Martin Luther King Jr.）牧師が書いたように、「抑圧された人々が永遠に抑圧されたままでいることはない。自由への衝動が最後には生じるのである」。アメリカの障害者にとって、自由への衝動が生じてきている。いかなる困難があろうとも、後戻りはあり得ない。

障害者権利擁護運動事典

Ableism
健常者優位主義

イギリス痙直性まひ協会（Spastic Society of Britain）の会長は、職を退くにあたって、痙直性まひの自分たちが慈善活動を率いる時代が来ると想像できるかどうか尋ねられた。彼は「それは犬と猫を動物愛護協会の責任に委ねるようなものだ」と皮肉をいった。

Quoted in the November/December 1993 issue of *Mouth: The Voice of Disability Rights*.

健常者優位主義とは、障害者についてしばしば矛盾した内容をもつ一連の固定観念のことであり、障害者が社会における同等な市民としてのあらゆる可能性を獲得するのを妨げる障壁として作用している。これらの固定観念には、障害者が自分の生活を自分でやっていくことが本来できない、障害者には敵意と悪意がある、障害があるために道徳的、知的、精神的な面で健常者に劣っている、というビリーフがある。あるいは逆に、障害者は、聖人のようであり、いつも快活で、男でも女でもなく、純真であり、異常に英雄的であるといったビリーフも含まれる。結局、健常者優位主義とは、障害者が「健常な（normal）」人々とは異なるというビリーフであり、彼らの生活は障害のある人々のそれよりも本来価値のないものだというビリーフである。それは、仕事、学校、コミュニティで障害者を差別する根底にある「信仰（ism）」である。

健常者優位主義は、微妙な形で示されることがある。たとえば、バスの運転手が、移動に車椅子を使う人という意味で、いま「車椅子」を載せたと無線で配車係に連絡する時のようにである。もしくは公然と示されることもある。1995年に、サウスカロライナ州マートル・ビーチにあるモーテルが、脳性まひの2人の女性に部屋を貸すことを拒絶した場合のようにである。究極的な事例としては、1989年3月に、ニュージャージー州グレン・リッジで若者の集団が知的障害のある女性を輪姦した時のように、暴行という結果に至る場合がある。ナチ・ドイツにおける健常者優位主義は、何十万人もの障害者の殺害を生み出した。健常者優位主義者の態度は、「障害者自身の利益のために」自由と尊厳を否定して、彼らを施設やナーシング・ホームに留めておいたり、慈善に頼る恩着せがましい政策を奨励する結果にもなる。

障害者権利運動は、健常者優位主義者の態度に立ち向かい、その正体を暴く中で、大きな進歩を遂げたにもかかわらず、これらのビリーフはなおもわれわれの社会に浸透している。

参照項目 健聴者中心主義（Audism）；グレン・リッジ事件（Glen Ridge Case）；障害者への憎悪犯罪（Hate Crimes and Violence against People with Disabilities）；T-4障害者安楽死政策（T-4）

出典 Bowe, Frank, *Handicapping America* (1978); Golfus, Billy, "Disconfirmation," in Barrett Shaw, ed., *The Ragged Edge: The Disabilities Experience from the Page of the First Fifteen Years of* The Disability Rag (1994).

Abortion and Reproductive Rights
中絶とリプロダクティブ・ライツ

1991年に、ロサンゼルスのラジオトークショーの司会者が、地方テレビ局のニュースキャスターであるブリー・ウォーカー・レンプリー（Bree Walker Lampley）は妊娠した胎児を堕胎すべきか否か、という議論を仕掛けた。というのも、5分5分の割合でその胎児が母親の障害を受け継ぐ可能性があったためである。ウォーカー・レンプリーは、手足の指の骨が融合する、欠指症と呼ばれる症状をかかえていた。リサ・ブランバーグ（Lisa Blumberg）は、『ディスアビリティ・ラグ・アンド・リソース（*The Disability Rag & Resource*）』の記事の中で、この出来事を「障害をもっているかもしれない子どもをこの世に誕生させることは無責任なことである、という社会的信念がますます増大しつつあること」の証であると見なしていた。

中絶をめぐる議論は、何にもまして、アメリカの政界を決定的に分断させた。それはまた当然、障害者コミュニティをも分断した。論争を担う両サイドの障害者権利活動家が懸念していたのは、中絶が、出生前診断および遺伝子診断

と結びつけられることで「欠陥のある胎児」、すなわち障害をもつ胎児を選別するために頻繁に用いられるようになっているという点であった。医療技術の発展は、たとえば、二分脊椎の幼児が成人まで生き延び、自立して生活することを可能にしたが、それはまた、親が二分脊椎の胎児を出生前に選別し中絶することをも可能にしたのである。

社会学者のアンドリアン・アッシュ（Adrienne Asch）は、「われわれの不快は、障害のある生についての情報が記述される時、それはふつう障害者権利運動の見方とは完全に相容れないような、陰鬱と悲劇と機会の制限とに満ちた記述であるという理解から生じるものである」と書いている。アッシュは、「（胎児が障害をもっているかもしれないという理由で）出産を控える女性たちは、もしかしたら、今なお深く……障害をもった人々に対する矛盾した感情をもっている社会の価値観を知らず知らずのうちに受け入れることによって、誤った方向に流され、親になる喜びを奪われているのかもしれない」と考えている。

一部の障害者権利活動家たちは、「中絶合法化反対（pro-life）派」つまり、中絶に対する権利に反対の立場をとり、障害者ではない中絶反対運動家との同盟を築こうとしてきた。また別の障害者権利活動家たちは、中絶合法化支持者やフェミニストのコミュニティを啓発しようと努めてきた。というのも、胎児が「奇形で」あった場合に備えて中絶は必要であるという彼女たちのレトリックは、障害者権利活動家たちにとって攻撃的で健常者優位主義的なものに思えたからである。

ブランバーグは、「運動にとっての解決策は、障害者権利活動家としてわれわれに関係すべき論点を慎重に限定していくことである。運動としては、われわれは胎児の権利対妊婦の権利という問題構成においていずれのポジションをもとるべきではない。しかしながら、われわれができるし、しなければならないことは、障害をもつ人はそれをもたない人より明らかに劣っている、それゆえ障害は存在しないほうがよいという考えに基づくあらゆる医療政策、法政策、社会政策に反対してゆくことである」と述べている。

参照項目　ベビー・ドゥー裁判（Baby Doe Case）；ベビー・ジェイン・ドゥー裁判（Baby Jane Doe Case）；優生学（Eugenics）；強制断種（Forced Sterilization）

出典　Blumberg, Lisa, "Eugenics and Reproductive Choice," in Barrett Shaw, ed., *The Ragged Edge: The Disability Experience from the Pages of the First Fifteen Years of* The Disability Rag (1994).

ACCENT on Living
『アクセント・オン・リビング』

『アクセント・オン・リビング（*ACCENT on Living*）』は、障害者向けの商品を当事者の視点で解説する専門誌として、1956年にレイ・チーヴァー（Ray Cheever）とグレース・チーヴァー（Grace Cheever）によって創刊された。この雑誌の前身は『ポリオ生活（*Polio Living*）』である。この名称は、レイ・チーヴァーが1952年にポリオに罹患後、自分に合う車椅子を見つけられない不満の中から生まれた。何ヶ月もかけて車椅子を探したが、労力と費用に比例することなく1年で壊れてしまった。グレース・チーヴァーはビジネスの経験を生かして、障害者の視点から車椅子の製品化および広告宣伝を行い、市場調査を実施した。

雑誌は、新製品の情報と読者の体験を紹介している。1990年代に掲載した記事の中で特色のあるものは、次のとおりである。「高齢者に見られる車椅子利用者に対する差別」「電動スクーターの製品の比較」「活動家がかかりやすい『燃え尽き症候群』」「国定自然保護区域のバリアフリー化」などである。雑誌の購読者数は約2万である。

参照項目　支援技術（Assistive Technology）

ADAPT
アメリカ障害者アテンダント・プログラム・トゥデイ（ADAPT）

参照項目　アメリカ障害者アテンダント・プログラム・トゥデイ（American Disabled for Attendant Programs Today）

Adaptive Environments Center
障害者環境改善センター

障害者環境改善センター（Adaptive Environments Center: AEC）は、NPO法人として、ボストンで1978年に創立された。同センターは、学校・企業・官公庁の建造物のバリアフリーに関する相談業務を行う。バリアフリーデザインの唱道者であり教育者でもあった、イレイン・オストロフ（Elaine Ostroff）とコーラ・B・エイブル（Core Beth Able）によって設立された。彼女らは、障害者の地域への統合を促進するための、情報・デザインセンターの創設に関心をもっていた。同センターは、現地調査に基づいて、建築設計を検討し、バリアフリーの問題の解決策を盛り込んで、経費の見積もりを行った。

同センターは、学校、図書館、美術館および市庁舎等、公共建築物のバリアフリーに貢献した。民間の住宅のバリアフリー化も支援した。バリアフリー・デザインの書籍と資料の刊行も行っている。たとえば、『住宅整備利用者ガイド（*A Consumer's Guide to Home Adaptation*）』（1995）、『ユニヴァーサル・デザイン・リソース・ノートブック（*Universal Design Resource Notebook*）』（1993）、『ユニヴァーサル・デザインへの戦略啓発（*Teaching Strategies for Universal Design*）』（1995）。連邦特殊教育・リハビリテーション・サーヴィス局、司法省、国立障害・リハビリテーション研究所、国立芸術基金、その他の公的ならびに私的な財団から資金援助を得ている。

参照項目　建築物のバリアフリー（Architectural Access）；ユニヴァーサル・デザイン（Universal Design）

Administration on Developmental Disabilities (ADD)
発達障害局（ADD）

発達障害局（Administration on Developmental Disabilities: ADD）は、発達障害をもつ人々の権利の保護と、自立の促進を目的とするプログラムの遂行の責務を有する行政機関である。発達障害者保護とアドヴォカシー・プログラム（Protection and Advocacy for Persons with Developmental Disabilities Program）ならびに全米重要プログラム・プロジェクト（Projects of National Significance (PNS) program）は、このADDの管轄下にある。PNSプログラムは、発達障害をもつ人の自立とコミュニティへの統合を目指す公私の非営利施設へ資金を提供するものである。ADDはまた、州の発達障害協議会（Developmental Disabilities Councils）に補助金を出している。これは、発達障害者とその家族のためのソーシャル・サーヴィス・プログラムの開発・調整を目的としている。

なお、ADDは連邦保健福祉省児童・家庭局（Department of Health and Human Services Administration for Children and Families）の建物の中にある。

参照項目　発達障害（Developmental disabilities）；発達障害者保護とアドヴォカシー・プログラム（Protection and Advocacy for Persons with Developmental Disabilities Program）；ウィリアムズ，ボイス・ロバート（Williams, Boyce Robert）

Advocado Press
アドヴォケイト・プレス

参照項目　『ディスアビリティ・ラグ・アンド・リソース（*The Disability Rag & Resource*）』

AIDS
後天性免疫不全症候群（エイズ）

参照項目　HIV/AIDSと障害（HIV/AIDS and Disability）

Air Carrier Access Act of 1986
1986年航空機バリアフリー法

1986年航空機バリアフリー法（Air Carrier Access Act of 1986）は、障害を理由とする航空会社による差別を禁止する目的で1958年連邦航空法を修正して成立した。航空交通に関する

A

規定において、障害を理由とするどのような差別も禁止した。この法律は1990年アメリカ障害者法（Americans with Disabilities Act of 1990: ADA）に先鞭をつけるものであった。同時に、1973年リハビリテーション法第504条（Section 504 of the Rehabilitation Act of 1973）の規定のレベルをはるかに凌駕するものであった。本法は、連邦基金の交付を受ける航空会社だけではなく、すべての民間航空業界における差別を禁止するものであった。

航空業界は障害をもつ人々に対する差別の歴史をもつ。長年にわたって車椅子使用者は単独での飛行機への搭乗を禁じられていた。彼らは付添い人1人を添乗させることを要求された。結果的に2倍の航空運賃を支払わなければならなかった。これは付添い人が実際に必要であるかどうかにかかわらず適用された。搭乗できるか否かの決定は多くの場合、パイロット、旅行業者、客室乗務員の判断に任された。しかもその判断は個人の自由裁量や気まぐれによるものであった。判断に同意することを拒んだ乗客は肉体的な嫌がらせを受けたり、あるいは逮捕されることさえあった。

1986年航空機バリアフリー法は、1973年リハビリテーション法第504条の規定が連邦基金の交付を受けている航空会社にのみ適用されるという政府の主張に対する連邦最高裁判所による1986年の判決をめぐって交通省対アメリカ身体まひ退役軍人会裁判（Department of Transportation v. Paralyzed Veterans of America）の議論に対応する中で制定されたものである。このように、連邦基金の交付を受けている航空会社はバリアフリーであることを要求されていたけれども、基金の交付を受けていない航空会社の所有する航空機はバリアフリーではなかった。車椅子を使用する人は搭乗口までは到達できても、飛行機へ搭乗はできなかった。

ロバート・ドール（Robert Dole）上院議員は、アメリカ身体まひ退役軍人会裁判の代理人と連名で上記の最高裁判決を反故にすることを意図して新しい法律を議会に提出した。同様の法律は下院においてジョン・ポール・ハンマーシュミット（John Paul Hammerschmidt）およびノーマン・ミネタ（Norman Mineta）によって提出されていた。この法案は1986年10月2日付でロナルド・レーガン（Ronald Regan）大統領に

よって署名され正式の法律となった。この法律は法案提出から、議会での審議、大統領による署名まで最高裁判所の判決の後4ヶ月の間に迅速に実現された。これはワシントンD.C.における障害者権利運動に関するロビー活動の影響の拡大の兆候と見ることができる。このことは、4年後に制定されることになるアメリカ障害者法（ADA）の通過のために重要な、有権者の代理人の支持を拡大することにつながった。

1986年航空機バリアフリー法に関する施行規則によって障害をもつ人々の飛行に制限を加えることが禁止された。しかし、依然として航空会社には場合によっては付添い人の添乗を要求することができた（たとえば重度知的障害をもつ人の場合）。1992年以降は、空港設備ならびに航空機は車椅子使用者にとってバリアフリーのトイレを設置することが要求された。また航空機は通路側の席に可動式の肘掛を設置しなければならない。また機内での移動のために機内用の車椅子を備えなければならない。航空会社は乗客が飛行機の安全に支障となると判断する場合には、その乗客に対して搭乗を拒否することができる。しかし航空会社は搭乗日の10日以前に書面によって拒否を通告しなければならない。航空会社は障害をもつ旅行者に対して特別の事前通告を求めることはできない。しかし特別な設備が必要な場合は通告を求めることができる。航空会社はまた必要に応じて搭乗および手荷物の持込に際して援助を提供することを求められている。

アメリカ障害者法（ADA）は航空機による旅行に関する規定を含んではいない。その理由は、同法の立法者が、1986年航空機バリアフリー法が障害をもつ人の航空機による旅行に関して十分な保護になっていると判断したからである。

参照項目　ドール，ロバート・ジョセフ（Dole, Robert Joseph）；アメリカ身体まひ退役軍人会（Paralyzed Veterans of America: PVA）

出　典　Gostin, Lawrence O., and Henry A. Beyer, eds., *Implementing the Americans with Disabilities Act* (1993); Treanor, Bryant, *We Overcame: The Story of Civil Rights for Disabled People* (1993).

Alcoholism and Drug Dependence
アルコール依存・ドラッグ依存

　1973年リハビリテーション法の施行以降、連邦政府による障害者権利法はアルコール依存・ドラッグ依存を障害として認めている。1997年、合衆国司法長官は精神的な疾患か身体的な疾患かに関しての合意には達していないものの、アルコール依存・ドラッグ依存は疾病であるという医学的、法律的合意を示した。しかし、1990年アメリカ障害者法（ADA）には非合法な薬物の依存者の保護を目的とする条項がある。このようにドラッグ依存者はアメリカ障害者法の制定によって権利を制限された唯一の障害者である。

　ドラッグ依存者・アルコール依存者に対する社会の態度は長い間、偏見に満ちていた。アルコールや薬物の所有、使用、販売はアメリカの歴史上、一貫して非合法とされてきた。アルコール依存とドラッグ依存は、疾病や障害というよりむしろ不道徳と見なされることが多かった。医療当局の一般的な考え方はアルコール依存・ドラッグ依存の治療は監禁よりも、むしろ個別カウンセリング、グループカウンセリング、薬物療法、入院治療が有効とするものであった。しかし、監禁のような懲罰的な態度が流布していた。医療当局は依存傾向は遺伝的素質によるという考えを主張した。依存症の家族歴など、依存症に陥るリスクの大きい人に関連するさまざまな要因も指摘されている。一般の障害者と同様に、適切な住居があればドラッグ依存者・アルコール依存症者も就労が可能である場合が多い。働くことができる人も多い。たとえば、メサドン維持療法の治療を受けている者はその一例であろう。多くの医療当局はアルコール依存・ドラッグ依存からの回復者の生活能力は就労を通じて大幅に向上すると考えている。

　障害としての依存症は、1973年リハビリテーション法の制定以来、数回にわたる連邦法廷によって検証されてきたが、判決内容は一様ではなく混乱する結果を招いてきた。リハビリテーション法第504条とドラッグ依存に関する訴訟は、デイヴィス対ブッカー裁判（*Davis v. Bucher*, 1978）が最初である。連邦法廷は、「ドラッグ依存は依存症者の生活能力に実質的に影響を及ぼしていることは疑う余地がない」と判決を下した。これがリハビリテーション法によって明確化された障害の中身である。ウォリス対退役軍人管理局裁判（*Wallace v. Veterans Administration*, 1988）によれば、連邦法廷は集中治療室の看護師として勤務を拒否されたドラッグ依存回復者がその勤務にあたる資格があるとし、さらに薬物管理能力不十分な点は適切な住居があれば、克服も可能であるという判決を下した。対照的にルメーレ対バーンリィ裁判（*LeMere v. Burnley*, 1988）では、一般的に認められているアルコール依存症者は第504条に該当していないという判決を出した。また連邦最高裁判所は、トレイナー対ターネージ裁判（*Traynor v. Ternage*, 1998）およびマッケルヴィ対ターネージ裁判（*McKelvey v. Turnage*, 1998）は、第1次的アルコール依存を障害ではなく逸脱行動とする退役軍人管理局による定義を支持している。

　ドラッグ依存に関する対応の後退は1990年アメリカ障害者法を上程した上院審議会の場で起こった。ジェシー・ヘルムズ（Jesse Helms）上院議員はリハビリテーション法を改定して、障害者という用語には、現在薬物を違法に使用している者は含まれないという規定をアメリカ障害者法に置くように提案した。

　この規定は1990年に改正されたアメリカ障害者法に取り入れられた。連邦政府による障害者権利法がこの障害の定義に依拠したので、ヘルムズの改定は薬物を使用中の人の公民権保護を収束させることになった。しかし、薬物リハビリテーション・プログラムを完了した人、薬物の不法使用を中断した人、薬物使用者、使用歴があると誤認された人は引き続き保護対象となった。最近の社会保障法の改正で、アルコール・ドラッグ依存経験のある人々の権利はさらに制限されることになった。1997年1月1日には、アドバンス契約法の収縮が実施され、結果的に連邦補足的所得保障（SSI）、連邦メディケイド（Medicaid, 低所得者や障害者のための政府による医療費サポートプログラム）およびメディケア給付金が、薬物ならびにアルコールへの依存が障害の中心部分を構成している人々に対して、打ち切りとなった。1996年の住宅機会プログラム拡大法（Housing Opportunity Program Extension Act）は、現在アルコール依存・ドラッグ依存である人、かつてそうであった人、犯罪歴のあるアルコール・ドラッグ依

者の公営住宅からの排除と退去について公営住宅局に裁量権を与えた。

参照項目　1990年アメリカ障害者法（Americans with Disabilities Act of 1990）；リーガル・アクション・センター（Legal Action Center）；1973年リハビリテーション法（Rehabilitation Act of 1973）；1973年リハビリテーション法第504条（Section 504 of the Rehabilitation Act of 1973）；トレイナー対ターネージ裁判とマッケルヴィ対ターネージ裁判（*Traynor v. Turnage* and *Mckelvey v. Turnage*）

出　典　Burgdorf, Robert L., Jr., *Disability Discrimination in Employment Law* (1995).

Alexander v. Choate 105 S. Ct. 712 (1985)
アレクサンダー対チョート裁判（1985年最高裁判所判例集第105巻712頁）

テネシー州政府がメディケイドで毎年入院可能な日数を20日から14日までに減らすと決定したために、メディケイド受給者の障害者たちが訴訟を起こした。彼らの主張では、このような連邦政府から資金提供を受けているプログラムは、1973年リハビリテーション法第504条の下で禁止されていると主張した。なぜならこのような政策は、一般に健常者より多くの医療ケアと入院日を必要とする障害者に不利に作用するからである。原告側のもう1つの主張では、テネシー州の政策は貧しい障害者に差別的な影響を及ぼさずにメディケイドの予算を減らす（予算削減の目的）他の選択肢をもっていた。原告側によれば、第504条の下で州はそのような選択肢を実行すべきであった。

1985年、連邦最高裁判所は障害者のこれらの2つの主張を却下した。第504条は「『障害の影響評価』の準備を要求する障害者環境政策法」になるべきことを意図していないと判決した。法廷が下した判決では、第504条はメディケイドによる入院日を増やすことも、障害者と健常者の受給者に同じように影響を及ぼす他のコスト削減策を適用することも求めていなかった。

この判決は、障害者の権利を後退させたのであるが、擁護者たちは1980年代に法廷闘争で勝利するための根拠として、この裁判所の意見（判決と関連する判事の意見であるが拘束力はない）の一部を用いることができたのである。たとえば、その意見では、判事は障害者に対する差別を終わらせるためには、建築上のバリアをなくす努力もしなければならないと主張した。この言葉は、1988年バリアフリー住宅に関する改正法（FHAA）が成立するまで論争で引用された。

参照項目　1988年バリアフリー住宅に関する改正法（Fair Housing Amendments Act of 1988）；1973年リハビリテーション法第504条（Section 504 of the Rehabilitation Act of 1973）

Alliance for Technology Access (ATA)
テクノロジー・アクセス連盟（ATA）

テクノロジー・アクセス連盟（Alliance for Technology Access: ATA）は、1987年に設立され、障害者が支援技術（とくにコンピュータとコンピュータ・ソフトウェア）を探したり利用したりできるように設置した43の地方センターのネットワークである。それは、障害児コンピュータ・グループ（1983年、専門家と障害児の親により、カリフォルニア州バークレーに設立）と、アップルコンピュータの特殊教育部局の努力によって組織された。ATAは、テクノロジー・アクセス財団が独立してそのスポンサーとして組織された1989年まで、アップルコンピュータのプロジェクトだった。それぞれのATAセンターは独立した非営利組織であり、消費者（障害者）、教師、リハビリテーション専門家、サーヴィスプロヴァイダー、ソフトウェア、ソフトウェア・テクノロジー業者、専門家の機関とコミュニティ機関から構成されている。1993年に、ATAは10万人以上の人々にサーヴィスを提供した。

参照項目　支援技術（Assistive Technology）

Altered States of the Arts
芸術変性状態

芸術変性状態（Altered States of the Arts）は、

「精神医学的治療を体験してきた人々であり、創造性ある人の全国的なネットワーク」と自らを描写している。精神障害者とレッテルを貼られた人々に対する差別や偏見をなくすために、「社会の変化を生み出す手段として芸術を促進する」ことを目指している。その目的のために、芸術変性状態は、年4回の『芸術変性状態（*Altered States*）』を発行し、会議、ワークショップ、演芸会、演技者の一座を後援し、「何らかの精神障害の経験があるが」創造性ある芸術家が利用できる地域全体の資源リストを編集している。

芸術変性状態は1990年、精神病と称されている人々に対して彼らの活動の場を提供するために、障害者活動家であるゲイル・ブルーバード（Gayle Bluebird）、ハウイー・ゲルド（Howie Geld）、ダイアン・コート（Dianne Cote）、サリー・クレイ（Sally Clay）によってピッツバーグで設立された。彼らは、「われわれ芸術変性状態（Altered States）の狂気は、抑圧されるのではなく承認されるべき人間性の一部であると信じる」。

参照項目　ゲルド，ハワード（Geld, Howard）；精神障害サヴァイヴァー運動（Psychiatric Survivor Movement）

American Association of People with Disabilities (AAPD)
アメリカ障害者協会（AAPD）

アメリカ障害者協会（American Association of People with Disabilities: AAPD）の設立は、大統領によるアメリカ障害者法（ADA）署名の5周年記念を祝うためにワシントンD.C.に集まった、ポール・ハーン（Paul Hearne）、ジョン・ケンプ（John Kemp）、ジャスティン・ダート・ジュニア（Justin Dart Jr.）によって、1995年7月に発表された。創設者の期待は、AAPDが、地方レベルと全国レベルの両方で、障害者の利益を代表するような、大衆的な会員を擁する全国組織になることである。ダートは、自分の目標は、2000年までに会員数200万人にすることだ、と述べている。本部は現在、ワシントンD.C.にある。

American Association of the Deaf-Blind (AADB)
アメリカ盲聾者協会（AADB）

アメリカ盲聾者協会（American Association of the Deaf-Blind: AADB）は、盲聾者のための通信団体として1930年代に設立された。協会は点字書籍の貸し出し、個人的な書類の点字から墨字および墨字から点字への翻訳、買い物の援助、その他の必要なサーヴィスを提供する支援とサーヴィスの組織へと発展した。

1975年には、第1回AADB会議として、38名の会員がクリーヴランド盲人協会が運営するレクリエーションセンターで会合を開いた。代表者らは交流と情報交換に加えて、権利擁護に関わる協議を継続していくことで同意した。1994年の会議はカリフォルニア州グリーンズボロにあるノースカリフォルニア大学で開催され、盲聾者の代表240名と、400名以上の関係者が参加した。

AADBは、その使命について次のように確認している。「すべての盲聾者が利用可能な包括的で調整されたサーヴィスのシステムにアクセスできることにより、彼らの自立と生産性、そしてコミュニティへの統合を広めることを通じて、各自がもつ可能性を最大限にまで達成できるようにすることである」。AADBはまた、情報センターとして新しいコミュニケーション技術、教育、移動その他の問題に関する情報を盲聾者に提供しており、月刊誌として『盲聾のアメリカ人（*Deaf-Blind American*）』を刊行している。

AADBは、全米聾者協会（National Association of the Deaf）の本部があるメリーランド州シルヴァー・スプリングに拠点を置いている。同協会は非営利組織であり、その会員数は1997年初頭でおよそ2000人である。

American Coalition of Citizens with Disabilities (ACCD)
アメリカ障害者市民連合（ACCD）

1975年に設立されたアメリカ障害者市民連合（American Coalition of Citizens with Disabilities: ACCD）は、1970年代と1980年代初期におけ

A

る卓越した全国的障害者権利団体の1つであった。ACCDは、カーター政権が1973年リハビリテーション法第504条施行規則を公布するよう先頭に立って圧力をかけ、この条例をもとにアメリカ社会に広い変化を求める運動を行った。また1975年の全障害児教育法の成立を目指すロビー活動を行い、全米で州全体の連携構築を支援した。ACCDは、最も活動が旺盛だった時期に、ほぼ全種類の障害関連組織を全国、州、地方レベルで80以上もっていた。

ACCD設立に主要な刺激を与えたのは、フレッド・フェイ（Fred Fay）とユーニス・フィオリート（Eunice Fiorito）をはじめとする活動家グループであり、2人は1973年末にワシントンD.C.で出会った。1974年に、フェイ、フィオリート、その他の150人の擁護者たちは、障害者の雇用に関する大統領委員会の年次会議に集まって全国規模の障害者政治団体の設立を提案し、議論した。内規を起草するために運営委員会が設置され、聾の活動家、アル・ピメンテル（Al Pimentel）が委員会長に選出された。全米聾者協会の会長フレッド・C・シュライバー（Fred C. Schreiber）とアメリカ盲人協議会の共同設立者、デュワード・マクダニエル（Durward McDaniel）が、ACCDの初期メンバーであった。そしてシュライバーはACCDの最初の副会長となった。

ACCDは、19の障害者団体の連携として始まったが、職員は無給で、年度予算もごく限られていた。新しい委員会がまず決めたのは、連邦リハビリテーション・サーヴィス庁（Rehabilitation Services Administration: RSA）に資金援助の打診をすることだった。表面上、資金は「障害の違いを超えたコミュニケーションと協力のための全国モデルの開発についての予備調査」をまとめるためのものであった。実際にはこれが「連携を進める資金を得るための口実であった」と、フィオリートは述べている（R・K・スコッチ『アメリカ初の障害者差別禁止法はこうして生まれた〈From Good Will to Civil Rights〉』1984）。RSAその他から集めた資金でACCDはワシントンD.C.に全国事務所を設置し、聾の教育心理学者フランク・バウ（Frank Bowe）に常勤の事務長に就任するように要請できたのである。

ACCDが最初に直面したのは、1973年のリハビリテーション法第504条を実行するために連邦保健・教育・福祉省（Department of Health, Education, and Welfare: HEW）の公民権局が起草した施行規則の公布を、フォード政権とカーター政権が拒否した問題であった。ACCDは、この問題に一般市民の関心を集めるため、全国のHEW庁舎での座り込みデモを呼びかけ、カーター政権にこの施行規則を承認するよう圧力をかけた。1977年4月末、ボストン、ワシントンD.C.、デンヴァー、アトランタ、シカゴ、ニューヨーク、サンフランシスコその他で座り込みやデモを行うと、カリファーノ（Califano）長官は強い要求に屈し、条例を公布した。

その次にACCDは、1975年の全障害児教育法（PL 94-142）の成立と、車椅子対応のバスの生産のため、ロビー活動を行った。全障害児教育法での活動は、ACCDの団結と、横断的な運動方針を考える試金石となった。聾者コミュニティの権利擁護者たちは、この法の「主流化」が「口話主義」への回帰につながることを危惧した。その場合、聴覚障害児は、健聴児の学級に適応するために、アメリカ手話の使用が再び禁止される可能性があった。これらの問題を考慮しつつ、ACCDはすべての障害児の公立学校へのアクセスを可能にするため、手話通訳者を要求する教育法を主張した。

ACCDは、アメリカの自動車製造会社がトランスバスを生産するように説得すること、あるいは連邦と州の政府に圧力をかけ、国の大量輸送システムをバリアフリーにさせることにほとんど成功しなかった。第504条は理論上、連邦から資金提供を受ける公共交通機関を対象とし、1968年の建築物バリアフリー法は連邦資金を用いるすべての新しい建築を対象としていた。しかし、連邦政府は建築・交通バリアフリー遵守委員会（Architectural and Transportation Barriers Compliance Board）を通じて定期的に交通当局に免除延長措置を講じ、障害のある乗客に、バリアフリー個別交通システムを提供することで、第504条の条件を「満たした」のである。

ACCDに対する批判は内部にあった。その主張では、ACCDは、「それが主張するように、実行可能な全国組織では決してなく」「連合の中の1つの連合組織にすぎない」というものだった。その不満は、ACCDが内規を複雑にし、

障害のない人々が運営する会員組織の強力な影響力を制限し、決定と方針の立案を困難にしている点に向けられた。批判者たちは、少数の会員だけによる「名目だけの組織」が、全国聾者協会やアメリカ退役軍人まい者協会のような会員規模の大きな団体と同等の発言力を可能にしているとの印象をもっていたのである。最後に、ACCDの政府・法人団体への依存体質が致命的弱点となった。レーガン政権そして1970年代後半と1980年代初期の不景気の中、資金提供は打ち切られ、深刻な借金をかかえたACCDは1983年に解散した。

ACCDは解散したが、ACCDは障害者権利運動に後世に残る貢献をしたと考えられている。リハビリテーション法の第504条およびその他の条項は、1990年アメリカ障害者法の成立まで、最も重要な公民権の手段であり続けた。全障害児教育法（1990年に個別障害者教育法〔IDEA〕に改正された）は、数百万人の障害児に良質の教育への道を開いた。そしてACCDが支援した州全体の連携の多くは、ACCDの解散後も連携を保ち、障害者の権利を擁護し続けている。

参照項目　建築・交通バリアフリー遵守委員会（Architectural and Transportation Barriers Compliance Board）；バウ，フランク・G（Bowe, Frank G.）；障害の違いを超えた意識／反応（Cross-Disability Awareness/Cross-Disabiltiy Sensitivity）；1975年全障害児教育法（Education for All Handicapped Children Act of 1975）；フェイ，フレデリック・A（Fay, Frederick A.）；フィオリート，ユーニス（Fiorito, Eunice）；連邦保健・教育・福祉省デモ（HEW Demonstrations）；マクダニエル，デュワード・K（McDaniel, Durwood K.）；1973年リハビリテーション法第504条（Section 504 of the Rehabilitation Act of 1973）；シュライバー，フレデリック・C（Schreiber, Frederick C.）；トランスバス（Transbus）

出典　Bowe, Frank. *Changing the Rules* (1986); Scotch, Richard K. *From Good Will to Civil Rights: Transforming Federal Disability Policy* (1984)（竹前栄治監訳『アメリカ初の障害者差別禁止法はこうして生まれた』明石書店、2000）.

American Council of the Blind (ACB)
アメリカ盲人協議会（ACB）

アメリカ盲人協議会（American Council of the Blind: ACB）は、1958年7月に開催された全米盲人連合（National Federation of the Blind: NFB）の年次大会にその起源をもつ。数名の代表者が、NFBは本部中心になりすぎてしまい、草の根会員の意見が十分に反映されないまま方針が決定されていると考えた。また、NFBの出版物の編集方針についての意見の相違もあった。さらには、地方支部が調達した資金を、中央組織のサポートに回しすぎているのではないかという懸念もあった。

その後の2年間に、「4人の反乱者」と称されたグループ——デュワード・K・マクダニエル（Durward K. McDaniel）、メアリー・ボーリング（Marie Boring）、レマー・アーチボルド（Lemar Archibald）、そしてブラッドリー・バーソン（Bradley Burson）——が全国的な問題については彼らを代表する中央事務局と緩やかな連携をもちながら、主に地方支部と特別関連団体によって構成される組織の概要をまとめた。ACBは1961年、この計画にしたがって正式に結成された。

現在ACBは、4万2000人以上の会員を有し、70の州支部と特別関係団体によって構成されている。年次総会には、全米および海外の数ヶ国から2000人以上の代表者が集まる。ACBの会員の大半は盲または弱視者であるが、晴眼者も会員になることができる。地方支部や草の根団体を組織化し、それらが自分たちの集めたすべての資金の大部分を確保することに重点を置いている。

ACBは、ミズーリ州カンザスシティに創設され、ワシントンD.C.に本部を置く。当初は会員数十名の小さな組織であったが、1969年以降に会員が劇的に拡大していった。全米本部は、公民権、雇用、リハビリテーション・サーヴィス、公共交通、および社会保障に関する立法と政策について、連邦政府に働きかけている。ACBはまた、情報センターとしての機能ももっている。ACBは、アメリカ障害者市民連合（ACCD）に加盟しており、またアメリカ障害者法（ADA）を早期から支持してきた。

ACBの19の特別関係団体には、アメリカ視

覚障害弁護士協会（American Blind Lawyers Association: ABLA）、国際弱視市民協議会（Council of Citizens with Low Vision International）、盲導犬利用者協会（Guide Dog Users, Inc.）、アメリカ失明退役軍人（Visually Impaired Veterans of America: VIVA）、そして全米盲人大学生連合（National Alliance of Blind Students）などの組織が含まれる。ACB の月刊誌『点字フォーラム（*The Braille Forum*）』は、点字、拡大文字、カセットテープおよび MS-DOS 形式のフロッピーディスクで刊行されている。ACB はまた、電子掲示板サーヴィス、および立法と就労の情報に関するワシントン・コネクション・ホットラインも提供している。

参照項目　マクダニエル，デュワード・K（McDaniel, Durward K.）；全米盲人連合（National Federation of the Blind）

American Disabled for Accessible Public Transit v. Skinner 881 F.2d 1184 3rd Cir. (1989)
公共交通のバリアフリーを要求するアメリカ障害者の会（ADAPT）対スキナー裁判（1989 年連邦第 3 巡回区控訴裁判所判例集第 2 集第 881 巻 1184 頁）

「公共交通のバリアフリーを要求するアメリカ障害者の会（ADAPT）対スキナー裁判（*American Disabled for Accessible Public Transit v. Skinner*）」における中心的なテーマは、公共交通局が主要路線を障害者のためにバリアフリー化することの是非であった。ADAPT 対スキナー裁判は、連邦交通省（DOT）によって公布された一連の法規に関する論争の結果であった。論争は、1973 年のリハビリテーション法第 504 条ならびにその運用に関する他の連邦法に基づいて公共交通局に要求される事柄に関してであった。

公共交通に関するバリアフリー化は障害者の権利運動の活動家にとっては長い間、懸案の課題であった。1978 年に連邦保健・教育・福祉省（HEW）は、連邦基金の支給を受けているすべての公共交通システムをバリアフリー化しなければならない、しかも障害をもっている人に使用可能なものにするという内容のガイドラインを公表した。1979 年の連邦交通省による法規はバリアフリーを確実なものにするために各部局間を超えた改善を要求した。こういった法規はアメリカ公共交通協会（APTA）による挑戦を受けた。すなわち 1981 年に APTA 対ルイス裁判に関連して連邦法廷は現状の改良に終始する法規を無効なものにする判決を下した。連邦交通省は新たに一連の暫定的な法規を制定した。その法規においては、公共交通局がバリアフリーに向けて特別な努力をすること、ならびにバリアフリー化の義務の達成に際してケースごとに選択可能なことだけが求められた。当局には次のような選択が許された。すなわち主要公共交通機関であるバスについては車椅子専用の昇降機を設置することによってバリアフリー化する。または、昇降機付きの車両を配備することで、バリアフリー個別交通システムを整備する。あるいは一部の路線にバリアフリーのバスを投入し、その他の路線ではバリアフリー個別交通システムの車両を投入するという 2 つのシステムを混合する形で発展させた。暫定的な法規は公共交通局にとって一種の保護的な条項を含んでいた。公共交通局がバリアフリーサーヴィスに関して連邦基金の 3.5 ％を支出しているかぎり、バリアフリーに関して監査は行わなかったのである。1986 年 5 月 20 日に交付された最終的な法規は準公共サーヴィスに対して最低限守るべき基準を設定している。そしてさらに個別の選択が可能であることを再び規定した。そして公共交通局の総収入の 3 ％をバリアフリーに投入する規定によって従来の保護条項の規定を帳消しにしている。ペンシルヴェニア州行動する障害者（DAP）、障害者の権利に関するシカゴ会議（CCDR）、ウィスコンシン州障害者連合（WDC）、テキサス州障害者連合（CTD）を構成団体とする連合組織が、交付された法規に異議を唱えるための訴訟を闘っている ADAPT およびアメリカ合衆国東部傷痍軍人協会（EPVA）に与することを決定した。下級審での一連の訴訟の後、ADAPT 対スキナーの訴訟は連邦最高裁判所によって 1988 年 10 月 5 日に審議された。そして 1989 年 5 月 15 日に再び審議され、1989 年 7 月 24 日に判決を迎えた。

判決の結果は混乱していた。障害者権利擁護

運動家の側にとってプラスであった点は、判決が3％の保護条項が独断的であり、かつ連邦法に反しているという判決を下している点であった。そしてまた当局が支出する額の規模にかかわらずバリアフリーに関する最低限の基準は満たされなければならないという判決であった。しかしながら裁判所は、公共交通局に主要路線のバリアフリー化を要求するリハビリテーション法第504条およびその他の連邦法の規定を否決した。裁判所はまたバリアフリー個別交通システムはバリアフリーに関しては選択的に整備すること、たとえ規定が障害をもつ人々を分離的で不平等なシステムに差別化することになったとしても、バリアフリー個別交通システムはバリアフリーに関して選択的に実行すればよいという判決を下した。

ADAPTの訴訟における判決はバスのバリアフリー化の問題を解決したわけではない。それゆえ障害者権利擁護運動家は1990年のアメリカ障害者法の法制化のために支援を継続した。とくに公共交通機関の主要路線をバリアフリーにするという要求を掲げた。

参照項目　アメリカ障害者アテンダント・プログラム・トゥデイ（American Disabled for Attendant Programs Today）；バリアフリー個別交通システム（Paratransit）；公共交通機関（Public Transportation）

American Disabled for Attendant Programs Today (ADAPT)
アメリカ障害者アテンダント・プログラム・トゥデイ（ADAPT）

「アメリカ障害者アテンダント・プログラム・トゥデイ（American Disabled for Attendant Programs Today: ADAPT）」はコロラド州での小規模なデモから始まった。1978年7月5日午前10時、車椅子使用の障害者権利擁護運動家が、デンヴァー市のブロードウェイとコルファックスの両地区の交差する地点で地方交通局（RTD）の路線バス2台を包囲した。コロラド州のバスは、当時のアメリカのほとんどすべてのバスと同様にステップを昇れない乗客を乗車させるための設備を欠いていた。デモの参加者は、バスの運行を阻止するため一昼夜にわたってバスの包囲を継続した。その翌日には、バリアフリー化への明確な改善努力が見られるまで、障害者権利擁護運動家は、デンヴァー市の市民にふさわしい非暴力による不服従手段を行使して、バスの運行を阻止すると宣言した。今日、彼らパイオニア的な抵抗者の勇気を記念して市当局が設置した銘板を目にすることができる。

デンヴァー市でのデモならびにそれに続く一連のキャンペーンは、アトランティス・コミュニティ（Atlantis Community, Inc.）によって組織されたものである。この共同体は、1975年に創設された障害者組合・自立生活センターである。このグループの活動としては、バスの運行阻止の他にも、バスの運行ごとに、抵抗運動の活動家が次のような内容のプラカードを掲げることも含まれていた。プラカードには「なぜ私も乗車することができないのか？」、車椅子使用者がバスのステップを這い上がろうと試みる状況では「這い上がる乗客」と書かれていた。彼らは、地方交通局の理事長室のある建物を包囲し開催中の会議を混乱に陥れた。彼らは、地方交通局の理事会が一般大衆によって直接選出されるように市条例の変更を求めて、運動の先頭に立った。アトランティス・コミュニティは、理事会の理事全員に対してロビー活動を行った。1982年の秋に、地方交通局は89台のバリアフリー車両を発注した。1983年には、全路線のすべてのバスにリフトの設置を約束した。

この勝利の直後、アトランティス・コミュニティの活動家はアメリカ公共交通協会（American Public Transit Association: APTA）が1983年10月にデンヴァー市で年次総会を開催する予定であることを知った。同年7月、アトランティス・コミュニティは、予定される年次総会に向けてデモと集会を組織するため全国から障害者権利擁護運動家を召集した。「公共交通のバリアフリーを要求するアメリカ障害者の会（American Disabled for Accessible Public Transit）」（後に「アメリカ障害者アテンダント・プログラム・トゥデイ」〈American Disabled for Attendant Programs Today; 略称はADAPTのまま〉）が、「われわれは乗車する」をスローガンに創設されたのはこの集会でのことであった。

ADAPTは、実際的かつ象徴的な理由で、公

A

ADAPTのジョン・クレイトンがジョージア州アトランタ連邦庁舎（Richard B. Russell Federal Building）玄関のドアに自らの首を固定させている。彼を含む約100人が1990年10月3日、州庁舎の入口を閉鎖した。ADAPTは連邦保健福祉省長官とのパーソナル・アシスタンス・サーヴィスへの追加支出に関して電話会議の開催を要求した。

©Bettmann/CORBIS/amanaimages

共交通におけるバリアフリーを問題にした。障害者の多くは、通常の車両や改造された車両を自家用車として運転することができないし、所有する余裕もない。その結果、彼らは公共交通に依存しなければならない。家庭・仕事場・教会・学校がたとえバリアフリー化したとしても、移動手段がなければ有益さを失う。象徴的にも、障害者が一般の市民と平等なバス乗車を求める運動は、1950年代の黒人による公民権運動にルーツを求めることができる。ADAPTの運営にあたる者は、ローザ・パークス（Rosa Parks）とマーチン・ルーサー・キング・ジュニア牧師（Reverend Martin Luther King, Jr.）を直接の影響

を受けた人物として繰り返し指摘している。
ADAPTにとって1983年10月以降、1989年10月までの活動の大部分は、APTAとの対決に向けられた。6年間一貫してAPTA年次総会にADAPTのアピールをつきつけ続けた。活動によって会議場への人の出入りを妨害し通常の業務の混乱を招いた。10年間に、ADAPTは40件の大規模な活動を組織した。さらに、多数の小規模なイヴェント、デモ行進、徹夜交渉等を実行している。

1990年、ADAPTは、方針を転換し、アメリカ障害者法（ADA）制定へ向けて勢力を結集することを決定した。同3月に、ADAPTは、

ホワイトハウスから議会までの「正義の車椅子団の行進（Wheels of Justice march）」を組織した。行進には500ないし1000人の人々が参加した。同3月12日には、ADAPTは議会の建物に「這い上がる」という企画を演出した。この企画では100人以上のデモ参加者が車椅子を捨て建物の玄関の階段を「這い上がった」のである。同3月13日には、ADAPTのデモ参加者、約150人が議会の円形の建物を占拠した。この1件だけで100人を超える逮捕者を出した。しかし、このデモおよび占拠が、困難な時期に直面していたアメリカ障害者法を後押しすることになった。これは多くの人の一致する見解である。アメリカ障害者法制定への運動が失速または悪意ある修正によって弱体化するかもしれないと、障害者権利擁護運動家が危惧していた時期だったからである。1990年7月26日のアメリカ障害者法の大統領署名に、ブッシュ大統領によって招待を受けた2000人の障害者運動の活動家の中から代表としての扱いを受けたのは、25の州から選出されたADAPTの代表委員の面々であった。

アメリカ障害者法の成立を受けて、ADAPTの主たる闘いの場は、パーソナル・アシスタンス・サーヴィス（personal assistance services: PAS）の権利獲得へと移っていった。この新しいキャンペーンにおいて、ADAPTの戦略は、第1に、デモ、市民的不服従を武器にその矛先を施設の所有者および管理者、アメリカ医学会（AMA）、連邦保健福祉省の官僚へと向けることにあった。第2に、施設運営に費やされる予算の25％を介護サーヴィスにあてることを連邦政府が指示し直すように要求することであった。投資家にもまた施設運営からの利益を低減するように求めた。公共交通のバリアフリーを要求するアメリカ障害者の会（ADAPT）

参照項目 公共交通のバリアフリーを要求するアメリカ障害者の会（ADAPT）対スキナー裁判（*American Disabled for Accessible Public Transit v. Skinner*）；1990年アメリカ障害者法（Americans with Disabilities Act of 1990）；アトランティス・コミュニティ（Atlantis Community, Inc.）；オーバーガー，マイケル・W（Auberger, Michael W.）；ブランク，ウェイド（Blank, Wada）；カフカ，ロバート（Kafka, Robert）；パーソナル・アシスタンス・サーヴィス（Personal Assistance Services）；公共交通機関（Public Transportation）；トーマス，ステファニー・K（Thomas, Stephanie K.）；正義の車椅子団（Wheels of Justice）

出典 Hershey, Laura, "Wade Blank's Liberated Community," in Barrett Shaw, ed., *The Ragged Edge: The Disability Experience from the Pages of the First Fifteen Years of* The Disability Rag (1994); Johnson, Mary, "On the Barricades with ADAPT," in Barrett Shaw, ed., *The Ragged Edge* (1994).

American Federation of the Physically Handicapped (AFPH)
アメリカ身体障害者連盟（AFPH）

アメリカ身体障害者連盟（American Federation of the Physically Handicapped: AFPH）は、1940年代と50年代において、障害のカテゴリーを超えて全国的に活動した権利擁護団体であった。AFPHは、聴覚障害の労働運動家で、アメリカ労働省長官の特別補佐でもあったポール・A・ストラチャン（Paul A. Strachan, 1894–1972）によって1940年に設立された。活動の最盛期には、AFPHは全国にロッジと呼ばれる200ヶ所以上の支部をもっていた。1942年8月20日、ワシントンD.C.でその設立が正式に認可された。

AFPHの運動で最も成功をおさめたのは、連邦議会に対して全国障害者雇用週間を制定するよう説得したことであった。ストラチャンとAFPHは、1942年に初めて連邦議会に提案し、1945年には法律を通過させた。毎年恒例の障害者雇用キャンペーンは、障害者権利擁護運動者や企業のリーダー、官僚を一体にした。全国的なレベルでこのキャンペーンを監視していたグループが、1952年に障害者雇用に関する大統領委員会となった。AFPHは、初期の大統領委員会の活動と一体となって、最重度障害者の雇用と就労を妨げている障壁をなくす努力を、政府および企業と協力して推進した。またAFPHは、連邦のリハビリテーション・サーヴィスを拡大させつつ、1954年の職業リハビリテーション法の改正と、社会保障障害保険（SSDI）プログラムの新設を趣旨とする1956年の社会保障法改正の通過を擁護した。しかし、

すべての連邦政府の障害プログラムを1つの機関に統合する立法のためのSSDIキャンペーンが、それほど成功したわけでもなかった。

ストラチャンとAFPHの他のメンバーらは、リハビリテーションと雇用のために有意義な機会を提供することよりも同情を示すだけの「善行者」を露骨に批判した。1950年にストラチャンは、「政府の（身体障害者雇用）委員会の委員に」、障害のない「専門家」が就任することに反対して、「真の障害者がなるべきだ」と書いている。AFPHのニューズレター『勇敢（Valor）』の論説は、健常者のリハビリテーション専門家のことを、「障害者は障害のゆえに自立した市民としては役に立たないという古くさい理論をもった」者であると批判し、「どれほどの障害者たちが『自由』を有したことがあるのか。自分の未来について語る人々の軛からこれまで自由であり、今も自由であると感じる人々はどれくらいいるのか」。AFPHは、現代の障害者運動家が仕事やリハビリテーションを求める障害者の「やる気をなくさせるもの」として廃止を求めた公的扶助プログラムの有害性を強調した。さらにAFPHは、連邦政府が障害をもつ志願者に公務員試験を受けさせるように説得した。しかしながら、重度障害者の措置についてのAFPHの1952年全国会議において、ストラチャンは、「たとえ障害者がその試験によい点数で合格したとしても、各々の政府機関は彼らを採用しようとはしないため、われわれの運動は政府の採用方針にさほど影響はなかった」とした。

AFPHは、労働団体、とくにアメリカ労働総同盟（American Federation of Labor: AFL）との強い結束を結んだ。また、州労働者補償プログラムの改革を含め、障害者に重要な立法のためのロビー資金をAFLから与えられた。またAFPHは、よりすぐれた義足の開発研究を求める全米傷痍軍人協会とも密接な関係を結んでいた。

AFPHの終焉は、フロリダ州で重度障害者のためのコミュニティを創設しようとするストラチャンの提案に対する不一致から始まった。1950年代半ば頃までには、AFPHは財政困難に陥っていた。1958年、ミシガン州のグランド・ラピッズでの会議は、これらの問題について合意には至らず、アメリカ身体障害者連盟は公式に解散した。この連盟の約100人の会員は、全米身体障害者協会（NAPH）を創立するために集まり、それが今日、障害者の権利擁護という目的で続いている。

> **参照項目** 阻害要因（Disincentives）；全米身体障害者協会（National Association of the Physically Handicapped, Inc.）；大統領障害者雇用委員会（President's Committee on Employment of People with Disabilities）；社会保障、社会保障障害保険、補足的所得保障（Social Security, Social Security Disability Insurance: SSDI, Supplemental Security Income: SSI）；職業リハビリテーション（Vocational Rehabilitation）

American Foundation for the Blind (AFB)
アメリカ盲人援護協会（AFB）

アメリカ盲人援護協会（American Foundation for the Blind: AFB）は、1921年に設立された。当団体の設立は、当時最大の視覚障害者団体であったアメリカ盲教育者協会（American Association for the Instruction of the Blind: AAIB）とアメリカ盲人教育・福祉職員協会（American Association of Workers for the Blind: AAWB）が、視覚障害に関する情報と権利擁護のセンターの設置の必要性を呼びかけたことから始まった。アメリカ盲人援護協会の初代会長はモーゼズ・チャールズ・ミーゲル（Moses Charles Migel）で、新しい協会の最初の事務所を設立する際に必要な費用1万ドルのうち、7000ドルを寄付した。当協会の募金活動に熱心であったヘレン・ケラー（Helen Keller）は、1920年代から定年の1961年の引退まで協会と深く関わった。ロバート・アーウィン（Robert Irwin）は、1920年代から1930年代にかけて当団体の指導者だった。アーウィンとアメリカ盲人援護協会は、自己に依存することを主張し、視覚障害者のための年金や盲学校には反対した。

今日、アメリカ盲人援護協会は、視覚障害者とその分野に関わる晴眼者を対象に、視覚障害に関する図書、パンフレット、ヴィデオおよび雑誌の出版を手がけている。当協会は、視覚障害に関する一流の専門雑誌『視覚障害ジャーナル（*Journal of Visual Impairment & Blindness*）』を

出版し、教育、雇用、高齢化、科学技術およびアクセスなどの分野の情報を提供している。アメリカ盲人援護協会は、視覚障害をもつ人々に関係する諸問題について権利擁護する団体であり、1990年のアメリカ障害者法の支援団体でもあった。

参照項目　アーウィン，ロバート・ベンジャミン（Irwin, Robert Benjamin）；ケラー，ヘレン・アダムズ（Keller, Helen Adams）

American Indian Disability Legislation Project (AIDL)
アメリカ・インディアン障害者立法プロジェクト（AIDL）

合衆国全体におけるアメリカ・インディアンおよびアラスカ先住民の人口は約190万人で、その半数は州および連邦公認の居留地547ヶ所の中で暮らしている。1987年に教育省（U.S. Department of Education）が実施した調査報告では、アメリカ・インディアン、とりわけ居留地在住者における障害者の発生率は、合衆国内のどの民族よりも高いという結果が出された。それにもかかわらず、1990年アメリカ障害者法（Americans with Disabilities Act of 1990: ADA）のような、障害者の公民権を扱った連邦法は、部族自治が行われている居留地には適用されていない。

1993年、アメリカ・インディアン障害者立法プロジェクト（American Indian Disability Legislation Project: AIDL）が開始され、「〔アメリカ障害者法のような〕障害者の公民権を扱った法律や規則が、部族自治政府において存在しているのか、あるいは、部族自治政府がこれらの法律を彼らの社会の重要課題となりうると考えていたり、先住民の生活文化に適合するものと捉えたりしているか」という点について調査を行うこととなった。まず、アメリカ・インディアン障害者立法プロジェクト（AIDL）は、11の部族の代表者を集め、審議会を設置した。その中には、マイケル・ブラッチフォード（ナヴァホ族）、ジュリー・クレイ（オマハ族）、シドニー・クレイモア（ラコタ族、スタンディング・ロック・スー族）、スティーヴン・クリンチャー（フォートペック・スー族）、ジーン・マッコーヴェイ（ユーロック族、トロワ族、フパ族）などのアメリカ・インディアン障害者権利擁護運動家や研究者が含まれていた。AIDLは、この調査の実務にモンタナ州立大学村落障害研究所（Rural Institute on Disabilities at the University of Montana）の協力と、調査に対する全米アメリカ・インディアン議会（National Congress of American Indians）からの支持を得て、最終的には、合衆国本土内48州うち29州とアラスカ州にある居留地の部族から意見聴取を行うことができた。その結果、居留地内の連邦政府やインディアン問題局（U.S. Bureau of Indian Affairs）の建物では、部族自治政府の裁判所や拘置所と同様、障害者に対してアクセスをほとんど保証していないということもわかった。調査対象となった143部族中、アメリカ障害者法を受け入れていたのはわずか1部族のみであった。報告書には、さらに「障害者のアクセスと就労について検討中であるとする部族もいくつかあったが、その方針を書面に著している部族はなかった。このように、部族自治政府において障害者法は、重要事項としていまだ、取り組まれていない」と記されている。

参照項目　クレイ，ジュリー・アン（Clay, Julie Anna）；多文化問題、障害のあるマイノリティ（Multicultural Issues, Minority Persons with Disabilities）；村落障害研究所（Rural Institute on Disabilities）

出典　Clay, Julie, Carol Locust, Tom Seekins, et al., *American Indian Disability Legislation Project: Findings of a National Survey of Tribal Governments* (1995).

American National Standards Institutenb (ANSI)
アメリカ規格協会（ANSI）

参照項目　建築物のバリアフリー（Architectural Access）

A

American School for the Deaf
アメリカ聾学校

　コネティカット州ハートフォードにあるアメリカ聾学校（American School for the Deaf）は、アメリカ最初の公的な聾学校であり、アメリカ大陸において最初の永続した障害児学校であった。トーマス・ホプキンズ・ギャローデット（Thomas Hopkins Gallaudet、ワシントン D.C. のギャローデット大学は彼の名にちなんで名づけられた）は、1815 年に聾児を教える方法を学ぶため渡欧した。滞在中、彼は、フランスの聾者が開発し、パリ王立聾啞院（Royal Institution for Deaf-Mutes in Paris）のアベ・シャルル・ミシェル・ド・レペ（Abbé Charles Michel de l'E.pee）とその後継者であるアベ・ロシャンブロワーズ・シカール（Abbé Roch-Ambriose Sicard）により体系化された手話を知ることになった。ギャローデットがアメリカへ帰国する際、シカールの教え子で聾者のローレント・クラーク（Laurent Clerc）が彼に同行し、1817 年 4 月、彼らは当時の名称でコネティカット聾啞者教育院（Connecticut Asylum for the Education of Deaf and Dumb Persons）という学校を設立した。同校は、聾者の生活のセンターとなり、クラークによってフランスからもたらされた手話は、アメリカ手話（ASL）の発展にとてつもない影響を与えた。

　同校は、1847 年に創刊され、アメリカ最古の聾教育雑誌である『アメリカ聾者紀要（American Annals of the Deaf）』も刊行した。ヴァン・クレーヴとクローチは、著書『誇りある生活の場を求めて——アメリカ聾者社会の創設（A Place of Their Own: Creating the Deaf Community in America）』（1989）の中で、ヴァーモント州モントピーリアで同校同窓生によって 1854 年に正式に結成されたニューイングランド・ギャローデット聾者協会（New England Gallaudet Association of the Deaf）を、アメリカ最初の地方聾者組織としている。

　参照項目　アメリカ手話（American Sign Language）；クラーク, ルイ・ローレント・マリー（Clerc, Louis Laurent Marie）；ギャローデット, トーマス・ホプキンズ（Gallaudet, Thomas Hopkins）；ギャローデット大学（Gallaudet University）；ニューイングランド・ギャローデット聾者協会（New England Gallaudet Association of the Deaf）

　出典　Gannon, Jack R., *Deaf Heritage: A Narrative History of the Deaf* (1981); Lane, Harlan, *When the Mind Hears: A History of the Deaf* (1984); Shein, Jerome D., *At Home among Strangers* (1989); Van Cleve, John Vickrey, and Barry A. Crouch, *A Place of Their Own: Creating the Deaf Community in America* (1989)（土谷道子訳『誇りある生活の場を求めて——アメリカの聾者社会の創設』全国社会福祉協議会、1993）.

American Sign Language (ASL)
アメリカ手話（ASL）

　アメリカ手話（ASL）は、アメリカの聾文化の言語である。健聴者は、単に英語を手話に置き換えたと考えがちであるが、言語学者によれば、ASL はその文法、語彙、熟語、方言、表現方法のすべてにおいて、まったく異なる言語であるとされている。ASL は、視覚に訴える言語であり、手と顔の表情を使った表現を目で見て理解するのである。またその文法は、3 次元空間を利用している。他の言語と同様、ASL も時代とともに変化しており、20 世紀初頭の映像で見る手話表現は現在の手話表現と異なっている。ASL は、約 100 年間、抑圧され侮蔑的に取り扱われてきた言語であった。そこで ASL を「表舞台に立たせる」ことが、アメリカ聾者の今日までの公民権運動における中心的闘争課題であったということができる。

　手話は、歴史上の記録にも見られる。アーデン・ナイサー（Arden Neisser）は、『沈黙の反対側（The Other Side of Silence）』（1983）でタルムートと古代ギリシャ文学に出てくる手話に触れている。イタリアのベネディクト会修道士の一派は、西暦 530 年頃から、沈黙の誓いを立てた後に手話によって意思疎通を図ってきた。そして 16 世紀のスペインでは、同会修道士が片手だけの手話表現を用いていたとされている。（およそ 1550 年頃）最初に聾児教育を開始したとされる、ベネディクト会修道士ペドロ（またはパブロ）・ポンス・デ・レオン（Pedro 〈or Pablo〉 Ponce de Leon）は、手話を教育方法に用

いた最初の教育者ともいわれている。しかし、聾者はそれ以前から手話を使っていたと思われる。アベ・シャルル・ミッシェル・ド・レペ（Abbé Charles Michel de l'Epée）が、1755年にパリで（世界で最初の）聾学校を開設した時、すでにフランス手話は存在し、彼はそれを学んだ後にフランス語会話に近づくよう改良した。そしてその仕事は、パリ王立聾啞院のアベ・ロシャンブロワーズ・シカール（Abbé Roch-Ambriose Sicard）に受け継がれた。

アメリカにおいて聾学校を開設しようと考えたトーマス・ホプキンズ・ギャローデット（Thomas Hopkins Gallaudet）は、1815年にヨーロッパを訪れ、シカールからフランス手話を紹介された。ギャローデットは聾者のローレント・クラーク（Laurent Clerc）を伴って帰米し、1817年にアメリカ聾学校を設立した。クラークは、彼の助手兼その学校の主任教師となった。コネティカット州ハートフォードに設立されたこの学校は、アメリカ聾者コミュニティの中心的存在となり、フランスとアメリカの手話表現が融合される基を作った。言語学者ジェームズ・ウッドワード（James Woodward）によれば、今日使用されているアメリカ手話の60％はフランス手話からきたものであるという。

1860年代、アメリカ聾学校では、「手を使う」または「混合の」教育方法から「口話」教育、すなわち手話を廃して読唇術を用いることになった。ASLは、「ピジン」英語として蔑まれるようになり、口話主義者は、聾学校の生徒から手話を学んだり使用したりする機会をできるかぎり遠ざけ、州が資金を提供した聾学校では手話を禁止する法律を制定させようとさえした。ASLを学ぶことに興味をもつ健聴者の聾教育学者は少ししかいなかったし、ASLを真剣に聾者の言語として捉えて学ぶ学者はさらに少数の者に限られた。

こうした状況は、1960年に覆された。ワシントンのギャローデット・カレッジ（現ギャローデット大学）に所属する健聴者の言語学者、ウィリアム・C・ストコー・ジュニア（William C. Stokoe, Jr.）が、初めてASLの言語学的分析を公表したからである。彼は、1965年に聾者の同大教員カール・クローンバーグ（Carl Croneberg）とドロシー・キャスターライン（Dorothy Casterline）と共著で、『言語理論に即したアメリカ手話辞典（*A Dictionary of American Sign Language on Linguistic Principles*）』を出版した。出版当初、聾者コミュニティは、ほとんどこの本に関心をもたなかった。しかし、健聴者の言語学者やその他の学者、さらに大学院生や大学生が、手話をまったく新しい深遠なる言語と捉えて学び始めたのである。ASLについての書物の出版が急速に増え、ASLを学ぶための教室が開かれ、聾者のASL使用者が、自らの言語を教えるよう頼まれ、説明するという、まったく新しい立場に立ったのである。

歴史家ジャック・R・ギャノン（Jack R. Gannon）は、次のように述べている。「アメリカ手話を正当な言語として見直すことで、聾文化が十分に研究の余地がありながら、いまだ研究が進んでいない分野であると人々に認識させた。また、聾者にとっても、彼ら自身、彼らの言語、彼らの文化に対する態度を変えさせることにつながった。そして、聾者がアメリカ人としての権利を追求することとなったのである」（1981年）。

今日では20万人から40万人のアメリカ人とカナダ人が、アメリカ手話を母語として用いている。

参照項目　ベル, アレクサンダー・グレアム（Bell, Alexander Graham）；聾文化（Deaf Culture）；ギャローデット, エドワード・マイナー（Gallaudet, Edward Miner）；口話法聾学校、口話主義（Oral School, Oralism）

出典　Gannon, Jack R., *Deaf Heritage: A Narrative History of Deaf America* (1981); Neisser, Arden, *The other Side of Silence: Sign Language and the Deaf Community in America* (1983); Shein, Jerome D., *At Home among Strangers* (1989).

Americans with Disbabilities Act of 1990 (ADA)
1990年アメリカ障害者法（ADA）

1990年アメリカ障害者法（ADA）は、現在の障害者権利運動の最大で唯一の成果である。アメリカ障害者法は、歴史上初めて、アメリカの障害者の広範な公民権保護を掲げた法案の可決は、大勢の関係者の労力のたまものであった。

A

1990年7月26日、ブッシュ大統領とバーバラ夫人がアメリカ障害者法（ADA）の調印式に立ち会うために集まった障害者団体を代表する2000余名から拍手で迎えられる。障害者の公的権利の法制化は障害者権利運動における史上最大の功績である。
©Bettmann/CORBIS/amanaimages

　早くも1977年には、ホワイトハウス障害者会議は、1964年公民権法（Civil Rights Act）や1965年選挙権法（Voting Rights Act）に障害者を含めるよう、連邦議会に改正を求める決議案を可決した。1980年、大統領選挙でジミー・カーター（Jimmy Carter）が敗北し、ロナルド・レーガン（Ronald Reagan）が新大統領に就任したことは、一部の人々にはこの法案への痛手に映った。さらに、障害者コミュニティの全員が、単一で包括的な法体制が最善策だと考えていたわけではない。障害者の権利擁護者であるジャスティン・ダート・ジュニア（Justin Dart Jr.）は、「サーヴィスや部分的な権利を段階的に提供する法案擁護に賛成する合意」がどのようになされたかを覚えている。重要で新しい公民権法案が議題に上がった時、一部の障害者権利運動の活動家たちは、「われわれは（リハビリテーション法）第504条の施行すらできないのに、なぜこれ以上議論して時間を無駄にするのか」と問うたのである。
　変化の兆しは1982年、全米障害者評議会（National Council on the Handicapped: NCH）議長のジョセフ・デューゼンベリー（Joseph Dusenbury）が、ダート副議長に連邦政府の障害者政策に対する提案を統括する権限を与えたことである。評議会の弁護士、ロバート・L・バーグドーフ・ジュニア（Robert L. Burgdorf Jr.）は長い間、単独の包括的な連邦障害者権利法を心に抱いており、熱心にこの難問に取り組んだ。ダートは全州の障害者権利運動のリーダーに会い、1983年に「1964年の公民権法や他の公民権、選挙権の法律や条例において、直ちに障害者を含める」よう連邦議会に求める報告書を出した。その後3年間にわたり、ダートと新しくNCHの議長に任命されたサンドラ・パリーノ（Sandra Parrino）、NCHの幹部、レックス・フリーデン（Lex Frieden）とバーグドーフは、連邦議会への報告書『自立に向けて（Toward Independence）』と「障害者の均等機会を要求する包括的法」の可決を勧告する大統領の推薦文を起草した。バーグドーフは、この法律草案を立案し、ローウェル・ワイカー（Lowell Weicker）上院議員（共和党、コネティカット州選出）とトニー・コエロ（Tony Coelho）下院

議員（民主党、カリフォルニア州選出）が1988年4月に法案を提出した。法案は、大統領候補のジョージ・ブッシュ（George Bush）とマイケル・デュカキス（Michael Dukakis）だけでなく、多数の議員の支持を得たが、法案は連邦議会の会期終了で廃案となった。

この法案は、エドワード・ケネディ（Edward M. Kennedy）上院議員（民主党、マサチューセッツ州選出）とトーマス・ハーキン（Thomas Harkin、民主党、アイオワ州選出）のスタッフにより書き直された。そして、とくに特筆すべきは、ロバート・シルヴァースタイン（Robert Silverstein）およびキャロリン・オッソリニーク（Carolyn Ossolinik）と障害者権利教育擁護基金（Disability Rights Education and Defense Fund: DREDF）のワシントン事務局長パトリシア・A・ライト（Patrisha A. Wright）が連携した障害者権利関連弁護士の委員会から直接協力を得て、再度、書き改められたことであった。ホワイトハウスを代表してロバート・ファンク（Robert Funk）、司法省のジョン・ウォダッチ（John Wodatch）、ロバート・ドール（Robert Dole）上院議員（共和党、カンザス州選出）事務局のモウリーン・ウェスト（Maureen West）もまた、この見直しの後半段階に加わった。新しい法案は、元の法案の条項をいくつか変更し、アクセス向上のための改修対象から既存の建物を外し、保険会社による障害者への差別を禁じる条項を削除した。また、公的交通機関についての部門をより重視した。

1988年の選挙で、ワイカーが落選し、1990年コエロが辞職した後、下院では、ステニー・ホイヤー（Steny Hoyer、民主党、メリーランド州選出）とハミルトン・フィッシュ・ジュニア（Hamilton Fish Jr.、共和党、ニューヨーク州選出）が、一方、上院ではハーキン、ケネディ、ジョン・S・マケイン（John S. McCain、共和党、アリゾナ州選出）がアメリカ障害者法支持を表明した。パトリシア・ライトはアメリカ障害者法案可決へ向けたコミュニティ・キャンペーンの調整役と戦略担当主任になった。多面的活動として、第1に、全米障害者評議会のジャスティン・ダート・ジュニアとDREDFのマリリン・ゴールデン（Marilyn Golden）がお膳立てした全国レベルの草の根キャンペーンが行われた。次に、ライトとアメリカてんかん財団（Epilepsy Foundation of America）のエリザベス・サヴェージ（Elizabeth Savage）はワシントンD.C.での立法キャンペーンを運営し、約75の全国的な障害、公民権、宗教、市民団体のロビー活動の取り組みを統括した。

アメリカ障害者法は今や、史上最大規模の障害者権利団体の協力体制で、最重要課題に取り組んだ。主な参加団体は以下の通りである。公共交通への乗車を求めるアメリカ障害者団体（ADAPT）、アメリカ盲人協議会（ACB）、全米精神遅滞児親の会（Association for Retarded Children）、脳性まひ協会連合（United Cerebral Palsy Associations）、障害者権利教育擁護基金（Disability Rights Education and Defense Fund: DREDF）、全米聾者協会（National Association of the Deaf）、アメリカ身体まひ退役軍人会（Paralized Veterans of America）、全米自立生活協議会（National Council on Independent Living: NCIL）。全体で、法案は約180の全国的団体により支持された。ジャスティン・ダート・ジュニアとR・オーエンズ（R. Owens、民主党、ニューヨーク州選出）下院議員により設立されたアメリカ障害者の権利・エンパワメント特別委員会（Task Force on the Rights and Empowerment of Americans with Disabilities）の共同議長であるエリザベス・ボッグズ（Elizabeth Boggs）は、全国を旅し、多くのイヴェントで何千もの人々に話しかけ、証言を集めて回った。障害のある人々は、日々の差別経験を日記につけるよう促され、その日記を連邦議会の自分が支持する国会議員に送った。障害をもたない人々の公民権団体、とくに公民権指導者会議（Leadership Conference on Civil Rights）だけでなくHIV/AIDSの患者の権利擁護団体もADA法案を支持した。

ホワイトハウスでは、HIV/AIDS患者や精神障害のある人々への保護を制限しようとするなど、法案を頓挫、もしくは弱体化させようとする企てがさまざまあった。権利擁護運動家は手紙書きや電話キャンペーンをまとめ、一方でADAPTはワシントンD.C.へ向けた正義の車椅子団（Wheels of Justice）による行進を組織し、一時は国会議事堂の大広間を占拠した。審議の最終段階で、連邦議会の保守派は、HIV陽性の食品取扱業者に対する差別禁止の擁護を撤回した。ライトはホワイトハウスでの障害者とゲイ、

A

レズビアンの権利擁護運動家の集会を呼びかけ、ジョージ・ブッシュ大統領の弁護士ボイデン・グレイ（Boyden Gray）にHIV/AIDS患者が保護されずに法案が可決されるくらいなら、完全に廃案になったほうがよいと伝えた。この制限つきの修正案は否決された。アメリカ障害者法は1990年7月12日に下院で、377票対28票で承認され、翌日、上院を91票対6票で通過した。ブッシュ大統領は1990年7月26日、ホワイトハウスの芝生で障害者権利擁護運動家2000人以上に見守られる中、アメリカ障害者法に署名し、アメリカ障害者法は法律として成立した。

アメリカ障害者法は、1964年公民権法によってだけでなく、1973年リハビリテーション法第504条によって生み出された概念を取り入れ通過した。ADA第1編は、従業員15人以上の事業で資格をもつ障害者への差別を禁じている。雇用主は、「過大な負担（undue burden）」が生じる場合を除き、そのほかの点では当該の業務を行う資格要件を満たす障害者に「合理的調整（reasonable accommodation）」を図らねばならない。雇用主は、職場で他者の健康や安全に直接的脅威を与える従業員を不採用または解雇してもよい。現段階で違法薬物を使用する者は保護から排除される。宗教団体は雇用に際し団体会員を優先し、従業員に団体の教義に従うよう求めてもよい。従業員からの不服はアメリカ雇用機会均等委員会（Equal Employment Opportunity Commission: EEOC）に申し立てることができる。また、原告は、差別を止め、未払賃金を回収するために連邦裁判所に訴訟を起こすことができる。

ADA第2編は、州や地方自治体、そして全米鉄道旅客輸送公社（アムトラック、National Railroad Passenger Corporation: Amtrak）が提供する公共サーヴィスにおける差別を禁じている。すべての政府機関の設備、サーヴィス、コミュニケーションは利用しやすくなければならない。第2編では、ADAのアクセスのしやすさの基準として、リハビリテーション法第504条の下で交付された規則を用いている。また、障害を理由に差別を受けたと主張する人々に対し、州や地方自治体が「改善策、手段、権利（remedies, procedures, and rights）」を提供すると定めたリハビリテーション法第505条に基づき交付された規則を用いている。第2編ではまた、公共交通機関での差別を禁じている。すべての新しいバスは利用しやすくなければならず、運転手は、主な交差点や乗り換え地点でバス停をアナウンスしなければならない。新しいバス停や電車の駅は利用しやすくなければならず、既存の駅も使いやすくするために改修しなければならない。また、公共交通機関管理センターは固定の路線サーヴィスを使えない個人に対し、大幅で不均衡な困難や経費がかかる対策といった不当な負担が生じる場合を除き、個別に判断し、パラトランジット・サーヴィスを提供しなければならない。旧来の交通システムにおける「主要な駅」は1993年7月までにバリアフリーに改修することになったが、公共交通機関管理センターは30年間までの延長を申請することができた。第2編では、鉄道交通局にアクセス可能な車両を1列車につき1車両確保させるために5年の猶予を与えた。第2編の違反への不服は連邦交通省（Department of Transportation: DOT）に申し立てることができる。原告はまた、個人的に訴訟を起こすことができる。バリアフリーの乗り物と駅の基準は、大統領により任命された独立連邦審議会である建築・交通バリアフリー遵守委員会（Architectural and Transportation Barriers Compliance Board）により示され、サーヴィス関連の規則は米国運輸局により公布された。

ADA第3編は、公共の施設、たとえばレストラン、ホテル、劇場、薬局、小売店、スポーツクラブ、美術館、図書館、公園、私立学校、託児所において、障害者に対する差別を禁じている。特定の人だけが参加できるクラブや宗教団体は免除されている。第3編で取り上げられているすべての事業体は、差別を回避し、やめるために、方針、実務、手段において「合理的変更（reasonable modification）」を行うよう求められた。効果的なコミュニケーションを増やすため、不当な負担にならないかぎり、視覚、聴覚その他の障害をもつ人々に補助的な支援、サーヴィスを提供しなければならない。もし物理的障害物の撤去が「ただちに達成可能」ならば、撤去に取り組まねばならない。公共施設および商業施設の建築物はすべて、アクセス可能でなければならない。この変更は必須だが、変更全体のコストに占める施設の改修コストが不均衡な場合はこの限りではない。第3編の下で

訴訟を起こした人は金銭的な損害賠償を受けてはならない。

　ADA第4編は、電気通信についてである。アメリカの電話システムは、聴覚障害や言語障害のある人にとって大部分が利用しにくいものであった。聾者用電話機器（telecommunications device for the deaf: TDD、一般にTTYと呼ばれる）を使い始めても、同じ装置を電話機に付けている相手としか会話ができない。第4編は、「一般通信事業者」――電話・電気通信の会社――に、TTY利用者がTTYをもたない電話利用者とのコミュニケーションを可能にする中継方式を利用できるよう命じた。TTY利用者は中継センターの健聴で話ができるTTY利用者宛に電話をかけ、それから通常の電話を通じて、電話をかけたい相手にメッセージを送る。また、連邦政府が資金提供したテレビ番組には字幕をつけるよう求めた。個人による不服は、連邦コミュニケーション委員会（Federal Communications Commission: FCC）に申し立てることができる。

　ADA第5編はさまざまな雑則である。たとえば、保険会社に免除を与え、障害を理由とする保険加入の拒否や保険料設定を許可している。ADAは「原生自然法（Wilderness Act）の中で、原生自然地域での車椅子の使用を禁じていない」ことを再確認する。また、服装倒錯者、性転換者、小児愛者、露出症者、窃視者、「身体障害に起因しない性同一性障害その他の性的障害をもつ人」、ギャンブル依存症、盗癖者、放火魔、「現在の不法な薬物使用に起因する」精神作用物質使用による障害は、ADAの保護対象から排除する。ADAは、過去の障害者権利関連の法律で規定されている保護を、連邦レベル、州レベルのいずれでも否定または制限しないと規定している。

　ADAを批判する人々は、ADAの下で訴訟が殺到すると予想したが、成立後の5年間で起こされた訴訟は600〜700件だけだった。1995年に全米障害者協議会（National Council on Disability）に委託されたハリス世論調査（Harris Poll）は、企業経営者の90％以上がADAの差別禁止規定を支持していることを明らかにした。それでもなお、1994年の議会選挙後、下院議長ニュート・ギングリッチ（Newt Gingrich、共和党、ジョージア州選出）や下院・院内総務ディック・アーメイ（Dick Armey、共和党・テキサス州選出）など、多くの連邦議会議員がADAを無駄遣いで不必要でばかげていると非難した。危機感を募らせた障害者権利の擁護運動家たちは、この反ADAの巻き返しと闘うために団結した。

　ADAの成立はまた、若干の幻滅をもたらした。社会による障害者の扱いが一夜にして変化すると期待した人々は、落胆した。一部の人々は、アクセス提供を拒否したい人々のための法の抜け道が多すぎると抗議した。とくに問題なのは、保険会社と宗教団体の免除規定である。しかし、ADAが重要な影響力をもつことは明白である。ADAの成立は、障害者の権利を国家的議題の一部にした上に、アメリカ史上初めて、法に基づき障害のある人々を完全な公民権をもつまでに高めた。

参照項目　アメリカ障害者アテンダント・プログラム・トゥデイ（American Disabled for Attendant Programs Today）；建築・交通バリアフリー遵守委員会（Architectural and Transportation Barriers Compliance Board）；バーグドーフ，ロバート・L・ジュニア（Burgdorf, Robert L., Jr.）；コエロ，トニー（Coelho, Tony）；ダート，ジャスティン・ジュニア（Dart, Justin, Jr.）；障害者権利教育擁護基金（Disability Rights Education and Defense Fund）；フェイ，フレデリック・A（Fay, Frederick A.）；ファンク，ロバート・J（Funk, Robert J.）；ケンプ，エヴァン・ジュニア（Kemp, Evan, Jr.）；全米障害協議会（National Council on Disability）；合理的調整／合理的変更（Reasonable Accommodation/Reasonable Modification）；サヴェージ，エリザベス（Savage, Elizabeth）；1973年リハビリテーション法第504条（Section 504 of the Rehabilitation Act of 1973）；聾者用電話機器、テレタイプライター、文字電話（Telecommunications Devices for the Deaf, Teletypewriters, and Text Telephones）；過大な困難／過大な負担（Undue Hardship/Undue Burden）；正義の車椅子団（Wheels of Justice）；ホワイトハウス障害者会議（White House Conference on Handicapped Individuals）；ライト，パトリシア・A（Wright, Patrisha A.）

出典　Gostin, Lawrence O., and Beyer, Henry A., eds., *Implementing the Americans with Disabilities Act*

A

(1993); National Council on the Handicapped, *On the Threshold of Independence: Progress on Legislative Recommendations from "Toward Independence"* (1988); Shapiro, Joseph p., *No Pity: People with Disabilities Forging a New Civil Rights Movement* (1993)（秋山愛子訳『哀れみはいらない――全米障害者運動の軌跡』現代書館、1999）; Trenor, Richard Bryant, *We Overcame: The Story of Civil Rights foe Disabled people* (1993).

Americans with Disabilities Newsletter
『アメリカ障害者ニューズレター』

『アメリカ障害者ニューズレター』は、1984年に開始されたアメリカ建設的労働者（Positive Workforce for America）の刊行物である。ニューヨーク市ヒルズデールを拠点に、「障害者に影響するあらゆる問題に関する情報の包括的で入手可能な情報源」であると自ら認じている。1996年の問題には、連邦のメディケイド規則改正案に関する話、手頃な障害者健康保険の欠如、障害者向けインターネットへのアクセスに関する「サイバースペースへの新しい入口――アクセスの期待はあるが、保障はされていない」がある。それぞれの号には、直近の裁判所判決や障害者に関する主要メディアの批評の要約が掲載されている。発行部数は2600部ほどである。

Ameslan
アメリカ手話言語

参照項目 アメリカ手話（American Sign Language）

The Arc
全米精神遅滞市民協会

全米精神遅滞市民協会（The Arc）は、その前身がNARCやARCとして知られる全米精神遅滞児親の会（National Association for Retarded Children）および全米精神遅滞市民協会（National Association for Retarded Citizens）で、1950年に、知的障害児の親が設立した全国組織である。その使命は、「すべての精神遅滞者に、彼らの目標である、どこでどのように学習し、生活し、働き、遊ぶのかを選択し、実現する機会を」保障し、また、精神遅滞の発生率を減らし、「教育・研究・権利擁護ならびに家族・友人・コミュニティの支援を通じて精神遅滞から生じるもの」を限定することである。The ARCは、脳性まひ協会連合（United Cerebral Palsy Associations）と並び、1950年代から1960年代にかけてアメリカの障害児の親の会の運動としては主要な組織であった。

The Arcが設立された当時、アメリカ人の大部分は、精神遅滞を恥ずべきものと考えていた。精神遅滞というラベルを付けられた子どもの親は「正常な」子どもをもつことに「失敗したこと」を罪と感じるよう促され、医師はこれらの子どもを州立施設に入れるよう勧めるのが常であった。20世紀最初の10年間は、優生学運動によって「精神薄弱者」は社会に対する脅威として排斥された。たとえば、1930年のアメリカ精神遅滞学会（American Association on Mental Retardation: AAMR）年次大会では、精神遅滞の大人や子どもは断種されるべきか否かという議論が行われており、少なくとも何らかの選択的強制断種プログラムを支持する意見が多数派だったのである。1940年代末には、ニュージャージー州バーゲンのある母親から地元の新聞に、別の施設にいる子どもの親から話が聞きたいという依頼の手紙がきた。しかし編集者は当初この依頼を断った。というのは、もしその母親が精神遅滞児の親としていったん公にされたなら、それを恥に感じて訴訟を起こすのではないかと懸念されたからである（この手紙に触発されたグループが、後にARCニュージャージー州支部の中核メンバーとなった）。知的に障害のある人々を閉じこめるために建設された施設はおしなべて規模が大きく、人を寄せつけない場所で、きわめて過密であり、栄養状態、衛生状態ともに悪く、暴力と放置がはびこる酷い場所であった。精神遅滞の多くの人々が人生のすべてをそのような州立「学校」で過ごした。ただしそこではほとんどの場合、学校教育はなされず、ただ「保護的」なケアがなされるのみであった。家庭で知的に障害のあるわが子を育てようとする親は、しばしば公立学校へ通わせる権利すらも否定されたのであるが、地域での

支援を、ほとんどあるいはまったく受けることができなかった。

1930年代に、これらの親たちは、のちに全市規模に、そしてさらに州規模へと輪を広げていくことになる小さな支援グループを作り始めた。最も初期のグループは、オハイオ州クリーヴランド（1933年結成）とワシントン州（1936年結成）のものだった。当初そのようなグループには職員もいなければ事務室も資金もなかったが、彼らは定まった形をとらず誰かの親の家に集まっては相互の関心事について話し合った。1940年代終わりまでには、国内各地域に80以上の協会組織が出来上がっていた。ワシントン、カリフォルニア、マサチューセッツ、オハイオ、ニューヨークの各州の5つの地方協会は会議の組織化を呼びかけ、1950年9月28日から10月1日までミネアポリス市で開催され、その会議で全米精神遅滞児親の会（National Association for Retarded Children: NARC）が設立されるに至った。

その最初の4年間、NARCには有給職員もおらず本部もなかった。しかし、女優のデイル・エヴァンズ・ロジャーズが知的障害がある自分の子どものことを書いた物語でベストセラー作品である『かくれた天使（*Angel Unaware*）』（1953, 日本版1997）の印税を寄付したことから、この状況は変わった。NARCは1954年、ニューヨーク市に最初の本部事務所を置き、事務局長としてサルヴァトア・ディマイケル（Salvatore DiMichael）を任命した。同協会は1955年までに412支部、約2万9000人の会員を組織するまでになった。

初期のNARC各支部が行った活動の多くは、教育に集中している。公立学校への就学を子どもたちが拒絶された経験から、彼らは教会地下や個人宅に自分たちで学校を作った。また彼らは自分たちが選んだ州議会議員に働きかけ、州法や助成金の変更を求めたりもした。NARC創設者の1人でその教育部会委員長でもあったエリザベス・ボッグズ（Elizabeth Boggs）は、精神遅滞児のための教育権利章典（Educational Bill of Rights for the Retarded Child）を起草した。NARCはこれを1953年に採択し、後に協会の教育面における主張の枠組みとした。

1957年、ガンナー・ディバット（Gunnar Dybwad）がNARCの事務局長に就任。ディバットは、少年犯罪者の州プログラムの責任者として働く弁護士であったが、知的障害をもつ人々への圧迫は政治的、法的な問題であると確信していた。ブラウン対教育委員会裁判（*Brown v. Board of Education*, 1954）における連邦最高裁判所判決に触発されて、彼は黒人の公民権運動を有効な行動のお手本と見なした。1963年に事務局長の職を辞した後も、ディバットはNARCならびに協会支部の顧問として働き、彼の考え方は協会の運動展開にきわめて重大な影響を与えた。

1960年代に入って、精神遅滞者に対する社会の態度に変化が生じたが、これはARCの功績に負うところが多い。大きな前進の1つは、ケネディ大統領の妹に知的な障害があることを家族が公的に認めたことで生まれた。1961年にケネディ大統領は精神遅滞に関する大統領委員会を設置した。エリザベス・ボッグズ（Elizabeth Boggs）もその委員の1名だった。委員会の提言に基づき、連邦議会は1963年精神遅滞者施設および地域精神保健センター建設法（Mental Retardation Facilities and Community Mental Health Centers Construction Act in 1963）、ならびに母子保健および精神遅滞計画法修正法（Maternal and Child Health and Mental Retardation Planning Amendments）を通過させた。ARCは1965年初等・中等教育法（Primary and Secondary Education Act of 1965）についてもロビー活動を行い成功させているが、これは特殊教育に対する関与を連邦が初めて示す法律であった。この時までに、ARCの会員総数は10万人を超えていた。

しかしARCの多くの会員は、このような変化の速度をもどかしく思っていた。彼らはとりわけ公立学校からの排斥が相変わらず続くことに不満を抱くとともに、州立施設内部の非人道的な状況にがく然としていた。1968年秋、ペンシルヴェニア州のARC（PARC）代表はディバットと会い、この問題について話し合った。ディバットは連邦裁判所を通して根本的な変革を求める時期がきたと考えた。いくぶん躊躇したものの、PARCは集団訴訟を起こすことに同意して、トーマス・K・ギルフール（Thomas K. Gilhool）弁護士を雇い、1969年に訴訟を起こした。

PARC対ペンシルヴェニア州裁判（*PARC v.*

A

Pennsylvania, 1972) での争点は「遅れのある」子どもたちを公立学校から締め出す役割を果たしていた州法の違憲性であったが、この訴訟はペンシルヴェニア州をはるかに超える波及効果をもたらした。連邦裁判所はこれらの州法を無効とする際、すべての障害児に公立学校での教育を受ける権利を初めて確立した。そしておそらくさらに重要な点は、PARC が他の ARC 支部やケネス・ドナルドソン (Kenneth Donaldson)、ブルース・エニス (Bruce Ennis) などの精神障害者の権利擁護者とともに、連邦訴訟を障害者の権利闘争のための強力な手段として確立したことである。PARC 理事会に対する報告書の中でギルフールはこう記している。「いうまでもなく、訴訟には特定の帰結を確定させる機能がある。しかしそれだけでなく、社会にも政策立案者にも事実と状況を明瞭かつ正確に示し出す機能ももっているのである……」。実際のところ、PARC 側の証拠は非常に説得力があったため、連邦裁判所は証言のわずか1日後にはペンシルヴェニア州に対して、精神遅滞であるとレッテルを貼られた子どもを公立学校から排斥することを廃止することに同意するように勧告するほどであった。そして州は裁判所の勧告に従った。

この法律上の勝利の効果はどれだけ誇張しても、しすぎることはない。PARC 訴訟、ワイアット対スティックニー裁判 (*Wyatt v. Stickney*, 1974)、1972年ミルズ対教育委員会裁判 (*Mills v. Board of Education*, 1972)、およびこれらに続く各訴訟は、州立施設の非人道性や公立学校が障害児を排斥する不公正を大々的に暴露することになったのである。1970年代から1980年代に起きた脱施設化への転換や、援助付生活、援助付雇用などの地域基盤プログラムは、いずれも上記のような訴訟の結果として直接的にもたらされたものである。1975年全障害児教育法 (PL 94-142) の成立を連邦議会で推進した人々 (ARC も重要な支援者の1つだった) は、PARC 訴訟やミルズ訴訟でなされた証言を引用して、子どもたちの教育権を保障する連邦法が必要なことを主張した。ARC は脳性まひ協会連合 (United Cerebral Palsy Associations) とともに、1970年発達障害法 (Developmental Disabilities Act of 1970) ならびに1975年発達障害支援および権利章典法 (Developmentally Disabled Assistance and Bill of Rights Act of 1975) の可決を求めてロビー活動に尽力した。これら2つの法律は、それまで存在していなかった用語である「発達障害」のある子どもたちの権利とプログラムに関する、重要な礎石となった。

1974年、全米精神遅滞児親の会 (Association for Retarded Children) は精神遅滞市民協会 (Association for Retarded Citizen) へと名称変更する。これは多くの「子ども」が今や成人になっていたこと、また知的な障害のある人々が「永遠の子ども」「成長しない人々」であるかのような偏見を是正するためでもあった。1970年代はまたピープル・ファーストの設立をみた時代でもある。ピープル・ファーストは、親ではなく知的な障害のある本人による草の根組織である。ピープル・ファーストやその他の当事者による権利擁護団体は、ARC を父権的保護主義であると考える。実際、ARC の初期のパンフレットはタイトルが『私たちは彼らのために発言しているのだ (*We Speak for Them*)』だったため、その表現は多くの知的な障害がある人々を怒らせた。さらに ARC は、1991年10月に再び名称を変えた。というのは『『遅れのある (retarded)』という言葉がしょっちゅう配慮なく、不適切に使われるので、会のメンバーや支部のリーダー、若い親そして遅れのある本人いずれもが、ますます不快に感じるようになってきており、結果として会の名称についても受け入れがたくなった」ためである。このようなことから、現在の組織名称は頭文字の組み合わせを表すものではなく、単に "The Arc" と称し、これに「全米精神遅滞協会 (national association on mental retardation)」と1行添えている。

The Arc は1990年アメリカ障害者法を支援する組織の1つだった。1990年代には、知的な障害のある犯罪被害者ならびに加害者の権利擁護活動を担い、AIDS 教育プログラムに取り組み、多くの研究、権利擁護活動、教育プログラムやプロジェクトを後援した。また知的な障害に関する幅広い資料も出版している。

1996年時点で、The Arc は1200の州および地方の支部をもち、14万人の会員を擁している。本部はテキサス州アーリントンである。

参照項目 ボッグズ, エリザベス・モンロー (Boggs, Elizabeth Monroe); 発達障害 (Developmental Disabil-ities）；1975 年発達障害支援および権利章典法（Developmentally Disabled Assistance and Bill of Rights Act of 1975）；ディバット，ガンナー（Dybwad, Gunnar）；1975 年全障害児教育法（Education for All Handicapped Children Act of 1975）；ギルフール，トーマス・K（Gilhood, Thomas K.）；ミルズ対教育委員会裁判（*Mills v. Board of Education*）；親 の 会 の 運 動（Parents' Movement）；ペンシルヴェニア州精神遅滞児親の会対ペンシルヴェニア州裁判（*Pennsylvania Association for Retarded Children v. Commonwealth of Pennsylvania*）；ピープル・ファースト，ピープル・ファースト・インターナショナル（People First, People First International）；大統領委員団，大統領精神遅滞委員会（President's Panel, President's Committee on Mental Retardation）；ワイアット対スティックニー裁判（*Wyatt v. Stickney*）

出 典 Dybwad, Gunnar, and Hank Bersani, Jr., eds., *New Voices: Self-Advocacy by People with Disabilities* (1996); Thomson, Mildred, *Prologue: A Minnesota Story of Mental Retardation Showing Changing Attitudes and Philosophies Prior to September 1, 1959* (1963); Trent, James W., Jr., *Inventing the Feeble Mind: A History of Mental Retardation in the United States* (1994).

Architectural Access
建築物のバリアフリー

世界の人口の 15 ％が障害者であり、アメリカでは人口の 12 ％が障害者である。正確な変化の様子は不明であるが、障害をもつ人の割合が常に大きな部分を占めていることは明らかである。それにもかかわらず、世界中の建築物は、障害をもつ人は存在しないかのように建てられてきたし、今後も同様に建てられ続けるだろう。階段、狭い玄関や廊下、屋内での段差、バリアフリーの設計になっていない浴室、さまざまな建築の伝統が、障害をもつ人々の社会参加を妨げる要因になっている。

第 2 次世界大戦後、傷痍軍人が市民生活に復帰してきた時に、建築物のバリアフリーの問題に対して真面目な関心が初めて寄せられることになった。退役軍人援護法案（The G.I. Bill）は、障害のある退役軍人に大学への入学と通学の機会を与えた。しかし、アメリカ社会では大学キャンパスの内外を問わず退役軍人等の障害者のためのバリアフリー化が進んでいないことが判明した。この問題に取り組むにあたって、アメリカ退役軍人協会（U.S. Veterans Administration）は、退役軍人援護法案に基づく連邦基金を受けているキャンパスを対象に一連の建築基準を発表した。建築物のバリアフリーに関する 2 人の先駆者は、ワシントン D.C. にあるアメリカ建築家協会（American Institute of Architects）の会長である建築家のレオン・チャトレイン・ジュニア（Leon Chatelain Jr.）とイリノイ大学のリハビリテーション教育センターの所長であるティモシー・ニュージェント（Timothy Nugent）である。1959 年にニュージェントは、アメリカ規格協会（American National Standards Institute, Inc.: ANSI）の研究開発部門の長になった。建築家、建設業者、政府の代表者、リハビリの専門家、そしてアメリカ傷痍軍人のような障害者としての権利を要求する団体をメンバーとする委員会によって取り組まれたプロジェクト A-117（Project A-117）は、大統領身体障害者雇用委員会（President's Committee on the Employ-ment of the Physically Handicapped、現 在 は 大 統 領 障 害 者 雇 用 委 員 会、President's Committee on Employ-ment of People with Disabilities）や全米身体障害児・者協会（National Society for Crippled and Adults、現 在 はイースターシールズ協会〈Easter Seals Society〉）の保護のもとに、全米の建築家や建設業者によって採用されるバリアフリー基準を開発する目的で設定された。1961 年にプロジェクト A-117（Project A-117）は、建築物への身体障害者のアクセスを可能にし、利用可能にするためのアメリカ基準仕様（American Standard Specifications for Making Building Accessible to, and Usable by, the Physically Handicapped）を発表した。この基準仕様は、1968 年建築物バリアフリー法（Architectural Barriers Act of 1968）や最終的には 1990 年アメリカ障害者法（ADA）も含め、建築物のバリアフリーの促進に関連する後続のすべての法律や標準化の基礎になる画期的なものであった。

バリアフリーを促進する連邦政府の努力が、1965 年の建築物バリアフリー委員会（National Commission on Architectural Barriers）の設置によって実現された。当委員会は、建築物を新築

する際のバリアフリー化に要する経費が、建築費用の総額の0.1％を下回っているという報告書を公表した。その後の調査結果を踏まえて、同委員会は、バリアフリー化に要する経費を建築費用の総額の0.5％に変更するよう求めた。すなわち100万ドルごとに5000ドルを負担するよう変更した。この経費負担額は、設計事務所ならびに建設業者の見積額とは差があった。業者側は、美観を損ね、しかも経費負担が大き過ぎるバリアフリーに反対した。大手ゼネコンもバリアフリーを設計に取り入れることに抵抗した。しかし、バリアフリーの標準化に反対する勢力の中心は全米ホームビルダー協会 (National Association of Homebuilders) であった。

連邦政府のバリアフリーの法律や標準化の整備と並行して、州レベルでもまたバリアフリーの基準や指針が採用された。全米で一番初めに署名したのは、1963年のサウスカロライナ州である。しかし、その基準は州または公的基金による建築物にしか適用されず、強制条項を備えていなかった。それにひきかえ、障害当事者でもある建築家ロナルド・メイス (Ronald Mace) が尽力し1974年に法律となったノースカロライナ州全域をカバーするバリアフリーの基準はきわめて有効であった。この法律は、個人の住宅や石油精製所の狭い通路や下水処理場のような特別な産業施設を除いて、州のすべての建築物や施設に適用された。その頃から建築物のバリアフリーに関する法律は合衆国のほとんどの州や地域で可決されることになった。1973年リハビリテーション法 (Rehabilitation Act of 1973) の制定、建築・交通バリアフリー遵守委員会 (Federal Architectural and Transportation Barriers Compliance Board) の設立、1988年バリアフリー住宅に関する改正法 (Fair Housing Amendments Act of 1988) の制定が、建築物のバリアフリー化を進めるにあたって政府の関与を拡大させる結果となった。1990年アメリカ障害者法 (ADA) はバリアフリーの規定を連邦法に盛り込むまでの影響力を示した。アメリカ障害者法は新しい公共空間の所有者や使用者がバリアフリーを設計に加える努力をするよう規定している。

1945年以来の大きな進展にもかかわらず、各地でのバリアフリーの基準の執行は散発的であり、たいていの建物や公共空間は最重度の障害者にとって利用できないままであった。法的な未整備の中で、バリアフリーの活動家は、ユニヴァーサル・デザインやバリアフリーを主張した。バリアフリーは、障害者、とくに車椅子利用者に対して便宜を図るために特別な努力をすることを意味した。バリアフリーが例外的なニーズを満たすのに対して、ユニヴァーサル・デザインは、ある一定の基準を満たすことによってすべての人々のニーズに応じるという意味である。

参照項目 障害者環境改善センター (Adaptive Environments Center);1990年アメリカ障害者法 (Americans with Disabilities Act of 1990);建築・交通バリアフリー遵守委員会 (Architectural and Transportation Barriers Compliance Board);1968年建築物バリアフリー法 (Architectural Barriers Act of 1968);バリアフリー環境デザイン社 (Barrier Free Environments);コンクリート・チェンジ (Concrete Change);1988年バリアフリー住宅に関する改正法 (Fair Housing Amendments Act of 1988);メイス, ロナルド・L (Mace Ronald L.);ニュージェント, ティモシー・J (Nugent, Timothy J.);ユニヴァーサル・デザイン (Universal Design)

出典 Barrier Free Environments, *The Accessible Housing Design File* (1991); Laurie, Gini, *Housing and Home Services for the Disabled: Guidelines and Experiences in Independent Living* (1977); Lebovich, William L., *Design for Dignity: Accessible Environments for People with Disabilities* (1993); Welch, Polly, ed., *Strategies for Teaching Universal Design* (1995).

Architectural and Transportation Barriers Compliance Board (ATBCB)
建築・交通バリアフリー遵守委員会 (ATBCB)

建築・交通バリアフリー遵守委員会 (Architectural and Transportation Barriers Compliance Board: ATBCB) は1973年のリハビリテーション法第502条によって設置された。当初の目的は、1968年の建築物バリアフリー法による規格との整合性を確実にすることであり、連邦政府が所有する建築物、連邦政府が占有する建築

Architectural Barriers Act of 1968 (ABA)
1968年建築物バリアフリー法（ABA）

1968年に制定された建築物バリアフリー法（Architectural Barriers Act of 1968: ABA）によって、1969年以降、連邦政府によって建築、改築される建築物、または連邦政府から融資されたすべての建築物において障害者にとってバリアフリーであることが要求された。同法の施行後、連邦政府が借用または購入した建築物に対しても同じ条件を適用することを求められた。同時に、バリアフリーの基準を作成する当局として総務庁（General Services Administration: GSA）を認可した。同法は連邦政府の建築物だけでなく、余暇施設、医療施設、教育機関など連邦政府によって運営されているか補助金を受けた建築物にも適用された。例外とされたのは障害者を想定していない軍事施設であった。

ヒュー・グレゴリー・ギャラハー（Hugh Gregory Gallagher）によって起草された建築物バリアフリー法（ABA）は、連邦政府が建築物のバリアフリーの必要性を決議した史上初の法律である。しかし、同法には有効性において限界があった。『ハンディを負わせるアメリカ（*Handicapping America*）』（1978）でフランク・バウ（Frank Bowe）は「法を強制的に遵守させる規定がないこと」を指摘している。同法を施行するために、連邦議会によって設置された建築・交通バリアフリー遵守委員会（ATBCB）は当初から批判に晒されていた。同法のバリアフリーに関する要求事項の例外免除を求める申請を受け入れたからである。同委員会は慢性的な財政難に陥っており、同委員会の活動では、法による介入と説得に重きが置かれていた。レーガン政権は1980年代初頭に同委員会を解散させようとした。しかし、バリアフリーの活動家たちの圧力によって同委員会の解散は回避された。同委員会は法の実行において徐々に力をもつ存在になった。バウらは、このバリアフリー活動家による異議申し立てが機能しさえすれば現在の建築物バリアフリー法（ABA）が建築物バリアフリーに関する連邦政府の保証の重要な部分になると認識していた。

強制力がなかったため、建築物バリアフリー法は、政府が比較的新しく所有することになったか、資金提供をした建築物にのみ適用された

物、連邦政府から融資を受けた建築物に対して、障害をもつ人々にとってバリアフリーであることが要求された。ATBCBの役割は、1978年リハビリテーション、包括サーヴィスと発達障害改正法（Rehabilitation, Comprehensive Services, and Developmental Disabilities Amendments of 1978）の下で再定義された。改正条項は建築物に関するバリアフリーをコミュニケーションにも適用することである。たとえば、コミュニケーション障害のある者のために電信電話等の通信機器を用意するという権限を同委員会に与えた。同委員会は大統領の指名を受けた11名の委員からなる。うち5名は障害者でなければならない。また、同委員会は交通省、労働省、内務省、国防総省を含む連邦政府の各部局の代表者によって構成されなければならない。

ATBCBは、連邦法の下で先導的なプログラムを開発し連邦法におけるバリアフリーの要求事項に対応する技術的支援の方法を提供する。同委員会の活動は、連邦政府の関連施設に関するバリアフリーのガイドラインの現状把握や修正、視覚・聴覚障害者が認識できるサインの基準の開発、長距離バスや海上交通機関のバリアフリーの基準を作成する、という3つの領域を含む。同委員会は、1990年アメリカ障害者法（Americans with Disabilities Act of 1990: ADA）第2編と第3編の施行のためのガイドラインの作成を求められた。1991年、『建物や設備に関するガイドラインを定めたADAバリアフリー基準（*ADA Accessibility Guidlines (ADAAG) for Buildings and Facilities*）』や、『交通機関のガイドラインを定めたADAバリアフリー基準（*ADA Accessibility Guidelines for Transportation Vehicles*）』を制定した。

参照項目　1990年アメリカ障害者法（Americans with Disabilities Act of 1990）；建築物のバリアフリー（Architectural Access）；1968年建築物バリアフリー法（Architectural Barriers Act of 1968）；1973年リハビリテーション法（Rehabilitation Act of 1973）

A

1990年アメリカ障害者法（Americans with Disabilities Act of 1990）の制定までは、国が所有する公共建築物、そして個人所有の建築物のほとんどすべてが連邦におけるバリアフリー規定の適用を受けることはなかったのである。

参照項目 建築物のバリアフリー（Architectural Access）；建築・交通バリアフリー遵守委員会（Architectural and Transportation Barriers Compliance Board: ATBCB）；1988年バリアフリー住宅に関する改正法（Fair Housing Amendments Act of 1988）；ギャラハー，ヒュー・グレゴリー（Gallagher, Hugh Gregory）；住宅（Housing）

出　典 Bowe, Frank, *Handicapping America* (1978).

Asch, Adrienne
アッシュ，アンドリアン（1946-2013）

　アンドリアン・アッシュは、サイコセラピストであり、活動家であり、障害者権利問題の研究者である。彼女は、障害の社会学に関する膨大な論文や共著だけでなく、『障害女性――心理学、文化、政治についてのエッセイ（*Women with Disabilities: Essays in Psychology, culture, and politics*)』(1988, ミシェル・ファイン〈Michelle Fine〉と共編) や『ベイビー Mの後の問題――代理母の法的、倫理的、社会的重要性（*After Baby M: Regal, Ethical and Social Dimensions of Surrogacy*)』(1992, A・R・シフ〈A. R. Schiff〉と共著）のような画期的な書物の著者もしくは編者である。
　アッシュは1946年9月17日にニューヨークで生まれた。1969年、ペンシルヴェニア州スワスモア・カレッジで、哲学で学士を取得した。続いてコロンビア大学で、1973年にソーシャルワークで修士号を、また1992年に社会心理学で博士号を取得した。アッシュは、1970年に、全米盲人連合（Na-tional Federation of the Blind: NFB）に加入し、NFBのニューヨーク支部の後押しを受けて、健常者のサーヴィス提供者によって運営される社会サーヴィス局のパターナリズムや虐待に取り組む活動におけるリーダーになった。1972年の春に障害者権利擁護活動家のジュディ・ヒューマン（Judy Heumann）に出会い、その後すぐに行動する障害者の会（Disabled in Action: DIA）にも加入した。1973年、アッシュは、NFBとDIA、そして他の障害者権利活動家のメンバーとともに、州の反差別法によって保護される集団に障害をもつ人々を加える法案をニューヨーク州議会に提出した。法案は1974年に成立した。1974年から1985年まで、ニューヨーク州人権課（New York State Division of Human Rights）で仕事をし、現場代表として、そして、上席の人権問題専門家として、法律を提案したり、政府のガイドラインを作ったり、差別の苦情を調査したりした。
　近年、アッシュは、障害と障害の抑圧の社会的現実のさまざまな様相に関連する研究に焦点をあてている。彼女の書いたものがきっかけとなって、中絶やリプロダクティブ・ライツのような問題について、障害者の権利活動家やフェミニストの運動家と研究者の間で公の議論が起こった。彼女は、障害をもつ女性の「二重の抑圧」と、ポピュリズムと障害者の権利の間の関係、そして、ヒトゲノム計画（人の遺伝子コードをマッピングし、解読するために、数十億ドル規模で連邦政府が財政援助している試み）の一環として「欠陥」遺伝子を特定、選別できるようになったことから生じる倫理的な問題について書いている。
　アッシュは、今までバーナード大学（ニューヨークのコロンビア大学の系列）、オレゴン大学、ニューヨーク市立大学、ボストン大学で教鞭を執っている。1994年、マサチューセッツ州ウェルズリー大学で、ヘンリー・ルース財団から奨励金を受け、「生物学、倫理学とヒト生殖政策」の教授（Henry R. Luce Professor; ヘンリー・ルース基金による教授職）になった。

参照項目 中絶とリプロダクティブ・ライツ（Abortion and Reproductive Rights）；行動する障害者の会（Disabled in Action）；全米盲人連合（National Federation of the Blind）

出　典 Fine, Michelle, and Adrienne Asch, eds., *Women with Disabilities: Essays in Psychology, Culture, and Politics* (1988).

ASL
ASL（アメリカ手話）

参照項目 アメリカ手話（American Sign Language）

Assistance Animals
介助アニマル

　介助アニマル（Assistance Animals）は、障害者を支援するために用いられる動物である。介助アニマルの中で、最もよく知られ、普及しているのは、感覚障害者および運動障害者を介助するよう訓練された犬である。開発途上国では、数種のロバが運動障害者の移動の手段として用いられている。サルは、四肢まひのある人々を、食事の介助からヴィデオの操作にいたるまで、あらゆる場面で介助するよう訓練されている。

　介助アニマルの使用者は、しばしば差別を経験してきた。たとえば、盲導犬使用者はレストランでサーヴィスを拒否されたり、バスや飛行機への搭乗を禁じられたりした。1960年代初頭、全米盲人連合（National Federation of the Blind: NFB）は、こうした差別を禁止する州法の制定に取り組んだ。1990年アメリカ障害者法（ADA）は、介助アニマルを使用する障害者が、公共の場および職場に入る権利を規定したが、この規定は裁判所によって異なった解釈をされている。1996年、アメリカ連邦第9巡回区控訴裁判所は、飼い主が狂犬病の予防接種証明書を提出した場合、ハワイ州に旅行する盲導犬および補助犬の120日間の検疫はアメリカ障害者法に違反するとの判決を下した。しかし、カンザス州連邦地方裁判所は、1995年、ある女性が救急病棟に婚約者を訪ねる際、補助犬を同伴できなかったことについて、以下の判決を下した。アメリカ障害者法は「介助犬について、あらゆる場に入る全面的、絶対的な権利を作り出すものではない」「とくに、公共施設が必要、かつ法に適った安全要件を課すことはあると規定している」。ミシガン州スターリング・ハイトに本部を置く、国際介助犬協会（International Association of Assistance Dog Partners）は、介助犬使用者の権利を擁護し、季刊誌『パートナーズ・フォーラム（*Partner's Forum*）』を刊行している。

参照項目 全米盲人連合（National Federation of the Blind）

Assisted Suicide
自殺幇助

参照項目 安楽死と自殺幇助（Euthanasia and Assisted Suicide）

Assistive Technology
支援技術

　1988年障害者のための技術関連支援法（Technology Related Assistance for Individuals with Disabilities Act of 1988）において、支援技術は、「障害者の機能の向上、保持、または改善のために用いられる、いかなる品目、機器、または製品システム……」と定義されている。支援技術には、視覚障害者がコンピュータの画面を読んだり言語障害者が話をしたりするための音声合成装置、電動車椅子の呼気スイッチ、車椅子使用者が床から物を拾うためのリーチャー、肢体不自由者を車椅子からシャワー・チェアへ移すためのリフト、微細運動に制約のある人の書字を可能にする〔環状の〕気泡ゴム製のペンホルダー、聴覚障害者が音声情報にアクセスするためのコンピュータ同時文字通訳（CART）、活字を読めない人のための録音図書などがある。

　障害のある人々のためにデザインされた支援技術は、しばしば今のところは障害のない人々の生活を豊かにすることにもつながる。たとえばタイプライターは、盲人が晴眼者に対して、点字ではなく直接文字を書けるようにするために発明されたものである。一方、最近「バーチャル・リアリティ」のコンピュータ・ソフトウェアが急増しているが、これは1つには、コンピュータ・ソフトウェアのインターフェイスを重度の障害者も利用できるようにしようとする研究の成果である。聾の物理学者ロバート・H・ウェイトブレクト（Robert H. Weitbrecht）が1960年代初期に開発した聴覚連動装置（acoustic coupler）は、元々は聾の人々がテレタイプライター（TTY）のメッセージを通常の電話回線で送れるようにすることを目的としたも

のであった。これはコンピュータ・モデムの先駆けであり、今日、障害の有無にかかわらず何千万人もの人のインターネットの利用を可能にしている。

参照項目 障害者のための技術関連支援法 (Technology Related Assistance for Individuals with Disabilities Act)

出典 Brummel, Susan, *People with Disabilities and the National Information Infrastructure: Agenda for Action* (1993).

The Association for Persons with Severe Handicaps (TASH)
重度障害者協会（TASH）

重度障害者協会（The Association for Persons with Severe Handicaps: TASH）は、1974年11月に非公式的に設立された。そして1年後、特殊教育とリハビリテーション分野における最新の進展を共有したい専門家たちの組織として公式に設立された。TASHの創設に影響を及ぼしたのは、1972年にペンシルヴェニア州精神遅滞児親の会（Pennsylvania Association for Retarded Children: PARC）対ペンシルヴェニア州の間で生じた画期的な権利としての教育訴訟が成功をおさめたことである。今日、TASHは障害者と彼らの家族、そして障害関連の分野で働く人々のための国際的な協会である。TASHは連邦法の立案、訴訟の整理、情報普及を支援し、また「生活のあらゆる側面における障害者の完全統合と参加」を求める。非営利組織であるTASHは、1995年に全世界に38の支部と5000人以上の会員をもつようになった。

1978年に、TASHは全国的な組織として初めて障害者施設の完全な終焉を呼びかけた。TASHは、州の職業リハビリテーション・プログラムのもとでサーヴィスを受けることが拒まれてきた重度障害者によりよいサーヴィスを受けさせるために、1973年のリハビリテーション法を改正するように連邦議会に圧力をかけた。TASHは1986年障害児童保護法（Handicapped Children's Protection Act）の進展に中心的な役割を果たし、1990年にはアメリカ障害者法の成立を支援した。またTASHは、「嫌忌療法」を用いた障害児・者の行動のコントロールを禁止する法律を最初に要求した全国組織でもある。TASHの研究者たちは、電気ショック、アンモニアの強制的な吸入、殴打、その他「治療」と称した虐待が利用されてきたことを実証してきた。

TASHは、月刊のニューズレター（TASHニューズレターと呼ばれる）と『重度障害者協会ジャーナル（*Journal of the Association of Persons with Severe Handicaps: JASH*）』を発行している。TASHニューズレターでは、法律と議会活動に関する記事、そして障害者権利活動家による論説を取り上げている。『重度障害者協会ジャーナル』は季刊の学術雑誌である。メリーランド州ボルティモア市を拠点とするTASHは、年次会議を開き、情報・委託部門を設け、権利擁護訓練のための地域の研究会を支援している。

参照項目 嫌忌療法（Aversives）；ペンシルヴェニア精神遅滞児親の会（PARC）対ペンシルヴェニア州裁判（*Pennsylvania Association for Retarded Children v. Pennsylvania*）；授産施設（Sheltered Workshops）；スミス対ロビンソン裁判（*Smith v. Robinson*）

Association for Retarded Children, Association for Retarded Citizens
全米精神遅滞児親の会、精神遅滞市民協会

参照項目 全米精神遅滞市民協会（The Arc）

Association of Late-Deafened Adults (ALDA)
アメリカ中途失聴者協会（ALDA）

アメリカ中途失聴者協会（Association of Late-Deafened Adults: ALDA）は、非営利組織として、1987年にシカゴで設立された。主な創立者に、1985年に中途失聴者の非公式援助グループを開始したキャシー・スカイヤー・ヘリング（Kathie Skyer Hering）や、その会合に翌年から参加し始めたビル・グレアム（Bill Graham）がいる。1996年現在、アメリカとカナダに23の支部がある。会員は、「後天性」聾、すなわち

音声言語を習得した後で聾となった者で構成されている。団体ではセルフヘルプ・グループの運営、各種社会活動を主催し、中途失聴者のために関連立法、リハビリテーション・プログラム、職業訓練、雇用主の意識向上などを主張している。また、年4回『ALDAニュース（*ALDA News*）』を発行している。

Atascadero State Hospital v. Scanlon 105 S. Ct. 3142 (1985)
州立アタスカデロ病院対スキャンロン裁判（1985年最高裁判所判例集第105巻3142頁）

連邦最高裁判所は、州立アタスカデロ病院対スキャンロン裁判（*Atascadero State Hospital v. Scanlon*）において、障害者は、1973年リハビリテーション法第504条（Section 504 of the Rehabilitation Act of 1973）に対する違反を理由に、州政府に対する訴訟を連邦裁判所にもち込むことはできないという判決を言い渡した。1990年ADA以前において、リハビリテーション法第504条を障害者の人権擁護のための最も重要な条項と考えていた障害者の権利擁護者にとって、この判決は大きな後退であった。

ダグラス・ジェームズ・スキャンロン（Douglas James Scanlon）は、障害を理由に、大学生の時に補助レクリエーションセラピストの仕事に就くことを拒否され、その後1979年11月、州立アタスカデロ病院とカリフォルニア州精神保健省（California Department of Mental Health）を訴えた。スキャンロンは、糖尿病で片方の目が盲であったが、彼は要求された仕事を十分に行うことができると主張した。病院が彼を雇用するのを拒否したことは、連邦資金の援助を受けている団体が障害を理由に個人を差別することを禁じた第504条への違反にあたると、彼は主張した。1980年1月、連邦第1裁判所はスキャンロンの告訴を却下した。その根拠は、一私人が連邦裁判所に州政府を訴えることを禁じる合衆国憲法修正第11条により、そのような訴訟は禁じられているというものであった。スキャンロンは上訴し、訴訟は次の段階に進み、この事件は1985年3月25日、最高裁判所において審理された。1985年6月28日、5対4という議論の余地のある判決によって、

裁判所は下級裁判所の決定を支持し、州の絶対的な免責が破棄されるためには、議会を通る個々の法律において、「議会は明白な表現で憲法修正第11条を廃止する意向を表現しなければならない」と裁定を下した。すなわち、連邦資金を受け取るだけでは、州は連邦訴訟からの保護を無効にされることはなく、したがって、第504条に従うことを州に強いることはできなかったのである。

州立アタスカデロ病院対スキャンロン裁判に応えて、障害者権利教育擁護基金（Disability Rights Education and Defense Fund）のパトリシア・ライト（Patrisha Wright）とアーリーン・マイヤーソン（Arlen Mayerson）、公民権指導者会議（Leadership Conference on Civil Right）のラルフ・ニース（Ralph Neas）、およびレーガン政権下で公民権担当の司法副長官であった（assistant attorney general for Civil Rights）ブラッド・レイノルズ（Brad Reynolds）は、1985年に通過した法律に特別修正を加えたカリフォルニア州選出の民主党上院議員アラン・クランソン（Alan Cranston）と交渉をした。その修正は、スキャンロンのような訴訟が今後増加することを可能にするとの連邦議会の意向を明らかにしたものであった。

参照項目　1987年公民権回復法（Civil Rights Restoration Act of 1987）；1973年リハビリテーション法第504条（Section 504 of the Rehabilitation Act of 1973）

Atlantis Community, Inc.
アトランティス・コミュニティ

アトランティス・コミュニティ（Atlantis Community, Inc.）は、1975年に14人の障害をもつ青年が施設を出て、ラス・カシータス地区にあるデンヴァー市住宅局の団地で7戸を賃借した時に設立された。アトランティスの第1次行動計画（Atlantis Early Action Program: AEAP）は、インゴ・アントニッチ（Ingo Antnitch）の指導のもと、脳性まひ協会連合（United Cerebral Palsy Associations）、ライフセンター（Life Center）からの障害のある青年、デンヴァー街づくりセンター（Denver Community Design

A

コロラド州デンヴァーの選挙投票所の入口でピケを張るアトランティス・コミュニティのメンバー。投票所の階段が選挙ブースへのアクセスを不可能にしていると訴えた。1988年。
©Bettmann/CORBIS/amanaimages

Center）およびデンヴァー市長直属の障害者に関する委員会ならびに全米対まひ財団（National Paraplegia Foundation）のデンヴァー市支部の助成を受けた。提唱者は在宅介護サーヴィスの資金確保のために社会福祉部門とコロラド市議会と共同で計画を立案した。

アトランティス・コミュニティは1978年にデンヴァー市の地方交通局（RTD）の路線バスがバリアフリー化されていないことに抗議する一連のデモを展開し全国に認知された。このキャンペーンは、公共交通機関の利用が困難なアメリカ人障害者を、アメリカ障害者アテンダント・プログラム・トゥデイ（American Disabled for Attendant Programs Today: ADAPT）の1983年の創立に導いた。同年、デンヴァー市地方交通局（RTD）は、バスのすべてにリフトをつけることを約束し、その結果、障害者を排除しない公共交通システムが作られた。アトランティス・コミュニティの活動家は1990年までにデンヴァー市投票所の完全バリアフリー化を実現する運動を組織した。同様のキャンペーンによって、市内のマクドナルドの店を、車椅子利用者にとってのバリアフリー化を実現した。請願と集会だけではカーブ・カット（curb cuts）やカーブ・ランプ（ramps）の数の増加が進展しなかった時、アトランティス・コミュニティは強硬な抗議行動を展開した。結果として、デンヴァー市のすべての縁石は1997年までに削られる予定となった。このプロジェクトは、悪天候などの要因により妨げられながらも、1997年3月までにデンヴァー市の縁石の80％が削られた。アトランティス・コミュニティは、住宅のバリアフリー化、日常生活および家事援助、移動サーヴィス、障害者教育および医療サーヴィスを含むさまざまなサーヴィスをデンヴァー地域の障害者に提供している。

参照項目　アメリカ障害者アテンダント・プログラム・トゥデイ（American Disabled for Attendant Programs Today）；オーバーガー，マイケル・

W（Auberger, Michael W.）；ブランク，ウェイド（Brank, Wade）

Auberger, Michael W.
オーバーガー，マイケル・W（1955年生）

マイケル・オーバーガーは、アメリカ障害者アテンダント・プログラム・トゥデイ（ADAPT）の共同設立者であり、1983年の設立以来、全米でのオーガナイザーおよびスポークスマンとして活躍している。1986年からはデンヴァーにあるアトランティス・コミュニティ（Atlantis Community, Inc.）の理事も務めており、その組織能力、情熱的な話し方、および障害者の権利を追求する市民的不服従の支持者で知られている。

オーバーガーは1955年5月12日生まれ、オハイオ州シンシナティの出身である。彼は1971年、ボブスレーの事故で脊髄損傷を負った。1978年、シンシナティにあるゼイヴィア大学で会計学の学士号を取得し、税理士となった後、国税局（Internal Revenue Service: IRS）会計検査官となった。国税庁を辞職してデンヴァーに移り、そこでウェイド・ブランク牧師（Rev. Wade Blank）と出会い、アトランティス・コミュニティに入った。

オーバーガーの最も有名な演説は、1990年3月、ワシントンD.C.における正義の車椅子団デモの中、アメリカ連邦議会議事堂の階段下で行われた。「私たちが座っている目の前にあるこの階段は、障害のあるアメリカ人に対して加えられてきた差別と冷遇の長い歴史を象徴するものである。私たちはこの階段が象徴するものと闘ってきた。私たちの中には、自らの意思に反して施設に収容されていた人々がいる。障害者であるという理由だけで、自らの子どもを奪われて育てられなかった人々もいる。私たちは自分の家をもつことも認められなかったし、仕事も与えられなかったのだ。……私たちは、このように私たちの権利と平等が阻まれるのをこれ以上容認することはできない。……合衆国憲法の前文には、『われわれ、健常者は』と書いてない。単に『われわれ、人間は』と書かれている。そして、私たちは人間なのである」。

1990年、ADAの議会通過後、オーバーガーは方向を転じ、パーソナル・アシスタンス・サーヴィス（PAS）に精力を傾け、また、ナーシング・ホームへの障害者収容に終止符を打つべく、奮闘した。

参照項目 アメリカ障害者アテンダント・プログラム・トゥデイ（American Disabled for Attendant Programs Today）；アトランティス・コミュニティ（Atlantis Community, Inc.）；パーソナル・アシスタンス・サーヴィス（Personal Assistance Services: PAS）；正義の車椅子団（Wheels of Justice）

Audism
健聴者中心主義

健聴者中心主義とは、聴力のない生活は無益で、悲惨であり、聴力の損失は、悲劇であると同時に、「人間の苦しみの原因」であって、聾者は可能なかぎり聴者に近づくために努力すべきであるという考え方である。ボストン市のコミュニティ・サーヴィスと権利擁護の団体、D.E.A.F. Inc.のハイディ・リード（Heidi Reed）とハートマット・テューバー（Hartmut Teuber）といった聾の活動家たちは、健聴者中心主義を「健常者優先主義の特別な例」であると考える。オーディスト（健聴者中心主義支持者）たちは、聾者であれ聴者であれ、聾の文化や手話の使用を避け、リードとトイバーが「聾者が残存聴力、発話、読話の使用への執念」と呼ぶものをもっている。

参照項目 健常者優位主義（Ableism）；人工内耳（Cochlear Implants）；口話法聾学校、口話主義（Oral School, Oralism）

Autism National Committee
全米自閉症委員会（Autcom）

全米自閉症委員会（Autism National Committee; Autcom）は、自閉症をもつ人々の公民権の改善を目的とするNPO組織として、1990年にペンシルヴェニア州アードモアで設立された。全米自閉症委員会は教育、住居、就労や職業訓

練，適切な消費者サーヴィス，家族支援システムについて，自閉症と広汎性発達障害およびその他の関連する障害をもつすべての人の権利を支援している。同委員会は施設への収容と，電気ショックや薬物による抑制などの「嫌忌療法」に反対している。

全米自閉症委員会はイヴェントや関心の高い問題を扱う季刊のニューズレター『コミュニケーター（The Communicator）』を発行している。たとえば1995年春季号には，マサチューセッツ州で行われた嫌悪刺激の使用を禁止する法律の成立に向けての取り組みと，民間経営の施設入所中に受けた「嫌忌療法」のため死亡したとされる19歳女性の遺族が起こした訴訟に関する記事が掲載されている。全米自閉症委員会は『自閉症市民のための社会的正義（Social Justice for all Citizens with Autism）』などのパンフレットも発行している。全米自閉症委員会は，自閉症のある人々，その家族，友人，関係する専門家のために，年次大会を開催している。

参照項目　嫌忌療法（Aversive Procedures）；グランディン，テンプル（Grandin, Temple）

Autism Society of America (ASA)
アメリカ自閉症協会（ASA）

アメリカ自閉症協会（ASA）は自閉症の子どもをもつ親たちにより1965年に設立された。情報提供，資源の紹介，支援，権利擁護の組織である。自閉症が「冷蔵庫のような」母親，すなわち子どもの世話をしない母親により生み出される心理学的状態であると考える医療関係者は，親たちに否定的態度をとった。ASAはそうした彼らの態度に反論することを中心として組織された。

ASAはメリーランド州ベセスダで創設されたNPO組織であり，全米48州215支部に1万7000人以上の会員がいる。ASAの使命は「自閉症スペクトラムの範疇にある人とその家族の完全な社会参加に対する権利と機会を促進する」ことにある。隔月刊のニューズレター『権利擁護（Advocate）』を発行し，年次大会と情報提供ホットラインを主催している。また会員に対し，議会で検討中の法律などの関心の高い問題について注意を喚起している。

参照項目　全米自閉症委員会（National Autism Committee）；嫌忌療法（Aversive Procedures）；グランディン，テンプル（Grandin, Temple）

Aversive Procedures
嫌忌療法

重度障害者協会（TASH）の会長，ナンシー・R・ワイス（Nancy R. Weiss）は，「嫌忌療法」を「容認できないと見なされる行動に対して苦痛を伴う刺激」を用いることと定義している。嫌忌療法は発達障害，とくに知的障害および/または自閉症の人々の特定の行動を減らすために体系的なプログラムの一部としてしばしば用いられる。

ワイスのような障害者権利擁護運動家たちは，嫌忌療法の使用を人権の侵害であると考える。彼らは，裁判所が「残酷で異常な処罰」として重罪の服役囚に対する使用を禁止しているいくつかの処置が障害者施設では日常的に使用されていることに注目する。ワイスは，行動研究所（Behavioral Research Institute: BRI，現在，ロードアイランド州に拠点をおくローテンバーグ判事記念教育センターとして知られている）が運営する施設の例を詳述している。州の監督官の調査では，ある生徒は1日に「腿を173回，尻を50回叩かれ，腿，肩，腕を98回強くつかまれ，尻を88回，腿を47回，足を527回，手を78回つねられていた」。他にも，BRIの生徒ヴィンセント・ミレティック（Vincent Milletich）は，1985年7月24日に22歳で死亡したが，それは，手錠をかけられ，職員の両足で頭をはがいじめにされた後であった。ミレティックは「不適切な」声をあげたことに対し，繰り返し処罰を受けていたのである。

嫌忌療法の支持者たちは，発達障害者にとって，自分の頭を壁に打ちつけたり顔を叩いたりといった自傷行動を続けさせるほうが，それを止めるためのアンモニア噴霧や電気ショックより有害であると主張する。しかしワイスは，授産施設の入所者が思いきり両足を伸ばすような，職員がケアをするうえで迷惑な行動を抑えるためだけに嫌忌療法がいかに頻繁に使われている

かについて証拠をあげて反論する。彼女は、きょろきょろする、頭をふる、小声でぶつぶついうなどの行動を抑えるのに用いられる嫌悪「療法」の例をあげる。彼女の主張によれば、最も深刻な自傷行動でさえ、苦痛を与えずに止めさせることができる。これらの行動は、言葉を話せず、認知的困難をもっている知的障害者が、彼らに強いられている抑圧的で非人道的な状況に抗議しようとする試みなのである。ワイスは、施設に留まる知的障害者が我慢しているひどい環境を変えるほうが、彼らを従順で大人しくさせるために苦しめるより望ましい、と述べている。

全米個人住宅リソース協会（National Association of Private Residential Resources）とアメリカ精神遅滞学会（American Association on Mental Retardation；現在のアメリカ知的・発達障害学会）のような専門家団体、そして重度障害者協会（TASH）、全米精神遅滞市民協会（The Arc）、ヒューマン政策センター（Center on Human Policy）、アメリカ自閉症協会（Autism Society of America）などの主な障害者権利団体は、嫌忌療法の使用を非難する決議案を可決させた。嫌忌療法を用いる施設に対していくつかの訴訟が起こされたが、その実施、慣習を止めることはできなかった。

ワイスは次のように結論づける。「施設に入れられ、苦しい療法にさらされている人々は、第三世界の国々の一部の政治犯と変わりはない……彼らの障害ゆえに虐待に対してはっきりと話したり、また虐待を受けやすいために、彼らはますます苦境に追い込まれる。私たちは、障害者以外には適用が許されないであろう方法で、障害者を取り扱うことを許すことはできない。人間の尊厳とすべての人々に対する倫理的な処遇に関心がある人は誰でも、苦痛をもたらす行動修正の方法が引き続き用いられていることに怒りを表すべきである」（Weiss, 1991）。

参照項目 重度障害者協会（Association for Persons with Severe Handicaps）；アメリカ自閉症協会（Autism Society of America）；ヒューマン政策センター（Center on Human Policy）

出典 Campbell, Philippa, ed., *Use of Aversive Procedures with Persons Who Are Disabled: An Historical Overview and Critical Analysis* (1987); Weiss, Nancy R., *The Application of Aversive Procedure to Individuals with Developmental Disabilities: A Call to Action* (1991).

Baby Doe Case
ベビー・ドゥー裁判

1982年4月、インディアナ州ブルーミントンでダウン症に食道閉塞を伴った子どもが誕生した。両親は、医師の助言を受けて、本児の食道閉塞を取り除く治療を延期することとし、結果的にその子どもを餓死させることになる道を選んだ。これに対して自身も発達障害のある障害者権利擁護運動家たち、とくにピープル・ファースト（People First）のような団体は、両親や医師が、最初から知的障害児者の人生は何の希望もなく生きるに値しないものであると決めつけ、本児への治療を延期する決断をしたとし、裁判所に対して子どもの生命を救うために介入するよう求めた。その後、本児を養子にしたいと願い出た夫婦も何組かあったが、結局、法的措置がとられる以前に本児は死亡してしまった。

本件は世間に広く報道されたため、その後、レーガン政権は、「ベビー・ドゥー班（Baby Doe Squad）」——障害をもった新生児に対するケアを監視する権利擁護運動団体——の設置と、新生児殺しの疑いのあるケースを通報するためのホットラインを設置するとの通達を出した。また、障害を理由に障害児に対して治療を行わないのは、1973年リハビリテーション法第504条（Section 504 of the Rehabilitation Act of 1973）に違反していると主張した。しかし最高裁判所を含む連邦裁判所は、一貫してこの主張を認めず、レーガン政権が発した通達自体も無効であると裁定を下した。

その後、このベビー・ドゥー裁判（Baby Doe case）と、それに続くベビー・ジェイン・ドゥー裁判（Baby Jane Doe case）に触発され、障害者権利擁護運動家たち、子どもの生きる権利を主張する団体、レーガン政権の3者は互いに協力して、1984年改正児童虐待防止および処遇法（Child Abuse Prevention and Treatment Act Amendments of 1984）の成立に漕ぎ着けた。

参照項目　ベビー・ジェイン・ドゥー裁判（Baby Jane Doe Case）；ボウウェン対アメリカ病院協会裁判（Bowen v. American Hospital Association）；1984年改正児童虐待防止および処遇法（Child Abuse Prevention and Treatment Act Amendments of 1984）；安楽死と自殺幇助（Euthanasia and Assisted Suicide）；T-4障害者安楽死政策（T-4）

出典　Hentoff, Nat, "The Awful Privacy of Baby Doe," in Alan Gartner and Tome Joe, eds., *Images of the Disabled: Disabling Images* (1987).

Baby Jane Doe Case
ベビー・ジェイン・ドゥー裁判

1983年10月11日、ニューヨーク州ロングアイランドで、二分脊椎と水頭症の障害をもった女児が誕生した。本件より1年半前のベビー・ドゥー裁判（Baby Doe case）と同様、この両親も医師の助言に従って、本児が生きるために必要な手術を受けさせなかった。障害者権利活動家は、人々が障害について無知であるだけでなく、敵意さえもっており、障害をもって生きることは生きるに値しないと信じているために、ベビー・ドゥー裁判（Baby Doe Case）と同様、本件のようなケースが生じると考えた。

この女児をめぐっての報道は、本児の健康状態が絶望的なものであるというところに焦点をあてたものであった。たとえば『ニューヨーク・タイムズ（*New York Times*）』は、「彼女は、手術をすれば20歳代まで生きることができるであろうが、重度の知的障害をもち、ほとんど寝たきりの状態であろう」と報道した。これは、シカゴの子ども記念病院（Children's Memorial Hospital in Chicago）の神経外科部長であるディヴィッド・G・マックローン（David G. McLone）の見解とは対照的であった。彼は、もし本児が誕生後できるだけ早い段階で手術を受けるなら、知的には何の問題もなく育ち、おそらく補装具をつけて歩くことができ、人並みの寿命を全うできるであろうと主張していた。本児と同様の症状をもつ子どもを1000人以上治療した経験のあるマックローンは、二分脊椎治療では国内で最も実力がある医師であったはずだが、彼の見解を取り上げる報道機関はほとんどなかった。

そうした中、レーガン政権、一部の議員、子どもの生きる権利を守る団体、障害者権利活動家たちは、こぞって本児を救う手立てを探し求

めていた。その1つとして連邦司法省は、主治医が治療を拒否したことが1973年リハビリテーション法第504条に違反しているかどうかを審査するために、本児のカルテ提出を求めた。この行為に対して、ニューヨーク自由人権協会（New York Civil Liberties Union）をはじめとして、ニューヨーク州司法長官、アメリカ病院協会（American Hospital Association）、全米小児科学会（American Academy of Pediatrics）、その他の医療関係者は、主治医と患者の守秘義務に連邦政府が介入する行為であるとして猛反対を繰り広げた。一方、精神遅滞市民協会（Association for Retarded Citizens）、重度障害者協会（Association for Persons with Severe Handicaps）、障害者権利教育擁護基金（Disability Rights Education and Defense Fund）、ニューヨーク行動する障害者の会（Disabled in Action in New York）は、連邦司法省の要求を支持する意見を表明した。結局このケースは裁判（1983年合衆国対ニューヨーク州立大学ストーニー・ブルック校大学病院〈United States v. University Hospital, State University of New York at Stony Brook, 1983〉）にもちこまれ、1審で連邦政府の訴えは却下され、1984年2月23日の連邦第2巡回区控訴裁判所での控訴審判決でも、過去の判例からリハビリテーション法第504条よりも両親と本児の秘密保持義務が優先とされた。ニューヨーク州司法局報道官は、本判決が「先天性障害児の治療方針に関して、連邦政府がいかなる捜査権ももたない」ことを明らかにした、として歓迎する談話を発表した。しかしながら、本裁判を担当した判事のうち、ラルフ・ウィンター判事（Judge Ralph Winter）は、次のような理由で反対意見を記している。すなわち、障害を理由にその子どもに食糧、水、治療を与えないのは、医学的必要性に基づいた決定ではなく、「その患者が黒人であるということを理由に、ある手術を拒むことが真に医学的な決定ではない」のと同様、差別に基づく決定である。このベビー・ジェイン・ドゥー裁判や同様のケースの結果として、連邦議会は、1984年改正児童虐待防止および処遇法（Child Abuse Prevention and Treatment Act Amendments of 1984）を成立させた。

1986年6月、最高裁判所は、ボウエン対アメリカ病院協会（Bowen v. American Hospital Association）裁判で、障害児に対して必要な治療を実施しないことは、必ずしもリハビリテーション法第504条に違反するものではない、という判決を再度下した。その一方で、ベビー・ジェイン・ドゥー裁判の両親は、先に行った決断を翻し、本児の脳内圧力を緩和するための手術を受けさせた。その7年後に彼女の家を訪れた新聞記者は、この女児について、わずかに知的障害があり、車椅子での生活を送ってはいるものの、全体としては活発で幸福な生活をしていると報じ、「医師たちが証言したよりもはるかに広範囲のことを学習できている」と書いている。こうしたことから、障害者権利擁護運動家たちの中には、この女児がより早い段階で手術を受けていれば、残った障害はもっと少なかったのではないかという人もいる。

参照項目 ベビー・ドゥー裁判（Baby Doe Case）；ボウエン対アメリカ病院協会裁判（Bowen v. American Hospital Association）；1984年改正児童虐待防止および処遇法（Child Abuse Prevention and Treatment Act Amendments of 1984）；安楽死と自殺幇助（Euthanasia and Assisted Suicide）；T-4障害者安楽死政策（T-4）

出典 Biklen, Douglas, "Framed: Print Journalism's Treatment of Disability Issues," in Alan Gartner and Tom Joe, eds., *Images of the Disabled: Disabling Images* (1987); Hentoff, Nat, "The Awful Privacy of Baby Doe," in Alan Gartner and Tome Joe, eds. *Images of the Disabled: Disabling Images* (1987).

Baptiste, Gerald, Sr.
バプティスト，ジェラルド・シニア（1934年生）

ジェラルド・バプティスト・シニアは、有色人種である障害者の権利擁護で全国的に著名な人物である。1986年に一般の障害者権利運動のアジェンダに、アメリカの黒人の障害者問題を付け加えることを求めて、全米自立生活協議会（National Council on Independent Living: NCIL）の多文化委員会（Multi-Cultural Committee）の共同設立者となった。1990年代初頭から、彼は先頭に立って、障害をもち、マイノリティである人々のための草の根運動の全国組織化を試みていく。

1934年2月10日、テキサス州ボーモントに生まれたバプティストは、テキサス州プレイリー・ビューのプレイリー・ビューA&M (Prairie View A&M) 大学で社会学の学士号をとった。1979年、ピア・カウンセラーとして、バークレーの自立生活センター (Center for Independent Living: CIL) に加わり、1981年には盲人サーヴィス・コーディネーターに、さらに1985年には副所長になった。1990年アメリカ障害者法 (Americans with Disabilities Act of 1990) 通過の闘いの期間中、アメリカ西部での草の根組織のオーガナイザーであり、コーディネーターも務めた。全米ならびにいくつかの国で、政治的な運動組織化や自立生活のトレーニング・セッションを行ってきた。日本における最初の自立生活センター設立の支援をしているし、アフリカの障害者権利活動家との連携に取り組むアフリカ系アメリカ人のリーダーでもある。

参照項目　自立生活センター (Center for Independent Living) ; 全米自立生活協議会 (National Council on Independent Living: NCIL) ; 多文化問題、障害のあるマイノリティ (Multicultural Issues, Minority Persons with Disabilities)

Barrier Free Environments (BFE)
バリアフリー環境デザイン社 (BFE)

1974年、ロナルド・L・メイス (Ronald L. Mace) によって設立されたバリアフリー環境デザイン社 (Barrier Free Environments: BFE) は、構造的に誰にとってもバリアフリーである建築物を設計し、バリアフリーの不備を是正する目的で、個人、企業、政府と協力して活動したデザイン会社である。同社は製品が誰にとってもバリアフリーであるように研究開発を行っている。同社は、1973年リハビリテーション法第504条 (Section 504 of the Rehabilitation Act of 1973)、1988年バリアフリー住宅に関する改正法 (Fair Housing Amendments Act of 1988)、1990年アメリカ障害者法 (Americans with Dis-abilities Act of 1990) の3つの法律に従って州、および連邦政府の建築基準を策定する作業に関わった。主要刊行物に、『障害者対応改造住宅仕様書技術手引き (*Adaptable Housing: A Technical Manual for Implementing Adaptable Dwelling Unit Specifications*)』(1987)、『バリアフリー住宅のデザイン集 (*Accessible Housing Design File*)』(1991) などがある。BFEはノースカロライナ州ローリーに拠点を置いている。

参照項目　建築物のバリアフリー (Architectural Access) ; ユニヴァーサル・デザイン・センター (Center for Universal Design) ; 1988年バリアフリー住宅に関する改正法 (Fair Housing Amendments Act of 1988) ; 住宅 (Housing) ; メイス, ロナルド・L (Mace, Ronald L.) ; ユニヴァーサル・デザイン (Universal Design)

Bartels, Elmer C.
バートルズ, エルマー・C (1938年生)

エルマー・C・バートルズは、1977年、マサチューセッツ州リハビリテーション委員会 (Massachusetts Rehabilitation Commission) 委員長になった。彼は州のリハビリテーション機関において、重度障害者で行政管理職に昇進した最初の1人であった。

1938年6月19日生まれで、1961年にホッケーの試合中に頸椎を折り、四肢まひになった時は、メイン州のコルビー・カレッジ (Colby College) の専門課程で学んでいた。翌年、物理学と数学の学位を取得して卒業、1964年にはマサチューセッツ州のタフツ大学 (Tufts University) で核物理学修士号を得た。1964年から1968年、マサチューセッツ工科大学の核科学研究所に、次いで1968年から1977年はハニーウェル・インフォメーションシステムズ (Honeywell Information Systems) に勤務し、これらの仕事をこなしながら、全米対まひ財団 (National Paraplegia Foundation) 幹事および理事、マサチューセッツ対まひ協会 (Massachusetts Association of Paraplegics) と、マサチューセッツ障害者市民連合 (Massachusetts Coalition of Citizens with Disabilities) の前身であるマサチューセッツ障害者組織協議会 (Massachusetts Council of Organizations of the Handicapped) のリーダーの1人としても活躍した。

1977年、冒頭に記したマサチューセッツ・

リハビリテーション委員会部長に任命されてから、バートルズはマサチューセッツのリハビリテーション・プログラムを、よりクライエントのニーズに合ったものにするように尽力した。障害とリハビリテーションに関する多数の論文・共著を書いている。また合衆国障害者スポーツ・フィットネス・センターや、ボストン民間企業経営協議会（Boston Private Industry Council）の障害者問題委員会（Disabilities Issues Committee）などをはじめとするさまざまな組織の会員でもあった。

参照項目　職業リハビリテーション、職業リハビリテーション法とその改正（Vocational Rehabitation, Vocational Rehabilitation Acts and Amendments）

Bazelon Center
バゼロン・センター

参照項目　ディヴィッド・L・バゼロン判事記念精神保健法センター（Judge David L. Bazelon Center for Mental Health Law）

Beers, Clifford Whittingham
ビアーズ, クリフォード・ホイティンガム
（1876-1943）

クリフォード・ビアーズは、『わが魂にあうまで（*A Mind That Found Itself*）』（1908）の著者としてよく知られている。この本は、20世紀転換期のアメリカにおける精神障害者としての生活を述べた彼の自叙伝である。彼は、精神病のスティグマを解消するために、そして精神障害をもつ人々の虐待を撤廃するために働くことに人生を費やした。

クリフォード・ビアーズは、1876年3月30日、コネティカット州ニューヘイヴンに生まれ、1894年9月にイェール大学に入学した。同年、兄が最初はてんかんが疑われる症状を発症した。皮肉にも、ビアーズの障害の最初の明らかな徴候は、兄のように身体障害者になるかもしれないという強迫観念であり、兄の病状の悪化とともに、彼の抑うつ症状も深刻化した。1900年6

クリフォード・ホイティンガム・ビアーズ。障害者権利運動のパイオニア。1933年。
©Bettmann/CORBIS/amanaimages

月23日の午後、ビアーズは4階の窓から飛び降りた。病院に運ばれた彼の第一声は、「自分はてんかんだと思った」であった。1900年7月4日、兄は脳腫瘍で亡くなった。

ビアーズはコネティカット州ハートフォード近郊の精神病院へ移された。病院の状態はきわめて劣悪であった。食事はかろうじて食べられるものであった。冬場でさえ、患者たちは暖房のない部屋で、薄いマットをベッドにして裸のままで寝かされていた。不満をいう、取り乱す、あるいは攻撃的な患者たちは、冷たく湿ったシーツに包まれるか、拘束服を着せられ縛りつけられるか、あるいは何日間も続けて薬を投与された。むちで打たれる者もいた。ビアーズは3年間を3つの異なる病院で過ごしたが、それぞれの病院で患者が残酷に扱われているのを目のあたりにした。彼は、感じたことをひそかに記録して（入所者は鉛筆と紙をもつことを禁止されていた）、他の入所者や職員にインタヴューし、監督機関に手紙を送ることを始めた。ビアーズは、女性たちが髪をつかまれ、床の上を引きずられる様子を記述し、また、むち打ちによって腕を骨折したある男の件と、主任職員によって性的暴行を受けた別の男性の件につい

て記録した。彼はこう結んでいる。「すべての悪事と不愉快なことが、精神病院では起こりうることを忘れてはいけない」。

ビアーズは1903年9月10日に退院が許可され、本の執筆と全米組織を作るという彼の計画の概要をまとめ始めた。『わが魂にあうまで』は1908年3月に出版され、1908年5月6日には、ビアーズ、もう1人の兄、父、そのほかに11人の人々によってコネティカット州精神衛生協会（Connecticut Committee for Mental Hygiene）が設立された。全米精神衛生協会（National Committee for Mental Hygiene）は、1909年2月19日正式に、ニューヨーク市に創設された。

ビアーズは、彼の余生を全米精神衛生協会にささげた。初期には、個人的に借金をして協会の資金を調達していた。コネティカット州支部の開設から25年後、約30の州で精神衛生協会が設置されただけでなく、30の国々に全国協会が創設された。同時期に、全国と州の精神衛生協会は、精神障害者施設内部の状態と、精神障害の治療に役立つ資源と方法論についての情報を収集した。1918年以降、全米精神衛生協会はアメリカ在郷軍人会とともに、「戦争神経症（shell shock）」（現在は心的外傷後ストレス障害として知られる）に悩まされる、第1次世界大戦の退役軍人たちに精神医学的ケアを施すよう、連邦政府に対して圧力をかけた。1920年代、協会は子ども地域精神保健（children's community mental health，あるいは「子ども生活指導〈child guidance〉」）センター設立のための運動を始めた。1937年までに、全米でそのようなセンターは631を数えた。協会による最も重要な法的な成果は、1946年全米精神保健法（National Mental Health Act of 1946）の成立であった。それは、精神保健プログラムに対する連邦政府資金の利用可能性を劇的に向上させた。

ビアーズはしかし、1970年代の精神障害サヴァイヴァー運動（psychiatric survivor movement）から創設されたような、精神障害者の草の根団体を組織することには、決して興味をもたないようであった。全米精神衛生協会は精神保健の専門家が優位を占めるグループのままであった。精神病院の廃止を求める、あるいは精神医学会や医学会に対する急進的な批判を述べるよりも、ビアーズはただよりよい病院とより思いやりのある職員を求めた。ロイ・ポーター（Roy Porter）の『狂気の社会史（A Social History of Madness）』(1989) によれば、ビアーズは自分自身を他の精神障害者から距離を置こうとさえし、また「時折、彼らの窮状に対して冷淡ともいえる冷静さを見せた」。たとえば、彼は元患者が職探しの手助けを求めてきてもそれを拒絶するのであった。さらに全米精神衛生協会は、一部の会員が優生学、すなわち障害をもつ人々（そして貧困で、白人でない人々）が子どもをもつことを妨げようとする疑似科学に関わっていたことによって、評判を落とした。

晩年、彼は再びうつ病になった。兄、ウィリアム（William）もまたうつ病に苦しみ、自殺した。そしてビアーズは、再び精神病院に収容され、1943年7月9日に亡くなった。全米精神衛生協会は、1950年9月に全米精神保健財団（National Mental Health Foundation）および精神医療財団（Psychiatric Foundation）と合併し、全米精神保健協会（National Association for Mental Health）を組織した。

参照項目 化学的抑制（Chemical Restraint）；優生学（Eugenics）；全米精神保健財団（National Mental Health Foundation）；精神障害サヴァイヴァー運動（Psychiatric Survivor Movement）

出典 Beers, Clifford Whittingham, *A Mind That Found Itself* (1908, 1953)（江畑敬介訳『わが魂にあうまで』星和書店、1980）; Porter, Roy, *A Social History of Madness: The World through the Eyes of the Insane* (1989)（目羅公和訳『狂気の社会史――狂人たちの物語』法政大学出版局、1993）.

Bell, Alexander Graham
ベル，アレクサンダー・グレアム（1847-1922）

アレクサンダー・グレアム・ベルは、聾教育家として職業生活を開始し、その仕事は世界中の聾者に重大な影響を与えた。ベルは彼の最も有名な発明である電話を、実際にはそもそもは聾児を教えるための道具として考案したのであった。しかし皮肉なことに、電話は、彼が支援することを望んだ人々を逆に社会的に孤立させることに寄与してしまった。そして、彼は、終生にわたり口話主義を擁護したことにより、

アメリカ聾コミュニティの敵となってしまったのである。

ベルは1847年3月3日、スコットランドのエディンバラで生まれた。母、エリザ・グレース・シモンズ（Eliza Grace Symonds）は子どもの頃に聴力の大部分を失っていた。父、アレクサンダー・メルヴィル・ベル（Alexander Melville Bell）は聾児専門の発話の教師で、発音される音を記号で表す「ヴィジブル・スピーチ（Visible speech）」を早くに提唱した人物であった。青年の頃、ベルはヴィジブル・スピーチを実演する父親とともに各地を周った。彼自身の聾者に対する仕事としては1868年5月、イングランドのサウス・ケンジントンにある学校で2人の生徒を教えたのが最初だった。1870年カナダに移住、1871年にはアメリカに向かい、ボストン聾唖学校でヴィジブル・スピーチを教えた。1873年、彼は大富豪のガーディナー・グリーン・ハバード（Gardiner Greene Hubbard）の聾の娘、15歳のメイベル・ハバード（Mabel Hubbard）の家庭教師となった。1877年、ベルとメイベルは結婚した。

ベルは、世界で最も有名な口話主義（手話を排除して発話と読唇〈lip-reading〉を教える）の擁護者であった。アメリカ手話の使用を非難し、聾の教師は聾の生徒を教えてはならない、と主張した。当時、聾児の教授法として受け入れられていたのは、寄宿制聾学校において手話を使用するというものであった。コネティカット州ハートフォードのアメリカ聾学校のような当時の寄宿制聾学校は、聾者の社会生活と文化の中心でもあった。1877年、ベルは通学制聾学校創設を擁護し始めた。通学制聾学校とは、聾児が昼間学校に通学することと、家族とともに生活することを両立できるようにした学校であった。ベルの関心は、聾児を聴者のコミュニティへ統合することにあり、口話法に加えて通学制をとることにより、聾児の統合という目的がよりよく果たされると信じていた。1878年、ベルはスコットランドのグリーンコックに最初期の通学制プログラムの1つを開設し、その後数十年以上にわたって、精力的な通学制聾学校の支持者であり続けた。

同時期に、ベルは「人類の聾の多様性に関する論文（Memoir upon the Formation of a Deaf Variety of the Human Race）」（1884、アメリカ政府印刷局により出版）、「人種改良の方法」（1914、『遺伝ジャーナル〈Journal of Heredity〉』に発表）を執筆し、聾児の出生を予防するために聾者同士の結婚を禁じようとした。実際、ワシントンD.C.にあるギャローデット・カレッジ（現在のギャローデット大学）の卒業式でのスピーチでこの持論を展開し、聾の出席者を不快にさせた。彼は、聾者間の結婚を非合法にすることを思いとどまったが、聴者の出席者に対して、「望ましからざる同種婚を防ぐ」ように求めた。O・ペリエ（O. Perier）は、『聾者および聾に関するギャローデット百科事典（Gallaudet Encyclopedia of Deaf People and Deafness）』（1987、ヴァン・クレーヴ編）の中で、「聾者の中には、自分たちの身体の状態に満足し、自分たちを正常だと考え、聾の子どもをもつことを少しも悪いことだと思わない者がいる、ということはベルには考えもおよばないことだった」と書いている。聾コミュニティのリーダーであるジョージ・ウィリアム・ヴェディッツ（George William Veditz）が、ベルは「聾者が最も恐れたアメリカ人」であると述べているのも不思議ではない。ベルはまた、障害者が政府の職に就くのを禁じるよう主張した。なぜなら、政府の役職は「健康で強健な人間の子孫を出産するのを促進するようなものでなければならない」からである。さらに、社会ダーウィニストであった彼は、南ヨーロッパ人のような「望ましからざる民族分子」のアメリカへの移住を制限することも支持した。

1886年、ベルは聾に関する研究とプログラムを後援し、口話主義に転換させるためにヴォルタ・ビューロー（Volta Bureau）を設立した。1890年には、アメリカ聾者口話指導促進協会（American Association for the Promotion of the Teaching of Speech to the Deaf. 1956年、アレクサンダー・グレアム・ベル聾者協会（Alexander Graham Bell Association for the Deaf）に改称）設立のため資金を寄付した。ベルは1922年8月2日、死去した。

参照項目 優生学（Eugenics）；ギャローデット，エドワード・マイナー（Gallaudet, Edward Miner）；口話法聾学校、口話主義（Oral School, Oralism）
出典 Bruce, Robert V., *Bell: Alexander Graham Bell and the Conquest of Solitude* (1973); Van Cleve, John V., ed., *Gallaudet Encyclopedia of Deaf People and*

B

Deafness (1987); Van Cleve, John Vickrey, and Barry A. Crouch, *A Place of Their Own: Creating the Deaf Community in America* (1989)（土谷道子訳『誇りある生活の場を求めて――アメリカの聾者社会の創設』全国社会福祉協議会、1993）; Winefield, Richard, *Never the Twain Shall Meet: The Communications Debate* (1987).

The Best Years of Our Lives
『我等の生涯の最良の年』

マッキンレー・カンター（MacKinlay Kantor）の韻文小説『私に栄光を（*Glory for Me*）』を基にした『我等の生涯の最良の年（*The Best Years of Our Lives*）』（2003、ジュネス企画、DVD）は、障害のある登場人物をある程度のリアリズムをもって描写した最初のハリウッド映画である。この映画は1946年に封切られ、アカデミー賞の7部門を総なめにし世界中で6000万人が見たと推定される。

この映画は、第2次世界大戦に従軍した3人の帰還兵が市民生活に再び自らを適応させていく中で、どのような試練に立ち向かい、それをどのように乗り越えたかについて物語る。3人のうちの1人が、両腕の肘から下を失い義手を装着している船乗りのホーマー・パリッシュ（Homer Parish）であった。パリッシュに扮したハロルド・ラッセル（Harold Russell）は実生活でも両腕の切断手術を受けた俳優であったが、ハリウッドが障害のある登場人物を演じさせるために障害のある役者を使った最初で唯一の例であった。彼の演技は今日の基準からするといくらか感傷的である。しかしこの映画ではそれまでの、『フリークス（*Freaks*）』（1932）や『宝島（*Treasure Island*）』（1934および1950）、その他百本ほどの映画とは異なり、障害者を邪悪なものとか、怪奇なもの（bizarre）として描写しなかった。その一方でヘレン・ケラーの物語をロマンチックにしたサイレント映画である『救出（*Deliverance*）』（1919）に見られるような、妙に感傷的な「超人的肢体不自由者（super-crip）」でもなく、どこから見ても普通の人物として、一般大衆が障害のある登場人物を見る機会を最初に提供した映画であった。

この映画は現実の社会の障害に対する見方を十分に映し出してはいない。歴史家のポール・ロングモアは、『我等の生涯の最良の年』やその他の第2次世界大戦後の「順応のドラマ」は、概して「どんな問題に対する責任も障害者本人にだけ直接的に押しつけた。障害者が社会的に孤立していればそれは、……社会が彼らを拒絶したからでなく」「彼らが孤立を自ら選択したからだ、とされた」と記している。その後の障害のある登場人物と同様に、パリッシュは怒りっぽく、健常の友人に問題を解決してもらう必要があった。

ラッセルは、その演技に対して2つのアカデミー賞を受賞した。さらに1947年に身体障害者の雇用に関する大統領委員会委員に任命され、1964年にはリンドン・ジョンソン（Lyndon Johnson）大統領により同委員会議長に任命された。

参照項目 ディスアビリティ・ブラックフェイス（Disability Blackface）；障害者のメディア・イメージ（Media Images of People with Disabilities）；大統領障害者雇用委員会（President's Committee on Employment of People with Disabilities）；ラッセル，ハロルド（Russell, Harold）

出典 Garner, Alan, and Tom Joe, eds., *Images of the Disabled, Disabling Images* (1987); Norden, Martin F., *The Cinema of Isolation: A History of Physical Disability in the Movies* (1994); Russell, Harold, *Victory in My Hands* (1949).

Biklen, Douglas
ビクレン，ダグラス

参照項目 ファシリテイテッド・コミュニケーション（Facilitated Communication）

Birnbaum, David
バーンバウム，ディヴィッド

参照項目 「今こそ聾の学長を」運動（Deaf President Now Campaign）

Blank, Wade
ブランク，ウェイド（1940-1993）

ウェイド・ブランク牧師は、「公共交通のバリアフリーのためのアメリカ障害者会」であったアメリカ障害者アテンダント・プログラム・トゥデイ（ADAPT）の創立メンバーの1人で、市民不服従と非暴力デモの擁護者であった。彼自身は障害者ではなかったものの、闘いに対するブランクの関与は、1980年代と1990年代の初めに障害者権利運動の最も重要な人物の1人として彼を位置づけた。

ブランクは、ペンシルヴェニア州ピッツバーグで1940年12月4日に生まれた。長老教会派の牧師として教育を受け、1966年にオハイオ州アクロンでミサの侍者を務めた。すでに公民権運動に参加しており、1965年にはアラバマ州のセルマでデモ行進をした。ここは彼が「（マーチン・ルーサー〈Martin Luther〉）キングの人々」から初めて政治的組織について学んだ地である。1971年、民主社会のための学生のケント州支部のメンバーとして、反ヴェトナム戦争徴兵登録者たちがカナダへ密航することを手伝った。

1971年12月、ブランクはコロラド州デンヴァーに着いたが、ここで彼はヘリテージ・ハウスのナーシング・ホームで介護員の職を得た。この仕事の初日の夜から目撃したことを見て衝撃を受けた。「私は夕飯を食べたその日を覚えている。私たちは焼いたじゃがいもとアップル・ソース、それからスクランブル・エッグを食べていた。当時は、まもなくクリスマスの時期だったが、そこはまるで死体公示所のようであった。食べ物は冷たかった」。ブランクはこのナーシング・ホームが、入所者らの社会保障小切手を不法に搾取していることを見つけた。「私は毎日働きに行っていたが、もし私が障害者なら私の余生をこのように送りたいのかと自分に問いかけてみた」。ブランクが、のちにADAPTの創設者となる人々に会ったのもこの時であった。またブランクは、ナーシング・ホームの若い入所者の集まりをお膳立てした。「彼らは一緒に住むことを願った。彼らはペットをほしがっていた。……毎朝7時半、彼らは着替えて通学バスに乗り、作業場へ行ってつり針の数をかぞえた。（ナーシング・ホームはそれを作業活動プログラムと称した」。改革活動をして4年後、ブランクは入所者数人がナーシング・ホームを出てコミュニティで自立生活をするように提案したことで解雇された。ブランクが去った後、ヘリテージ・ハウスは彼の改革を取り消した。「（ナーシング・ホームの）彼らが入ってきて、ステレオやテレビをすべてもち去った……努力して手に入れた犬小屋も、すべての動物ももっていった。そして私が4年間で作り上げたすべてが1日で消えた」。

解雇されてから半年間、ブランクは18人の入所者がナーシング・ホームを出られるように助けてアパートへ移し、彼らのケアのために個人的責任をとった。彼らは障害者権利共同体としてアメリカ初の自立生活センターの1つであるアトランティス・コミュニティの中核となった。一方、ヘリテージ・ハウスはその入所者と家族に対する詐欺と暴行の疑いで訴えられ、260万ドルをもってその事件を示談にした。

1975年1月、アトランティス・コミュニティは、デンヴァー市地域交通局（RTD）のバス・システムを利用できるものにするように求めた。この要求は、デンヴァーとアメリカ全域にかけて初めて利用可能な公共交通を獲得するための、10年をかけた闘いの始まりであった。ブランクは、今は有名な1978年7月5日のデモ（車椅子を使う19人の活動家が2日間、デンヴァーの繁華街でバス2台を囲んで動かさないようにした事件）を含んだ、一連の訴訟とデモを指揮した。

ADAPTは、全国からやってきた障害者権利擁護運動家のアトランティス事務室の会合で、1983年7月に設立された。ADAPTがスタートしてからは、施設とナーシング・ホームに監禁されているような、最も疎外された障害者たちに焦点を絞った。ここでもブランクのモデルは、マーチン・ルーサー・キング・ジュニア（Martin Luther King, Jr.）であった。活動家のローラ・ハーシー（Laura Hershey）は1993年、ブランクへの賛辞の中で、彼は彼女に次のように述べたと記している。「キングは、コミュニティで最も貧しい人々に関わってきたが、最貧困層や最ももたざる者に対処しなければ、運動はほんとうには事態を変えることはできない。キングが銃で撃たれた時、ゲットー攻撃が始まっていた。……私たちのゲットーはナーシン

グ・ホームである」。ADAPT は数的に成長し、最初はアメリカ公共輸送協会（APTA）に対して、それからは1990年アメリカ障害者法（ADA）の成立を妨害していた連邦議会などに対して、1980年代を通して影響を及ぼした。アメリカ障害者法の成立後、ブランクとADAPT は彼らの第 1 次的課題としてパーソナル・アシスタンス・サーヴィス（PAS）に焦点を合わせた。

ブランクは1993年2月15日、メキシコ・トドス・サントスのプールで8歳の息子リンカーンを救おうとして、52歳で死亡した。リンカーンも結局溺死した。デンヴァーでの彼の葬式には1000人以上が参列した。

参照項目　アメリカ障害者アテンダント・プログラム・トゥデイ（American Disabled for Attendant Programs Today）；パーソナル・アシスタンス・サーヴィス（Personal Assistance Services）；正義の車椅子団（Wheels of Justice）
出典　Hershey, Laura, "Wade Blank's Liberated Community," in Barrett Shaw, ed., *The Ragged Edge* (1994); Maddox Sam, *Spinal Network: The Total Resource for Wheelchair Community* (1987).

Blinded Veterans Association (BVA)
失明退役軍人協会（BVA）

失明退役軍人協会（Blinded Veterans Association: BVA）は、1945年にコネティカット州エイヴォンのエイヴォン・オールドファームズ陸軍病後ナーシング・ホーム（Avon Old Farms Army Convalescent Hospital）で設立された。BVAは、第2次世界大戦の戦闘で視力を失った者たちによって設立され、その活動には、退役後に失明した者たちの権利擁護も含まれている。大部分のBVAの活動は、サーヴィス・プログラム事業として実施されている。サーヴィス・プログラム事業の担当者は、すべて盲人であり、盲退役軍人に対して、サーヴィス、リハビリテーション訓練、その他の給付の紹介を行っている。BVAは、また、盲退役軍人とその家族が地域の余暇活動や社会活動に参加できるよう支援すること、奨学金を給付することに加えて、広報紙 *BVA* 誌を発行している。BVAの本部はワシントン D.C. に置かれている。

Board of Education of the Hendrick Hudson Central School District v. Rowley 102 S. Ct. 3034 (1982)
ヘンドリック・ハドソン中央学校区教育委員会対ロウリー裁判（1982年最高裁判所判例集第102巻3034頁）

ヘンドリック・ハドソン中央学校区教育委員会対ロウリー裁判（Board of Education of the Hendrick Hudson Central School District v. Rowley 以下、教育委員会対ロウリー裁判〈Board of Education v. Rowley〉）は、最高裁判所が1975年全障害児教育法（Education for All Handicapped Children Act of 1975）に関して判決を下した最初のケースである。本件に関わる1982年判決では、最高裁は、教育委員会が提供しなければならない教育サーヴィスの内容を限定し、両親から申し立てられた不服を裁判所が審査する権限をきわめて限定的に解釈した。

エイミー・ロウリー（Amy Rowley）は、ニューヨーク州ピークスキルにあるファーニス・ウッズ学校（Furnice Woods School）に通う12歳の聴覚障害児であった。エイミーの両親は、彼女の授業に手話通訳をつけてほしいという要請を学校が却下したため、提訴するに至った。この件について学校側は、学校から支給された補聴器と読唇術を使えば、エイミーは十分に授業を理解できるはずだと主張した。また、「適切な無料公教育」の範囲では、それ以外の他のサーヴィス、たとえば週に数時間提供する補習授業などを加えることができ、それがあれば、全障害児教育法（Education for All Handicapped Children Act）に基づく教育保障の内容としては十分であるはずだとも主張した。それに、そもそもエイミーは、平均よりも成績がよく、学年が上がるにしたがって、より成績は伸びるはずだとも主張した。しかしロウリー家側は、すでに提供されている補習授業を手話通訳に切り替えれば、エイミーの能力はより一層伸びるはずだと主張して譲らなかった。この状況に対して、ニューヨーク南部地方を管轄する合衆国地方裁判所は、両親の主張を支持し、連邦第 2 巡回区控訴裁判所も同様の判決を下した。

しかし、最高裁判所は、1982年6月28日、1審と2審の判決を覆し、両親の主張を棄却した。最高裁は、全障害児教育法が州に義務づけている障害児教育の内容は、健常児の教育機会に見合って障害児の能力を最大限に伸ばすための教育を意味するのではなく、あくまでも州の標準的教育の範囲で最低ラインを満たす教育を行うことを意味するという解釈を行ったのである。また最高裁は、司法機関が障害児の教育方針に介入できるのは、各障害児に対して個別教育プログラム（Individual Educational Program: IEP）を作成する場合や、両親との方針の違いを解消する場合において、学校長が全障害児教育法に規定された然るべき方法をとっていないことが明らかになった時に限られるとした。当初、障害者権利擁護運動家たちは、ロウリー裁判の判決が全障害児教育法の適用範囲を著しく狭める可能性があると心配したが、『精神障害法――入門編（Mental Disability Law: A Primer）』（1984）の編者ジョン・パリー（John Parry）が述べたように、「判決の実際の影響は、心配されたよりはるかに軽度であった」。

しかしながら、本件には、別の社会的影響があった。ロウリー裁判は、聴覚障害者の弁護士が最高裁で弁護をした最初の裁判であったからである。両親側の弁護士、マイケル・A・シャートフ（Michael A. Chatoff）は、1978年に法学修士号をとってニューヨーク大学法律学校を修了した弁護士であった。彼は、連邦裁判所における裁判において聾者や難聴者に対して通訳者をつけることを求めた最初の法である1978年裁判所通訳法（Court Interpreters Act of 1978）の起草者であった。ロウリー裁判の前にすでに彼は、ニューヨーク電話会社とニューヨーク州公共サーヴィス委員会に対して聴覚障害者の電話料金減額を要求する訴訟を起こし、それらに勝訴するなど、聴覚障害者の権利擁護を求めた裁判に多数関わってきていた。最高裁での弁論にシャートフが加わり、裁判所が同時通訳の役割をする電光掲示板の使用を初めて許可したことで、賛否両論の世評が激しく闘わされた。また本件によって、他の聴覚障害者も聴覚障害者の権利擁護のために弁護士になることを考えるようになり、法科大学院への聴覚障害者の進学が増加した。

参照項目 1975年全障害児教育法（Education for All Handicapped Children Act of 1975）
出典 Moor Mathew Scott, and Robert F. Panara, *Great Deaf Americans: The Second Edition* (1996); Parry, John, ed., *Mental Disability Law: A Primer* (1984).

The Body's Memory
『ボディズ・メモリー』

参照項目 ステュワート，ジーン（Stewart, Jean）

Boggs, Elizabeth Monroe
ボッグズ，エリザベス・モンロー（1913-1996）

エリザベス・モンロー・ボッグズは全米精神遅滞児親の会（ARC、現在はThe Arc）の創始者の1人であり、1950年代から1960年代の親の会の運動の牽引役を果たした。彼女は数学と理論化学の教育を受けたが、息子のジョナサン・ディヴィッドの誕生後、科学分野での職業的キャリアをあきらめ、障害者の権利擁護運動家になった。

ボッグズはオハイオ州クリーヴランドで、1913年4月5日にエリザベス・モンローとして生まれた。1935年にペンシルヴェニア州のブリンマー・カレッジ（Bryn Mawr Colleage）を数学で抜群の成績を残し、最優等で卒業した。1941年にイギリスのケンブリッジ大学（Cambridge University）で理論化学の博士号を取得するが、同年、フィッツヒュー・ウィレッツ・ボッグズ（Fitzhugh Willets Boggs）と結婚し、2人はクリーヴランドに居を定めた。1945年に息子のジョナサンが生まれ、生後10日で彼は高熱により重度の脳障害児となった。家族はニュージャージー州に移るが、ジョナサンが成長するにつれ彼と家族は、障害児とその家族に対する社会の偏見を経験する。障害児は公立学校への入学を拒否されるのが普通で、知的障害の子どもは施設入所させるというのが当時の一般的な医師の考え方であった。ボッグズは、さまざまな医学「専門家」のもとにジョナサンを連れて出向いた後で、やがてそのような医師

の助言に不満を感じるようになり、科学者としてそれらの多くが単なる通説や固定観念に基づくものであることに気づいた。

ボッグズは大学に戻り特殊教育と社会福祉を学んだ。彼女と他の知的障害児の親の活動の結果、1950年にARCが設立され、ボッグズは1958年にその最初の女性の会長に就任した。1965年から1979年までARCの政府関係委員会の委員であり、その在任中に、1970年発達障害者サーヴィスおよび施設設置改正法（Developmental Disabilities Services and Facilities Construction Amendments of 1970）や、1975年発達障害支援および権利章典法（Developmentally Disabled Assistance and Bill of Rights Act of 1975）のような画期的な法律草案作成の手助けをし、その可決に向けたロビー活動を繰り広げた。実際のところ、「発達障害（developmental disabilities）」という用語そのものが主にボッグズの発案によるものであった。

1961年にボッグズは唯一、権利擁護者の中からケネディ大統領の精神遅滞に関する特別委員会委員に任命され、同委員会は、1963年精神遅滞者施設および地域精神保健センター建設法（Mental Retardation Facilities and Community Mental Health Centers Construction Act in 1963）の可決に尽力した。ボッグズは、1967年から1971年まで国立保健研究所（National Institutes of Health）にある全米児童保健・人間発達協議会（National Child Health and Human Development Council）の委員であり、1975年から1976年まで精神遅滞に関する大統領委員会の委員でもあった。彼女は、施設入所に代わるものとしてグループホームや自立生活を早期から支持した。また、広く世界中のセミナーや会議で講演し、「国連精神遅滞者の権利に関する宣言（United Nations Decla-ration of General and Specific Rights of the Mentally Retarded, 1971）」起草の中心メンバーになった。1988年にアメリカ障害者の権利・エンパワメント特別委員会の議長をジャスティン・ダート・ジュニアと共同で務め、1990年にはアメリカ障害者法（ADA）の可決に向けて活動した。また1988年にボッグズはニュージャージー州知的障害・発達障害予防局長代理を務めたが、それは彼女が初めて有給で行う障害関連の仕事となった。1980年代後半から1990年代初頭には、補足的所得保障（SSI）現代化プロジェクトおよび代理受取人に関する社会保障行政特別委員会の委員を務めながら、社会保障としての障害プログラム改革に向けての仕事をした。

ボッグズには多くの賞や名誉博士号を授与されたが、その中にはケネディ国際リーダーシップ賞、脳性まひ協会連合功労賞、障害者へのサーヴィスに対するN・ニール・パイク賞（N. Neal Pike Award for Service to People with Disabilities）があった。彼女は1996年1月27日に亡くなった。

参照項目　全米精神遅滞市民協会（The Arc）；発達障害（Developmental Disabilities）；1975年発達障害支援および権利章典法（Developmentally Disabled Assistance and Bill of Rights Act of 1975）；親の会の運動（Parents' Movement）；大統領委員団、大統領精神遅滞委員会（President's Panel, President's Committee on Mental Retardation）

Boston Center for Independent Living (BCIL)
ボストン自立生活センター（BCIL）

ボストン自立生活センター（Boston Center for Independent Living: BCIL）は、アメリカ東海岸で最初に設立された自立生活センターである。同センターは、1974年10月に、リハビリテーション医学専門医であるポール・コーコラン（Paul Corcoran）、障害者権利活動家であるフレッド・フェイ（Fred Fay）、マサチューセッツ州リハビリテーション委員会（Massachusetts Rehabilitation Commission）の職業カウンセラーであるロバート・マクヒュー（Robert McHugh）によって創設された。同センターの活動は、個別支援サーヴィスの公的資金が障害のある利用者に直接支払われることを望まない連邦政府、そして重度障害者はコミュニティでの生活に対処することは不可能であると考える医学およびリハビリテーション専門家によって反対された。

同センターは、1979年に権利擁護のための直接プログラムを開始した。同プログラムの1つとして、公共交通委員会（Transportation Committee）が設置された。同委員会は、交通

局に、「バリアフリー個別交通システム」および「公共交通の主要路線のバリアフリー化」の拡充を要求する当事者を組織化するものであった。また、同センターは、ボストン障害者法律センター（Boston Disability Law Center）が1991年、ボストン市を相手どったカルース対ボストン市裁判（Karuth v. Boston, 1991）に加わり、同市に対して40台のタクシーをバリアフリー化するよう要求した。同センターの運動家らは、マサチューセッツ州パーソナル・アシスタンス・サーヴィスプログラム削減の危機に瀕して、1991年、マサチーセッツ州議会議事堂の占拠によって抵抗し、ウィリアム・ウェルド（William Weld）州知事に再検討を要求した。また、同センターの活動家らは、1990年10月、初のボストン・ディスアビリティ・プライド・デイ（Boston's Disability Pride Day）の祝典開催に尽力した。

■参照項目　フェイ, フレデリック・A（Fay, Frederick A.）；自立生活と自立生活運動（Indepedent Living and the Independent Living Movement）

Boston Self Help Center
ボストン・セルフヘルプ・センター

ボストン・セルフヘルプ・センター（Boston Self Help Center）は、1970年代の初めに障害者が組織した一連のサポート・グループの成果として、1977年に障害者と慢性疾患者のために彼ら自らによって創立された。このセンターの提供するサーヴィスの焦点は、ピア・カウンセリングと教育、「クライアント」と「カウンセラー」の間の差を撤廃することに絞られている。このセンターはまた、1970年代後半と1980年代にかけ、数多くの支持運動を主催または共同主催しつつ、著しく政治的な特徴を示した。1990年にこのセンターは環境病としても知られた多重化学敏性の人々に特化されたサーヴィスを提供するため、北アメリカ最初の施設の1つとなった。

このセンターの創設者たちと理事会には、ガンナー・ディバット（Gunnar Dybwad）、ディヴィッド・ファイファー（David Pferffer）、マーシャ・サクストン（Marsha Saxton）、アーヴィング・ゾラ（Irving Zola）がいる。1990年代の理事会メンバーであるコニー・パンツァリーノ（Connie Panzarino）は、本人の意思に反して8年間もナーシング・ホームに収容されていた障害のあるレズビアンであるシャロン・コワルスキー（Sharon Kowalski）を解放させるための支援運動におけるリーダーであった。

■参照項目　コワルスキー, シャロン（Kowalski Sharon）とトンプソン, カレン（Thompson, Karen）；多種化学物質過敏症（Multiple Chemical Sensitivity）；ピア・カウンセリング（Peer Counseling）

Bourne, Bridgetta
ボーン, ブリジェッタ

■参照項目　「今こそ聾の学長を」運動（Deaf President Now Campaign）

Bouvia, Elizabeth
ブーヴィア, エリザベス

■参照項目　安楽死と自殺幇助（Euthanasia and Assisted Suicide）

Bowe, Frank G.
バウ, フランク・G（1947-2007）

フランク・バウ・Gは、障害に関する著述、アメリカ障害者市民連合（American Coalition of Citizens with Disabilities）事務局長としての実績、ならびに遠隔通信アクセス（telecommunication access）を求めるアドヴォカシーで、知られている。彼の著作『ハンディを負わせるアメリカ（Handicapping America）』（1978）は、1970年代に障害をもつアメリカ人が遭遇していた人々の態度・建築・法的なバリアについての調査であり、初期の障害者権利運動にとっての重要なテキストであった。

バウは1947年3月29日にペンシルヴェニア州ルイスバーグに生まれた。おそらくは抗生物

質ストレプトマイシンの使用が原因で生後15ヶ月の時から聴覚を失い始める。同世代の多くの聾児と同じく、バウはアメリカ手話（ASL）の使用を禁じられた。というのは、手話が、発話と読話の能力を損なうという通説があったからである。彼は1965年、ルイスバーグ・ジョイント高等学校（Lewisburg Joint High School）を卒業、1969年にウェスタン・メリーランド・カレッジで学士号を得た。学部在学中、バウは黒人公民権運動に関心をもつようになり、ウエストヴァージニア州村落での反貧困プログラムに携わった。バウは敬愛していたドリュー・ピアソン(Drew Pearson)やジャック・アンダーソン(Jack Anderson)のようなレポーターになりたかったのだが、聾のゆえにインタヴューや電話使用の能力が妨げられていた。「教える仕事はダメ。ビジネスもダメ。そして今や私がうまくできるように思われた書くことも無理になってしまった」。バウは後にこの時期を人生において「とても孤独感にさいなまれ、自分の国なのによそ者のようであった」と記している。

状況が変化するのは、1969年、ワシントンD.C.のギャローデット・カレッジ（Gallaudet College）で学位論文に取り組み始めた頃からである。生まれて初めて、バウは、アメリカ手話（ASL）が単に受け入れられるだけでなく、賞賛される、聾者のコミュニティの中にいた。バウは、1971年特殊教育学の修士号を取得し、ペンシルヴェニア州に戻った。そこでブルームズバーグの重複障害児プログラムを作成し、障害児を教え、将来教師になる人のトレーニングをした。そこからニューヨーク市に移り、1976年、ニューヨーク大学から教育心理学博士号を授与された。また、アメリカ障害者市民連合（American Coalition of Citizens with Dis-abilities: ACCD）の共同設立者で、会長でもあったユーニス・フィオリート（Eunice Fiorito）という人物を介して、障害の違いを超えた障害者権利運動（cross-disability rights movement）と初めて出会った。その頃のこの組織は、「オフィスもなく、予算も100ドルそこそこにすぎなかった」。博士号の取得後ほどなくして、バウは、ワシントンD.C.に移り、ACCDの最初の事務局長になる。

バウの最初の活動の1つは、1976年に障害者が直面していた生活状況調査であった。「人口統計学上の資料、判決、未発表の研究、極秘の覚書、そして20世紀アメリカの障害者に対する具体的な差別の実態を詳細に綴った何百という新聞の切り抜き」を集めた。このデータの多くが、彼の著書『ハンディを負わせるアメリカ（Handicapping America）』に盛り込まれている。バウは調査を通して、「わが国の障害者のための機会均等の手がかり」は、1973年リハビリテーション法第504条（Section 504 of the Rehabilitation Act of 1973）にあると確信するに至る。問題は、ジミー・カーター（Jimmy Carter）大統領が任命した連邦保健・教育・福祉省（Secretary of Health, Education, and Welfare: HEW）長官ジョセフ・カリファーノ（Joseph Califano）が、同法適用のための施行規則発布を拒否していたことであった。バウとACCDは、まず行政と協議することを試みた。それが失敗するや、ACCDは公衆デモを呼びかけ、1977年4月4日、障害者権利活動家たちは、ワシントンD.C.、ニューヨーク、サンフランシスコ、その他のHEWのオフィスを占拠した。4月28日、カリファーノは、その日の朝7時30分に第504条の施行規則に署名をしたと宣言するに至る。HEWでのデモは、ACCDと障害者権利運動への一般の人々の注意を喚起させるものであった。ACCDにとって、それは急速な組織拡大を意味した。障害者の権利を求める新504条規定の活用に加えて、さらにバウとACCDは、アクセスしやすい大量輸送機関（accessible mass transit vehicle）のための革新的なデザインの乗り物であるトランスバス（Transbus）の改良・購入を求める闘いにも関わった。

アメリカ障害者市民連合（ACCD）にいた数年間、バウは作家としてもたくさんの作品を発表した。『ハンディを負わせるアメリカ』は、障害者権利の展望を述べた最初の、最も成功した本の1つである。この時期の他の著作では、『アメリカをリハビリする（Rehabilitating America）』(1980)、『効果的アドヴォカシー・プログラム立案（Planning Effective Advocacy Programs）』(J・ウィリアムズと共著, 1979)、『交通機関へのアクセス（Access to Transportation）』(1980)、『障害者と高齢者――協調のためにどんな役割があるのか？（Disabled and Elderly People: What

Role for the Corporation?)』(1981) がある。

　1981 年、バウは ACCD を去るが、全米の障害者権利運動の重要な意見代弁者であり続けた。彼は 1981 年の国連国際障害者年（International Year of Disabled Persons）の計画期間中、合衆国代表者であり、その後も、国連のコンサルタントを務めている。1978 年から 1983 年、アメリカ連邦議会テクノロジー・アセスメント室（U.S. Congressional Office of Technology Assessment）のコンサルタントであり、1989 年から 1990 年はアメリカ障害者の権利・エンパワメント特別委員会（Task Force on Rights and Empowerment of Americans with Disabilities）のメンバーであった。バウは多数の専門雑誌の編集委員であり、同じく多数の公的機関のコンサルタントでもある。1987 年から 1989 年、彼はさらにリハビリテーション・サーヴィス庁（Rehabili-tation Services Administration）の地域コミッショナー（regional commissioner）もしている。1991 年から 1996 年にかけて、デボラ・カプラン（Deborah Kaplan）とともに、1996年テレコミュニケーション法（Tele-communications Act of 1996）の中に、遠隔通信アクセス問題の調査を求め、連邦コミュニケーション委員会（Federal Communications Commis-sion）に対してテレビ映像番組にクローズド・キャプション（closed caption）を挿入させる規則の発布を求める文言を入れるよう活動を展開した。

　バウがその後に書いた著作には次のようなものがある。『アメリカの障害者（Disabled Adults in America）』と『アメリカの障害女性（Disabled Women in America）』（共に 1984 年刊行）、『障害のある黒人（Black Adults with Disabilities）』（1985）、『平等への接近（Approaching Equality）』(1991)、『アメリカ障害者の平等権（Equal Rights for Americans with Disabilities）』(1992)、『誕生から 5 歳まで――早期特殊教育（Birth to Five: Early Childhood Special Education）』(1995) がある。バウはさらに障害と障害者の権利に関する多数の記事・論文を書いている。本の分担執筆も多い。

　1989 年以来、バウはニューヨーク市のロングアイランド（Long Island）のホフストラ大学（Hofstra University）のカウンセリング・特殊教育・リハビリテーション部門の教授になっている。

1　1897～1969 年、ジャーナリストで政府スキャンダルの暴露記事を執筆。
2　1922～2005 年、しばしばピアソンと一緒に国家機密級の記事を執筆、1972 年ピューリッツァー賞受賞。

参照項目　アメリカ障害者市民連合（American Coalition of Citizens with Disabilities）；連邦保健・教育・福祉省デモ（HEW Demonstrations）；国際障害者年、国際障害者の 10 年（International Year, International Decade of Disabled Persons）；カプラン，デボラ（Kaplan, Deborah）；大統領障害者雇用委員会（President's Committee on Employment of People with Disabilities）；1973 年リハビリテーション法第 504 条（Section 504 of the Rehabilitation Act of 1973）；アメリカ障害者の権利・エンパワメント特別委員会（Task Force on Rights and Empowerment of Americans with Disabilities）

出典　Bowe, Frank, *Handicapping America* (1978); ――, *Changing the Rules* (1986).

Bowen v. American Hospital Association et al. 106 S. Ct. 2101 (1986)
ボウェン対アメリカ病院協会他裁判（1986 年最高裁判所判例集第106巻2101頁）

　ボウウェン対アメリカ病院協会他裁判（*Bowen v. American Hospital Association et al.*）において、最高裁判所は、障害新生児に対する治療を保障するため、レーガン政権時に連邦保健福祉省（Health and Human Services: HHS）が発した通達は無効であるとの判断を下した。その中で最高裁は、治療を拒否したのはあくまで両親であって、連邦政府から補助金を受けている病院ではないということを理由に、本件のような障害新生児は、1973 年リハビリテーション法第 504 条によって保護されるわけではないという法的見解を明らかにした。この最高裁の見解に対して、先の通達を支持する障害者権利擁護運動家は、一般的に両親は担当医の助言に従って、当該障害児に対する治療を行わないという決断をする場合が多く、その担当医の助言は、障害児者の人生の価値に対して間違った先入観

を彼らがもっているために行われるのである、として反論した。

障害新生児に対して治療が拒否されるという緊急事態に直面したため、連邦保健福祉省は、1982年5月、当面の「臨時」通達を発し、障害新生児に対しての治療拒否行為は、連邦補助金を受給している病院や医療機関などに対して障害を理由にした差別を禁止することを定めたリハビリテーション法第504条に違反する「障害新生児に対しての違法な治療放棄」と見なされると警告した。本通達はさらに、連邦補助金を受給している医療機関に対して、産科病棟の「目に付きやすい場所に」、リハビリテーション法第504条による保護規定の概要と障害児虐待の疑いを訴えることのできるホットラインの電話番号を掲示することを求めた。連邦保健福祉省は、この通達を「最終的規定」を発表するまでの間の臨時的措置として機能させようと考えていた。しかしアメリカ病院協会（American Hospital Association）と全米小児科学会（American Academy of Pediatrics）が1983年4月に本通達の違法性を問う訴訟を起こし、その結果、ワシントンD.C.地区を管轄する連邦地方裁判所は、この臨時通達を「原則がなく独断的」であるとして違法と裁定した。

そこで連邦保健福祉省は、先の臨時通達に連邦地方裁判所の見解を書き加えた新しい規則集を発表、これらを「最終的規則」として、1984年2月13日に発効した。アメリカ病院協会、アメリカ医学会（American Medical Association）、アメリカ産科婦人科学会（American College of Obstetricians and Gynecologists）、その他の団体や医師たちは、これに対しても違法性を問う裁判を起こした。ニューヨーク州南部を管轄する連邦地方裁判所は、新しい規則集の施行を差し止め、連邦第2巡回区控訴裁判所は、その裁定を支持した。そのため、連邦政府側は上告し、1986年1月15日、本件に関する最高裁判所での審理が行われた。その結果、1986年6月9日、新規則集の違法性が確定した。

この間、連邦議会は1984年改正児童虐待防止および処遇法（Child Abuse Prevention and Treatment Act Amendments of 1984）を通過させ、本法は、レーガン大統領の署名を得て発効することとなった。この改正法によって、1974年児童虐待防止および処遇法（Child Abuse Prevention and Treatment Act）の規定する児童虐待の定義は拡大され、治療放棄による障害児殺しも虐待に含まれることとなった。この法律は、保健福祉省がリハビリテーション法第504条下で、与えようとした同じ保護を障害児に提供することを目的としていた。

参照項目　ベビー・ドゥー裁判（Baby Doe Case）；ベビー・ジェイン・ドゥー裁判（Baby Jane Doe Case）；1984年児童虐待防止および処遇法（Child Abuse Prevention and Treatment Act of 1984）

Braille
点字

点字とは、文字や記号、数字を、盲人が触読できる凸のパターンに翻訳した文字体系である。点字は1829年、ルイ・ブライユ（Louis Braille）によってフランスで最初に公表された。1860年、点字をアメリカに紹介したのは、ミズーリ盲学校のサイモン・ポラック（Simon Pollak）である。

この新しい手法には、当時用いられていたシステム、すなわち大半の盲人にとって非常に読み取りにくい浮き出し文字（線字、凸字）に比べて、明らかな利点があった。しかし、ニューヨーク盲学校の校長で晴眼のウィリアム・ベル・ウェイト（William Bell Wait）が独自のシステムを考案し発表するまで、晴眼の指導者たちは点字の利点について懐疑的であった。「ニューヨーク式点字」と呼ばれるようになったこの新システムは、ブライユ点字に似た凸点を用いたが、その体系は異なるものであった。ニューヨーク式点字の利点は、ブライユ点字に比べて嵩張らないことであった。しかしニューヨーク式点字には、ブライユ点字にはない多くの問題があり、盲人の間でははるかに読みにくいという不満があった。たとえば、ウェイトの点字では大文字の表記がしにくかったために、書籍やパンフレットの大半が、すべて小文字で印刷された。それにもかかわらず、1871年、アメリカ盲教育者協会（American Associa-tion of Instructors of the Blind: AAIB）は、ニューヨーク式点字を推奨点字体系として承認した。

ボストンにあるパーキンス盲学校の盲人教師

盲導犬を帯同するマーサ・ヴィッラがニューヨーク初の点字表示現金自動預け払い機（ATM）の点字説明を読む。
©Bettmann/CORBIS/amanaimages

ジョエル・W・スミス（Joel W. Smith）は、AAIBに対して再検討するよう説得を試みた最初の人物である。スミスは、ブライユの点字体系を改良し、ブライユ点字の膨大さを軽減するために英語点字の短縮形を考案した。彼はこれを「修正点字」と呼び、1878年にAAIBへ提出した。盲目の運動家ロバート・アーウィン（Robert Irwin）はこの時、「ウェイト氏と彼の仲間たちが若くて大人しいスミスをかなり邪険に扱った」と記している。AAIBは再検討を拒絶し、ニューヨーク式点字は、盲教育の専門教員による使用が公認された唯一のシステムという地位を保持したのである。

その後に続くのが「点字戦争」である。それは、アメリカ手話（ASL）の正統性をめぐる聾の擁護者と口話主義者の論争にいくぶん似ている。アメリカ手話と同様に、修正点字は、私信、買い物メモ、日記、その他日常生活で必要なことに用いられるいわゆる「アングラ」、言い換えれば「人々の言語」となった。その一方で、アメリカ点字出版所（American Printing House for the Blind）から出版される書籍や資料はすべて、ニューヨーク式点字で印刷された。晴眼の教師と校長は、修正点字の抑圧を図り、教室で修正点字を使用することを禁止し、これを書くための器具（点字板と点筆）を没収した。旧来の凸文字法もいくつかの都市の出版所が、引き続き使用したため、それをそのまま使用する学校もいくつかあった。

1892年、パーキンス盲学校長マイケル・アナグノス（Michael Anagnos）が議長を務める盲学校長会が、この状況、とりわけニューヨーク式点字に対する不満について話し合った。そして小委員会を設置し、そこでどのシステムの読み書きがより容易であるかにきっぱりと決着をつけることにした。何百回ものテストと面接を行った後、同委員会は修正点字を推薦し、パーキンス盲学校をはじめ、いくつかの機関がこのシステムに切り替えた。しかし大半の学校は、ニューヨーク式点字の使用を続けた。1900年、アナグノス委員会の委員ジョン・T・シブリー（John T. Sibley）の提言により、修正点字は「アメリカ式点字」と改称された。

1909年、ついに風向きが変わり始めた。この年、ニューヨーク市公立学校が、新しく作られた盲生徒のための通学制学校においてどちらのシステムを用いるかを決定するための公聴会を開いたのである。この公聴会には、両者の立場の運動家たちが多数参加した。どちらのシステムにも長けたヘレン・ケラーは、ニューヨーク式点字のさまざまな問題点を詳しく述べた手紙を送り、その中で、ニューヨーク式点字は「アメリカ式点字に比べて非常に読みにくく」、しかも「それをよしとするのは、地方気質的偏狭さにほかならない」と断定した。ニューヨーク市教育委員会は、アメリカ式点字の選択を決めた。アメリカ点字出版所理事会の1910年度年次総会において、激しい議論の末、同出版所の資金の40%をアメリカ式点字による書籍の出版にあてるという決議案が、1回の投票で承認された。それ以来、アメリカ式点字の勝利は決定的となり、全国の学校がニューヨーク式点字を断念した。

点字擁護者の次なる課題は、イギリス式点字とアメリカ式点字の体系を、双方の読み手が理解できるように統一することであった。その実現を目指す努力は、1932年、イギリスとアメ

リカの視覚障害者団体の代表者が締結した「ロンドン協定（Treaty of London）」として結実した。これにより、イギリス式点字の制約を満たすようにアメリカ式点字が修正され、一方イギリス式点字については、アメリカ人の読み手が混乱する短縮形の多くを削除することが求められた。しかしながら、2つの点字体系の間には今日もなお多少の差異が残っており、一方の読み手がもう一方を理解しようとする際に混乱を招いている。

今日、アメリカ式点字の存続が再び試されている。今回は科学技術の進歩によるもので、たとえば視覚障害学生が講義の内容やメモを録音できる携帯用カセットレコーダーや、カーツワイル音声読書機（音声合成装置と一体化したコンピュータ・スキャナで、視覚障害者が活字文書を読むことができる）のような、より複雑な（したがって高価な）機器が登場したからである。連邦議会図書館が提供する録音図書、また盲人と失読症のための録音（Recordings for the Blind and Dyslexic）などの機関が提供する録音テープの出現は、点字を読む視覚障害者の減少をもたらした。視覚障害児が次第に通常の公立学校でインクルーシヴ教育を受けるようになるにつれて（とくに1975年全障害児教育法の制定以後）、点字指導の訓練を受ける教師が減少しており、視覚障害当事者の運動家たちは点字の読み書きの危機を警告するようになった。点字資料の入手のしにくさは常に問題となっているが、視覚障害学生が必要な本を受け取るのに時には何ヶ月も待たなければならない状況にまで陥っている。近年、全米盲人連合（National Federation of the Blind）とアメリカ盲人協議会（American Council of the Blind）が、点字の読み書きを習得する機会を、対象となるすべての生徒に対して州法で保障すべきであると主張している。

参照項目　アメリカ盲人協議会（American Council of the Blind）；アーウィン，ロバート・ベンジャミン（Irwin, Robert Benjamin）；ケラー，ヘレン・アダムズ（Keller, Helen Adams）；全米盲人連合（National Federation of the Blind）；パーキンス盲学校（Perkins School for the Blind）；口話法聾学校，口話主義（Oral School, Oralism）

出典　Irwin, Robert B., *As I Saw It* (1955); Spungin, Susan J., *Braille Literacy: Issues for Blind Persons, Families, Professionals, and Producers of Braille* (1989).

The Braille Forum
『点字フォーラム』

参照項目　アメリカ盲人協議会（American Council of the Blind）

Breaking New Ground
新しい地面を切り拓く

農場および牧場経営はアメリカ合衆国の他のどの産業よりも障害をもたらす危険性が高い。新地開拓リソース・センター（Breaking New Ground Resource Center: BNG）は1979年に、障害となった農業および牧場経営者がその仕事を続けられるよう支援するために設立された。BNGは主にインディアナ州の農村地帯の住民の支援を重点的に行っているが、現在無料ニューズレターをアメリカ国内および海外数ヶ国の8000人の農場経営者やリハビリテーション専門家、その他の人々に届けている。BNGは障害者となった農場経営者に対する支援グループの形成を助け、仕事や日常生活を送る上での適切な適応技術を探すための支援を行い、障害のある農場経営者に役立つ出版物やヴィデオテープを作成している。

BNGの事務所はインディアナ州ウエスト・ラフィエットのパードュー大学（Purdue University）内にある。BNGは連邦農務省事業拡張局（USDA Extension Service）およびインディアナ・イースター・シール協会（Indiana Easter Seal Society）から運営資金を提供されている。

参照項目　支援技術（Assistive Technology）

Breslin, Mary Lou
ブレスリン，メアリー・ルー（1944年生）

メアリー・ルー・ブレスリンは、障害者権利教育擁護基金（Disability Rights Education and Defense Fund: DREDF）の会長・理事長であり、

障害者権利運動では全米で広く知られたリーダーでもある。彼女は障害当事者による障害者の権利主張という点で、新世代を代表する。つまり彼らは、1970年代後半から1980年代初頭に、障害者権利を拡充する法律を、代理人委託で行使するのではなく、自らでいかに駆使するのかを学んだ障害者たちなのである。「彼女の言動の代表例」は、パトリシア・ライト（Patrisha Wright）によれば、「われわれはもはやわれわれの権利擁護を［非障害者（non-disabled）］に頼る必要はない。われわれ自身でできるのだとの声明文を、草の根団体に送付したこと」である。1988年から1991年にかけて、共同設立者・理事としてブレスリンは、DREDFがかなりの数の画期的な障害者権利訴訟に参加していくように指導を行った。

ブレスリンは、1944年10月29日にケンタッキー州ルイヴィルに生まれた。ポリオに罹るが克服し、1966年にイリノイ大学アーバナ・シャンペーン校から社会学の学士号を得た。1971年まで、シカゴのローズヴェルト・カレッジと、ノーマンのオクラホマ大学で、研究を進め、それから精神医学ソーシャルワーカー、ピア・カウンセラー、大学チューターとして勤務した。1975年にカリフォルニア大学バークレー校である障害学生配属プログラムのコーディネーターになった1978年10月、DREDFの共同設立者になり、トレーニングと技術支援プログラムに関するリハビリテーション法第504条の指導者になる。それは障害者権利法が施行されていた西部・中西部13州の障害者と障害児の親をトレーニングするプログラムであった。この役割によって、彼女は新たな活動家を募り、彼らにアドヴォカシー・スキルと戦術をトレーニングし、将来の行動に向けたアドヴォカシー・ネットワークを確立する際の、重要な仲介役を務めることになるのである。たとえば、リハビリテーション法第504条施行が、グローヴ市立大学対ベル裁判（Grove City College v. Bell, 1984）で最高裁判所によって無力化された時、ブレスリンおよびDREDFの他のメンバーは、何らなす術もなく、差別を被ってきた体験を議会前で証言するために、すばやく障害者集団をまとめることができた。この証言は、1987年公民権回復法（Civil Rights Restoration Act of 1987）の通過に際しての決定打になった。

1979年、ブレスリンはDREDFの副ディレクターに任命され、1987年1月には理事長代行に、その1年後には事務局長になり、障害者の権利の法的擁護の組織として、全米で最も重要な指針と戦術構想を練る責任を担う。

ブレスリンは『主流（Mainstream）』『障害者権利評論（Disability Rights Review）』『障害者権利教育擁護基金ニュース（The Disability Rights Education and Defense Fund News）』その他に記事・論文を寄稿している。さらに『女性の経済的公正のための課題——政府への提案（The Women's Economic Justice Agenda: Ideas for States）』(1987)の著者として、同書に「二重のハンデを負った女性たち——障害女性（Doubly Disadvantaged Women: Disabled Women）」を執筆している。またサンフランシスコ州立大学とスタンフォード大学で講師を務めている。

参照項目　1987年公民権回復法（Civil Rights Restoration Act of 1987）；障害者権利教育擁護基金（Disability Rights Education and Defense Fund）

Bristo, Marca
ブリスト，マーカ（1953年生）

マーカ・ブリストは、シカゴの最初の自立生活プログラムであるアクセス・リビング（Access Living）の設立者である。彼女はアメリカ障害者の権利・エンパワメント特別委員会（Task Force on Rights and Empowerment of Americans with Disabilities）委員を務め、全米自立生活協議会（National Council on Independent Living: NCIL）を共同で設立し、会長にもなり、さらに1994年5月、ビル・クリントン大統領による全米障害者協議会（National Council on Disabiliy）の議長にも任命された。

ブリストは、1953年6月23日、ニューヨーク州オールバニーに生まれた。ウィスコンシン州ベロイト・カレッジ（Beloit College）で社会学士を取得し、シカゴのラッシュ大学（Rush University）看護学カレッジで、1976年看護学士を得ている。1979年に、アクセス・リビングを設立し、それ以来、その会長や事務局長を務めている。1982年にNCILを共同設立し、1983年から1984年は副会長を、1986年から1989年

は会長を務めた。1995年3月に、国連社会開発世界サミット（UN World Summit on Social Development）の合衆国代表の一員となり、国連サミットに参加した初めての身体障害者（ブリストは脊髄損傷者である）となる。ブリストはまた、シカゴ地域でシカゴ・リハビリテーション研究所役員会メンバーとして、1989年から1994年はイリノイ公共アクション会議（Illinois Public Action Council board）理事会の議長として、さらに1990年に始まったイリノイ州のヘルスケア改善キャンペーン（Campaign for Better Health Care）の副議長として、活発な活動を続けている。ブリストは、国連障害者の10年の実行運営委員会の一員であり、大統領障害者雇用委員会（President's Committee on Employment of People with Disabilities）実行委員会、ならびに1992年クリントン／ゴア政権移行作業チームのメンバーでもあった。

ブリストは、1992年度合衆国大統領優秀功績賞（Distinguished Service Award of the President of the United States）や、1993年度ヘンリー・B・ベット（Henry B. Betts）賞などを含む多数の賞を受けている。

参照項目 1990年アメリカ障害者法（Americans with Disabilities Act of 1990）；国際障害者年、国際障害者の10年（International Year, International Decade of Disabled Persons）；全米障害者協議会（National Council on Disabiliy）；全米自立生活協議会（National Council on Independent Living: NCIL）；アメリカ障害者の権利・エンパワメント特別委員会（Task Force on Rights and Empowerment of Americans with Disabilities）

Bronston, William
ブロンストン、ウィリアム（1939年生）

ウィリアム・ブロンストンは、知的障害・発達障害児者のためのアドヴォカシーで、最もよく知られた人物である。彼は、ニューヨークのスターテン島のウィロウブルック州立施設（Willowbrook State School）のおぞましい状況を暴露した中心人物である。そしてそれはコミュニティ・サーヴィスと脱施設化のためのキャンペーンでの重要な事件になった。彼はまた、1980年施設入所者公民権法（Civil Rights of Institutionalized Persons Act of 1980: CRIPA）のような障害者権利法を通過させる起動力にもなっている。

ブロンストンは、1939年3月18日、カリフォルニア州ロサンゼルスに生まれた。1964年にロンドンのフロイト・ハムステッド（Freud Hampstead）児童セラピー・クリニックの児童発達分野の特別奨学金給費生になり、1965年には、サザン・カリフォルニア大学医学校で医学博士を取得している。カンザス州にあるメニンガー・スクール（Menniger School）と、トピーカ州立病院（Topeka State Hospital）〔註：トピーカに非営利組織のメニンガー財団があり、精神医学研究で著名〕の精神医学実習生であったが、病院の直接介護職員が賃上げと労働条件改善を求めて、座り込みストライキを組織した時に支援をしたことで、解雇された。1968年、ブロンストンはマンハッタンの地域精神保健クリニック（neighborhood mental health clinic）で仕事をするために、ニューヨークに移った。1970年に、ウィロウブルック州立施設の臨床医になった。

ウィロウブルックにおいて、「信じがたいほどひどい」生活状態を知って、ブロンストンは、施設管理者に訴え出たが、そのために懲戒処分を受ける。施設管理者と対決し、施設職員と居住者家族を組織する試みを行うものの、うまくいかないとわかった時点で、ブロンストンたちは、そのいきさつをメディアにもち込む。地元テレビ放送のレポーター、ジェラルド・リヴェラ（Geraldo Rivera）の報告は、ニューヨークの視聴者にショックを与え、全国的な関心をもたらした。1972年3月、障害者権利弁護団と居住者家族、ならびにニューヨーク精神遅滞市民協会（New York Association for Retarded Citizens: ARC）が、一団となって、連邦裁判所に訴訟を起こす。1975年5月、連邦裁判所によって、同意判決が認められ、1983年までには、施設居住者の約半分が、コミュニティで生活するようになっていた。

ブロンストンは、ウィロウブルックを去ってから、カリフォルニアに移り、その州保健・リハビリテーション局で、さまざまな地位に就く。1981年、ブロンストンは、インターディペンデント・プロジェクト（Project Interdependence）

の責任者になる。それは、障害をもたない高校生ともつ高校生との、完全インテグレーション（full integration）を促進するプログラムだった。1991年、エドワード・ロバーツ（Edward Roberts）を秘書官にして、世界相互扶助基金（World Interdependence Fund）を創設した。1995年、ブロンストンは、障害者権利擁護運動家であったサンドラ・ジェンセン（Sandra Jensen）に対する心臓／肺の臓器移植を彼女に障害があるという理由だけで拒否する決定を下したカリフォルニア州の医師への抗議活動のまとめ役をした。

参照項目 1980年施設入所者公民権法（Civil Rights of Institutionalized Persons Act of 1980）；脱施設化（Deinstitutionalization）；ジェンセン，サンドラ（Jensen, Sandra）；ウィロウブルック州立施設（Willowbrook State School）

Buck v. Bell 274 U.S. 200 (1927) バック対ベル裁判（1927年連邦最高裁判所判例集第274巻200頁）

最高裁判所は、バック対ベル裁判（*Buck v. Bell*）において、州立精神病院に入院している障害者に対して強制断種を行うことは、憲法で保障された基本権を侵害するものではないと述べた。本判決は、最高裁判所が刑事犯として告発されたわけではない障害者の公民権に関して判断を示した最初の判決である。

本件は、20世紀初頭の優生学運動の一環として生じたものである。当時の優生学運動は、不妊手術または他の方法を用いて障害者が子孫を残さないことを基本的な目標としていた。1924年3月、ヴァージニア州は、「遺伝的に精神障害や知的障害を患うであろう州立病院入院患者」に対して強制断種を実施することを認める法律を成立させた。同年9月、リンチバーグにあるヴァージニア州立癲癇・白痴コロニー（Virginia Colony for Epilep-tics and Feebleminded）に入院中の17歳のキャリー・バック（Carrie Buck）は、「道徳的精神薄弱（moral imbecility）」との診断に基づいて、強制断種を施されることとなった。バックは、リンチバーグに収容される直前に、出産していた。優生学者によ

れば、バックは売春婦であったとされるが、実際は里親の家族の一員によるレイプによってバックは妊娠したのであった。バックは手術撤回を求めて裁判所に訴えた。しかし優生学記録研究所長ハリー・ラフリン（Harry Laughlin）は、バックとその母親をよく調べもせずに、親子が「無能、無知、無価値な南部の非社会的白人階層」に属する者たちであると断定した。またバックの娘ヴィヴィアン・バック（Vivian Buck）を検査した、優生学記録事務所（Eugenics Record Office）のアーサー・エスタブルック（Arthur Estabrook）も、ヴィヴィアンを同じく「白痴」であると証言した。そこで、裁判長は不妊手術の実施を承認し、ヴァージニア州最高裁判所もそれを支持した。

この裁判については、1927年4月22日、連邦最高裁判所での審理が行われ、同年5月2日、8対1の賛成多数で、不妊手術の実施が承認される判決が出た。裁判長のオリヴァー・ウェンデル・ホームズ（Oliver Wendell Holmes）は、本件について以下のように記している。「劣悪な性質をもつ子孫が犯罪により処刑されたり、知的障害者を放置して餓死するのを待つよりは、社会が率先して、明らかに不適合な人々が再生産されるのを予防するほうが、世界中の人々のためになる。知的障害者の誕生が3世代も続けば、もはや十分といえるのではないか」。しかし、皮肉なことに、ヴィヴィアンは、その後、シャーロッツヴィルの学校で成績優秀者として表彰され、算数以外の科目すべてで成績優秀者となった。このことから、母親（キャリー・バック）は、実際には知的障害をもっていなかったのではないかと思われる。

なお、キャリー・バックの妹ドリス・バック（Doris Buck）も、1928年不妊手術を施された。彼女は、医者から盲腸の手術を行うといわれて不妊手術をされたのであった。当時は、このように被害者を騙して手術を行うことが一般的に行われていたのである。

参照項目 優生学（Eugenics）；強制断種（Forced Sterilization）；T-4障害者安楽死政策（T-4）
出典 Trombley, Stephen, *The Right To reproduce: A History of Coercive Sterilization* (1988).

B

Burgdorf, Robert L., Jr.
バーグドーフ，ロバート・L・ジュニア
（1948年生）

　ロバート・バーグドーフは、アメリカ障害者法の原文の起草者で、それゆえに障害者権利の歴史上で重要な人物と目される。彼は多数の障害者権利法に関する主要書物の著者であり、共著者であり、編者である。

　バーグドーフは1948年7月27日、インディアナ州エヴァンズヴィルに生まれた。ポリオ経験者として右腕が使えなくなり、若き日に電気技術者見習いとしての雇用を拒否されている。1973年インディアナ州ノートル・ダム大学（University of Norte Dame）で法学士を取得し、卒業する。法律を学ぶ学生時代から、全国法律・障害者センター（National Center for Law and the Handicapped）創設を支援し、そのスタッフとして弁護活動をすることで、障害者権利訴訟に関わり始める。1976年、センターを去り、ボルティモアのメリーランド大学（University of Maryland）ロー・スクールの発達障害者法プロジェクト法人（Developmental Disabilities Law Project, Inc.）の共同ディレクター・副会長となる。1982年から1985年まで、彼は合衆国公民権委員会相談役室（Office of the General Counsel of the U.S. Commission on Civil Rights）の法律顧問の1人であった。そこで彼は障害者差別の報告書を共著で刊行する。報告書は、障害者への法的保護の中に重大な欠陥が存在することを明らかにしており、バーグドーフは、1964年公民権法（Civil Rights Act of 1964）に倣って、包括的な連邦障害者権利法の必要性を確信するようになる。1984年、バーグドーフと彼の同僚クリス・ベル（Chris Bell）は、そのような法に関する初めてのアウトラインとなる「身体・精神障害者に対する差別撤廃——法的な青写真（Eliminating Discrimination against Physically and Mentally Handicapped Persons: A Statutory Blueprint）」を『精神および身体障害司法通信（Mental and Physical Disability Law Reporter）』に発表した。

　全米障害者評議会（National Council on the Handicapped）、すなわちNCH（後に名称を全米障害者協議会〈National Council on Disability〉に改める）の弁護士／調査専門家として、バーグドーフはやがて合衆国の障害者権利法の様相を一変させていくために尽力する。1985年、バーグドーフと同協議会メンバーのジャスティン・ダート・ジュニア（Justin Dart Jr.）は、アメリカ障害者法（Americans with Disabilities: ADA）の共同策定に着手していく。彼らは、1986年に全米障害者協議会から出版された報告書『自立に向けて（Toward Independence）』を用意し、アメリカ障害者法を要求した。法案草稿は、1988年に議会に提出されるのだが、通過のための支援は不十分であった。それでもバーグドーフの法案草稿は、かなりの書き直しがあるものの、1990年アメリカ障害者法（Americans with Disabilities Act of 1990）として、通過するのである。

　バーグドーフは1988年にNCDを去り、全米イースターシール協会（National Easter Seal Society）でのプロジェクト「アクション（Accessible Community Transportation in Our Nation: ACTION、わが国におけるアクセス可能なコミュニティ交通）」の副議長になる。1989年、コロンビア特別行政区ロー・スクールの教授になる。またメリーランド大学（University of Maryland）で教鞭を執ったことがあり、1973年という早い時期に、ノートル・ダム大学ロー・スクールで「障害者の公民権」と題する一連の講義をしている。

　バーグドーフの著述活動は、1970年代半ばにまで遡る。「不平等な扱いの歴史——平等保護条項下で『疑いのある集団』としての障害者の資格（History of Unequal Treatment: The Qualifications of Handicapped People as a 'Suspect Class' under the Equal Protection Clause）」で、これが『サンタクララ・ロイヤー（Santa Clara Lawyer）』に1975年掲載された。それ以来、障害者法のあらゆる局面を書いてきた。彼の主著は、『個人の能力の範囲に対応する（Accommodating the Spectrum of Individual Abilities）』（1983）や、『障害のある人たちの法的権利——判例、資料、判決文（The Legal Rigths of Handicapped Persons: Cases, Materials, and Text）』（1980）であるが、後者は最初の障害者権利法に関するロー・スクールのための判例集で、1126頁ある。1270頁にわたる『雇用法における障害者差別（Disability Discrimination in Employment Law）』は、1996年に刊行されている。彼はまた多数の論文や、『セ

クシュアリティ、法、発達障害者（*Sexuality, Law, and the Devel-opmentally Disabled*）』（1981）の序文などを含めて共著の章を執筆している。『分割されざる国家——公民権運動 1990 年代の課題（*One Nation Indivisible: The Civil Rigths Challenge for the 1990s*）』（1989）の編者でもある。

参照項目　1990 年アメリカ障害者法（Americans with Disabilities Act of 1990）；ダート、ジャスティン・ジュニア（Dart, Justin, Jr.）；全米障害者協議会（National Council on Disability）

Burke, Christopher Joseph
バーク，クリストファー・ジョセフ（1965 年生）

テレビ・シリーズ「それでも人生は続く（*Life Goes On*）」のスターとして、クリストファー・ジョセフ・バークは知的障害をもつ人たちのロールモデルとなり、また彼らの代弁者（スポークス・ピープル）となった。その番組は 18 歳のダウン症候群の「（活発な）コーキー」サッチャー（Thatcher）が、主流の高等学校に適合しようとする際に遭遇するさまざまなチャレンジをドラマ化したものであった。これは何百万という視聴者にとって、発達障害をもつ人が異質でも、恐ろしいものでもないのだと知る初めての経験であった。バークは会話を記憶したり、脚本に意見を述べたりしてテレビ俳優になることができたが、それはまたダウン症候群の人々の能力について多くの人々が抱いていた誤解を打ち砕いた。

バークは 1965 年 8 月 26 日にニューヨーク市に生まれた。家庭医は「彼はおそらく歩くこともも、話すこともないだろう。何かを達成するようなこともないだろう」と言い、施設に入れることを勧めた。バークの両親はそうしないで、良質の教育を与えるべきだと主張して彼を家で育てた。けれども両親でさえも俳優になるという息子の大望には、懐疑的であった。両親の態度は、バークのテレビ・デビュー後に変わる。それはシリーズ番組「デスパレート（Desperate）」〔註：イギリス漫画家の漫画に基づく作品〕。アメリカ西部のカウボーイである主人公デスパレート・ダンの物語〕のパイロット番組で、1987 年に放送された。そのシリーズ化は両親によって拒絶されてしまうが、ABC ネットワークのプロデューサーたちはバークに強い印象を受け、バークをもとにシリーズ企画を取り決めたのであった。「それでも人生は続く（*Life Goes On*）」は、1989 年 9 月に放映が開始され、23 歳のバークはエレベータ操作係から、年俸 25 万ドルのテレビ・スターになったのである。

バークは自分の知名度を利用して、講演やテレビ放送の公共広告を通して、障害者の雇用機会拡充のための権利擁護の運動を展開した。テレビ界を離れた後のバークは、全国ダウン症候群協会（National Down Syndrome Society）の擁護者にして代弁者となり、同時に季刊刊行の『ニューズと見解（*News and Views*）』というニューズレターの編集者になった。

出典　Burke, Chris, and Jo Beth McDaniel, *A Special Kind of Hero* (1991).

Burlington School Committee v. Department of Education 105 S. Ct. 1996 (1985)
バーリントン教育委員会対マサチューセッツ州教育省裁判（1985 年最高裁判所判例集第 105 巻 1996 頁）

バーリントン教育委員会対マサチューセッツ州教育省裁判（*Burlington School Committee v. Department of Education*）において、全障害児教育法（1975, PL 94-142）に基づく適切な教育に関して親と学校管理者の意見が食い違った場合の権利と責任に関する重要な疑問に対し、最高裁が回答を与えた。最高裁はバーリントン教育委員会に対し、提案された個別教育プログラム（IEP）が適切か否かを判断する審議が行われる期間中に発生した子どもの私立学校の学費を、その子の親に賠償するよう命じた。

この裁判は 1979 年 6 月に始まった。当時第 3 学年の児童だったマイケル・パニーコ（Michael Panico）の両親は、マサチューセッツ州バーリントン教育委員会に、息子の来年度の学校での計画を作成するよう求めた。マイケルは第 1 学年から学校での困難を経験しており、彼が学習障害であることが明らかになってきた。

教育委員会は、情緒的問題をもつ子どものための学級が整備されているパイン・グレン校（Pine Glen School）にマイケルを通学させるよう提案した。しかし、ボストン総合病院（General Hospital in Boston）の専門家たちによる報告書では、マイケルの問題の根本は心理学的なものではなく神経学的なものであり、「たとえばキャロル校（Carroll School）のような、学習上の困難をもつ子どものための高度な専門的教育環境をもつ」学校が望ましいと結論づけた。キャロル校はマサチューセッツ州リンカーンにある州認可の私立学校である。1979年9月にパニーコ家はマイケルをキャロル校に入学させた。授業料および必要経費は自費で支払った。公立学校が提案したIEPの報告書をもとに、マサチューセッツ州教育省内の特殊教育苦情処理部局（Bureau of Special Education Appeals: BSEA）はパニーコ家を支援する側に立ち、バーリントン教育委員会に対し、授業料と必要経費の支払いならびにパニーコ家が支払った費用の賠償を命令した。バーリントン教育委員会は決定の取り消しおよびキャロル校への授業料の支払い拒否ならびにパニーコ家への賠償の拒否を主張して、連邦裁判所に提訴した。

教育省の決定はマサチューセッツ地方裁判所により覆され、控訴裁判所では却下された。その後この裁判は1985年3月26日に連邦最高裁に上告され、1985年4月29日に判決が出た。

判決において、裁判所は2つの問題を取り上げた。(1) 私立学校が子どもにとっての唯一の道であると裁判所が決定した場合、法律の下での親への経済的救済には、私立学校の授業料と必要経費の賠償まで含まれるのか否か。(2) 正式な同意が得られないまま子どもを私立学校に通わせる親に対し、提案されたIEPが適切か否かを判断する手続きが行われる期間中のこうした賠償の施行を、法律は禁止しているのか否か。レーンクイスト（Rehnquist）判事は主文として、法律は「そうした賠償を認めている」と結論づけた。続けて、両親が教育委員会の同意がないまま通学させたゆえにマイケルのキャロル校への通学が「賠償を受ける権利の放棄」であるとする教育委員会の訴えを裁判所は退けた。レーンクヴィスト判事による判決ではその他に、争議を解決するために費やす期間中、「不適切な教育環境であることが判明した状況に子どもを放置する」ことを両親に強いたとし、「この法律は障害をもつ子どもたちに適切かつ無料の教育を提供することにある。こうした目的の対象となる人々を犠牲にするような解釈がされるべきではない」と述べられている。

参照項目　1975年全障害児教育法（Education for All Handicapped Children Act of 1975）

Callahan, John
キャラハン，ジョン（1951-2010）

ジョン・キャラハンは風刺漫画家にしてユーモア作家であり、主に題材として障害者としての自らの体験を用いている。目抜き通りで古典的な対決姿勢で向かい合う、車椅子の2人のカウボーイ（「この町はわれわれ双方がアクセスするには不十分だ」）から、「せむしハイキングクラブ昼食のために休憩をとる」（メンバーの誰も背中の荷物を降ろして中のものを開けることができない）のスケッチまで、キャラハンのユーモアは、障害のある人、ない人の双方を楽しませ、また腹を立てさせた。デイヴ・バリー（Dave Barry）がいうように、「ジョン・キャラハンは、人間は大変な逆境と苦痛を受けても――精神の力によって――みごとに自己を確立することができることを立証している」。

キャラハンは1951年2月5日、オレゴン州ポートランドに生まれた。21歳の時に車の事故で障害者になり、大酒を飲んで数ヶ年の歳月を過ごすが、その後再び絵を描くことに目覚める。処女作はイラスト入りの自叙伝『心配するな、彼は自分の足でそんなに遠くへは行けない（Don't Worry, He Won't Get Far on Foot）』(1989) で、現実的な描写でありながら、四肢まひとしての生活を愉快に描いていることが多く、喝采を博した。

『心配するな、彼は自分の足でそんなに遠くへは行けない』に続いて、『これ以上妨げるな（Do Not Disturb Any Further）』(1989)、『内なる子どもを助ける（Digesting the Child Within）』(1991)、『彼が言うことをせよ！ 彼はどうかしているんだって！（Do What He Says! He's Crazy!!!）』(1992) が刊行された。1996年、キャラハンは共和党員として議会に立候補するが、健康上の理由で選挙前に出馬を断念した。

出典 Callahan, John, *Do Not Disturb Any Further* (1989); ――, *Don't Worry, He Won't Get Far on Foot* (1989).

Callo, Tiffany Ann
キャロ，ティファニー・アン（1967年生）

1980年代末、ティファニー・アン・キャロは、カリフォルニア州サンタ・クララ郡ソーシャル・サーヴィスと争い、2人の子どもの保護監督権を失った。以来、彼女は障害者には子どもを愛し、育てる能力はないとする社会的拒絶の象徴になる。

キャロは1967年4月21日、カリフォルニア州のサンノゼに生まれた。彼女の脳性まひは生後18ヶ月まで明確ではなかったが、12歳の時に養護施設に入れられる。キャロは、彼女が住んでいたグループホームの職員の1人によってレイプされ、16歳で中絶している。19歳までに1人で暮らすようになって、同じ障害をもつアンソニー・ライオス（Anthony Rios）と関係をもつようになり、やがて結婚をする。彼らの最初の息子ディヴィッド（David）は、1987年3月3日に生まれたが、24時間以内に、サンタ・クララ郡のソーシャルワーカーは、両親からその子を引き離し、キャロとライオスが子どもに会うことを拒否した。郡は、彼女には身体的障害があり「幼い当該の未成年者への適切な養育や励まし、ケアの提供をすることはできない」と、言い張った。キャロの2人目の息子、ジェシー（Jesse）も、また1988年1月に生まれるやすぐに母親の保護監督から離される。しかし、その後、郡の行為について『サンノゼ・マーキュリー・ニューズ（San Jose Mercury News）』に掲載された話が、全国メディアで取り上げられることになるのである。

この件で不思議でおかしいことの1つは、サンタ・クララ郡がキャロの子どもの里親ケアには毎月1000ドル以上もの費用を快く出そうというのに、パーソナル・アシスタンス・サーヴィスを付けて、キャロの養育支援をするということには、1セントだって提供したくないという点である。その代わりに、郡はキャロがよき母親にはなりえないとの証明をしようとした。さまざまな「専門家」――障害者と接した経験は誰ももっていなかった――が、キャロの「評価」に動員され、パラノイド、精神遅滞、子どもを理解することができないといったレッテル

を彼女に貼った。郡は障害をもって子育てをしている人々の相談を受けたことがあるコンサルタントのメーガン・ライト・カーシュバウム（Megan Light Kirshbaum）にも相談をもちかけた。カーシュバウムは、キャロには知性があり、覚えが早いし、よき親になることを切望しており、高い共感力ももっているとの結論に至るが、カーシュバウムのアセスメントは無視された。1988年6月、サンタ・クララ郡少年裁判所でキャロに子ども保護監督権を再び戻すかどうかの審議が始まる。

障害者権利擁護運動家は、キャロ支持のために結集し、彼女の弁護士は最高裁判所までずっと弁護を行う気はあった。けれども、弁護士がこれには8年もの歳月がかかるかもしれない、そして敗訴は彼女が子どもに2度と会えない事態を引き起こすかもしれないとの説明をした時、キャロは妥協することを決めた。訪問の権利を認めさせ、2人の子どもを一緒に養育するとの交換条件で、キャロは親権放棄に同意したのである。

子どもを預かっていた里親ファミリーが、ほどなく新しい子ども2人を一緒に育てるのは負担が大きすぎるという結論に達した時、サンタ・クララ郡当局はキャロとの合意を破って、子どもを引き離す決定を下した。

1989年1月、キャロはフィル・ドナヒュー（Phil Donahue）〔註：人気のあるトークショー司会者〕の番組に登場して、自身の話を語った。そこにいた聴衆の一員が彼女に、「もしもう1人お子さんをもつとしたら、どういう計画を立てますか」と質問した。彼女の回答は、「十分なお金と優れた弁護士をもつこと」であった。

参照項目 障害をもつ人が親になること（Parenting and Disability）；パーソナル・アシスタンス・サーヴィス（Personal Assistance Services: PAS）

出典 Mathews, Jay, *A Mother's Touch: The Tiffany Callo Story — The True Story of a Physically Disabled Mother's Fight for the Right To Keep Her Children* (1992).

Cannon, Dennis M.
キャノン，デニス・M（1943年生）

デニス・キャノン・Mは、交通アクセスの指導的なアドヴォケーターであり、専門家である。彼は1981年以来、ずっとアメリカ建築・交通バリアフリー遵守委員会（U.S. Architectural and Trans-portation Barriers Compliance Board）の交通アクセスの問題の専門家である。彼自身も障害者が利用できる公共輸送機関の利用者として、アクセスに関する多数の論文・モノグラフ・本を、単著・共著で書いている。『障害者のための交通機関の設計基準――適切な等価の吟味（*Design Criteria for Transportation for Disabled Persons: A Test of Equivalence*）』（1976）、『フル・モビリティ――他の移動方法の費用計算（*Full Mobility: Counting the Cost of the Alternatives*）』（1980）、『バス停留所の途中で起こった奇妙な出来事（*A Funny Thing Happened on the Way to the Bus Stop*）』（1980）などがあげられる。

キャノンは、1943年7月5日にロサンゼルスに生まれた。1968年、カリフォルニア州立大学ノースリッジ（Northridge）校で物理学の学士号を取得した。また大学院で物理学、数学、コンピュータ・サイエンスの研究もした。彼はアクセスしやすい大量輸送システム計画の手助けをするコンサルタント会社シナジー・システムズ（Synergy Systems）の創設者にして、元会長である。さらに合衆国交通省の元コンサルタントでもあり、輸送と遠隔通信アクセス（telecommunications access）に関する数々の委員会にメンバーとして名を連ねている。

参照項目 建築・交通バリアフリー遵守委員会（Architectural and Transportation Barriers Compliance Board）；首都交通局（メトロ）のバリアフリーキャンペーン（Metropolitan Area Transit Authority ("METRO") Access Campaign）；バリアフリー個別交通システム（Paratransit）；公共交通機関（Public Transportation）

Captioning/Closed Captioning
字幕／非表示可能字幕（クローズド・キャプション）

　字幕は、映画やテレビ番組に付加され、画面に表示される文字情報で、聴覚に障害のある視聴者が、今見ているものの内容をよりよく理解することを可能にする。

　19世紀後半から20世紀前半にかけて、映画が発明されたころ、すべての映画は無声で、字幕が付加されていたため、聴覚に障害のある視聴者は問題なく理解することができた。しかし、トーキーの出現により、聴覚障害者は映画を十分に楽しむことから除外された。テレビの発明は、それに拍車をかけ、彼らは事実上アメリカの大衆文化の大部分から締め出されてしまった。

　聴覚障害者のために映画に字幕を付加する最初の試みを行ったのは、1940年代後半、無声映画に出演していた聴覚障害のある俳優、エマーソン・ロメロ（Emerson Romero）であったと思われる。従弟のシーザー（Caesar）はスターになったが、ロメロの映画俳優のキャリアは、トーキーの出現により終わりを迎えた。ロメロは、評判のよい映画を購入し、シーンの間に字幕を挿入して、聾者クラブ（Deaf Club）や教会に貸し出した。しかし、この方法には費用がかかり、かつ熟練を要した。1950年、アメリカ聾学校の校長であったエドマンド・ボートナー（Edmund B. Boatner）は、聾者向け字幕付映画（Captioned Films for the Deaf）を設立し、評判のよい映画を購入し、字幕を付加して貸し出した。1958年、公法85-905号（PL 85-905、連邦保健・教育・福祉省〈Department of Health, Education and Welfare〉における聴覚障害者に字幕付フィルムの貸与サーヴィスを提供するための法律）の制定により、このプロジェクトはアメリカ教育省（U.S. Department of Education）の監督下に置かれることとなった。しかし、アメリカの聴覚障害者の総人口に対して、字幕付き映画の提供のために割り当てられた予算は7万8000ドルで、明らかに不十分であった。1960年代には、この計画は発展し、4つの地域メディアセンターが開設され、初期には学校で使用される教育映画やドキュメンタリー映画の製作に力が注がれた。1970年には、聾者向け字幕付映画の年間予算は、300万ドルに達した。

　1971年後半、ボストンの公共放送局WGBHテレビ（WGBH Public Television）内にキャプションセンターが開設され、聴覚障害者のテレビ放送の利用が可能になった。初めて字幕が付加されたテレビ番組は、1972年に放送されたジュリア・チャイルド（Julia Child）の「フレンチ・シェフ（French Chef）」で、すべての視聴者に見える表示（open）字幕であった。キャプションセンターは、字幕付きのABCニュースの制作も手がけ、夜遅くに190以上のPBS公共放送局から再放送を行った。これにより初めて、聴覚障害のある個人がテレビのニュースを毎日見ることが可能になった。コマーシャルの時間には、その代わりに、聴覚障害者にとって関心のある話題が放送された。

　クローズド・キャプションは、符号化されたテレビ用字幕で、その復号化に必要な装置をもつ人にのみ見えるものである。この装置は、テレビに内蔵されるか、あるいは文字表示機能をもたないテレビにはセットトップの複号器を接続することができる。1990年アメリカ障害者法（ADA）は、連邦政府機関により製作、もしくは資金提供を受けたすべての広報に、字幕を付加することを義務づけた。1990年TVクローズド・キャプション・デコーダ搭載法（Television Decoder Circuitry Act of 1990）は、1993年7月以降にアメリカで発売される13インチ以上のテレビすべてに、文字表示機能の内蔵を義務づけた。1996年テレコミュニケーション法（Telecommunications Act of 1996）は、法の制定後18ヶ月以降に「新規に公開、発表されるすべてのヴィデオ番組」に、クローズド・キャプションを付加することを義務づけた。

参照項目　コミュニケーション・アクセス（Communications Access）
出　典　Gannon, Jack R., *Deaf Heritage: A Narrative History of Deaf America* (1981).

Carlin, John
カーリン，ジョン（1813-1891）

　ジョン・カーリンは詩人であり、画家であり、作家であり、活動家であった。1813年6月15日に出生し、幼児期に聴覚を失った。靴職人の

息子であった彼は、少年時代にはフィラデルフィアの路上を徘徊して過ごし、その後、聾のストリートチルドレンを援助していた商人のディヴィッド・セイシャス（David Seixas）に引き取られた。カーリンは、セイシャスが経営するマウント・エアリー聾学校で教育を受けた。この学校は後にペンシルヴェニア聾啞院と改称された。カーリンは塗装工となるため、12歳の時に退学した。1830年代、美術を学ぶためにニューヨークに移住し、その後、ロンドンとパリを旅行して勉強を続けた。フランス人画家イッポリト・ポール・ドラロッシュ（Hippolyte Paul Delaroche）の弟子として3年間学んだ後、彼は自分のアトリエをもつためにニューヨークに戻った。カーリンはまた、『スクラッチサイド・ファミリー（*Scratchsides Fami-ly*）』と題する子ども向けの書物や、自身の聾に関する自伝的な詩を含む大量の詩を発表した。

　カーリンは、後にワシントンD.C.のギャローデット大学となった国立聾大学設立についての初期の支持者であった。彼は1864年のカレッジ開校記念式典において、アメリカ手話（ASL）でスピーチを行った。しかしカーリンは、ASLは英語に代替するものとしては貧弱であると考えていた。口話法に関して、また自分が話すことも読唇もできないことに対して相反する感情をもちながらも、カーリンは、英語を指話法によって読み書きすることが聾の子どもにとって最善の指導法であると信じていた。1891年4月23日死去。

参照項目　ギャローデット大学（Gallaudet University）；口話法聾学校、口話主義（Oral School, Oralism）

出典　Gannon, Jack R., *Deaf Heritage: A Narrative History of Deaf America* (1981); Moore, Matthew S., and Robert F. Panara, *Great Deaf Americans: The second Edition* (1996).

Catlin, John H.
カトリン, ジョン・H（1947年生）

　ジョン・H・カトリンは、障害をもつ人がアクセスできる空間・建造物のデザインに関する専門家であり、そうしたデザインの主唱者として広く知られている。アクセス・シカゴ（Access Chicago）の元指導者であり、クリントン大統領に任命されて、1994年にアメリカ建築・交通バリアフリー遵守委員会（U.S.Architectural and Transportation Barriers Compliance Board: ATBCB）に入り、1995年から1996年は同委員会議長を務めた。彼は建築家で、バリアフリー・デザイン分野を専門としている。

　カトリンは1947年11月21日にイリノイ州オタワに生まれた。1974年にカーボンデールのサザンイリノイ大学からデザイン部門で学士を取得、1982年にイリノイ大学シカゴ校で建築学修士号を得た。1978年イリノイ州のバリアフリー基準、ならびに1988年イリノイ州環境バリアフリー法（Illinois state Environmental Barriers Act of 1988）の制定にきわめて重要な役割を果たした。また、アメリカ障害者法・建築物ガイドライン（ADA Architectural Guidelines: ADAG）の起草、ならびに公共施設へのバリアフリー問題を扱ったアメリカ障害者法第2編の下での仕事、とりわけシカゴの公立学校を障害者も利用できるようにする仕事に関わってきた。彼は多数の委員会の仕事をしてきたし、今もその仕事を続けている。また、バリアフリー問題に関して幅広く講演活動をしている。アメリカ建築研究所メンバーであり、そのイリノイ・アクセシビリティ特別委員会のメンバーでもある。

参照項目　建築物のバリアフリー（Architectural Access）；建築・交通バリアフリー遵守委員会（Architectural and Transportation Barriers Compliance Board）

Center for Accessible Housing
バリアフリー住宅センター

参照項目　ユニヴァーサル・デザイン・センター（Center for Universal Design）

Center for Independent Living, Inc.
自立生活センター

　自立生活センター（Center for Independent Living, Inc. もしくは、バークレーCIL）は、地域

に根ざした世界初の自立生活センターであり、1972年3月に、カリフォルニア州バークレーに設立された。それは、カリフォルニア大学バークレー校の障害をもった学生集団、とくにエドワード・V・ロバーツ（Edward V. Roberts）とジョン・ヘスラー（John Hessler）の経験と権利擁護の中から生まれた。

ロバーツは、1962年の秋に、カリフォルニア大学バークレー校の授業に出席し始めた。彼は、キャンパス内にあるコーウェル病院（Cowell Hospital）の学生のための医療施設に住んだ。そこに1963年、ヘスラーが仲間入りした。コーウェルは、1967年までに12人の重度障害をもった学生の家となり、カリフォルニア州リハビリテーション局によって運営される正式なプログラムとなった。

1960年代、バークレー校キャンパスは、活発な政治的活動の中心となり、コーウェル居住プログラム（Cowell Residence Program）の学生たちは、言論の自由運動やフェミニズム、公民権運動、黒人の誇り運動（Black Pride）や学生の反戦運動の高まりに大いに影響を受けた。周囲で起こっていることに励まされ、彼らは、「患者」や「病人」という医学用語の代わりに、抑圧されたマイノリティという、政治的な言葉で自らを定義づけ始めた。彼らは、一種の連帯感とともに、キャンパスや周囲の地域におけるカーブ・カット（curb cut）やカーブ・ランプ（ramps）の欠如などが彼らの共通の障害であると意識するようになった。彼らは、自分たちを「ローリング・クワッズ（Rolling Quads）」と呼び、リハビリテーション局のカウンセラーによって押し付けられた独断的な規定に抗議した。これらの闘争は、あるカウンセラーが、2人の学生を彼らが大学卒業後に職を得ることは「実現不可能」であり、まったくありえないことであると判断してナーシング・ホームに送り込もうとした時に、山場を迎えた。ロバーツとヘスラーや他の学生は、カウンセラーの転任と、その学生のプログラムへの復帰を主張した。リハビリテーション局職員たちとの会合が決裂して（とある会合ではある精神科医が抗議者たちを施設収容すると脅してきた）、ローリング・クワッズは、地元新聞社に向かった。そこで州は、悪いイメージが評判になったことで主張を撤回した。そして、カウンセラーは転任、学生は復帰した。

ローリング・クワッズは次に、コーウェルを完全に離れる方法を模索し始め、卒業後に起こるであろうことへの計画を練り始めた。1969年、ロバーツは、ジーン・ワース（Jean Wirth）の要請でワシントンD.C.に行った。ジーン・ワースは、バークレーへの入学に先んずるサンマテオカレッジで、彼のカウンセラーをしていた人物である。ワースは、連邦保健・教育・福祉省（U. S. Department of Health, Education and Welfare: HEW）の職を得て、マイノリティの大学生のドロップアウト率を減少させるために助言者としてのメンターの配置、ピア・カウンセリングそしてサポートサーヴィスを用いた画期的プログラムを作成していた。彼女は、ロバーツに、そしてローリング・クワッズに、障害学生に対する同様のプログラムの設計を依頼した。彼らが開発したパッケージが身体障害学生プログラム（Physically Disabled Student's Program: PDSP）であった。それには、パーソナル・アシスタンス・サーヴィスや、車椅子の修理、緊急時の付添いケア、そしていくつかの州や、連邦の社会サーヴィス、リハビリテーション・プログラムのもとで、利用できる金銭的援助獲得のための情報などが含まれていた。

コーウェルの在住者は、PDSPが実行される際の3つの基本原理の要点をまとめた。(1) 障害の専門家は障害のある人々であり、(2) 障害のある人々のニーズは、異なる機関や事務所での断片化されたプログラムよりも、包括的、全体的なプログラムによって最もよく充足させることができ、(3) 障害のある人々は地域に統合されるべきであるということ、である。これらの原理は、自立生活の哲学の真髄となる。

PDSPは、1970年に、HEWから8万1000ドルの資金援助を受けて開始され、その年の9月には、すっかり軌道に乗っていた。噂が広まるにつれ、学生でないより多くの障害をもった人々がサーヴィスを申し込み始めた。結果、1971年の3月、PDSPはキャンパス外でのPDSP設立の目標をもって地域住民との会合を始めた。しかしながら、大学からの自立プログラムへの要求は、大部分が学生自身からきていた。自立生活を維持させるためのいくつかの新しいプログラムなしには、再施設入所が多くの人にとって唯一の選択肢のように見えた。自立

C

生活センター（CIL）は、PDSP の会合の中から生まれ、年間 5 万ドルの助成金を連邦のリハビリテーション・サーヴィス庁（federal Rehabilitation Services Administration）から受けて、1972 年に正式に法人化したのである。

CIL の最初の年は、常時資金調達の問題をかかえて不安定な状態だった。ソニー・クレインフィールド（Sonny Kleinfield）は、『隠されたマイノリティ（Hidden Minority）』（1979）の著者であるが、彼は、CIL の最初の「本部」を「ごきぶりがはびこる 2K アパート」と評している。ロバーツたちは、CIL を破産させないために、助成金の計画書を書き、大学や、州、連邦政府機関にアプローチし、資金集めのためのイヴェントやポーカーゲームなども開催した。この間、国中の障害者権利擁護運動家たちがバークレーで起こっていることに興味をもつようになっていた。ジュディス・ヒューマン（Judith Heumann）は、ニューヨークにおける行動する障害者の会（Disabled in Action）の設立者であるが、1973 年に、カリフォルニア州に移り、CIL の理事に加わり、最終的には、副所長になった。フィル・ドラプター（Phil Drapter）は、障害をもった地域活動家であり、CIL の共同設立者であるが、ロバーツの退去の後は、2 代目の所長になった。

CIL の哲学の中心は、それが、社会サーヴィス主体であるというよりも、むしろ権利擁護組織であるということであった。この目的を達するために、1970 年代の後半、CIL は障害者リソースセンター（Disability Law Resource Center）を設立した。それは、後に独立して、障害者権利教育擁護基金（Disability Rights Education and Defense fund: DREDF）となった。医学的な問題としてよりも、むしろセルフヘルプとしての CIL の障害の定義は、たくさんの未来の障害者権利活動家にとって、画期的なものであった。ロバーツやヘスラーやヒューマンに加えて、CIL で働いてきた全国的な障害者権利運動のリーダーには、ジョーン・レオン（Joan Leon）、ヘイル・ズーカス（Hale Zukas）、メアリー・ジェーン・オーウェン（Mary Jane Owen）、ロバート・ファンク（Robert Funk）、ドン・ギャロウェイ（Don Galloway）、パトリシア・ライト（Patrisha Wright）、メアリー・ルー・ブレスリン（Mary Lou Breslin）がいる。

1995 年時点で、すでに 400 を超える自立生活センターが、世界中に設立されており、1997 年の時点では、合衆国だけで 367 のセンターとその付随機関が存在していた。すべてが、大なり小なりバークレーの最初の CIL をモデルとしている。一方で、パーソナル・アシスタンス・サーヴィスの考え方は、アメリカにおいて、障害者権利運動に対する主要な政治的課題となっていた。今日、バークレーの CIL では、年間何千という人々に対してピア・カウンセリングや雇用、住居斡旋を含むサーヴィスを提供し、支援運動を行っている。

参照項目　ブレスリン，メアリー・ルー（Breslin, Mary Lou）；障害者権利教育擁護基金（Disability Rights Education and Defense fund）；ファンク，ロバート・J（Funk, Robert J.）；自立生活，自立生活運動（Independent Living, Independent Living Movement）；ヘスラー，ジョン（Hessler, John）；ヒューマン，ジュディス・E（Heumann, Judith E.）；オーウェン，メアリー・ジェーン（Owen, Mary Jane）；パーソナル・アシスタンス・サーヴィス（Personal Assistance Services）；ロバーツ，エドワード・V（Roberts, Edward V.）；ライト，パトリシア・A（Wright, Patrisha A.）；ズーカス，ヘイル・J（Zukas, Hale J.）

出典　Laurie, Gini, *Housing and Home Service for the Disabled* (1977); Kleinfield, Sonny, *Hidden Minority* (1979); Levy, Chava Willig, *A people's History of Independent Living Movement* (1988); Shapiro, Joseph, *No pity :People with Disability Forgoing a New Civil Rights Movement* (1993, 1994)（秋山愛子訳『哀れみはいらない――全米障害者運動の軌跡』現代書館、1999）; Zukas, Hale, *CIL History* (1976).

Center for Universal Design
ユニヴァーサル・デザイン・センター

ユニヴァーサル・デザイン・センター（Center for Universal Design：その前身はバリアフリー住宅センター〈Center for Accessible Housing〉）は 1989 年ノースカロライナ州立大学デザイン学部に、建築家、建築業者、および当事

者がバリアフリー住宅とユニヴァーサル・デザインに関する技術を提供するために、研究情報センターとして設立された。同センターでは住宅の所有者や設計者、建築業者が一戸建てや集合住宅を新築したりその増改築に携わる業者による設計計画を点検している。同センターは公正住宅法の基準を基にバリアフリー住宅とユニヴァーサル・デザインに関する技術支援の小冊子を刊行している。ユニヴァーサル・デザイン・センターはデザイン助言ネットワーク（Design Advisory Network: DAN）を運営している。同ネットワークは、障害をもった人、家族、友人などからの1300以上の意見を集約し、ユニヴァーサル・デザイン・センターに提供している。また、障害者や障害者運動の活動家、住宅の設計者や住宅業者に対して、バリアフリーデザインの高等教育レベルでの情報提供を行っている。主要刊行物には、『子どもにとってのバリアフリー環境基準（Accessibility Standards for Children's Environments）』（1992）、『住宅をバリアフリー化するための融資を受ける方法（Financing Home Accessibility Modifications）』（1993）、『バリアフリー住宅カタログ（Accessible Stock House Plans Catalog）』（1993）などがある。

参照項目　バリアフリー環境デザイン社（Barrier Free Environments）；1988年バリアフリー住宅に関する改正法（Fair Housing Amendments Act of 1988）；住宅（Housing）；メイス，ロナルド・L（Mace, Ronald L.）；ユニヴァーサル・デザイン（Universal Design）

Center on Health and Disability
保健・障害センター

参照項目　グリス，ロバート（Griss, Robert）

Center on Human Policy, Human Policy Press
ヒューマン政策センター、ヒューマン・ポリシー・プレス社

1971年に設立されたヒューマン政策センター（Center on Human Policy）は、ニューヨーク州シラキュース市のシラキュース大学に拠点を置く研究・権利擁護組織である。この組織は、知的障害児の施設への収容を終結させるために、『煉獄のクリスマス——精神遅滞に関するフォトエッセイ（Christmas in Purgatory）』（1966、ヒューマン・ポリシー・プレス社）の著者、バートン・ブラット（Burton Blatt）が設立した。このセンターは脱施設化を目指し、地方、全国レベルで、研究、コミュニティ教育、法律の擁護、施設化に対する代案の開発を行っている。今日、全米コミュニティ統合リソース・センター（National Resource Center on Community Integration）の支援団体として、知的障害者のコミュニティへの統合に力を入れている。

当センターは、ヒューマン・ポリシー・プレス社からさまざまな資料を出版している。出版物には、『普通の瞬間——障害の経験（Ordinary Moments: The Disabled Experience）』（1985）やヴォルフ・ヴォルフェンスベルガー（Wolf Wolfensberger）の著作、またピープル・ファースト（People First）やセルフ・アドヴォカシーは自分たちの力を強力にする（Self Advocates Becoming Empowered: SABE）の活動家によるテキストなどがある。このセンターはまた、エレノア・ルービン（Eleanor Rubin）やマーク・モリス（Mark Morris）のポスターを販売している。モリスの「あなたは私たちにちっぽけなお金をくれた。今、私たちが望むのは私たちの権利である」というポスターは、全米の障害者権利団体で飾られている。

参照項目　『煉獄のクリスマス』（Christmas in Purgatory）；ノーマライゼーション（Normalization）；『普通の瞬間——障害の経験』（Ordinary Moments: The Disabled Experience）；ピープル・ファースト、ピープル・ファースト・インターナショナル（People First, People First International）；セルフ・アドヴォカシーは自分たちの力を強力にする（Self Advocates Becoming Empowered）

Chamberlin, Judi
チェンバレン，ジュディ（1944-2010）

ジュディ・チェンバレンは、1971年以降、

精神障害サヴァイヴァーおよび精神障害をもつ人々を代表して活動してきた。1978 年に出版された彼女の著書『精神障害者自らの手で——今までの保健・医療・福祉に代わる試み (*On Our Own: Patient Controlled Alternatives to the Mental Health System*)』は、精神障害サヴァイヴァー運動の基本的な教科書になっている。

チェンバレンは、1944 年 10 月 30 日にニューヨーク市で生まれた。1965 年には、彼女は結婚をして、秘書の仕事をしており、第 1 子の出産を控えていた。しかしその子どもの流産による悲しみから、その後の人生において、うつ感情に悩まされることとなる。精神科医の診断を受けて、慢性的統合失調症とレッテルを貼られた。『精神障害者自らの手で』の中で書いているように、チェンバレンは、「援助と理解が得られるものと精神病院への入院に同意したが、誰一人として私の話に耳を傾けず、真剣に受け応えようともしないことに気づいた。精神科的薬物の大量投与が『治療』であった。それは役立たないことに気づいて抗議したが、私の意見はただ単に却下された。まもなく私は州立病院へ強制移送させられ、そこに数ヶ月とどめられることとなった。私の人生最悪の時であった。この体験の影響を克服するための私の闘いこそが、私を元患者運動に携わるよう導くものであった」。

クリフォード・ビアーズの『わが魂にあうまで』と同様に、『精神障害者自らの手で』は精神障害をもつ人々の治療において、虐待や怠慢が日常茶飯事であることを詳述した。ビアーズと異なるのは、チェンバレンや同時代のハワード・ゲルド (Howard Geld) らは、1970 年代に患者と元患者による草の根運動を始め、身を捧げたことである。チェンバレンはこの運動の目標と戦略を定義する重要な意見表明者であり続けた。『ディスアビリティ・ラグ・アンド・リソース (*Disability Rag & Resources*)』に公表された記事の中で、彼女はその「包括的な原則」を定義し、「収容および強制的な治療についての法律や実践……に対して挑戦すること」「精神疾患の医療モデルに対して挑戦する (あるいは疑義を投げかけること)」「法的な権利の擁護と拡大を求めること」「スティグマと差別に関する課題に取り組むこと」「代替的な非精神科的手段を用いて、人々のニーズを満たすこと」としている。チェンバレンにとって、このことは患者が管理する危機センターや共同体などの設立を意味しており、そのうちいくつかについては彼女の著書において詳述されている。

チェンバレンは、精神障害者解放戦線 (Mental Patients' Liberation Front: MPLF) で 1975 年から活動している。1985 年には、全米精神障害サヴァイヴァー協会 (National Association of Psychiatric Survivors: NAPS) の設立者の 1 人となった。ボストン地区の利用者によって運営されている精神保健クリニックであるルビー・ロジャーズ・センター (Ruby Rogers Center) の設立者でもあり、マサチューセッツ州ローレンスの全米エンパワメント・センター (National Empowerment Center) の設立者であり運営委員会のメンバーでもある。チェンバレンは精神障害サヴァイヴァー運動について広く著述し講演活動を行っている。

参照項目　ビアーズ, クリフォード・ホイティンガム (Beers, Clifford Whittingham); 精神障害者解放戦線 (Mental Patients' Liberation Front); 全米エンパワメント・センター (National Empowerment Center); 精神障害サヴァイヴァー運動 (Psychiatric Survivor Movement)

出　典　Chamberlin, Judi, *On Our Own: Patient Controlled Alternatives to the Mental Health System* (1978) (中田智恵海監訳『精神障害者自らの手で——今までの保健・医療・福祉に代わる試み』解放出版社、1996);——, "Psychiatric Survivors: Are We Part of the Disability Rights Movement?" *Disability Rag & Resource* (March/April 1995).

Chemical Restraint/Chemical Straitjacket
化学的抑制／化学的束縛

化学的抑制 (Chemical Restraint) と化学的束縛 (Chemical Straitjacket) という用語は、とくに「精神病」であるとされた障害者を従順で扱いやすくするために用いられる、向精神薬のことである。この用語は、フェノチアジンに関連して広く使われるようになった。フェノチアジンは、1890 年代に開発された薬品の一種で、1951 年にパリで、精神病の治療のために初めて使われた。その後まもなく、ソラジン

（Thorizine、日本の商標名はウィンタミン）とステラジン（Stelazine）のような「反精神病の」薬品（抗精神薬）が使用された。そして精神保健専門家は、それらが拘束服、冷湿布や両上下肢の拘束より強制の形態がより暴力的でないと見なすようになった。しかしながら、権利擁護運動家ジュディ・チェンバレンは次のように書いている。「薬物投与は、紐で縛ることよりずっと人間的に見えるかもしれないが、実際は同じ目標に到達する異なる手段にすぎない」。チェンバレンはウインタミン（ソラジン）の副作用に注目し、たとえば「無気力、眠気、偽性（仮性）パーキンソン症候群、そして遅発性ジスキネジアと呼ばれる回復不可能な脳症候群（口、舌、あご、時には四肢の、制御不可能な不随運動）」があると記している。

精神障害サヴァイヴァーの団体が必ずしも抗幻覚剤、精神安定剤、抗うつ剤その他の向精神薬の使用を非難するとは限らないが、彼らのほとんどは薬を処方しすぎると考えている。一部の精神科医も化学的な拘束の広汎な使用を非難してきた。

参照項目 チェンバレン，ジュディ（Chamberlin, Judi）；精神障害サヴァイヴァー運動（Psychiatric Survivor Movement）

出典 Chamberlin, Judi, *On Our Own: Patient-Controlled Alternatives to the Mental Health System* (1978)（中田智志海監訳『精神障害者自らの手で──今までの保健・医療・福祉に代わる試み』解放出版社、1996）; Brandt, Anthony, *Reality Police* (1975).

Chicago Center for Disability Research
シカゴ障害研究センター

歴史的に、障害者の経験に関する学術研究の多くは、障害のない人たちにより行われてきた。シカゴ障害研究所（Chicago Institute of Disability Research）を前身とするシカゴ障害研究センター（Chicago Center for Disability Research）は、障害当事者である学者や研究者が自らの手で、障害者権利運動にとって重要なテーマを研究することを目的とした。1991年の設立当初から、障害者の学校経験、医科大学での障害女性の健康に関する講義内容、そして一般大学での障害関連科目の内容とその効果などについて、研究活動を行っている。当センターは、インクルーシヴ教育を支援する機能を果たしてきた。同時に、専門的訓練も実施するほか、教科書の出版も手がけてきた。非営利団体として発足したあと、イリノイ大学シカゴ校の一部となり、やがて、1996年に独立したセンターとなって現在に至っている。

Child Abuse Prevention and Treatment Act Amendments of 1984
1984年改正児童虐待防止および処遇法

1984年改正児童虐待防止および処遇法（Child Abuse Prevention and Treatment Act Amendments of 1984）は、ベビー・ドゥーの事例や、ベビー・ジェイン・ドゥーの事例のような、アメリカの病院において障害のある乳児が医学的治療や食事や水分補給を拒否されたという事例の報告が相次いで増加したため、その対応として、通過したものである。改正法案では、1974年に制定された児童虐待防止と処遇に関する旧法における虐待の定義を拡大し、障害児に対する医療的な幼児殺害を含むものとした。さらに、法律によって、各州は、児童虐待プログラムに対する連邦補助金を受け取るために、障害のある乳幼児がそのような虐待のために苦しんでいる時にはいつでも適切な小児医療と司法執行当局に対し、警戒態勢をとらせる報告システムを確立する義務が生じた。

障害のある乳幼児の生死の選択は、障害に対する恐れと無知から、これまでにもしばしば生み出されてきた。1980年代初頭、オクラホマ市にあるオクラホマ大学健康科学センターの医師たちは、乳幼児たちの生死を決定するための公式を開発することまでした。その式では、QL（クオリティ・オブ・ライフ）=NE（その子どもの天賦の才能〈natural endowment〉）× (H+S)、ここでHとはその子どもが自分の家族から期待できる援助提供度であり、Sとはその子どもが社会に対してなしうる貢献度である。この公式を用いて、医師たちは、選択された二分脊椎の乳幼児たちに医学的治療を行うのを差し控えた。その治療の中には子どもたちの障害

を最小限に抑えるための外科手術も含まれており、子どもたちを感染症で死ぬに任せるものだった。乳幼児たちの両親はその公式のことを話されておらず、障害を最小限にする外科手術もあるということも知らされていなかった。両親たちは、自分の子どもが生きていくには障害が重すぎるといわれただけであった。批評家たちはこの公式を告発し、それが収入（子どもの家族からの援助提供度）に重きを置いており、事実上低所得層やマイノリティの子どもたちは、中流や白人家庭の子どもたちより治療やケアを否定されやすくなると断言するものだと訴えた。いずれにしても、この定量化の試みにかかわらず、「クオリティ・オブ・ライフ」は相変わらず錯誤的かつ完全に主観的見解であり続けている。

参照項目　ベビー・ドゥー裁判（Baby Doe Case）；ベビー・ジェイン・ドゥー裁判（Baby Jane Doe Case）；優生学（Eugenics）；安楽死と自殺幇助（Euthanasia and Assisted Suicide）

Children of a Lesser God
『愛は静さの中に』または『ちいさき神の作りし子ら』

『愛は静けさの中に（*Children of a Lesser God*）』〔演劇では邦題『ちいさき神の作りし子ら』〕は、マーク・メドフ（Mark Medoff）による演劇であり、マーク・メドフとハスパー・アンダーソン（Hesper Anderson）製作による映画でもある。映画では、聾学校で掃除婦として働きながら、その学校の教員と恋に落ちた、聾者の女性の物語が描かれている。1986年に公開され、プロデューサーは多くの聾者の俳優を起用し、ハリウッドの伝統となっていた「障害者に扮する」（つまり、障害をもつキャラクターを描くのに障害のない俳優を雇う）ことを打破した。これらの俳優の中に、マーリー・マトリン（Marlee Matlin）がおり、彼女はこの役でアカデミー主演女優賞を受賞し（聾者の俳優としては初めてであった）、その後も他の映画やテレビ番組に出演した。

演劇版をよく知っていた聾者の視聴者の中には、映画では聾者の活動家が学校に対して起こした訴訟に関する部分が削除されていると批判する者もいた。マシュー・ムーア（Matthew Moore）とロバート・パナラ（Robert Panara）は、「この演劇の政治的な辛辣さの大半を鈍化させ、ありふれたラブ・ストーリーと甘ったるいハッピー・エンドにおとしめた」と書いている。聾者の批評家は、聾者の観客のためのスクリーン字幕をつけた映画館が少なかったことにも触れている。

参照項目　アメリカ手話（American Sign Language）；ディスアビリティ・ブラックフェイス（Disability Blackface）；マトリン，マーリー（Matlin, Marlee）；口話法聾学校，口話主義（Oral School, Oralism）

出典　Moore, Matthew Scott, and Robert F. Panara, *Great Deaf Americans* (1996); Norden, Martin F., *The Cinema of Isolation: A History of Physical Disability in the Movies* (1994).

Chilmark Community
チルマーク・コミュニティ

参照項目　マーサズ・ヴィニヤード島の聾コミュニティ（Martha's Vineyard Deaf Community）

Christmas in Purgatory: A Photographic Essay on Mental Retardation
『煉獄のクリスマス――精神遅滞に関するフォトエッセイ』

『煉獄のクリスマス――精神遅滞に関するフォトエッセイ（*Christmas in Purgatory: A Photographic Essay on Mental Retardation*）』は1966年8月に最初に出版され、合衆国の知的障害者施設内部を徹底的に暴くものであった。初版1000部は、著名な議員、大学教授、精神衛生関連の委員、精神遅滞者の親の会の運動の支援者に送られた。

『煉獄のクリスマス』の大部分は、1965年12月に訪問した北東部4州の5ヶ所の州立施設で撮影された写真で構成されている。ボストン大学のバートン・ブラットとフリーの写真家フレッド・カプラン（Fred Kaplan）によって編集

された本書は、「責任ある立場にいる人たちが、無知ゆえの自己満足という殻を打ち破るために行動を起こすよう、鼓舞する」ことを目的としていた。カプランは、ベルトに隠したカメラで、数百枚の写真を撮影した。ブラットは、「われわれが撮った写真は、われわれがこの眼で見て、臭いをかいで、五感で感じた恐怖の全体像の一端を十分に表しえたとはいえない」と前書きの中で記している。ブラットとカプランは、子どもたちが、ベッドも水もなく、トイレもなしに1人で監禁されている「治療的隔離房」を描写している。「われわれは手をくくりつけられ、足を縛られた子どもたちを見た。(施設の部屋を訪問した後には)悪臭を取り除くために洋服をドライクリーニングに出さなければならなかった。……それぞれの部屋には、1人、もしくは2人の介護職員がいたが、彼らの主な仕事は、「突っ立っていること」と、時おり床に水を流して、うまい具合に部屋の中心に配置された下水管に排出物が落ちるようにすることだと思われた」と述べた。また、別の病棟では、数百人の幼児が囲い付きのベッドに押し込まれ、「大人との触れ合いもなく、遊び道具もなく、刺激を与えるようなものが何もない状態でおかれている」のを見た。

ブラットとカプランは施設を閉鎖するように主張したのではなく、改善を要求しただけである。それにもかかわらず、『煉獄のクリスマス』は、1970年代、1980年代の脱施設化の唱道者によってしばしば引用された。

参照項目 脱施設化（Deinstitutionalization）
出　典 Blatt, Burton, and Fred Kaplan, *Christmas in purgatory: A Photographic Essay on Mental Retardation* (1974).

City of Cleburne, Tex. v. Cleburne Living Center 105 S. Ct. 3249 (1985) テキサス州クレバーン市対クレバーン生活センター（1985年最高裁判所判例集第105巻3249頁）

テキサス州クレバーン市対クレバーン生活センター（*City of Cleburne, Tex. v. Cleburne Living Center*）の裁判における、1985年7月1日の最高裁判所の判決は、提訴した活動家たちにとっては、勝訴か敗訴かを決めかねるものであった。それは、最高裁が全員一致で、クレバーン生活センターが市内の住宅地にグループホームを開設することをクレバーン市が禁止したことを違法とする判決を下した一方で、「精神薄弱者」が歴史的に抑圧と差別を受けてきた「準被差別階層」であり、この階層に対する法の下での平等な保障を否定するような法律について、「より厳格な司法審査基準」を認める必要があるという活動家たちの主張を退けたからである。勝訴とも敗訴ともいえるこの判決は、クレバーン生活センターにとっては救いとなったものの、同様の差別に苦しむ他のグループホームに対しては、十分な支援とはならなかった。

この裁判を担当した判事の中で、マーシャル判事（Justice Marshall）は、多数派の「すべての知的障害者が『精神薄弱』であって、地域社会の中で生活することができないと一括されるわけではない」とする見解には賛成したものの、彼は、法は知能が劣っている人々を「準被差別者」として取り扱うべきではないとした本判決の多数派見解には同意しなかった。マーシャル判事は、優生学運動やバック対ベル裁判（1927年）を引用しながら、精神薄弱者とされた人々に対する差別の歴史をたどり、その時代を「国家が強制的に人々を分離したり地位を決めたりした時代であり、その悪意とこだわりは黒人差別とまったく同じで、その最たるものである」と述べた。そしてこのような差別の歴史が、今日、知能が劣る人々に対しての社会的態度に影響しているという彼の主張を認めようとしない多数派見解を非難し、次のように述べた。「地域社会の中で、家庭生活を営む権利を住民の自由権として尊重するならば、不条理な恐怖とあからさまな敵意によって知的障害者がそれを否定される可能性の高さについても同様に考慮すべきであり、そのことについて裁判所が精査する必要がある。強められた審査が間違いなく適切なのである」。

参照項目 バック対ベル裁判（*Buck v. Bell*）; 優生学（Eugenics）

C

Civil Rights of Institutionalized Persons Act of 1980 (CRIPA)
1980年施設入所者公民権法（CRIPA）

1980年施設入所者公民権法（Civil Rights of Institutionalized Persons Act of 1980）は、精神病院入院患者や発達障害者施設入所者が、憲法で保障された権利を「剥奪されるようなきわめて劣悪な状況に置かれた場合に」、彼らの代わりに公民権回復の裁判を起こす権限を、合衆国司法省に対して与えた。この法律が制定された契機は、1974年のワイアット対スティックニー裁判（Wyatt v. Stickney）をはじめとする裁判によって、州立施設の入所者が最悪の状態での生活に耐えていることが暴露されたことによる。これらの事件が明るみに出た後、自身も障害児の親である上院議員ローウェル・ワイカー（Lowell Weicker、共和党、コネティカット州選出）は、あらゆる入所施設の状態を監査するよう上院の障害者部会に要求し、著しい虐待が見られたケースには、司法省が介入する必要があると訴えた。それまで司法省は、「施設入所者の、憲法に保障された権利を守るために積極的に提訴する」明確な権威を与えられていなかったため、裁判官の要請、または法的手段に訴えた人からの要請がなければ司法介入を行うことができなかったのである。施設入所者公民権法は、その問題を解決し、施設入所者が憲法に保障された権利を束縛されたという証拠があれば、いつでも司法省が裁判を起こすことができると定めた。

参照項目 ワイアット対スティックニー裁判（Wyatt v. Stickney）

Civil Rights Restoration Act of 1987
1987年公民権回復法

1987年公民権回復法（Civil Rights Restoration Act of 1987）の目的は、1984年のグローヴ市立大学対ベル（Grove City College v. Bell）最高裁判決を覆すことにあった。この判決は、1964年以来成立してきた4つの公民権法（1973年リハビリテーション法第504条を含む）に基づいて連邦政府が実施できる措置を、著しく制限していた。そのため公民権回復法の成立は、障害者の権利擁護運動をはじめとする、何千という公民権活動に携わる人々や組織にとって、最優先課題となっていた。

グローヴ市立大学対ベル裁判では、女性であることを理由として所属する学部から差別を受けたことが訴訟理由となった。彼女は、1972年教育改正法第9編（Title IX of the Education Amendments of 1972）が連邦補助金を受けた大学に対して性差別を禁止していることを根拠にして争った。しかし最高裁は、実際に性差別が行われたかどうかを裁定する以前に、当該学部は連邦補助金を受給しておらず、原告が1972年教育改正法を楯に性差別から保護されるべきと主張することはできないとした。ちなみに教育改正法第9編は、1964年公民権法第6編をモデルとしたもので、1975年年齢差別禁止法（Age Discrimi-nation Act of 1975）や1973年リハビリテーション法第504条も同様に公民権法をモデルとしていた。そのため、性差別を禁止する措置を政府が教育改正法第9編に基づいて実施することを困難にした、この最高裁判決は、人種差別、年齢差別、障害者差別の廃絶を定めた他の法律の実施にも影響するのではないかと思われた。それでも当初、障害者以外の公民権運動団体によるこの問題に対する取り組みの焦点はもっぱら第9編のみにあった。ところがレーガン政権の司法副長官ブラッド・レイノルズ（Brad Reynolds）がグローヴ市立大学判決をリハビリテーション法第504条も含めた法制化過程で取り入れるよう法制局に指示したことを『ニューヨーク・タイムズ（New York Times）』が伝えると、事態は一変した。皮肉なことに、レイノルズの発言によって、障害者権利活動家は、公民権運動に携わる人々の中で全国的脚光を浴びる存在となり、障害者自身もリハビリテーション法第504条を守るために、デモ行進を行うようになった。

権利擁護運動家たちは、ほどなくグローヴ市立大学判決のために、障害者差別を訴えた裁判を闘う力を失ったことを思い知らされた。（たとえば）1984年のジェイコブソン対デルタ航空裁判（Jacobson v. Delta Airlines）では、デルタ航空が巨額の連邦補助金を受け取っていたにもかかわらず、障害をもつ乗客が搭乗を許されるためには、特別の理由がなくても航空会社の都

合で途中のどの空港でも降機させることができるという約款に同意しなければならないという、明らかに差別的な慣行が承認された。また、1986年ラッセル対サルヴェ・レジーナ州立大学裁判（Russell v. Salve Regina College）では、裁判所は、連邦補助金を学生の学費補助のためにのみ受けており、教務関係には受け取っていないという理由で、看護学部がリハビリテーション法第504条に違反しているとする訴えを取り上げなかった。ジョージア州ベルヴィル在住のジェリー・キックライター（Jerry Kicklighter）は、上院の労働および人材委員会（Senate Committee on Labor and Human Resources）において、彼に小さなてんかん発作があることが上司に知られた後、コミュニティ・カレッジの園芸・生物学担当教員を解雇されたことを証言して、次のように語った。「委員長殿、私はどんなにひどくても週に2回、1回につき最長40秒間意識を失うだけです。大学は、私の主治医から、私の発作が学生に何の悪影響も及ぼさないことを保証した手紙も受け取っています」。それにもかかわらず、キックライターは問答無用で解雇された。「私は、毎週わずか80秒間しかないてんかん発作のために失業を余儀なくされたのです」と彼は語ったが、グローブ判決のために、彼は司法に訴えることができなかったのである。

　最初、公民権回復法は、1985年2月の第99議会に提出された。しかし、レーガン大統領が実行した拒否権を議会が覆した後で、大幅に修正された法案が議会を通過したのは、1988年3月であった。その間、障害者権利擁護運動家と関連団体は、アフリカ系アメリカ人や女性や老人の公民権運動を展開する人々や団体とともに闘うこととなった。彼らがこの時期に、より広範囲の当事者団体とともに人間的、政治的つながりを通して障害者問題を闘う経験をしたことは、その後の障害者運動に大きな影響を与えることになった。

　公民権回復法は、さまざまな公民権条項によって「事業や活動」をどのように意義づけることができるかということを明示した。たとえば、同法の一部にある「リハビリテーション法修正条項」では、連邦補助金を受け取っているどの機関も、そこで実施されるすべての活動や事業において、リハビリテーション法第504条を施行しなければならないと定められた。したがって、新法の条項を適用すれば、大学の1学部または、一部の学生や教員や教育課程が連邦補助金を受け取っているならば、当該大学全体で連邦の定める差別禁止法が適用されることになったのである。

参照項目　1973年リハビリテーション法第504条（Section 504 of the Rehabilitation Act of 1973）

Clay, Julie Anna
クレイ，ジュリー・アン（1958年生）

　ジュリー・アン・クレイは、アメリカ先住民の障害者権利運動の先導者である。彼女はフラグスタッフ（Flagstaff）にある北アリゾナ大学のアメリカ・インディアン・リハビリテーション研究訓練センター（American Indian Rehabilitation Research and Training Center: AIRRTC）の調査研究専門員であり、全米アメリカ・インディアン議会障害問題委員会の委員でもある。かつて障害をもつアメリカ人の権利とエンパワメントに関する特別委員会の委員でもあり、1990年アメリカ障害者法の通過を支持した権利擁護者でもあった。

　クレイは、1958年11月2日にサウスダコタ州のフランドリューで生まれた。1982年にノーマンにあるオクラホマ大学で経営管理学の学士号を取得し、1984年にオクラホマ市のオクラホマ大学で公衆衛生学の修士号を取得した。その後、全米障害者協議会（National Council on Disability）の全米政策研究員になり、またミズーラのモンタナ州立大学の村落リハビリテーション研究・訓練センター（Research and Training Center on Rural Rehabilitation）の企画責任者およびプログラム分析担当者としても活動してきた。1993年には、モンタナ州立大学付属村落障害研究所（Rural Institute on Disabilities）の主任研究官になり、1994年のAIRRTCでの現職に就くまで続いた。

　主な著作には、『季刊村落特殊教育（Rural Special Education Quarterly）』（1992）に掲載された「アメリカ先住民の自立生活（Native American Independent Living）」や1993年に全米障害者協議会で出版された『障害の予防、障害

C

1978年当時のマックス・クレランド。重度障害者として初めて1977年、退役軍人管理局の局長に就任。
©Bettmann/CORBIS/amanaimages

のあるマイノリティの独特なニーズを満たす——大統領と連邦議会への報告書（*Prevention of Disabilities, Meeting the Unique Needs of Minorities with Disabilities: A Report to the President and the Congress*）』がある。クレイは発達障害局多文化委員会の運営委員であり、アメリカ・インディアン障害者立法プロジェクト顧問委員会の一員でもある。

参照項目　アメリカ・インディアン障害者立法プロジェクト（American Indian Disability Legislation Project）；多文化問題、障害のあるマイノリティ（Multicultural Issues, Minority Persons with Disabilities）；村落障害研究所（Rural Institute on Disability）

Cleland, Max
クレランド，マックス（1942年生）

マックス・クレランドが、1977年にアメリカ退役軍人管理局（U.S. Veterans Administration: VA）の長官としてジミー・カーター（Jimmy Carter）に任命されたことは、重度の障害をもつ人が、そうした地位に指名された最初の出来事として注目された。クレランドは、35歳の史上最年少で退役軍人管理局の長官という地位に着いた最初のヴェトナム退役軍人であった。

クレランドは1942年8月24日にジョージア州アトランタで生まれ、1964年にフロリダ州デランドのステットソン大学を卒業した。ジョン・ケネディ大統領に触発されて、クレランドは1965年に議会研修生になったが、同時に歴史学の修士号を取得した。卒業と同時に、兵役義務に志願しアメリカ陸軍通信隊で落下傘兵としての訓練を受けた。彼は1967年5月にヴェトナムに到着し、1968年2月のテト攻勢の際にひどい傷を負った。手榴弾の爆発で彼の右腕と右足は引きちぎられ、気管が切断された。左足もひどく損傷しており、後に手術で切断された。

クレランドは、さまざまな在郷軍人病院にて回復までの1年以上を過ごした。うち8ヶ月はワシントンD.C.のウォルター・リード陸軍医療センターであった。彼は後に、負傷し障害を負った兵士の施設の置かれている状況にどれほどショックを受けたのかをよく思い起こし、インタビュアーにこう語っている。「私は、この経験が自分を情熱的な退役軍人管理局（VA）の長官にさせたのだと思う。私は患者であったし、管理局を底辺から見てきたのだから……」。自叙伝『逆境の中でたくましく（*Strong at the Broken Place*）』（1980）の中で、クレランドは彼の治療に最も役立ったのは、友情であり、それは同じ病棟に入院していた切断手術を受けた他の患者との間で得られたものであると述懐している。クレランドは1969年12月に上院退役軍人問題委員会でアメリカ退役軍人管理局（VA）内部の状況について証言した。

1970年にジョージア州に戻った後、クレランドは政界に進出した。その年、28歳の時に、ジョージア州で史上最年少の州議会議員となった。選挙活動期間中、彼は、ジョージア州知事として1期目の出馬をしていたジミー・カーターと友人になった。就任するとすぐに、2人の男は政治的同盟を結び、副知事レスター・マドックス（Lestor Maddox）の抵抗を乗り越えて、州政府の政治改革に乗り出した。クレランドは1972年の州選挙で再選を果たしたが、1974年の副知事選では落選した。クレランドはワシントンD.C.に移り、1975年の3月に退役軍人問題の専門家として、上院議員アラン・クランソン（Alan Cranston、民主党、カリフォルニア州選出）の補佐官となった。1976年の大統領選の後、カーターは友人であり、ジョージア州からの政治的同盟者であったクレランドを思い出した。新政府樹立後数時間のうちに、クレランドはカーターからの最初の指名を受けた。彼はアメリカ上院議会の承認を受け、1977年の3月2日に職責を全うすることを宣誓した。

クレランドは1981年に退役軍人管理局（VA）を辞した。翌年にはジョージア州に戻り、ジョージア州始まって以来の最年少の州務長官に選出された。その後も幅広い支持を集めて再選を果たし、1996年の11月には上院議員選挙に当選した。

クレランドは、数々の栄誉を受けてきており、勲功行為に対する青銅星勲章や、勇敢な行為に対する銀星勲章、そのほかいくつかの名誉博士号も付与されている。

出典　Cleland, Max, *Strong at the Broken Places*

(1980).

Clerc, Louis Laurent Marie
クラーク，ルイ・ローレント・マリー
(1785-1869)

ルイ・ローレント・マリー・クラークは、トーマス・ホプキンズ・ギャローデットとともにアメリカ合衆国の聾教育の創始者として聾コミュニティから尊敬を集めている。教育者、著述家、擁護者、よき助言者としてクラークはアメリカの聾文化とアメリカ手話（ASL）の発展に多大な影響をもたらした。

クラークは、1785年12月26日にフランスのドーフィネ、ラバルム＝レ＝グロット（LaBalme les grottes, Dauphine）に生まれた。12歳でパリの王立聾啞院に入り、アベ・ロシャンブロワーズ・シカールの指導のもと、同校で教師になった。1815年7月に、シカールとクラークはロンドンに赴き、同校での教育について一連の実地説明を行った。彼らはロンドン滞在中に、アメリカに聾学校を開設すべく聾者への教授法をヨーロッパで学んでいたトーマス・ホプキンズ・ギャローデットに出会った。シカールとクラークから大変な感銘を受けたギャローデットは、1816年に王立聾啞院で学ぶためパリを訪れた。ギャローデットはクラークに、一緒にアメリカ合衆国に来てくれるよう要請する。2人は1817年4月にコネティカット州ハートフォードにアメリカ聾学校を開設した。クラークは航海中にギャローデットに手話と教授法を教えるかたわら、自分自身は英語の書き方を覚えた。クラークがASLの歴史上重大な役割を果たしたことは、150年以上経過した後もなおアメリカの手話の約6割がフランス起源であると推定されることに示されている。

クラークは聾コミュニティの目立った権利擁護者で、講義を行ったり、聾教育のための資金を集めたりした。1818年にアメリカ連邦議会で演説した最初の（たぶん重度の障害者で最初の）聾者となった。アメリカ下院議長ヘンリー・クレイ（Henry Clay）やジェームズ・モンロー（James Monroe）大統領のような著名人の知己を得て、クラークは聾者が著述家、教育者、学者として成功するよい見本と見なされた。

彼は、2世代にまたがって教え、聾教育者や活動家の教師の助言者となった。彼らの多くは後に自ら学校を創設した。

1851年にクラークはトーマス・ギャローデットを讃えた協会の理事長になったが、それが1854年にニューイングランド・ギャローデット聾者協会となり、聾者により組織され運営される全国で最初の地方組織となった。1858年に73歳でクラークは教職を辞したが、その後も聾コミュニティで影響力をもち尊敬される人物であり続けた。1864年に国立聾啞大学、今日のギャローデット大学の創設に際して基調演説を行った。

クラークは1869年7月18日に亡くなった。コネティカット州ハートフォードのスプリング・グローヴ墓地に埋葬された。1874年にハートフォードのアメリカ聾学校に彼の記念碑が建てられたが、そこには、「新世界の聾啞者を導く使徒」と記されている。

参照項目　アメリカ聾学校（American School for the Deaf）；アメリカ手話（American Sign Language）；ギャローデット，エドワード・マイナー（Gallaudet, Edward Minter）；ギャローデット，トーマス・ホプキンズ（Gallaudet Thomas Hopkins）；ギャローデット大学（Gallaudet University）

出典　Lane, Harlan, *When the Mind Hears: A History of the Deaf* (1984); Van Cleve, john V., and Barry A. Crouch, *A Place of Their Own: Creating the Deaf Community in America* (1989)（土谷道子訳『誇りある生活の場を求めて——アメリカの聾者社会の創設』全国社会福祉協議会、1993）．

Client Assistance Projects/
Client Assistance Programs (CAPs)
介助プロジェクト、介助プログラム（CAPs）

最初の11の介助プロジェクト（CAPs）は1974年5月に設置されたが、その主旨は、1973年リハビリテーション法による連邦資金を受けた州リハビリテーション・プログラムの利用者を支持するものとしての役割を果たすことだった。このプロジェクトは、1972年の連邦上院公聴会による産物だった。公聴会では、リハビ

リテーション利用者は、彼らが受ける資格のあるサーヴィスを実際には利用することがしばしば困難に遭遇することが明らかにされた。州リハビリテーション局が運営するプロジェクト数は、1980年には42にまで増加したが、その後、予算削減のため減少した。1984年には、連邦議会は、リハビリテーション法を修正して、介助プロジェクトを義務づけて、リハビリテーション委員会から独立させた。各州および準州は、リハビリテーション法第110条の下で資金を受ける条件として、介助プログラムを用意しなければならない。介助プログラムは、連邦政府リハビリテーション・サーヴィス部が運営している。

■参照項目　1973年リハビリテーション法第504条（Rehabilitation Act of 1973）

Coalition of Provincial Organizations of the Handicapped (COPOH)
カナダ障害者州組織連合（COPOH）

■参照項目　カナダ障害者協議会（Council of Canadians with Disabilities）

Cochlear Implants
人工内耳

1985年12月、アメリカ食品医薬品局（FDA）は、聴覚音響研究所（House Ear Institute）がデザインし、3M社が製造した人工内耳を承認した。この装置は、「人工耳」形態のものを人の内耳へ外科的に埋め込むために考案された。主要新聞ではそれを聾からの「完治」と歓迎し、外科医は聾児そして乳児にさえその方法を適用するあり方について議論し始めた。しかしながら『ディスアビリティ・ラグ・アンド・リソース（The Disability Rag & Resource）』は、この人工器具を「聾者を変えようとするまさしく最新の試み」かつ「最後の非難」と命名した。

　「人工内耳の処置は、医療的にも経済的にも相応しい一部の少数者のために、聾を『完治』するかもしれない」。1986年、カーボンデールのサザンイリノイ大学の学生カウンセラーであるスコット・テニー（Scott Tenney）はディスアビリティ・ラグに語ったが、その処置はまた「完全な人間としての彼らの価値に対するもう1つの否定」であり、聾者が単純に現在の彼らでは十分でないという健聴者社会からの1つのメッセージであった。聾コミュニティを擁護する人々は、人工内耳の幅広い使用が聾文化を抹殺し、「これ以上、聾家族はいなくなるであろう」との関心を懸念した。

　聾に対する技術的「完治」をめぐる議論は続いている。たとえば、『サイレント・ニューズ（Silent News）』の1996年9月版は、次のような疑問とともに「脳幹移植」の開発を批判する記事を載せた。「彼らは次に何を考案しようとしているのか。『聞こえる』人のように私たち聾者が話せるのを手助けする新しい口なのか」。しかし、同じ号は「移植によって回復された聾者からの聞き取り」という記事を目玉にしている。その記事はドン・ハワード（Don Howard）が、「20年間で初めて家族の一員であるように思えること」をどのように知ったのかを記述している。

■参照項目　アメリカ手話（American Sign Language）；健聴者中心主義（Audism）；聾文化（Deaf Culture）；口話法聾学校、口話主義（Oral School, Oralism）

■出典　"Cochlear Implants: The Final Putdown?" *Disability Rag & Resource* (March/April 1986); "Deaf Man's Hearing Restored by Implant" and "Opinion," *Silent News* (September 1996); Van Cleve, John V., ed., *Gallaudet Encyclopedia of Deaf People and Deafness* (1987).

Coelho, Tony
コエロ，トニー（1942年生）

　カリフォルニア州選出の元合衆国下院議員であるトニー・コエロは、アメリカ障害者法の草案の議会発起人であり、この法案の通過のための初期闘争に大きな働きをした。1994年クリントン大統領は彼を、「大統領障害者雇用委員会（President's Committee on Employment of People with Disabilities）」の議長に任命した。

コエロはカリフォルニア州のロス・バノスに1942年6月15日に生まれた。幼いころからの夢は第1に、法廷弁護士になることであり、次いで聖職者になることであった。15歳の時、トラック事故のためてんかんの大発作をもち始め、その後両親は彼を信仰治療師の元へ送った。しかし、てんかんをもっているという診断を受けたのは、シカゴのロヨラ大学（Loyola University）に通い始め、そこで学生自治会の会長となってからであった。

神学校本部の対応は、彼を退学処分にするというものだった。カトリックの教会法は「現在あるいは過去にてんかんや、狂気や、悪魔にとりつかれたもの」の聖職叙任を許していなかった。コエロの医師がてんかんのことを当局に報告した後、彼の運転免許は剥奪され、医療保険も解除された。

コエロは、何年も後に自伝的な記事の中でこう記述している。「私はその身体検査を受ける前から何一つ変わっていなかったにもかかわらず、突然私は『てんかん患者』とされ、追放された」。

聖職から締め出された後、コエロは政治の世界で身を立てることを決意し、1978年、連邦議会議員に立候補した。障害は再び問題となり、コエロの対立候補は有権者に「もしコエロがホワイトハウスに行き、あなたにとって重要な課題を議論していて、てんかん発作を起こしたらどう思うか？」と問うた。この偏見的な訴えにもかかわらず、コエロはサンホアキン・ヴァレー中央選挙区代表の下院議員として勝利した。彼は1981年から1987年まで民主党議会キャンペーン委員会の議長となった。1986年から1989年には、多数党副院内総務となり下院民主党指導部の中での第3の序列についた。このように、彼は1988年に下院で最初にアメリカ障害者法の草案を提出するには理想的な地位にいたのである。一方上院では、共和党の上院議員ローウェル・ワイカー（Lowell Weicker）がその法案を提出した。

コエロは私的金銭トラブルに巻き込まれた後、1990年に議会を離れた。しかし、友人でメリーランド州選出のステニー・ホイヤー（Steny Hoyer）に彼の後を継いで、その法案の主要な擁護者になるよう頼んだ。ホイヤーはコエロが障害者の「隠れた軍勢」と呼んだ人々の1人である。「隠れた軍勢」というのは、てんかんのような隠れた障害をもつ人々や、家族や友人に障害者がいる人々であり、ホイヤーの妻も、コエロと同様てんかんをもっていた。

大統領障害者雇用委員会の議長活動に加えて、コエロは全米低所得者用住宅財団（National Foundation for Affordable Housing Solutions）の理事長であり、全米障害者組織（National Organization on Disability）、全米リハビリテーション病院（National Rehabilitation Hospital）、「格別の芸術（Very Special Arts）」という障害をもつ人々が芸術を通じて学ぶ機会を創出することに取り組んでいる非営利組織などの理事としても活動している。

参照項目　1990年アメリカ障害者法（Americans with Disabilities Act of 1990）；全米障害者組織（National Organization on Disability）；大統領障害者雇用委員会（President's Committee on Employment of People with Disabilities）

出　典　Coelho, Tony, "Epilepsy Gave Me a Mission", *Epilepsy Association of Greater Greensboro Newsletter* (November 1995); Shapiro, Joseph P., *No Pity: People with Disabilities Forgoing a New Civil Rights Movement* (1993); "Tony Coelho: The New Chairman of the President's Committee for Employment of People with Disabilities", *Enabling Georgia* (Fall 1994).

Coleman, Diane
コールマン，ダイアン（1953年生）

ダイアン・コールマンは、1987年以来、アメリカ障害者アテンダント・プログラム・トゥデイ（American Disabled for Attendant Programs Today: ADAPT）の州や全国レベルでの運営者の1人である。最近では、「ノット・デッド・イエット（まだ死んでいない〈Not Dead Yet〉）」の創設者の1人として、ジャック・ケヴォーキアン（Jack Kevorkian）のような自殺助助を行う医師への反対運動を組織している。

コールマンは1953年8月11日にミシガン州アルペナで生まれた。出生時から障害をもっており、11歳の時から車椅子を使っている。1981年にカリフォルニア大学ロサンゼル校で法学位

と経営管理学の修士号の両方を取得している。7年間カリフォルニア州の弁護士であり、カリフォルニア州検事総長が率いる障害委員会とウエストサイド自立生活センターの運営委員会の一員でもあった。

彼女はテネシー州の保護と権利擁護局（Tennessee's Protection and Advocacy agency）でクライエント補佐プログラムのコーディネーターになり、その後さらに、科学技術アクセスセンターの共同ディレクター、テネシー州科学技術アクセスプロジェクトの政策と助成金の分析専門員となった。この期間中、合衆国公民権委員会の州顧問委員会、自立生活全州評議会、およびテネシー州保健医療キャンペーンとナッシュビルの自立生活センターの両委員会の理事として活動した。

コールマンは、障害者の権利問題に関連して数々の雑誌記事や論文を執筆しており、とりわけ安楽死や自殺幇助の問題に関心を注いでいる。それらの記事中には、「安楽死の問題──障害者の観点（The Problem of Euthanasia: A Disability Perspective）」（1993年南部コミュニティ基金に提出）や、「延命治療を望まない重度障害者に対する治療の中断──平等の保護の考察（Withdrawing Life-Sustaining Treatment from People with Severe Disabilities Who Request It: Equal protection Considerations）」（『法と医学〈Law & Medicine〉』に1992年夏に掲載された記事）が含まれる。

コールマンは、イリノイ州のオークパークにある自立生活向上センターの事務局長である。

参照項目 アメリカ障害者アテンダント・プログラム・トゥデイ（American Disabled for Attendant Programs Today）；安楽死と自殺幇助（Euthanasia and Assisted Suicide）

Coming Home
『帰郷』

『我等の生涯の最良の年（The Best Years of Our Lives）』（1946）同様、『帰郷（Coming Home）』（1978）は、戦争（この場合、ヴェトナム戦争）から帰還した男たちの物語である。『我等の生涯の最良の年』と同様、『帰郷』は、障害を負った退役軍人（ジョン・ヴォイト〈John Voigt〉演じる下半身不随のルーク・マーティン〈Luke Martin〉）の物語に焦点をあてる。しかし『我等の生涯の最良の年』とは異なり、『帰郷』は、障害に対する社会の態度、すなわち思いやりのない退役軍人病院のスタッフ、マーティンが買い物をする時の周りの冷ややかな視線、そしてスロープのない建物への出入りの際の困難を描き出す。だが、この映画は主役の障害者役を健常者の俳優が演じる点で、退歩である。

この物語の中心は、ジェーン・フォンダ（Jane Fonda）演じるサリー・ハイド（Sally Hyde）とマーティンの関係である。ハイドは夫がヴェトナムに送られ1人取り残される中、地域の退役軍人病院でボランティアをし、そこでマーティンと恋に陥る。この映画の2人の関係の描写をめぐり、賞賛だけでなく批判もまたあった。この映画はハリウッドで初めて、障害者の性を害悪を及ぼす性、倒錯した性、または無垢で純潔な性以外の視点から描いた。このリアリズムは一部の映画評論家にはあまりにも挑発的であった。たとえばポーリン・ケイル（Pauline Kael）は『帰郷』を、「病的な興奮」を伴う「ポルノふうのロマンチシズム」「下半身不随者と一緒に寝て初めてオルガスを得る女性の映画」として退けた。一方、ロジャー・エバート（Roger Ebert）は、この映画の「気もちの優しさと繊細さ」を賞賛した。

『帰郷』には、車椅子バスケットボール、障害をかかえた退役軍人同士の友情、マーティンが友人の死に抗議し、病院の門に自分を鎖で縛りつけるシーンがあり、この映画は障害者権利運動の活動家におおむね賞賛された。初めて（最初にしてこの時のみ）ハリウッドは障害者を有能で、自立し、政治的に積極的なものとして描いた。それにもかかわらず、この映画は障害者が利用できない映画館で封切し、国中の活動家たちはこれに抗議して映画館の入り口を封鎖した。

参照項目 『我等の生涯の最良の年（The Best Years of Our Lives）』；障害者のメディア・イメージ（Media Images of People with Disabilities）

出典 Norden, Martin F., *The Cinema of Isolation: A History of Physical Disability in the Movies* (1994).

C

Committee of Ten Thousand (COTT)
一万人委員会（COTT）

1990年に血友病コミュニティの活動家たちは一万人委員会（Committee of Ten Thousand: COTT）を結成した。COTTは、血友病と血液疾患患者の最初の全国的当事者組織であり、とくにHIV/AIDSの流行に対応して設立された。COTTが設立されるまで、血友病の患者が、アメリカ食品医薬品局の血液製品助言委員会や、全米血友病財団（National Hemophilia Foundation: NHF）の理事会を代表したことは1度もなかった。COTTの第1目的の1つは、上記の重要な機関の審議に血液疾患患者を参加させるよう圧力をかけることだった。

1980年、エイズ流行初期の段階で、アメリカの血友病や関連する血液疾患の患者数は約2万人であった。血液凝固を妨げる遺伝性疾患は、凝固成分（因子と呼ばれる）を使って治療する。凝固因子の投与1回分の生産には数千人のドナーの血液が必要であり、このことが血友病患者らのHIV感染につながった。障害者権利とエイズの活動家たちは、NHFと製薬会社が、血友病患者に感染の危険性についての注意喚起を怠ったと非難する。1982年に研究者たちが血液製剤の危険性への懸念を表明したにもかかわらず、製薬会社がウィルス除去のために製剤の熱処理を始めたのはそれから7年後であった。その間、血友病患者の配偶者と恋人、また両親の感染後に生まれた子どもを含む数千人が感染した。この衝撃はあまりにも痛烈だったので、権利擁護者たちは血友病患者らに起こったことを「血友病患者のホロコースト」と呼ぶ。1996年現在、アメリカでは約4500人の血友病患者（患者数のほぼ4分の1にあたる）が亡くなり、その数は1日2人以上にのぼる。

1993年9月30日に、活動家ジョナサン・ウェイドリー（Jonathan Wadleigh）はCOTTの会長として、主な血液製剤製薬会社とNHFを相手どり、集団訴訟を起こした。1996年4月19日、被告は法的責任を認めることなく和解に達した。そして同年8月、1978～1985年の血液製剤起因のHIV感染者と2次感染者（子ども、配偶者、その他彼らと重要な関係にある人々）に1人あたり10万ドル支払うことを提案した。

COTTは、他にも血液製剤諮問委員会や血液製剤の製造・販売を管理する連邦機関の組織を変える法律制定に尽力し、現在、各委員会委員の25％が血液製剤を使う当事者である。またCOTTは連邦政府に圧力をかけ、血液製剤の製造で財政的な利益を受け、したがって明確に利害関係のある人物を規制委員会や機関から解任させた。他にも、連邦議会に紹介され、連邦政府は血液製剤製造の適切な監視を怠ったことを認め、その結果感染した患者や患者遺族への補償を認めさせる法案を連邦議会に提出した。

参照項目　HIV/AIDSと障害（HIV/AIDS and Disability）
出　典　Gwin, Lucy, "Murder by Charity," *Mouth: The Voice of Disability Rights* (September/October 1993); Shilts, Randy, *And the Band Played On: Politics, People, and the AIDS Epidemic* (1987)（増田能宗訳『そしてエイズは蔓延した（上・下）』草思社、1991）。

Communications Access
コミュニケーション・アクセス

私たちが利用するコミュニケーションのシステムは、ビルや家屋が物理的なアクセスのしやすさを欠いた状態で建てられてきたのと同じように、言語、感覚、認知に障害がある人々のニーズを考慮せずに作られてきた。手話通訳者がいない状態で裁判が行われることは聾者を差別しているし、文字通信を選べない電話では聞えない人や話せない人はほとんど利用できない。授業で小さな文字のプリント教材を用いることは視力の低い子どもを排除する。こうした障害者排除の問題を扱う法令には、1973年のリハビリテーション法第504条およびその修正条項、1978年の裁判所通訳法、1990年アメリカ障害者法、そして1996年のテレコミュニケーション法がある。

参照項目　1990年アメリカ障害者法（ADA）；バウ、フランク・G（Bowe, Frank G.）；字幕／非表示可能字幕（Captioning, Closed Captioning）；聾者用電話機器、テレタイプライター、文字電話（Tele-communications Devices for the Deaf）；1982年障害者電話法（Telecommunications for the

Disabled Act of 1982)

Community Assistance Services Act (CASA)
コミュニティ生活援助法（CASA）

参照項目 パーソナル・アシスタンス・サーヴィス（Personal Assistance Services）

Computer Access
コンピュータ・アクセス

パソコンとともに用いる改良されたハードウェアやソフトウェアの進歩は、障害のある人々に対して多大な恩恵をもたらしてきた。コンピュータを介して電気機器や暖房、エアコン、テレビ、その他の機器を操作するシステムによって、重度の障害者も、これまでよりはるかに自分で環境をコントロールできるようになった。マウススティックや手首副木、ヘルメットにはめ込まれたレーザーや音声認識システムなどさまざまな革新技術のおかげで、微細運動に制約のある障害者もコンピュータを使うことができる。インターネットの誕生によって、物理的にアクセス不可能な図書館や文書館を利用しなくても、これまで以上に情報へアクセスできるようになった。コンピュータ、電子メール、そしてインターネットにより、フレッド・フェイ（Fred Fay）などの権利擁護者が、障害のために外出が困難であっても、全米障害者運動で重要な役割を果たすことができた。

しかし、コンピュータ技術の発達には、障害者が社会参加する能力を脅かす側面もある。その脅威の一例が、マイクロソフト・ウィンドウズのように、グラフィカル・ユーザー・インターフェイス（Graphical User Interface: GUI）を使用するシステムの蔓延である。コンピュータの画面上のマウスと画像を用いる GUI プログラムにより、ユーザーは文字列を打ち込まずにコマンドを入力することができる。そのようなシステムは、晴眼者にとっては便利だが、視覚障害者がコンピュータを使うときには大きな障害となる。1980 年代の終わりごろに GUI が出現したことで、多くの盲人が職場や昇進の機会を失う結果となり、あるいは職場のコンピュータを使いこなせないという理由で、そうでなければ就けるはずの職に就けなかったりした。

さまざまな障害者権利運動家や組織が、コンピュータ・アクセスを保障する活動を行っている。たとえば、マサチューセッツ盲人委員会（Massachusetts Commission for the Blind）コミッショナーのチャールズ・クロフォード（Charles Crawford）、全米障害者協議会（National Council on Disability）のボニー・オデイ（Bonnie O'Day）、アメリカ盲人協議会（American Council of the Blind）や全米盲人連合（National Federation of the Blind）のコンピュータ幹部会、ウィスコンシン大学トレース研究・開発センター（Trace Research and Development Center）のグレッグ・ヴァンダーハイデン（Gregg Vanderheiden）といったソフトウェア研究者、デボラ・カプラン（Deborah Kaplan）やジュディ・ブリュアー（Judy Brewer）をはじめとするアクセス権利擁護者、そして多くの州のテクノロジー法プロジェクトなどである。1990 年代初期以降、これらの運動家たちはマイクロソフト社に対して集中的なキャンペーンを行い、ウィンドウズをアクセス可能にするためのソフトウェアを開発するよう説得した。その活動において 1990 年アメリカ障害者法の運用には限界があったが、その他の障害者の権利に関する法律には活用できる条項もあった。たとえば 1986 年リハビリテーション改正法の第 508 条（1992 年、第 509 条として拡大適用）は、政府機関が被雇用者に対し、障害の有無にかかわらず職場の電子機器への同等のアクセスを提供しなければならないと定めている。しかしながら、利用できるソフトウェアが十分にないことは、視覚障害のあるコンピュータユーザーにとっては引き続き重大な問題となっている。

参照項目 支援技術（Assistive Technology）；フェイ、フレデリック・A（Fay, Frederick A.）；カプラン、デボラ（Kaplan, Deborah）；全米障害者協議会（National Council on Disability）；1988 年障害者のための技術関連支援法（Technology Related Assistance for Individuals with Disabilities Act of 1988）

C

Concrete Change
コンクリート・チェンジ

コンクリート・チェンジ（Concrete Change）は、バリアフリー住宅のために活動している草の根組織である。それは、創立者エレノア・スミス（Eleanor Smith）のアトランタの自宅を拠点に活動しており、全国に支部がある。1986年に設立され、現行の建築物バリアフリー法の施行を主張し、「訪問可能なこと」（現在、障害者が住む家だけでなく、すべての住宅をバリアフリーにする）という概念を強調する。スミスは『マウス――障害者権利の声（Mouth: The Voice of Disability Rights）』（1994）でこう述べている。「『人の家を訪問すること』は、障害のない人々にとって重要であるように、障害者にとっても重要である。賃貸でも購入でもバリアフリーの家やアパートを必要なときに見つけることは、そうした物件が非常に限られている現在、ほぼ不可能である」。コンクリート・チェンジは、バリアフリーの住宅が、高価で魅力がなく、売却が難しいという世間の常識に取り組んでいる。コンクリート・チェンジは、アトランタ市で、1世帯住宅、2世帯住宅など公的資金援助を受ける全住宅に「身体障害者が利用可能で、使いやすい設計」を求める条例案を作り、1992年の6月に採択された。1994年、コンクリート・チェンジ・シカゴ支部は、新築集合住宅の建設業者が1988年バリアフリー住宅に関する改正法（Fair Housing Amendments Act, 1988）を順守しているかを確認する部門を作った。

コンクリート・チェンジは、ヴィデオ「近隣改善の構築（Building Better Neighborhoods）」（1994）と本『入口（Entryways）』（1991）など、バリアフリー住宅に関する資料を刊行している。

参照項目　建築物のバリアフリー（Architectural Access）；1988年バリアフリー住宅に関する改正法（Fair Housing Amendments Act of 1988）；住宅（Housing）

出典　Gwin Lucy, "America, Unvisitable: An Interview with Eleanor Smith of Concrete Change," *Mouth: The Voice of Disability Rights* (July/August 1994); Smith, Eleanor, "Visitability: A Revolution in Housing Development," *Mainstream* (August 1994).

Consolidated Rail Corporation v. Darrone 104S. Ct. 1248 (1984)
統合鉄道会社対ダロン裁判（1984年最高裁判所判例集第104巻1248頁）

統合鉄道会社対ダロン裁判（*Consolidated Rail Corporation v. Darrone*）で、連邦最高裁判所は、たとえ就業のための補助金ではなくても何らかの目的で連邦補助金を受け取っている機関や組織においては、1973年リハビリテーション法第504条の適用が可能であり、職務内容に影響のない障害であれば雇用差別を行ってはならないとした。この判決は、障害者権利擁護運動家たちが最高裁で勝ち取った最初の判決である。

本裁判は、当初、機関車整備士として鉄道会社で働いていたトーマス・レストランジェ（Thomas LeStrange）が、1971年に労働災害事故で左肘から先を失った後、1979年に起こした訴訟から始まった。事故の後、レストランジェの雇用主、エリー・ラッカワナ鉄道（Erie Lackawanna Railroad）は、彼が機関車整備の職務を遂行できないとする根拠を明確にせずに、雇用継続を拒否した。第1審のペンシルヴェニア中部地区担当地区裁判所は、レストランジェ氏側がリハビリテーション法第504条を適用するための法的根拠を欠いているとして、訴訟を棄却した。ところが連邦第3巡回区控訴裁判所（U.S. Court of Appeals for the Third Circuit）での控訴審は、それを覆し、レストランジェの訴えを審議するよう、地区裁判所に差し戻した。その後、エリー・ラッカワナ鉄道を買収した統合鉄道会社（Conrail）が上告し、最高裁の聴聞が1983年11月29日に行われた。その時すでにレストランジェは死亡していたため、統合鉄道側は、本裁判は無効であると主張した。しかし未亡人、リー・アン・レストランジェ・ダロン（Lee Ann LeStrange Darrone）が原告を引き継いで裁判を継続することとなった。

1984年2月28日、最高裁は、まず、レストランジェの死亡によって、本裁判は無効とはならないこと、次に、リハビリテーション法第504条は、雇用促進のための連邦補助金を受け取っている機関や組織、あるいは連邦失業対策事業に限らず、連邦補助金を受け取るすべての機関に適用されることを明らかに示した。最後に、最高裁は、レストランジェが起こした訴訟

は法的に有効であると結論づけた。

　本件の主任弁護士であり弁護記録のコンサルタントを務めた、アーリーン・マイヤーソン（Arlene Mayerson）は、後に「統合鉄道会社対ダロン裁判は、障害者の権利擁護を求める人々にとって画期的勝利となった」と記した。彼女によれば、この最高裁判決は、連邦保健・教育・福祉省（U.S. Department of Health, Education, and Welfare）の発したリハビリテーション法第504条に基づく通達を認めて引用しただけでなく、「さらにアメリカ障害者法に発展する素地をつくった」のであった。しかし障害者支援団体は、最高裁がリハビリテーション法第504条に関して、1984年の同じ日にグローヴ市立大学対ベル（Grove City College v. Bell）の最高裁判決で示された1972年教育改正法第9編（Title IX of the Education Amendments of 1972）の解釈と同様に、狭義に解釈すべきであるとしたことに懸念をもった。グローヴ市立大学対ベル裁判では、最高裁は、大学の中で連邦補助金を受け取っている部門に所属する学生や被用者のみが、連邦が定める差別禁止条項の適用を受けるとの解釈を示したのであった。そこで、これに対して、障害者権利活動家は、グローヴ市立大学判決を覆すべく、公民権活動団体や女性団体と共闘し、1987年公民権回復法（Civil Rights Restoration Act of 1987）を勝ち得たのであった。

参照項目　1987年公民権回復法（Civil Rights Restoration Act of 1987）；1973年リハビリテーション法第504条（Section 504 of the Rehabili-tation Act of 1973）

Consortium for Citizens with Disabilities (CCD)
障害者市民連合（CCD）

　障害者市民連合（Consortium for Citizens with Disabilities: CCD）は、国の障害者政策を変えるために取り組む障害者、権利擁護者、サーヴィス提供者、専門家組織の全国的な連携で、ワシントンD.C.に本部がある。CCDは1973年に、主にサーヴィス提供者からなる18団体によって、発達障害者市民連合として発足し、1975年の発達障害者支援と権利宣言法（発達障害者支援・権利法）の成立を促進した。ポール・A・マーシャン（Paul A. Marchand）は、The Arcの全米政府対策室長で、親の会の運動の中心的人物であり、設立当初からCCDの会長を務めている。彼の指導のもと、CCDもまた、1975年全障害児教育法の成立に重要な役割を果たした。

　後に、知的障害以外の障害者団体がCCDに加入するようになると、CCDは知的障害者に対するサーヴィスだけでなく、広範な後援者団体の幅広い問題の権利擁護に目を向けるようになった。たとえば、CCDは1990年アメリカ障害者法（ADA）成立キャンペーンの間、中心的な情報センターと調整のためのフォーラムとなった。1996年現在、CCDはワシントンD.C.を本拠地とする100以上の団体の会員組織であり、数多くの障害者団体を代表している。

　CCDの仕事は、住宅、保健医療、個人的な支援サーヴィスなど、テーマ別の専門委員会が担っている。各委員会はデータを収集し、障害者権利活動家が使う報告書と立場声明書を出す。また、公民権、エンパワメント、障害児（者）のインクルージョンを高めるため、法律や規則の改定を求めるロビー活動を行う。

参照項目　1990年アメリカ障害者法（Americans with Disabilities Act of 1990）；1975年発達障害支援および権利章典法（Developmentally Disabled Assistance and Bill of Rights Act of 1975）；1975年全障害児教育法（Education for All Handicapped Children Act of 1975）

Cook, Timothy M.
クック，ティモシー・M（1953–1991）

　弁護士ティモシー・M・クックは、多くの画期的な障害者権利訴訟を手がけ、とくに公共交通機関のバリアフリー化を求める訴訟に深く携わった。彼の38歳での死は、障害者権利コミュニティに深いショックを与えたのと同時に、そのコミュニティにとって重大な損失でもあった。

　クックは1953年8月14日、ペンシルヴェニア州ピッツバーグ市で生まれた。1975年にペ

C

ンシルヴェニア大学で学士号と修士号を、1978年に同大学法学部で博士号を取得した。1977年の夏、連邦保健・教育・福祉省の公民権局で、1973年のリハビリテーション法第504条の施行の指針を作った。その後クックはニューヨークに移り、雇用・教育の差別に関する集団訴訟を扱う障害者権利訴訟プロジェクトを、ニューヨーク市法的扶助協会に設立した。クックは、サウスイースタン・コミュニティ・カレッジ対デイヴィス裁判 (Southeastern Community College v. Davis, 1979) で、ニューヨーク市長障害者室の代理人を務めた。これは「適正な調整」の原則を初めて明確に示した、第504条に関する画期的な訴訟であった。ニューヨーク南地区裁判所で連邦裁判所書記を務めた後、1981年、ワシントンD.C.にあるアンティオーク法律学校 (Antioch School of Low) で非常勤教授となった。彼は1980~1983年、連邦司法省の公民権部門で弁護士として働き、11州の地区で、1980年の施設入所者公民権法 (Civil Rights of Institutionalized Persons Act) と第504条の施行に関与した。

クックは司法省関係者として、第504条や全障害児教育法に関する規則といったきわめて重要な障害者権利保護を縮小しようとしたレーガン政権の動きについて、障害者の擁護者に情報提供するという重要な役割を果たした。1983年、クックはロサンゼルスの西部障害者法律センター（その後、西部障害者権利法律センターと改名）の所長となった。

1984~1988年、フィラデルフィア公益法律センターでの弁護士時代、クックは最も重要な多くの訴訟を担当した。アーヴィン独立学校区対タトロ裁判 (Irving Independent School District v. Tatro, 1984) で二分脊椎症協会側の弁護士を務め、これが、アメリカ連邦最高裁判所が全障害児教育法関連サーヴィスについて下した、最初の判決となった。1985年にはアレクサンダー対チョート裁判 (Alexander v. Choate) で重度障害者協会 (TASH) 側の弁護を、また、テキサス州クレバーン市対クレバーン生活センター裁判 (City of Cleburne, Tex. v. Cleburne Living Center) でArc側の弁護士を務めた。これらは、住宅地域に知的障害者のグループホーム開設を阻もうとする市当局の妨害に対する訴訟であった。1986年、クックは障害幼児の医療権について、

ボウエン対アメリカ病院協会裁判 (Bowen v. American Hospital Association) で重要な役割を果たした。1987年、フロリダ州ナッソー郡教育委員会対アーライン裁判 (School Board of Nassau County, Florida v. Arline) で、アメリカ糖尿病協会その他の弁護をした。これは、連邦裁判所が感染症患者の権利を明示した画期的判決であった。また同年、行動する障害者の会ペンシルヴェニア支部対サイクス訴訟 (Disabled in Action of Pennsylvania v. Sykes) で、移動障害者集団を弁護し、バリアフリーの地下鉄の駅の正当性について主張した。

1988年、クックは民主党全国委員会と大統領選のデュカキス陣営で働き、その後ワシントンD.C.に戻り、全国障害者活動センターを設立、事務局長になった。当センターでは、住宅、教育、交通の差別に関する訴訟の際に、障害者を弁護する。クックはADAPT対スキナー裁判 (ADAPT v. Skinner, 1989) で、ADAPTと他の12障害者権利団体の代理人を務めた。連邦運輸省の規則では、「分離すれど平等」なパラトランジットや「特別なニーズ」サーヴィスに、予算のごく一部を割り当てることで、交通当局はアクセス義務を満たすと見なされていたが、この裁判は、その状況に一撃を加えた。また彼は1980年代、ADAPTのグループのデモにずっと参加し、座り込みや抗議中に逮捕された活動家を弁護する「ストリート弁護士」だった。

クックは『フィラデルフィア・インクワイアラー (Philadelphia Inquirer)』と『ワシントンポスト (Washington post)』に論評を書いた。また『主流 (Mainstream)』の法律情報コラムニストであった。さらに『連邦アクセス法による公的障害者施設へのアクセス・ハンドブック (Handbook on Access to Public Accommodations for Disabled People under Federal Access Laws)』(1988)、そして『精神遅滞市民の法的権利 (The Legal Rights of Citizens with Mental Retardation)』(1989) の中の「引き続く余地のある脱施設化訴訟 (The Continued Viability of Deinstitutionalization Litigation)」を書いた。彼の最後の出版物は、Temple Law Review掲載の「アメリカ障害者法——統合への動き (The Americans with Disabilities Act: The Move to Integration)」(1991) であった。クックは1989年に大統領障害者雇用委員会 (President's Committee on Employment of

People with Disabilities）の委員長賞を受けた。また没後の1996年の6月には、交通擁護賞を受賞し、彼の夫人ジェラルディン・ヘネガン（Geraldine Heneghan）に運輸省長官フレデリコ・ペーニャ（Frederico Peñe）から賞が贈られた。

クックは血友病の治療で血液製剤を使ったことで、エイズウィルスに感染した。障害者権利擁護者たちは、他の数千の患者の死と同様、彼の死もまた、連邦政府の監督機関、血液製剤の製薬会社、全国血友病財団の怠慢の結果であると非難した。クックは1991年9月22日に亡くなった。

参照項目 公共交通のバリアフリーを要求するアメリカ障害者の会（ADAPT）対スキナー裁判（American Disabled for Accessible Public Transit v. Skinner）；アレクサンダー対チョート裁判（Alexander v. Choate）；ボウェン対アメリカ病院協会他裁判（Bowen v. American Hospital Association）；一万人委員会（Committee of Ten Thousand）；アーヴィン独立学校区対タトロ裁判（Irving Independent School District v. Tatro）；公共交通機関（Public Transportation）；フロリダ州ナッソー郡教育委員会対アーライン裁判（School Board of Nassau County, Florida v. Arline）；サウスイースタン・コミュニティ・カレッジ対デイヴィス裁判（Southeastern Community College v. Davis）

Corbet, Barry
コーベット，バリー（1936-2004）

バリー・コーベットは、障害とリハビリテーションに関する自主映画製作者である。1991年から、障害者のライフスタイル、政治活動そして文化に関する月刊雑誌である『ニュー・モビリティ（New Mobility）』の編集長をしている。

コーベットは1936年8月25日、（カナダ）ブリティッシュ・コロンビア州ヴァンクーバーに生まれ、ニューハンプシャー州ハノーバーのダートマス大学（Dartmouth College）を卒業した。彼の映画製作者としての経歴は、1963年米国地理学協会（National Geographic Society）の撮影の仕事で、米エヴェレスト（西尾根）探検隊の一員に加わった時に始まる。引き続き1966年には、やはり米国地理学協会の仕事で南極大陸の旅に出かけた。1968年、ヘリコプターの墜落事故で脊髄を損傷する。1978年以来、エデュケーショナル・メディア社（Educational Media, Inc.）とアクセス社（Access Inc.）の社長である。

コーベットは、リハビリテーション施設から出た後の人生についての映画『外の世界へ——脊髄損傷とその後の人生（Outside: Spinal Cord Injury and the Future）』（1980）を含む125本の映画を製作または共同製作している。コーベットはまた、障害とアクセスに関するいくつかの本の章の執筆のほか、『選択——脊髄損傷とそれからの事（Options: Spinal Cord Injury and the Future）』（1980）の著者であり、『全米リソース名簿——脊髄損傷・その他の身体障害者のための情報ガイド（The National Resource Directory: An Information Guide for Persons with Spinal Cord and Other Physical Disabilities）』（1985）の編者である。

参照項目 『ニュー・モビリティ』（New Mobility）
出典 Corbet, Barry, Options; Spinal Cord Injury and the Future (1980).

Council of Canadians with Disabilities (CCD)
カナダ障害者協議会（CCD）

1970年代初頭、カナダの障害者たちはアルバータ、サスカチェワン、およびマニトバの各州で権利擁護団体を組織した。1975年、マニトバ身体障害者連盟（Manitoba League of the Physically Handicapped）は、これらのグループすべてが協調し、他州における障害者権利組織の設立を促進するために会議の開催を主催した。その結果、1976年、カナダ障害者州組織連合（Coalition of Provincial Organizations of the Handicapped: COPOH）としてカナダ障害者協議会が設立され、1970年代末までには、障害者権利グループが大部分の州で組織されていった。COPOHは、カナダの障害者が公民権を勝ち取るために一連の全国フォーラムを主催して、経験の比較検討、問題点についての討論、優先事項の選択、そして戦略の選択を行った。

C

　第1回のフォーラムは1978年にウィニペグ市で開催され、公民権としての雇用を要求することを決議した。1979年に開かれた障害者の交通のバリアフリーに関するCOPOHフォーラムでは、きわめて多くの参加者が、単にフォーラムに参加しようとしただけで差別的な待遇を経験したことが注目された。ある代表者が乗った電車には、貨物車両しかバリアフリー車両がなかったという理由で貨物車両に乗ることを強要された（にもかかわらず、彼は全額の乗車賃を支払うよう要求された）。介助犬たちは利用者から引き離され、飛行機の貨物室に押し込められたし、車椅子使用者の中には、空港との往復にタクシーを使うことを拒否された者もいた。その結果、多数のCOPOHの代表者は、フォーラムの後もウィニペグ市に滞在し、数日後に開かれたカナダ交通委員会の公聴会でデモと証言を行ったのである。

　COPOHは、1980年の国際障害者会議の基盤を作る上で貢献した。COPOHの代表者たちは、1980年に開催された国際リハビリテーション（リハビリテーションの専門家の組織）会議に参加し、障害者権利運動の立場から会議での出来事について報告するためニュースレターを毎日発行した。障害者の実際の声を取り入れるべきだという決議案を同会議が否決した時には、COPOHは自主的な組織を創設するために尽力した。1980年代半ば、COPOHの女性メンバーは、カナダ障害女性ネットワーク（Disabled Women's Network of Canada: DAWN）の設立に関わった。1977年から1983年には、COPOHは障害者の公民権を守るため、カナダ人権法改正の陳情活動を行った。COPOHは2度の全国規模の抗議行動を召集したが、それはオタワの国会議事堂前で行われた100人近い規模によるデモ行進を含めて、全国規模のデモ行動という成果をもたらした。その後カナダ人権法は1983年に改正された。1985年以降は、COPOHはカナダ障害者協議会（Council of Canadians with Disabilities）と改称して、「対応すべき義務」を要求する法律への新たな改正を推し進めている。

　現在、CCDはウィニペグ市に置かれ、雇用差別の撤廃と自立生活を選択できることの拡大を擁護するための活動を続けている。COPOHの運動によって、カナダ国内の大量輸送手段へのバリアフリーには、実質的な改善がなされた。しかし、利用のしやすさについては不十分な点が残されているし、政府による予算カットや行政改革がこれまでの改善を脅かしている。CCDもまた、「死ぬ権利」問題に関わっており、トレイシー・ラティマー（Tracy Latimer）やライアン・ウィルキーソン（Ryan Wilkieson）のような、とくに関心の高い事例に対し、介入している。ラティマーの事例では、弁護人は、トレイシーの父親による彼女の殺害は、トレイシーの障害ゆえの「慈悲深き殺人」であると主張した。一方、母親に殺害されたウィルキーソンの場合では、母親はその後自殺しているが、表面的には殺害はウィルキーソンの脳性まひが原因であるとされている。CCD人権委員会とCCD地方支部は、「介入者」の立場で法廷を見てきたため、証言を提言することができたし、こうした事例について障害者権利の視点を社会的な議論へと導くためのデモと報道を組織した。CCD委員会の設立者は、遠隔通信とインターネットを用いたアドレス指定によるアクセスについても、その方法を構築してきた。

参照項目　障害者インターナショナル（Disabled Peoples' International）；カナダ障害女性ネットワーク（Disabled Women's Network of Canada）；安楽死と自殺幇助（Euthanasia and Assisted Suicide）

Covington, George A.
コヴィントン，ジョージ・A（1943年生）

　ジョージ・コヴィントンは写真家であり、法律家、ジャーナリスト、教育者、作家そして障害者権利擁護運動家でもある。副大統領ダン・クウェール（Dan Quayle）の障害者政策の前特別顧問であり、ホワイトハウスで障害者問題に関する専任の補佐官を最初に務めた人物である。コヴィントンはまた、ユニヴァーサル・デザインの主唱者であり、大統領障害者雇用委員会ユニヴァーサル・デザイン特別委員会（Universal Design Task Force of the President's Committee on Employment of People with Disabilities）の前共同議長でもある。写真家としての彼の作品は、法律上失明とされる人の能力に対する一般の人々の型にはまった見方を変えるのに役立っている。

コヴィントンは、1943年11月2日テキサス州テクサーカナで生まれた。1964年テキサス大学に入学、1967年にジャーナリズムの学士号を、1973年に法学博士号を取得する。彼が、最初に写真を始めたのはちょうどこの頃であった。「私は突然、現実の世界では見ることのできない細部の世界をこの4×5インチの写真の中に見たのである」と説明している。このように写真に興味を抱いたのは、もし視力の半分を失うと、美的感覚を失うので、美しいものを鑑賞することはできないし、当然美学的に好ましいものを創造することなどできないという多くの人の根拠のない思い込み、すなわち、彼が経験した偏見に対する返答でもあった。

1967年から1973年まで、コヴィントンは『オースティン市民(Austin Citizen)』の、編集者兼発行者で、その後はテキサス大学、ニュースと情報サーヴィス局(News and Information Service)のスタッフ・ライターであった。1974年、モーガンタウンのウエストヴァージニア大学で、ジャーナリズムの准教授として迎えられたが、そこで彼の写真は全国的に注目を集めるようになる。美術館の展示用に絵を拡大したり、それを使って視覚障害者が自分の周りの世界を広げる手助けをしたりすることで、「いかに写真技術が芸術に近づく手段として利用できうるかを、私の作品は証明した」と書いている。彼の画像、とくに人物写真は、その実用的な側面にもかかわらず、その芸術的手腕を多くの人に賞賛されている。

コヴィントンは1970年代後半から、障害者権利運動に、多方面で関わっている。法律の専門家として、彼はアメリカ内務省の仕事で、1973年リハビリテーション法第504条施行のための条例を書いた。1981年から1984年までワシントンD.C.の全米アクセスセンター(National Access Center)のコンサルタントとして、その後、大統領障害者雇用委員会(President's Committee on Employment of People with Disabilities)、国立障害・リハビリテーション研究所(National Institute on Disability and Rehabilitation Research)、そしてアメリカ下院議長執務室などで働き、障害をもつ労働者の雇用に科学技術を利用することや、ワシントンD.C.を、障害をもつ訪問者がアクセスできるようにすること等を含むさまざまなプロジェクトに関わった。1989年1月、彼は副大統領ダン・クウェール(Dan Quayle)の障害者問題に関する特別顧問になって、障害者問題に関するスピーチの原稿を書き、また助言もした。この職務のほか、大統領執務室でホワイトハウスへのアクセスプランを発展させるためにも働いた。コヴィントンは1993年以来、国立公園管理局(National Park Service)のアクセス問題の専門家である。

コヴィントンは『アクセス・バイ・デザイン(Access by Design)』(1966、ブルース・ハンナ〈Bruce Hannah〉との共著)、『あなたのカメラを晴眼者に向けよう——第1回世界盲人写真マニュアル(Let Your Camera Do the Seeing: The World First Photography Manual for the Legally Blind)』(全米図書館サーヴィス視覚／身体障害者課から無料で点字あるいはカセットテープで利用可)そして、『肢体不自由のイメージ——ホワイトハウスの思い出(Crippling Images: White House Reflections)』の著者である。彼の多くの執筆記事には、「視覚障害者向け博物館エイドとしての写真」(Photography as a Museum Aid for the Visually Impaired、国立芸術基金〈National Endowment of the Arts〉への論文、1979年7月)、「肢体不自由のイメージ、副大統領を啓発する(Crippling Images, Educating the Vice President)」(『アビリティ・マガジン〈Ability Magazine〉』1992年秋号)、「ユニヴァーサル・デザイン(Universal Design)」(『インテリア・マガジン〈Interiors Magazine〉』1994年8月)が含まれる。ヴィデオ作品には『視覚障害者のための博物館アクセシビリティ(Museum Accessibility for the Visually Impaired Visitor)』(1982)、『私が会った人たち——ジョージ・コヴィントン写真集(Faces I've Seen: The Photography of George Covington)』(1986)、そして美術館運営者が、すべての人が利用できる美術館のことを考える手引書である『入館者の中には障害のある人もいる(Some of Your Visitors are Disabled)』(1987)が含まれる。コヴィントンは、アメリカ盲人協議会(American Council of the Blind)の支部団体として、1978年ワシントンD.C.に設立された、「全米弱視市民協議会(National Council of Citizens with Low Vision)」の設立メンバーである。

参照項目　ユニヴァーサル・デザイン(Universal Design)

Cross-Disability Awareness/Cross-Disability Sensitivity
障害の違いを超えた意識／反応

1970年代までは、障害関連のほとんどの組織が、それぞれある特定の障害がある人々を対象とし、その声の代弁あるいはサーヴィス提供に焦点をあてていた。これは、アメリカ盲人協議会（American Council of the Blind）あるいは全米聾者協会（National Association of the Deaf）といった当事者主導の権利擁護団体や、全米多発性硬化症協会（National Multiple Sclerosis Society）といったサーヴィス提供組織、そして脳性まひ協会連合（United Cerebral Palsy Associations）といった親の組織のいずれにもいえることだった。この、いわば障害種別の「ゲットー化（ghettoization）」は、団体間共通の目標に向けた活動展開を困難にしていた。それは、多くの障害者が、自分とは異なる障害をもつ人々について、一般の社会と同様の固定観念を共有していることを意味した。また、視覚障害のある車椅子利用者など、複数の障害を併せもつ重複障害者にとっては、障害を特定した組織のサーヴィス利用や参加がしにくい状況にあった。

こうした状況に対して、障害者団体の創設者は、「障害の違いを超えた意識／反応（cross-disability awareness and sensitivity）」を促進した。この基本姿勢は、すべての障害者に開かれた組織設立から、車椅子アクセス〔改善〕集会における手話通訳確保にいたるあらゆる事柄に反映された。障害の違いを超えた意識に基づく実践の1つの大きな成果は、1974年のアメリカ障害者市民連合（American Coalition of Citizens with Disabilities: ACCD）の設立だった。それは、まったく初めての、障害の違いを超えた全国組織の権利擁護連合団体であった。このACCD設立に刺激を受けて、障害の違いを超えた州の連合団体が創設された。団体の成立により、州や地方での公開討論会が開催されるようになる。これは、多くの活動支持者と組織の創設者に、他の障害者団体の仲間と知りあう機会を提供した。そして、こうした会の最初の議論としては、しばしば恐怖と偏見の打破があげられた。マサチューセッツ障害者市民連合（Massachusetts Coalition of Citizens with Disabilities）の創設者であるバーバラ・オズワルド（Barbara Oswald）は、「初期の活動において私たちは、意図的に聴覚障害者と車椅子利用者、あるいは視覚障害者と知的障害者が同席する会議をよく主催したものです。そのようにして私たちは、恐怖と無知という問題に対して、正面から立ち向かっていったのです」と述べている。

障害の違いを超えた意識に関係する別の重要な出来事は、1979年の障害者権利教育擁護基金（Disability Rights Education and Defense Fund: DREDF）の創設であった。DREDFは、障害の違いを超えた団体であるだけでなく、障害のある成人はもちろん、子どもとその親をも活動の対象にした世代を超えた団体である。障害の違いを超えた取り組みが力を発揮した最大の成功例は、1990年のアメリカ障害者法の成立であった。この時には、全米中の主だったすべての障害者権利団体が、その法律成立を確実にするために団結したのである。

障害の違いを超えた意識は、多くの権利擁護運動家たちの関心事であり続けている。彼らは、すべての障害者を含む幅広い運動を構築するためには、依然として多くのなすべき事柄があると認めている。しかし実際、障害のある権利擁護運動家の中には、この運動の将来性に疑問をもつ人もいる。これらの批判を展開する人々は、いかなる高い意識と感覚をもってしても、障害者コミュニティに存在する多様な団体間の哲学ならびに重要課題の不一致を変えることはできないと主張する。

参照項目　アメリカ障害者市民連合（American Coalition of Citizens with Disabilities）

Curb-Cuts/Curb Ramps
カーブ・カット／カーブ・ランプ

マサチューセッツ州スペンサーの障害者権利活動家、トーマス・ホプキンズ（Thomas Hopkins）は、交通について、「たった数インチであっても、時にはそれが数マイルに相当することもある」と述べている。このことが最もよくわかるのは、段差解消のためのカーブ・カット（カーブ・ランプ：歩道のスロープあるいは

歩道縁石が途切れるヶ所）が必要であることにおいてであろう。カーブ・カットがあることで車椅子利用者は、助力なしに歩道から街路へ、街路から歩道へと移動することが可能となる。カーブ・カットがないと、街角は、通り抜けられない障壁となり、街頭に通じる道を見つけることができるまでは、車椅子利用者は、元の道に引き返さざるを得ない。

　アメリカで車椅子利用者のために作られた初めてのカーブ・カットが設置されたのは、おそらく1925年にポリオ・リハビリテーション・センターが設置されたジョージア州ウォーム・スプリングスであろう。初めてカーブ・カットが体系的に設置されたのは1940年代後期、イリノイ大学アーバナ・シャンペーン校であり、これは、大学の障害学生プログラムのティモシー・ニュージェント（Timothy Nugent）と学生による権利擁護運動の成果であった。ミネアポリス市役所は、1968~1974年、ミネソタ州肢体不自由児（者）協会（Minnesota Society for Crippled Children and Adults, Inc.）、公共活動部長ウィリアム・B・ホプキンズ（William B. Hopkins）の指示のもと、9000のカーブ・カットを導入した。その後、多くの州がカーブ・カットの導入を、新たに設置、または改修する道路のほとんどに義務づけている。カーブ・カットは、車椅子利用者だけでなく、ベビーカーを押す親、もしくは自転車に乗る人など、歩道と車道の間に段差のない面を必要とするすべての人に役立つものである。カーブ・カットは、ユニヴァーサル・デザインがもたらした恩恵の適例である。

参照項目　建築物のバリアフリー（Architectural Access）；アトランティス・コミュニティ（Atlantis Community, Inc.）；1974年連邦政府助成幹線道路改正法（Federal-Aid Highway Act Amendment 1974）；ユニヴァーサル・デザイン（Universal Design）

Dart, Justin, Jr.
ダート，ジャスティン・ジュニア（1930-2002）

ジャスティン・ダート・ジュニアは、障害者の権利擁護運動を世界的に先導した人物の1人である。彼は、1990年アメリカ障害者法（Americans with Disabilities Act of 1990: ADA）の主要な立案者であり、20年以上にわたって、障害者運動の実践や組織化に携わってきた。

ダートは1930年8月29日にイリノイ州シカゴで生まれた。裕福な名家に生まれた彼は、後年に、「メイドやお抱え運転手に囲まれて」成長してきたことを回顧している。1948年にポリオに罹り、それ以降、車椅子を利用するようになった彼は、1953年にヒューストン大学で歴史と教育の学士号を取得したが、障害を理由に教員免許は与えられなかった。また、当時のヒューストン大学では白人だけが入学を許可されていたが、ダートは、人種差別に反対し人種差別廃止を支持する最初の学生団体を組織した。1954年には、歴史の修士号を同じくヒューストン大学で取得した。

1963年にダートは日本に移り、3つの成功した会社を設立した。1965年まで社長を務めた日本タッパーウェア社もその1つである。日本にいる間、ダートは、障害をもつ人々のために、彼がいうところの「居住型自立生活プログラム（residential independent living program）」を確立した。1967年にはサイゴンに旅行し、障害のある児童であふれる施設を訪問した。「その施設の障害児たちの腹部は膨らんでおり、腕と足はマッチ棒のように細く……自らの排泄物と尿の上に横たわり、その周りにはハエがたかっていた」。ダートは、その経験が「自らの精神に焼印のようなものを残した」と記述している（Joseph Shapiro, *No Pity*, 1993）。同年、事業家としてのキャリアから身を引いていた。そして、妻、ヨシコ・サジ・ダート（Yoshiko Saji Dart）と日本の片田舎の農家でしばらく暮らした後に、障害者のための公民権運動に人生をささげることを決意した。彼は、マーチン・ルーサー・キング・ジュニア（Martin Luther King Jr.）の著作に学ぶとともに、バークレーやその他の地域の学生の活動家たちと交流し始めた。

1974年にはテキサスに戻り、地域の障害者権利運動で活動するようになった。1980年から1985年にかけては、障害をもつ人々のためのテキサス州知事委員会（Texas Governor's Committee for People with Disabilities）の委員、後に議長を務め、同時期にテキサス州障害者協議会（Texas Council on Disabilities）の委員となった。また、1982年から1983年にかけては、障害をもつテキサス州民のための知事の長期計画グループ（Governor's Long Range Planning Group for Texans with Disabilities）の議長も務めた。

ダートは1982年に全米障害者協議会（National Council on the Handicapped）の副議長に任命され、副議長あるいは委員を1986年まで続け、その後1988年から1989年にかけて再び委員となった。彼と評議会の他の委員は、障害のある人々のための単独で包括的な連邦レベルの公民権法、すなわち、アメリカ障害者法の制定を支持するようになった。ダートは、連邦議会アメリカ障害者の権利・エンパワメント特別委員会（Congressional Task Force on the Rights and Empowerment of Americans with Disabilities）の共同議長として、すべての州とプエルトリコ、グアム、ワシントンD.C.において、法案を支持する公開討論会を開催し、3万人以上の参加者を集めた。1989年、ブッシュ大統領は、大統領障害者雇用委員会（President's Committee on Employment of the Handicapped、ダートによってPresident's Committee on Employment of People with Disabilitiesへと改名）の議長にダートを選んだ。彼は、委員会でも、アメリカ障害者法制定に対する支持を続けた。1990年7月にブッシュ大統領がアメリカ障害者法に署名した際、彼は壇上にいた人物の1人であった。

ダートは、障害者の権利に対する献身的な活動において、妥協することがなかった。1986年、レーガン大統領によりリハビリテーション・サーヴィス庁（Rehabilitation Services Administration: RSA）の理事に任命された際、すぐに、役人たちと対立することになった。すなわち、障害者を政府内での高い地位に任命するという彼の努力に反対する役人たちや1973年リハビリテーション法の改正提案についての公聴会を開催するという彼の試みを却下した役人たちと

D

国会議事堂にて、アメリカ障害者法の主要な立案者であるジャスティン・ダート・ジュニア（右）が、ジェシー・ジャクソンと挨拶を交わしている。1989年7月18日。
©Bettmann/CORBIS/amanaimages

の対立であった。1987年11月18日の議会の聴聞会において、ダートがあらかじめ用意されていた陳述をしないで、その代わりに次のような証言を議会にした時、この対立は決定的なものとなった。「障害のある人々は、広大で柔軟性に欠けた連邦の組織と対峙している。社会全体がそうであるのと同じように、連邦の組織には、障害について時代遅れで家父長的な考えをもつ者がいまだに多く含まれている。……ここで論じるべきことは、ゴム印を押すだけではない実質的な代表を政府に置くという障害のある人々の公民権や基本的人権のことである」。その後1ヶ月もしないうちに彼は役職を解かれた。

1993年に、ダートは、大統領障害者雇用委員会（President's Committee on Employment of People with Disabilities）から離れた。共和党との広範なつながりをもっていたにもかかわらず、下院議長ニュート・ギングリッチ（Newt Gingrich、共和党、ジョージア州選出）や下院多数党院内総務ディック・アーメイ（Dick Armey、共和党、テキサス州選出）がアメリカ障害者法の弱体化を提案した際には、共和党議員である彼らを厳しく批判した。1993年1月にダートは、フレデリック・フェイ（Frederick Fay）やベッキー・オーグル（Becky Ogle）とともに、アメリカ障害者法や個別障害者教育法（Individuals with Disabilities Education Act）、その他の障害者に関する公民権法を議会やメディアによる攻撃から守ることを目的とした組織、万民のための正義団（Justice for All）を設立した。

障害者の権利と自立生活へのダートの献身は、政治的にだけでなく、個人的にも行われた。1968年の初頭に、彼と妻は、彼らが「自立生活プログラム」と説明するものを開始している。その後20年間にわたり、70人以上の障害のある、あるいは、障害のない個人が、およそ6ヶ月から4年の期間、彼らの家で生活を共にした。彼はまた、無数の障害者組織や出版物にも寛大な寄付を行った。たとえば、『マウス——障害者権利の声（Mouth: The Voice of Disability Rights）』のナーシング・ホームと介助サーヴィスに関する本である『自己選択（You Choose）』（1995）の出版と流通を支援したほか、『ワシントンポスト』にアメリカ障害者法を擁護する紙面広告を載せるために金銭の寄付を行った。1995年にダートは、ワシントンD.C.の全米記者クラブで行われたアメリカ障害者法の5周年記念式典のまとめ役を務めた。同日に、アメリカ障害者協会（American Association of People with Disabilities）の公式的な発足を統轄し、2000年までに200万人のメンバーを獲得するという目標を表明した。

ダートは、各地に赴き、日本、カナダ、オーストラリア、ドイツ、その他の各地域で講演を行った。障害者インターナショナル（Disabled Peoples' International）の1992年と1994年の国際会議において、彼は主要な演説者であった。無数のデモに参加し、多数の表彰と、ワシントンD.C.にあるギャローデット大学からの名誉博士号を含め多数の名誉学位を受け取った。それどころか、今日では、彼の名前を冠したいくつかの賞も存在する。たとえば、テキサス障害者連合（Coalition of Texans with Disabilities）によるジャスティン・ダート功績賞（Justin Dart Meritorious Public Service Award）や、大統領障害者雇用委員会によるジャスティン・ダート賞などである。

ダートは、2冊の詩集の編者でもある。現在、妻の、ヨシコ・サジ・ダートとともに生活している〔註：ダートは原著出版後の2002年に死去している〕。彼女もまた、ヒューストン、テキサス、ワシントンD.C.での障害者権利運動で活躍している。

参照項目　アメリカ障害者協会（American Association of People with Disabilities）；1990年アメリカ障害者法（Americans with Disabilities Act of 1990）；フェイ．フレデリック・A（Fay, Frederick A.）；万民のための正義団（Justice for All）；全米障害者協議会（National Council on Disability）；大統領障害者雇用委員会（President's Committee on Employment of People with Disabilities）

出典　Dart, Justin, Jr., "The ADA: A Promise To Be Kept," in Lawrence O. Gostin and Henry A. Beyer, eds., *Implementing the Americans with Disabilities Act* (1993); National Council on Disability, Toward Independence (1986); Shapiro, Joseph P., *No Pity: People with Disabilities Forging a New Civil Rights Movement* (1993)（秋山愛子訳『哀れみはいらない』現代書館、1999）．

D

Deaf Clubs and Organizations
聾者クラブと聾者組織

聾者クラブ（Deaf Clubs）は、聾者が聴者文化の偏見にさらされずに交際できる場として、ほぼ200年間、その役割を果たしてきた。聾者クラブは、完全に障害者によって障害者のために運営された最初の組織の1つであり、口話主義によってアメリカ手話が抑圧されていた時には、アメリカ手話の保護に役立った。聾者クラブは、コネティカット州ハートフォードのアメリカ聾学校の同窓生が同窓会組織を作った少なくとも1820年代には、存在していた。聾者クラブは、学校ごとの結びつきを維持するために結成されただけでなく、スポーツ、アマチュア演劇、その他の活動に関連して作られたものもある。1890年代までに、大都市は各都市独自の聾者クラブまたは聾者協会をもち、それらの多くはまだ存続している。

聾者はまた、非常に多様な専門家組織、宗教組織、政治組織を設立してきた。これらの組織の中には、全米聾者協会（National Association of the Deaf: NAD）、聾者余暇協会（Recreational Association of the Deaf: RAD）、国際カトリック聾者協会（International Catholic Deaf Association: ICDA）、全米ユダヤ教聾者会議（National Congress of Jewish Deaf: NCJD）がある。ハートマット・テューバー（Hartmut Teuber）は、「まるで人間の文化のすべて（あるいはほとんど）の側面が『聾の世界』の中に表れているかのようだ……たとえば手話通訳者や聾児の親たちのように、聾のコミュニティに入ってくる人たちは誰でも、聾者組織の頭文字語を指文字で覚えないわけにはいかない」と記している。聾者によって組織・運営されている、主要な聾者ソーシャル・サーヴィス組織には、グレーター・ロサンゼルス聾協議会（Greater Los Angeles Council on Deafness: GLAD）、ボストンにある発達評価・調整機関（D. E. A. F. 社：Developmental Evaluation and Adjustment Facilities: D. E. A. F. Inc.）がある。

参照項目　聾文化（Deaf Culture）
出　典　Padden, Carol, and Tom Humphries, *Deaf in America: Voices from a Culture* (1988)（森壮也・森亜美訳『「ろう文化」案内』晶文社、2003）.

Deaf Culture
聾文化

聴覚に障害のある人々としての「聾（deaf）」と、ある言語（アメリカ手話またはASL）ならびにある文化を共有する特定集団としての「聾（Deaf）」とを区別すべきであると1972年、最初に提唱したのは、ジェームズ・ウッドワード（James Woodward）であった。聾文化について多くの著作がある研究者、キャロル・パッデン（Carol Padden）とトム・ハンフリーズ（Tom Humphries）は、聾者（Deaf people）を「アメリカ合衆国とカナダに居住し、自分たちの手話を継承し、手話を自分たちの間で第1のコミュニケーション手段として使用し、自分自身、ならびに自分たちと聴者社会とのつながりについて、あるビリーフをもっている」人々である、と記している。「われわれは聾者と、病気、外傷、加齢等により聴力を失った人々を区別する。このような人々は、聴こえないという状態にある点では聾者と同様だが、聾者の文化を構成している知識、ビリーフ、経験を入手する手段がないのである」。

しかしながら、パッデンとハンフリーズは、聾文化の境界線が常に明確なわけではないと強調している。「たとえば、健聴者の家庭に生まれた聾児が、自分の家庭の外にある、聾者と聾文化に出会うケースを考えてみよう」。聾の両親をもつ、健聴の子どもというケースもある。この子たちは手話が流暢にでき、実際、アメリカ手話が第一言語であることもある。このような人々は、興味深い問題を提起する。すなわち、聾でないのに聾文化に属すことは可能だろうか？　という問いである。ウッドワード、パッデン、ハンフリーズらは、聾文化の定義を拡大し、諸外国の聾コミュニティも含めていることがある。たとえば、カナダのケベックではアメリカ手話ではない手話を継承している。「実際、世界中ほとんどすべての国々において、いくつかの異なる聾者集団が存在する。その違いは、政治的、歴史的、あるいは地理的隔たりによるものである」。たとえば、アメリカ合衆国では、人種差別による地理的隔たりから、アメリカ手話とは異なる、アフリカ系アメリカ人のアメリカ手話が発達し、この手話はとくにアメリカ南部のいくつかの地域において使用されている。

D

1960年代以降、アメリカ手話は別個の言語としての認識が高まり、デフ・シアターや聾ポエムが大量に生み出された。クレイトン・ヴァリ（Clayton Valli）の『アメリカ手話詩選集（ASL Poetry: Selected Works）』（1995）のようなヴィデオテープ版名選集は、アメリカ手話ポエムの支持者を広げてきた。一方、レイモンド・ラックザック（Raymond Luczak）の『聖ミカエルの転倒（St. Michael's Fall）』（1996）のような英語で書かれた自伝的詩は、聾者と聴者の両方の心に訴えかけてくる。

聾コミュニティに属する人の中には、聞こえないことは障害であるという考えを受け入れない人たちもいる。彼らは、ハイチ人やヒスパニック系アメリカ人のように、自分たちは民族的、言語的マイノリティなのであると主張する。ベン・ベーハン（Ben Bahan）は、『見える者による覚書（Notes from a Seeing Person）』（1989）という小論の中で「健聴者の世界こそがわれわれをハンディがあるとか、障害者であるというのである」と書いている。

参照項目 アメリカ手話（American Sign Language）；マーサズ・ヴィニヤード島（聾コミュニティ）（Martha's Vineyard (Deaf Community)）；アメリカ聾者劇団（National Theatre of the Deaf）；口話法聾学校、口話主義（Oral school, Oralism）

出典 Padden, Carol, and Tom Humphries, *Deaf in America: Voices from a Culture* (1988)（森壮也・森亜美訳『「ろう文化」案内』晶文社、2003）；Wilcox, Sherman, ed., *American Deaf Culture: An Anthology* (1989).（鈴木清史・酒井信雄・太田憲男訳『アメリカのろう文化』明石書店、2001）。

Deaf Life
『デフ・ライフ』

『デフ・ライフ（*Deaf Life*）』は、1984年夏、ニューヨーク州ロチェスターのWOKR-TVで放映されていたマシュー・S・ムーア（Matthew S. Moore）制作・監督のニュースとライフスタイルシリーズ、『デフ・マガジン（*Deaf Magazine*）』という30分間の字幕入りのテレビ番組から発展した雑誌である。「デフ・ライフ」という用語は、アメリカ手話にある表現を字義通りに訳したもので「聾であることの現実」を意味する。番組は、評論家には好評であったが、聾者向けのテレビニュース番組でスポンサーを引きつけることができず、シリーズは終了した。ムーアは雑誌の立ち上げに力をそそぐことにした。彼はボランティアのスタッフを起用し、1987年6月初めて『デフ・ライフ』の最初の「試験版」を出版した。しかしながら『デフ・ライフ』が、毎月定期的に発刊されるようになるのは1988年7月になってからで、ワシントンD.C.にあるギャローデット大学での「今こそ聾の学長を」運動（Deaf President Now Campaign）の盛り上がりの後である。ギャローデット大学初の聾の学長I・キング・ジョーダン（I. King Jordan）が第1号の表紙を飾った。

『デフ・ライフ』は、1991年3・4月号にレイモンド・ラックザックの「ゲイの聾作家による覚え書き（Notes of a Gay Deaf Writer）」を掲載したように、論争の種になるようなことに尻込みしなかったが、結果として約1000人近くの購読者を失った。定期的に特集していたコラムには、ディヴィッド・バッキス（David Baquis）による「TTYコネクション（The TTY Connection）」やスチュアート・ゴーペン（Stuart Gopen）による「字幕報告（The Caption Report）」があった。Q&A形式のコラム「聴者だけのために（For Hearing People Only）」は、まとめて本として出版された（『聴者だけのために――聾コミュニティについて最もよく聞かれる質問に対する答え〈*For Hearing People Only: Answers to Some of the Most Commonly Asked Questions about the Deaf Community*〉〈1992〉）。その他、デフ・ライフ出版から刊行された本に、マシュー・S・ムーア、ロバート・F・パナラ（Robert F. Panara）による『偉大な聾のアメリカ人（*Great Deaf Americans*）』（1996）が、またウォルター・P・ケリー（Walter P. Kelly）、トニー・ランドン・マクレガー（Tony Landon McGregor）による「今こそ聾の学長を（DPN）」運動に関する子ども向けの本『勝利の一週間（*Victory Week*）』が、1997年に出版［実際には1998年に出版された］。

『デフ・ライフ』はニューヨーク州ロチェスターで出版されており、アメリカとカナダを中心に約6万5000人の読者がいる。

参照項目　聾文化（Deaf Culture）；「今こそ聾の学長を」運動（Deaf President Now Campaign）
出典　"A Labor of Love: The (Not-So-Secret) History of Deaf Life," *Deaf Life* (July 1993).

Deaf Mutia
聾唖国

聾唖国（Deaf Mutia）は、身振国としても知られており、完全に聾者だけが居住するアメリカの新しい州の名前として想定された。この計画は、1850年代に聾の運動家ジョン・フルールノア（John Flournoy）によって提案されたもので、彼は聾・難聴者に対する聴者の態度は抑圧的であり、彼らからの完全な分離のみが聾者に自由と充足感の手段を与えると考えた。彼の考えは、白人が定住していない土地を聾・難聴者の人々が独占的に使用できるように、聾コミュニティが連邦議会に要求することにあった。フルールノアはおそらくモルモン教徒がアメリカ東部諸州で宗教迫害に直面し、ユタ州に彼らのコミュニティ全体を移住させていた例に影響を受けていたと思われる。

この計画は、『アメリカ聾者紀要』で活発に議論された。一部の者は、生まれてくる聴児の数は増えるので、いかなる聾の共和国も時間とともに必然的に消滅するであろうと書いて反対した。また別の者は、聴者の家族や友人と別れることや、聾共和国の実施規模に不安を示した。聾のジャーナリストで、ニューイングランド・ギャローデット協会の設立者の1人でもあるウィリアム・チェンバレン（William Chamberlain）は、200～300人ほどの聾者の先発隊が1つの町を設置するという代替案を出した。チェンバレンの友人は、土地と装備一式の購入のために5000ドルを寄付した。

聾唖国は、計画段階を超えることはなかったが、いかに多くの聾者が彼らを取り囲む聴者文化から抑圧を感じていたのかという例として今日見ることができる。類似の構想はヨーロッパでも論じられた。

参照項目　聾文化（Deaf Culture）
出典　Lane, Harlan, *When the Mind Hears: A History of the Deaf* (1984); Schein, Jerome D., *At Home among Strangers* (1989).

Deaf President Now Campaign
「今こそ聾の学長を」運動

1988年3月6日から7日にかけての夜、ワシントンD.C.にあるギャローデット大学の学生たちはキャンパスを封鎖し、同大学理事会が、世界で唯一の聾者のリベラル・アーツ大学の学長として聴者を任命した前日の決定を取り消すまではキャンパスを封鎖し続けると宣言した。その後の行進とデモが行われた1週間は聾コミュニティにとっても障害者権利運動全体にとっても大きな分岐点となった。

学生たちの蜂起は、1987年9月、ギャローデット大学長だったジェリー・C・リー（Jerry C. Lee）が辞任を発表した後すぐに始まった6ヶ月間にわたる支援運動が基になっていた。ギャローデット大学同窓会（Gallaudet University Alumni Association）会長ジェラルド・バースタイン（Gerald Burstein）は、「選択は明快だ。聾の学長を選出する時が来た」とする電報を同大理事会に送った。そのメッセージは、他の聾団体や指導者からも支持された。1988年2月末、同大学理事会から最終候補者3名のうち2名が聾者であることが発表された時、学生、教員、同窓生の誰もが124年間にわたるギャローデット大学の歴史の中で初めて聾の学長が選ばれることを期待した。

それでも運動家は圧力を加え続けた。そして、第1回「今こそ聾の学長を（DPN）」集会が3月1日キャンパスで開かれ、約1500名にのぼる人々が参加した。演説者には、マサチューセッツ州聾・聴覚障害者委員会（Massachusetts Commission for the Deaf and Hard of Hearing）のコミッショナー、バーバラ・ジーン・ウッド（Barbara Jean Wood）や、カリフォルニア州聾者カウンセリング・権利擁護・委託機関（Deaf Counseling, Advocacy and Referral Agency in California）の事務局長ジャック・レヴェスク（Jack Levesque）がいた。集会の最後に、卒業生ジェフ・ローゼン（Jeff Rosen）は参加者にこう語った。「人々は公民権運動の中で死んでいった。人々はヴェトナム戦争に抗議して投獄された。1988年ここにいる私は皆に問う。あなた

D
....

1988年3月7日に数百人の学生たちがギャローデット大学の入口を封鎖し大学を閉鎖に追い込んだ。学生たちは世界で唯一の聾者のためのリベラル・アーツの大学の学長に聴者を任命したことに抗議した。抗議は3月13日、大学初の聾の学長の任命を含む学生たちの要求すべてを理事会が受け入れることで終結した。　　　　©Bettmann/CORBIS/amanaimages

は何を信じるか？　あなたの大義は何か？」。ローゼンは、学生のジェリー・コーヴェル（Jerry Covell）、ブリジェッタ・ボーン（Bridgetta Bourne）、グレッグ・ヒルボック（Greg Hlibok、学生自治会委員長）らとともにその後の学生蜂起のリーダシップをとることになる。

　3月6日日曜日の夜遅く、大学理事会は唯一の聴者の候補者であったエリザベス・アン・ジンサー（Elisabeth Ann Zinser）をギャローデット大学第7代学長として選出したことを報道発表した。直接自分たちに向かって発表があると考えていた学生たちは、報道を通して発表を知らされたことにショックを受け、怒りを覚えた。報道発表のコピーは燃やされ、学生の大集団が許可なくワシントン通りから理事会が開かれていたメイフラワーホテルまでデモ行進を行った。理事会は以下の3人の代表と会うことに同意した。(1)学生自治会委員長グレッグ・ヒルボック、(2)前学生自治会委員長ティム・レイラス（Tim Rarus）、(3)ジェフ・ローゼン（Jeff Rosen）である。この会合で理事長ジェーン・バセット・スピルマン（Jane Bassett Spilman）は、「聾者はまだ聴者の世界で役割を果たす用意ができていない」といったとされた。後に、スピルマンは通訳ミスであったと主張しているが、翌日からこのコメントが広く流布され、聾コミュニティの怒りの炎にさらに油を注ぐことになった。

　ギャローデットの学生たちは3月7日の月曜日の朝までに、メインキャンパス全体を占領・封鎖し、同志の学生以外のキャンパス立ち入りを拒否した。月曜日の午後、学生のリーダーらはスピルマン理事長との会合で、話し合いの余地はないという4つの要求を出した。(1)ジンサー学長の辞任と聾の学長の任命、(2)スピルマン理事長の辞任、(3)聾の理事を51％に増やすこと、(4)抗議者らに報復を行わないことである。理事会は4つの要求すべてを拒否し、学生らは無期限ストライキの準備に入った。聾の歴史家ジャック・R・ギャノン（Jack R. Gannon）は、『世界がギャローデットに耳を傾けた一週間（The Week the World Heard Gallaudet）』の中で、「月曜日の朝キャンパスに戻ってきた

職員は入口のすべてが……学生たちに封鎖されていることを知った。初めは、学生と緊急事態担当職員だけがキャンパスの立ち入りを許可されていた……」と大学の状況を記している。学長はこれに対して大学を閉鎖した。抗議者らは火曜日には門を開けたが、学生らは授業をボイコットし続けた。

ギャローデットでの劇的な出来事は、全米でそして世界的に注目された。その1つの理由は、ギャローデットが連邦議会までデモ行進に行けるほどの距離にあったという地理的条件によっていたが、それにもまして、障害のある学生グループが大学のキャンパスを占領する行動はこれまでに例がなかったからである。聾コミュニティのみならず、公民権運動家、連邦議会、そして一般の人々からも支援の電報や手紙が殺到した。ジェシー・ジャクソン牧師（Reverend Jesse Jackson）は、「問題は聞こえない学生たちにあるのではない。聞こえる世界が耳を傾けていないことだ」とコメントした。『ニューズウィーク（*Newsweek*）』は、「記憶の限りで初めて、集団としての聾者がはっきりと主張し、……世界が耳を傾けようとしていることに」気づいたと書いた。ヒルボックはABC放送の「ナイトライン（*Nightline*）」に、ジンサー、聾の女優マーリー・マトリン（Marlee Matlin）とともに出演した。全米中の新聞が社説で「今こそ聾の学長を！（Deaf President Now!）」の声を取り上げた。上院議員のポール・サイモン（Paul Simon、民主党、イリノイ州選出）とバーニー・フランク下院議員（Barney Frank、民主党、マサチューセッツ州選出）は、連邦議会から彼らを支持していることを宣言した。

学生らの活動が成功した重要なポイントは、同窓生と教授陣がともに、ストライキに対して支持を宣言したことである。また、学生らはジョン・イェー（John Yeh）やディヴィッド・バーンバウム（David Birnbaum）のような聾の実業家をも含むネットワークの広がりを利用することができた。70人のボランティア通訳者がキャンパスにいる多数の記者に対して通訳を引き受けたのである。4000人の聾・難聴者組合員がいるアメリカ郵便労働者組合（American Postal Workers Union）は支援のためのデモをし、「今こそ聾の学長を」ストライキ基金に5000ドルを寄付した。同基金に寄せられた寄付金は数日で2万ドル以上にのぼった。こうした反応は、学生の支持について教員が147対5を以て可決したことを合わせて、ジンサーにギャローデットの学長として成功する見込みはないことを確信させることとなった。彼女は3月10日の夕方辞任した。ある学生は、「聾者にとって何が最もよいかを聴者が決定する時代は終わった」と記している。3月13日、理事会は団結した学生、教員、同窓生、拡大した聾コミュニティを前にして、学生らの要求をすべて受け入れることを発表し、芸術・科学学部長であるアーヴィング・キング・ジョーダン（Irving king Jodan）を学長として任命した。それは学生らの完全な勝利であった。

「今こそ聾の学長を」運動は、ちょうど活動家がアメリカ障害者法の可決を唱導した時期に、障害者権利の問題を社会の前に提起した。アメリカ障害者法可決運動のまとめ役であったパトリシア・ライトはこのように述べている。「今こそ聾の学長を」運動は、障害者に対する健常者優位主義、保護者的、庇護的で自尊心を傷つけるような態度の「明瞭でわかりやすい不条理の例」であり、それこそ、そのようなことを正すためにも、法制定が必要であった。また、DPN運動は組織の力と団結した政治的活動の力をも証明した。

ギャノンは、「1週間にわたる抗議の成功は、聾とその友人らに高揚感を与えた。また新しい自己像を与え、アメリカ手話、聾文化、聾の歴史に対する新たな誇りを復活させた」と書いている。

参照項目　アメリカ手話（American Sign Language）；聾文化（Deaf Culture）；ギャローデット大学（Gallaudet University）；ジョーダン, アーヴィング・キング（Jordan, Irving King）

出典　Christiansen, John B. and Sharon N. Barnartt, *Deaf President Now! The 1988 Revolution at Gallaudet University* (1995); Gannon, Jack R., *The Week the World Heard Gallaudet* (1989); Schein, Jerome D., *At Home among Strangers* (1989).

Deaf Publications/Silent Press/ Little Paper Family
聾者刊行物／聾者新聞／リトル・ペーパー・ファミリー

19世紀末から20世紀後半まで、印刷と出版は、その他の職種では一般に難しいと考えられていた雇用機会を聾者に提供してきた。「聾者新聞」とは、20世紀初頭、聾者による出版や、聾者向けの出版物を指すために使われた言葉である。これは障害者が経営し、編集、執筆をした最初の刊行物であった。また「リトル・ペーパー・ファミリー」とは、寄宿制聾学校の生徒と教師によって刊行された、非常に多様な新聞と定期刊行物を指す。

19世紀半ばに始まった多数の新聞や定期刊行物は、寄宿制聾学校やその同窓会とつながりのある場合が多かったが、彼らコミュニティ内の出来事を報じることを目的として、聾者によって創刊された。歴史家ジャック・R・ギャノン（Jack R. Gannon）は、1837年創刊のニューヨークの週刊新聞『カナジョーリー・ラディ（Canajoharie Radii）』の編集者リーバイ・S・バッカス（Levi S. Backus）をアメリカ最初の聾の編集者としてあげている。一方、1860年、ボストンで創刊された月刊誌『ギャローデット・ガイドと聾唖の友（Gallaudet Guide and Deaf-Mutes' Companion）』は、聾者のみを読者として創刊された最初の刊行物となった。この時期に創刊された他の定期刊行物には、1849年の『聾唖（Deaf Mute）』、1868年の『唖（The Mute）』、1870年の『聾唖者の前進（Deaf-Mute Advance）』がある。これらすべての刊行物は寄宿制聾学校のニューズレターであった。1875年、ニューヨーク市のヘンリー・C・ライダー（Henry C. Rider）は『聾唖ジャーナル（Deaf-Mutes' Journal）』というアメリカ最初の聾者向けの週刊新聞の発行を開始した。エドウィン・A・ホッジソン（Edwin A. Hodgson）は1876年に同紙の編集者となり、彼の論説は1880年の全米聾唖協会創設に影響を与えた。最も政治的に急進的な「聾者新聞」は『騎士（Cavalier）』であり、1940年代には4000人以上の購読者がいた。19世紀後半から20世紀中頃までのその他の定期刊行物としては、『全米唱道者（The National Exponent）』『聾の労働者（The Silent Worker）』『アメリカ聾市民新聞（The American Deaf Citizen）』『現代の聾者（The Modern Silents）』がある。

これら聾者新聞の多くは短命であり、わずか2、3年しか続かないものもあった。『聾唖ジャーナル（Deaf-Mutes' Journal）』は最も長く存続した新聞の1つで、『ニューヨーク聾者ジャーナル（New York Journal of the Deaf）』という新しい紙名のもとに1951年まで存続した。『騎士』は『ナショナル・オブザーバー（The National Observer）』と改称し、1956年に廃刊したが、その頃までには他のほとんどの定期刊行物はすでにその発行をやめていた。しかし、1960年代末には、『聾スペクトラム（The Deaf Spectrum）』『デフ・ライフ（Deaf Life）』『サイレント・ニューズ（Silent News）』のような刊行物が創刊された。聾者の出版物は今日でも聾コミュニティにとって重要な情報を提供し続けている。一方、多くの州聾者協会もまた、マサチューセッツ州の『聾者コミュニティ・ニューズ（Deaf Community News）』のように月刊または季刊の独自のニューズレターを発行している。

参照項目　『デフ・ライフ』（Deaf Life）；全米聾者協会（National Association of the Deaf: NAD）；『サイレント・ニューズ』（Silent News）

出典　Gannon, Jack R., *Deaf Heritage: A Narrative History of the Deaf* (1981); Van Cleve, John Vickrey, and Barry A. Crouch, *A Place of Their Own: Creating the Deaf Community in America* (1989)（土谷道子訳『誇りある生活の場を求めて──アメリカの聾者社会の創設』全国社会福祉協議会、1993）.

Deaf Sports
デフ・スポーツ

参照項目　スポーツと運動競技（Sports and Athletics）

Deaf Women United, Inc. (DWU)
聾女性連合

聾女性連合（Deaf Women United, Inc: DWU）は、その組織について「聾・難聴女性の聾・難

聴女性による聾・難聴女性のための非営利の全米および国際組織であり、その使命はアメリカおよび世界の聾・難聴女性の利益を促進すること、そして聾女性のネットワークを築くこと」と説明している。

DWU の構想は、1985 年 7 月に、カリフォルニア州サンタモニカで行われた第 1 回全米聾女性会議で初めて提案された。その会議は、グレーター・ロサンゼルス聾協議会（Greater Los Angeles Council on Deafness, Inc: GLAD）の会長マーセラ・M・マイヤー（Marcella M. Meyer）が主催し、議長を務めた。第 2 回全米聾女性会議は 1987 年 7 月にヴァージニア州フェアファクスで開かれ、DWU はその年の 11 月メリーランド州において法人組織となった。DWU は随時、ニューズレターと聾女性に関する幅広い図書リストを発行し、全国会議を後援している。コネティカット州イーストハンプトン〔現在はテキサス州オースティン〕を本拠地としている。

参照項目　障害女性（Women with Disabilities）

Deafpride, Inc.
デフプライド

1972 年にワシントン D.C. で非営利組織として法人格を与えられたデフプライドは、「聾者が独自の言語と文化を有する人々として認められ、社会が提供すべきすべてのことにおいて平等にアクセスできる社会を目指して」活動している。この組織は多様性を認め、聾コミュニティの中で最も抑圧されたメンバーのエンパワメントに取り組んでいる。デフプライドでは、聾女性の健康管理への平等なアクセス、聾コミュニティでの HIV/AIDS 教育、麻薬やアルコール依存の聾者に対する救済活動といったような問題に焦点をあてている。

また、デフプライドは、他の聾者組織へ必要な情報や刺激を与えるという重要な役割を担っている。たとえば、全米黒人聾者協会（National Black Deaf Advocates）や聾女性連合（Deaf Women United）の設立に主要な役割を果たした。全米聾者協会（National Association of the Deaf）、ワシントン D.C.、レインボー聾者同盟（Rainbow Alliance of the Deaf）支部、その他地方および全米の聾組織と協力して活動している。

参照項目　聾文化（Deaf Culture）；全米黒人聾者協会（National Black Deaf Advocates）；レインボー聾者同盟（Rainbow Alliance of the Deaf）

Deinstitutionalization
脱施設化

アメリカにおける知的障害をもつ人たちのための最初の施設は、1848 年、サミュエル・グリッドリィ・ハウ（Samuel Gridley Howe）によって、ボストンのパーキンス盲学校（Perkins Institution for the Blind）の一角に開設された。ハウの元々の目的は生徒の住んでいる町の中、あるいはその近郊に学校を開校し、障害児に手に職をつけさせ、コミュニティで生産的に生きるようにすることであった。しかしながら、この構想は、後に優生学運動によって、外国人嫌い、人種差別、健常者優先主義という興奮状態が引き起こされる間に放棄された。「精神薄弱」は犯罪、および不道徳と同義になり、南・東ヨーロッパからの移民と関連があると見なされた。『精神薄弱という重荷（The Burden of Feeble-Mindedness）』と「精神薄弱、すなわち悪徳推進の中心（The Feeble-Minded: Or, The Hub to Our Wheel of Vice）」のような 20 世紀転換期に現れた小冊子では、知的障害のある人たちは社会に対する脅威である、と論じられた。1903 年までには、「白痴および精神薄弱者のためのアメリカ施設長協会（Association of Medical Officers of American Institutions for Idiotic and Feeble-Minded Persons）」（現在のアメリカ知的・発達障害学会）のリーダーであったウォルター・ファーナルド（Walter Fernald）は次のように問うている。「わが国で定住してしまった、また、定住しつつある大群の外国人の精神薄弱の子孫にどのように対処すべきだろうか」。

それに応えて、ほとんどすべての州が、医師、看護師、教師、そして牧師にさえも、当局に「精神薄弱」児の存在を報告することを要求する法律を可決した。ワシントン州は、親が「精神薄弱」児を施設に入所させることを拒む場合には、200 ドルの罰金を科すことさえした。同じ頃、アメリカ社会では、アフリカ系アメリ

D

人や移民の「脅威」に警戒するように注意が喚起された。その結果、南部諸州において、黒人の権利を制限する「黒人差別」法が可決されることになった。また、南・東ヨーロッパ、ユダヤ人、アジア人がアメリカに移民することを制限する法律も制定された。

その後、「精神薄弱」者を収容するために設けられた「総収容施設」内の状況は、しばしば恐ろしいものであった。居住者はほとんど、あるいはまったく教育を受けられず、職員や他の居住者による虐待にさらされ、医師による医療的な実験の対象にされた。多くの男児は去勢され、若い女性にはしばしば強制的に不妊手術が行われた。咬みつかないようにするために、子どもたちの抜歯が所定の手続きに含まれている施設もあった。精神病の人たちにとって、状況はほんの少しばかり、ましであった。それでも、多数の者にとっては、「神経衰弱」で州立病院に収容されると、生涯にわたり監禁されるということになり、ドロシア・ディックス（Dorothea Dix）の考えた、人道的な施設における進んだ取り扱いという理想像は曲解されてしまった。

州立精神病院の実態をあばく取り組みは、早くも1908年、クリフォード・ビアーズの著書、『わが魂にあうまで』とともに始まった。1946年のM・J・ウォード（M. J. Ward）著『蛇の穴（The Snake Pit）』、1948年のアルバート・ドイチュ（Albert Deutsch）著の『諸州の恥（The Shame of the States）』がそれに続いた。全米精神遅滞児親の会（National Association for Retarded Children、現在のArc）のような親の会と、脳性まひ協会連合（United Cerebral Palsy Associations）は、1950年代に、知的障害者のための施設の改善を提唱し始めた。アーヴィング・ゴッフマン（Erving Goffman）の著、『アサイラム（Asylums）』（1961）は、多くの施設入所者の問題行動は（彼らを閉じ込めるための理由としてあげられたが）、しばしば彼らの障害よりも、むしろ施設自体の有害な影響に関連がある、と論証した。バートン・ブラットとフレッド・カプランによる『煉獄のクリスマス』（1966）は、総収容施設が非人間的であることの証拠を写真で示した。このような証拠があるにもかかわらず、何千何万ものアメリカ人が、そのような場所で暮らすことを強いられていた。1967年には、22万8500人が、州立「学校」あるいは施設で暮らしていた。

1978年のハルダーマン対ペンハースト州立施設・病院裁判（Halderman v. Pennhurst State School and Hospital）や、1973年のニューヨーク精神遅滞市民協会対ロックフェラー裁判（New York ARC v. Rockefeller、ウィロウブルック裁判〈Willowbrook case〉）のような一連の画期的な訴訟において、連邦裁判官は、知的障害者の施設で広く散見される状況は、憲法違反といっていいほどに残酷であり、知的障害者はコミュニティで生活する権利をもっている、という判決を下した。1975年のオコナー対ドナルドソン裁判（O'Connor v. Donaldson）では、連邦最高裁判所は、自分自身、あるいは他者にとって危険ではない精神障害者を、彼らの意思に反して閉じ込めることはできない、と判決した。裁判所によって示された救済方法は、それぞれの裁判によってさまざまであり、異なる法律原理に基づいているけれども、これらの決定の全体的な影響により、州が障害者を閉じ込めることは難しくなり、経費はより高くつくことになった。もはや、障害者は、「倉庫に入れられる」、すなわち、教育、リハビリテーション、レクリエーション、安全が提供されない施設に留め置かれることはないであろう。

連邦政府による政策決定も、脱施設化を推進するものとなった。1962年、精神遅滞に関する大統領委員会の報告は、「さまざまな寄宿施設やグループホームを多様に発展させること」を要求した。同年、連邦保健・教育・福祉省は、コミュニティで暮らす精神医学的な障害をもつ人々を公的に支援するために州政府が連邦資金を使用することを認めた。補足的所得保障（Supplemental Security Income: SSI）プログラムは1974年に開始され、施設の外で暮らす知的障害者が基金を利用できるようにし、これによりコミュニティにおける生活に財源を与えたのである。

最終的には、可能なかぎり「ノーマルな」環境に身を置くことにより、障害者は最善の行動を示す、という「ノーマライゼーション」の考え方が導入され、脱施設化に理論的な根拠を与えた。1850年代から1960年代にあったように、施設こそが知的障害児に教育を受ける最もよい機会を与え、精神障害者にリハビリテーション

を受ける機会を与える、と主張されることはなくなった。実際、ゴッフマンと急進的な精神科医トーマス・スザッズ（Thomas Szasz）の研究は、事実はまったく逆であることを示している。すなわち、施設が提供することになっているリハビリテーションを妨げているのは施設という存在なのである、と。

1960年代の終わりまでには、施設から離れて、主流化、ノーマライゼーション、コミュニティでの生活へと向かう変化が生じていた。裁判所命令によってコミュニティ・サーヴィスが創設されたということは、巨大施設は必要なくなったということである。これに続く20年の間には、大部分の主要な州の知的障害者施設は空になった。以前、精神遅滞者施設に入所していた人たちの多くはグループホームやコミュニティの機関に入った。1989年までに、グループホーム等は約3万8657ヶ所あり14万8000人が入居していた。1996年までには、コミュニティにある知的障害者のための施設は5万ヶ所になった。1995年までに、知的障害者施設入所者数が7万人以下となり、今も減少し続けている。公立精神病院の入院患者数も1970年代から減少した。1980年代末までに、推定30万人から40万人の精神障害者が、「小規模施設である寄宿ケア・ホーム」に居住していた。居住者は24時間、非医療的な指導監督を受ける。それ以外の人たちは、職を得て、コミュニティに溶け込んだ。

世間には、脱施設化はホームレスを生み出し、障害者が町に「放り出された」という考えが流布している。脱施設化の成功あるいは失敗を評価する際、知的障害者の場合と精神障害者の場合を区別しなければならないだろう。プログラムの質はさまざまであり、虐待やネグレクトも見られたが、知的障害者にとって、コミュニティでの居住は、ウィロウブルックやペンハーストのような州立施設より人道的なものである、と一般に認められている。

それに比較すると、精神障害者にとっての脱施設化は、あまり成功しなかった。1つには、知的障害者に費やされる公的支出と、精神障害者に費やされる公的支出の間にひどく格差があったことによる。知的障害者にとって、コミュニティにおけるサーヴィスは、通常、裁判所の命令によるものであり、親の団体による権利擁護組織、および他の関係者が監視を行っていた。精神障害者には、そのような後ろ盾はない場合が多かった。1995年、アン・ブレーデン・ジョンソン（Ann Braden Johnson）は、『障害とリハビリテーション大事典（Encyclopedia of Social Work）』の中で、脱施設化は、「精神障害者にとっては実現されなかった」と記している。多くの州立病院入院患者、とりわけ高齢者は、ナーシング・ホームのような「州政府が運営していない保護施設に」単に移送されただけだった。1994年、アーウィン・ガーフィンクル（Irwin Garfinkel）は『精神衛生における論点（Controversial Issues in Mental Health）』の中で、「精神障害者」の脱施設化をホームレスの原因と考えている。「20万人から25万人の現在ホームレスとなっている重度の精神障害者たちは、以前は、強制的に大規模州立精神病院に収容されていた患者である」。ジェームズ・D・ライト（James D. Wright）は、これとは異なる見解に立っている。彼は「（ホームレスの）原因として精神障害者を強調することは、貧困、失業、安価な住宅の不足といった、より根本的で政治経済的な問題から注意をそらそうとするものである」と主張している。ジュディ・チェンバレン（Judi Chamberlin）のような権利擁護者は、脱施設化と同時に区域再開発、ワンルームの寄宿施設の終了、連邦政府の公共住宅に対する資金投入に大幅な削減が生じた、と記している。

参照項目　ビアーズ, クリフォード・ホイティンガム（Beers, Cifford Whittingham）;『煉獄のクリスマス』（Christmas in Purgatory）; 優生学（Eugenics）; ノーマライゼーション（Normalization）; オコナー対ドナルドソン裁判（O'Connor v. Donaldson）; 親の会の運動（Parents' Movement）; ペンハースト州立施設・病院対ハルダーマン裁判（Pennhurst State School & Hospital v. Halderman）; 援助つき生活（Supported Living）; ウィロウブルック州立施設（Willow-brook State School）

出典　Edwards, Richard L., ed., *Encyclopedia of Social Work: 19th Edition* (1995); Ferguson, Philip M., *Abandoned to Their Fate: Social Policy and Practice toward Severely Retarded People in America, 1820–1920* (1994); Kindred, Michael, et al., eds. *The Mentally Retarded Citizen and the Law* (1976); Kirk, Stuart A., and Susan D. Einbinder, eds., *Controversial Issues in Mental Health* (1994); Kugel, Robert B., and Wolf Wolfwnsberger, eds., *Changing Patterns in Residential Services for the Mentally Retarded* (1969); Scheerenberger, R. C., *Deinstitutionalization and Institutional Reform* (1976); Trent James W., Jr., *Inventing the Feeble Mind: A History of Mental Retardation in the United States* (1994）（清水貞夫・茂木俊彦・中村満紀男監訳『「精神薄弱」の誕生と変貌——アメリカにおける精神遅滞の歴史〈上〉〈下〉』学苑社、1997)。

Dendron
『デンドロン』

年4回発行されていた『デンドロン(Dendron)』〔註：現在は MindFreedom Journal （非営利運動団体 MindFreedom International 刊行）〕は、自誌について以下のように述べている。「独自の包括的な非営利情報を提供する。主として精神医学領域における人権を促進し、情緒的サポートにつながる人道的かつエンパワメントの選択の自由を探求する」。『デンドロン』の発行部数は7000部、読者はおよそ1万8000人以上にのぼる。記事の内容は、電気ショック療法 (ECT) の使用や向精神薬治療の濫用と闘う精神障害サヴァイヴァー (psychiatric survivor) の報告、そして全国の精神障害サヴァイヴァーによる抗議に関する報告を含む。『デンドロン』は、「なぜ、これほど多くの良心的な従事者の努力にもかかわらず、患者は回復しないのか。そして、なぜ、これほど多くの患者が亡くなるのか」といった精神保健システムに関する本質的な問いを提起する。

参照項目 精神障害サヴァイヴァー運動 (Psychiatric Survivor Movement)

Developmental Disabilities
発達障害

「発達障害」という用語は、障害児の親で全米精神遅滞児親の会 (National Association for Retarded Children, 現在の Arc) の活動家であったエリザベス・ボッグズ (Elizabeth Boggs) と、同じく障害児の親で脳性まひ協会連合 (United Cerebral Palsy Associations) の活動家であったイルセ・ヘルセル (Ilse Helsel) による造語である。この用語は、脳性まひのある人と、てんかんのある人、精神遅滞のある人を1つのカテゴリーに括ることで、彼らの政治的影響力を強め、発達障害者に提供されるプログラムのためのさらなる資金を集めようとした。この用語は、1970年発達障害者サーヴィスおよび施設設置改正法 (Developmental Disabilities Services and Facilities Construction Amendments of 1970) に盛り込まれた。発達障害の定義は、1975年発達障害支援および権利章典法 (Developmentally Disabled Assistance and Bill of Rights Act of 1975) によって修正され、元の定義に自閉症といくつかの型の失語症が加えられた。その後さらに定義は修正され、微細脳損傷と種々の失語症が加えられた。

1990年に改正された発達障害支援および権利章典法によると、「発達障害は、5歳以上の人の重度かつ恒久的な能力低下」を意味し、その能力低下は「知的または身体的な機能的障害、あるいは、その両方の障害の組み合わせに起因」するもので、「22歳までに現れる」。この能力低下は「永続的なもの」であり、セルフケア、言語、学習、移動、自己指南、自立生活能力、経済的自立といった主要な生活活動のうち、「3つ以上にかなりの機能上の制約を受ける」。この定義は、医学的な診断（脳性まひや自閉症など）によって対象を分類するというよりは、むしろ機能や障害からの影響を強調し、「精神遅滞」や「てんかん」といったレッテルを貼るよりも、よりスティグマをなくすことを考慮したものである。

もともとの1970年の発達障害 (DD) 法は、連邦資金を提供することにより、州レベルの発達障害 (DD) 者協議会の創設を目的としており、その協議会は州と地方の主要な機関の代表者と、発達障害者にサーヴィスを提供あるいは、発達障害者を代弁する非政府グループの代表者から構成されていた。協議会は、州のプログラムを評価し立案することを助ける。協議会の影響力は州によっても、それぞれの行政によってもさまざまであるが、発達障害者に提供されている多くの州プログラムの質の改善を期待され

参照項目　ボッグズ，エリザベス・モンロー（Boggs, Elizabeth Monroe）；1975年発達障害支援および権利章典法（Developmentally Disabled Assistance and Bill of Rights Act of 1975）
出典　Edwards, Richard L., ed., *Encyclopedia of Social Work: 19th Edition* (1995)（中野善達監訳『障害とリハビリテーション大事典』湘南出版社、2000）; Scheerenberger, R. C., *A History of Mental Retardation: A Quarter Century of Progress* (1987).

Developmentally Disabled Assistance and Bill of Rights Act of 1975
1975年発達障害支援および権利章典法

　1975年発達障害支援および権利章典法（Developmentally Disabled Assistance and Bill of Rights Act of 1975）は、連邦政府および州政府に対して、「入居者のニーズに応じて適切な処遇、サーヴィス、訓練プログラムを提供」しない発達障害者施設や、「栄養価や栄養バランスに配慮した食事」や「適切で十分な医療や歯科医療」を含む安全と訓練プログラムの最低基準を満たさない施設に対して、補助金の支給を差し止めることを義務づけた。また本法は、身体拘束を「絶対的に必要である場合を除き」禁止し、隔離を「懲罰的に用いることや訓練の代わりに用いること」を禁止し、「薬による行き過ぎた行動管理」を禁止した。その他、本法は、州や連邦からの補助金を受けている施設に対して、「近親者が」「適当な時間であれば予約なしに」入居者を訪問できるようにしなければならないことや、「適切な防火設備や安全設備」を設置しなければならないことを定めた。発達障害支援および権利章典法では、これらの趣旨は網羅されていたが、その通り施行することは難しく、ハルダーマン対ペンハースト裁判（Halderman v. Pennhurst）における連邦最高裁判決（1981年、1984年）が出るに至って、障害者権利擁護運動家は、本法の権利章典に関するこの部分は役に立たないと考えるようになった。
　本法は、州からサーヴィスを受給している発達障害者の権利を擁護するためのネットワークである、保護とアドヴォカシー（Protection and Advocacy System: P&As）を設立した。これによって各州の知事には、P&Aとしてサーヴィスを提供する機関を設立することが義務づけられた。1986年には、各州のP&Aは、全米精神保健サーヴィス・センター（National Center for Mental Health Services）が設立・監督する精神障害者の保護とアドヴォカシー・プログラム（Protection and Advocacy for Individuals with Mental Illness Program: PAIMI）に所属することが定められた。1994年には、アメリカ先住民P&A事業（Native American P&A program）が発足し、また、1988年障害者のための技術関連支援法（Technology Related Assistance for Individuals with Disabilities Act of 1988）の拡張により、障害者のための介助技術の保護とアドヴォカシー・プログラム（Protection and Advocacy for Assistive Technology Program: PAAT）が設立されたため、障害者やその家族は技術的支援を受けられるようになった。
　しかし、パトリシア・ライト（Patrisha Wright）をはじめとする障害者権利擁護運動家たちは、州でP&Asを実施するにあたって、その事業に適切ではない機関が担当する場合が多く、P&Asが十分に機能できないでいると非難している。実際、何年もP&Asに法律の専門家を配属していないところが多い。また、P&Asの中には、一番簡単なケースだけを「つまんで」対応するだけで、より困難なケースを民間の障害者権利擁護団体に任せているところがあるという批判もある。たとえば、カリフォルニア州のP&Aは、レイチェル・ホランド（Rachel Holland）訴訟を支援することを拒否し、結局、自身が障害者の親として活動していた障害者権利教育擁護基金（Disability Rights Education and Defense Fund: DREDF）のダイアン・リプトン（Diane Lipton）弁護士の活躍で勝訴となったのであった。画期的な訴訟が起こるのは、レイチェル・ホランドの学校区が、通常学級にレイチェルを入れることを拒否した後のことであった。

参照項目　ホランド対サクラメント市統合学校区裁判（*Holland v. Sacamento City Unified School District*）；ハルダーマン対ペンハースト州立施設・病院裁判（*Halderman v. Pennhurst State School and Hospital*）

D

Disability Blackface
ディスアビリティ・ブラックフェイス

ディスアビリティ・ブラックフェイスは、映画会社やテレビ会社が障害者役に健常者を配役する傾向を指す言葉である。有名な例に、『セント・オブ・ウーマン／夢の香り（*The Scent of a Womam*）』（1992）で盲人男性を演じたアル・パチーノ（Al Pacino）、『パッション・フィッシュ（*Passion Fish*）』（1992）で四肢まひの女性を演じたメアリー・マクドネル（Mary McDonnell）、『愛すれど心さびしく（*The Heart is a Lonely Hunter*）』（1968）で聾唖の男性を演じたアラン・アーキン（Alan Arkin）等がある。障害者運動の活動家であるビル・ボルト（Bill Bolte）は、『主流（*Mainstream*）』1993年3月号において、そうした映画がたいていの場合、障害者が哀れで惨めで辛く死ぬことを望んでいるという障害者に対する最悪の固定観念を売り物にしていると指摘した。ボルトは、このような描写は、障害者が「メディアにおいて適切に表現されることを助け、そして障害者が正確に表現されるようになる」まで、変化しないだろうと述べた。障害者は、正確に表現されるようになるまで「蔑まれるか、無視されるかという望ましくない状況にいることを選択し続けるのである」。

参照項目　障害者のメディア・イメージ（Media Images of People with Disabilities）
出典　Bolte, Bill. "Hollywood's New Blackface: Just Spray'em with Chrome" *Mainstream* (March 1993).

Disability Culture
障害文化

歴史家であるポール・K・ロングモア（Paul K. Longmore）は、障害文化を障害者権利運動の「第2段階」と呼んでいる。彼が、『ディスアビリティ・ラグ・アンド・リソース（*Disability Rag & Resource*）』の1995年の論文で「第1段階は統合のための、公民権の要求であり、平等なアクセスと平等な機会の要求であった。第2段階は、集合的なアイデンティティへの要求である。第1段階の未完の仕事がまだ続いている中での、第2段階の課題は、障害文化の探求や創造である」と書いた。ロングモアは、これを「内側からの『障害』の再定義」の過程と見ている。

障害文化は障害をもった人々によって創造され、その題材に障害の経験を用いている。その成果には、ジーン・ステュワート（Jean Stewart）やロレンゾ・ミラン（Lorenzo Milam）の小説、アン・フィンガー（Anne Finger）の短編小説、アメリカ聾者劇団（National Theatre of the Deaf）とライ・クリップス（Wry Crips）の演劇、ロバート・ウィリアムズ（Robert Williams）の詩、ニール・マーカス（Neil Marcus）のパフォーマンスアートや車椅子ダンス団（AXIS Dance Troupe）の振り付け、ジョニー・クレッシェンド（Johnny Crescendo）の歌が含まれる。これらの作品や、アーティストすべてが共通にもっているものは、障害をもった人の誇りであり、エンパワメントに対する使命である。障害者権利擁護家であるキャロル・ギル〈Carol Gill〉は次のように述べている。「われわれが障害者コミュニティから喜びを見出したり、誇りを主張したり、その文化を賞賛したりすることは健常者中心（ablecentric）の考え方に対する強い批判になる。それは、われわれが健常者の優位性をはっきりと拒絶する時に、本当に人々の心を揺り動かす」と書いている。パフォーマンスアーティストであるシェリル・マリー・ウェイド（Cheryl Marie Wade）は、障害文化を、「過去の人たちの歴史を見つめなおし、その中からヒーロー（英雄）を見出すこと」の過程と見ている。ウェイドがいうには、障害文化は、ヘレン・ケラーのような人物を取り上げ、『奇跡の人』における「ウォー、ウォー」と声を出す子どものイメージから社会運動家、作家、世界を旅した人、政治的な人物へと変化させることである。

障害文化は、障害を定義することを前提としている。それは、医者やリハビリテーションの専門家によって扱われる医学的問題としてではなく、もちろん悲劇的な「死より悪い宿命」としてでもない、社会的／政治的現実としての定義である。この視点では、障害をもった人々は、マイノリティ集団の一員である。政治的、社会的平等の達成において大切なことは、個人の起源や、文化における誇りである。それがなければ、マイノリティの人々は多数派の文化によっ

て必ず定義をされ、抑圧されてしまう。運動家であるマーク・オブライエン（Mark O'Brien）は「政治的な活動なしに変革はない。文化なしにアイデンティティは存在しない。そして、われわれの思いも存在しない」と述べている。

1 映画『奇跡の人』（1962）に、「ウォー、ウォー」の印象的な場面がある。「ウォー」はウォーターのこと。映画では、生後6ヶ月で「ウォー、ウォー」と発声していたヘレンが、師サリヴァンの支援で、井戸の水を理解するに至ると描かれている。「魂に触れる」「理性の光」を知る瞬間とされるが、これは創作であり、ヘレンが発声できるようになるのは後のことである。

参照項目 聾文化（Deaf Culture）；ディスアビィリティ・プライド（Disability Pride）；障害文化研究所（Institute on Disability Culture）；ルイス，ヴィクトリア・アン（Lewis, Victoria Ann）；ロングモア，ポール・K（Longmore, Paul K.）；マーカス，ニール（Marcus, Neil）；障害者のメディア・イメージ（Madia Images of People with Disabilities）；ミラン，ロレンゾ・ウィルソン（Milam, Lorenzo Wilson）；アメリカ聾者劇団（National Theatre of the Deaf）；ステュワート，ジーン（Stewart, Jean）；ウェイド，シェリル・マリー（Wade, Cheryl Marie）；ライ・クリップス（Wry Crips）

出　典 Gill, Carol, "The pleasure we take in our own community...," *The Disability Rag & Resource* (September/October 1995); Longmore, Paul K., "The Second Phase: From Disability Rights to Disability Culture," *The Disability Rag & Resource* (September/October 1995); O'Brien, Mark, "Identity Squared," *The Disability Rag & Resource* (September/October 1995); Wade, Cheryl Marie, "Disability Culture Rap," *The Disability Rag &Resource* (September/October 1992).

Disability Pride
ディスアビィリティ・プライド

『普通の瞬間（*Ordinary Moments*）』（1985）において著者であるメグ・コッカー（Meg Kocher）は、「みんなが障害者である国」は、果たしてどのようなものであるかについて熟考している。1977年、3000人の障害者とともにホワイトハウス障害者会議に参加した時、コッカーは、

> 重複障害を含め、想像できるあらゆる障害の種類を見た。人工呼吸器と携帯用の人工肺をつけた車椅子の人々や小人症の聾者（short deaf people）、車椅子を使う盲人……私にはわれわれの違いについて好奇心が生じた……私にはその多様性に完全に畏敬の念が生じた。
> その会議が終わって、私は友人と食堂に向かった。私は同じように歩き、同じように座り、同じように語る人々の場にいることがこんなにつまらないとは思ってもいなかった。彼らの誰もが話すために手を使ったり、杖や犬、車椅子、人工呼吸器をもっていなかった……富も、豊かさもそこにはなかった。

ローラ・ハーシー（Laura Hershey）のいうプライドとは、「このように隔離され、接近しにくく、時には差別的な世界において簡単に生じるものではない」感情である。障害をもつ人々は、自分たちが欠陥があって無能であると公然あるいはこっそりと話されているのであり、健常者の友人や家族、見知らぬ人の障害者に対する反応は、同情から自殺幇助まで及ぶのである。しかしながら、最も偉大な障害者の目録は、ルードヴィッヒ・フォン・ベートーヴェン（Ludwig van Beethoven）のような作曲家から、ジョン・ミルトン（John Milton）、フラナリー・オコナー（Flannery O'Connor）のような作家、ジュリアス・シーザー（Julius Caesar）やフランクリン・デラノ・ローズヴェルト（Franklin Delano Roosevelt）のような政治のリーダーまで無限のように思われる。ディスアビィリティ・プライドの核心は、障害をもつ人々が必ずしも悲劇的であるとか、みじめでないと主張することである。さらに、「プライドなしに」「われわれの運動は決して進歩しない」とハーシーはいう。

いくつの都市の障害者のリーダーらは、年中行事として障害者自らとそのコミュニティを祝いながら、ディスアビィリティ・プライドの日を組織してきた。その主要な点は彼らがモデルとしたゲイのプライド行進に似ている。つまり、

D

障害は恥ずかしいものでも、隠されるものでもないのである。

参照項目 聾文化（Deaf Culture）；障害文化（Disability Culture）
出典 Hershey, Laura, "Pride", *The Disability Rag & Resource* (July/August 1991); Kocher, Meg, "I Would Be This Way Forever," in Alan J. Brightman, ed., *Ordinary Moments: The Disabled Experience* (1985).

The Disability Rag & Resource
『ディスアビリティ・ラグ・アンド・リソース』

『ディスアビリティ・ラグ・アンド・リソース』は、障害者運動家たちの「『ヴィレッジ・ヴォイス（*Village Voice*）』誌と『ローリング・ストーン（*Rolling Stone*）』と『マザー・ジョーンズ（*Mother Jones*）』の3つを合わせて、小さいけれども1つのパワフルなタブロイド新聞」にしたものだと評されてきた。『ラグ（*The Rag*）』（という名称で読者には知られている）は、ケンタッキー州ルイヴィルで年6回発行され、障害者権利擁護組織やその指導者たちについての批判的分析のほか、障害者権利擁護運動の最前線に関する記事を特集し、ジェリー孤児の会（Jerry's Orphans）や、アメリカ障害者アテンダント・プログラム・トゥデイ（ADAPT）のようなグループを取り上げている。「われわれは……見たくないものだ」というタイトルの連載は、マスメディアにおける、障害者をばかにしたり、非人間的な扱いをした叙述のはなはだしい例を転載した。また、編集者への手紙では、びっこ（*cripple*）という単語の使用や、性とセクシュアリティ、市民的不服従の有効性、ソーシャルワーカーやリハビリテーションカウンセラーとの悪夢のような体験に至るまで、あらゆることについて議論を提供した。

『ラグ』は、ルイヴィル出身の障害者権利運動家、メアリー・ジョンソン（Mary Johnson）とキャス・アービン（Cass Irvin）によって1980年1月に創刊された。翌年3月、ジョンソンとアーヴィンは、『ラグ』を発行するための非営利会社、アドヴォケイト・プレス（The Advocado Press）を立ち上げた。一時期、『ラグ』は、ルイヴィル地区初の自立生活センターである、アクセシブル・リビング・センター（Center for Accessible Living）のニューズレター提供も兼ねていた。

『ラグ』は、報道のほかに障害者権利擁護の展望をもった記者が、初めて記事を書く機会を提供する場としても、重要な役割を果たした。「不確認（*disconfirmation*）」や「障害者はしゃれている（*disability chic*）」という表現を初めて使用した出版物でもあった。『ラグ』に掲載された話は、『ボストン・グローヴ（*The Boston Globe*）』『ウォール・ストリート・ジャーナル（*The Wall Street Journal*）』『ダラス・タイムズ・ヘラルド（*Dallas Times Herald*）』のような主流の刊行物に引用された。ジョンソンの編集者としての最後の年であった1993年、『ディスアビリティ・ラグ（*The Disability Rag*）』は、ウトナ・リーダー誌特別出版金賞（Utne Reader Alternative Press Award for Best Special Interest Publication）を受賞した。

アドヴォケイト・プレスはまた、多岐にわたる障害者関係の書物や冊子も出版している。その中には、障害者権利擁護運動の重要なテキストと見なされている、『ラグド・エッジ——障害者としての15年の経験（*The Ragged Edge: The Disability Experience from the Pages of the First Fifteen Years of The Disability Rag*）』（1995）がある。

『ラグ』は、3000人から4300人の定期購読者と推定2万3000人を超える回覧読者がいるが、しばしば厳しい経営状況にあった。1996年初めに、アドヴォケイト・プレス取締役会は、「しばらく休刊するが、早い時期に再開できることを望んでいる」と報告した。1996年末、『ラグ』はメアリー・ジョンソン（Mary Johnson）を再び編集長に迎え、『ラグド・エッジ（*The Ragged Edge*）』として生まれ変わった。

参照項目 不確認（Disconfirmation）；ジョンソン，メアリー（Johnson, Mary）；障害者のメディア・イメージ（Media Images of People with Disabilities）
出典 Shaw, Barret, ed., *The Ragged Edge: The Disability Experience from the Pages of the Fifteen Years of The Disability Rag* (1994).

Disability Rights Center (DRC)
障害者権利センター（DRC）

　障害者権利センターは、ラルフ・ネイダー市民のための法律研究センター（Ralph Nader's Center for the Study of Responsive Law）から財政的支援を受け、デボラ・カプラン（Deborah Kaplan）によって、1976年ワシントンD.C.に設立された。主として、車椅子や長期的な医療機器使用者の権利を保護すること、および、1973年リハビリテーション法第501条（Section 501 of the Rehabilitation Act）の差別撤廃条項を確実に施行させることを目的とした。10年間におよぶ活動の中で注目されるのは、エヴェレスト＆ジェニングズ社（Everest & Jennings、当時国内最大の車椅子生産者）に対して連邦司法省がとった独占禁止措置に関連して起こされた集団訴訟と、1977年、第501条遵守に関して連邦政府機関が行った調査である。障害者権利センターは、トランスバス訴訟（1976年のペンシルヴェニアDIA対コールマン裁判〈Disabled in Action of Pennsylvania, Inc. v. Coleman, 1976〉）における原告でもあった。このトランスバス訴訟は、合衆国の公共交通機関網に対し、車椅子で利用できるバスのみを購入するよう、強く働きかけるものであった。カプランは1980年退任し、障害者権利教育擁護基金（DREDF）の弁護士になり、しばらく後、エヴァン・ケンプ・ジュニア（Evan Kemp, Jr.）が障害者権利センターの新しい所長となった。彼のリーダーシップのもと、センターは、全米進行性筋ジストロフィ協会（National Muscular Dystrophy Association）に、ジェリー・ルイス（Jerry Lewis）のテレビ番組テレソンを中止するよう説得に努めたり、また、1973年リハビリテーション法第504条と1975年全障害児教育法の実質的効力を失わせるような活動に対抗したりする上で、重要な役割を果たした。1987年、ケンプが退任し、アメリカ雇用機会均等委員会（U.S. Equal Employment Opportunity Commission）の委員に就任してまもなく、障害者権利センターは事業を終了した。

> 参照項目　カプラン，デボラ（Kaplan, Deborah）；ケンプ，エヴァン・ジュニア（Kemp, Evan, Jr.）；1973年リハビリテーション法（Rehabilitation Act of 1973）；テレソン（Telethons）；トランスバス（Transbus）

Disability Rights Education and Defense Fund (DREDF)
障害者権利教育擁護基金（DREDF）

　障害者権利教育擁護基金（Disability Rights Education and Defense Fund: DREDF）は、すべての障害当事者とその家族の公民権の拡大のために創設された全米規模の非営利機構であり、法と政策の分野において活動を行っている。その役割は、まず障害者コミュニティにおける法的擁護のための全米基金となることであり、その意味では、有色人種の公民権の拡張とその擁護のための全米有色人種地位向上委員会法的擁護基金（NACCP Legal Defense Fund）にも似る。1979年に創設され、カリフォルニア州バークレーに本部があり、連邦政府関連の用務を行うオフィスをワシントンD.C.にもつ。

　DREDFの活動は、バークレー自立生活センター（Berkeley Center for Independent Living）および、障害のある弁護士補助員による権利擁護プログラム（Disabled Paralegal Advocacy Program: DRAP）に端を発している。DRAPは、1970年代半ばに創設され、主としてボランティアのスタッフによって運営されていた。1978年にバークレー自立生活センターが連邦保健・教育・福祉省（Department of Health, Education and Welfare）の助成金を獲得するようになって、DRAPは、障害者法リソースセンター（Disability Law Resource Center: DLRC）となり、さらに法律サーヴィス組合（Legal Services Corporation）からも財政的支援を受けることになる。そして、8人のボランティアで始めたDLRCは、45人を超える有給職員を擁する組織へと急成長を遂げ、その関心も、バークレーやカリフォルニア州という地域に限定されたものから、全米の障害者の権利に重要な意味をもつ訴訟へと移っていくのである。DLRCで働いたり研修を受けたりした弁護士として、ロバート・ファンク（Robert Funk）、デボラ・カプラン（Deborah Kaplan）、ダイアン・J・リプトン（Diane J. Lipton）、リンダ・D・キルブ（Linda D. Kilb）、アーリーン・B・マイヤーソン（Arlene B. Mayerson）らがい

るが、全員が影響力のある障害者権利擁護運動家となった。DREDF は、パトリシア・A・ライト（Patrisha A. Wright）、メアリー・ルー・ブレスリン（Mary Lou Breslin）、ロバート・ファンクにより創設されたが、1979 年 10 月 1 日に法人組織化され、ファンクが、創設者および初代局長として就任する。

DREDF は、統合鉄道会社対ダロン裁判（*Conrail v. Darrone*, 1984）、アレクサンダー対チョート裁判（*Alexander v. Choate*, 1985）、教育委員会対アーライン裁判（*School Board v. Arline*, 1987）などを含む 1980 年代から 90 年代にかけての障害者の権利に関する革新的な訴訟に関わり、法廷戦略の立案調整において、きわめて重要な役割を果たしてきた。DREDF の弁護士は、ホランド対サクラメント市統合学校区裁判（*Holland v. Sacramento City Unified District*, 1944）の時のように、障害をもつ原告の代理人を直接務めたり、またある時は、障害者権利法の原理原則を明確にし、障害をもつ人々の公民権を保護し拡張するための資料作成者という役を務めた。たとえば、アーライン裁判の判決では、判決文の多くの部分が DREDF の弁護士であるアーリーン・マイヤーソン（Arlene Mayerson）が起草した弁論趣意書からそのまま引用されたのである。

DREDF のスタッフは、1980 年代初頭、レーガン政権によって 1973 年リハビリテーション法第 504 条（Section 504 of the Rehabilitation Act of 1973）や 1975 年全障害児教育法（Education for All Handicapped Children Act of 1975）を履行するための施行規則の縮小もしくは無効が図られた時に、それに反対するキャンペーンを中心になって組織した。DREDEF は、1973 年リハビリテーション法案可決の後も、西部および中西部において、多くのワークショップを次々と開催し、障害当事者の権利擁護運動家が自らの公民権を確保するために第 504 条を活用するトレーニングを行った。そして、これらのワークショップが、その後に続く障害者権利擁護運動の多くに対し、その基本的な枠組みを提供することになる。

1990 年アメリカ障害者法（Americans with Disabilities Act of 1990）の草案作りと成立を、DREDF 抜きに語ることはできなかった。DREDF のスタッフのもとで、いかにしてこの新しい法律の下で自分自身あるいはクライアントの権利確保をするのかというトレーニングを受けた人は、1996 年までに 5000 人以上にのぼる。DREDF は、司法省を含む多くの連邦機関と、技術的支援や相談に応じる契約を結んでいたのである。また、1987 年公民権回復法（Civil Rights Restoration Act of 1987）や 1988 年バリアフリー住宅に関する改正法（Fair Housing Amendments Act of 1988）の成立の過程においても、DREDF は重要な役割を果たすとともに、各国の政府や賛同者たちが自分たちの障害者権利法の草案を作成する際の支援も行っており、今や国外でもよく知られた存在となっている。

参照項目 アレクサンダー対チョート裁判（*Alexander v. Choate*）；1990 年アメリカ障害者法（Americans with Disabilities Act of 1990）；ブレスリン，メアリー・ルー（Breslin, Mary Lou）；1987 年公民権回復法（Civil Rights Restoration Act of 1987）；統合鉄道会社対ダロン裁判（*Consolidated Rail Corporation v. Darrone*）；1988 年バリアフリー住宅に関する改正法（Fair Housing Amendments Act of 1988）；ファンク，ロバート・J（Funk, Robert J.）；ゴールデン，マリリン（Golden, Marilyn）；ホランド対サクラメント市統合学校区裁判（*Holland v. the Sacramento City Unified School District*）；マイヤーソン，アーリーン・B（Mayerson, Arlene B.）；フロリダ州ナッソー郡教育委員会対アーライン裁判（*School Board of Nassau County, Florida v. Arline*）；1973 年リハビリテーション法第 504 条（Section 504 of the Rehabilitation Act of 1973）；ライト，パトリシア・A（Wright, Patrisha A.）

Disability Studies Quarterly
『季刊障害学』

『季刊障害学』は、障害の社会的および政治的局面に関する学術雑誌である。1982 年、アーヴィング・ゾラ（Irving Zola）によって創刊された。彼は、1994 年に死去するまで、同誌の編集委員を務めた。『季刊障害学』で研究されたテーマは、科学技術、女性やジェンダー関係の問題、障害者についてのマスメディアの取り上げ方、ベビー・ドゥー裁判と障害新生児の問

題、セルフヘルプと自立生活、歴史などである。1996年、障害学会（Society for Disability Studies）が『季刊障害学』の発行責任者となった。

参照項目　障害学会（Society for Disability Studies）；ゾラ，アーヴィング・ケネス（Zola, Irving Kenneth）

Disabled American Veterans (DAV)
アメリカ障害退役軍人協会（DAV）

　アメリカ障害退役軍人協会は、30万人以上のアメリカ兵が障害者となった第1次世界大戦後に設立された。アメリカ社会は戦争に幻滅し、「常態への復帰」を求めたが、歴代の政権と連邦議会は、退役軍人障害者のためのプログラムへの適切な資金提供を拒んだ。それに対し、退役軍人障害者たちは居住地域でセルフヘルプ・グループを結成し、1920年にその多くが団結してDAVとなった。DAVはシンシナティで設立されたが、すぐにワシントンD.C.に事務所を開設した。その第1の優先課題は、連邦政府に退役軍人局（Veterans Bureau）を創設することであり、それが今日の退役軍人省（Department of Veterans Affairs）の前身である。1935年に、DAVは退役軍人会に担当者を配置し始め、退役軍人障害者が、職場や病院で適切なサーヴィスと利益が受けられるよう要求した。第2次世界大戦後、特別な訓練を受けたDAVのカウンセラーが、戦地から帰還した退役軍人障害者の助言者になった。

　1932年、DAVはそのサーヴィスにより、アメリカ連邦議会からアメリカ軍人障害者の公式代表者として認められた。しかし、DAVは現在、政府機関ではなく、政府の資金援助は受けていない。戦時中に軍隊で、または戦争に類似する状況で任務中に障害を負った退役軍人は誰でも会員資格がある。1997年現在、ヴェトナム戦争中に障害を負った退役軍人障害者が会員の約3分の1を占めている。DAVは全米60ヶ所以上で事務所を運営し、退役軍人とその家族であれば、会員であろうとなかろうと、無料で情報や援助が受けられる。DAVの国内立法計画が退役軍人プログラムへの資金獲得のために闘う一方で、DAV雇用計画は退役軍人障害者への職務上の差別と戦っている。

Disabled Children's Computer Group (DCCG)
障害児コンピュータ・グループ（DCCG）

参照項目　テクノロジー・アクセス連盟（Alliance for Technology Access）

Disabled in Action (DIA)
行動する障害者の会（DIA）

　行動する障害者の会（Disabled in Action: DIA）はニューヨーク市で1971年にジュディス・ヒューマン（Judith Heumann）によって設立された。草の根活動で、障害当事者の直接的行動を旨とする障害者権利団体である。今日、会はニューヨーク市、シラキュース、フィラデルフィア、ボルティモアにそれぞれ支部をもつ。DIAは、草の根で素人集団であることにこだわり、何らの全国組織も、事務所も、有給スタッフももたない。

　DIAの初期の行動の中には、1973年リハビリテーション法（Rehabilitation Act of 1973）改正につながる法案署名を、1972年にニクソン大統領が拒否をしたことへの抗議のデモがある。こうした抗議は、リンカーン・モニュメントでのデモや、ヴェトナム戦争退役傷痍軍人と共同で、ニューヨーク市のニクソン再選挙戦の本部を占拠した行動も含まれる。1976年から1977年にかけて、DIAは脳性まひ協会連合（United Cerebral Palsy Associations）の募金集めの長時間テレビ番組であるテレソンに抗議してピケを張ったが、それは障害者サーヴィスのための寄付金集めの方法をめぐって、公的にテレソンに抗議した恐らく初めての集団となった。1970年代半ば、DIAはフィラデルフィア公益法律センター（Public Interest Law Center of Philadelphia）と連携して訴訟を起こしたフィラデルフィア支部（ペンシルヴェニアDIA対コールマン裁判1976年と一緒に、トランスバスを要求する闘いにも関与した。全国大量輸送システムに車椅子でアクセスできるバス購入が義務づけられるようにである。1984年一連のデモと

訴訟を通して、ニューヨーク市DIAは、新たな輸送機関の購入と地下鉄駅新設においてはすべて車椅子でアクセス可能にするようニューヨーク交通局に合意させることに成功した。1980年代後半、それぞれのDIA支部は、1990年アメリカ障害者法制定を推進する活動にも参加し、メンバーがワシントンD.C.に出向いていって集会に参加した。その活動の中には、アメリカ障害者アテンダント・プログラム・トゥデイ（American Disabled for Attendant Programs Today）によって組織された正義の車椅子団（Wheels of Justice）と命名されたデモ行進などがある。

1992年1月、ニューヨーク市DIAは、アメリカ障害者法第3編（Title III of the Americans with Disabilities Act）に基づく初めての訴訟を起こし、エンパイア・ステート・ビルの所有者に、展望塔にスロープを設置させた。近年になって、ニューヨーク市DIAは、出入り口が段になっている店・会社・事業所に、車椅子でアクセスできるスロープを設けるよう説得するためのワンステップ・キャンペーンを開始した。さらにニューヨーク市DIAは、タクシーにアクセスしやすくする、障害をもつ有権者の選挙人名簿登録数を増やす、ニューヨーク地下鉄システムを盲人・視覚障害者の乗客に、より安全なものにするように主張している。地下鉄に関してはDIAは、アメリカ盲人協会（American Council of the Blind）地方支部と提携し、アメリカ東部身体まひ退役軍人会（Eastern Paralyzed Veterans of America）との連携活動も行われている。1990年代のDIAは、保健衛生改革、マネジドケア、パーソナル・アシスタンス・サーヴィスの問題に集中し、障害者の健康と自立を危うくしかねないメディケイドの修正提案に異議申し立てをしている。

ニューヨークのDIAは300名くらいのメンバーである。ファンディング・エクスチェンジ（Funding Exchange）のような進取的な財団を通して資金提供を受けており、またDIA自身の音楽グループであるDIAシンガーを通しても活動資金を得ている。他都市のDIAはもっと小規模である。

参照項目　ヒューマン、ジュディス・E（Heumann, Judith E.）; 1973年リハビリテーション法（Rehabilitation Act of 1973）; トランスバス（Transbus）; 正義の車椅子団（Wheels of Justice）

Disabled in Action of Pennsylvania, Inc. v. Coleman
ペンシルヴェニアDIA対コールマン裁判

参照項目　トランスバス（Transbus）

Disabled Peoples' International (DPI)
障害者インターナショナル（DPI）

障害者インターナショナルは、障害の種別を超えたネットワークであり、約110団体中、過半数がラテンアメリカ、アフリカ、アジアにある。DPIの会員資格は、団体の活動範囲が全国的で、障害者により運営されていることである。DPIは、非営利、非政府組織であり、世界中の活動家がアメリカの障害者権利運動家と結びつくことを支援している。

1980年に刊行された世界保健機関の研究によると、世界中の障害者5億人以上のうち、大多数が発展途上国に住んでいる。多くの社会において、家族内に障害をもつことは恥の源と見なされ、障害者は隠される。ダイアン・ドリージャー（Diane Driedger）の『国際的障害者運動の誕生——障害者インターナショナル・DPI（The Last Civil Rights Movement）』（1989）で引用された研究によると、アジアと環太平洋地域の障害のある人のうち、リハビリテーション・サーヴィスを受けているのは2%のみである。松葉杖や車椅子、白杖のような基本的必需品でさえ不足しており、障害のある人たちは飢えを避けるために物ごいを余儀なくされることが多い。

DPIは、リハビリテーション政府機関の担当者や専門家の組織であるリハビリテーション・インターナショナル（Rehabilitation International: RI）の一連の国際会議をきっかけに設立された。イスラエルのテルアビヴでの1976年のRI会議は、利用可能な宿泊施設や交通手段がほとんどないアクセス困難な会場で行われ、自身がリハビリテーションの専門家であることが多い障害者代表たちから不満の声があがった。その結果、障害のある人々は、彼らを主流に引き入れることへの支援を目的に掲げた会議にお

いて、主流から取り残されていることに気づいたのである。1980年のRI会議は、障害の違いを超えた国際的な権利団体、カナダ障害者州組織連合（Coalition of Provincial Organizations of the Handicapped: COPOH）の本部があるカナダのウィニペグ市で開かれた。COPOHは、スウェーデンその他の国の障害者権利運動のリーダーたちと一緒に、障害者と彼らの団体の参加についての臨時委員会を立ち上げ、RIの運営委員会の半数を障害者とすることを求める決議案を出した。彼らの決議案が否決された時、障害者代表たちは独立した団体の結成を決定した――それがDPIである。

1981年11月末から12月初頭にシンガポールで開かれた会議に、51ヶ国400人の障害のある人々が参加し、DPIは正式に結成された。会議では団体設立のための「行動計画」と以下の宣言を採択した。「われわれは、すべての人間は等しく価値があることを主張する。この信念は、障害者が社会の全分野に参加する権利をもつことを意味する……このため、われわれはあらゆる隔離を受け入れず、施設での一生涯の分離を拒絶する」。宣言には、全世界の障害者のための教育、リハビリテーション、雇用、自立した生活、所得保障の権利が掲げられた。最後に、「障害者団体は障害者の利益のためのすべての措置に対し、決定的な影響力を与えられなければならない」と述べている。会議で承認された「シンガポール宣言（Singapore Declaration）」ではまた、「障害を永続させる政策」として暴力と戦争を非難した（Driedger 1989）。

その後15年間、ウィニペグ市に本部を置くDPIは世界中の障害者権利の草の根グループの後方支援と研修を行っている。1980年のRI会議に参加し、後に議長となるジョシュア・マリンガ（Joshua Malinga）は、DPIの人権理念に感銘を受け、ジンバブエの所属団体にもち帰った。マリンガは1989年を思い出し、「あの会議で、アフリカから来たわれわれの多くは『障害者権利運動』が何を意味するのか初めて理解したのです。われわれは障害者権利を正当な大義として、また障害者コミュニティを1つのコミュニティとして考えたことがありませんでした……1989年の会議で、健康問題としての障害から、人権問題としての障害へと見方が変わったので

す」（Pelka 1989）。

現在、DPIは低所得、農村、女性問題に特化した障害者団体向けのワークショップを行っている。また、さまざまな国際会議で障害者権利の観点を示し、国際連合（UN）や国際労働機関（ILO）の諮問的立場にある。DPIは国連障害者の10年（1983–1992）の発展に貢献している。DPIは、地域の障害者団体の資金調達を援助し、障害者関連プログラムの計画のモニターと評価を支援する。DPIには障害と障害のある人についての調査情報センターがあり、季刊会報『ヴォックス・ノストラ（Vox Nostra）』と季刊誌『ディスアビリティ・インターナショナル（Disability International）』を出版している。1994年のオーストラリアでのDPI世界会議でデスモンド・トゥトゥ（Desmond Tutu）大司教は、基調演説を行い、代表団に、障害者の抑圧は「アパルトヘイトとの闘いと同様の倫理的問題です……そしてわれわれは皆、この問題を宗教的、政治的信念の問題として取り上げなければなりません」と述べた。

参照項目 カナダ障害者協議会（Council of Canadians with Disabilities）；国際障害者年、国際障害者の10年（International Year, International Decade of Disabled Person）；世界障害研究所（World Institute on Disability）

出典 Driedger, Diane, *The Last Civil Rights Movement: Disabled Peoples' International* (1989)（長瀬修編訳『国際的障害者運動の誕生――障害者インターナショナル・DPI』エンパワメント研究所、2000）; Pelka, Fred, "Disability Rights in Zimbabwe," *Mainstream* (October 1989).

Disabled Sports USA (DS/USA)
アメリカ障害者スポーツ

その前身が全国障害者スポーツであった、アメリカ障害者スポーツ（DS/USA）は、チームおよび個人スポーツへの参加に関心をもつ、ヴェトナム戦争の傷痍軍人グループによって1967年に設立された。1996年頃、この団体は「障害者は学齢期前から大学のエリート・スポーツレベルまで、スポーツ、レクリエーション、体育プログラムに対するアプローチを確保

する」という目的のもと、40州87支部をもつ非営利組織へ成長した。各支部は、スキー、ハイキング、セーリングを含んだ、非常に多様な運動活動に参加する機会を提供する。DS/USAは、アメリカオリンピック委員会の会員で、大統領身体フィットネス・スポーツ協議会の公式アドヴァイザーでもある。この団体は、メリーランド州ロックヴィルにその本部を置いている。

参照項目 パラリンピック、パラリンピック運動（Paralympics, Paralympic Movement）；スポーツと運動競技（Sports and Athletics）

Disabled Student Services/ Higher Education
障害学生支援／高等教育

1864年創立のギャローデット・カレッジは、聴覚障害学生を対象としたアメリカ最初の障害のある学生の高等教育機関であった。大学キャンパスを肢体不自由学生も利用できるようにする最初の取り組みは、第2次世界大戦時に障害者となった退役軍人が民間人の生活に戻ってきた、1940年代半ばから始まった。1947年に、イリノイ大学アーバナ・シャンペーン校のティム・ニュージェント（Tim Nugent）教授が、肢体不自由学生にバリアフリーを提供するための大規模なプログラムに着手した。1950～60年代には、カリフォルニア大学ロサンゼルス校、デトロイトのウェイン州立大学、オハイオ州デイトンのライト州立大学、ミズーリ大学、インディアナ州のアールハム・カレッジも障害学生を受け入れ、バリアフリーを提供するよう尽力した。しかし最も大規模で成功したのは、イリノイ大学のプログラムである。カリフォルニア大学バークレー校およびリバーサイド校、スタンフォード大学も、同州の多くのコミュニティ・カレッジと同様に、この時期に障害学生を受け入れた。1965年に国立聾工科大学（National Technical Institute for the Deaf）の設立によって、聴覚障害学生も科学分野での大学教育を受けることが可能となり、多くの聴覚障害学生が別の大学の大学院で研究できるようになった。

1973年リハビリテーション法が制定され、その第504条において、国の補助金を受けている事業体が障害者を差別することが禁止されたことにより、障害学生に対してキャンパスの門戸を開放する努力は著しく増大した。大学は、肢体不自由学生の物理的なバリアフリーや、視覚障害または聴覚障害学生のコミュニケーションのバリアフリーだけでなく、学習障害のある学生に対しても一定の方針に基づいたバリアフリー（たとえば、試験の時間延長）を提供することが求められた。1977年、アメリカ高等教育協議会（American Council on Education）はリハビリテーション法第504条を受けて、障害、アクセス、および高等教育に関する情報の収集と普及のために、障害者高等教育プロジェクト（Higher Education and the Handicapped (HEATH) Project）を組織した。

HEATHは、1984年以来アメリカ教育省から資金の提供を受けている。また連邦政府の後援で、大学管理者、教員、および学生に対してバリアフリーに関する情報を提供するデータベースも、数多く存在する。教育リソース情報センター（Educational Resources Information Center: ERIC）、全米リハビリテーション情報センター（National Rehabilitation Information Center: NARIC）などがその例である。

障害学生の増加に伴い、アメリカの大学構内に障害者の権利擁護団体が増えた。1960年代から1970年代初期にかけて組織された障害者の権利に関する学生団体には、カリフォルニア大学バークレー校のローリング・クワッズ（Rolling Quads）、ニューヨーク市の全障害学生組織前進連合（Student Organization for Every Disability United For Progress: SO FED UP）などがある。次々に展開されたキャンパス運動が、障害のある人々の高等教育の機会をさらに拡大させる役割を果たした。学生団体が、大学および周辺地域の物理的なバリアフリー、そして現存の障害学生サーヴィスの拡大を強く求めた結果、その後の数十年で、さらに何千人もの障害学生が大学に入学できるようになった。

参照項目 ニュージェント, ティモシー・J（Nugent, Timothy J.）；連邦特殊教育・リハビリテーション・サーヴィス局（Office of Special Education and Rehabilitative Services: OSERS）

DisAbled Women's Network of Canada (DAWN)
カナダ障害女性ネットワーク（DAWN）

　カナダ障害女性ネットワークは、ヴァンクーバーを拠点とする、北アメリカ最大の男女同権主義を志向する障害者権利団体である。当団体は、カナダ連邦政府から資金提供を受け、障害のある女性の公平な雇用・暴力・育児・自己像・健康・性に関する重要な問題点について研究している。

　DAWN は、1987 年、正式にカナダのウィニペグ市で設立された。1985 年にオタワ市で開催された全国女性障害者会議（national disabled women's conference）で、障害のある女性がカナダ全土から集まり、初めて相互の関心事について議論したのが DAWN の始まりである。主な DAWN の創設者の中には、長年にわたり障害者権利とフェミニズムの活動に携わってきたパット・イスラエル（Pat Israel）、パット・ダンフォース（Pat Danforth）、ポーラ・カーステッド（Paula Keirstead）がいた。ジョーン・マイスター（Joan Meister）も創設に関わった人物であり、彼女は DAWN 理事会の初代理事長に就任した。第 1 回会議が開催されてから、地方の DAWN 支部が、ブリティッシュ・コロンビア州とオンタリオ州を皮切りにカナダ全土に設立された。今日、DAWN 支部は、ほぼ全州にあり、トリニダード・トバゴ共和国等の外国にも設置されている。

　DAWN は、障害をもつ女性に対する性的、身体的暴力の拡散について、さらにこの虐待と自尊心の低下そして自殺との関連についての重要な研究を行った。DAWN がこの研究を始めた頃、障害をもつ女性の大半は、北米の男性から虐待された女性のためのシェルターや、性的被害者支援センターをほとんど利用していなかった。このため、DAWN はシェルターや性的被害者支援センターを利用しやすくするためのマニュアル、『私たちのニーズを充足する（Meeting Our Needs）』（1990）を作成した。この冊子は、カナダ、アメリカのシェルターと支援センターの指針となった。

　2000 人の会員を擁する DAWN は、妊娠中絶の合法化とフェミニズムに賛成する障害の違いを超えた団体である。マイスターは、「私たちは自立する。さもなければ」フェミニズムの視点をもたない障害者権利団体はどこも「われわれの問題に取り組まないからだ」と述べた。彼女は、そのような問題の例として、利用しやすい女性の健康サーヴィスの必要性や、障害をもつ母親の不安をあげている。近年、DAWN は、新しい生殖医療技術や自殺、安楽死の問題に取り組んでいる。

　参照項目　中絶とリプロダクティブ・ライツ（Abortion and Reproductive Rights）；安楽死と自殺幇助（Euthanasia and Assisted Suicide）；カナダ障害者協議会（Council of Canadians with Disabilities）；レイプ／性的暴力およびドメスティック・ヴァイオレンス（Rape/Sexual and Domestic Violence）

Disconfirmation
不確認

　2 人の連れが、1 人は徒歩で、もう 1 人は車椅子でレストランに入るとする。ウェイターは 2 人をテーブルに案内し、障害をもたない客に食事の注文を聞く。その後、ウェイターは同じ客に「ところで、ご友人は何を召し上がりますか?」と尋ねる。

　不確認は、障害をもたない人たちが、障害者があたかも存在しないかのようにふるまう、または障害者が自力で考え、話し、決定し、行動できないかのようにふるまうときに起こる事象である。この用語は、ビリー・ゴルファス（Billy Golfus）が、『ディスアビリティ・ラグ・アンド・リソース（The Disability Rag & Resource）』の 1989 年 11/12 月号に「不確認（Disconfirmation）」という題名の論文を発表した後に使われるようになった。ゴルファスは不確認の例として、彼が頭部を損傷した後、友人たちが彼をどのように仲間外れにしたかを指摘した。「ある人は通りで私のそばを歩き、私に気づかないふりをしました」。これは障害を負ったばかりの人に共通の体験であり、彼らは古くからの友人が、障害をもつことになった友人を初めから存在しなかったかのようにふるまうことをたびたび報告している。

参照項目 ゴルファス，ビリー（Golfus, Billy）
出典 Golfus, Billy, "Disconfirmation," in Barrett Shaw, ed., *The Ragged Edge: The Disability Experience from the Pages of the First Fifteen Years Of* The Disability Rag (1994).

Disincentives
阻害要因

阻害要因とは、障害のある人々が就労したり、結婚したり、その他より自立した生活につながることを行うのを妨げる社会サーヴィスの規則に対して使用される用語である。たとえば、仕事に就いた障害者がメディケイドの適用が認められる基準よりも多くの金銭を稼いだ場合には、メディケイドを財源とするサーヴィス、すなわち、その人の就労をそもそも可能にしているパーソナル・アシスタンス・サーヴィス（PAS）の利用ができなくなってしまうかもしれない。同じような不条理な規則による矛盾は、労働災害補償や社会保障制度にも存在しており、多くの障害者は、たとえ働くことができても、医療保険や在宅ケアサーヴィスの適用を受け続けるために、貧困のままでいなければならない。なぜならば、適用からはずされた場合、これらのサーヴィスの負担は高額すぎて彼らには支払えないからである。また、補足的所得保障（Supplemental Security Income: SSI）のような政府の制度のもとでは、夫婦の所得を合計して受給要件が判断されるため、障害のある受給者が結婚によって受給資格を失ってしまうことがある。このような阻害要因は、障害者が結婚することをも妨げる可能性がある。

ダグラス・マーティン（Douglas Martin）は、『主流（*Mainstream*）』の 1994 年の論文において、「障害者に対する給付制度ができた当初になされていた想定」、すなわち「人々は、『労働できる＝障害状態にない者と、労働できない＝障害状態にあり障害給付の受給資格のある者』の 2 つカテゴリーに分類される」という想定から、どのように阻害要因が生じてきたのかを記述している。テクノロジーの進歩によって、最も重度の障害のある人々でも、PAS のようなサーヴィスの支援さえ受ければ、就労することができるようになった、と彼は指摘する。マーティンは、1986 年アメリカ障害者雇用機会法（Employment Opportunities for Dis-abled Americans Act of 1986）の主要な起草者であったが、その法律は、社会保障障害保険などから労働に対する阻害要因を取り除くことを意図したものであった。

近年、コストの削減を目指している連邦政府と州政府は、阻害要因の問題を悪化させている。たとえば、1990 年代中盤に社会保障庁（Social Security Administration）は、自活実現プラン（Plan for Achieve Self Support: PASS）を一時的に停止した。障害のある社会保障給付の受給者は、PASS を利用することによって、自立に必要となる車椅子リフト付きバンや改造されたコンピュータなどの機器を購入するために、自ら稼いだ金銭を貯めておくことができる。ジョー・エーマン（Joe Ehman）は、1996 年の『マウス──障害者権利の声（*Mouth: The Voice of Disability Rights*）』の論文の中で、次のように述べた。「1994 年の最盛期でさえ、PASS について納税者が負担する費用は全国で 3000 万ドルにすぎない。（ミルウォーキー・ブリュワーズの新球場に対しては 1 億 6000 万ドルの税金が投入されている）」。にもかかわらず、PASS の規定は、一時的停止が解除された後、社会保障庁によって、その利用がさらに難しくなるような形に変更された。

参照項目 1986 年アメリカ障害者雇用機会法（Employment Opportunities for Disabled Americans Act of 1986）；マーティン，ダグラス・A（Martin, Douglas A.）；パーソナル・アシスタンス・サーヴィス（Personal Assistance Services: PAS）；社会保障，社会保障障害保険，補足的所得保障（Social Security, Social Security Disability Insurance: SSDI, Supplemental Security Income: SSI）；ワックスマン，バーバラ・フェイ（Waxman, Barbara Faye）
出典 Ehman, Joe, "Social Security's New Follies," *Mouth: The Voice of Disability Rights* (May/June 1996); Martin, Douglas A., "A Call for Reform," *Mainstream* (February 1994).

Dix, Dorothea Lynde
ディックス，ドロシア・リンド（1802-1887）

根気強い調査者、著述家、ロビイストであったドロシア・リンド・ディックスは、精神障害と精神遅滞のある人々への人道的扱いを求め続けた人権擁護活動家として今日記憶されている。

ディックスは1802年4月4日メイン州ハムデンに生まれ、12歳でボストンに移った。1821年に上流階級の子女のための学校と貧困児童のための慈善学校を開設した。しかし健康状態の悪化のためほとんどの教育活動をあきらめざるを得ず、著述家になった。彼女は科学の教科書『ありふれた現象についての会話（Conversation on Common Things）』（1824）を著し、子どもの詩選集『子どものための賛美歌（Hymns for Children）』（1825）を編纂した。また宗教と自然界について深く考える『夕暮の時間（Evening Hours）』（1825）、『私的時間のための黙想（Meditations for Private Hours）』（1828）、『植物誌選集（The Garland of Flora）』（1829）等数冊の本を著した。しばらくは健康状態が回復し再び教えることができるようになった。しかし1836年に結核の診断を受け再度引退を余儀なくされた。医師がボストンを離れるよう勧めたため、イギリスで2年間暮らした。そこにいる間に、彼女は社会改革家のグループと知己を得、精神障害者に対する非人道的扱いについて聞くようになった。

1841年3月ディックスは、ボストン北部のイースト・ケンブリッジ刑務所の女性収容者を対象とする日曜学校の授業を担当するよう依頼され、これが彼女自身の公的擁護者としての経歴の始まりとなった。当時、精神障害や精神遅滞のあるアメリカ人は、監獄、刑務所、救貧院に拘束されていた。それ以外の者は、有料で食料と宿泊設備を提供する個人業者に頼るしかなかった。ほとんどの場合、彼らは、思いやりのない放置から公然たる身体的、性的拷問に及ぶ扱いを受けていた。当時一般的だった、精神障害と精神遅滞は犯した罪への神罰であり、精神障害の人々は痛み、寒さ、飢えに鈍感であるという根拠のない俗説によって、その扱いはさらに悪くなっていた。

ディックスは、イースト・ケンブリッジ刑務

アメリカの改革者、ドロシア・ディックス。
©Bettmann/CORBIS/amanaimages

所の女性収容者が暗い独房でしばしば裸のままにされ、壁に鎖でつながれ、看守やその他の囚人に頻繁に打たれ、虐待されているのを知った。彼女はこのような状況を明るみに出す運動を始め、その結果、刑務所で少しばかりの改善が行われた。その後、精神障害者や精神遅滞者を居住させているマサチューセッツ州の全監獄、刑務所、救貧院、および私設救貧院の調査を行った。調査はこの種のものでは最初の大がかりな活動であった。しかし、ディックスは、そのような調査が屈辱的であると考えたり、健康状態の悪い女性であるディックスには荷が重すぎると考えるニューイングランド社会の性差別と健常者優位主義に足を引っ張られた。

ディックスのノートには、19世紀半ばのアメリカ人の精神障害者への扱いがくっきりと描写されている。

　ニュートン救貧院、10月の寒い朝、家具といえば木製の箱またはわらを入れた寝台が1つ。……その箱から突き出ているものは――それは人間の脚であるはずはない！　両足には、建物の壁に固定された鎖がつながれ揺れている。……何回かの冬を屋外のトイレ

に入れられても人々は「寒いとは考えなかった」が、こんなに彼の脚は凍っている。「鎖は今必要ですか」と私は尋ね、「彼は走れないですよね」といった。その答えは「彼は走れないですが、這っていくかもしれないし、興奮して悪さをするかもしれないのです」。

バーンスタブル。檻や区切られた小屋に入れられた4人の女性。

ウェストフォード。若い女性が壁に鎖につながれている。

ディックスは調査結果を州議会にもちこんだ。女性がマサチューセッツ州議会堂で発言することが一般に許されていなかった当時は、そのこと自体が偉業であった。彼女は精神障害のある人々の刑務所収容をやめ州立病院制度をつくるよう求める運動を行った。ディックスはアメリカ合衆国の32の州立精神障害施設の創設に関わった。州立精神障害者施設は彼女の活動の結果、1843年には13施設だったのが、1880年には123まで増加した。1854年には連邦議会に、聾者、啞者、盲人だけでなく「貧しい精神異常者」の世話をする施設の設立のために連邦政府の土地を提供する法案を通過させた。しかしその法案は、連邦政府の権限の危険な拡大であると見なしたフランクリン・ピアース（Franklin Pierce）大統領により署名が拒否された。

1854年9月、健康状態はなおも思わしくなかったが、ディックスは再度ヨーロッパに旅立ち、スコットランド、フランス、トルコ、ロシア、イタリアの保護施設、刑務所、救貧院を視察した。ローマの施設入所者の処遇に衝撃を受けた彼女は、ローマ法王ピウス9世（Pope Pius IX）に謁見をして改革を訴えた。1856年9月にアメリカ合衆国に戻り、1860年までには精神遅滞児のための職業教育と治療教育を推奨していた。1861年にディックスは、北軍看護婦の最高責任者に任命され、南北戦争の期間中は陸軍病院の運営に対して必要とされた改革を行った。1866年、彼女は情緒と発達に障害のある人々のための仕事を再開した。

1881年にディックスは、トレントンに彼女自身が数年前に設立したニュージャージー病院（New Jersey Hospital）の入院患者となった。そこで1887年7月18日に亡くなった。ディックスは収容施設の創設に大きな役割を果たしたが、皮肉にもそれにより彼女がやめさせようとした、障害者への無視や虐待が今や大規模になった収容施設で行われるという結果になった。たとえそれが事実だとしても、ディックスは障害者の権利における初期の闘士であると見なすことができる

参照項目　脱施設化（Deinstitutionalization）
出典　Wilson, Dorothy Clarke, *Stranger and Traveler: The Story of Dorothea Dix, American Reformer* (1975).

Dole, Robert Joseph
ドール，ロバート・ジョセフ（1923年生）

ロバート・ジョセフ・ドールは、アメリカ上院議員、上院多数党院内総務、副大統領候補、そして大統領候補として、アメリカで最も著名で影響力をもった障害者の1人である。彼は、1923年7月22日にカンザス州ラッセルで生まれ、1941年から1943年までカンザス大学（University of Kansas）に学び、その後アメリカ陸軍に入隊した。1945年4月14日、小隊長であった彼は、イタリア戦線でドイツ軍の機銃掃射に対する攻撃を指揮している最中に負傷した。その負傷によって、全身不随に近い状態となった。3度の大きな手術と3年間の入院期間を経て、ドールは歩くことができるようになり、また、左手は部分的に動かせるようになったものの、右腕と右手については、まひして動かないままであった。

ドールは大学に戻り、1952年には、トピカにあるウォッシュバーン大学（Washburn University）で文学と法学の学士号を取得した。彼は、その時までに政治の世界に入っており、1951年に、カンザス州の州議会議員となっていた。その後は、ラッセル郡検察官の任期を数回務めた。1960年にアメリカ議会の下院議員となり、1968年には上院議員に選出された。さらに、ジェラルド・フォード（Gerald Ford）大統領が再任を目指したものの敗北に終わった1976年の大統領選挙において、副大統領候補となった。次いで、1980年と1988年の共和党の大統領予備選挙に出馬したが、大統領候補には選出されなかった。

ドールは、1984年にドール財団 (Dole Foundation) を設立した。この基金は、障害のある人々の一般雇用 (competitive employment) に目的を絞った全国的な基金としては全米唯一のものである。また、連邦最高裁判所が、交通省対アメリカ身体まひ退役軍人会裁判 (Department of Transportation v. Paralyzed Veterans of America) において、民間航空会社は障害のある人々に対してチケットを売ることを拒否できるとの判決を下した際には、この決定の効力を反転させる1986年航空機バリアフリー法 (Air Carrier Access Act of 1986) を可決させるために、二大政党の提携に率先して取り組んだ。1996年に共和党の大統領候補に選出され、上院議員を辞めて選挙戦に集中した。しかしながら、1996年11月の大統領選挙でビル・クリントン (Bill Clinton) に敗れた。

参照項目 1986年航空機バリアフリー法 (Air Carrier Access Act of 1986)

Donaldson v. O'Connor
ドナルドソン対オコナー裁判

参照項目 オコナー対ドナルドソン裁判 (*O'Connor v. Donaldson*)

Dybwad, Gunnar
ディバット, ガンナー (1909-2001)

ドイツのライプチヒで1909年7月12日に生まれたガンナー・ディバットは、40年以上にもわたって、知的障害のある人々の公民権を獲得するための運動の最前線にいた。彼は、その運動に弁護士としての技能と感性をもち込み、精神面での障害を医学や社会福祉の問題としてではなく、公民権に関する重要な問題として位置づけた世界で最初の人物の1人である。トーマス・K・ギルフール (Thomas K. Gilhool) は、「障害のある人々にとっての世界が改善されれば、すべての人々にとっての世界が改善される、と最初に言明した人物はガンナーであった」と思い出を語っている。

ディバットは、1934年、ドイツのハレ大学 (University of Halle) 法学部で法学博士号を取得した。専門は刑法改革で、ドイツ、イギリス、イタリアの刑務所についての研究を行っていた。アメリカで結婚した後、1935年にディバットは、妻ローズマリーがハンブルク大学で社会学の博士課程を終えることができるようにドイツに戻った。彼女は、1936年に学位を取得した。2人は、ナチ政権下で生活することを拒み、その後まもなくしてドイツを離れた。1938年にディバットは、ニューヨーク・ソーシャルワーク学校 (New York School of Social Work) で学ぶと同時に、ニューヨークの精神障害のある人々のための入所施設、レッチワース・ヴィレッジ施設 (Letchworth Village Institution) でフィールドワークを行った。のちに彼は、そこでの経験が「カルチャーショック」の1つであったと記すことになる。

「私は成人用の病室で、失禁してしまう『(身なりの) みすぼらしい』男たちが、おがくずの箱の中で横たわっているのを見た」。子どもたちは、「125人いるにもかかわらず、100床しかベッドのない寮」に収容されていた。「学校に通える子どもはごくわずかであり、残りの子どもたちは、施設にある農場で丸一日の強制労働をするために、毎日、朝と午後、鍬やその他の農具をもって移動させられていた。ここで私は、知的障害者施設に収容されている人々には法の保護が及んでいないという実例を初めて知った。そして、その後も、そのような経験に繰り返し向き合わなければならなかった」。

ディバットは、1939年にソーシャルワークの修士号を取得し、それから、インディアナ州、ニュージャージー州、ニューヨーク州、ミシガン州で、刑務所や青少年犯罪者のための施設に勤務した。1943年から1951年にかけて、ミシガン州社会福祉局児童部の監督職に就いた。1951年には、アメリカ児童研究協会 (Child Study Association of America) の事務長になった。これらの期間を通して、彼は、精神面での障害のある人々、とくに児童に対する関心をもち続けた。

1957年にディバットは、1950年に設立された障害児の親たちによる権利擁護団体である全米精神遅滞児親の会 (Association for Retarded Children: ARC、現在は、The Arc の名称になっている) の事務長に任命された。彼の同僚たち

D

の中には、専門家ではない親たちの組織での地位を彼が受け入れることで、社会サーヴィス分野での経歴を捨てようとしていると懸念する者もいた。しかしながら、ディバットは、ARC に対して、精神面での障害のある人々の社会的地位に大きな変化をもたらす可能性を見出していた。この目的のために、彼は、草の根の組織化戦略を追求すると同時に、ARC を率先しその行動計画の設定を行うのは、社会サーヴィスの専門家ではなくむしろ親たち自身であると主張した。彼の妻、ローズマリー・ディバット（Rosemary Dybwad）は、ARC に自発的に参加し、1959 年に同組織の国際交流委員会ニューズレターを立ち上げて、その編集責任者となった。ローズマリーは、ヨーロッパ精神障害者協会連盟（European League of Societies for Persons with Mental Handicap）、次いで、国際精神障害者協会連盟（International League of Societies for Persons with Mental Handicap）の設立に尽力し、1974 年から 1978 年にかけて、同連盟の上席副会長を務めた（ちなみに、ガンナーは、1978 年から 1982 年にかけて、同連盟の会長を務めた）。

ディバットは、1963 年に、ARC の仕事から離れ、精神遅滞に関するケネディ大統領特別補佐官（President Kennedy's Special Assistant on Mental Retardation）の顧問となった。1964 年に、彼とローズマリーはスイスのジュネーブに移り、国際児童福祉連合（International Union for Child Welfare）の精神遅滞プロジェクトを共同で指揮した。夫婦は、30 ヶ国以上を訪れ、精神遅滞の児童の親たちに連帯するよう励まし、全世界的な親の会の運動の促進に尽くした。

1967 年にアメリカに戻ったディバットは、ARC の全国組織とその各支部の助言者および顧問となり、より大規模なその後の障害者権利運動のモデルとなる訴訟戦略を提唱した。ディバットは、黒人の公民権運動、とくにブラウン対教育委員会裁判（*Brown v. Board of Education*, 1954）での勝訴との明白な類似性を説きながら、ペンシルヴェニア ARC の指導者層に、子どもたちの生活状況を向上させるため、裁判所の力に頼ることを納得させた。その結果行われた訴訟、ペンシルヴェニア州精神遅滞児親の会対ペンシルヴェニア州裁判（*PARC v. Pennsylvania*）は、障害児が公教育を受ける権利を初めて確立

させただけでなく、障害者の権利に関する訴訟が急増する引き金ともなった。ディバット自身も、精神面での障害をもつ人々の公民権に関するおよそ 15 の連邦訴訟に直接的に関与した。その中の 2 つは、連邦最高裁判所まで争われた。その後、1968 年から 1969 年にかけて、新設された 大統領精神遅滞委員会（President's Committee on Mental Retardation）の顧問を務めた。

1967 年にディバットは、マサチューセッツ州ウォルサムにあるブランダイス大学で人間開発論の教授になり、1971 年には、同大学のフローレンスヘラー社会福祉研究大学院（Florence Heller Graduate School for Advanced Studies in Social Welfare）の学部長代理、1977 年には、名誉教授となった。彼は、多数の組織に関与してきた。たとえば、1973 年から 1979 年にかけては、アメリカ法曹協会の精神障害に関する委員会（Commission on the Mentally Disabled of the American Bar Association）のメンバーであり、1974 年から 1976 年にかけては、マサチューセッツ州の発達障害者の法的権利と公民権に関する知事委員会（Governor's Commission on the Legal and Civil Rights of the Developmentally Disabled）のメンバーであり、1976 年から 1981 年にかけては、マサチューセッツてんかん協会評議会（Board of the Epilepsy Society of Massachusetts）の会長、次いで議長を務めた。その他、ボストン・セルフヘルプ・センター（Boston Self Help Center）やボストン視覚障害児センター（Boston Center for Blind Children）などの組織の理事も継続的に務めた。彼はまた、多数の論文や書籍の著者・編者であり、最近のものとしては、『新しい声──障害者によるセルフ・アドヴォカシー（*New Voices: Self-Advocacy by People with Disabilities*）』（ハンク・ベルサーニ・ジュニア〈Hank Bersani Jr.〉との共著、1996）がある。

知的障害のある当事者とその親たちも、ディバットは、彼らにとって、教育とコミュニティサーヴィスに対する権利の「祖父」であると考えている。彼は 80 歳になってからも、全国的な障害者権利運動に助言を続けた。フィラデルフィアのテンプル大学やメリーランド大学からの名誉博士号など、多数の名誉賞を受けている。

ディバットは、晩年は、マサチューセッツ州

ウェルズリーに在住した。インディアナ州ハウで1910年5月10日に生まれたローズマリー・ディバットは、1992年11月4日に亡くなった。彼女は、国際的な親の会の運動の親愛なる先駆者および助言者として記憶されている。

参照項目　全米精神遅滞市民協会（The Arc）；ボストン・セルフヘルプ・センター（Boston Self Help Center）；親の会の運動（Parents' Movement）；ペンハースト州立施設・病院対ハルダーマン裁判（*Pennhurst State School & Hospital v. Halderman*）；ペンシルヴェニア州精神遅滞児親の会対ペンシルヴェニア州裁判（*Pennsylvania Association for Retarded Children et al. v. Pennsylvania*）；ピープル・ファースト、ピープル・ファースト・インターナショナル；(People First, People First Inter-national)

出典　Dybwad, Gunnar, and Hank Bersani Jr., eds., *New Voices: Self-Advocacy by People with Disabilities* (1996); Trent, James W., Jr., *Inventing the Feeble Mind: A History of Mental Retardation in the United States* (1994)（清水貞夫、中村満紀男、茂木俊彦監訳『「精神薄弱」の誕生と変貌——アメリカにおける精神遅滞の歴史〈上〉〈下〉』学苑社、1997）。

Dykes, Disability & Stuff
『レズビアン、障害と女』

『レズビアン、障害と女』は、障害女性教育プロジェクト（Disabled Women's Educational Project: DWEP）の中の一プロジェクトである。DWEPは1987年にマサチューセッツ州ボストンで、女性にとっての懸案事項、とりわけ障害のあるレズビアン問題に取り組むために設立された。『レズビアン、障害と女』は主に「障害のあるレズビアン、および／あるいは彼女らのパートナー、および／あるいは彼女らの支持者」を対象として発行されている。編集者のキャスリン・オデット（Catherine O'Dette）はそれを、「さまざまな話題についてニューズレターを年4回出版することによる読者の公開討論会」としている。ウィスコンシン州マディソンで出版されている。

Education for All Handicapped Children Act of 1975 (Pub. Law 94-142)
1975年全障害児教育法

1975年全障害児教育法可決以前は、公立学校制度が子どもの障害を理由として就学を拒否することは完全に合法であった。この法律の可決までの審議の中で、アメリカ連邦議会は1970年代半ばにアメリカの少なくとも100万人の児童が、障害があるとの理由だけで、公立学校から排除されていることを明らかにした。さらに、「アメリカの障害児の半数以上は、彼らの完全な機会平等を可能にする適切な教育サーヴィスを受けていない」ことも認めた。全障害児教育法は、障害児の学校教育を受ける権利を保障することで、この状況を変えることを目的としている。全障害児教育法は、1973年リハビリテーション法と1990年アメリカ障害者法と並び、障害者のための公民権保護の3本柱の1つである。全障害児教育法は、可決以来20年間、数百万人の人生に重大な影響を与えてきた。

歴史的に見ると、障害のある子どもの多くは学校教育をまったく受けないか、さもなければ、ボストンにあるパーキンス盲学校やコネティカット州ハートフォードにあるアメリカ聾学校といった特別な施設で教育を受けていた。このような教育機関は障害のある人が地域社会で自立した生活ができるための教育を目指していたが、隔離されていた。一方、19世紀後半から20世紀初頭に設立された知的障害児のための寄宿制学校は、まもなく大規模な保護施設に発展した。1860年代まで、聾児の教育は公立学校では行われなかったし、精神遅滞児の最初の公立学校での教育は1900年になってからだった。

親の会の運動の直接的結果として、1960年代までに、公立学校への就学が許可された障害児の数は増加した。しかし、これらの生徒たちは、ほとんどの場合「健康管理（health conservation）」や「特殊教育（special education）」の教室に追いやられ、それらは学校の地下室、ボイラー室、その他の類似の環境にあることが多かった。彼らは体育、理科実験、音楽、その他のプログラムや放課後活動からも排除されていた。教科プログラムは概して標準以下であり、校長たちは特殊教育を託児所と大差ないと考えていた。低水準の教育に加えて、隔離されているというスティグマは、生徒の学習能力だけでなく、友人関係や社会的スキルを発達させる能力にも悪影響を与えていた。特殊学級は、マイノリティや移民の子どもたちを隔離するために使われることも多く、彼らは不均衡かつ不適切に「遅滞がある」とか「情緒的に障害がある」と分類されていた。結局、どのような教育がなされるにせよ、それは地域の教育委員会、個々の教師、あるいは「専門家」の気まぐれに左右された。障害児の親は、上記の人々が彼らの子どもを「教育不可能」と判断した場合、ほとんどあるいはまったく頼るものがなかった。

アメリカ連邦議会は、1972年ミルズ対教育委員会裁判（*Mills v. Board of Education*, 1972）と、とくにペンシルヴェニア州精神遅滞児親の会（PARC）対ペンシルヴェニア州裁判（*PARC v. Pennsylvania*）という画期的な2つの障害者人権訴訟により対応を促された。両訴訟とも、裁判所は障害児の隔離は有色人種の隔離と同様、違憲であるとの判決を下し、アメリカの教育者たちに本質において警鐘を鳴らした。ペンシルヴェニア州精神遅滞児親の会対ペンシルヴェニア州裁判は、障害者の権利擁護者たち、とくに当時、法案可決にきわめて重要な役割を果たした全米精神遅滞児親の会（Association for Retarded Children, 現在のArc）といった親の会を活気づけた。全障害児教育法（P.L..94-142またはEAHCAとも呼ばれている）は、1975年11月18日、米下院を404票対7票で、翌日、上院でも同じく大差で可決された。全障害児教育法は1975年11月29日にジェラルド・フォード（Gerald Ford）大統領により署名され法律として成立し、1978年初頭に施行された。

全障害児教育法は障害児が「無償で適切な公教育」を受ける権利を義務づけた。その法律は子どもの障害がどのようなものであれ、公的資金を受けた教育を拒否されないという「どの子も拒否しない」原則（"zero-reject" principle）を確立した。この教育は適切でなければならない、すなわち、実質的な教育的成果をもたらすため

に合理的に計画されなければならない。この教育は、統合されなければならず、すなわち公立学校は、適切な調整や支援があっても主流学級での障害児の教育が明らかにできない場合を除き、障害のある子どもを障害のない子どもから隔離することはできない。全障害児教育法はまた、学校区に対して教師が障害関連の教育的実践についての最新情報を提供し、教師が適切にそれを適用できるよう義務づけている。結局、全障害児教育法は、法の目的が実行され、障害児の教育を考慮する中心的役割を親に与えることを保証するための一連の手続き要件を提示した。その代表例は、個別教育プログラム（Individual Education Program: IEP）である。

この法律の下、適切な特別のサーヴィスは公費で提供されるべきで、州には当該サーヴィスを必要とする生徒の認定と評価が求められる。言語療法、聴覚的サーヴィス、カウンセリング、作業療法、理学療法、バリアフリーの交通手段など、要求される追加的サーヴィスが何であれ、提供に際して連邦政府の補助金が支給される。子どもに障害があると認定された後、IEP がその子どもの教師たち、両親あるいは後見人によって、必要に応じて特殊教育専門家も加わって、策定されなければならない。教育者と親が直接話し合う機会をもたねばならず、親は IEP に賛同しない場合、異議を唱える権利がある。IEP は明瞭な目標と目標達成への説得力のある段階を備え、明確でなければならない。教育者や親が合意した目標に到達するために子どもが必要とする特別なサーヴィスはすべて IEP に記載される。IEP はその後再検討され、必要ならば毎年改定される。

全障害児教育法は、学校区のリソースに限界があることを容認している。このため、学校区には、可能なかぎり最良の教育（best possible education）というよりも、むしろ障害をもたない子どもとほぼ同等の教育機会を提供する必要がある。しかし、必要なサーヴィスが自由裁量で拒否されてよいはずがなく、全障害児教育法は、子どもが障害のために障害をもたない同級生よりも不十分な教育を受けていると感じる親に対し、異議申し立て手続きを設けている。

連邦裁判所は、全障害児教育法の重要な側面、とくにどの子も拒否しない原則の規定に関し、「すべての」障害児のための教育法であり続け

ると保証し、下級審を支持した。たとえば 1989 年、W・ティモシー対ニューハンプシャー州ロチェスター学校区裁判（Timothy W. v. Rochester, N.H., School District）の上訴審で、連邦裁判所は、全障害児教育法の下にロチェスター学校区は脳性まひ、精神遅滞や四肢まひなどの障害をもつ子どもへのサーヴィスを拒否できないとの判決を下した。連邦裁判所は結局、通常の学校環境において必要なサーヴィスを提供できないと判断し、ロチェスター学校区は代替サーヴィスを模索し、導入するよう義務づけられた。しかし、トーマス・K・ギルフール（Thomas K. Gilhool）のような障害者の権利擁護者は、法案可決後に履行されている法規の一部が、インテグレーションと「有望な方法」の価値の部分を低下させていると主張している。すなわち従来の隔離に代わり「最も制約の少ない環境（least restrictive envi-ronment）」（全障害児教育法と連動し広く使われる表現）における障害児の教育を目指すのだが、この表現は法文のどこにも出てこない。教師がこの法律のより大きな目的を確実に満たすことを確保する手段よりも、法律そのものの目標であり法文に記載された年1回の課題である IEP に焦点を合わせるのは、おそらく避けがたいことであった。

それでも、全障害児教育法は、障害のある子どもが、障害があるとは認定されていない子どもと同じ授業に参加する機会を認めることで、障害児の主流化の主要な推進力であり続けている。多くの主流化教育を受けた子どもの経験は、とくに 1970 年代後半と 1980 年代前半の最初期では困難なものだったが、統合に向けての動きは、障害や障害のある人々のことを一般社会にもっと伝える際に重要であり続けた。この流れはまた、確実に障害のある子どもたちに開かれた教育の機会を改善してきた。

障害者コミュニティの全員がこの法律に満足しているわけではなかった。聾コミュニティの権利擁護者たちは、障害児の主流化の推進により、アメリカ手話（ASL）による教育とは対照的に、聴覚障害児が再び読話や発話の学習を強いられるのではないかという懸念を表明した。障害の違いを超えた連合体であるアメリカ障害者市民連合（American Coalition of Citizens with Disabilities）はその重要なデモにおいて、全障害児教育法を強く支持しつつも、聾コミュニ

ティのASLを用いる権利を支持した。その結果、この法律は手話通訳者を適切な特別サーヴィスと見なし、義務づけた。それでもベン・バーハン（Ben Bahan）のような聾者の権利擁護者は、聾児にとって主流化は「失敗」だと言い、ASLを知っていると主張する健聴者の教師の多くは、実際ASLをほとんど熟知していないと述べた。バーハンらはその代わりに聾者の教師が教える全員が聾者からなる学校に賛成した。

　1986年に全障害児教育法は修正され、保護の対象を3歳から5歳の障害児に広げ、障害のある（生後から2歳までの）乳児と幼児の州政府の補助金が出るプログラムの設置を目指した。早期サーヴィスは、成文化された個別家族支援プログラム（Individualized Family Service Program: IFSP）を含み、プランが子どもと家族の両方のニーズを扱う以外はIEPとよく似ている。1990年に、全障害児教育法は個別障害者教育法（Individuals with Disabilities Education Act: IDEA）と改称された。その他に、義務サーヴィスのリストが追加された。自閉症と外傷性脳損傷が、「障害のある子ども（children with disabilities）」の定義に加えられ、より重度の障害をもつ子どもの教育が重要視された。

　この法律は、一部の人々から学校にあまりにも高額な負担をかけると批判されている。これらの批判者たちは、障害があると認定され、それゆえに特別サーヴィスを受ける資格のある子どもの数が増加していると強く主張している。障害者権利擁護団体は、社会は子どもを含む障害者の数をきわめて少なく見積もることが多く、この法律の恩恵は、法が課したコストがどれだけ増えようと、それよりも重要であると述べて反論している。モラルと公民権運動の議論は別として、統合と良質な教育は、隔離と無知に比べれば結局は常に、より費用のかからないものなのである。

　参照項目　バーリントン教育委員会対マサチューセッツ州教育省裁判（Burlington School Committee v. Department of Education）；ホランド対サクラメント市統合学校区裁判（Holland v. Sacramento City Unified School District）；ホーニッグ対ドゥー裁判（Honig v. Doe）；インクルーシヴ教育（Inclusive Education）；アーヴィン独立学校区対タトロ裁判（Irving Independent School District v. Tatro）；ミルズ対ワシントンD.C.教育委員会裁判（Mills v. Board of Education of the District of Columbia）；ペンシルヴェニア州精神遅滞児親の会裁判（Pennsylvania Association for Retarded Children v. Commonwealth of Pennsylvania (PRC v. Pennsylvania)）

　出典　Bahan, Ben, "Who's Itching To Get into Mainstreaming ?" in Sherman Wilcox, *American Deaf Culture* (1989)（鈴木清史・酒井信雄・太田憲男訳『アメリカのろう文化』明石書店、2001）；Goldman, Charles D., *Disability Rights Guide* (1991); Kreunen, Warren L., "The Law and the Handicapped Student," in M. A. McGhehey, ed., *School Law for a New Decade* (1981); Levine, Ervin L., and Elizabeth M. Wexler, *PL 94-142: An Act of Congress* (1981).

Employment Opportunities for Disabled Americans Act of 1986
1986年アメリカ障害者雇用機会法

　1986年アメリカ障害者雇用機会法（Employment Opportunities for Disabled Americans Act of 1986）は、社会保障障害保険（SSDI）や補足的所得保障（Supplemental Security Income: SSI）の給付を受け取る人々が直面する阻害要因（Disincentives）の問題に対処するために立案された。本法の可決以前、これらの制度の受給者が、有給の仕事に就いた場合には、メディケイドやメディケアのもとで提供される医療保険も含めて、その給付を完全に失うかもしれない事態に直面していた。SSDIは、就労することがまったくできないことをその受給要件と定義していたので、SSDIの受給者は、いかなる仕事に就いても、その給付を完全に失った。SSIの受給者も所得に関する基準値（その時点では月額300ドル）に直面しており、その基準値を超えた場合、彼らはSSIからの給付を失うことになっていた。

　本法は、主として、ダグラス・マーティン（Douglas Martin）とロサンゼルスにあるウエストサイド自立生活センター（Westside Center for Independent Living）による権利擁護運動の結果、成立した。その運動は、アメリカ身体まひ退役軍人会（Paralyzed Veterans of America）、脳性まひ協会連合（United Cerebral Palsy Associations）、

および各地の自立生活センターの指導者層とともに行われた。彼らの活動は、SSI 受給者であったリン・トンプソン（Lynn Thompson）がパートタイムの仕事に就いた後にメディケイドからの給付を失い、それを理由に自殺した際、さらに活発となった。トンプソンの死は全米のマスコミの注目を集めた。とくに CBS 放送の番組「60 分（60 Minutes）」は、1978 年に、就労に対する阻害要因とその仕組みを変えようとするマーティン他の努力について特集した。その結果、1980 年社会保障障害改正法（Social Security Disability Amendments of 1980）の第1619条に、SSDI および SSI の受給者は、仕事を始めるか再開した後も、公的な医療保障の適用と現金給付の一部を保持できるとの規定が含まれることとなった。受給者の稼ぎが多くなれば、その分だけ SSI や SSDI から受け取ることのできる金銭が減少する形になると同時に、個人が医療費とパーソナル・アシスタンス・サーヴィスの費用を相殺できるほど稼げるようになるまでは、医療保険の適用が継続されるようになった。第1619条は、3年間の試験的プログラムであったが、その後さらに3年間の延長が行われた。

1986 年の法律はこの第1619条の規定を恒久のものとした。1990 年代中盤では、1年間で約5万人がその適用を受けている。マーティンなどの権利擁護運動家は、このプログラムがより広く周知され、さらに、社会保障担当職員自身がその存在を熟知していれば、はるかに大勢の人がプログラムを活用するであろうと信じている。

参照項目 阻害要因（Disincentives）；マーティン、ダグラス・A（Martin, Douglas A.）；社会保障、社会保障障害保険、補足的所得保障（Social Security, Social Security Disability Insurance; SSDI, Supplemental Security Income: SSI）；ウエストサイド自立生活センター（Westside Center for Independent Living）

Environmental Illness
環境病

参照項目 多種化学物質過敏症（Multiple Chemical Sensitivity）

Equal Employment Opportunity Commission
雇用機会均等委員会

参照項目 1990 年アメリカ障害者法（Americans with Disabilities Act of 1990）

Eugenics
優生学

優生学（eugenics）という言葉は、イギリスの数学者フランシス・ゴールトン卿（Sir Francis Galton）によって、1883 年に作られた。彼は優生学を「種を改善する科学」と定義した。優生学運動とは、ゴールトンのいうところによれば、「劣等な種を押さえ込み、より適切な種・血統がスムーズに拡がるよき機会」を与えることに寄与するものである。アメリカ優生学運動は 1890 年代から 1940 年代に入る頃に全盛期を迎える。それは何十万という数の障害者に途方もない苦しみをもたらした。優生学運動は障害者の結婚禁止法令の通過を促し、何千人という精神障害・知的障害者の強制断種を引き起こした。アメリカの優生学運動は、1930 年代ナチ・ドイツの優生立法通過を促し、やがてナチはそこから歩を進め、毒ガスや注射を用いて、多数のヨーロッパの障害者を殺害していく。

優生学者は、白人、異性愛者、北ヨーロッパ系で強健な身体をもつプロテスタントが、人間の進化の頂点にあるのだと信じていた。この他はすべて劣っている。すなわち南欧系、ユダヤ系、有色人種、同性愛者であり、とりわけ障害をもつ人は劣っていて、「ここにこそ文明の将来に対する巨大な生物的脅威があるのだ」と、1922 年マーガレット・サンガー（Margaret Sanger）は『文明の中枢（The Pivot of Civilization）』に書いている。ここで女性の権利運動のパイオニアでもあるサンガーは、「無責任な輩や痴愚（imbecility）の一群の邪悪な力は知能や種の健全さを、少しずつ、しかし確実に破壊してしまう」との不安を表明した。優生学者は、貧困、非識字、犯罪、さらに正直さ、倹約、怠惰、貪

欲といった性格特性は、すべて遺伝と関連づけられると信じていた。ヘンリー・H・ゴダード（Henry H. Goddard）は、『カリカック家（The Kallikak Family）』（1912）で、植民地時代にまで遡ってある家系の「道徳的退廃（moral degeneracy）」をたどったと主張し、「精神薄弱者の脅威」の解消には、施設収容と強制断種が手法としてふさわしいと結論づけた。彼の本は1913年に他を圧するベストセラーになっている。

優生学者は、貧困者や障害者のための社会的な施策に反対であった。そうした施策は生存競争にとって価値なき者を援助しているにすぎないと思い込んでいた。同じ理由で彼らは、労働組合、失業保険、最低賃金制に反対であった。さらに移民を白人のヨーロッパ人に限定することを支持した。人種を超えての結婚を法で罰することにも賛同した。優生学者は、アレクサンダー・グレアム・ベル（Alexander Graham Bell）のような科学者、セオドア・ローズヴェルト（Theodore Roosevelt）やハーバート・フーヴァー（Herbert Hoover）のような政治家、アンドリュー・カーネギー（Andrew Carnegie）のような実業家からも支持を得ていた。1940年代までに大多数の州で、精神障害、てんかん、精神遅滞をもつ人に、とくに女性に対して強制断種が認められた。1927年、最高裁判所は、優生学者の論議を引用しつつ、障害者への強制断種は合憲との判決を下した。

アメリカの優生学者は、他国の優生学者と緊密な関係をもっていた。とくにナチ・ドイツとはそうであった。1941年まで、アメリカの優生学者はナチ・プロパガンダを撒き散らした。一例をあげると、ナチの映画『遺伝病（Erbkrank）』（Hereditary Defective）の宣伝のチラシが3000校もアメリカのハイスクールの生物学教員に送られている。その映画は障害をもつ人を「雑草」にたとえ、健全なものが繁茂するには刈り取るべき存在と描いていた。

その一方、1940年代までに優生学は単に人種差別主義・健常者優位主義・反ユダヤ主義であるだけではなく、似非科学・悪の科学であることが明らかになっていた。客嗇や怠惰という後天性形質は「血統」でもって継承されえないし、強制断種を用いても精神遅滞、精神障害、てんかん、同性愛、身体障害を防止はできなかった。また大恐慌は「純粋な血統」の人でさえも、職を失い、貧困になることを示した。そして最終的には、アメリカの優生学者はそのナチとの親密さにゆえに、大衆の支持を失ってしまう。

とはいえ、1990年代になって優生学論議は一部で復活してくる。パイオニア財団（Pioneer Fund）のような組織が、科学者に資金提供をし、知能や性格は人種・民族性と関わりがあるとする、新「証拠」を発見したと主張する科学者を支援している。近年では1995年春、ロサンゼルスにあるメンサ（Mensa）のニューズレターが、ホームレスで、高齢で、知的障害ないしは虚弱な者は、除去すべきという見解を支持する論説を出した。障害者権利擁護運動家たちは、胎児の子宮内遺伝子診断の開発やそれを疑問ももたずに用いる風潮（出生前の障害診断を医師に認め、「欠陥のある」胎児の中絶を促す）は、障害者を除去することで社会の「純化」を目指す新たな局面であると見なしている。

参照項目　中絶とリプロダクティブ・ライツ（Abortion and Reproductive Rights）；バック対ベル裁判（Buck v. Bell）；安楽死と自殺幇助（Euthanasia and Assisted Suicide）；強制断種（Forced Sterilization）；T-4障害者安楽死政策（T-4）

出典　Bajema, Carl J. ed., *Eugenics: Then and Now* (1976); Blumberg,Lisa, "ugenics and Reproductive Choice," in *The Ragged Edge: The Disability Experience from the Pages of the First Fifteen Years of The Disability Rag* (1994); Gallagher, Hugh Gregory, *By Trust Betrayed: Patients, Physicians, and the License To Kill in the Third Reich* (1990)（長瀬修訳『ナチスドイツと障害者「安楽死」計画』現代書館、1996）; Trombley, Stephen, *The Right To Reproduce: A History of Coercive Sterilization* (1988)（藤田真利子訳『優生思想の歴史——生殖への権利』明石書店、2000）．

Euthanasia and Assisted Suicide
安楽死と自殺幇助

"Euthanasia"とは、「安楽死」という意味である。この言葉は古代ギリシャで作られた。都市国家スパルタでは、障害をもつ乳幼児は、ご

く日常的に捨てられ、殺されていた。以降、アメリカを含む多くの社会で、多くの障害者が、「彼らの負っている不幸をやわらげる」という名目のもとに殺されてきたのである。たとえば1991年、ウィスコンシンの新聞で、脳性まひの子どもに悲観した若い母親が、その子を餓死させたという事件が報じられた。彼女は警察に対してこの事実を認めたにもかかわらず、彼女には何の罰も科されなかった。

心理学者のキャロル・ギル（Carol Gill）はこう書いている。「この人間の世界では、重度障害者という存在は、困難にまったく対処できないような人々にとっては侮辱なのである。このような人々は重度障害者のニーズをおそれ、いつの日か自分も同じような運命になるのではないかと心配しているのだ」。障害者は死ぬべきだと公然と主張することは、一般的には行われない。しかし、その一方で、死ぬ権利運動の中では、多くの人が、障害者を生きるに値しないものと考えているようである。これこそが、ギルらが深刻な脅威と見なしている偏見なのである。

さらに、障害者が自殺を考える原因の多くは、自らの障害ではなく、基本的なサーヴィス利用を拒否されたり、ナーシング・ホームに置かれたり、単調な隔離生活を強いられたりすることなのである。ラリー・マカフィー（Larry McAfee）は、まさにこういったケースであった。ジョージア州対マカフィー裁判（State of Georgia v. McAfee, 1989）において、州裁判所は、マカフィーは鎮静剤を投与され人工呼吸器をはずしてもらう「権利」があるとの判断を下した。マカフィーは障害をもっていることを悲観し、そのようにしてほしいと、自ら裁判所に嘆願していたのである。しかし、彼は障害者権利活動家たちと出会った。彼らはマカフィーに死や施設以外の選択肢を提示し、マカフィーは考えを変えたのだった。エリザベス・ブーヴィア（Elizabeth Bouvia）は1983年、カリフォルニア病院に入院し、餓死することを望んで鎮痛剤の投与を求めた。マスコミやアメリカ自由人権協会（American Civil Liberties Union）および死ぬ権利運動家たちはみな、彼女の要求が障害（彼女の場合は脳性まひによる四肢まひ）に起因していると考えた。しかし実際には、ブーヴィアは要求前の約2年間にトラウマティックな喪失

を立て続けに体験していたのである。兄弟の溺死、経済的な問題、流産、夫との離別、大学での差別などである。最終的には彼女は考えを変え、カリフォルニア州で自立した生活を送っていると報告されている。

1990年代、アメリカで最も有名な自殺幇助の唱道者はジャック・ケヴォーキアン（Jack Kevorkian）であった。彼が40名を超える障害者および慢性病患者の自殺幇助をしたかどで訴えられた裁判は、大々的に報道された。障害者の権利擁護運動家たちは、ケヴォーキアンの患者のうち少なくとも数名は、障害や病気に悲観したというよりも、むしろ選択肢の少なさを悲観していたのであり、他の者の障害もそれほど深刻なものではなかったかもしれない、と主張した。ケヴォーキアンは、断種に関する優生学推進論者の議論、および障害をもつ人々の殺害に関するナチの議論に共鳴し、「非常に深刻な病の患者や障害者の自発的な死が集合的に行われることは、公共の福祉と公衆衛生の維持に寄与するものである」と述べている。ケヴォーキアンの悪評を受けて、ダイアン・コールマン（Diane Coleman）、キャロル・ギルらは1996年、「ノット・デッド・イエット（まだ死んでない Not Dead Yet）」を結成し、ミシガン、マサチューセッツ、その他各地でデモを展開した。彼らは、社会がヘルスケアを制限する方向へとシフトし、障害をもつ人々や高齢者が、障害をもたない人々や若者にとっての負担であるかのように見なされるにつれて、「死ぬ権利」が結局は「死ぬ義務」になるのではないかと懸念していた。権利擁護運動家は、ヘルスケアの提供者から、「蘇生を拒否する（Do Not Resuscitate: DNR）にサインするよう強制された障害者と家族たちの例を報告している。これは、障害者に死を強制する、コスト削減の圧力の一例といえる。1997年6月26日、ワシントン対グラックスバーグ裁判（Washington v. Glucksberg）、ヴァコ対クウィル裁判（Vacco v. Quill）において、最高裁は、憲法にはいかなる「死ぬ権利」もないが、しかし法的に認められた医師の助力による自死という選択肢は州に委ねる、という判決を下した。

これは、すべての障害活動家が、いかなる場合においても自死に反対するということをいっているのではない。ジュリー・レイスキン

(Julie Reiskin)は、『ディスアビリティ・ラグ・アンド・リソース (The Disability Rag & Resource)』(1991年3/4月号) の中で、「自殺を望む障害者を激しく非難する」「ひとりよがりで、自分は正しいと信じている障害者」と、「死ぬ権利を要求するために全国放送のテレビで訴えながら、公衆の面前で、必要な場合は手助けを受けて死ぬことを選ぶ障害者」との中間を探ろうとした。メアリー・ジョンソン (Mary Johnson) は書いている、「結局のところ、それぞれ自分自身で決めるものである」と。しかし、障害者権利擁護運動家はこう主張する。障害をもつ胎児の中絶に関する決定と同様、自死の決定は障害をもった人生についての固定観念に基づいて行われるべきではない。彼らは、死ぬ権利を求めて闘うのではなく、尊厳と自立をもって生きる権利を求めて闘うことを望むのである。

参照項目 中絶とリプロダクティブ・ライツ (Abortion and Reproductive);コールマン,ダイアン (Coleman, Diane);優生学 (Eugenics);ギル,キャロル・J (Gill, Carol J.);全米医療的依存者・障害者法律センター (National Legal Center for the Medically Dependent and Disabled);T-4障害者安楽死政策 (T-4)

出　典 Gallagher, Hugh Gregory, *By Trust Betrayed: Patients, Physicians, and the License To Kill in the Third Reich* (1990) (長瀬修訳『ナチスドイツと障害者「安楽死」計画』現代書館、1996). Lengmore, Paul K., "Elizabeth Bouvia, Assisted Suicide and Social Prejudice", *Issues in Law & Medicine* (Fall 1987). Barrett, Shaw ed., *The Ragged Edge: The Disability Experience from the Rages of the First Fifteen Years of* The Disability Rag (1994).

Everest & Jennings
エヴェレスト＆ジェニングズ社

参照項目 車椅子 (Wheelchairs)

Facilitated Communication
ファシリテイテッド・コミュニケーション

　障害をもつ人の中には、コミュニケーションが非常に困難な人がいる。重度の脳性まひ、自閉症、そして特定の神経運動障害をもつ人は、話す、書く、文字盤を使う、もしくは自分の眼球運動を制御することすらできないかもしれない。ファシリテイテッド・コミュニケーションは、そのような人々を、訓練を受けた人が援助するよう開発された方法であり、被援助者がキーボード上の文字や絵をタイプもしくは指差しする際に、援助者が腕、手首、手を支えたり、やさしく抑制したりする。ダグラス・ビクレン（Douglas Biklen）はファシリテイテッド・コミュニケーションの提案者として最も著名なアメリカ人である。彼はシラキュース大学教育学部のファシリテイテッド・コミュニケーション研究所の所長で、1980年代にはオーストラリアで実践研究を行った。このテーマに関する彼の著書『制約のないコミュニケーション（Communication Unbound）』は、1993年に出版された。

　ビクレンの研究により、ファシリテイテッド・コミュニケーションは全国的な注目を集め、利用が大幅に増加した。ファシリテイテッド・コミュニケーションは、コミュニケーションに障害をもつ人々の「押し付けられた沈黙を開放する鍵」として歓迎された。その一方で、マイケル・モルナー（Michele Molnar）が呼ぶところの「大論争」を引き起こした。すなわち多くの批評家が、タイプされ、スペルを読み上げられた単語が、被援助者のものなのか、一般的に障害をもたない援助者のものなのかについて、疑問を呈した。ファシリテイテッド・コミュニケーションの使用者が、介護者や両親を性的虐待や身体的虐待で告発することが増えたため、状況は非常に紛糾した。これらの告発の多くは刑事事件に発展し、そのうち数名の被疑者が起訴され、有罪判決を受けた。いくつかの例では、嫌疑が晴れた人が、起訴されたことによる損害賠償を求めて援助者を告訴した。

　ファシリテイテッド・コミュニケーションの支持者は、独立した証拠が告発を裏づけている例を指摘し、ファシリテイテッド・コミュニケーション技術を裁判で採用するよう主張した。批評家は、被告人の嫌疑が晴れた例や、証拠不十分で訴訟手続きが進められた例を示した。また彼らは、ビクレンが議論した多くの研究を取り上げ、ファシリテイテッド・コミュニケーションがコミュニケーションをしているとされている人々の考えを反映していないことを明確に実証した。心理学研究者であり、『自閉症研究（Autism Research Review）』の編集者、自閉症者の親でもあるバーナード・リムランド（Bernard Rimland）は、ファシリテイテッド・コミュニケーションの普及を最も厳しく批判した1人である。彼は、以下のように述べている。「皆、ファシリテイテッド・コミュニケーションの軽率な使い方がもたらす結果を見失っている。告発された家族が最も苦しんでいる。しかし、ファシリテイテッド・コミュニケーションが捏造だと繰り返し告訴され、信用を失えば、他にも敗者が生じる」。それは、ファシリテイテッド・コミュニケーションの技術をもっているにもかかわらず、今後決して使うことがないかもしれない人たちである。

参照項目　レイプ／性的暴力およびドメスティック・ヴァイオレンス（Rape/Sexual and Domestic Violence）
出　典　Biklen, Douglas, *Communication Unbound* (1993); Molnar, Michele, "Whose Words Are They Anyway?" *Mainstream* (November 1993).

Fair Housing Amendments Act of 1988 (FHAA)
1988年バリアフリー住宅に関する改正法（FHAA）

　1988年バリアフリー住宅に関する改正法（Fair Housing Amendment Act of 1988: FHAA）により、障害者は、1968年公民権法（Civil Rights Act of 1968）によって定められた住宅差別禁止者のリストに加えられた。これにより、障害者は初めて他の集団と同様に公民権法が意図した差別禁止の対象として認められたのである

(FHAA 後、1987 年公民権回復法も障害者を含めるようになった)。

バリアフリー住宅に関する改正法（FHAA）では、貸主や所有者に対して、障害者であることを理由に住宅を貸したり売ったりすることを拒否することを違法行為としている。さらに障害者だけに通常より高い家賃や売値をつけることも違法であるとしている。また同法は、貸主に対して、盲導犬や聴導犬などの補助犬を「ペット禁止」条項を理由に拒否することも禁じている。

バリアフリー住宅に関する改正法（FHAA）は、地方自治体がグループホームや他の障害者住宅を一般住宅地域外に位置づけるような都市計画を作成することを規制し、障害者を障害者住宅のみに住まわせるよう規定することも禁じている。FHAA は、さらに、障害者の家族にも適用されており、配偶者や子どもに障害者がいることを理由に住宅を貸したり売ったりすることを拒否することを禁止している。

バリアフリー住宅に関する改正法（FHAA）は、また 1991 年 3 月 13 日以降、入居を開始する 4 戸以上の集合住宅には、入り口のスロープ等を確保することを規定している。また、ロビーやトイレ等の公共部分についても、障害者が使用できる設備があることが義務づけられた。

個別居室では、電気のスイッチやコンセントが障害者でも手がとどく位置にとりつけられていることや、浴室に必要に応じて手すりを設置できるようになっていることが義務づけられ、出入り口は、車椅子で行き来できるようになっていることが義務づけられた。また出入り口は、車椅子で行き来できる幅が確保されていなければならないとした。建築会社には、アメリカ規格協会（American National Standards Institute: ANSI）が開発したアクセシビリティ基準か、統一連邦アクセシビリティ基準（Uniform Federal Accessibility Standards: UFAS）を使用するよう勧められた。

最終的に、バリアフリー住宅に関する改正法（FHAA）では、住宅所有者は、「借主が快適に生活するために住宅改修を必要とする」場合には、借主の負担による一定の範囲内での住宅改修を認めなければならないとした。また、借主は、次の借主の生活を明らかに不快にすると考えられる場合を除き、退去時に改修部分を復元する義務はないとした。

1988 年に議会で初めて審議された際に提出されたアメリカ障害者法の原案では、障害者に対する住宅差別に反対する条項が含まれていた。しかし、反障害者差別に取り組む活動家たちは、年内に成立する見込みが大きかったバリアフリー住宅に関する改正法（FHAA）に住宅問題を託すこととした。このため、後に成立するアメリカ障害者法からは、住宅差別禁止条項が削除されることとなった。

参照項目　建築物のバリアフリー（Architectural Access）；住宅（Housing）；メイス，ロナルド・L（Mace, Ronald L.）

出　典　Bazelon Center for Mental Health Law, *What Does Fair Housing Mean to People with Disabilities?* (1991, 1994); Goldman, Charles D., *Disability Rights Guide: Practical Solutions to Problems Affecting People with Disabilities* (1991).

Fair Labor Standards Act of 1938
1938 年公正労働基準法

参照項目　授産施設（Sheltered Workshops）

Fay, Frederick A.
フェイ，フレデリック・A（1944-2011）

フレデリック・フェイは、障害のある人々に対する公共政策の発展、ならびに、全国的な障害者権利運動を草の根的に組織化することやその運動に対する支持を集めることに大きな影響を与えてきた。各地の障害者権利運動のリーダーたちから指導者であり、「陰の賢者」と考えられていた彼は、自立生活運動の先駆者そして障害者が使用するコンピュータ・テクノロジーを発展させた革新者でもある。またフェイは、国際的なレベルでの障害者に対する抑圧について、忌憚なき言及を行った。とくに、旧ソビエト連邦での障害者の境遇に関心をもっていた。

フェイは 1944 年 9 月 12 日にワシントン D.C. で生まれ、1961 年に脊髄損傷によって四肢まひになった。事故から 1 年経たないうちに、彼と彼の母、ジャネット・キャロライン・ライト・

フェイ（Janet Carolyn Wright Fay）は、ワシントン地区での障害のある人々に対する相談および情報サーヴィスを提供することを目的とする組織、オープニング・ドアーズ（Opening Doors）を共同設立した（組織の立ち上げを支援した対まひ者のポール・オドネル〈Paul O'Donnell〉は、オープニング・ドアーズのメンバーの1人であった。のちに、彼の説得により、ハーツ社が対まひの運転手用の手動装置付きの車を提供する最初のレンタカー会社となった）。

フェイは、1967年、イリノイ大学アーバナ・シャンペーン校から心理学の学士号を取得した。同年に、フェイと彼の母は、障害のある学生に対するティム・ニュージェント（Tim Nugent）の画期的なプログラムに刺激され、ワシントン建築物バリアフリープロジェクト（Washington Architectural Barriers Project）を創設した。このプロジェクトは、ワシントンD.C.の地下鉄を障害者も利用できるように数十億ドルを使うことを求めるキャンペーンを主導した。また、障害のある人々と輸送機関の役人とが障害者も利用できる公共輸送機関について話し合うために行ったアメリカ史上初の会議を後援したのも、同プロジェクトであった。1967年には、フェイと母は、全米脊髄損傷者協会（National Spinal Cord Injury Association、その時点では全米対まひ財団〈National Paraplegia Foundation〉と呼ばれていた）のワシントン支部を創設し、フェイはその初代会長となった。

フェイは、1972年に同じくイリノイ大学から教育心理学の博士号を取得した。1975年には、ワシントンD.C.の都市問題研究所（Urban Institute）に上席研究員として勤務し、重度障害者の包括的ニーズ研究（Comprehensive Needs Study of Individuals with Most Severe Handicap）に従事した。その研究は、自立生活センターに対して連邦の補助金提供の土台となった。1977年に、フェイは、ボストンにあるタフツ・ニューイングランド医療センター（Tufts New England Medical Center）の研究局長に任命され、生体工学から、自立生活や利用者としてリハビリテーション・プログラムに参加するためのコンピュータによるデータ管理にまで及ぶさまざまな障害に関連したプロジェクトを監督するために、マサチューセッツ州に移った。この時期に彼が出版した多数の著作には、『国際生物気象学ジャーナル（International Journal of Biometeorology）』（1972）に掲載された「四肢まひ者の耐えがたい気もち（Heat Intolerance in Quadriplegia）」のような論文、『障害者向け住居と交通機関ガイド（A Guide to Accessible Housing and Transportation）』や1974年にボストンのニューイングランド脊髄損傷財団（New England Spinal Cord Injury Foundation）から出版された小冊子などが含まれる。

1973年リハビリテーション法第503条と第504条の可決の際には、フェイが、その主導者の1人となった。1974年にアメリカでの最初の自立生活センターの1つとなるボストン自立生活センター（Boston Center for Independent Living）を共同で設立した。1970年代前半には、フェイは、アメリカ障害者市民連合（American Coalition of Citizens with Disabilities: ACCD）へとつながった最初の会議に障害者の権利を擁護する人々を呼び集め、さらに、ACCDの規則の立案に協力した。地域レベルでは、マサチューセッツ対まひ協会（Massa-chusetts Association of Paraplegics）やマサチューセッツ障害者市民連合（Massachusetts Coalition of Citizens with Disabilities）の前身団体である、マサチューセッツ障害者組織協議会（Massachusetts Council of Organizations of the Handicapped）のような利用者組織のリーダーでもあった。

フェイは、重度障害のある人々が身体的環境を克服することを可能にするような支援技術を率先して使用した。重度障害のある人々でも明かりやサーモスタットを制御できるような精巧なコンピュータシステムを創案し、さらに、電話やコンピュータのキーボードを、ベッドや車椅子からでも使用できるように改造した。彼は、脊髄腫瘍によって自らの四肢まひが悪化し、旅行することが不可能となった後、これらの装置を個人的な使用に供した。また、ファックスモデムを使用することにより、1990年アメリカ障害者法（Americans with Disabilities Act of 1990: ADA）の可決を求める広範なロビー活動を行うことができた。

1995年の初頭、フェイは、ジャスティン・ダート・ジュニア（Justin Dart Jr.）やベッキー・オーグル（Becky Ogle）とともに、1994年11月選挙後の共和党支配の議会からのアメ

F

リカ障害者法や他の障害者権利法制に対する攻撃に対処するため、万民のための正義団（Justice for All）を創設した。万民のための正義団の電子メールの管理者として、フェイは支援者の全国的ネットワークを作り上げた。1995年に創設されたアメリカ障害者協会（American Association of People with Disabilities）の共同設立者でもあった。

フェイは、障害のある人々が選挙政治に参加することを促す運動の中心となった。上院議員エドワード・ケネディ（Edward Kennedy、民主党、マサチューセッツ州選出）やその他全国的に有名な人物のアドヴァイザーであるとともに、民主党のアドヴァイザーでもある。1996年には、フェイは、クリントンとゴアを支持するアメリカ障害者会（Americans with Disabilities for Clinton/Gore）の議長を務め、そして、障害者の権利アジェンダを支持する議員候補者の当選を求める障害者権利活動家たちによる取り組みのまとめ役をした。

フェイは、数多くの賞を受賞してきた。たとえば1978年には、アメリカ青年会議所が選ぶ傑出した10人のアメリカの若者と名づけられた賞（この賞の過去の受賞者には、ジョン・F・ケネディやエルビス・プレスリーが含まれている）を受賞し、1992年には、ブッシュ大統領より功労賞を受賞している。

参照項目　アメリカ障害者協会（American Association of People with Disabilities）；アメリカ障害者市民連合（American Coalition of Citizens with Disabilities）；1990年アメリカ障害者法（Americans with Disabilities Act of 1990）；ボストン自立生活センター（Boston Center for Independent Living）；万民のための正義団（Justice for All）；首都交通局のバリアフリーキャンペーン（Metropolitan Area Transit Authority Access Campaign）；1973年リハビリテーション法（Rehabilitation Act of 1973）；1973年リハビリテーション法第504条（Section 504 of the Rehabilitation Act of 1973）

Federal-Aid Highway Act Amendments of 1974
1974年連邦政府助成幹線道路改正法

1973年連邦政府助成幹線道路法は幹線道路を修繕、あるいは建設する州に対して、連邦政府の資金援助を提供した。この法律は1974年に改正され、この規定によって連邦資金を供給されたすべての幹線道路事業は、「高齢者や障害者が有効利用できるように計画、デザイン、建設、管理運営される」ことを要求した。これはすばらしいものに思われるであろうが、実際には法律の影響力は限定的なものとなった。この対象となったのは連邦政府助成幹線道路計画（Federal-Aid Highway Program）のもとに直接的に資金提供された幹線道路事業のみに限定され、その場合でも、連邦裁判所によって、全面的な建築上、運営上のバリアフリーが実現されなくとも許される例があった。

もう1つの1974年改正法は、上記の法律の下で連邦助成金を受けたすべての幹線道路事業に対し、「1976年7月1日以降新たに縁石を設置あるいは改修する際、全米のすべての横断道路で車椅子利用者を含む障害者が横断できるよう、十分な安全と便宜が図られて」いない場合、交通省長官はその施行を認可しないとした。1980年、障害者法の学者、ロバート・L・バーグドーフ・ジュニアは、この改正法を「われわれが獲得した中で連邦政府によるカーブ・カット法（curb-cut law）に、最も近いもの」であると表現した。

参照項目　カーブ・カット／カーブ・ランプ（Curb-Cuts/Curb Ramps）
出典　Burgdorf, Robert L., Jr. *The Legal Rights of Handicapped Persons: Cases, Materials, and Text* (1980).

Fiesta Educativa, Inc.
フィエスタ・エデュカティーヴァ親の会

ジャーナリストのジゼル・アセヴェドーフランコ（Gisselle Acevedo-Franco）は、「アメリカ在住のラテンアメリカ系住民が政治的に差別されているとしたら、ラテンアメリカ系障害者コミュニティはその2倍迫害されている」と書い

Fiorito, Eunice K.
フィオリート，ユーニス・K（1930-1999）

ユーニス・K・フィオリートは、アメリカ障害者市民連合（American Coalition of Citizens with Disabilities: ACCD）の創設者の1人であり、その最初の会長であった。彼女は、障害の違いを超えた意識（cross-disability awareness）と組織化を早くから提唱していた、卓越した人物であった。

1930年10月1日にイリノイ州シカゴ（Chicago）で生まれたフィオリートは、16歳の時に盲人となった。1950年代には、授産施設（sheltered workshop）にて時給10セントで働いていた。彼女のリハビリテーションカウンセラーは、彼女が大学に行こうとすると、落第することになるであろうと述べて、それをやめさせようとした。しかしながら、フィオリートは、学位の取得を目指し、1954年にはシカゴのロヨラ大学（Loyola University）から教育学の学士号を取得し、優秀な成績で卒業した。彼女は、4年間のプログラムをわずか3年で終えた。その後、イリノイ州公共福祉局（Department of Public Welfare）でリハビリテーション教師／ケースワーカーとして働き始めたが、ニューヨークに移り、1960年にコロンビア大学からサイキアトリック・ソーシャルワークの修士号を取得した。彼女は、素晴らしい履歴と成績（コロンビア大学をクラスで4番の席次で卒業した）にもかかわらず、ニューヨークにあるユダヤ盲人ギルド（Jewish Guild for the Blind）でソーシャルワーカーの地位に就くことができるまでに、60以上もの雇用主に採用を断られた。ギルドで彼女は、視覚障害との重複障害児を対象とした外来の精神科診療所を全米で初めて設立した。1964年から1972年にかけて、彼女は、ニューヨーク大学のベルヴュー医療センター（Bellevue Medical Center）に勤務した。そこでは、上級サイキアトリック・ソーシャルワーカーとして働き始め、最終的には、精神保健福祉とリハビリテーション・サーヴィスの局長となった。1970年に障害者についての市長の諮問委員会（Mayor's Advisory Committee on the Handicapped）の調整役となり、ニューヨーク市長ジョン・リンゼイ（John V. Lindsay）を説得して、1971年にはそれを全米で最初の市長の障害者室

ている。障害者に対する社会サーヴィスのほぼすべてが英語のみで書かれている、という環境にあるため、発達障害児をもつラテンアメリカ系家庭は、法律上受ける権利があるサーヴィスを受けることは少ないだろう。個別教育プログラム（IEP）の作成、公立学校における適正な法手続きに則った意見聴取、職業リハビリテーションの機会といったすべてに対し、スペイン語を話す家族とその子どもたちには付加された別の障害があるのである。

フィエスタ・エデュカティーヴァは、スペイン語を母語とする、発達障害児をもつ親たち、関係する専門家、サーヴィス提供者の組織であり、1978年、ロサンゼルスにおいて上記のような問題に立ち向かうため、結成された。主要な創設者は、イレーネ・マルティネス（Irene Martinez）、ハーマン・フォガタ（Herman Fogata）、アマリア・グエレロ（Amalia Guerrero）、アルフォンゾ・ペレス（Alfonzo Perz）、ヴィクトル・フランコ（Victor Franco）らである。「フィエスタ・エデュカティーヴァ」という名前はテレサ・サミング・ボレッテ（Theresa Saming Bolette）の発案による。彼女は、この組織の最初の年次会議において基調講演者を務め、ラテンアメリカ系住民家庭と発達障害に関係する問題について、「フィエスタ・エデュカティーヴァ」という同じ名前の地域研修会を運営してきた人物である。

フィエスタ・エデュカティーヴァは非営利的組織であり、両親、支持者、関係する専門家らを対象に年次会議を開催している。最近の会議では、家族中心のサーヴィス、多感覚応用読書プログラム、健康管理改善とその障害者に及ぼす影響、性の問題、個別的援助サーヴィス、補足的所得保障計画への修正を獲得するための支援などに関するワークショップを行っている。

参照項目 多文化問題、障害のあるマイノリティ（Multicultural Issues, Minority Persons with Disabilities）；親の会の運動（Parents' Movement）
出典 Rueda, Robert, and Irene Martinez, "Fiesta Educativa: One Community's Approach to Parent Training in Developmental Disabilities for Latino Families", *Journal of the Association for Persons with Severe Handicaps* (1992).

（Mayor's office for the Handicapped）へと発展させた。彼女は、1978年までその室長を務めた。

フィオリートは、市長の障害者室での仕事を通じて、障害の違いを超えた全国的な支援組織の必要性を確信するようになった。彼女は、「もし障害をもつ人々が協働すれば、その数の勢いはほんとうの意味で政治的な力となりうるであろう」と認識していた。大統領障害者雇用委員会（President's Committee on Employment of the Handicapped）の1974年の年次会議において、活動家フレデリック・フェイ（Frederick Fay）とともに、ACCDの設立を発表した。ACCDは、1975年4月に正式に活動を開始した。その2年後に、フィオリートは、ワシントンD.C.にある連邦保健・教育・福祉省（federal Health, Education and Welfare: HEW）庁舎の占拠闘争を組織した。これは、HEW長官のジョセフ・A・カリファーノ（Joseph A. Califano）に、1973年リハビリテーション法第504条（Section 504 of the Rehabilitation Act of 1973）を履行する施行規則を発布することを求めて行われた障害者権利擁護活動家たちの全国的な奮闘の一環であった。

フィオリートは1981年に障害者インターナショナル（Disabled Peoples' International）のメンバーとなり、1985年には同組織の地域評議会および世界評議会のメンバーとなり、その後、1986年から3年間にわたって会計役を務めた。1978年の障害有権者連盟（League of Disabled Voters）の創設者でもあり、1980年まで初代代表を務めた。さらに、その他の数多くの組織、たとえば、全米女性組織（National Organization of Women）、アメリカ盲人協議会（American Council of the Blind）、世界盲人連合（World Blind Union）、女性有権者連盟（League of Woman Voters）などでもさまざまな立場を務めた。また、1974年以来、大統領障害者雇用委員会（President's Committee on Employ-ment of People with Disabilities）の執行委員会のメンバーでもある。

フィオリートは、1978年の着任以降、アメリカ教育省におけるリハビリテーション・サーヴィス局長の特別補佐として働いた。1980年には、アレン・シュピーゲル（Allen Spiegel）との共同著書『障害者をリハビリテーションで社会の主流へ（Rehabilitating People with Disabilities into the Mainstream of Society）』を出版した。その他にも、障害者の権利とリハビリテーションに関する多くの論文を執筆しており、1972年の全米リハビリテーション協会リーダーシップ賞（National Rehabilitation Association Leadership Award）や1975年のケンタッキー州の名誉大佐の称号など、さまざまな賞や顕彰を得ている。

参照項目 アメリカ障害者市民連合（American Coalition of Citizens with Disabilities）；障害の違いを超えた意識／反応（Cross-Disability Awareness/Cross-Disability Sensitivity）；連邦保健・教育・福祉省デモ（HEW Demonstrations）

Fischer, Angeline A. Fuller
フィッシャー，アンジェリン・A・フラー（1841-1925）

聾のフェミニスト活動家で著述家でもあるアンジェリン・A・フラー・フィッシャーは、1841年8月11日にイリノイ州サヴァナに生まれ、ネブラスカ州オマハで育った。幼児期に聴力を失ったため、ジャクソンヴィルにあるイリノイ聾学校で1869年まで学んだ。1870年代後半、ワシントンD.C.にあるギャローデット大学に女子学生の入学を認めさせる運動を始めた。彼女は、もしギャローデットの理事たちが差別的なやり方を改めないならば、男子カレッジとはできるだけ離れた女子の分離カレッジを設立するという要求までしていた。ギャローデットの理事会は1887年1月に投票を行い女子の入学を認めた。1880年にフィッシャーは全米聾者会議（National Convention of the Deaf）に参加したが、その会議で全米聾者協会（National Association of the Deaf）が発足した。

フィッシャーは詩人でもあり、詩集『ヴェンチャー（*The Venture*）』を1883年に発行した他、数多くの新聞や雑誌に詩を寄稿した。

参照項目 ギャローデット大学（Gallaudet University）；全米聾者協会（National Association of the Deaf: NAD）

出典 Braddock, Guilbert C., *Notable Deaf Persons* (1975); Holcomb, Mabs, and Sharon Wood, *Deaf*

Women: A Parade through the Decades (1989).

Fleming, G. Andrew
フレミング，G・アンドリュー（1952年生）

　G・アンドリュー・フレミングは、1952年10月25日にカリフォルニア州オークランド（Oakland）で生まれた。彼は、24歳の時に列車に轢かれて両足を切断した。以前からスポーツ選手であったフレミングは、〔事故後〕車椅子競技の選手になった。そして、障害者スポーツの支援者となり、障害のある人々が一般のスポーツや運動競技に参加しやすい環境を整えるべきだと主張した。

　フレミングは、1995年にインタヴューを受けた際に次のように語った。「歴史的に見て、スポーツは、常に社会的態度（society's attitudes）を変革させる手段でした。黒人のスポーツ選手たちが、野球や他のスポーツ競技での人種の壁（color barrier）を打ち破った1950年代を振り返ってみてください。もし、障害のある人々が、競技をとおして、彼らが受けて当然の評価を得ることができるならば、彼らは他の障壁をも打ち砕くことができるのです」。

　フレミングは、カリフォルニア州サンタバーバラ（Santa Barbara）で車椅子競技のスター選手となった。しかし、彼は、市内にある娯楽施設やレクリエーションプログラムの多くが車椅子では利用できないことを知り、1979年に市のレクリエーション課を説得して自身を障害者レクリエーション（adaptive recreation）担当の責任者に起用させた。また1982年には、全米車椅子競技協会（National Wheelchair Athletic Association）の初代事務局長および障害のあるアスリート向けプログラム、アメリカオリンピック小委員会（U.S. Olympic Subcommittee on Pro-grams for Athlete with Disabilities）のメンバーになった。さらに1984年には、ロサンゼルスオリンピック組織委員会（Los Angels Olympic Or-ganizing Committee）の顧問に就任した。一方、この時期に、車椅子バスケットボールのオールスターチームの選手となり、陸上と水泳の国際競技会ではメダルを獲得している。

　フレミングは、1983年から1987年までアメリカ陸上競技連盟（Athletics Congress of the U.S.A.）に属する障害者競技委員会（Committee on Athletics for the Disabled）の議長を務めた。1990年には、1996年開催のアトランタパラリンピックの組織委員会（Atlanta Paralympic Or-ganizing Committee）会長兼実行委員長に就任し、同競技大会の運営を取り仕切った。

参照項目　パラリンピック（パラリンピック運動）（Paralympics (Paralympic Movement)）；スポーツと運動競技（Sports and Athletics）

Forced Sterilization
強制断種

　優生学運動の主目的は、子どもをもつのは「不適切」と見なされた障害をもつ人の強制断種にあった。とりわけ発達障害者あるいは精神遅滞者、精神障害者、てんかん患者は、このキャンペーンの対象者であった。

　強制断種の初期の措置は去勢であった。1880年代と1890年代の時期に、エルウィンのペンシルヴェニア精神遅滞児トレーニング・スクール校長アイザック・ニュートン・カーリン（Isaac Newton Karlin）や、白痴・痴愚青年のためのカンザス施設主任医師であるF・ホイト・ピルチャー（F. Hoyt Pilcher）のような医師たちが、彼らの保護下にいる数十名の少年に去勢を施した。世紀転換期に、ドイツのエドウィン・ケーラー（Edwin Kehrer）と、シカゴのアルバート・オクスナー（Albert J. Ochsner）は、女性の場合は卵管を、男性の場合は精管を、「縛る」技術を開発した。これらの処置は、簡単な外科手術で、何の後遺症もないと見なされた（実際には抑うつ症状や感染も含めて、強制断種はほとんどの場合、重い心的外傷と身体面での後遺症を引き起こした）。恐らく何より重視されたのは、従来のやり方よりもこれらの手術が安上がりですむ点であった。ほどなく数名のアメリカの医師が、この技術を用いて、多数の施設収容者に断種手術を始めることになる。これらの医師の1人、インディアナ州の精神病院主任医師ハリー・C・シャープ（Harry C. Sharp）が、男性障害者に実験的に精管切除を実施した。その後の10年間で、保護を託されていた施設入所の障害者のうち、236名に精管

切除の手術をした。シャープは強制断種を行う改革運動家になったのである。シャープのような提案者たちの尽力の結果、1907年インデアナ州で「明らかに白痴や痴愚と立証された者、常習強姦者」への手術を許可する、最初の強制断種法が制定された。

優生学者たちは他州でも立法化を推し進めていった。「道徳的痴愚（moral imbecility）」「道徳的白痴（moral idiocy）」「道徳的退廃（moral degeneracy）」、あるいは「生得的犯罪性痴愚（imbecility with criminal instincts）」を有する障害者の断種を許可するよう求めたのである。これらの障害関連の用語はすべて、精神的、知的障害をもつ人は堕落していて性的に危険という共通の信念から発していた。『優生学と革新主義者（Eugenics and the Progressives）』（1968）の著者ドナルド・ピケンズ（Donald K. Pickens）によれば、「断種手術を支持する者のなかには」「精神的、知的な無能者を不完全な人間と考えており、その主たる特徴は『驚愕すべき多産性』と、慈善にますます依存していく全般的な無能力さである」と見ていた。そして19世紀末から20世紀初頭にかけて障害者施設が大規模化していったことで、強制断種はやりやすくなった。カリフォルニア州だけでも、6000件の手術が1909年から1929年の間に実施された。

この種の優生学運動・キャンペーンに対する法的制限は、すべて1927年最高裁判所のバック対ベル裁判（Buck v. Bell）によって取り払われた。最高裁は強制断種は障害者の憲法上の権利侵害にはあたらないとの判決を下したからである。総計32の州で障害者の断種法が可決された。レポーターのメアリー・ビショップ（Mary Bishop）によれば、推定「6万人のアメリカ人が集められ、遺伝的に劣等と判定され、政府の施設に収容され、彼らの意思に反して断種されたのである」。

1970年代に障害者権利擁護活動家と市民的自由主義者は、強制断種を許可する法を拒否する闘いに挑む。それは断種法の手続きの濫用的性格が世間でスキャンダルとして注目された時期であった。キャリー・バック（Carrie Buck）の不妊手術を許可したヴァージニア断種法（Virginia Sterilization Law）は、最終的には1974年に廃止される。けれども、障害者への強制断種が違憲との明確な判決は1度もされてはいない。

参照項目 中絶とリプロダクティブ・ライツ（Abortion and Reproductive Rights）；バック対ベル裁判（Buck v. Bell）；優生学（Eugenics）；障害をもつ人が親になること（Parenting and Disability）

出典 Friedmann, Ina, *The Other Victim* (1990); Pickens, Donald K., *Eugenics and the Progressives* (1968); Trombley, Stephen, *The Right To Reproduce: A History of Coercive Sterilization* (1988)（藤田真利子訳『優生思想の歴史――生殖への権利』明石書店、2000）.

Fowler, LaDonna G. (Kirkaldie)
ファウラー，ラドンナ・G（カーカルディー）（1954年生）

ラドンナ・G・ファウラーは、アメリカ・インディアン障害者権利擁護運動家の第一人者であり、アシニボイン族、スー族、そしてタートル・マウンテン居留地のチパワ族の血をひいている。彼女は、ミズーラのモンタナ州立大学村落障害研究所（Rural Institute on Disabilities）におけるアメリカ・インディアン障害者立法プロジェクト（American Indian Disability Legislation Project; AIDL）の責任者であり、同事業の共同主任研究員でもある。

ファウラーは、1954年7月22日に生まれ、1988年にモンタナ州パブロ（Pablo）にあるサリッシュ・クートネー大学（Salish Kootenai College）障害学生サポートサーヴィスのピアドヴァイザーになった。1994年まで同大学で多方面にわたって活躍した後、村落障害研究所のスタッフになった。全米アメリカ・インディアン議会（National Congress of American Indians; NCAI）にAIDLを代表して出席し、NCAIの障害部会を活性化させた。ほかにも、全米自立生活協議会多文化委員会（National Council on Independent Living Multi-Cultural Committee）、および世界障害研究所のパーソナル・アシスタント・サーヴィス諮問委員会（Personal Assistant Services Advisory Council of the World Institute on Disability）の委員を務めている。1988年には、クートネー大学から秘書技能／情報処理分野に

おける応用科学の準学士号を得た。彼女は、フリーのアーティストであり、工芸家でもある。

参照項目　アメリカ・インディアン障害者立法プロジェクト（American Indian Disability Legislation Project）；村落障害研究所（Rural Institute on Disability）

"Freaks" as Sideshow Performers
見世物小屋（サイド・ショウ）の演技者としての「フリークス」

何世紀にもわたって、障害をもつ人はカーニバル、サーカス、展示会や市（いち）での「見世物小屋（サイド・ショウ）」において見物の対象となった。中世ヨーロッパのローマカトリック教会は障害をもつ人を見世物とする移動興行を主催していた。また料金をとって障害をもつ自分の家族を見世物の対象とする者や、宮中での展示のために障害をもつ自分の家族を王族に売る者もいた。ヴィクトリア朝時代にこの種の「エンターテインメント」が、カーニバルでの見世物小屋や「10セント博物館」の中で発生した。「腕なし脚なしの驚異」「巨人」「小びと」「あざらし少年」「生ける骸骨」「小頭児」などを、大衆はお金を払って見物した。こうした見世物興行はとりわけアメリカの小さな町でよく行われていた。一方、P・T・バーナム（P. T. Barnum）などの見世物師はニューヨーク、シカゴ、ロンドン、パリなどの大都市で、「親指トム」や「シャム双生児」など障害をもつ人を主役にした「興行」を行った。

見世物小屋の「フリークス」たちの人生は、無慈悲と搾取に包まれていた場合が少なくない。「出演者たち」は事実上カーニバルの主催者たちによる捕われの身にあり、生活の糧を得るために働いていた。レスリー・フィードラー（Leslie Fiedler）は彼らのことを「同じ人間なのに極貧の小作人よりも、鎖につながれて戸外労働をするミシシッピの黒人服役囚よりも、周縁化された人々」（伊藤ほか訳『フリークス――秘められた自己の神話とイメージ（新版）』青土社、p. 12）と称している。実際のところ、「フリークス」は機能障害をもっていないことも多かった。彼らは見ることも聞くこともできたし、歩くことも話すこともできた。身体的には他者の世話をすることも自立した生活を送ることも可能であった。むしろ、身体的外見のために主流社会から見捨てられたがゆえに、「犬面少年ジョジョ」や「獅子面男ライオネル」、そして多くの「おとこおんな」すなわち両性具有者のような人たちが「フリークス」となった。見世物小屋の「フリークス」の呼称として用いられたまさにその言葉は、「人間とそれ以外の獣とを隔てる一線は侵されることがないというわれわれ（の社会）がもつ確信に疑義を投げかける」とフィードラーは指摘している。たとえば脚のない小人のサミュエル・D・パークス（Samuel D. Parks）は「蛙少年ホップ」として知られており、腕と脚のないニューギニア出身のプリンス・ランディアン（Prince Randian）は「生けるトルソー」として以外にも、「蛇男」や「いも虫男」として知られている。ランディアンは実生活では結婚し5人の子どもの父親であった。彼の同年代の人たちは彼のことを「思いやりのある男」と述べている。

テレビの普及やこの種の「エンターテインメント」に対する大衆の不快感の高まりなどの影響により、見世物小屋は1950年代から1960年代にかけて下火になった。とはいえ、1960年代までは年間7500万人のアメリカ人がこうした興行に出向いていた。見世物小屋を禁止しようとした州もあったが、カーニバルの主催者のみならず、「フリークス」の中からも反対意見が出た。見世物小屋が自らの雇用にとって唯一の希望だというのが「フリークス」の主張であった。フロリダ州最高裁は1972年10月に、州内での見世物小屋を禁止する法律は違憲であるという判決を下した。シカゴのラジオ局WRCXは1996年に、「癌で顔の半分を失った男（The Man Who Lost Half His Face to Cancer）」や「腕なし脚なしのトルソー（The Armless, Legless Torso）」を取り上げた「マンコウのフリーク・ショー（The Mancow Freak Show）」を開催した。

参照項目　障害者のメディア・イメージ（Media Images of People with Disabilities）
出典　Bogdan, Robert, *Freak Shaw: Presenting Human Oddities for Amusement and Profit* (1988); Drimmer, Frederick, *Very Special People: The Struggles, Loves and Triumphs of Human Oddities* (1973); Fiedler,

F

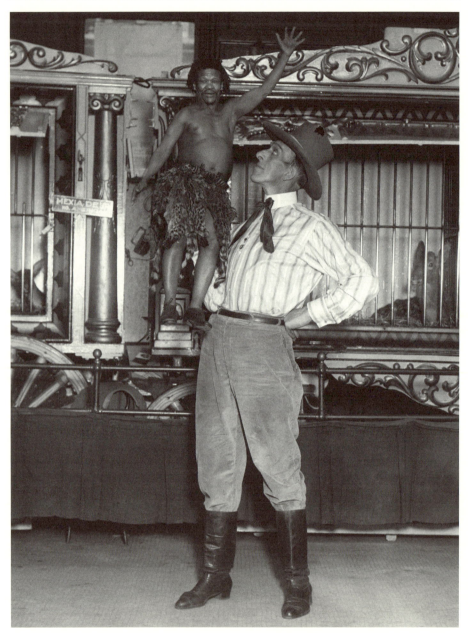

バーナム&ベイリー・サーカスの「フリークス」：巨人のジョージ・アンガーとピグミー族のクリック・コー。サーカスの大立者であったP・T・バーナムは「親指トム」や「シャム双生児」などの見かけが奇妙な人々を「フリークス」として見世物小屋に展示した。
©Bettmann/CORBIS/amanaimages

Leslie, *Freaks: Myths and Images of the Secret Self* (1978)（伊藤俊治ほか訳『フリークス――秘められた自己の神話とイメージ（新版）』青土社、1999).

Frieden, Lex.
フリーデン，レックス（1949年生）

　レックス・フリーデンは、1970年代の自立生活運動初期のパイオニア的存在であり、1990年アメリカ障害者法（Americans with Disabilities Act of 1990: ADA）の起草および成立の際に主要な役割を果たした人物である。彼は、全米における障害者権利運動の中心人物と見なされているだけではなく、国際的には自立生活、リハビリテーションに関する権威として認識されている。数多くの地方ないしは全米規模の障害者権利組織に所属してきたが、そのうちのいくつかは、自ら創設に尽力した組織であった。

　フリーデンは、1949年3月5日にオクラホマ州アルヴァ（Alva）で生まれた。オクラホマ州立大学在学中の1967年、自動車事故で四肢まひになり、学業をいったん中断する。しかし、その後1971年にはタルサ大学から心理学の学士号を、そして1979年にはヒューストン大学から社会心理学の修士号を得た。1970年代初頭から自立生活運動の活動を始め、1971年には、タルサで今こそ車椅子で自立する会（Wheelchair Independence Now）を立ち上げた。1975年にヒューストン・バリアフリー生活連合（Houston Coalition for Barrier Free Living）を共同で創設し、同連合会長を務めた（1975–1977）。ほかにもアメリカ障害者市民連合（American Coalition of Citizens with Disabilities）の事務局長（1975–1976）を務めた。さらに、1978年にはテキサス障害者連合（Coalition of Texans with Disabilities）を共同で創設した。このように、多くの役職に就いたが、専門職としては、全米リハビリテーションカウンセラー認証委員会（National Commission on Rehabilitation Counselor Certification）会長（1976–1987）と、アメリカリハビリテーション医学学会（American Congress of Rehabilitation Medicine）立法部門代表（1982–1984）を務めた。また、テキサス州ヒューストンにあるベイラー医科大学（Baylor College of Medicine）では、リハビリテーション学部研究専任講師（1978–1980）、准教授（1980–1991）として勤務した。

　1984年には、レーガン大統領がフリーデンを全米障害者協議会（National Council on the Handicapped）の事務局長に任命した。彼は、同評議会の革新的な報告書である『自立に向けて（*Toward Independence*）』（1986）の作成に大いに貢献した。この報告書は、障害者の差別撤廃に向けて、国レベルでの障害者の公民権法制化を求めたものであった。これは、後に1990年アメリカ障害者法（ADA）として結実する。1988年、フリーデンは議会で結成されたアメリカ障害者の権利・エンパワメント特別委員会（Task Force on the Rights and Empowerment of Americans with Disabilities）の推進責任者に任命された。同特別委員会は、2年間にわたって全国でパブリックフォーラムを開催し、議会議員およびブッシュ政権に対して連邦障害者権利法の必要性をめぐる情報提供を行った。この特別委員会は、アメリカ障害者法成立においてきわめて重要な役割を果たした。

　フリーデンは、1988年に特別委員会を辞し、テキサス州ヒューストンにあるリハビリテーション調査研究所（Institute for Rehabilitation and Research）の事務局長になった。その後1991年には同研究所副所長に就任した。1990年、アメリカ国際リハビリテーション協議会（U.S. Council on International Rehabilitation）の事務総長補佐に、1993年にはベイラー大学地域医療学部の臨床助教授になる。フリーデンは、1989年に就任した大統領障害者雇用委員会（President's Committee on Employment of People with Disabilities）の理事会を含む多くの会議、委員会のメンバーになった。また、さまざまな刊行物の編集委員ないしは顧問委員を務めた。その刊行物としては、『季刊村落特殊教育（*Rural Special Education Quarterly*）』（1986–1994）、『障害政策研究ジャーナル（*Journal of Disability Policy Studies*）』（1989–）、そして『リハビリテーション教育（*Rehabilitation Education*）』（1987–）などがある。彼は、数多くの賞を受賞しており、大統領表彰も2回受けている。

参照項目　アメリカ障害者市民連合（American Coalition of Citizens with Disabilities）; 1990年アメリカ障害者法（Americans with Disabilities Act of 1990); ヒューストン共同生活居住プロジェクト (Houston Cooperative Living Residential Project); 全米障害者協議会 (National Council on Disability); アメリカ障害者の権利・エンパワメント特別委員会 (Task Force on the Rights and Empowerment of Americans with Disabilities)

Funk, Robert J.
ファンク, ロバート・J (1944年生)

ロバート・J・ファンクは、障害者権利教育擁護基金 (Disability Rights Education and Defense Fund: DREDF) の創設メンバーであり、初代常務理事を務めた。彼は、障害者インテグレーション (disability integration) 論の創始者の1人で、以下のような主張をしている。すなわち、障害のある人々が公民権を獲得するためには、人種、宗教、民族そしてジェンダーによって人々が認められているように、法律によって認められた集団 (legal class) として見なされなくてはならないと強調する。この理論によって、障害のある人々は、「カーストから集団へ (from caste to class)」と移行するといわれてきた。そして、ファンクは、障害者の公民権をめぐる問題解決の手順を立案した主要人物と考えられているのである。

ファンクは、1944年12月18日に生まれた。1964年から1966年まで、ナイジェリアでアメリカ平和部隊のボランティアとして活動した。その後、1972年にミシガン大学アナーバー校から文学士号を、そして1976年にはカリフォルニア大学デイヴィス校から法律学の学位を得た。1977年には、バークレーの自立生活センター (CIL) 副所長に就任した。そして、地域に根ざした権利擁護および訓練を行う障害者法リソースセンター (Disability Law Resource Center: DLRC) を CIL 内に立ち上げ、その指揮にあたった。DREDF は、障害のある人々の公民権拡大という目的に向け、全米規模の法的対策機関の必要性がファンクや他の人々にとって明確になった時期に創設された。DREDF は、ファンクが事務局長を務めた期間、以下のような障害者の権利をめぐるきわめて重大な訴訟事件において意見陳述書 (amicus brief) を提出した。すなわち、統合鉄道会社対ダロン裁判 (Consolidated Rail Corporation v. Darrone, 1984)、アメリカ身体まひ退役軍人会対ウィリアム・フレンチ・スミス裁判 (Paralyzed Veterans of America v. William French Smith, 1986)、そして、サウスイースタン・コミュニティ・カレッジ対デイヴィス裁判 (Southeastern Community College v. Davis, 1979) であり、これらはすべて最高裁で議論された。

ファンクは、1986年に DREDF を離れ、アメリカ教育省の国立障害・リハビリテーション研究所 (National Institute on Disability and Rehabilitation Research) の政策研究・プロジェクトの主任に就任した。そのプロジェクトにおいて、彼は、パーソナル・アシスタンス・サーヴィス (PAS)、自立生活センターのコンピュータネットワークシステム、そして障害者の医療保険に関する問題等の研究を行った。1987年1月から12月には、全米障害者協議会 (National Council on the Handicapped) ならびに大統領障害者雇用委員会 (President's Committee on Employment of the Handicapped) の顧問を務めた。また1990年3月には、アメリカ雇用機会均等委員会 (U.S. Equal Employment Opportunity Commission) の委員長に任命され、3年間務めた。その後、ワシントン D.C. にある障害者権利問題専門のエヴァン・ケンプ法律事務所 (Evan Kemp Associates, Inc.) の共同事業者になった。

また、ファンクは、『障害者権利の法改正——記事と論文 (Law Reform in Disability Rights: Articles and Concept Papers)』(1981) に所収された「カーストから集団へ——障害者の人間化 (From Caste to Class: The Humanization of Disabled People)」を含め、障害者の公民権をめぐる訴訟と法律制定に関する数多くの論文、著作 (共著) を手がけている。

参照項目　障害者権利教育擁護基金 (Disability Rights Education and Defense Fund)

Gallagher, Hugh Gregory
ギャラハー, ヒュー・グレゴリー (1932-2004)

ヒュー・グレゴリー・ギャラハーによるナチの障害者絶滅キャンペーンについての研究や著作、フランクリン・ローズヴェルトの人生や大統領としての職務に障害がどう影響したのかについての研究や著作は、障害者権利運動を歴史的な文脈で捉える上で重要な役割を果たしている。彼はまた1968年建築物バリアフリー法（Architectural Barriers Act of 1968）起草の中心人物でもあった。

ギャラハーは1932年10月18日、カリフォルニア州のパロアルト（Palo Alto）に生まれた。1952年にポリオによる四肢まひとなった。彼はジョージア州のウォーム・スプリングスのリハビリテーション・センターのメンバー（小説家のロレンゾ・ミラン〈Lorenzo Milam〉と一緒）で、いわゆる「53年度生クラス」に属していた。そこでの経験を通して彼は、フランクリン・ローズヴェルト（同センターの共同設立者）に、そしてまた大統領とポリオとの関係に興味を抱くようになる。ギャラハーは1956年に、カリフォルニア州クレアメント・カレッジ（Claremont Collegeはその当時は男子校）で学士号をとる。1959年にはオックスフォード大学から学士・修士号を得ている。1959年にコロラド州の民主党上院議員ジョン・A・キャロル（John A. Carroll）の立法秘書になり、次いでアラスカ州選出の民主党上院議員E・L・バートレット（E. L. Bartlett）の行政秘書になる。ギャラハーは1964年のリンドン・ジョンソン大統領選挙戦のアラスカ州でのコーディネーターであり、1966年にバートレット再選運動のマネージャーでもあった。1967年から1968年、ホワイトハウスに勤務し、ジョンソン大統領のもとで法律制定の署名と拒否教書の執筆を担当した。

1968年建築物バリアフリー法を構想し、執筆した人物として、ギャラハーは障害者権利法と権利運動の進展の上できわめて大きな役割を演じた。本法は初めての連邦レベルの障害者権利法であり、障害者権利擁護運動家たちがアクセスできる権利を法的公民権の問題として捉えることができるようにした。ワシントンD.C.の活動家は、1972年に始まるワシントン市地下鉄相手の訴訟で本法を引き合いに出し、アクセス可能な公共輸送を求める闘争の中で、意義ある勝利をおさめた。

ギャラハーの処女作『助言と妨害——外交政策決定における連邦議会上院の役割（Advise and Obstruct: The Role of the United States Senate in Foreign Policy Decisions）』(1969) は、ピューリッツァー賞候補作に推挙された。本書に引き続き、1974年『エトク——エスキモー・パワーの物語（Etok: A Story of Eskimo Power）』〔註：アラスカ・ネイティヴの男の生涯：エスキモー・パワーの物語である〕を刊行。ギャラハーの最もよく知られた歴史作品は1985年に刊行された『FDRの見事なる欺瞞（FDR's Splendid Deception）』である。それはローズヴェルトの私的生活と政治活動にポリオ後の対まひがいかなる影響を及ぼしたのかを詳述し、彼の障害を控えめに扱うためにローズヴェルトとメディアが協働していたことをあばいた本である。『ナチスドイツと障害者「安楽死」計画（By Trust Betrayed: Patients, Physicians, and the License To Kill in the Third Reich）』〔註：表題は長瀬訳〕が1990年に刊行され、1995年には改訂版が出された。本書はナチの障害者絶滅キャンペーンを詳しく描いており、アメリカ図書館協会書籍一覧表では、「障害をもつ人の権利闘争のために寄与する有益な文献」と記されている。ギャラハーは議会図書館とワシントンのホロコースト記念館の顧問でもある。

数々の賞をギャラハーは受けている。1995年には障害者の生活の質の向上に、生涯を通して貢献した業績によって、ヘンリー・B・ベッツ賞（Henry B. Betts Award）を受賞。彼は国際ポリオ研究所（International Polio Institute）理事、ローズヴェルト歴史家全国委員会（National Committee of Roosevelt Historians）会員、障害学会（Society for Disability Studies）の会員でもある。ギャラハーは公共放送サーヴィスのドキュメンタリー「折り合う（Coming to Terms）」の被写体であり、その最初のテレビ放映は1991年8月であった。2004年7月13日、71歳で死去。

参照項目 1968年建築物バリアフリー法

G

（Architectural Barriers Act of 1968）；ローズヴェルト，フランクリン・デラノ（Roosevelt, Franklin Delano）；T-4障害者安楽死政策（T-4）；ウォーム・スプリングス（Warm Springs）

出典 Gallagher, Hugh Gregory, *FDR's Splendid Deception* (1985); ——, *By Trust Betrayed: Patients, Physicians, and the License To Kill in the Third Reich* (1990)（長瀬修訳『ナチスドイツと障害者「安楽死」計画』現代書館，1996）．

Gallaudet, Edward Miner
ギャローデット，エドワード・マイナー
(1837–1917)

エドワード・マイナー・ギャローデットは，現在ワシントンD.C.にあるギャローデット大学の主要な創設者であり，初代学長でもある。彼は，1837年2月5日にコネティカット州ハートフォードで生まれ，アメリカ聾学校創設者のトーマス・ホプキンズ・ギャローデットの息子であった。母親ソフィア・ファウラー（Sophia Fowler）自身が聾者で，エドワードの仕事に深い影響を与えた。実際，ソフィア・ギャローデットは「母なるギャローデット（Mother Gallaudet）」「聾コミュニティの女王（Queen of the Deaf Community）」として深く尊敬されている。

ギャローデットは手話が流暢であったため，アメリカ聾学校教師の仕事を引き受け，1855年12月にその職に就いた。20歳の時，コロンビア盲・聾唖院（Columbia Institution for the Deaf and Dumb and Blind）の校長に招かれた。同校は，ワシントンD.C.にある障害をもつ盲・聾の男子のための寄宿制学校で，慈善家エイモス・ケンドール（Amos Kendall）によって創設され，連邦議会が資金を出していた。1864年の初め，ギャローデットは，コロンビア盲・聾唖院を発展させて，文科系と理科系の学位を授与できる，本格的なカレッジを設置する法案を作成した。そして，ギャローデットはその新しいカレッジの学長，ならびにその法人の理事長，および評議員長に任命された。彼は残りの生涯をかけて，「国立聾大学」の拡張，連邦議会でのロビー活動，資金の調達，教師と学生の獲得に捧げた。今日のギャローデット大学は，彼から聾コミュニティに対する，永遠に続く遺産である。

1867年以降，ギャローデットは聾教育の「併用法」と彼が名づけたものの擁護者となった。併用法とは，手話，読唇，発話を使用することを意味するものである。1868年5月，彼は「発音論争」を議論する会議を開催した。この会議により，南北戦争の間，中断していた『アメリカ聾者紀要（American Annals of the Deaf）』とアメリカ聾教育教育者会議（Convention of American Instructors of the Deaf）が復活した。会議報告は併用法を支持したが，アレクサンダー・グレアム・ベル（Alexander Graham Bell）のような，より急進的な口話主義支持者らは，ギャローデットが手話の使用を擁護し続けることを批判した。ベルは，ギャローデットが国立聾大学内に聾生徒のための教員養成学校を設立しようとしたのを阻止するため，連邦議会でロビー活動を行い，以来，ベルとギャローデットは，何度となく対立した。ベルは，そのような学校で養成される教員は聾者本人であるだろうから，「口話法」を使用したがらないのではないか，と恐れていた。この時までに，ギャローデットは，アメリカ手話の使用とその価値を認めるアメリカで一番有名な支持者となっていた。

ギャローデットは，自分の生徒が卒業したあとも，長く彼らに関心を寄せ，彼らを訪ねたり，必要であれば経済的支援やその他の援助をした。1895年，彼は回顧録『聾者のギャローデット大学の歴史 1857–1907（The History of the College for the Deaf 1857–1907）』の執筆を始めた。1910年に退職したあとは，コネティカット州ニューヘイヴンに戻った。そして1917年9月26日に死去した

参照項目 ベル，アレクサンダー・グレアム（Bell, Alexander Graham）；ギャローデット，トーマス・ホプキンズ（Gallaudet, Thomas Hopkins）；ギャローデット大学（Gallaudet University）；口話法聾学校，口話主義（Oral School, Oralism）

出典 Boatner, Maxine Tull, *Voice of the Deaf: A Biography of Edward Miner Gallaudet* (1959); Gallaudet, Edward Miner, *History of the College for the Deaf 1857–1907* (1983); Winefield, Richard, *Never the Twain Shall Meet: Bell, Gallaudet, and the*

Communications Debate (1987).

Gallaudet, Thomas Hopkins
ギャローデット，トーマス・ホプキンズ
(1787-1851)

　トーマス・ホプキンズ・ギャローデットは、アメリカにおける聾教育の先駆者であった。彼は、コネティカット州ハートフォードにアメリカ聾学校を共同で創設した。そして、その著作と講演を通して、国内中に聾学校創設を鼓舞した。また、女性のためのカレッジ、さらに公立ハイ・スクール、そのほかの社会的、教育的革新を早くから支援した。

　トーマス・ホプキンズ・ギャローデットは、1787年12月10日、フィラデルフィアで生まれた。子ども時代は病気がちであったが、それにもかかわらず14歳でイェール大学に入学し、1805年に首席で卒業した。修士号取得のために1808年に大学へ戻り、1810年に取得した。彼は牧師になろうと決意し、1812年、マサチューセッツ州にあるアンドーヴァー神学校（Andover Theological Seminary）に入学した。1814年、彼は牧師の資格を取得して卒業したが、健康上の問題により、常勤の牧師職に就くことはできなかった。自分は何をすべきかと悩んでいたギャローデットは、聾の娘アリス（Alice）をもつ隣人の医師、メイソン・コグウェル（Mason Cogswell）の強い勧めにより、ヨーロッパへ向かった。コグウェルは、自分の娘に教育を受けさせることを切望しており、ギャローデットがヨーロッパで聾児の指導法を学べるように、ハートフォードの富裕層に支援を求めたのであった。

　スコットランドのブレイドウッド家によって実践されていたイギリスの指導法は、口話主義、すなわち、聾者に発話と読唇を教えようという方法であった。ギャローデットはその成果に感銘を受けることもなく、その上、指導法を秘密にしたいというブレイドウッド家の要望も気に入らなかった。それよりもギャローデットに強い印象を与えたのは、パリ王立聾院の校長アベ・シカールによる手話を使った指導であった。ギャローデットは、同校の聾の教師であったローレント・クラークを説得して、1816年、共にハートフォードに帰国し、その翌年、アメリカ聾学校を開校した。ギャローデットは1830年まで、同校の校長を務めた。1830年までには、さらに5つの聾学校が諸州に創設されていた。アメリカ聾学校の最初の卒業生の1人はソフィア・ファウラー（Sophia Fowler）であり、彼女はギャローデットの妻となった。彼の息子であるエドワード・マイナー・ギャローデット（Edward Miner Gallaudet）は、ワシントンD.C.の国立聾大学創設の中心人物であり、初代の学長となった。同カレッジは1894年に（トーマス・ホプキンズ・ギャローデットを記念して）ギャローデット・カレッジと改称された。

　ギャローデットは、聾教育における手話使用の熱心な擁護者であった。1847年、新しく創刊された『アメリカ聾者紀要（*American Annals of the Deaf*）』に小論を執筆し、ヨーロッパの口話主義がアメリカ手話よりも優れているという主張を論駁した。ギャローデットは1851年9月10日、死去した。

参照項目　アメリカ聾学校（American School for the Deaf）；アメリカ手話（American Sign Language）；クラーク，ローレント（Clerc, Laurent）；ギャローデット，エドワード・マイナー（Gallaudet, Edward Miner）

出典　Lane, Harlan, *When the Mind Hears: A History of the Deaf* (1984); Shein, Jerome D., *At Home among Strangers* (1989); Van Cleve, John V., ed., *Gallaudet Encyclopedia of Deaf People and Deafness* (1987).

Gallaudet Demonstrations
ギャローデットデモ

参照項目　「今こそ聾の学長を」運動（Deaf President Now Campaign）

Gallaudet University
ギャローデット大学

　ギャローデット大学は、聾者と難聴の人々のための、世界における最初の、かつ唯一のリベ

G

ラル・アーツの大学である。ギャローデット大学は、聾者の文化と学問の中心であり、学生と卒業生たちは、1988年の「今こそ聾の学長を」運動といったデモ活動に見られるように、しばしば聾者の政治の第一線にいる。当初、国立聾大学（National College for the Deaf）として知られていたが、ローレント・クラークとともに西半球で初めて聾児のための学校を創設したトーマス・ホプキンズ・ギャローデットに敬意を表して、1894年にギャローデット・カレッジと改称された。1986年に連邦議会は大学としての認可を与え、以来ギャローデット大学（Gallaudet University）として知られている。1993年の秋には、1762名の学部学生と439名の大学院生が入学し、ワシントンD.C.にある2つのキャンパスで授業を受けた。

聾者のための大学という構想は、1850年代には提案されていた。ジョン・カーリン（John Carlin）は、『アメリカ聾者紀要（American Annals of the Deaf）』の1854年4月号で、彼が聾者として大学教育を世界のどこにおいても受けられなかった状況を、嘆き綴った。彼は、高等教育を求める聾者のニーズに見合う、「国立大学（National College）」の創設を提唱した。

ギャローデット大学の前身であるコロンビア盲・聾唖院は、経済的に恵まれない障害児が搾取されることを心配した篤志家によって、1857年、ワシントンD.C.に設立された。この寄宿制学校の共同設立者の1人であるジェームズ・C・マクガイア（James C. McGuire）は、「卑劣な悪党［プラット・H・スキナー（Platt H. Skinner）と名指しされる］が……建物を手に入れ……刑務所のようにその建物を塀で囲い……地域のすべての聾唖児（the deaf and dumb children）を捜し出し……彼らのための学校と見せかけて、その建物へと連れていった。そしてそれから、聾唖児を都市へ連れていき、彼らを見せ物にして金銭を稼いだ」と描写している。マクガイアは、彼の使用人の1人で息子が聾である者からその事態を知った。マクガイアと彼の友人エイモス・ケンドール（Amos Kendall）は、無理矢理スキナーの建物へ侵入し、飢餓と病気で弱りはてて動くことができない子どもたちを数名発見した。ケンドールは、スキナーの「学校」からその子どもたちを連れ出すために裁判所へ行き、彼自身も一部の聾唖児の保護を引き受けた。ケンドールは子どもたちを自宅へ連れていき、彼とマクガイアは彼ら独自の学校を創設し、著名人による理事会を招集し、連邦議会に設立認可と基金を申請した。彼らが最初に校長に選んだのは、コネティカット州ハートフォードのアメリカ聾学校の共同設立者の息子である、20歳のエドワード・マイナー・ギャローデット（Edward Miner Gallaudet）だった。ギャローデットは、彼の監督のもと、この教育施設を完全な大学に発展させるという条件で、その地位を受け入れた。

1864年初期までは、ギャローデットと理事会は、新たな設立認可と基金を求めて連邦議会に働きかけられるとは思っていなかった。大半ではないにせよ、自身の授業料を払う余裕がない聾者が多かったために、基金が必要とされた。連邦議会における議論は、一般市民の聾者に対する姿勢を反映していた。「聾唖者」が「ハーヴァード大学やイェール大学と同様に、文科系と理科系（arts and sciences）の学位を得る」ことができる大学という意向に反対する者もいた。ロードアイランド州・共和党のヘンリー・ボウウェン・アンソニー（Henry Bowen Anthony）は、この考えを「ばかげている」と思い、ギャローデットの学校に「聾唖者の教育施設に見合った」特別な学位の授与のみを許すよう主張した。また、こういった学位は、いずれにせよほとんど役に立たないと考える人たちもいた。「聾唖者あるいは発話の力がない者がこの聾唖院の学位をもっているからといって、学位をもたない者と比べて、仕事を得たり、信頼されたりするのだろうか」と。さらに、人口のごく一部を益する学校を設立するために、連邦政府が資金を投入することの合憲性を疑う人もいた。ギャローデットは、聾者は（またさらにいえば、障害があることは大抵）、時の連邦計画に基づく助成金を受ける大学への通学を拒否されている、と指摘することでこの議論に答えた。また、聾者の大学は、ある程度は、この不公平を正すことにもなるだろう、とも付け加えた。

コロンビア盲・聾唖院の一部としての大学の設立と基金を認める法案は、連邦議会の両院を通過し、1864年4月8日にエイブラハム・リンカーン（Abraham Lincoln）大統領が署名して、発効した。学校の最初のキャンパスはケンドールが寄贈した土地にあり、その年のうちに隣接

した13エーカーが購入された。その最初の教員はジェームズ・デニソン（James Denison、ヴァーモント州出身の聾者）で、最初の大学合格者はメルヴィル・バラード（Melville Ballard、メイン州出身）だった。1865年2月23日に通過した法律により、コロンビア盲・聾唖院の盲部門は廃止され、盲の生徒7名がメリーランド盲学校に転校した。その後、国立聾大学は（その時には有名になっていた）、完全な聾もしくは難聴の人々のための大学となった。

1866年の6月までに、大学には25名の学生が入学し、そのうち2名は女性だった。まもなくさらに女性2名が加わったが、「高等教育」で全課程を修了した者はなく、卒業した者もいなかった。女性たちが大学を去った後、大学当局は男性のみを受け入れる方針を採用した。聾のフェミニストであるアンジェリン・A・フラー・フィッシャーは、この方針を変えるために理事会を説得する運動を行い、彼女自身が女性専用の大学を組織し、国立聾大学とはできるかぎり離れたところに設立するといって公然と脅迫さえした。理事会は、1887年1月に女性を受け入れることを可決した。大学は初期に「有色人種の聾唖者」も受け入れ、彼らを分離された寄宿舎に住まわせた。しかし1905年、連邦議会はギャローデット・カレッジを白人専用施設と定めた法律を通過させ、1950年代初頭まで変えられなかった。そして法律が変更されるまで、有色人種の聾者にリベラル・アーツの大学での教育の機会は一切認められなかった。

国立聾大学は、世間の思い込みとは異なり、聾者は健聴者に比べ知的に劣っているわけではないことを早い段階で実証した。スミソニアン研究所の所長であり大学の早くからの支持者であったジョセフ・ヘンリー（Joseph Henry）は、「〈聾者という〉集団が卓越した知的能力をもち、〈彼らに〉高度な知的および道徳的発達が見込まれることは、経験上はっきりと示されている」と記した。それでもやはり、対立は続いた。米下院歳出委員会の委員長代理を務めるエリユー・B・ウォッシュバーン（Elihu B. Washburne）下院議員（共和党、イリノイ州選出）は、大学に断固として反対した1人であった。彼は「聾者の高等教育は無益な浪費だ」との考えのもと、大学への基金支出を止めるという議論で何年もの間、対立した。マサチューセッツ州選出のベンジャミン・バトラー（Benjamin Butler）下院議員は、下院の議場で演説し、「身体・精神の機能がすべて備わっている人々」に資金を提供するほうがよりよいだろうし、「聾唖者」は決して「半人前（half a man）」以上にはならないだろう、と述べた。それに答えて、国立聾大学の学生であるジョセフ・G・パーキンソン（Joseph G. Parkinson）は、「半人前の人間が野獣との面会を望む」と記されたカードをバトラーに送った。それは、バトラーがニューオーリンズ州で進駐軍を統率する北軍司令官であった時、当地の白人に「野獣バトラー」と呼ばれていたためである。知られているかぎりでは、バトラーはパーキンソンに会うことを決して了承しなかった。

国立聾大学は、1869年に初めての卒業生を出し、理学士の第1号はメルヴィル・バラード（Melville Ballard）だった。この頃、手話を使わずに発話と読話を教える口話法は、聾児を教える健聴者の教師の間で徐々に評判がよくなっていた。ギャローデットは聾の人々に読話と発話を教えることの利点をいくらかは理解していたが、手話の廃止は支持せず、代わりに口話法と手話の両方を使う「併用法」を好んだ。このため、ギャローデットと大学は、とくにアレクサンダー・グレアム・ベルと彼の信奉者に非難された。

エドワード・ギャローデットは、1910年に学長の地位を退き、パーシヴァル・ホール（Percival Hall）が1945年までその後任を務めた。1988年、評議会は学芸学部長であったI・キング・ジョーダンを、ギャローデット大学初の聾者の学長に任命した。評議員会は当初、ジェリー・C・リー学長の後任として、初の健聴者の女性、エリザベス・アン・ジンサー（Elizabeth Ann Zinser）を選んだ。しかし、学生運動活動家が抗議デモを展開したため、その1週間後にジョーダンが任命された。

今日、大学にはケンドール聾児初等・中等学校、そして国際聾センター、ギャローデット研究所、全米聾情報センターがある。

参照項目 「今こそ聾の学長を」運動（Deaf President Now Campaign）；フィッシャー，アンジェリン・A・フラー（Fischer, Angeline A. Fuller）；ギャローデット，エドワード・マイ

G

ナー（Gallaudet, Edward Miner）；ギャローデット，トーマス・ホプキンス（Gallaudet, Thomas Hopkins）；ジョーダン，アーヴィング・キング（Jordan, Irving King）；口話法聾学校，口話主義（Oral School, Oralism）

出典 Boatner, Maxine Tull, *Voice of the Deaf: A Biography of Edward Miner Gallaudet* (1959); Gallaudet, Edward Miner, *History of the College for the Deaf 1857–1907* (1983).

Galloway, Donald
ギャロウェイ，ドナルド（1938-2011）

ドナルド・ギャロウェイは、アフリカ系アメリカ人を全国的な障害者権利運動に加えただけでなく、障害の違いを超えた全米組織創設に尽力したリーダーである。彼は、ウィスコンシン州ミルウォーキーに拠点をおく全米障害をもつマイノリティ協会（National Association of Minorities with Disabilities）の副会長を務めた。任期は、1981年の同協会創設から1985年の解散までであった。全米自立生活協議会（National Council on Independent Living: NCIL）の理事会メンバーであり、1986年に多文化委員会（Multi-Cultural Committee）を立ち上げた。

ギャロウェイは、1938年3月21日にワシントンD.C.で生まれた。1967年には、カリフォルニア州立大学ロサンゼルス校で社会学の学士号を得た。そして1969年には、カリフォルニア州立大学サンディエゴ校でソーシャルワークの修士号を得た。バークレー自立生活センター（Center for Independent Living in Berke-ley）で働き（1974–1977）、後に全国の自立生活センターのモデルになると目されたピア・カウンセリングプログラムを展開させた。その後、障害者に関するコロラド州知事評議会（Colorado Governor's Council on the Handicapped）の常任理事を務めた（1977–1978）。1978年から1980年まで、ジャマイカで平和部隊（Peace Corps）の計画責任者の任にあったが、1980年国連の国際障害者年に伴って世界規模の平和部隊プログラムを推進させるために帰国した。1982年から1986年には、ワシントンD.C.自立生活センター所長を務めた。その後1987年には、ワシントンD.C.住宅・地域開発部（Department of Housing and Community Development）における現在の役職を引き受けた。

ギャロウェイは、アメリカ障害者の権利・エンパワメント特別委員会（Task Force on the Rights and Empowerment of Americans with Disabilities）の委員として、1990年アメリカ障害者法の成立を訴えた。また、視覚障害のある有色人種会（Visually Impaired Persons of Color）の創設者であり、1987年から1991年の解散まで会長を務めた。1991年に同会メンバーは、全米盲人連合（National Federation of the Blind: NFB）に加わることになる。ギャロウェイは、NFBとワシントンD.C.地区における自立生活運動のリーダーである。

参照項目 多文化問題、障害のあるマイノリティ（Multicultural Issues, Minority Persons with Disabilities）；全米自立生活協議会（National Council on Independent Living: NCIL）；全米盲人連合（National Federation of the Blind）；アメリカ障害者の権利・エンパワメント特別委員会（Task Force on the Rights and Empowerment of Americans with Disabilities）

Gannon, Jack Randle
ギャノン，ジャック・ランドル（1936年生）

ジャック・ランドル・ギャノンは、アメリカ手話共同体における卓越した歴史家である。彼の『聾の遺産――アメリカ手話共同体のナラティヴによる歴史（*Deaf Heritage: A Narrative History of Deaf America*）』（1981）は、植民地時代から1980年代初頭までの、聾の歴史および聾文化に関するきわめて重要な著作物といえる。また1989年の著作『世界がギャローデットに耳を傾けた一週間（*The Week the World Heard Gallaudet*）』では、「今こそ聾の学長を」運動（Deaf President Now Campaign）の一日一日を克明に描写している。

ギャノンは1936年11月23日、ミズーリ州のウエスト・プレインズ（West Plains）に生まれ、8歳の時に髄膜炎にかかり、聴力に障害をもった。1954年にミズーリ聾学校を卒業し、1959年には教育学士号を取得してギャローデット大学を卒業した。その後、ギャローデッ

ト同窓会代表になり、季刊誌『ギャローデット・トゥデイ（Gallaudet Today）』の編集長になった。彼の業績としては他に、『聾のネブラスカ州民（The Deaf Nebraskan）』の共同設立者および元編集者、全米聾者協会国際関係委員会（International Relations Committee of the National Association of the Deaf）の元議長（1984–1986）、聾史国際組織化委員会（Deaf History International Or-ganizing Committee）の共同設立者および共同議長（1991–1995）などがある。1995年、ギャローデット大学とスミソニアン協会の共同展示プログラムである「聾共同体──手話法者コミュニティ（DEAF: A Community of Signers）」の共同責任者になった。

1988年、ギャノンの聾コミュニティへの貢献に対して、ギャローデット大学より人文学の名誉博士号が授与された。1996年ギャローデット大学の権利擁護のための学長特別補佐の役を退いた。

参照項目 聾文化（Deaf Culture）；「今こそ聾の学長を」運動（Deaf President Now Campaign）；ギャローデット大学（Gallaudet University）
出典 Gannon, Jack R., *Deaf Heritage: A Narrative History of Deaf America* (1981).

Gazette International Networking Institute (G.I.N.I.)
ガゼット国際ネットワーキング機関（G.I.N.I）

参照項目 「ジニー」ことローリー，ヴァージニア・グレース・ウィルソン（Laurie, Virginia Grace Wilson "Gini"）

Geld, Howard ("Howie the Harp")
ゲルド，ハワード（「ハウイー・ザ・ハープ」）(1952-1995)

ハワード・ゲルドは、アメリカの精神障害サヴァイヴァーの解放運動における最も主要な組織者の1人である。彼はニューヨーク市のロワー・イースト・サイドで生まれ、13歳の頃には精神病院に収容されていた。そこで、夜間の世話人の1人からハーモニカの演奏を習った。「君が精神病院で大きな声を出して泣くと、薬で治療される。私は悲しいときにハーモニカを吹くことで泣くことができた」と。ゲルドは17歳の時に病院から逃げ出し、ニューヨーク市の路上でホームレスとして、お金を稼ぐためにハーモニカを演奏した。そして「ハウイー・ザ・ハープ（Howie the Harp）」（あるいはジュディ・チェンバレン〈Judi Chamberlin〉）の1978年の著書『精神障害者自らの手で（*On Our Own*）』（中田智恵海監訳、解放出版社、1996）で取り上げられたように「ハウイー・T・ハープ〈Howie T. Harp〉」）というあだ名を得た。

1970年にゲルドは西海岸に引っ越した。そこで妹ヘレン（Helen）とともに、オレゴン州のポートランドにある精神障害者解放戦線（Insane Liberation Front）という最も初期の精神障害者の公民権グループの1つに加わった。1971年に2人はニューヨーク市に戻り精神障害者解放プロジェクト（Mental Patients' Liberation Project）を設立した。組織の設立理念の中で目立つものは、精神に障害のあるすべての人々は、「人間であり……人間としての処遇を受ける権利がある」という信念であった。この事業が精神障害者の権利として擁護したのは、自分たちのカルテを閲覧すること、投薬、インスリン投与、電気ショックによる治療を拒否すること、必要なときに適正な治療を受けること、給料が支払われなければ病院内での労働を拒否することであった。「あなたには犯罪者のように扱われない権利がある……あなたには適切な環境で生活する権利がある……あなたには薬物と治療法の実験のためにモルモットになることを拒否する権利がある」。

1975年に、ゲルドはアメリカで最初の精神障害者のための当事者が運営する住宅であるプロジェクト救出（Project Release）を共同で設立した。この事業は「精神障害者」の伝統的治療から見て急進的な試みであった。人々は自由に出入りし、治療は当事者の支援とカウンセリングで成り立っていた。実際に、ゲルドが関与した精神障害者の解放運動の信条の1つは、精神障害者が最善の人的資源であり、健常者の精神科医、看護師、ソーシャル・ワーカーよりも、当事者同士のほうがお互いをより適切に手助けできるということであった。

1981年に、ゲルドは西海岸に再び戻り、カリフォルニア州のバークレーに定着した。精神障害サヴァイヴァーを一般の障害者権利運動に参加させることを試みながら自立生活センターで働いた。1983年に、ゲルドは、自助と政治的な擁護グループからなる、アラミーダ郡精神保健患者ネットワーク（Alameda County Network of Mental Health Clients）の設立メンバーとなった。1986年には、オークランド自立支援センター（Oakland Independence Support Center: OISC）の発足を手伝った。彼はOISCを「真に人々を助け、権利を侵害せず、自立と良質な生活を支援し、適切な住宅、仕事、よい自尊心を励まし、私たちが運営し、私たちをエンパワメントする精神保健システムの代案」であると評価した。ゲルドは1992年までOISCで働いた。また、ヘンリー・ロビンソン複合サーヴィスセンター（Henry Robinson Multi-service Center）で委員長を務め、オークランド・ホームレス協会（Oakland Union of the Homeless）その他、多くのホームレス擁護組織の委員会で活躍した。

1993年にゲルドはニューヨーク市へ再び戻り、貧困層に住宅と支援サーヴィスを提供するコミュニティアクセスで、擁護の責任者として働いた。この時期に彼は、ニューヨーク市精神保健サーヴィス利用者連合（New York City Recipients' Coalition）を創設した。これは当事者が運営する25組織のネットワークで、精神保健サーヴィス利用者の権利を擁護するものであった。

ゲルドは、精神障害サヴァイヴァー運動の至るところで「寛大さ、高潔な精神、そしてユーモア」のために有名だった。彼はまた、精神障害サヴァイヴァーによる「マッド・アート（mad art）」を奨励する全国組織芸術変性状態の創立メンバーであった。そして、『手を伸ばす――精神保健患者の助け合い（Reaching Across: Mental Health Clients Helping Each Other）』（1987、サリー・ジンマンとスー・バッドどの共著）と『手を伸ばす（続）――絆の維持／成長への挑戦（Reaching Across : Maintaining Our Roots/The Challenges of Growth）』（1992、ジンマンとバッドとの共著）という、運動に関する2冊の本の編集者でもあり監修者でもあった。ゲルドは頻繁に争いを起こす障害者権利運動において団結させる力（における求心力）として記憶に残っている。「互いに衝突して2つの全国組織が創設されると、彼は2団体を団結させるために、両方に加わった」と活動家サリー・ジンマン（Sally Zinman）は回想する。ハウイー・ザ・ハープは1995年2月5日、ニューヨーク市の自宅で亡くなった。

参照項目 芸術変性状態（Altered States of the Arts）；全米エンパワメント・センター（National Empowerment Center）；精神障害サヴァイヴァー運動（Psychiatric Survivor Movement）

出典 Chamberlin, Judi, *On Our Own: Patient-Controlled Alternatives to the Mental Health System* (1978)（中田智恵海監訳『精神障害者自らの手で――今までの保健・医療・福祉に代わる試み』解放出版社、1996）；Intergalactic Network of Crazy Folks, "Mad Memoria: Howie the Harp Is Gone," *Dendron* (Spring 1995); Zinman, Sally, "The Legacy of Howie the Harp Lives On," *National Empowerment Center Newsletter* (Spring/Summer 1995).

Gilhool, Thomas K.
ギルフール，トーマス・K（1938年生）

トーマス・K・ギルフールは、発達障害をもつ人々のための地域サーヴィスの発展に最も寄与した弁護士である。彼の取り組みは、1970年代からの脱施設化を考慮に入れたものであった。また彼の活動は、障害をもつ子どもの公教育に対する憲法上の権利の確立の要になると同時に、1973年のリハビリテーション法（Rehabilitation Act of 1973）第504条および1975年全障害児教育法（Education for All Handicapped Children Act of 1975）成立への主たる推進力でもあった。

1938年9月10日、ペンシルヴェニア州のアードモアに生まれたギルフールは、1960年、ペンシルヴェニア州ベツレヘムにあるリーハイ大学（Lehigh University）で国際関係の学士号をとり、1964年にはイェール大学で政治学修士号と法学博士号を取得した。1966年から1969年まで、フィラデルフィアのコミュニティ・リー

ガル・サーヴィシーズ（Com-munity Legal Services, Inc.）で、ギルフールは弁護士として、多くの重要な貧困問題の法訴訟に関わった。

1969 年から 1972 年まで、ギルフールはアメリカで最初の教育の権利訴訟であるペンシルヴェニア州精神遅滞児親の会対ペンシルヴェニア州裁判（*Pennsylvania Association for Retarded Children (PARC) v. Pennsylvania*）の際、PARC 側の代表を務め、ペンシルヴェニア州の公立学校は障害児に対して門戸を開くべきであるという同意判決を勝ち取った。この訴訟は、その後のすべての、教育権に関する訴訟の先例となり、障害をもつ子どもに公立学校の門戸を開く取り組みにおいてきわめて重要な出来事となった。彼はまたこの訴訟と並行して、1978 年ハルダーマン対ペンハースト州立施設・病院裁判（*Halderman v. Pennhurst State School & Hospital*）にも関わり、ギルフールは再び PARC と施設入所者およびその家族の代理人を務めた。ギルフールはペンハーストと個人的な関わりがあった。彼の弟は知的に障害があり、10 歳の時にそこに送られていたのである。この訴訟は、最終的にアメリカ最高裁で 2 度にわたり争われ、その結果、1986 年ペンハーストは閉鎖され、1500 名の入所者と、入所待機リストに記されていた 1000 名の人々が、みな地域で暮らすこととなった。PARC 訴訟とこの訴訟での勝訴が引き金となり、他の州でも同様の訴訟が相次いだ。ギルフールは、そのうちのいくつかの訴訟で、原告の法律顧問や相談役を引き受けた。コネティカット ARC 対ソーン裁判（*Connecticut ARC v. Thorne*, 1982）では、1300 名の施設入所者にコミュニティ・サーヴィスを提供するという判決が下った。またホームワード・バウンド社対ヒッソム・メモリアル・センター裁判（*Homeward Bound Inc. v. Hissom Memorial Center*, 1986）でも原告が勝訴し、オクラホマの施設の 2000 名の入所者に地域でのサーヴィスと公立学校への通学を認める裁判所命令を勝ち取った。このような裁判の結果、全国の施設入所者数は減少し、1967 年に 22 万人であったのが、1996 年には 7 万人以下にまで減少し、その数は今もなお減り続けている。

ペンシルヴェニア州の 2 つの裁判は互いに補い合い、重要な先例となった。公立学校を開放することにより、ギルフールは障害をもつ子どもの親に、施設という道以外の選択肢を作り出した。施設の閉鎖により、公立学校は、それまで学校が排除してきた子どもたちの教育に取り組まざるをえなくなった。障害者とその家族の生活に与えたそのインパクトは、いくら強調してもしすぎることはないであろう。

PARC が関わった一連の裁判は、その後 3 年間にわたる障害児差別に関する議会公聴会へと続き、1975 年全障害児教育法の成立（PL 94-142、現在では個別障害者教育法［IDEA］）という形で実を結んだ。この法は、全国の公立学校の門戸を何百万人もの障害児に対して開くこととなった。また、この 1972 年の PARC 判決は、画期的な障害者法である 1973 年のリハビリテーション法第 504 条の編者たちにも影響を及ぼした。

1975 年から 1987 年まで、ギルフールはフィラデルフィア公益法律センター（Public Interest Law Center of Philadelphia）の主任法律顧問を務めた。彼の担当した裁判の 1 つ、ロイド対地域交通局裁判（*Lloyd v. Regional Transportation Authority*, 1977）は、リハビリテーション法第 504 条の下、個人の「裁判所への判決請求権（right of action）」を確立した訴訟であった。またテキサス州クレバーン市対クレバーン生活センター裁判（*City of Cleburne, Tex v. Cleburne Living Center*, 1985）は、知的能力に何らかの障害のある者を家族向けの住居から排除するような区画条例を禁止した。この訴訟の本質は、PARC の「教育に対する権利」に「地域で暮らす権利」を加えた点にある。ギルフールはまた 1970 年代後半のトランスバス・キャンペーンでも中心的な役割を果たした。1987 年に彼はペンシルヴェニア州の教育局長となり、1989 年、フィラデルフィアの中学校とペンシルヴェニア大学のロー・スクールで法律と政策を教えるために前職を辞した。1990 年、彼はフィラデルフィア公益法律センターに戻り、そこで障害者の権利に関する法律顧問の仕事を続けている。

ギルフールは幅広い講演活動や相談活動を行い、また数え切れないほどの記事、報告書、本の章の執筆を行った。また、彼は全国法律・障害者センター（National Center for Law and the Handicapped, 1971–1977）、アメリカ西部法・障害センター（Western Center on Law and the Handicapped, 1973–1977）などをはじめ、さまざまな

G

委員会や組織のために尽力している。

参照項目 全米精神遅滞市民協会（The Arc）；テキサス州クレバーン市対クレバーン生活センター裁判（City of Cleburne, Tex. v. Cleburne Living Center）；脱施設化（Deinstitutionalization）；ディバット，ガンナー（Dybwad, Gunner）；1975年全障害児教育法（Education for All Handicapped Children Act of 1975）；ハルダーマン対ペンハースト州立施設・病院裁判（Halderman v. Pennhurst State School and Hospital）；ロイド対地域交通局裁判（Lloyd v. Regional Transportation Authority）；ペンシルヴェニア州精神遅滞児親の会対ペンシルヴェニア州裁判（Pennsylvania Association for Retarded Children (PARC) v. Pennsylvania）；トランスバス（Transbus）

出典 Burt, Robert A., "Pennhurst: A Parable," in Mnookin, Robert H., *In the Interst of Children: Advocacy, Law Reform, and Public Policy* (1985); Gilhool, Thomas K., "The Right to Community Services," in Michael Kindered et al., eds., *The Mentally Retarded Citizen and the Law* (1976).

Gill, Carol J.
ギル，キャロル・J（1949年生）

キャロル・J・ギルは障害問題，とくに障害をもつ女性について多くの執筆活動を行っている人物である。彼女はまた自殺幇助問題の活動家・執筆家でもある。彼女はシカゴ障害研究センター（Chicago Center for Disability Research）の心理学研究部門の総責任者でもある。

ギルは1949年6月16日に生まれた。シカゴのセント・エグゼビア大学で心理学の学士号を得て，イリノイ大学シカゴ校で修士号と博士号を取得した。彼女は数え切れないほど多くの委員会や理事会に関わっている。たとえば，障害少女セクシュアル・ハラスメントに関する研究プロジェクトの顧問委員（Advisory Board of the Research Project on Sexual Harassment of Girls with Disabilities，1994年から現在まで），中等教育を終えた障害児に対する全国的な指導者訓練プログラムであるLEEDSプロジェクトの顧問委員（1994年から現在まで），ロサンゼルスウエストサイド自立生活センターの理事（1986–1987），女性に対する暴力に関するロサンゼルス委員会における障害女性への暴力防止プロジェクト（Assault Prevention Project for Women with Disabilities）のプロジェクト顧問（1986–1987）などである。また，『フェミニストの子育て（Feminist Parenting）』（D・テイラー〈D. Taylor〉編，1994）や『女性の健康の再構成（Reframing Woman's Health）』（A・J・ダン〈A. J. Dan〉編，1994）の中のいくつかの章の執筆，雑誌『主流（Mainstream）』や，障害者権利擁護についての新聞『一歩先へ（One Step Ahead）』での定期的なコラム執筆など，精力的な執筆活動を行っている。

電動車椅子を使い，夜間には人工呼吸器が必要なギルは，死ぬ権利運動の中で障害者は危機に瀕しているということをはっきりと訴え続けた。1996年，障害者権利擁護活動家のダイアン・コールマン（Diane Coleman）とともに議会陳述を行った。そこでギルは，「障害をもつ人々が公民権を剥奪され，歓迎されない存在として，また社会の財政的なお荷物として扱われるかぎり，障害者は尊厳死を強制的に『選ばされる』のです」と強く主張した。1996年，ギルとコールマン，その他により，「ノット・デッド・イエット（まだ死んでいない〈Not Dead Yet〉）」が設立される。これは尊厳死および「死ぬ権利」に対抗する活動の草の根組織であった。

専門家としてのギルの仕事には，グレンデール・アドベンティスト・メディカル・センター（Glendale Adventist Medical Center）のリハビリテーション心理学部門のディレクター，サザン・カリフォルニア大学における障害と社会に関するプログラムのディレクター代理，ロサンゼルス郡障害委員会（Los Angeles County Comission on Disabilities）のメンタル・ヘルス担当委員などがある。現在もなお，シカゴのノースウエスタン大学メディカル・スクール物理療法リハビリテーション科の非常勤教授を務め，またシカゴ・リハビリテーション研究所において，障害女性のための健康情報センターの研究責任者を務めている。

参照項目 シカゴ障害研究センター（Chicago Center for Disability Research）；安楽死と自殺幇助（Euthanasia and Assisted Suicide）；レイプ／性

的暴力およびドメスティック・ヴァイオレンス（Rape/Sexual and Domestic Violence）；障害女性（Women with Disabilities）

Glen Ridge Case
グレン・リッジ事件

1989年3月1日、「軽度の遅れがある」と新聞に報道された17歳の女性がニュージャージー州グレン・リッジ郊外のある建物の地下の娯楽室でレイプされた。ある時点で、13人から14人の若い男たちが、彼女とともにその部屋にいて暴行に参加するか眺めるかしていた。若者はすべて被害者の知り合いだった。

グレン・リッジのレイプとそれに伴う公判は、障害者が性的暴行と搾取に対して脆弱な立場におかれていることへの懸念を喚起した。障害者を暴行する人々に対する当局の対応の手ぬるさを浮き彫りにしたと判断する者もいた。一方、知的障害のある人々は、保護の名のもとにこの事件が自らの自立を制約するような要求に結びつくことを懸念した。

グレン・リッジの事件が公判に至るまでには4年を要した。弁護側は、被害者が暴行を挑発し楽しんだと述べた。弁護側は被害者を、「脳の機能のため、多幸を渇望する」「ロリータ」であると表現した。障害者の権利擁護者たちは、知的障害者への固定観念、中でも彼らが「性欲異常」であるという固定観念が、そのような論議の中で強化されるのを恐れた。検察当局は、彼女がレイプされる前から一見同意による性関係をもっていたというのは事実であるが、1つには障害があるためにこの若い女性はインフォームド・コンセントを与えることが困難であったと論じた。ここでまた、障害者の擁護者はこの論議が、障害者は子どものような存在でセックスはしないという通俗的な思い違いを強化するのではないかと心配した。

結局、多くの人々にとって、グレン・リッジ事件は障害者とりわけ精神遅滞というレッテルを貼られた人々に向けられる嫌悪の深さを思い起こさせることになった。被告人たちは地域社会からの黙認を得て、長年にわたって被害者を公然と嘲罵し虐待していたことが公判で説明された。障害、セクシュアリティ、障害者への暴力に関する著述家であるバーバラ・フェイ・ワックスマン（Barbara Faye Waxman）は、グレン・リッジで起きたことを「憎悪犯罪」と名づけた。

主流の新聞で繰り返し主張された論点の1つは、地下室に若者たちと同行するのに同意した被害者の「黙従（acquiescence）」であった。彼女は、公判で弁護側と検察側の両方を満足させようと一生懸命努力しているように見えた。多くの人々は「黙従」は知的障害による避けられない結果であると信じているようだった。実際のところ、「アルバータ大学虐待・障害プロジェクト（University of Alberta Abuse and Disability Project）」のディック・ソブシー（Dick Sobsey）のような研究者によれば、知的障害者はしばしば、介護者や施設のスタッフが扱いやすいように、迎合的になるよう訓練されている。この訓練により、彼らは性的虐待やレイプに対してより脆弱にされているという。

1993年3月に暴行者のうち3人は性的暴行と共謀罪で有罪になり、もう1人も共謀罪が確定した。1997年3月ニュージャージー州控訴裁判所は、被害者が強制されたという証拠が不十分であるとして、被告人のうち3人の有罪の一部をくつがえした。その結果、被告人は「精神に欠陥のある人」とのセックスに関してのみ有罪となった。

参照項目　障害者への憎悪犯罪（Hate Crimes against People with Disabilities）；障害者のメディア・イメージ（Media Images of People with Disabilities）；レイプ／性的暴力およびドメスティック・ヴァイオレンス（Rape/Sexual and Domestic Violence）

出典　Sobsey, Dick, *Violence and Abuse in the Lives of People with Disabilities* (1994).

Gold, Stephen F.
ゴールド，ステファン・F（1942年生）

ステファン・F・ゴールドは、指導的な「社会運動法律家」、つまり障害者の権利に関する法律を専門とする弁護士であった。彼は1942年9月20日に生まれ、1964年にフィラデルフィアのラ・サール大学（La Salle College）で政治

学の学士号を得た。また1971年にフィラデルフィアのペンシルヴェニア大学で法学博士号を取得した。彼はヘレン L. 対スナイダー裁判（Helen, L. v. Snider, 1995）や公共交通のバリアフリーを要求するアメリカ障害者の会（ADAPT）対スキナー裁判（ADAPT v. Skinner, 1989）のような、全国的に重要な障害者の権利に関する多くの訴訟を起こしたり、関わったりした。その他、地方においても重要な意味をもつ多くの訴訟に関わっている。サンフランシスコ、ナッシュビル、ワシントン D.C. などの障害者権利運動団体を育てた。ノースカロライナ州、ダーラムのデューク大学、フィラデルフィアのペンシルヴェニア大学ロー・スクール、フィラデルフィアのテンプル大学ロー・スクールで教鞭も執っている。

参照項目 公共交通のバリアフリーを要求するアメリカ障害者の会（ADAPT）対スキナー裁判（American Disabled for Accessible Public Transit v. Skinner）；パーソナル・アシスタンス・サーヴィス（Personal Assistance Service）

Golden, Marilyn
ゴールデン，マリリン（1954年生）

マリリン・ゴールデンは、カリフォルニア州、バークレーの障害者権利教育擁護基金（Disability Rights Education and Defense Fund: DREDF）の上級政策アナリストである。1954年3月22日、テキサス州のサンアントニオに生まれた彼女は、1990年アメリカ障害者法（Americans with Disabilities Act of 1990）成立への中心的な組織者・権利擁護家となった。ゴールデンは、全米25の地域にそれぞれ窓口となる担当者を置き、地域での草の根的な障害者権利運動を組織化した。同様の戦略は、そのネットワークの関心がアメリカ障害者法の施行へと向いたあとも用いられた。

ゴールデンは、マサチューセッツ州ウォルサム（Waltham）のブランダイス大学（Brandeis University）で社会学の学士号を取得した。1977年、彼女はテキサス州のヒューストンで、バリアフリー生活連合（Coalition for Barrier Free Living）のソーシャル・アクション・ディレクターを務め、また1978年にはテキサス障害者連合（Coalition of Texans with Disabilities）の設立者の1人となった。同年、カリフォルニア州へ移住し、バークレーの自立生活センターの相談役になり、1988年には DREDF の一員になった。

1987年、ゴールデンはサンフランシスコで、公共交通のバリアフリーを要求するアメリカ障害者の会（Americans Disabled for Accessible Public Transit: ADAPT）、公共交通への乗車を求めるアメリカ障害者団体）のデモを取り仕切った。このデモは、主要新聞が公民権問題として交通アクセスの問題を初めて取り上げたという点で、特筆すべきものであった。

ゴールデンは、公共住宅、建築上のバリアフリー、交通、雇用の問題に精通している。1994年、クリントン大統領から、建築・交通バリアフリー遵守委員会（Architectural and Transportation Barriers Compliance Board）の委員に任命された。

参照項目 障害者権利教育擁護基金（Disability Rights Education and Defense Fund: DREDF）

Golfus, Billy
ゴルファス，ビリー（1944年生）

ビリー・ゴルファスは著述家であり、映画製作者である。また1995年の、障害および障害者の権利運動についての映画『ビリーが首を骨折した日……その他の驚異の物語（When Billy Broke His Head... and Other Tales of Wonder）』の共同製作者でもある。彼は1944年8月10日、ミネソタ州のミネアポリスに生まれた。1971年、ミネソタ大学で人文科学とジャーナリズムで学士号を取得した後、ミネアポリスでテレビとラジオのジャーナリストとなった。彼の作品は、1981年に公共放送協会ラジオ優秀賞、1984年にはノースウエスト放送ニュース協会賞などを受賞した。

バイク事故で脳を損傷してから、彼は、これらの業績にもかかわらず、それまで自分を雇っていた誰もが彼の新作にまったく関心を示さなくなったことに気づいた。彼は障害関係の出版物で執筆活動を始め、その辛辣なウィットと、

G

障害者抑圧の経験への洞察で知られるようになっていく。最も反響の大きかった記事に、「不確認（Disconfirmation）」(1989)、「なかなかの人（The Do Gooder）」(1994) がある（ともに *The Disability Rag & Resorce* 収録）。その一方で、『マウス——障害者権利の声（Mouth: The Voice of Disability Rights）』に掲載された記事「セックスと独身の障害者（Sex and the Single Gimp）」(1994) は大きな物議をかもした。

映画『ビリーが首を骨折した日（When Billy Broke His Head）』が公共放送サーヴィス（PBS）で全国放送されたのは 1995 年の 5 月 23 日であった。それ以来、この映画は数多くの映画際や障害文化関係のイヴェントで上映されている。この映画は、1996 年にコロンビア大学放送ジャーナリズム優秀賞、全米教育メディア・コンペティション優勝、アトランタ映画・ヴィデオ祭の最優秀ドキュメンタリー賞、その他数多くの賞を受賞した。1996 年にはエミー賞にもノミネートされている。ゴルファスはこの賞は受賞できなかったが、ABC の「今週の顔（Person of the Week）」に選ばれている。

参照項目 不確認（Disonfirmation）
出典 Corbet, Barry, "Billy Golfus' Righteous Surprise," *New Mobility* (January/Feburary 1995).

Grandin, Temple
グランディン，テンプル（1947 年生）

テンプル・グランディンは、『自閉症の人生から映画・報告を考える（*Thinking in Pictures and Other Reports from My Life with Autism*）』(1995) の著者であり、オリヴァー・サックス（Oliver Sacks）の『火星の人類学者（*An Anthropologist on Mars*）』(1995) の主題となった人物である。

1947 年 8 月 29 日にボストンに生まれたグランディンは、成長するにしたがって顕在化してきた、他人と違うということの困難さと、自分の思考様式が根本的に周りの人々と異なるということを悟ったことについて述懐している。彼女は、「画像のように考え（thinking in pictures）」ていた。他人から見ると奇異に見える自閉症者の行動は、この「違い」に起因するものだと彼女は考えている。グランディンは、人間といるよりも動物と一緒にいたほうが快適であった。なぜなら、動物のほうが、彼女の考え方や感じ方により近いように思われたからである。彼女が「スクィーズ・マシーン（squeeze machine）」という考え方を思いついたのは、家畜が囲いを移動させられる時に用いられる傾斜付きの狭い通路が鎮静効果をもっているということを発見した時である。現在、この考え方は、自閉症者への治療効果をもつということが認められている。

グランディンは 1970 年、ニューハンプシャー州リンジ（Rindge）のフランクリン・ピアース大学で心理学学位をとり、1975 年、テンピ（Tempe）のアリゾナ州立大学で動物学の修士号を、1989 年にはイリノイ大学で動物学博士号を取得した。彼女は家畜の扱い方について講義を行うとともに、『家畜の扱い方と輸送（*Livestock Handling and Transport*）』(1993) の編者であり、その中の 4 つの章を自ら執筆している。彼女は、動物の行動に関する科学ジャーナルや有名雑誌に、きわめて多くの論文を書いている。グランディンは自閉症についての講義を行い、また ABC 放送の *20/20* や、ディスカバリー・チャンネルの『脳シリーズ（*Series on the Brain*）』に出演した。PBS 放送の『動いている人々（*People in Motion*）』シリーズでも紹介されている。

グランディンは現在、フォート・コリンズにあるコロラド州立大学の動物学部准教授時代に、その分野で名を馳せた。

参照項目 アメリカ自閉症協会（Autism Society of America）
出典 Grandine, Temple, *Thinking in Pictures and Other Reports from My Life with Autism* (1995).

Gray, David B.
グレイ，ディヴィッド・B（1944 年生）

デイヴィド・B・グレイは、住宅・電子機器、コミュニケーションリンク、医療保険、その他、障害をもつ人々にとって重要な領域へのアクセスに関する研究を行うための、連邦レベルのイニシアティブを確立した人物である。彼は、連

邦政府のリハビリテーション研究プログラムを立ち上げたり監督したりする職務に就いた初めての身体障害者であった。そもそも、こうした調査研究はその前提として障害者に対する偏見があることが多く、障害をもつ人の日々の生活とは関係のないものが多かった。1982年、彼は国立保健研究所（National Institues of Health: NIH）の保健科学行政官として、学習障害に関する全米調査研究プログラムを初めて作った。

グレイは1944年2月7日、ミシガン州のグランド・ラピッズに生まれた。ウィスコンシン州アップルトンのローレンス大学（Lawrence University）で心理学の学士号をとり、1974年に、心理学と遺伝学の博士号をミネアポリスのミネソタ大学で取得した。1974年から1977年まで、ニューヨーク州ヴァルハラの精神遅滞研究所（Mental Retardation Institute）で、行動変容研究のスーパーヴァイザーを務め、それからミネソタ州ロチェスター州立病院の精神遅滞者研究プログラムのディレクターを務めた。そこで、施設に暮らす人々を地域へと統合する活動を行った。グレイは1977年の7月、脊髄を損傷し、四肢まひとなった。自宅の屋根から転落したのである。メアリー・ジェーン・オーウェン（Mary Jane Owen）は、1986年、雑誌『主流（Mainstream）』の記事の中でグレイを紹介している。そこには、事故の経験を通して、彼がいかにして「リハビリテーションにおける患者側からの視点について（about rehabilitation from the other side of the treatment mirror）」知ったかが記されている。この新しい視点は、「障害とは実際どういうことか」に関する抽象的な知見にしばしば見られるような優位者の立場（superior stance）に対する疑問を彼に抱かせた。

グレイはリハビリテーションの調査研究に打ち込むため、臨床の仕事をやめた。1981年から1986年まで、彼はNIHの国立児童保健・人間発達研究所（National Institute on Child Health and Development at the NIH）で保健科学者の管理を務めた。彼はまた、1986年から1987年にかけて、アメリカ教育省の国立障害・リハビリテーション研究所（National Institute on Disability and Rehabilitation Research: NIDRR）の所長を務めた。障害をもつ人物がこの職に就いたのは初めてのことであった。彼はそこで評価プロセスを強化し、外傷性脳損傷、障害をもつ人の雇用、コンピュータを利用した障害者コミュニケーション・システムなどの調査研究プロジェクトを立ち上げ、1987年にNIHに戻った。1991年から1995年に至るまで、再びNIHの児童保健・人間発達研究所（Child Health and Human Development）の国立メディカル・リハビリテーション研究センター（National Center for Medical Rehabilitation Research）で副センター長代理を、その後副センター長を務めた。1995年には、ミズーリ州セントルイスのワシントン大学の医学部で保健科学の教授となり、作業療法プログラムの調査研究の副長となった。

グレイは広範囲に及ぶ出版活動と講演を行っている。彼の出版物としては、『支援技術の利用――デザイン・評価（Using, Designing and Assessing Assistive Technology）』（1997, L・A・クアントラーノ〈Louis Quantrano〉、M・L・リーバーマン〈Morton L. Lieberman〉と共編著）、『身体障害者の出産問題（Reproductive Issues for Persons with Physical Disabilities）』（1993, F・ヘーゼルティン〈Florence P. Hoseltine〉、S・コール〈Sandra S. Cole〉と共編著）がある。

出典 Owen, Mary Jane, "David Gray, Ph.D.: Disability Leadership at the Top," *Mainstream* (May 1986).

Griss, Robert
グリス，ロバート（1945年生）

ロバート・グリスは、障害をもつ人々に関するヘルスケア財政についてのアメリカにおける第一人者である。彼は1945年5月29日に生まれた。1967年、プリンストン大学で国内問題・国際問題の学士号を得て卒業し、1969年、ウィスコンシン大学で社会学の修士号を取得した。1979年から1986年まで、ウィスコンシン州保健ヒューマンサーヴィス局で働き、1981年にはウィスコンシン権利擁護連盟とともに活動するようになった。1986年から1990年までの間、さまざまな組織で働いた。たとえば、社会政策研究センター（Center for the Study of Social Policy）、国立障害・リハビリテーション研究所（National Institute on Disability and Reha-bilitation Research）、世界障害研究所（World Institute on

Disability）などである。これらの機関で、彼は障害や慢性疾患をもつ人々が医療に低額でアクセスできるようにするための財源問題について分析し、『ヘルスケアへのアクセス（Access to Health Care）』と呼ばれる、保健政策に関する紀要シリーズを書き著した。1990年から1993年まで、ワシントンD.C.の脳性まひ協会連合（United Cerebral Palsy Associations）で、保健政策の上席研究員を務め、クリントン大統領提案のヘルスケア財政改革法案の議論が行われている間、全米の障害者コミュニティに情報を提供し、リーダーシップを発揮した。グリスは当時さらに障害者市民連合の健康問題特別委員会（Health Task Force of the Consortium for Citizens with Disabilities）の共同議長を務めた。さらに、ロバート・ウッド・ジョンソン財団には、さまざまなヘルスケアの問題に関連して、障害者権利の展望についての知見を提供した（彼は現在もこの役割を担っている）。全米障害者協議会（National Council on Disability）にも同様の貢献をしている。

グリスは、1991~1992年オレゴン州のメディケイド「改革」案のような、医療を制限する取り組みを容赦なく批判してきた。1994年、ワシントンD.C.のシンクタンクであり権利擁護機関である障害者保健センター（Center on Disability and Health）を設立した。グリスは次のように述べている。「私の目標は、公民権、公衆衛生、公益事業としてのヘルスケアを結合させることによって、公的責任によるヘルスケアの支援を確立することである」。

参照項目　障害者市民連合（Consortium for Citizens with Disabilities）；医療保障（Health Care Access）

Grove City College v. Bell
グローヴ市立大学対ベル裁判

参照項目　1987年公民権回復法（Civil Rights Restoration Act of 1987）

Halderman v. Pennhurst State School & Hospital 446 F. Supp. 1295 (1978)
ハルダーマン対ペンハースト州立施設・病院裁判 1978 年連邦地方裁判所判例集第 446 巻 1295 頁

一般にペンハースト判決として知られるハルダーマン対ペンハースト州立施設・病院裁判（Halderman v. Pennhurst State School & Hospital）は、障害をもつ人々のコミュニティサーヴィス利用の権利をめぐる歴史的な裁判であった。連邦地方裁判所判事のレイモンド・J・ブロデリック（Raymond J. Broderick）は、施設収容は、本質的に発達障害のある人たちに被害を与えているという判決を下し、ペンハーストを閉鎖するよう命じた。この判決は、後に続く法的手続きによって一部が変えられたものの、決定的な先例となり、脱施設化を支持する人々の重要な勝利となった。

この裁判は、ペンハーストの居住者で、知的障害のあるテリ・リー・ハルダーマン（Terri Lee Halderman）の母親が、ペンハースト管理部とペンシルヴェニア州職員を相手に、1974 年 5 月に告訴したことにより始まった。ハルダーマンの訴訟には、200 名の親たちを代表するペンハースト施設保護者・家族の会（Parents and Family Association of Pennhurst）同様、他に 7 名のペンハースト居住者の親たちが加わった。次いで 1974 年 11 月には、司法省が原告側で裁判に加わった。さらに、他の居住者、家族、そしてペンシルヴェニア州精神遅滞児親の会（Pennsylvania Association for Retarded: PARC）が 1975 年 6 月に加わった。

ペンハーストは、発達障害のある人々の存在を明らかにして隔離するという全米での運動の一環として 1908 年に設立された。またペンシルヴェニア州議会は、1913 年に施設をもっぱら「てんかん、白痴（idiotic）、痴愚（imbecile）、あるいは精神薄弱（feeble-minded）者の……隔離」にあてるという法律を成立させた。ロバート・スミロヴィッツ（Robert Smilovitz）の『ペンハースト施設小史 1908-1926（A Brief History of Pennhurst 1908-1926）』（1974）によると、設立当初から、施設の「わずかな職員、人口過密状態の建物、不十分な設備、……そして不適切な配置」について不満を強く訴える人たちがいたのである。むしろ、これらの問題は、時間を経るにつれて悪化した。この訴訟は、ニューヨーク州スターテン島にあるウィロウブルック、そしてアラバマ州タスカルーサにあるパートロウといった他の州立施設における同様の地獄のような状況をも暴露した。これを受けて、トーマス・K・ギルフール（Thomas K. Gilhool）とフランク・ラスキ（Frank Laski）を代表とする PARC は、1976 年 1 月に裁判所に対して、施設の完全閉鎖と、その居住者へのコミュニティサーヴィス提供を州に要請するよう求めたのである。

1977 年 12 月 23 日、レイモンド・J・ブロデリック（Raymond J. Broderick）裁判官は、ペンハーストでの状況が以下の法律に違反するという判決を下した。すなわち、1973 年のリハビリテーション法第 504 条の居住者の権利、不必要な施設収容を禁止するペンシルヴェニア州社会保障法第 19 編（Social Security Act, Title XIX）、そしてとりわけ憲法修正第 14 条平等保護条項（Equal Protection Clause of the Fourteenth Amendment）である。法廷の「事実認定」では、「施設の床には糞尿が放置され、伝染病は頻繁に発生し……性的暴行を含め、職員による深刻な暴行が行われていた。身体的拘束は、……傷害を引き起こし、少なくとも 1 人がそれによって死亡した……」との陳述があった。証言からは、たとえば、1 人の女性居住者が 1976 年 8 月の 1 ヶ月の間に計 720 時間にわたって身体を拘束されたということが明らかにされた。ブロデリック裁判官は、「精神遅滞者は、差別されずに社会復帰訓練を受ける連邦法令上の権利を有し、……そして傷つけられることなく、最も制約の少ない環境で十分な処遇を受ける憲法上の権利を有する」という判決を下した。さらに彼は、1978 年 3 月 17 日には、適切な処遇は施設の中では提供されえないという判決を下し、ペンハーストを「閉鎖し、すべてのペンハースト居住者に対して、ふさわしいコミュニティでの生活環境と必要な支援サーヴィスを提供する」ことを命じたのである。ペンハーストの居住者数は、その時点でおよそ 1230 名であった。

1979 年 12 月、連邦第 3 巡回区控訴裁判所は、

この判決の大部分を支持した。しかし、その決定はまったく新しい根拠に基づくものであった。ペンハースト居住者の憲法上の権利をめぐる結論は何も出なかったが、ペンハーストでの状況、そしてコミュニティサーヴィスの提供を怠ったことは、連邦の1975年発達障害支援および権利章典法（Developmentally Disabled Assistance and Bill of Rights Act of 1975）に違反するという判決を下したのである。この判決はまた、施設の閉鎖要求を退けたものの、事実上は同じ効果を有した。この判決はさらに上告され、1980年12月8日に最高裁判所で議論された。

1981年4月20日、最高裁は、発達障害支援および権利章典法が「『最も制約の少ない』環境での『適切な処遇』を受けられる実質的な、つまり、執行できる権利を精神遅滞者のために生み出すものではない」という判決を下した。ただし、控訴審がブロデリック判決で示されたその他の根拠に関して言及しなかったため、最高裁もそれらに対しては何ら明確な立場はとらなかった。その代わり、控訴審判決を逆転させ、さらに協議するよう控訴審に差し戻したのである。その後、控訴審は元の判決を再度支持したが、その時はその根拠として、ペンシルヴェニア州法を引用した。しかし最高裁は、1984年1月23日、再度控訴審判決を棄却した。この2回目の最高裁判決では、憲法修正第11条により、ペンハーストにおける「監禁状況をめぐって、地裁が州職員に対して州法遵守を命ずることは禁じられている」とされた。

こうして訴訟は再度控訴裁判所に戻り、最終的には、当初のブロデリック判決で示された他の根拠について検討していく。州の職員側は、3回目の控訴審でもまた自分たちの訴えが退けられるであろうと判断し、1984年1月13日には和解に応じた。この和解によって、ペンハーストは1986年1月1日までに閉鎖され、その居住者にはコミュニティサーヴィスが提供されることになった。この最終的和解は、ペンハーストの居住者だけではなく、施設の待機者リストに記載された925人の要望にも合致するものであった。

ペンハースト訴訟は、全米における同様の脱施設化をめぐる訴訟のモデルケースとして、また推進力として役立った。ペンハースト裁判以降、すべての主だった居住施設では、入所者数が劇的に減少した。すなわち、付帯条項であるコミュニティサーヴィスを展開させていく中で、居住施設の多くが完全に閉鎖されていったのである。

参照項目　全米精神遅滞市民協会（The Arc）；1975年発達障害支援および権利章典法（Developmentally Disabled Assistance and Bill of Rights Act of 1975）；脱施設化（Deinstitutionalization）；ギルフール，トーマス・K（Gilhool, Thomas K.）；ウィロウブルック州立施設（Willowbrook State School）

出典　Mnookin, Robert H., *In the Interest of Children: Advocacy, Law Reform, and Public Policy* (1985).

Hamilton, Marilyn
ハミルトン，マリリン

参照項目　車椅子（Wheelchairs）

Handicapped Children's Protection Act of 1986
1986年障害児童保護法

参照項目　スミス対ロビンソン裁判（Smith v. Robinson）

Handicapped Organized Women, Inc. (HOW)
障害女性集団（HOW）

障害女性集団（Handicapped Organized Women Inc.: HOW）は1979年、障害のある女性のためのピアサポートグループとして、デボラ・クラウチ・マッキーサン（Deborah Crouch McKeithan）によって、ノースカロライナ州シャーロットで設立された。1988年までには、36州で120以上の支部ができた。HOWは以下のような問題に取り組んだ。社会保障障害保険（Social Security Disability Insurance）そして／あるいは補足的所得保障（Supplemental Security Income）を受給している女性の労働意欲を低下させる諸問題、障害者の産婦人科受診を可能に

するための課題、そして障害者権利運動における性差別等の問題などである。マッキーサンは、1988年のインタヴューで以下のように語った。「私が、全米で活動を展開するようになって最も失望したことは、私の闘いが私に障害があることではなく、私が女性であることに起因していたことでした」。

HOWのほとんどの活動が地方レベルで行われた。たとえば、レズビアンの障害者シャロン・コワルスキー（Sharon Kowalski）は、その障害と性的指向を理由に、彼女の意思に反して8年間ナーシング・ホームに収容されたが、彼女の解放運動においてはミネソタ支部が尽力した。その後1988年には、マッキーサンは本部事務局の名称を「ラーニング・ハウ本部（Learning How, Inc.）」に変え、活動内容の重点も移行させた。そして今では、シャーロット地域における障害のある人々（女性と男性）の雇用機関として役割を果たしている。HOWの地方支部の中には積極的な活動を続けている支部もあるが、それはもはや正式には全米ネットワークの一部ではなくなっている。

参照項目 コワルスキー，シャロンとトンプソン，カレン（Kowalski, Sharon and Thompson, Karen）；障害女性（Women with Disabilities）
出典 Brown, Dale, "Leadership: Some Views and Perspectives from the Top," *Mainstream* (May 1988); Traustadottir, Rannveig, *Women with Disabilities: Issues, Resources, Connections* (1990).

Hate Crimes against People with Disabilities
障害者への憎悪犯罪

1994年にニューヨーク市警察本部は、障害者への増悪犯罪事件を捜査する最初の政府機関となった。増悪犯罪という概念は警察と政府職員にはまだなじみのないものであるが、バーバラ・フェイ・ワックスマン（Barbara Fay Waxman）のような障害者の権利擁護活動家は長年にわたって、まさに増悪犯罪と名づけるべき障害者への攻撃を記録してきた。それらは、知的障害者グループホームへの破壊行為や火炎瓶での攻撃、若者グループによる知的障害者への暴行、車椅子用昇降機の装備があるワゴン車の破壊や窃盗であった。ワックスマンは、これらの犯罪の多くが警察からは、「まれな事件」あるいは「悪質ないたずら」として処理されていると述べている。

参照項目 レイプ／性的暴力およびドメスティック・ヴァイオレンス（Rape/Sexual and Domestic Violence）；ワックスマン，バーバラ・フェイ（Waxman, Barbara Faye）
出典 Sobsey, Dick, *Violence and Abuse in the Lives of People with Disabilities* (1994); Waxman, Barbara Faye, "Hatred: The Unackowledged Dimention in Violence Against Disabled People," *Journal of Sexuality and Disability* (October/November 1991).

Health Care Access
医療保障

障害者や慢性疾患をもつ患者が医療保険に加入できる可能性が最も低く、そのため必要な医療を受けることができないということは、アメリカの医療システムの矛盾である。国民1人あたり世界中で最も多く医療費をつぎ込んでいる国であるにもかかわらず、4000万人以上の国民が、保険料を支払えないために、医療保険に未加入もしくは十分な医療を受けられない状態にある。

医療を受けられない状況が生じる理由として、既往症、不十分な給付範囲、雇用と医療保険がセットになっていること、マネジドケア（managed care）、生涯限度額と年間上限の存在、医療の割当、費用の問題などがあげられる。

既往症：障害者や慢性疾患の患者は、治療を必要としているが、まさしくその同じ理由で保険加入を保険会社から拒否される。たとえ医療保険から無条件に排除されるということがなくても、ほとんどの保険では、加入前6ヶ月から1年前にすでに生じていた病気に対しては医療保険の給付対象外としている。1997年7月に施行された1996年医療保険相互運用・説明責任法（Health Insurance Portability and Accountability Act of 1996）は、この問題を部分的に解決しようとしたものであり、本法によれば、失業や転職によって医療保険が変わった場合、新しい保

険の加入1年以上前にすでに他の医療保険の給付対象となっていた病気については、新規加入を拒否する要件としてはならないとしている。

不十分な給付範囲：医療保険は、しばしば最も基本的なサーヴィスを給付対象外としていたり、自己負担を異常に大きくしていたりする。医療財政分析の専門家サラ・D・ワトソン（Sara D. Watson）は、一例として、多発性筋萎縮症の女性が治療を受けるには、その女性の年収が2万ドルであった場合、8000ドルをその治療費として自己負担しなければならないと語る。また医療保険会社は、普通8000ドルから2万ドルという値段がついている電動車椅子、人口呼吸器、カテーテル、特定の医薬品など、患者にとって必要不可欠なものを給付範囲から除外していることも多い。

医療保険が雇用を通して提供されていること：ほとんどの人は、自分が雇用されている会社を通して医療保険に加入しているか、もしくは被雇用者の扶養家族となって民間医療保険に加入している。合衆国のマイノリティ・グループのうち、障害者は最も失業率が高いため、他のマイノリティ・グループと比較して医療保険未加入率が格段に高くなっている。しかし、所得が低ければ、障害者もメディケイド（医療扶助）やメディケア（公的医療保険）の対象となるため、障害者の失業率の高さは大きな社会問題にならずにいる。

マネジドケア：保健維持機構（Health maintenance organizations: HMOs）、選定医療提供者組織（preferred provider organizations: PPOs）をはじめとするマネジドケアは、患者が高額の専門医療を受けることを最小限に抑制することを、医療サーヴィス提供の基本方針としている。しかし、このような「門番」の役割をする医療関係者は、通常は障害者や慢性疾患患者の治療を経験していないことが多く、障害者が必要な医療を受けるための障害となっている。HMOやPPOは、治療方法、薬の処方、医療機器の使用について事前審査を義務づけており、その過程で「医療的必要」がないと見なされたものについては、支払いを拒否するのである。また適切な専門医が加入するマネジドケアのネットワークに所属していない場合には、その治療に対する費用支払いが認められる専門医をマネジドケアプランから紹介（referral）してもらうことが困難になる場合もある。

生涯限度額と年間上限：脳性まひ協会連合（United Cerebral Palsy Associations, Inc.）は、1989年現在、雇用主提供型医療保険のうち79％が生涯限度額、すなわち加入者に対して一生涯に保障される金額が決まっており、いかに必要な医療であってもその範囲を超えて保障を受けることができないという条件を設定している。これらの生涯限度額は、100万ドルから最低10万ドルの範囲で設定されている。しかし、たとえば脊髄損傷の治療の場合、生涯で100万ドルを超えることは珍しくない。また、年間上限を設定しているところも多い。たとえば、リハビリテーションは年間60日、継続的に使用する医療用機器は年間500ドル、精神科カウンセリングは年間500ドルというようにである。医療費が非常に高くなれば、このような限度額があることによって、現実的には患者が必要な医療をごくわずかしか受けられないという事態が生じる。

医療の割当：医療を割当制とすることは、必然的に障害者や慢性疾患患者への差別につながる。たとえば、1991/1992年にオレゴン州によって提案されたメディケイド（医療扶助）「改革」法案（Medicaid "reform"）はその1つである。このオレゴン案では、「治療効果」と医療費に基づいて、医学的処置に順位づけがなされた。それに基づいて、オレゴン州は、医療費に回せる年間予算によって、ある基準以下の医学的処置に対する費用の支払いを拒否することができるとされていた。したがって、たとえば二分脊椎の新生児は、数年間、生存に必要あるいはその後の障害軽減に必要な医療を拒否されるということが起こりうるのである。「オレゴン州は、順位づけが、非効率的医療を排除するために設定されたと主張する」が、医療改革運動家のロバート・グリス（Robert Griss）は、その著書『ワシントン便り（*Word from Washington*）』（1992）の中で、「それぞれの医療行為が、特定の疾患をもつ患者や障害者の『生活の質』にどのように影響するかのオレゴン州による順位づけは、まったく主観的判断でもって決められていた」と書いている。オレゴン州が医療を配給しない対象を決定するにあたっては、さまざまな方法が用いられたが、その中に州住民に対する電話調査もあった。これは、1001人の州住

民に対して、さまざまな病気をゼロ（「死に等しい」）から100（「回復して健康になる」）の範囲で評価するよう求めたものである。予想通り、平均的なオレゴン州住民は、社会の健常者優位主義を反映して、二分脊椎や四肢まひについては、「死に等しい」と評価した。ブッシュ政権は、主観的な「生活の質」基準を引き合いに出してオレゴン州のメディケイド規制免除案を1990年アメリカ障害者法（Americans with Disabilities Act of 1990: ADA）に違反するとして却下した。次のクリントン政権は、オレゴン州がアメリカ障害者法に抵触しないように修正を行ったため、1993年の規制免除案を承認した。

費用：医療保険における最大の障害は、高額の保険料の問題である。収入に限界がある者や低所得者、自営業者、小規模事業者は、医療保険の保険料を負担することができない。ここでも、障害者は低所得か収入に限界がある者が一般の人々よりはるかに多いため、医療保険未加入の割合が高くなってしまうのである。

グリスをはじめとする障害者の権利擁護を訴える者たちは、医療保障の表面的「改革」ではなく、根本的に改革する以外に、障害者や慢性疾患患者が必要な医療を受けられる道はないという。実際には、医療貯蓄口座のような経費削減「改革」が健常者に自己負担の多い自家保険（self-insure）に入るよう勧めることで、自己負担の少ない他の保険の1人あたりの保険料を上げ、結果として障害者の利益を損なっている。グリスは、医療保障を公民権の問題としてとらえ、障害者権利団体は、最も筋の通った利用者団体として総合的な改革を要求するべきであると主張している。

参照項目　グリス，ロバート（Griss, Robert）
出典　Byrin, Peg, "The Health Insurance Conspiracy," *Ms.* (September/October 1992); Consortium for Citizens with Disabilities Health Task Force, "Principles for Health Care Reform from a Disability Perspective" (1992); Griss, Robert, "USPA's Comments to EEOC on Health Insurance," *Word from Washington* (March/April 1991); ——, "Health Insurance at Risk," *Word from Washington* (May/June 1991); ——, "HHS Rejects Oregon Medicaid Rationing Plan: Violates ADA," *Word from Washington* (August/September 1992); Pelka, Fred, "Trauma Time: Disability Issues Must Be a Litmus Test for Evaluating the Validity of Any Proposal for Health Care Reform," *Mainstream* (March 1993); Skelley, Richard V., *Insuring Health Care for People with Disabilities* (1990); Watson, Sara D., "Alliance at Risk: The Disability Movement and Health Care Reform," *American Prospect* (1993).

Hearing Aid Compatability Act of 1988
1988年補聴器互換法

参照項目　1982年障害者電話法（Telecommunications for the Disabled Act of 1982）

Hearne, Paul G.
ハーン，ポール・G（1949年生）

ポール・G・ハーンの障害者権利擁護運動家としてのキャリアは、1971年、ニューヨークのヘンプステッド（Hempstead）のホフストラ大学（Hofstra University）で学生自治会長を務めたことから始まる。彼はそこで、大学の学生寮を障害者が利用可能なものにするための活動を行った。1988年7月から1989年8月にかけて、全米障害者協議会（National Council on Disability）のディレクターとして、1990年アメリカ障害者法の草案作成・条文作成および議会での可決に際して、きわめて重要な役割を果たした。

ハーンは1949年11月27日に生まれた。1971年、ホフストラ大学で政治学の学士号を取得し、1974年にホフストラ・ロー・スクールにおいて法学博士号を取得した。1974年から1977年にかけて弁護士として、レジナルド・ヒーバー・スミス地域法律家連盟（Reginald Heber Smith Community Lawyer Fellowship、ワシントンD.C.のハワード大学と提携している）を通じ、貧困者のための活動を行った。ニューヨーク市で貧困線を下回る生活を送る人々に、合法的な評議会を提供するという活動である。1976年から1979年にかけて、障害者法律サポート・ユニット（Handicapped Persons Legal Support Unit）の事務局長を務めた。これは1976年に彼が設立した団体である。1979年から1989年

には、1947年にハワード・ラスク（Howard Rusk）とヘンリー・ヴィスカーディ・ジュニア（Henry Viscardi, Jr.）が設立した職業紹介機関である「少しの特別な配慮（Just One Break, Inc.）」の事務局長を務めている。

1980年、ハーンは『障害者の法的アドヴォカシー（Legal Advocacy for the Disabled）』を著した。これはワシントン D.C. の法律サーヴィス組合（Legal Services Corporation）出版のアメリカで初めての、障害者権利運動に従事する弁護士向けの訓練マニュアルであった。彼は、障害者の権利に関する多数の記事や共著論文を書いている。たとえば、アメリカ自由人権協会（American Civil Liberties Union）の『身体障害者の法的権利（Legal Rights of the Physically Handicapped）』（1980）の中で、障害者の働く権利に関する章などを担当している。また、アメリカの実業界で障害者問題の助言者として尽力した。たとえば、AT&T 利用者相談グループ（AT&T Consumer Advisory Group）や、I.B.M. ダイバシティ特別委員会（I.B.M. Diversity Task Force）の一員としての、また委員長としての仕事である。1989年以来、ハーンは障害者雇用ドール財団（Dole Foundation on Employment of People with Disabilities）の代表を務めている。彼は大規模な、そして全国的な基金の運営を取り仕切った最初の障害者の1人である。彼は先天性骨形成不全症をもって生まれ、結合組織障害ももっていたが、1991年から1994年まで、先天性骨形成不全症基金（Osteogenesis Imperfecta Foundation, Inc.）の取締会のメンバーを務めている。

参照項目　1990年アメリカ障害者法（Americans with Disabilities Act of 1990）；全米障害者協議会（National Council on Disability）

Helen L., Beverly D., Florence H., Ilene F., Idell S., and American Disabled for Attendant Programs Today (ADAPT) v. Karen F. Snider 46 F. 3rd 325 (1995)
ヘレン L.、ビヴァリー D.、フローレンス H.、アイリーン F.、イデル S. およびアメリカ障害者アテンダント・プログラム・トゥデイ対カレン・F・スナイダー裁判（1995年連邦控訴裁判所第3集第46巻325頁）

参照項目　パーソナル・アシスタンス・サーヴィス（Personal Assistance Services）

Hemophiliac Holocaust
血友病患者ホロコースト

参照項目　一万人委員会（Committee of Ten Thousand）；HIV/AIDS と障害（HIV/AIDS and Disability）

Hershey, Laura
ハーシー，ローラ（1962年生）

ローラ・ハーシーは、活動家であり、演説家であり、詩人にして著述家でもある。彼女は、『ミズ・マガジン（Ms. magazine）』『プログレッシブ（The Progressive）』『女性とセラピー（Women and Therapy）』その他で、障害の諸問題について書いてきた。彼女は『デンヴァー・ポスト（The Denver Post）』の月刊コラムを書き、『一歩先へ（One Step Ahead）』の寄稿編集者でもある。

ハーシーは、1962年8月11日に、コロラド州デンヴァーで生まれた。10代の時に、進行性筋ジストロフィ協会（Muscular Dystrophy Association: MDA）のイメージ・キャラクターになっていたが、成人になると、MDA のジェリー・ルイスのテレソン（Jerry Lewis Telethon）に対して、抗議行動を開始した。1983年にコロラドスプリングス（Colorado Springs）のコロラド・カレッジで歴史学の学士を取得して卒業、1984年にイギリスで障害者権利運動の研究をするため、トーマス・ワトソン奨学基金（Thomas Watson Fellowship）を受けている。

H

ハーシーは1985年に、障害女性集団デンヴァー支部（Denver chapter of Handicapped Organized Women）と、障害女性のためのドメスティック・ヴァイオレンス・イニシアティブ（Domestic Violence Initiative for Women with Disabilities）の共同設立者になった。彼女は1989年から1990年まで、障害をもった人々のためのデンヴァー委員会の指導者であった。1990年からは、アクセス・プラスコンサルティングのオーナーにして、かつマネージャーとして、障害者の自立とエンパワメントの強化を求める会社・機関・人々に、アドヴァイスを提供している。

参照項目　障害女性集団（Handicapped Organized Women）；『一歩先へ』（One Step Ahead）；テレソン（Telethons）

Hessler, John
ヘスラー，ジョン（1940-1993）

ジョン・ヘスラーは、カリフォルニア大学バークレー校身体障害学生プログラム（Physically Disabled Student's Program: PDSP）の創設メンバーの1人で、その初代ディレクターを務めた。また、自立生活センターを共同で創設したローリング・クワッズ（Rolling Quads）のメンバーで、初期の自立生活運動提唱者でもあった。

ヘスラーは、1940年12月11日にミズーリ州のセントルイス（St. Louis）で生まれた。その後、彼の家族はアラバマ州に移り、それからカリフォルニア州アンティオーク（Antioch）に移った。1957年5月、ヘスラーは水泳事故で四肢まひになった。そのため、カリフォルニア州マルティネスにあるコントラコスタ郡立病院でその後の6年間を過ごした。そこで、病院あるいはナーシング・ホームで人生をおくる覚悟をするように告げられた。入院中にまず高校の卒業証書を手にした後、カリフォルニア州プレザントヒルにあるディアブロヴァリー大学に4年間通い、フランス語とドイツ語を専攻した。彼は、1982年にジャーナリストのリン・キダー（Lynn Kidder）に以下のように語った。「私は、自分がうまくやれると常に考えていたわけでは

なかった。とくに、郡立病院で6年間生活した後はそうだった。ある環境でしばらく過ごすと、人はそれが自分の人生だと思うようになるものだ」。ヘスラーがいた病院では、患者はまるで子どものように扱われた。規則を破ると、患者は車椅子没収の罰を受けた。驚くべきことに、重度の障害のある人々の病棟でさえも、多くの設備は車椅子での利用が不可能だったのである。ヘスラーは、自力でトイレの中やシャワー室に行けるように、病院内で患者を組織し、車椅子での利用可能なバスルームを要求する運動を始めた。

ヘスラーは、1963年に病院を離れることを決めた。彼の成績は非常に優れていたが、さまざまな大学への20に及ぶ最初の入学申請は拒否された。しかし最終的には、カリフォルニア大学バークレー校ドイツ語研究科への入学許可を勝ち取ったのである。こうしてヘスラーは、カリフォルニア大学ではエド・ロバーツ（Ed Roberts）に次いで2番目の重度障害学生になったのである。「私たちは『実験』と呼ばれた。エドと私は、重度障害者も大学で学べることを証明しなければならなかった。そして、私たちがそれを成しえたことで、実際に他の人々に扉を開いたのである」。1966年には他にも数名の障害学生が加わり、1969年までには、大学で生活しながら学ぶ障害学生は十数名になった。彼らは共に、権利擁護グループ、ローリング・クワッズを組織化し、その後1970年7月には、ヘスラーを初代ディレクターとする身体障害学生プログラム（PDSP）を立ち上げた。その間、ヘスラーはフランス語で修士号を取得した。同プログラムの20周年を記念する同窓会開催までには、実に130人の重度の障害学生が大学で生活し、学んだ。1972年、ヘスラーは、エド・ロバーツ、フィル・ドレイパー（Phil Draper）とともに、バークレーに自立生活センターを設立した。

ジョセフ・シャピロ（Joseph Shapiro）は、『哀れみはいらない（No Pity）』（1993）の中で、ヘスラーについて以下のように述べている。「6フィート7インチ（200.7cm）のひょろりとした四肢まひ者」で、特殊改造された自分のバンを運転して仲間の学生たちを驚かせたという。1975年、ジェリー・ブラウン（Jerry Brown）知事がロバーツをカリフォルニア州リハビリテー

ション局長に指名した後、ヘスラーは、ロバーツの補佐役をするため、彼とともにサクラメントに行った。2人は、その就任期間中、カリフォルニア州全域で自立生活センターが設立されるのを監督した。そして、これらの動きは、全米規模で展開される自立生活運動の導火線となった。1978年、ヘスラーは州の保健局政策運営部主任に就任し、郡保健プログラムの助成金担当になった。その後、カリフォルニア州保健サーヴィス局に採用され、初期診療プログラム利用拡大部の主任になった。1982年、ヘスラーは、自分がその発展のために実に多くの事柄をなした障害者権利運動の推移を振り返り、インタビュアーに以下のように語った。「私たちは、暗黒の時代と同等の、あるいはそれ以下の状態から、アメリカ社会における他の人々とほぼ同じ状態へと進んだ」。ヘスラーは、1993年5月10日にサクラメントで亡くなった。

参考項目　自立生活センター（Center for Independent Living, Inc.）；自立生活、自立生活運動（Independent Living, Independent Living Movement）；ロバーツ，エドワード・V（Roberts, Edward V.）

出典　Kidder, Lynn, "They Fought Disabi-lities and Won," *Antioch Daily Ledger* (2 May 1982); Shapiro, Joseph, *No Pity: People with Disabilities Forging a New Civil Rights Movement* (1993)（秋山愛子訳『哀れみはいらない』現代書館、1999）.

Heumann, Judith E.
ヒューマン，ジュディス・E（1947生）

ジュディス・E・ヒューマンは自立生活運動の先駆者であり、国際的に知られた障害者権利の唱導者である。

ヒューマンはかつてインタヴューの中で、「私は生き残った家族の1人です」と答えている。「私たちはユダヤ人だったため、ホロコーストで多くの親族を亡くしました。両親がアメリカ合衆国へ移住した時、彼らは、アメリカンドリームを追い求めれば何でも望むものを得られると考えていました。しかし私は、自分の障害のために社会の中で正当な場所を得られないだろうことを、かなり早い頃から学んだので

す」。

ジュディス・E・ヒューマンは1947年12月18日に生まれた。18ヶ月の時にポリオにより障害者となり、ニューヨーク市ブルックリンの自宅近隣にある地区の公立小学校に通うことを拒否された。校長が彼女の車椅子を「火災の時に危険となる」と考えたからである。3年以上も自宅で教育を受けた後、彼女は、他の地区の健康維持の特殊学級にバス通学させられ、学校の地下で他の障害児とともに学んだ。差別は大学でも続いた。ロングアイランド大学（Long Island University）への入学を認められたが、大学キャンパスでの生活を手に入れるために、ヒューマンは自分の状況を学長にまで説明しなければならなかった。在学中は、彼女と仲間の学生は、障害学生用のプログラムの確立を求めて闘った。1969年、彼女はスピーチと演劇に関する学士号を得て卒業する。教員免許状の取得試験は合格したものの、歩けないという理由でニューヨーク市公立学校からは雇用を拒否された（この時彼女を火災の時に危険となると見なしたのは、市教育委員会だった）。1970年、彼女は障害に基づく雇用差別訴訟としては第1号ではないとしても、最も早い時期の勝者の1人となった。そして、ニューヨーク市公立学校の歴史上初めての、車椅子を使用する教員として職を得たのである。

同年、ヒューマンは障害の違いを超えて政治的変革に取り組む集団である、行動する障害者の会（Diasbled In Action: DIA）を設立した。数々の活動の中でも、リチャード・M・ニクソン（Richard M. Nixon）大統領が1972年リハビリテーション法の署名を拒否した際に、DIAは抗議運動を実施し、再選の選挙時にはニューヨーク市に置かれた彼の選挙事務所本部の前で座り込みを行っている。この集団の行動哲学として、「われわれは個別の問題を考えるだけではなく、社会を変えていくことを考える必要があったのです」とヒューマンはのちに語っている。また彼女によれば、その集団の目的は「率直に、政治的な方法で、われわれの問題について発言し、われわれが無力でも力を奪われてもいないと示すこと」であった。

1973年、ヒューマンはエド・ロバーツ（Ed Roberts）の求めに応じてカリフォルニア州バークレーに移り、自立生活センターの理事会

H

の一員となる。またこの間、公衆衛生の管理と計画の修士号をカリフォルニア大学から取得している。1974年より、上院議員労働福祉委員会議長だったハリソン・ウィリアムズ（Harrison Williams）上院議員（民主党、ニュージャージー州選出）の立法補佐となる。この立場から、1975年全障害児教育法に取り組み、また1973年リハビリテーション法第504条の規則条文の草稿作成に助力した。ヒューマンはアメリカ障害者市民連合（American Coalition of Citizens with Disabilities: ACCD）の共同設立者であり、その理事会の一員でもあった。

1975年から1982年、ヒューマンはバークレー自立生活センターの副所長を務める。そこでカリフォルニア州、次いで連邦の立法草案の作成を助けた。これらの法案は、自立生活センターを全米に設置する基となった。ヒューマンは1977年にサンフランシスコ連邦庁舎占拠行動の責任者となり、カーター政権によるリハビリテーション法第504条の諸規則公布の拒否に対して抗議した。この行動は全米中の障害者関連団体を驚かせた。70年代の終わり、『ミズ（Ms.）』は、80年代にその動向を見るべき80名の女性の1人として彼女を取り上げた。2年後、彼女はジェリー・ブラウン（Jerry Brown）州知事により、カリフォルニア州リハビリテーション局長官の地域問題担当特別補佐官に任命された。

1983年、エド・ロバーツ、ジョーン・レオン（Joan Leon）とともに、世界障害研究所（World Institute of Disability: WID）を設立。副所長ならびに自立生活政策研究・訓練センター長を務める。1990年、障害がある人の生活の質の向上に寄与した個人に贈られるプリンス慈善信託（Prince Charitable Trust）のヘンリー・B・ベッツ賞（Henry B. Betts Award）の第1回受賞者となる。

ヒューマンは、全米自立生活協議会（National Council on Independent Living: NCIL）、アメリカ国際リハビリテーション協議会（Council on International Rehabilitation）、障害者インターナショナル（Disabled People's International: DPI）、60歳以上高齢者の健康センタープロジェクトなど、さまざまな組織の理事会で理事を務めた。1993年、クリントン大統領により連邦教育省の特殊教育・リハビリテーション局担当次官に任命された。同局は全米のすべての障害者が教育とリハビリテーションを利用できるようとりはからう義務がある。1994年、建築・交通バリアフリー遵守委員会議長として1年間の任期を務めた。

参照項目　バークレー自立生活センター（Center for Independent Living in Berkely）；行動する障害者の会（Disabled in Action: DIA）；1975年全障害児教育法（Education for All Handicapped Children Act of 1975）；連邦保健・教育・福祉省デモ（HEW Demonstrations）；自立生活、自立生活運動（Independent Living, Independent Living Movement）；1973年リハビリテーション法第504条（Section 504 of the Rehabilitation Act of 1973）；世界障害研究所（World Institute on Disability）

出典　Levy, Chava Willeg, *A People's History of the Independent Living Movement* (1988); Maddox, Sam, *Spinal Network: The Total Resource for the Wheelchair Community* (1987).

HEW Demonstrations
連邦保健・教育・福祉省デモ

1977年4月5日、10市の障害者権利活動家たちは、連邦保健・教育・福祉省（Department of Health, Education, and welfare: HEW）の庁舎で座り込みとデモに突入した。彼らの目的は、HEW長官ジョセフ・カリファーノ（Joseph Califano）により代表されるカーター政権に、1973年のリハビリテーション法第504条施行規則を公布させることであった。ワシントンD.C.と他の都市のデモ隊は、座り込みを1日ぐらいしか維持できなかったが、サンフランシスコのデモ隊は連邦庁舎をほぼ1ヶ月間占拠した。この座り込みは国民の関心を呼び起こし、障害者権利コミュニティに新しい団結と誇りの感覚をもたらした。

リハビリテーション法第504条は、連邦政府から資金提供を受けるプログラムは、単に障害を理由に、その利用、サーヴィス、あるいは雇用を拒否してはならないと義務づけた。これはその当時、最も広範な障害者権利の政策であった。というのも、数万もの公共・民間施設が連邦政府の補助金を受けていたからである。しか

しながら施行規則とある種の実施の仕組みがなければ、第504条はすばらしい感傷にすぎないままだろう。『ルールの変更（Changing the Rules）』(1986)の中で、フランク・バウ（Frank Bowe）は次のように書いていた。「第504条は、わが国における障害者の機会への鍵を握っている……しかしワシントンD.C.には、法律の制定から3年以内に施行されなかった法律の規定は、実際上は効力がない、という不文律がある」。したがって、第504条は時間切れになりそうだった。「J・カリファーノは……彼の署名によって、数千万人のアメリカの障害者の生活を変えることができる唯一の人物であった」。

HEWの条例に関する運動は、ジェームズ・L・チェリー（James L. Cherry）と身体障害者運動連盟と呼ばれるケンタッキー州ルイヴィルのグループが起こした訴訟によって、すでに拍車がかけられていた。1976年7月にワシントンD.C.の連邦地方裁判所は、連邦議会は第504条を施行する意思があったと判決を下し、条例を「これ以上の不合理な延期なしに」公布するよう命じた。HEWの公民権局のスタッフ弁護士ジョン・ウォダッチ（John Wodatch）とアン・ベックマン（Ann Beckman）は、連邦資金の受領者たちが第504条の下で果たすべき責任を順序だてて説明する185ページにわたる一連の施行規則を起草した。これらの施行規則の草案は、アメリカ障害者市民連合（American Coalition of Citizens with Disabilities: ACCD）の支援を受け作成された。しかしながら、フォード政権下のHEW長官ディヴィッド・マシューズ（David Mathews）は、条例の公布を延期した。そして1976年にジミー・カーターの選出に伴い、障害権利擁護者たちはHEWの新しい指導体制に対処しなければならなかった。

ACCDは第504条施行規則の公布を最優先事項として採択した。ACCDの代表者たちは1977年初頭にカーター政権の当局者と会見し、法律に書かれたとおり施行規則を公布するよう促した。カリファーノは、彼の告白によると、任命まで障害の問題をほとんど知らず、第504条に関しては、まったく知らなかった。さらに障害者権利擁護者のユーニス・フィオリート（Eunice Fiorito）とディヴィッド・モス（David Moss）はカーターの選挙運動で活動していた。カーター自身はジョージア州ウォーム・スプリングスの演説で第504条に触れ、「理論的には結構」であるが「行政が法律を後押ししないかぎりほとんど意味がなかろう」と述べた。それにもかかわらず、新しく選出されたカーター政権はウォダッチとベックマンが作成した施行規則の公布を延期することになった。

カリファーノとの交渉は行き詰まり、ACCDは1977年3月18日にカーター大統領に手紙を送り、4月4日まで規則を公布しなければ「ACCDは全国すべてのHEW庁舎で大規模な座り込みデモを開始する」と脅した。手紙の一部がメディアに転載され、その中でジャック・アンダーソン（Jack Anderson）のコラムが最も目立つものであった。ACCDと障害者権利コミュニティはこのように堅く団結した。

交渉は失敗し、4月5日、ワシントンD.C.、ニューヨーク、ボストン、アトランタ、サンフランシスコ、デンヴァー、その他のHEW庁舎でデモが始まった。さまざまな運動の指導者と支援者の中には、1970年代の障害者権利運動における実質的な主要人物が存在した。つまり、カリフォルニア州のジュディス・ヒューマンとメアリー・ジェーン・オーウェン（Mary Jane Owen）、フィラデルフィア州の行動する障害者の会（Disabled in Action）より、弁護士トーマス・K・ギルフール（Thomas K. Gilhool）、ジェームズ・ラッジオ（James Raggio）、フランク・ラスキ（Frank Laski）、ボストンからフレッド・フェイ（Fred Fay）、アンドレア・シャイン（Andrea Schein）、そしてボストンのマサチューセッツ障害者市民連合（Massachusetts Coalition of Citizens with Disabilities）、ワシントンD.C.のフレッド・シュライバー（Fred Schreiber）、テレンス・J・オルーク（Terrence J. O'Rourke）とユーニス・フィオリート（Eunice Fiorito）である。デンヴァーでデモ隊は道路にあふれ、彼らの車椅子でラッシュアワーの交通を妨害した。

300人以上のワシントンD.C.のデモ隊は食べ物、水、生命維持医療、そしてあらゆる外界との接触を拒否した。彼らは28時間後、カリファーノの長官室を去った。対照的にサンフランシスコのデモ隊は、州職員と地域社会の両方から支援を受けた。カリフォルニア州リハビリテーション局長としてジェリー・ブラウン（Jerry Brown）州知事に任命されたエド・ロ

バーツ（Ed Roberts）は、国際連合プラザ6階にあるHEW庁舎を何回も訪ね、デモ隊に「圧力をかけ続ける」ように促した。120人以上のデモ隊（その人数は時折400人にまで膨れ上がった）は、サンフランシスコ市長ジョージ・モスコーン（George Moscone）からも支援を受けた。彼はエアマットレス、シャワーヘッド付きのホースをもって来たため、HEWの地域部長のホセ・マルドナード（Jose Maldonado）は「私たちはここでホテルを運営しているのではない」と不満をこぼしたのである。デモ隊のための食べ物は、スーパーマーケットチェーンのセイフウェイ、マクドナルド、そして地域の労働組合が寄付し、ブラックパンサー党のメンバーにより準備、配達された。HEWの職員でさえ（ひそかに）支援し、デモ隊逮捕の決定がなされる前にデモ隊に警告しようとした。それにもかかわらず、デモ隊の中でカテーテルと人工呼吸器を使う最も障害が重いデモ参加者たちは、自身の健康と生命を危険にさらしていた。メアリー・ジェーン・オーウェン（Mary Jane Owen）が述べたように、「あなたが知的障害があったり、盲または聾であってもそれは何の問題もなかった。集まった人々は全員感じた。『私たちは美しく、力強く、意志が強く、重要である』と」。一方、他都市の活動家たちも圧力をかけ続けた。ワシントンD.C.で、全米各地の代表団はカリファーノの職員に会った。サンフランシスコからの代表団はワシントンD.C.に飛行機で駆けつけ、教会の地下室で寝た。国際機械運転者協会（International Association of Machinists）が食べ物を提供し、また配達用トラックのレンタル会社U-ホールのトラックを使って、車椅子利用者の輸送を手配した。カリファーノの自宅近くで、ろうそくを灯して行う徹夜の祈り（キャンドル・ヴィジル）が行われた。デモ隊は、教会までカーター大統領に付いていった。

1977年4月28日に、F・バウはHEWから電話を受けた。その内容は、カリファーノ長官がその日の午後に記者会見を行い、当日朝に第504条の条例に署名した旨を発表するというものだった。サンフランシスコの障害者運動活動家たちは占拠を終え、国中の障害者権利コミュニティはこれまでで最も重大な勝利を祝福した。施行規則は1977年5月4日に、連邦官報（Federal Register）に公示された。

参照項目　アメリカ障害者市民連合（American Coalition of Citizens with Disabilities）；バウ，フランク・G（Bowe, Frank G.）；行動する障害者の会（Disabled in Action）；フェイ，フレデリック・A（Fay, Frederick A.）；フィオリート，ユーニス・K（Fiorito, Eunice K.）；ヒューマン，ジュディス・E（Heumann, Judith E.）；オルーク，テレンス・ジェームズ（O'Rourke, Terrence James）；オーウェン，メアリー・ジェーン（Owen, Mary Jane）；1973年リハビリテーション法（Rehabilitation Act of 1973）；ロバーツ，エドワード・V（Roberts, Edward V.）；1973年リハビリテーション法第504条（Section 504 of the Rehabilitation Act of 1973）；ライト，パトリシア・A（Wright, Patricia A）

出典　Bowe, Frank G., *Changing the Rules* (1986); Scotch, Richard K., *From Good Will to Civil Rights* (1984)（竹前栄治監訳『アメリカ初の障害者差別禁止法はこうして生まれた』明石書店、2000）; Shapiro, Joseph P., *No Pity: People with Disabilities Forging a New Civil Rights Movement* (1993)（秋山愛子訳『哀れみはいらない——全米障害者運動の軌跡』現代書館、1999）; Treanor, Richard Bryant, *We Overcome: The Story of Civil Rights for Disabled People* (1993).

Hidden Disabilities
隠された障害

隠された障害とは、情報がない状態で見ただけではわからない障害のことをいう。こうした障害は、頭部損傷、繊維筋痛症、多種化学物質過敏症、慢性疲労症候群、初期の多発性硬化症、ループス（狼瘡）、後天性免疫不全症候群（AIDS）、など多様である。こうした状態は四肢まひ、ポリオや脊髄損傷に起因する対まひなどの、外から見てはっきりわかるような障害とは対照的である。疲れやすさはあるが車椅子は使用していない多発性硬化症患者が障害者用の駐車スペースに車を停める場合や、学習障害をもつ人が学習プログラムに対して妥当な修正を求める場合など、隠された障害をもつ人は嘘つきとして、とりわけ障害をもたない人から軽蔑

の対象とされがちである。

HIV/AIDS and Disability
HIV/AIDS（ヒト免疫不全ウイルス／後天性免疫不全症候群、エイズ）と障害

障害者権利運動では、誰もがたった1度の事故や感染症だけで障害を負ってしまうということは、自明の理であるとされている。このような理由から、障害のある人々は「オープンな」マイノリティに属するといわれ、人種、民族、性別、宗教、階級にかかわらず誰もが障害をもつ可能性をもっている。HIV/AIDS（ヒト免疫不全ウイルス／後天性免疫不全症候群、エイズ）の流行は、この現実の、最近の最も顕著な例である。

HIV/AIDSの人々は、とくにHIV感染者の治療が平均寿命を延ばしてきたように、他の障害のある人々と多くの不安や問題を共有している。AIDSは多発性硬化症や筋ジストロフィや他の退行性疾患とある点で類似した慢性的な状態になり、いまだに治療不能で、身体に障害を引き起こす病気である。1988年に、カナダのブリティッシュ・コロンビア州障害者連合（British Columbia Coalition of the Disabled）によって、AIDS発症者と障害がある人々の2つのコミュニティの共通点を調査する『共通のバリア──AIDSと障害の理解に向けて（Common Barriers: Toward an Understanding of AIDS and Disability）』が出版された。この研究書の著者、ジム・サンズ（Jim Sands）は「雇用と住居へのアクセス、金銭的援助・サーヴィス・治療に対する権利が、2つのグループが日々直面している問題であり、また、人権問題も1つの重大な共通の関心領域である」と述べた。

最高裁判所は、フロリダ州ナッソー郡教育委員会対アーライン裁判（School Board of Nassau County, Florida v. Arline, 1987）で、1973年リハビリテーション法第504条（Section 504 of the Rehabilitation Act of 1973）が感染症患者を含むことを裁定した。この判例はHIV/AIDSの人々の公民権擁護を強く訴える支持者たちによって用いられ、HIV/AIDSの人々は1990年アメリカ障害者法（ADA）で障害者であると位置づけられた。障害者権利とAIDS問題の活動家たちは、法案の審議中に連邦議会の一部の人々がこの項目を削除しようとする動きを止めることに成功した。

障害のある人々にはHIV感染の危険性がとくにある場合もある。血友病その他の血液疾患のある人々の間では、AIDSの破壊的な影響は「血友病患者のホロコースト」と呼ばれている。HIVが流行する以前に、アメリカ国内の血友病患者およそ2万人のうち、大多数が、HIVにより死亡もしくは感染し、また、配偶者や恋人、親が感染後に妊娠した子どもに感染させた。聾者コミュニティもまた、ひどい打撃を受けた。『タイム』記者のディヴィッド・ヴァン・ビーマ（David Van Biema）によれば、病院や診療所でのアメリカ手話通訳者、そして聾者コミュニティ向けのAIDSの意識向上プログラムへの資金が不足したために、1994年すなわち「流行から13年もたってようやく、平均的な聾者はAIDSの存在を知った」という。一般に、障害のある人々向けのAIDS啓蒙プログラムは遅れている。なぜなら障害のある人は性的な事柄と無関係で、麻薬の静脈注射もしないという固定観念があるからである。

HIV/AIDSは、静脈麻薬に依存している人々にも破滅的な影響を与えてきている。また、針交換プログラムのような感染症の影響を減らしえたかもしれなかった取り組みが、社会的固定観念や偏見により十分なされてきていない。一方、薬物治療プログラムへの資金は抑えられ、不十分な状況のままである。

参照項目　1990年アメリカ障害者法（Americans with Disabilities Act of 1990）；一万人委員会（Committee of Ten Thousand）；フロリダ州ナッソー郡教育委員会対アーライン裁判（School Board of Nassau County, Florida v. Arline）
出典　Sans, Jim, *Common Barriers: Toward an Understanding of AIDS and Disability* (1988); Van Biema, David, "AIDS: In One Community, Silence Equals Death," *Time* (4 April 1994).

Hlibok, Greg
ヒルボック，グレッグ

参照項目　「今こそ聾の学長を」運動（Deaf

H

President Now Campaign）

Hockenberry, John
ホッケンベリー，ジョン（1956年生）

ジョン・ホッケンベリーは、中東、ルーマニア、ソマリア、その他の地域の取材による報道で、ピーボディー賞を2回とエミー賞を1回受賞している。彼は1956年6月にオハイオ州デイトン（Dayton）に生まれた。1976年2月に交通事故にあい、対まひの後遺症を負った。そして、自叙伝『走行中の交通違反（Moving Violations）』（1995）において、自らの損傷とリハビリテーション、ジャーナリストとしての人生、さらに障害を負った身内、すなわち彼自身と祖父、おじに対する彼の家族の対応について詳しく物語っている。

ホッケンベリーは、障害のメディア描写について内部からの批判を呈した。「今日、編集者に障害問題に関心をもたせる唯一確かな方法は、ケヴォーキアン医師（Dr. Kevorkian）[1]を前面にもってくることである。そうでなければ、やめたほうがいい」。ホッケンベリーはしかし、障害をスクープとして取り上げることには懐疑的であった。彼は次のように書いている。「障害の話は他のニュースから独立した別個のカテゴリーであると考えることと、障害者の問題をなんでもかんでも権利の問題として主張することは、2つとも等しくそして相反した誤りである。それらは私たちに、障害の経験は特殊なもので、障害をもつ人々の人生は困難と異質さから逃れられないと信じさせるものである」。

ホッケンベリーは1980年、オレゴン州ユージーンのナショナル・パブリック・ラジオ（National Public Radio: NPR）局から彼のジャーナリストとしての仕事を始めた。セント・ヘレンズ山（Mt. St. Helens）付近での爆発の報道により、彼は全国的な脚光をあびた。1981年11月、彼はワシントンD.C.に移り、NPRの『オール・スィングス・コンシダード（All Things Considered）』でニュースキャスター兼記者として働いた。そこから彼はシカゴのNPR局へ移った。1986年、彼は宇宙における初のジャーナリストに志願し、ウォルター・クロンカイト（Walter Cronkite）とともに最終選考まで残った（アメリカ航空宇宙局は、1986年1月にチャレンジャー号が離陸後まもなく爆発した事故後、民間人の宇宙飛行計画をとりやめた）。1988年9月、ホッケンベリーはNPRの中東通信員となり、イスラエルを訪れた。

「3年という短い間、私はエルサレムにいた」。ホッケンベリーは『走行中の交通違反』の中でこう書いている。「私は、自立、障害、ジャーナリズム、そしてアメリカについての自分の理論と仮説の大部分と向かい合った。私が天候、地理、国家の政治に関係なく車椅子を動かし続ける方法を学んだのは、中東であった」。他のジャーナリストがもてなかった入場許可が彼にだけ与えられたのは、彼が障害をもっていたからであることを知った。彼は1991年の湾岸戦争を担当するため、イスラエルに戻った。1992年、ホッケンベリーはABCニュースのリポーターとしてソマリアの飢饉を取材した。

ホッケンベリーは活動家でもあった。彼の入場を拒否したことでニューヨークの映画館を告訴し、また集会やその他のイヴェントで演説をした。彼は、PBSのシリーズ『動いている人々（People in Motion）』で紹介された。

---

[1] Jack Kevorkian は1928年生まれのアメリカの元医師で、病理学者。末期病患者の積極的安楽死や尊厳死を推進し、世界的議論を呼んだ。

参照項目 障害者のメディア・イメージ（Media Images of People with Disabilities）
出典 Hockenberry, John, *Moving Violations: War Zones, Wheelchairs, and Declarations of Independence* (1995).

Holland v. Sacramento City Unified School District 14F. 3d 1398 (1994)
ホランド対サクラメント市統合学校区裁判（1994年連邦地方裁判所判例集第3集第14巻1398頁）

1994年1月24日、連邦第9巡回区控訴裁判所（U.S. Court of Appeals for the Ninth Circuit）控訴審は、サクラメント市統合学校区（Sacramento City Unified School District）に対してレイチェ

ル・ホランド（Rachel Holland）を普通学級に入れるよう申し渡した連邦裁判所の判決を支持する判断を下した。次いで1994年6月13日、最高裁判所は、サクラメント市統合学校区の上告を棄却し、5年間にわたる裁判は終結した。「どの学校区も財政的援助を切望していた時、この学校区は、レイチェルを普通学級から排除するために多額の予算を使うことを厭わなかったのです」とパトリシア・ライト（Patrisha Wright）は語った。ライトによれば、このケースは、「障害児に対する敵愾心がいかに根深いものであるか」を物語っている。

本件は、カリフォルニア州サクラメント市学校区が当時11歳の知的障害児、レイチェル・ホランドに対して、特殊学級で教育を受けるべきであるとの判断を押し付けたところに始まった。彼女の処遇について開かれた聴聞では、一応、普通学級で教育を受ける権利を認めていたが、学校区教育委員会がこれに納得せず、本件は連邦裁判所での判断を仰ぐこととなった。

1992年、地方裁判所の判事ディヴィッド・リーバイ（David Levi）は、聴聞での結論を修正し、「完全なインクルーシヴ教育」——すなわち彼女に学習支援者をつけることと、学級担任が非常勤の特殊教育コンサルタント（special education consultant）から指導法を学ぶことを加えた上で、彼女が普通学級で学ぶこと——がレイチェルにとって最善の教育であるとの判断を下した。学校区教育委員会は、それらのサーヴィスは高額すぎて予算上許されないと反論したが、裁判所はそれに対して「大げさで誇張された」意見であるとして退けた。次いで控訴審もリーバイ判事の判断を支持した。

レイチェルと両親の代理人は、障害者権利教育擁護基金（Disability Rights Education and Defense Fund: DREDF）の弁護士たちであった。彼らは、本件が、「分離しても同等」と主張する黒人に対する人種隔離教育が違憲であるとした最高裁の歴史的判決、ブラウン対教育委員会裁判（*Brown v. Board of Education*, 1954）の延長線上にあると位置づけていた。ホランド判決は、DREDFのダイアン・リプトン（Diane Lipton）弁護士の見解によるならば、「公教育の現場で、障害児を自動的に排除するやり方が終わりを告げたことを世に示す」ものであった。

参照項目　障害者権利教育擁護基金（Disability Rights Education and Defense Fund）；1975年全障害児教育法（Education for All Handicapped Children Act of 1975）；インクルーシヴ教育（Inclusive Education）

出典　"Victory in Landmark 'Full Inclusion Case,'" *Disability Rights Education and Defense Fund News* (September 1994).

Honig v. Doe 108 S. Ct. 592 (1988)
ホーニッグ対ドゥー裁判（1988年最高裁判所判例集第108巻592頁）

ビル・ホーニッグ、カリフォルニア州教育委員長対ジョン・ドゥーおよびジャック・スミス裁判（*Bill Honig, California Superintendent of Public Instruction v. John Doe and Jack Smith*）において、最高裁判所は、1975年全障害児教育法（Education for All Handicapped Children Act of 1975）の「ステイ・プット・ルール（Stay Put Rule）」を適用することを支持した。本規定では、校長等に対して、判断のための聴聞の機会を設けずに、障害に起因する危険行為または授業妨害行為を理由に、障害児を一方的に普通学級から排除することを禁じている。本件は、サンフランシスコ統合学校区（San Francisco Unified School District）が、2人の情緒障害児（emotionally disturbed children）「ジョン・ドゥー」（John Doe, 男児A）と「ジャック・スミス」（Jack Smith, 男児B）に対して、その障害に起因する暴力と妨害行為を理由として無期停学としたことに対して行われた訴訟である。

北部カリフォルニア地区担当の地方裁判所は、無期停学も教室からの排除も、ジョン・ドゥーとジャック・スミスが全障害児教育法によって与えられている、適切な教育を受ける権利を阻害するものであるとし、今後他の障害児に対してもそのような対応をしてはならないとの判決を下した。また、同判決は、州政府に対して、定められた聴聞の過程を全うする前に、両親の同意を得ずに、障害児を現在の学級から別の場所に移すことを一方的に行ってはならないとした。次いで、連邦第9巡回区控訴裁判所（U.S. Court of Appeals for the Ninth Circuit）控訴審は、さらに本判決の趣旨を発展させて、障害児がそ

の障害から派生する不行跡によって無期停学や教室から排除されることを認めるカリフォルニア州法自体を無効とする判決を下した。これに対して、カリフォルニア州は上告し、1987年11月9日、最高裁で本件は争われることとなった。

1988年1月20日、最高裁は、控訴審の判決を支持する判断を下し、全障害児に対する教育法の条文は、「無条件に実施されるべきものである」と宣言した。その多数派意見は、最高裁ブレナン判事によって執筆されたが、彼はその中で、連邦議会が、「全障害児教育法」（EAHCA）を成立させる前に、公聴会を行い、「国内の教育委員会が障害児を8人に1人の割合で普通学級から排除し」、また他に教育機会を与えず、両親にも知らせないままに「普通学級から障害児を排除する場合に懲戒的対応を行っている」という事実を知った点を指摘している。

彼はまた、それでも学校管理者は、「自らや他人を危険にさらす恐れがある児童に対しても、個別学習（study carrel）、罰としての中断（time-outs）、居残り（detention）、権利保留（restriction of privileges）等の通常の処遇をもって対応する」ことができるとし、学校は、10日を限度として停学処分を行うことも認めている。「そして、真に危険な児童の両親が頑として特殊学級への変更を認めない場合には、学校管理者は、その10日間の間に裁判所に申し出て、「危険な障害児を登校停止とすることもできる」とも書いている。ただし、あくまでも、その児童が危険であって、停学以外に方法がないことを証明するのは、学校当局に課せられた義務であると書いている。

参考項目 1975年全障害児教育法（Education for All Handicapped Children Act of 1975）

Hotchkiss, Ralf David
ホッチキス，ラルフ・ディヴィッド（1947年生）

ラルフ・ディヴィッド・ホッチキスは発明家である。彼の発明品は、発展途上国における車椅子の設計に大革命を起こしてきた。彼は自分の専門技術を提供し、たとえば1970年代後半のトランスバス連盟（Transbus Coalition）のような所で役立てた、トーマス・K・ギルフール〈Thomas K. Gilhool〉の言葉を借りれば、障害者権利運動の「技術的天才」である。彼は発展途上国を回り、高品質で低価格の「車輪つき可動装置」を製造するために、障害をもつ人々が所有し管理を行う、現地のプログラムを設立する手助けをした。家から出ていくことができなければ、教育を受けることも、働くことも、あるいは政治的に団結することも困難である。したがって、ホッチキスの活動は、国際的な障害者権利運動の行動主義を促進するきっかけとなった。

ホッチキスは1947年12月6日にイリノイ州ロックフォードで生まれた。1966年にオートバイ事故でまひを負い、ホッチキスはすぐに、それまで何千人もの障害者たちが悟ってきたことを思い知った。それは、唯一役立つ車椅子は扱いづらく、壊れやすく、そしてひどく高価であるということだった。後年、ホッチキスは『サイエンス（The Sciences）』（1993）の論説の中で次のように回顧している。「でこぼこの田舎道を私が自転車で数千マイル走っても、舗装された車道や歩道で当時、最高級とされた車椅子が普段の生活で1週間使って受けるような損傷は受けなかった」。機械工でありエンジニアであるホッチキスは、すぐに彼に合わせた車椅子を作っていた。1966年、車椅子の巻きつけ式の肘掛を創り出した。1967年には階段昇降可能な電動車椅子（stairclimbing electric wheelchair）を、そして1972年に起立椅子（standing chair、使用者を起立姿勢までもち上げるもの）を発明した。1971年に、ワシントンD.C.の工学技術関連センター（Center for Concerned Engineering）所長となった。

1980年、ホッチキスはニカラグアへ行き、マナグアの自立生活センターの擁護者たちと協働した。彼と、ニカラグア、フィリピン、マラウィ、シベリア、ジンバブエ、その他の地域出身の障害をもった設計技師たちは、1台あたりわずか150ドルの価格で「ワールウィンド（Whirlwind）」を開発した。それは「発展途上国の都会や田舎の悪条件の場所でも使用できる、われわれが知る最も実用的な車椅子」であった。1993年までに、障害をもつ人々が所有し経営

する 30 以上の作業所が、1 万台以上の車椅子を生産し、25 の国々で使用された。車椅子障害者センター（Wheeled Mobility Center）が 1989 年にサンフランシスコに設けられ、「ワールウィンド・ネットワーク」の取り組みの調整をするため、ホッチキスが技術監督となった。同年、ホッチキスはマッカーサー財団の「特別賞」特別奨励金（"Genius Award" Fellowship）を与えられた。

ホッチキスは 1974 年から 1975 年まで、アメリカ障害者市民連合（American Coalition of Citizens with Disabilities）の理事会メンバーであった。1976 年から 1980 年まで、ワシントン D.C. の障害者権利センター（Disability Rights Center）に勤めた。センターはエヴェレスト＆ジェニングズ社（Everest & Jennings Company）を相手どり、その車椅子市場の事実上の独占に対して集団訴訟を提起した。ホッチキスはまた、1985 年のサンフランシスコ州立大学におけるリハビリテーション工学カリキュラムの共同創設者でもあった。車椅子製造に関する多数の記事はもちろん、『レモン・ブック（*The Lemon Book*）』（1971、ラルフ・ネイダー〈Ralph Nader〉とローウェル・ドッジ〈Lowell Dodge〉との共著）、『移動による自立（*Independence through Mobility*）』（1985）、そして『手動車椅子──手引き（*Manual Wheelchairs: A Guide*）』（1986）の著者である。

参照項目　障害者権利センター（Disability Rights Center）；トランスバス（Transbus）；車椅子（Wheelchairs）

出　典　Hotchkiss, Ralf D., "Ground Swell on Wheels," *The Sciences* (July/August 1993).

Housing
住宅

移動が困難な人々にとって、アメリカの民間住宅のほとんどはバリアフリーになっていない。ほとんどの住宅の入り口は階段になっていて、玄関は車椅子で入るには狭い。

車椅子利用者にとって、調理台および台所の床面がバリアフリーになっている住宅はほとんどない。バスルームに手すりや可動式シャワーを設置している住宅もほとんどない。

1988 年バリアフリー住宅に関する改正法（Fair Housing Amendments Act of 1988）案が、家族用の集合住宅における改善を規定している。そして、1968 年建築物バリアフリー法（Architectural Barriers Act of 1968）と 1990 年アメリカ障害者法（Americans with Disabilities Act of 1990）では、公共建築物のバリアフリー化が要求されているにもかかわらず、合衆国連邦法はいずれも個人が所有する戸建て住宅のバリアフリー化を規定していない。その結果、移動困難な人たちは建物の構造を改造するために必要な高額の費用を負担しない限り、近隣から閉ざされた生活を送ることとなる。あらゆる場所でバリアフリーが実現しないと、障害のある人たちが隣人、友人、および家族を訪問できない。

1995 年にロナルド・メイス（Ronald Mace 1941–1998）は次のように書いている。「適切な住宅がなければ、能力に関係なく、人は自立、自己決定、個人の安全を奪われる。多くの事例において、障害者が特別な住宅や施設の建設に向かわなければならなくなる。バリアフリーの住宅が増えれば、障害者が自信をもてるようになる」。

1974 年の住宅および地域開発計画法（Housing and Community Development Act of 1974）によって、「高齢者と障害者のため」の公営住宅に連邦政府の補助金が支出されることになった。そして、1977 年にアメリカ住宅都市開発省（U.S. Development of Housing and Urban Development: HUD）は、補助金によって建設された戸建て住宅の 5 ％をバリアフリーにすることを発表した。この政策が実施された結果、地域社会への統合ではなく、「高齢者・障害者」のゲットーのような公営住宅となった。1980 年代の公営住宅に対する連邦政府の厳しい補助金の削減によって、住宅の建設は実質的に中断された。少数派の身体障害者と多数派の高齢者との間に年齢と生活スタイルの違いがあるため、この 2 つのグループの間で緊張した空気が漂った。1988 年バリアフリー住宅に関する改正法案の可決によって、精神障害、エイズ、そして薬物濫用歴がある人々を高齢者・障害者のための住宅建設計画に加えたことで、両グループの関係はさらに悪化した。

ロナルド・メイス（Ronald Mace）は、地方

の「バリアフリー住宅法（Accessible Housing Laws）は賃貸住宅のうちわずかな割合（通常は5％）の物件にしか車椅子が利用できるように求めていない、それではほとんど何もないのと同じだ」と述べている。聴覚障害者のための火災報知機さえないように、他のさまざまなバリアフリーに関する規定はほとんどない。その上、「バリアフリー仕様の中には、ステンレス製のレバーなど、長すぎるスロープのアプローチのように評判が悪く、不格好で、邪魔なものがある。場所によってはこれらの物件は、家族や仲間で住むことができないようなもので、小規模サイズの1LDKユニットを所有するオーナーには好まれなかった。

ノースカロライナ州ローリーにあるバリアフリー環境デザイン社（Barrier Free Environments、ロナルド・メイスにより創設）やアトランタのコンクリート・チェンジ（Concrete Change）、ボストンの障害者環境改善センター（Adaptive Environments Center）のようにバリアフリー住宅推進団体は、既存の建造物を改築するより、むしろユニヴァーサル・デザインと改良が容易な住宅を融合したコンセプトに焦点をあてた。ユニヴァーサル・デザイン規格を満たす住宅は、誰にとっても使いやすい。改良可能な住宅は、そのままでは使いやすくはないが、少額の費用や労力を費やすだけで移動しやすくなり、低い位置につけた電気のスイッチ、広い玄関ドア、段差のない入り口など、健常者の住人や家主が嫌がるような邪魔な長いスロープは最小限に抑えたものになっている。ロナルド・メイス（Ronald Mace）とエレノア・スミス（Eleanor Smith）のようなバリアフリー住宅唱導者たちは、建築家と建築業者にユニヴァーサル・デザインとバリアフリー適合住宅のメリットを教えた。さらに専門的技術と資源をバリアフリーのデザインと融合できるよう試みた。

高齢者ホームや高齢者住宅に入る必要性に直面した多くの人々にとって、アメリカの人口の高齢化に伴って、バリアフリー住宅の必要性はますます増加しつつある。

参照項目　障害者環境改善センター（Adaptive Environments Center）；建築物のバリアフリー（Architectural Access）；バリアフリー環境デザイン社（Barrier Free Environments）；ユニヴァーサル・デザイン・センター（Center for Universal Design）；コンクリート・チェンジ（Concrete Change）；1988年バリアフリー住宅に関する改正法（Fair Housing Amendments Act of 1988）；メイス, ロナルド・L（Mace, Ronald L.）；ユニヴァーサル・デザイン（Universal Design）

出典　Barrier Free Environments, *The Accessible Housing Design File* (1991); Lebovich, William L., *Design for Dignity: Accessible Environments for People with Disability* (1993); Mace, Ronald L., "Housing," in Arthur E. Dell Orto and Robert P. Marinelli, eds., *Encyclopedia of disability and Rehabilitation* (1995). (中野善達訳『障害とリハビリテーション大事典』湘南出版社、2000).

Houston Cooperative Living Residential Project
ヒューストン共同生活居住プロジェクト

1972年のはじめ、テキサス州ヒューストン地区の障害者グループが、自立生活運動を先導することになる一連の試みを始めた。最初の試み、すなわち、ヒューストン共同生活居住プロジェクトはテキサスリハビリテーション調査研究所（Texas Institute for Rehabilitation and Research: TIRR）のディヴィッド・D・ストック（David D. Stock）によって開始され、自らも四肢まひのあるロドニー・ショウ（Rodney Shaw）によって運営された。プロジェクトは、ヒューストンのダウンタウン近くに、バリアフリーの寄宿舎形式の建物を住居とし、そこで、居住者が、自分の個人支援者を雇い、管理した。プロジェクトが行われた3年間に40人が暮らした。大部分の居住者は、その後地域生活を始め、職に就き、あるいは学校に入学した。プロジェクトの同窓会は、彼らが受けてきた支援が継続されるように、一連の組織、すなわち、「自立した生活スタイル（Independent Lifestyles）」「自由な生活（Free Lives）」そして「集団生活と支援共有者（Cluster Living and Shared Providers: CLASP）」を結成した。住居の形態は「自立した生活スタイル」の障害者が所有し、開発されたコンドミニアムの一群から「自由な生活」の用意した「集団住居」（彼らは連邦の老人・障害者用公営住宅の別棟に住んでいた）

までいろいろあった。バリアフリー生活連合（Coalition for Barrier Free Living: CBFL）が、プロジェクト同窓生によって、ヒューストン地区の自立生活の利用を拡大し、自立生活のためのより多くの選択肢を擁護するために組織された。プロジェクト自体は、新選択プログラム（New Options program）——レックス・フリーデン（Lex Frieden）が指揮する自立生活技能訓練プログラム——に発展する一方、CBFL は 1980 年ヒューストン自立生活センターを発足させた。

「ヒューストンの経験」（フリーデンがこう称している）は、「よく考えられよく管理されたサーヴィスプログラムは、大抵の重度障害者が自立して生活するのに必要な支援を提供することができる」ということを証明した。それは、カリフォルニア州バークレーの自立生活センターとともに、1974 年のボストン自立生活センターをはじめとした全国各地のセンターの創設者たちのモデルとなった。

参照項目 フリーデン，レックス（Frieden, Lex）；自立生活，自立生活運動（Independent Living, Independent Living Movement）；パーソナル・アシスタンス・サーヴィス（Personal Assistance Services）

出典 Frieden, Lex, "IL: Movement and Programs," *American Rehabilitation* (July/August 1978); Frieden, Lex, and Joyce Frieden, "Organized Consumerism at the Local Level," *American Rehabilitation* (September/October 1979); Laurie, Gini, *Housing and Home Services for the Disabled* (1977).

Howe, Samuel Gridley
ハウ，サミュエル・グリッドリィ（1801-1876）

サミュエル・グリッドリィ・ハウは、パーキンス盲学校（Perkins School for the Blind、現在はマサチューセッツ州ウォータータウンにある）における活動により、最もよく知られている。彼は、同時代の人々の考えとは異なり、目が見えないことが生産的な生活を送る上で克服できない障害だとは考えなかった。それでもなお、ハウは「健常者優先主義者（ableist）」としかいいようのない意見ももちあわせていた。すなわち、障害者間の結婚や性的関係が社会的不適者の集団産出につながると考え、警鐘をならした。そして彼は、口話法推進者であり、19 世紀の知的障害者の施設収容化における鍵となる人物であった。

ハウは、1801 年 11 月 10 日にボストンで生まれた。1824 年にハーヴァード・メディカル・スクールを卒業した。1831 年に、ボストンのニューイングランド盲院（New England Asylum for Blind、のちのパーキンス盲学校）の創設者、ジョン・ディックス・フィッシャー（John Dix Fisher）から打診され、学校長となるよう依頼された。授業はしばらくの間、ハウの自宅で行われたが、まもなく実業家で慈善家であったトーマス・ハンダシッド・パーキンス（Thomas Handasyd Perkins）の家に移った。

ハウは、盲人が教育可能であり、晴眼児と同様に教育を受ける権利があるという急進的な理念を推進した。彼が生徒たちを連れて 15 州を回ったことは、オハイオ州、テネシー州、ケンタッキー州、ヴァージニア州における盲学校設立の起動力となった。彼は、ハウ・タイプ（Howe Type）やボストン・ライン・タイプ線字（Boston Line Type）と呼ばれる浮き出し文字（凸文字）の印刷方法を開発した。それはパーキンス盲学校でブライユ点字にとって代わるまで使用された。ハウは、1837 年にローラ・ブリッジマン（Laura Bridgman）に会った。彼女は、1829 年に生まれ、2 歳の時に猩紅熱にかかり盲と聾になった人物である。ハウは、彼女に手話と読み書きを教えた。ブリッジマンの成功は、ハウとブリッジマン、そしてパーキンス盲学校に国際的名声をもたらすと同時に、盲聾の重複障害者が教育可能であることを証明した。

1848 年にハウは、パーキンス盲学校の敷地内にアメリカ最初の知的障害児のための公的な学校、マサチューセッツ州白痴・精神薄弱児学校（Massachusetts School for Idiotic and Feeble Minded Children）を設立した。ドロシア・ディックス（Dorothea Dix）の初期の支援者であったハウは、当初、新しい学校の生徒はコミュニティに再び戻れると信じて、学校の恒久的な施設収容化には反対していた。彼はこの見解を次第に変化させ、1857 年には「いかに努力しようとも、われわれは『本当の白痴（*real idiot*）』

H

からは、論理的に考え自制できる人間を作り出せない」と断言した。それでも、彼は、大規模施設化の傾向には反対し、入所者のコミュニティと家族に近接する小規模施設を好んだ。ハウは、1876年1月4日に死去した。

参照項目 脱施設化（Deinstitutionalization）；ディックス, ドロシア・リンド（Dix, Dorothea Lynde）；パーキンス盲学校（Perkins School for the Blind）

出典 Lane, Harlan, *The Wild Boy of Aeyron* (1976); ———, *When the Mind Hears* (1984); Richards, Laura, *Samuel Gridley Howe* (1935).

Inclusive Education
インクルーシヴ教育

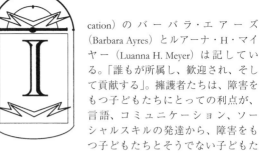

インクルーシヴ教育（*Inclusive education*）という言葉は、公立学校教育のすべての状況に障害をもつ子どもたちを完全に統合すること（インテグレーション integration）を意味する。主流化（*mainstreaming*）は、障害をもつ子どもたちが、「正常な主流」に適応しなければならないという考えを含んでいる。それに対して、インクルーシヴ教育は、子どもの能力、言語、ジェンダー、人種、あるいは出身階級にかかわらず、すべての学習スタイルや生徒に柔軟に対応していけるような学級づくりを目指して努力している。1975年全障害児教育法の可決後に広く取り組まれた主流化とインテグレーションのもと、障害をもつ生徒の多くが落ちこぼれているという認識があり、これに対応する形でインクルーシヴ教育が発展した。1986年に連邦教育省は、特殊教育の教育者たちを召集し、通常の教育の教育者たちとともに障害児に対するより効果的な教授法を開発するよう求めた。これが、インクルーシヴ教育の概念のもととなった。

インクルーシヴ教育は、支持者たちによると、「生徒たちに特別な一連の技術や能力を有することを要求しない」。主流化が、通常の教育への生徒の有資格を判断するのに最小限のスキルやレディネス・モデルを用いているのとは対照的である。さらに、主流に加えられた生徒たちは、授業時間の大半を通常学級から特別クリニックやスキル獲得の授業に送り出されている。一部の権利擁護者は、これはインテグレーションの趣旨にそぐわないし、障害をもつ生徒たちにスティグマを付与すると主張している。インクルーシヴな学級では、専門家たちは障害をもつ生徒が通常の環境の中で学習ができるように手助けする。インクルーシヴな学級は、すべての生徒はユニークな能力と障害をもつという仮定のもとに機能し、生徒は自分の能力を最大限に発揮し、お互いの差異を調整するために、互いに助け合うことが奨励される。

「インクルージョンには何の条件もないし、差別的な価値判断をしない」と、シラキュース大学教育学部（Syracuse University School of Education）のバーバラ・エアーズ（Barbara Ayres）とルアーナ・H・マイヤー（Luanna H. Meyer）は記している。「誰もが所属し、歓迎され、そして貢献する」。擁護者たちは、障害をもつ子どもたちにとっての利点が、言語、コミュニケーション、ソーシャルスキルの発達から、障害をもつ子どもたちとそうでない子どもたちと同じように友愛の構築へと及んでいると主張している。

ある擁護者は、インクルージョンの一般的原理には反対ではないが、インクルーシヴ教育の内容について懸念している。たとえば、聾コミュニティの人たちは、インクルーシヴな学級に聴覚障害児が1人か2人しかいない状況では、聾文化の適切な理解について教えられていないのではないかと懸念している。そしてそれは、他のマイノリティ文化で、歴史や伝統が主流から軽視され、制圧されたことに類似している。聾の人たちはまた、健聴の教師たちがアメリカ手話（ASL）を教えられるだけの技能がない可能性や、手話を使わない環境で手話を用いる生徒たちが、学級や社会的活動から切り離されるであろうことも心配している。アメリカ学習障害協会（Learning Disabilities Association of America）は、学習障害をもつ生徒たちがインクルーシヴな学級では落ちこぼれるかもしれないと懸念している。インクルージョンの擁護者たちは、これらの懸念を認めているが、学習障害児への適切な支援はもちろん、ASL、聾文化双方での基礎知識を与えることができると確信している。

参照項目 1975年全障害児教育法（Education for All Handicapped Children Act of 1975）
出典 Duncan, Janet, and Kathy Hulgin, *Resources on Inclusive Education* (1993); Villa, R. A. ,and J. S. Thousands, *Creating an Inclusive School* (1995).

Independent Living, Independent Living Movement
自立生活、自立生活運動

1979年、アメリカ障害者法起草・成立に尽力した自立生活運動初期のパイオニアである

I

　レックス・フリーデン（Lex Frieden）は、「自立生活」について以下のように述べた。「日常生活に参加し、自己決定につながる意思決定を下すことを意味する。すなわち、障害のある人々にとって『自立生活』とは、保護施設から離れて地域で生活すること、そして自分自身に関係する事柄に対して責任をもつことを意味する」。そして自立生活センター（ILセンター）は、障害者自身の選択に基づいた、地域での自立生活実現を目的に設立された非営利組織である。このように言及される自立生活、ならびに自立生活運動は、障害者の権利運動全般にわたって主要な役割を果たしたのである。

　ロサンゼルス郡が実施した1953年の調査では、人工呼吸器使用の四肢まひ者（その多くがポリオ生存者）が、病院あるいはナーシング・ホームでのケアにかかる費用の3分の1以下で、それと同等の、あるいはそれ以上の個別ケアを地域で受けられることが明らかになった。そのため、ポリオ生存者の自宅での生活を可能にするべく、全米マーチ・オブ・ダイムズ慈善財団（National March of Dimes）[1]は、1959年まで月額300ドルの手当てを支給していた。また、1948年にイリノイ大学アーバナ・シャンペーン校で発足した障害学生対象のプログラムは、大学の学生に限定したサーヴィスではあったが、自立生活の特色を多く示すものであった。全米リハビリテーション協会（National Rehabilitation Association）は、1956年に自立生活の基本理念を支持する決議文を採択した。しかしながら、初期の自立生活法案（independent living legislation）は、1957年と1961年の国会に提出されたものの、いずれも多くの支持を得ることはなかった。

　しばしば「自立生活運動の父」と呼ばれるエドワード・V・ロバーツ（Edward V. Roberts）は、1962年9月にカリフォルニア大学バークレー校に入学した政治学専攻の学生だった。しかし、大学の寮は車椅子利用者のための設備が整っておらず、ロバーツの人工呼吸器である鉄の肺を収容することもできなかった。そのため、彼は大学付属のコーウェル病院（Cowell Hospital）で生活しなければならなかった。そこでの生活の中で、ロバーツが個人的に助けを必要とする時には、同じくバークレー校の学生であった彼の兄が手助けをした。ロバーツの入学は多くの注目を集め、1960年代半ばまでに入学した重度の障害学生の数は、ロバーツ以外にもジョン・ヘスラー（John Hessler）、ヘイル・ズーカス（Hale Zukas）を含めて10名余にのぼった。そこで彼らは、政治活動グループとしてローリング・クワッズ（Rolling Quads）を結成し、1970年には身体障害学生プログラム（Physically Disabled Students' Program: PDSP）を開始する。次いで1972年に彼らはバークレー自立生活センターを設立し、ロバーツはその初代所長になった。その後、1976年にロバーツが所長を退任、カリフォルニア州リハビリテーション局長に就任したことで、同センターは全米中の障害者運動の活動家の注目を集めることになった。リハビリテーション局長となったロバーツは、ILセンターをカリフォルニア州全域に設立し、バークレーでの例が他でも再現できることを証明した。この時期までに、自立生活型プログラムは、ヒューストン、デンヴァー、そしてボストンでもすでに展開されていた。テキサス州の自立生活研究活用プロジェクト（Independent Living Research Utilization Project: ILRU）は、1985年に、全米中の298の自立生活プログラムの一覧表を作成した。この時点で、各州には少なくとも1つのセンターが存在していることがわかった。また1995年には、世界中に400以上のセンターが存在することが明らかになった。

　これらのILセンターは、障害がある人々の公開討論の場となり、政治的な組織化のためのセンターとなった。たとえば、1981年には、ブルックリンセンターがアメリカ東部身体まひ退役軍人会（Eastern Paralyzed Veterans of America）と協同して、ニューヨーク市交通局のバスを障害者が利用できないことに対する抗議活動を行った。また1985年には、ボストン自立生活センター（BCIL）の運輸委員会（Transportation Committee）が、障害者の輸送機関（paratransit: パラトランジット）ならびに鉄道の不備に抗議し、マサチューセッツ湾交通局の会議室を占拠した。この活動により、BCILは1990年代初頭にボストンのディスアビィリティ・プライド（Disability Pride）集会のメイン主催者になった。ロサンゼルスでは、西部自立生活センターの活動家らが、現行の社会保障制度が障害のある人々の労働意欲の阻害要因（Disincentives）になっているとして改正法案を起草し、ロビー活

動を行った。さらにデンヴァーではアトランティス・コミュニティ（Atlantis Community, Inc.）が、利便性に欠ける市の大量輸送機関に対する抗議活動として1978年に始まった市民の不服従キャンペーンを組織化している。これは1983年にアトランティス事務所で設立された公共交通のバリアフリーを要求するアメリカ障害者の会（American Disabled for Accessible Public Transit: ADAPT）による全国的な活動に先駆けた動きとなった。こうした活動を展開した自立生活センターには、異なる障害をもつ人々が集まっていた。もっとも1990年代半ばまでセンターを運営する職員は車椅子利用者が中心であった。

ILセンターは、障害のある人々がパーソナル・アシスタンス・サーヴィス（PAS）を利用できるようにすることに焦点をあて、州から個人へのPAS費用給付のパイプ役として機能するセンターもある。しかし、いずれのセンターもピア・カウンセリングとスキルトレーニングのプログラムを提供する点では共通している。1973年に制定されたリハビリテーション法の1978年改正では、ILセンターに対する連邦の公的助成実施を承認した。また1982年には、自立生活センターの全国組織として全米自立生活協議会（National Council on Independent Living: NCIL）が組織化された。

しかし、自立生活運動の発展は時折失速し、いまだに地方を中心に大部分の障害のあるアメリカ人は、PASを利用できないでいる。1980年代半ばになると、障害者権利運動活動家のなかからは、自立生活運動が情熱を失ったという非難の声があがった。同運動が、自分の考えを明確に述べられる障害者のエリート——その多くが白人で、車椅子使用者——の要求に応じる一方で、知的障害、感覚障害、精神障害がある人々や、有色人種の障害者を含む問題を無視しているという批判である。さらに、ウェイド・ブランク（Wade Blank）、ADAPTといった直接行動、ならびに市民による不服従運動に携わった活動家たちは、自立生活運動がILセンターの資金の大部分を提供している行政官や、連邦ないしは州のリハビリテーション機関、そして私的財団との不和を恐れ、対決を回避したと批判した。

しかしながら自立生活は、依然強力で、障害者をエンパワーする考え方であることに変わりはない。自立生活の哲学は、世界中に浸透し続け、病院や施設に閉じ込められた生活に代わる最良の選択肢として支持されるのである。

1　ポリオ治療と予防を目的に設立された財団。名称は、ダイム（10セント硬貨）の募金を呼びかけたことに由来。

参照項目　アトランティス・コミュニティ（Atlantis Community, Inc.）；ボストン自立生活センター（Boston Center for Independent Living）；バークレー自立生活センター（Center for Independent Living at Berkeley）；フェイ，フレデリック・A（Fay, Frederick A.）；ヘスラー，ジョン（Hessler, John）；ヒューストン共同生活居住プロジェクト（Houston Cooperative Living Residential Project）；「ジニー」ことローリー，ヴァージニア・グレース・ウィルソン（Laurie, Virginia Grace Wilson "Gini"）；全米自立生活協議会（National Council on Independent Living: NCIL）；ニュージェント，ティモシー・J（Nugent, Timothy J.）；パーソナル・アシスタンス・サーヴィス（Personal Assistance Services）；ロバーツ，エドワード・V（Roberts, Edward V.）；スウィッツァー，メアリー・エリザベス（Switzer, Mary Elizabeth）；ズーカス，ヘイル・J（Zukas, Hale J.）

出典　Crewe, Nancy M., and Irving Kenneth Zola and Associates, *Independent Living for Physically Disabled People* (1987); Laurie, Gini, *Housing and Home Services for the Disabled* (1977); Levy, Chava Willing, *A People's History of the Independent Living Movement* (1988).

Individualized Education Program (IEP)
個別教育プログラム（IEP）

参照項目　1975年全障害児教育法（Education for All Handicapped Children Act of 1975）

Individuals with Disabilities Education Act (IDEA)
個別障害者教育法（IDEA）

参照項目　1975年全障害児教育法（Education

for All Handicapped Children Act of 1975)

Information Services
情報サーヴィス

　障害をもつ人々は、これまでしばしば互いに孤立し、自分の生活に関わる情報を得られずにいた。この問題に対応するため、権利擁護者やリハビリテーション専門家らは、障害者、彼らの家族、そして専門家に対し、彼らが必要とする情報に接することができるようにするため、現在も発展し続けている情報サーヴィスのネットワークを設立した。パーソナルコンピュータの出現は、この点でとくに有益であった。

　障害に関する情報の提供者には、さまざまな大学と非営利団体のリハビリテーション研究・訓練センターやリハビリテーション工学研究センターが含まれる。さらに、10ヶ所の障害とビジネス技術支援センター（Disability and Business Technical Assistance Centers: DBTACs）があるが、このセンターは雇用、アメリカ障害者法、公共サーヴィス、そしてコミュニケーションに関する情報源となっている。全米リハビリテーション情報センター（National Rehabilitation Information Center: NARIC）は、リハビリテーションと障害を専門とする図書館である。エイブルデータ（ABLEDATA）は、支援技術に関する全国的なデータベースであるのに対して、障害者雇用に関する大統領諮問委員会が提供する連邦就労調整ネットワーク（Job Accommodation Network: JAN）は、職場の斡旋に関する情報を提供している。NARIC が刊行している全米障害情報ディレクトリー（Directory of National Information Sources on Disabilities: NIS）は、「組織の専門家と利用する障害者」が手早く「適切な情報源を見つけられる」ようにするための情報源である。

　インターネットおよびワールドワイドウェブ（World Wide Web）の出現によって、障害者権利擁護者は国際的なフォーラムにアクセスできるようになった。南アフリカの障害者（Disabled People South Africa: DPSA）、オーストラリア知的障害者ネットワーク（Intellectual Disability Network of Australia: SAIDIE）、そしてチェコ、フィンランド、環太平洋地域およびカナダのウェブサイトは、家庭のコンピュータ利用者を、豊富な情報そしてリソースと結びつけている。さらに、カナダ障害者協議会（Council of Canadians with Disabilities: CCD）のような多数の障害者権利団体やギャローデット大学のような機関は、それぞれ独自のウェブサイトを所有しているのに対して、ウィスコンシン大学記録調査・開発センターや環境適応型ユニヴァーサル・デザイン教育プロジェクトのような「ジリス（情報検索システム）」サイトは、障害者権利擁護家に対して情報を探し出し、ダウンロードする機会を与えてくれる。『盲人ニューズ・ダイジェスト（*Blind News Digest*）』『ADA-LAW』『DEAF』（『DEAF』のオンライン誌）、そしてオンラインのメーリングリストは、ユーザーに対し、関心のある問題についての情報を即座に提供できるように設定されている。

Institute on Disability Culture
障害文化研究所

　障害文化研究所は、1993年にリリアン・ゴンザレス・ブラウン（Lillian Gonzales Brown）とスティーヴン・E・ブラウン（Steven E. Brown）によって設立された（リリアンは、バークレーでの自立生活センターで教えられた最初の自立生活のスキルカリキュラムを進展させるのに一役かった。スティーヴンは、作家であり、講演者であり、障害者権利擁護のオーガナイザーである）。この研究所は、スティーヴンによって書かれた『自立生活──理論と実践（*Independent Living: Theory and Practice*）』（1994）や『障害文化を研究する（*Investigating a Culture of Disability*）』（1994）を含む障害の歴史と文化の演説家と資料を提供している。この研究所は、ニューメキシコ州ラスクルーセスに拠点を置く非営利組織である。

参照項目　障害文化（Disability Culture）

International Association of Assistance Dog Partners
国際介助犬協会

参照項目　介助アニマル（Assistance Animals）

International Congress of Educators of the Deaf
国際聾教育教育者会議

参照項目　口話法聾学校、口話主義（Oral School, Oralism）

International Year, International Decade of Disabled Persons
国際障害者年、国際障害者の10年

　1976年の国際連合総会は、1981年を国際障害者年と宣言することを可決した。これは、障害者は他の人間と同じ政治的権利を有すると宣言した1975年の国連の障害者の権利宣言を周知させることを意図した。また、政府と国際組織に、世界の5億人の障害者のニーズについての関心と資源を集中するよう促すことを狙いとした。国際障害者年の宣言後、障害に関する全国委員会が127ヶ国で設立され、すべての障害者の「完全参加と平等」を目指したプログラムが90ヶ国で始められ、進行した。1982年、障害者年に続いて1983～1992年の障害者の10年が宣言された。1987年の国際連合教育科学文化機関（UNESCO）発行の文書では、これらの努力の明白な成果として、多くの国で障害のある年少者の通常教育への統合があると報告している。

Invalid Corps
傷痍軍人団

参照項目　予備役傷痍軍人団（Veterans Reserve Corps）

Irving Independent School District v. Tatro 104 S. Ct. 3371 (1984)
アーヴィン独立学校区対タトロ裁判（1984年最高裁判所判例集第104巻3371頁）

　最高裁判所は1984年に、アーヴィン独立学校区対タトロ裁判（Irving Independent School District v. Tatro, 1984）の判決の中で、1975年全障害児教育法によって、学区は、障害児に対して定期的カテーテル交換を行う義務が課せられていると述べた。なぜなら、このような「障害関連サーヴィス」なくしては、その児童が普通学級で学び続けることができないからである。最高裁は、しかしながら、学校看護師や看護助手が提供できるカテーテル挿入のような介護と、医師が付き添わなければならないような医療行為とを明確に区別した。すなわち、後者の医療行為は、1975年法によっては義務づけられていないとしたのである。この判決により、それ以前には公教育から排除されていたさまざまな障害をもった児童に学校教育の機会が与えられることになった。

　しかし、裁判所はまた本件で、公教育における差別に対する救済方法に限度を設けることを再び明言した。なかでも、多数派意見として、全障害児に対する教育法をたてにとって障害児の親が学校区教育委員会を訴える場合、勝訴であっても、1973年リハビリテーション法第504条に基づく裁判のように訴訟費用を相手に負担させることはできないとしたことである。例外はその中にリハビリテーション法第504条に関わる問題がある場合に限るとされた。障害者の権利擁護を求めるロバート・ファンク（Robert Funk）弁護士は、本件が「障害児の親のうち裕福な親以外から、公教育に対して訴える機会を奪ってしまった」とその影響の深刻さを語っている。

参照項目　1975年全障害児教育法（Education for All Handicapped Children Act）；1973年リハビリテーション法第504条（Section 504 of the Rehabilitation Act of 1973）；スミス対ロビンソン裁判（Smith v. Robinson）

I

Irwin, Robert Benjamin
アーウィン，ロバート・ベンジャミン
(1883-1951)

ロバート・ベンジャミン・アーウィンは、初期における盲界の唱導者であり、アメリカ盲人援護協会（American Foundation for the Blind: AFB）の指導者である。彼はアメリカで最初の盲教育の州指導主事であり、視覚障害児の寄宿制学校への入学に反対を唱えた。

アーウィンは1883年6月2日にアイオワ州ロックフォードで生まれ、当時のワシントン準州で育った。5歳の時、発熱が原因で失明し、7歳でヴァンクーバーにある州立欠陥児学校（State School for Defective Youth、後にワシントン州立盲学校〈Washington State School for the Blind〉と改称）に送られた。早い時期に家族から離され、孤独を味わったこの経験は、彼の後年の唱導に重要な影響を与えた。1901年に同校を卒業した彼は、シアトルのワシントン大学に入学し、1906年に同大学で文学士の学位を得た。その後ハーヴァード大学に1年間在籍し、歴史の分野で修士の学位を得た後、さらに2年間、大学院で盲学校運営に関する研究を行った。1909年、アーウィンは、オハイオ州クリーヴランド市で最初の点字（盲児）学級を設立するため、同教育委員会に雇用された。アーウィンはこの職務に14年間従事し、弱視児のための拡大教科書を初めて使用したり、成人向けの点字書籍の製作を目的としてハウ出版社を設立するなど、多くの革新をもたらした。1922年、アーウィンは新たに組織されたAFBの研究部長に指名され、1929年6月には事務局長（executive director）となった。この任務の中でアーウィンは、点字表記のどの形態を標準とするべきかに関わる論争（「点字戦争」）に対する最終的な決着や、失明した兵士や一般市民のための連邦リハビリテーション・プログラムの開発、さらには視覚障害児の教育について重大な影響力を示した。アーウィンはまた、1935年の社会保障法制定に際し、盲の子どもと労働者を対象として含めるよう、連邦議会に対して働きかけを行った。この時期において、アーウィンはアメリカ盲人教育・福祉職員協会（American Association of Workers for the Blind: AAWB）会長も務めている。

アーウィンは、多くの議論を引き起こす見解を提起し、他の盲人の権利運動家に対して公然と異を唱えることをためらわなかった。彼は盲の大学生のための特別な奨学金や給付金に反対したが、それはこうした金銭が保護の1つだと信じていたからであった。彼は『アウトルック・フォー・ザ・ブラインド（Outlook for the Blind）』1909年1月号で「晴眼の仲間との競争で成功するための十分な闘争心と能力をもつ盲人が求めているのは、必要なあらゆる書物が利用できるようになるための十分な資金援助である。そうすれば盲人はほとんどハンディキャップをもつことなく、自分が選んだいかなる大学にも入学することができる。それでもなお残るハンディキャップは、彼が盲人であるという宿命である。これについては、彼は一生を通じて相対していかなければならないし、早い時期にそれと向き合えば向き合うほど、本人にとってはよいことなのである」。アーウィンはまた、盲人のための大学の設立にも反対したが、しかしおそらく彼が最も不評を買った見解は、盲人が国家の年金や福祉援助を自動的に受けることに対して反対したことであり、この見解によって、盲界におけるアーウィンとAFBにもたらした立場は非常に悪いものとなった。

アーウィンは1949年9月にはAFBの理事長を辞職し、ワシントン州に戻った。1951年12月12日死去。彼の自叙伝であり、盲人の公民権運動の歴史でもある『私が見たまま（As I Saw It）』は、彼の死後、1955年にAFBによって出版された。

参照項目 アメリカ盲人援護協会（American Foundation for the Blind）；点字（Braille）
出典 Irwin, Robert B., *As I Saw It* (1955); Koestler, Frances A., *The Unseen Minority: A Social History of Blindness in the United States* (1976).

It's Okay!: Adults with a Disability Write about Living and Loving
『イッツオーケー！――障害のある成人が、生きること・愛することについて書く』

『イッツオーケー！――障害のある成人が、生きること・愛することについて書く（It's

Okay!: Adults with a Disability Write about Living and Loving)』の発行者は、同誌を、性と障害について書かれた世界で唯一の「国際的で、読者参加型の、セルフヘルプのための季刊誌」であると自評している。オンタリオ州セントキャサリンズのスリーン出版（Sureen Publishing）から発行された同誌は、1993年にリンダ・クラブトゥリー（Linda Crabtree）によって創刊された。『イッツオーケー！』が取り上げている記事は、詩や個人的エッセイ、書籍や出版物のレヴューとならんで、障害のあるゲイやレズビアンの積極的描写が主流メディアにおいて少ないこと、障害女性に関してもっと研究が必要であること、さらに障害者権利活動家およびシンガーソングライターのジェーン・フィールド（Jane Field）のようなアーティストのプロフィールなどの内容を含んでいる。『イッツオーケー！』はまた、諸社会サーヴィスにアクセスするための実践的アドヴァイスも提供している。

参照項目 セクシュアリティと障害（Sexuality and Disability）

Jensen, Sandra
ジェンセン，サンドラ（1960-1997）

1996年1月、サンドラ・ジェンセンは心肺移植を受けた最初のダウン症者になった。彼女は移植手術に適した患者であり、移植が受けられない場合は死亡するかもしれなかったが、彼女の障害を理由に治療を拒んだカリフォルニア州の病院は1つではなかった。手術を受けるための待機者リストに載るための彼女の闘いは、全国的な運動となり、障害者に対する、医療専門職の差別の象徴となった。

ジェンセンは1960年12月6日に生まれた。ダウン症の多くの人と同様、先天的に心臓が悪かったが、かかりつけの医者の助言により、子どもの頃は治療されずにいた。この問題は1995年3月、命に関わるほどになり、彼女に残されたのは心肺移植だけであった。ジェンセンは、スタンフォード大学医学部において、治療を拒否された。医師の言い分は、ダウン症のある人には複雑な術後の健康管理法は理解できないというものであった。障害者権利擁護運動家たちは、スタンフォード大学が、同じように健康管理法を理解することが難しいと思われるような障害のない子どもの治療は拒否していないと指摘した。その一方、スタンフォード大学自身が作成した神経心理学的報告書では、ジェンセンは「普通に必要とされるリハビリテーション方法を理解し、従うことができる、と予測できる」と明言されていたのである。ジェンセンの支援に取り組む活動家には、ウィリアム・ブロンストン（William Bronston）、ジャスティン・ダートとヨシコ・ダート（Justin and Yoshiko Dart）、ジャニーン・バートラム（Janine Bertram）、シンディ・ジョーンズ（Cyndi Jones）、フレッド・フェイ（Fred Fay）らがいた。カリフォルニア州公民権局（California State Office for Civil Rights）は彼女のために調停に入り、1996年1月、スタンフォード大学は手術拒否の決定を取り消した。その1週間以内に適合するドナーが見つかり、ジェンセンは手遅れによって死ぬかもしれないという恐れはなくなった。ジェンセンが遭遇した困難により、カリフォルニア州の障害者権利擁護運動家たちは、臓器移植を必要とする障害者に対する差別を禁止する法律の可決に奮闘した。

ジェンセンはピープル・ファースト（People First）の活動家であり、カリフォルニア州のラジオやテレビに出演して、ダウン症をもって生まれた赤ちゃんに医学的治療が拒否されることがあってはならないと繰り返し呼びかけた。彼女は、キャピトル・ピープル・ファースト（Capitol People First）会長、および、カリフォルニア州サクラメントにある世界相互扶助基金（World Interdependence Fund）におけるスタッフの一員でもあった。

サンドラ・ジェンセンは、1997年5月23日、提供を受けた臓器に対する拒絶反応を抑えるために服用していた薬の副作用により死亡した。これは移植患者によく起こる死亡原因である。

参照項目　ピープル・ファースト、ピープル・ファースト・インターナショナル（People First, People First International）

Jernigan, Kenneth
ジャーニガン，ケネス（1926年生）

ケネス・ジャーニガンは1968年から1986年7月まで全米盲人連合（National Federation of the Blind: NFB）の会長であり、1977年から1978年の期間を除いて、連続してその任期を務めた。1986年以降も、彼は専務理事として、全米で最大の視覚障害者擁護団体であるNFB内部に強い影響力を保持している。

ジャーニガンは1926年11月13日にデトロイトで生まれた。テネシー州中部の農場で育ち、ナッシュビルのテネシー盲学校に通った。1948年にコックビルのテネシー工科大学（Tennessee Technological University）で社会福祉の学士号を取得し、1949年にナッシュビルのジョージ・ピーボディ教育大学（George Peabody College for Teachers）から英語の修士号を取得した。1950年代初頭、ジャーニガンはNFBの州支部であるテネシー盲人協会（Tennessee Association of the Blind: TAB）で活躍するようになり、1951年にTABの会長に選任され、1952年には初めて

NFB理事会のメンバーとなった。1958年、ジャーニガンはアイオワ州盲人委員会（Iowa State Commission for the Blind）の委員長に任命され、そこで州のリハビリテーション・サーヴィスの改革を監督した。NFBの歴史学者フロイド・マトソン（Floyd Matson）は、次のように書いている。ジャーニガン在職期間にアイオワ州は、「ことによると全国で最も劣悪だった［盲人のための］リハビリテーション機関から、……おそらく最もすばらしいリハビリテーション機関」をもつまでになった。アイオワ州でのジャーニガンの活動は、1968年のリンドン・ジョンソン（Lyndon Johnson）による大統領特別表彰の対象となり、アイオワ・プログラム修了生の多くがNFBにおいて指導者の地位に就いた。

NFBの創設者であり初代会長のジェイコブズ・テンブローク（Jacobus tenBroek）が亡くなった後、ジャーニガンが会長となった。彼はテンブロークのもとで始められたNFBの会員拡大を進め、組織の全国本部をボルティモアに建設する指揮を執った。1978年にアメリカ視覚障害児・者行動基金（American Action Fund for Blind Children and Adults）の専務理事となり、1987年に世界盲人連合（World Blind Union）北米・カリブ海地域局長となった。

ジャーニガンは以前、全米記者クラブ（National Press Club）および「トゥデイ（Today）」と「ラリー・キング・ライブ（Larry King Live）」の番組に出演したことがある。いくつかの名誉博士号と1990年にブッシュ大統領優秀功績賞（Distinguished Service Award from President Bush）を含める数多くの賞の受賞者であり、全米盲人・身体障害者サーヴィス諮問委員会（National Advisory Committee on Services for the Blind and Physically Handicapped）のメンバー、スミソニアン協会（Smithsonian Institution）の顧問、そして図書館情報サーヴィスに関するホワイトハウス会議（White House Conference on Library and Information Services）の特別顧問であった。

ケネス・ジャーニガンは、妻のメアリー・エレン（Mary Ellen）とともにボルティモアに住んでおり、彼女もまたNFBで活躍している。

参照項目 全米盲人連合（National Federation of the Blind）；テンブローク，ジェイコブズ（tenBroek, Jacobus）

出典 Matson, Floyd, *Walking Alone and Marching Together: A History of the Organized Blind Movement in the United States, 1940–1990* (1990).

Jerry's Orphans
ジェリー孤児の会

参照項目 テレソン（Telethons）

Johnson, Mark
ジョンソン，マーク（1951年生）

マーク・ジョンソンは、アメリカ障害者アテンダント・プログラム・トゥデイ（American Disabled for Attendant Programs Today: ADAPT）の創設者の1人であり、世話人である。彼は1951年6月11日に生まれ、1971年、19歳の時に潜水事故で脊髄を損傷した。ノースカロライナ大学シャーロット校で1975年に心理学学士号を、そして1977年にガイダンスとカウンセリングの修士号を取得した。全米対まひ財団（National Paraplegia Foundation）の1977年メトロライナ支部の創設者であった。1979年から1981年までノースカロライナ州シャーロットの障害者諮問委員会（Handicapped Advisory Committee）議長、1983年から1985年までコロラド障害者連合（Colorado Coalition of Persons with Disabilities）議長、そして1988年にジョージア州アトランタでの民主党全国大会参加・入場のためのコーディネーターを務めた。ジョンソンはまた、デンヴァーで「自立生活への全体論的アプローチ（Holistic Approaches to Independent Living: HAIL）」の副所長として（1983年から1985年まで）働き、その後コロラド州リハビリテーション部の自立生活専門員となった。彼は現在、アトランタのシェパード脊損センター（Shepherd Spinal Center）で、擁護と地域支援のコーディネーターを務めている。

ジョンソンは、1983年デンヴァーでのアメリカ公共交通協会（American Public Transit Association: APTA）年次総会における最初のデモを始め、同年の創設以来ADAPTが行っているす

べての全米運動の主催者であり、参加者でもある。1984年、彼と他のADAPTメンバーはAPTAの後についてワシントンD.C.まで行った。そして1989年まですべてのAPTA年次総会においてデモを行った。1990年にジョンソンらはワシントンD.C.へ戻り、1990年アメリカ障害者法の通過を強く求めた。そこで彼は、正義の車椅子団（Wheels of Justice）運動の一環として国会議事堂の円形大広間で座り込みを行ったことから、逮捕された。

ジョンソンはまた、死ぬ権利（right-to-die）運動に反対して活躍した。エレノア・スミス（Eleanor Smith）とともに、（ジョージア州対マカフィー裁判〈State of Georgia v. McAfee〉における）1989年のラリー・マカフィー（Lary McAfee）判決を受けて創られた、生きる価値ある命（Life Worthy of Life）の創設者であった。先の判決の中で、アトランタの判事は、マカフィーは障害をもっていたため、自殺幇助される権利があると決定づけた。ジョンソンと他の人々は、マカフィーの自殺の決意は彼の障害それ自体よりも、むしろ彼を病院とナーシング・ホームから一歩も出られないままにしておいた州の政策に関係があると指摘した。ジョンソン他20数名のデモ隊は、マカフィーのコミュニティ・ケアのための支払いをメディケイドが拒否したことに抗議し、ジョージア州のメディケイド担当責任者の事務所を占拠した。

ジョンソンはまた、車椅子競技者であり、1996年のアトランタ・パラリンピックにおける障害諮問会議のメンバーでもあった。

参照項目 アメリカ障害者アテンダント・プログラム・トゥデイ（American Disabled for Attendant Programs Today: ADAPT）；安楽死と自殺幇助（Euthanasia and Assisted Suicide）；パラリンピック（パラリンピック運動）（Paralympics (Paralympic Movement)）；正義の車椅子団（Wheels of Justice）

Johnson, Mary
ジョンソン，メアリー（1948年生）

メアリー・ジョンソンは隔月刊行で障害者権利を掲げる急進的な『ディスアビリティ・ラグ・アンド・リソース（Disability Rag & Resource）』の創刊者で最初の編集者の1人であった。彼女は1948年7月31日、ケンタッキー州ルイヴィルに生まれる。1970年、ケンタッキー州ルイヴィルのスポルディング大学（Spalding University）から英文学の学士号を取得して卒業、1975年、ルイヴィルの障害者権利グループである身体障害者行動連盟（Action League for Physically Handicapped Adults, Inc.: ALPHA）の会長になった。ALPHAは、1973年リハビリテーション法第504条（Section 504 of the Rehabilitation Act of 1973）施行の条例が出せないでいる連邦政府相手にメンバーのジェームズ・チェリー（James Cherry）が起こした訴訟、すなわちチェリー対ジョンソン裁判（Cherry v. Johnson, 1976）を支援している。1978年、ジョンソンはルイヴィルの研究と開発のグループであるプライム・ムーバーズ株式会社（Prime Movers, inc.）を設立、初代の代表取締役になる。この職務で、ルイヴィルで最初の自立生活センターとなるアクセシブル・リビング・センター（Center for Accessible Living）の計画立案の指揮を執り、センターは1981年に事業を開始した。

1980年、ジョンソンはキャス・アービン（Cass Irvin）とともにアドヴォケイト・プレス（Advocado Press）を設立、1981年、『ディスアビリティ・ラグ（Disability Rag）』（のちに『ディスアビリティ・ラグ・アンド・リソース（Disability Rag & Resource）』）が創刊される。アドヴォケイト・プレスの主たる編集者として、ジョンソンは『障害についての報告——アプローチと争点（Reporting on Disability: Approaches and Issues）』（1989）、ナンシー・ゴール＝クレイトン（Nancy Gall-Clayton）による『本をもつ妙な人々（Strange People with Books）』（1990）、そして『サヴィ誌——自己訓練カリキュラム（Media Savvy: A Self Training Curriculum）』（1991）等の本や出版物を編集した。

ジョンソンは1993年、『ディスアビリティ・ラグ・アンド・リソース』の仕事を辞めるが、執筆活動は続けた。彼女の障害者問題に関する記事は、『プログレッシブ（Progressive）』『ニューヨーク・タイムズ（New York Times）』『ネイション（Nation）』『クリスチャン・サイエンス・モニター（Christian Science Monitor）』他に掲載された。1996年、『ディスアビリティ・ラ

グ・アンド・リソース』を継承する『ラグド・エッジ（Ragged Edge）』発行に協力するためアドヴォケイト・プレスに戻った。

参照項目　『ディスアビリティ・ラグ・アンド・リソース』（The Disability Rag & Resource）

Jones, Cynthia A.
ジョーンズ，シンシア・A（1951年生）

シンシア・ジョーンズは、サンディエゴに拠点を置く、障害者権利の全国的な月刊雑誌である『主流――有能な障害者のための雑誌（MainStream: Magazine of the Able-Disabled）』の発行者である。彼女は『主流』の仕事を、1976年製作部主任として始め、1982年には編集主幹を務めた。1984年には『主流』を所有するエクスプローディング・ミス社（Exploding Myths, Inc.）の社長になった。彼女は『主流』を地方の小さな出版物から全国的な購買層をもつ雑誌に変えた。草の根の障害者権利擁護運動家として全米で知られている。ジョーンズと『主流』は障害者補助器具の製造会社と障害者権利擁護運動家、補助器具やサーヴィスを利用する障害者自身およびリハビリテーション研究者との間をつなぐ橋渡しの役を担っている。

ジョーンズは、1951年10月1日インディアナ州テレホート（Terre Haute）で生まれた。ポリオによる障害をもつが、1974年から1976年まで聖公会女性会議（Episcopal Women's Caucus）西岸地区の責任者を、1982年、サンディエゴのカリフォルニア障害者協会（California Association of Persons with Handicaps）の会長、1985年サンディエゴでの「障害女性のための就職週間（Disabled Women's Opportunity Week）」の創始者の1人に、そして公共交通のバリアフリーを要求するアメリカ障害者の会（American Disabled for Accessible Public Transit: ADAPT）のサンフランシスコ抗議集会での広報責任者であった。1983年、彼女はジョージ・マレイ（George Murray、ボストンマラソンでの最初の車椅子レース優勝者）をシリアル食品ウィーティーズ（Wheaties）の箱に載せる運動をして成功をおさめる。1995年、障害のために肺と心臓の移植を当初拒まれていた、

サンドラ・ジェンセン（Sandra Jensen）のために闘う障害者権利擁護運動家たちの中心的人物であった。

ジョーンズは、カリフォルニア大学サンディエゴ校より生物学の学士号を取得している。

参照項目　ジェンセン，サンドラ（Jensen, Sandra）；『主流――有能な障害者のための雑誌』（Mainstream: Magazine of the Able-Disabled）

Jordan, Irving King
ジョーダン，アーヴィング・キング（1943年生）

アーヴィング・キング・ジョーダンは、1988年3月ワシントンD.C.にあるギャローデット大学（Gallaudet University）で、聴覚障害者で最初の学長になった人物である。ペンシルヴェニア州グレンリドル（Glen Riddle）で1943年6月16日に生まれ、21歳の時にオートバイの事故で頭部損傷の後、聴覚障害となる。彼は1970年、ギャローデット大学（当時はGallaudet College）から心理学の学位を、テネシー大学（University of Tennessee）から1971年と1973年にそれぞれ心理学の修士号と博士号を取得している。

ジョーダンは1973年ギャローデット大学で心理学の助教授になった。1983年、心理学部の主任教授となり、1986年には（ギャローデット大学の）学芸学部（College of Arts And Sciences）の学部長になった。アメリカ教育研究協会（American Educational Research Association）内で聴覚障害者研究会の設立に助力し、またアメリカ聾教育教育者会議（Convention of American Instructors of Deaf）での教育分科会の議長を務めた。

1988年2月末、ジョーダンはハーヴィー・J・コーソン（Harvey J. Corson）とエリザベス・A・ジンサー（Elisabeth A. Zinser）とともに、ギャローデット大学の学長を決める最後の候補者3人のうちの1人であった。ジョーダンとコーソンは聴覚障害者であったが、ジンサーはそうではなかった。そしてジンサーが選ばれた時、学生たちの反乱が起こった。キャンパス内での1週間に及ぶストライキと抗議集会の後、

J

1988年3月13日ワシントンD.C.、ギャローデット大学の初の聾者学長に選出されたアーヴィング・キング・ジョーダンが取り囲む学生とともに手を掲げて就任を喜ぶ。
©Bettmann/CORBIS/amanaimages

大学理事会はジョーダンをギャローデット大学第8代学長に指名した。学生運動の際に、彼は次の声明を出している。「聴覚障害者には聞こえる人ができることは何だってできるのだ――聞くことだけを除いて」。この声明はその後も聴覚障害者権利活動家のデモの際のスローガンとなった。

参照項目　「今こそ聾の学長を」運動（Deaf President Now Campaign）；ギャローデット大学（Gallaudet University）
出典　Moore, Matthew S., and Robert F. Panara, *Great Deaf Americans: The Second Edition* (1996).

Judge David L. Bazelon Center for Mental Health Law
ディヴィッド・L・バゼロン判事記念精神保健法センター

ワシントンD.C.にあるディヴィッド・L・バゼロン判事記念精神保健法センター（Judge David L. Bazelon Center for Mental Health Law、精神保健法プロジェクト〈Mental Health Law Project〉を改称、しばしばバゼロンセンター〈Bazelon Center〉と省略される）は、弁護士チャールズ・ハルパーン（Charles Halpern）とブルース・エニス（Bruce Ennis）によって1972年に設立された、精神障害者の法的権利の弁護を専門とする非営利の擁護団体である。同センターは、弁護士とそのプログラムに、研修と専門的援助を提供し、連邦政府の公民権に関する法律、規則関連の資料を出版している。

バゼロンセンターの弁護士は、精神障害者の

公民権に関係する、重要な訴訟の多くに関わり、原告となったりもした。それらの中には、オコナー対ドナルドソン裁判（*O'Conner v. Donaldson*, 1975）やニューヨーク精神遅滞市民協会対ロックフェラー裁判（*New York ARC v. Rockefeller*, 1973）がある。医療保険会社による精神保健ケアの全面保障、施設やナーシング・ホームでのケアに代わるコミュニティ生活といったセンターの障害者権利活動家の主張は、精神障害者に対する住宅と雇用機会の提供、および1990年アメリカ障害者法の完全実施へと拡大していった。

参照項目　オコナー対ドナルドソン裁判（*O'Conner v. Donaldson*, 1975）；精神障害サヴァイヴァー運動（Psychiatric Survivor Movement）；ウィロウブルック州立施設（Willowbrook State School）

Just One Break (JOB)
少しの特別な配慮（JOB）

参照項目　ヴィスカーディ，ヘンリー・ジュニア（Viscardi, Henry, Jr.）

Justice for All
万民のための正義団

万民のための正義団（Justice for All）は、1994年の議会選挙における共和党の勝利に応えて、1995年2月にジャスティン・ダート・ジュニア（Justin Dart Jr.）、フレッド・フェイ（Fred Fay）、そしてベッキー・オーグル（Becky Ogle）によって設立された。この組織は、障害のある人々に関する障害者権利法とプログラムの状況についての最新情報を、障害者権利活動家にメールやファクスで提供する。当組織の「真実チーム（Truth Teams）」は全米50州で組織され、1990年アメリカ障害者法、個別障害者教育法、その他の障害者の権利に関する法についてのメディアの誤った情報に対応している。

参照項目　ダート，ジャスティン・ジュニア（Dart, Justin Jr.）；フェイ，フレデリック・A（Fay, Frederick A.）

Kafka, Robert
カフカ，ロバート（1946 年生）

ロバート・カフカはアメリカ障害者アテンダント・プログラム・トゥデイ（American Disabled for Attendant Programs Today; ADAPT）の全国組織の運営をしている。彼は1946年2月24日、ニューヨーク市ブロンクスに生まれ、1966年から1967年までアメリカ陸軍軍人としてヴェトナムに従軍した。ヒューストン大学（University of Houston）から、1971年ビジネス経営学の学士号を、さらに1973年には特殊教育の修士号を取得する。彼と障害者権利運動との関わりは、1970年代、ヒューストンのバリアフリー生活連合（Coalition for Barrier Free Living）の理事になった時に始まり、1979年にはその理事長になる。1974年から1980年まで彼はまたヒューストン大学障害学生課のディレクターを務め、1981年から1983年まではアメリカに奉仕するボランティア（Volunteer in Service to America: VISTA）の一員として、障害を負ったテキサス人連合（Coalition of Texas with Disabilities）で仕事をした（1984年から1987年までは理事長として）。そして、1984年には障害者のアクセシビリティ研究所（Institute for Disability Access）の副所長となった。また、アメリカ障害者市民連合（American Coalition of Citizens with Disabilities）にも積極的に関わり、1981年にその理事会の理事になった。

カフカは1984年、ADAPTのテキサス支部を設立し、それ以来その支部と全米ADAPTの運営者である。また、テキサス身体まひ退役軍人協会（Texas Paralyzed Veterans Associations）の会長を1987年から1991年まで、南西部車椅子運動競技協会（Southwest Wheelchair Athletics Association）の創設者であり委員長を1981年から1991年まで、またテキサス障害者連合パーソナル介助サーヴィス特別委員会（Coalition of Texans with Disabilities Personal Attendant Services Task Force）の議長を1988年から1993年まで務めている。

参照項目　アメリカ障害者アテンダント・プログラム・トゥデイ（American Disabled for Attendant Programs Today: ADAPT）

Kaleidoscope
『万華鏡』

『万華鏡』は、オハイオ州アクロンの障害者サーヴィス連合（United Disability Services）が発行する文学、美術、障害に関する国際的な雑誌である。『万華鏡』は最初、1979年に身体障害のある成人の文芸教室の一部として作られ、アメリカで最も尊敬される、障害問題を描く作家たちの作品を最初に発表してきた。その中には、トロイ・リーヴス（Troy Reeves）、ローラ・ハーシー（Laura Hershey）、アーヴィング・ゾラ（Irving Zola）、マッカーサー賞に輝いたアンドレ・デュバス（Andre Dubus）がいる。

参照項目　障害文化（Disability Culture）；ハーシー，ローラ（Hershey, Laura）；ゾラ，アーヴィング・ケネス（Zola, Irving Kenneth）

Kaleidoscope: The Health & DisAbility Channel
万華鏡——健康と障害番組チャンネル

万華鏡——健康と障害番組チャンネルは、1990年、すべての人が利用可能な全米初の24時間ケーブルテレビ・ネットワークとして設立された。本ネットワークでは、主流のTV局で流れるような、障害に対して差別的な要素を含む番組を避けたいと思う障害者や障害児の保護者に対して、その選択肢を提供し、障害者による障害者のための教育や娯楽の番組を放送している。テキサス州サンアントニオを本拠地とする「万華鏡」は、映画放送の際には、聴覚障害者のために字幕を、盲人のために音声解説をつけている。独自の番組として、盲聾の女優、キム・パワーズ（Kim Powers）が主役の「キムの世界（Kim's World）」や「格別の芸術（Very Special Arts）」「KTVニュース（KTV News）」などがある。

参照項目　障害者のメディア・イメージ（Media Images of People with Disabilities）

Kaplan, Deborah
カプラン，デボラ（1950年生）

デボラ・カプランは障害者権利に関する訴訟や積極的な活動に幅広く関わってきた弁護士である。彼女は、オハイオ州クリーヴランドで1950年1月17日に生まれ、1971年にカリフォルニア大学サンタクルーズ校から宗教学の学士号を、1976年にバークレー校から法学博士号を取得、その年に障害者権利センター（Disability Rights Center: DRC）設立のためワシントンD.C.へ移った（当時、彼女は首都ワシントンで障害者のために活動する、自身も障害者である、おそらく唯一のロビイストであった）。DRCは連邦の雇用差別禁止法（Federal Employment Discrimination Legislation）の制定や医療機器利用者のための保護法（Consumer Protection Legislation for Users of Medical Devices and Equipment）の制定に焦点を置いていた。カプランはDRC事務局長として1979年6月まで働いた。また、フィラデルフィア公益法律センター（Public Interest Law Center of Philadelphia）や全米女性組織法的擁護と教育基金（National Organization of Women Legal De-fense and Education Fund）の仕事に関わった後、1980年4月、スタッフの1人として障害者権利教育擁護基金（Disability Rights Education and Defense Fund: DREDF）の弁護士になった。1985年1月までDREDFで働いた後、障害者法に関する私的顧問となり、その後個人法律事務所で働く弁護士となった。

カプランは、1980年代後半カリフォルニア州オークランドにある世界障害研究所（World Institute on Disability: WID）の一員に加わり、科学技術と通信アクセス問題に関する先駆者としてWIDの科学技術政策部（Division on Technology Policy）の副部長兼指揮監督者となった。1996年、公的業務と通信産業関連の法人組織の顧客のための私的コンサルタント会社であるイシュー・ダイナミクス社（Issue Dynamics）で働くため、WIDを去った。

参照項目　バウ，フランク・G（Bowe, Frank G.）；障害者権利センター（Disability Rights Center）；世界障害研究所（World Institute on Disability）

Keller, Helen Adams
ケラー，ヘレン・アダムズ（1880-1968）

ヘレン・ケラーは、世界で最も有名な障害者の権利擁護者である。聴覚障害か視覚障害のどちらか1つをもっているだけでも、劣っているとか、無能であると見なされていた時代に、盲と聾という重複障害者であった彼女は、マサチューセッツ州ケンブリッジにあるラドクリフ大学を優等で卒業、非常に多くの論文と商業的に成功した数冊の本を書いた。彼女は、人種差別や性差別だけでなく、障害者に対する差別もやめるよう主張した。

ケラーは、1880年6月27日アラバマ州タスカンビアで生まれた。父、アーサー（Arthur）は、南部連邦の退役軍人であったが、その後、新聞の編集者、そして連邦保安官となった。「メンフィス美人（Memphis Belle）」と呼ばれた母は南部連邦将軍の娘で、ケラーの伝記作家ジョセフ・ラッシュ（Joseph Lash）によれば、「鋭い知性」があり、「優れた記憶力をもった、幅広い読書家」であったという。発達の早い子どもであったケラーは、6ヶ月で話し始め、1歳で歩き始めた。19ヶ月の時、「胃と脳の急性充血」と診断された病気に罹り、その結果、彼女は見ることも聞くこともできなくなってしまった。当時、盲聾児を教えることができる教育者はほとんどおらず、もちろん、アラバマ州の田舎にはいなかった。

ヘレンが6歳の時、父は、彼女を連れてアレクサンダー・グレアム・ベル（Alexander Graham Bell）に会いに行った。ベルは、ボストンにあるパーキンス盲学校に連絡するように勧めた。その学校は、サミュエル・グリッドリィ・ハウが、ローラ・ブリッジマンという盲聾女性を教育した成果により、国際的な評価を得ていた。1876年ハウは死去していたが、彼の後継者、マイケル・アナグノス（Michael Anagnos）は、パーキンス盲学校を卒業したばかりのアン・サリヴァン（Anne Sullivan, 後にアン・サリヴァン・メーシー〈Anne Sullivan Macy〉）に、アラバマへ行って、ヘレンを教えることを勧めた。

自身も弱視であるサリヴァンは、ヘレンの教育者かつ助言者として最適であったことがわかった。彼女は、アイルランド移民の両親のも

K

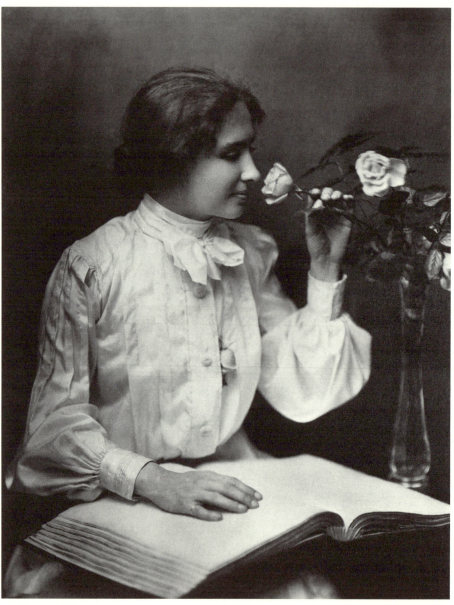

ヘレン・ケラー。

とで、1866年4月14日、マサチューセッツ州フィーディング・ヒルズに生まれた。母親の死後まもなく、サリヴァンと、やはり障害をもっている弟、ジミー（Jimmie）の2人は、1876年テュークスベリーにある州立救貧院に入れられた。2人とも、虐待とネグレクトにあい、ジミーは救貧院にいる間に死亡した。サリヴァンは救貧院で6年間過ごした。「テュークスベリーに関して私が覚えているのは、ほとんどすべて、下品で、残酷で、悲しいことばかりです」「一生かかっても、あるいは永遠に、8歳から14歳までの陰鬱な日々が私の心に残した、恐怖やいまわしい記憶を消すことはできないのではないかと思います」と彼女は、ずっと後に、伝記作家であるネッラ・ブラッディ・ヘニー（Nella Braddy Henney）に語っている。1880年、巡回に来た監察官によって、サリヴァンはパーキンス盲学校に移籍するよう、手続きがとられた。実質的に無教育であった14年間を盲学校で取り戻すには苦労があった。彼女は権威に対する攻撃的な態度をとるようになり、その傾向は、生涯を通じて変わらなかった。教師やクラスメイトたちは、彼女に「ミスかんしゃくもち」というあだ名をつけた。

サリヴァンの、権威や画一化を信用しない性向は、教師としての彼女の利点の1つとなり、一方でケラーは優秀な生徒であることを証明した。サリヴァンは、ケラー一家と暮らすためにアラバマに行き、1887年3月3日、ヘレンと会った。それから数ヶ月のうちに、ケラーは、指文字と指を使った読唇法により会話するようになり、点字と活字の両方で英語を書いていた。ケラーが書いた、パーキンス盲学校のマイケル・アナグノスや友人、両親や家族、ベル、彼女の話に魅了され増えていく崇拝者や学者たちに宛てた手紙は、後に、彼女の自叙伝、『わたしの生涯（*The Story of My Life*）』(1903) に付録として再録された。

ケラーは、早くから、障害者の権利を主張するようになった。それは11歳の時が最初で、トミー・ストリンガー（Tommy Stringer）という盲聾児がパーキンス盲学校で教育が受けられるように基金を募った。1894年、ケラーは、ニューヨーク市にあるライト・ヒューメイソン聾学校（Wright-Humason School）に入学する。1896年には「普通の」子どもたちの中で教育されるべきであるということで、マサチューセッツ州ケンブリッジのギルマン女学校（Gilman School for Young Ladies）に入学する。彼女は、盲聾者として初めての大学生となった。1900年、ラドクリフ女子大学に入学し、1904年、同校を卒業した。この間ずっと、サリヴァンは、彼女の「教師」であり、最も親しい友人であった。

卒業後、ケラーは、盲人の教育と雇用を主張するようになる。議論を恐れず、とりすまして淑女を気取る気もない彼女は、母親の梅毒と新生児の視覚障害の関連について論文を書き、講演を行い、アメリカの全視覚障害の3分の1は、硝酸銀の目薬の使用によって防ぐことができると指摘した。1908年に執筆した「私のような障害者を食いものにするハゲタカたち（The Vultures That Prey on My Kind）」と題した論文の中で、ケラーは、いんちき薬や特許医薬品の販売会社を激しく非難し、障害者を食いものにする人たちと関係ありとして、その年の大統領選挙に出馬する二大政党の候補を批判した。この論文は大幅に修正され、「私は言わなければならない」という新しい表題のもとに1909年、『レディース・ホーム・ジャーナル（*The Ladies' Home Journal*）』に掲載された。

ケラーの最初の著書、『わたしの生涯』は元々、1902年、『レディース・ホーム・ジャーナル』に連載の形で掲載され、1903年3月に本として出版された。まだラドクリフ女子大学に在学中に、自叙伝の名著とすぐに認められるようになった作品を書いたのであった。サリヴァンが友人に宛てた手紙とパーキンス盲学校への報告書が最後の3分の1の内容になっているが、子どもの言語獲得に関する、その洞察は大変素晴らしいものである。

ケラーとサリヴァンの名はよく知られるようになっていたが、貧しいといってもいいほどの経済状態をしばしば経験していた。ある時は、金に困り、寄席芸人の一座と巡業し、曲芸師やマジシャン、ピエロ、コメディアンに交じって舞台に登場し、ケラーの「奇跡」の話をして、観客からの質問に答えた。ジョセフ・P・ラッシュは1980年の伝記、『愛と光への旅（*Helen and Teacher*）』において、もちろん、時にはさまざまな寄付や信託財産を受け取ることもあったが、2人の女性がどのように「決然と自分たち

の人生を送り、しかも彼女たち自身の力で道を切り開いてきたか」について書いた。

ケラーはしばしば物議をかもす人物であった。彼女はフェミニストで、婦人参政権の熱心な支持者であり、セオドア・ローズヴェルト（Theodore Roosevelt）の内政干渉主義の外交政策を批判した。第1次世界大戦に対するアメリカの参戦に反対し、ロシア革命後には、自分はロシア共産党員であり、戦闘的な世界産業労働組合（International Workers of the World）の支援者であると宣言した。しばらくの間、彼女は革命的な経済的、政治的変化が必要であると信じ、社会主義政策に専心していた。1930年代には、スペイン内戦の反フランコ軍の資金調達や、ナチ・ドイツからユダヤ人を救う勢力に対し、自分の名前を貸した。彼女はまた、生まれ故郷のアラバマ州におけるアメリカ人の人種差別と隔離政策を批判した。歯に衣を着せずに政治的意見を述べることで、進歩主義者の中からでさえ、厄介な状況に陥るかもしれないと警告を受けたが、「中途半端な急進派なんて関心ないわ」と答えた。

しかしながら、1924年以降、ケラーとサリヴァンは、アメリカ盲人援護協会（American Foundation for the Blind）のために、基金を募り、ロビー活動することにエネルギーのほとんどを捧げた。彼女たちは、1935年社会保障法（Social Security Act of 1935）に視覚障害者のための条項が含まれるように尽力した。2人は、ヨーロッパ、ラテンアメリカ、アジアを旅行して回り、どこでも障害者を社会の片隅に追いやり、差別することに対して反対を表明した。ケラーはまた、著書やエッセイを次々に著した。『私が住む世界（The World I Live In）』（1908）、『暗闇から（Out of the Dark）』（社会主義的エッセイ集、1913）、『人生の途中で（Midstream: My Later Life）』（1929）、『ヘレン・ケラー日誌（Helen Keller's Journal）』（1938）が出版された。彼女の最後の著書、『先生（Teacher）』（1955）は、1936年10月20日に死去したサリヴァンの伝記であった。

近年、ケラーのサリヴァンとの共存関係ともいえる間柄が、再検討されるようになった。ジョセフ・ラッシュに代表される伝記作家の中には、サリヴァンがケラーを必要以上に依存するようにした、と考えている者もいる。ケラー自身が語っている、子ども時代の教育の話では、サリヴァンはケラーの手を背中で縛り、彼女の唯一のコミュニケーション手段を絶った、というが、現在なら虐待といいうだろう。サリヴァンの死後、ケラーの個人的な支援者となったポリー・トンプソン（Polly Thomson）もまた、何を食べるかということで自分の考えを押しつけるなどして、ケラーの自由を不必要に制限したとして糾弾されている。さらに、母親もまた、ケラーの自由を制限する人物であった。ケラーの母は、娘の障害は重く、どんな男性の愛情もいつかは冷めてしまうだろうと信じていたので、36歳のケラーに結婚することを禁じた。ケラー自身はといえば、ときおり自信喪失で苦しんでいた。彼女は、盗作したのではないかと責められた12歳の時から、小説のような話を作らなくなっていた。大人になって、自分自身について書いたり話したりしてほしいと求められイライラすると、障害以外のことについて意見を述べても、誰も興味をもたないのに、と文句をいった。

1953年、『征服されざる者（The Un-conquered）』と題された彼女のドキュメンタリー映画が公開され、批評家の賞賛を得た。サリヴァンとともに過ごした最初の数ヶ月を劇化した『奇跡の人（The Miracle Worker）』は、1957年、ブロードウェイで上演された。これは後に1962年、映画化され、興行的に成功した。

1961年、ケラーは、脳卒中の発作の後で、公的な生活から身を引いた。1968年6月1日、死去。1996年、F.B.I.が彼女の情報を集めていたと報道されたが、いまだにその多くが機密扱いにされている。

参照項目　アメリカ盲人援護協会（American Foundation for the Blind）；パーキンス盲学校（Perkins School for the Blind）

出典　Keller, Helen Adams, *The Story of My Life* (1954)（岩橋武夫訳『わたしの生涯』角川書店、1966）; Lash, Joseph P., *Helen and Teacher: The Story of Helen Keller and Anne Sullivan Macy* (1980)（中村妙子訳『愛と光への旅―ヘレン・ケラーとアン・サリヴァン』新潮社、1982).

Kemp, Evan, Jr.
ケンプ，エヴァン・ジュニア（1937年生）

　エヴァン・ケンプは、副大統領を経て大統領になったジョージ・ブッシュ（George Bush）の自称「身内」であり、また友人・助言者として、1980年代の障害者の権利に関する政治課題の進展にあたり、中心的な役割を演じた。ブッシュは、障害者の権利問題に関する薫陶をエヴァンから受けて、1990年、アメリカ障害者法（Americans with Disability Act: ADA）に進んで署名するのである。

　ケンプは1937年5月5日にニューヨーク市に生まれ、12歳の時に、筋ジストロフィの一種であるクーゲル・ウェランダー症候群（Kugel-Welander syndrome）という障害をもつ。1959年、ヴァージニア州レキシントンにあるワシントン・アンド・リー大学を卒業し、1964年、シャーロッツビルにあるヴァージニア大学で法学の学位を取得する。しかし、障害をもつがゆえに、首席に近い成績で卒業したにもかかわらず、公務員試験には39回続けて不合格となり、最終的には叔父のドリュー・ピアソン（Drew Pearson）の助力を得て、連邦国税局（U.S. Internal Revenue Service）に就職する。1967年に連邦証券取引委員会（U.S. Secu-rities and Exchange Commission: SEC）の一員となるが、そこでまた別の差別を受ける。SECに勤め始めてから、初めの7年間、ケンプは車椅子なしでも移動することができ、そしてその間はしかるべき昇給があった。しかし、ケンプが歩けなくなると同時に昇給もストップし、それは、彼が連邦政府に対して反差別の訴訟を起こし勝利した6年後にやっと再開されることになる。

　1980年、デボラ・カプラン（Deborah Kaplan）と消費者運動家のラルフ・ネイダー（Ralph Nader）が共同設立した全国的な権利擁護機関である障害者権利センター（Disability Rights Center）の所長に就任する。彼は全米進行性筋ジストロフィ協会（National Muscular Dystrophy Association）主催のジェリー・ルイス（Jerry Lewis）のテレソン（Telethon）を酷評し、1981年このチャリティ番組が「労働者の日」の週末に大衆の障害に対する恐怖心につけこんで資金集めをしている、という内容の署名入り記事を『ニューヨーク・タイムズ（New York Times）』に書く。このことにより、世に知られているケンプとジュリー・ルイスの15年に及ぶ確執が始まる。

　ケンプはレーガンからブッシュ政権の間の障害者運動家をホワイトハウスにつなぐ「架け橋」といわれている。それには、彼がブッシュの法律顧問であるボイデン・グレイ（Boyden Gray）の友人でありアドヴァイザーであったことが大きく影響している。1981年、新たに誕生したレーガン政権は、「政府が国民に干渉しない」政策動向の一環として、リハビリテーション法第504条（Section 504 of the Rehabili-tation Act）と全障害児教育法（Education for All Handicapped Children Act）の細則に狙いを定めた。これに対して、権利を求める障害者たちは、パトリシア・ライト（Patrisha Wright）と障害者権利教育擁護基金（Disability Rights Education and Defense Fund）の主導のもと、手紙や電話を使った大規模なキャンペーンを行って対抗した。この時、共和党とのつながりのあるケンプは政権内部で障害者側を代表する申し分のない立場にあり、規制撤廃の施策を担当していたブッシュに対して、完全な「身内の立場から」、連邦における障害者の権利擁護を骨抜きにしてはならないと求めるのである。またケンプは、権利擁護運動家たちを直接政府高官に面会させることもできた。このような草の根の運動の圧力とケンプの内側からの権利擁護によって、1983年、政府はついにこれらの法律を変更したり無効にする試みを断念するという声明を出す。「この数年間、パット（ライト）と私は夜も昼もなく運動したよ」と、ケンプはのちに語っている。「これは障害者の権利運動において、とても重要な闘いだった。というのは、そのことを通じてわれわれは1つになることができたのだからね。われわれの真の組織化はその時始まったのさ」。そして、これらの法律擁護のためのキャンペーンに啓発されて、グレイとブッシュは、その後1990年アメリカ障害者法成立を支持するようになる。

　1987年3月10日、ケンプは、レーガン大統領により、アメリカ雇用機会均等委員会（U.S. Equal Employment Opportunity Commission: EEOC）の委員に任命され、さらに、同年6月19日には、全会一致で上院によって承認される。この時すでに、ケンプはブッシュのアド

ヴァイザーの1人となっており、副大統領の障害者問題に関する演説草稿を作るのを手伝っていたので、1988年の共和党全国大会でブッシュが大統領候補としての指名を受けた際のスピーチには、障害者をアメリカ人の主流に組み入れるために尽力する旨の公約が含まれることになる。共和党・民主党の別を問わず、大統領候補が公開討論会の場において、障害者の権利について言及したのはこれが初めてであったが、それにはケンプの直接的影響があったのである。1990年3月8日、ケンプは、クラレンス・トーマス（Clarence Thomas）の後継者として、ブッシュ大統領によりEEOCの会長に任命される。連邦雇用差別禁止法の執行責任者となることで、ケンプは一般大衆および政権内部に対して、アメリカ障害者法を作る必要を説くための理想的な地位を得たことになる。

EEOCの会長への就任後、『ナショナル・ジャーナル（National Journal）』がいうところの「職場における差別に対する断固たる取締まり」を行ったことは大いに賞賛され、1991年発行の同誌では、レポーターのW・ジョン・ムーア（W. John Moore）が、「多くの公民権運動家たちが、会長としてのケンプの手腕を、異論も多かった彼の前任者と比べて、好意的に評価している」と記述した。ジェリー・ルイスが大統領に対して、ケンプが全米進行性筋ジストロフィ協会のテレソンに対するあからさまな非難を続けることを止めさせてくれと要請した時には、障害者権利運動の活動家たちがケンプの支持のために集まり、ブッシュも求めに応じることはなかった。

1992年、ケンプはEEOCの会長職を辞したが、その後も障害者権利運動における主導的な役割を演じ、そのために政府に働きかけたり資金問題の助言をしたりする団体としてエヴァン・ケンプ法律事務所（Evan Kemp Associates）を創設・主宰し、障害をもつ人々に関するさまざまな問題についてレポートする月刊紙である『一歩先へ——活動的で健康な自立生活のリソース（One Step Ahead—The Resource for Active, Healthy, Independent Living）』（初期の題名は『一歩先へ——障害リソース〈One Step Ahead—The Disability Resource〉』）を発行する。1996年末、ジャスティン・ダート・ジュニア（Justin Dart Jr.）に賛同し、死ぬ権利を最高裁が認めないように強く要請した。

参照項目　障害者権利センター（Disability Rights Center）；『一歩先へ——活動的で健康な自立生活のリソース』（One Step Ahead — The Resource for Active, Healthy, Independent Living）；リハビリテーション法第504条（Section 504 of the Rehabilitation Act）；テレソン（Telethons）；ライト，パトリシア・A（Wright, Patrisha A.）

Kemp, John D.
ケンプ，ジョン・D（1949年生）

ジョン・D・ケンプは、10歳の時に全米イースターシールズ協会（National Easter Seals Society）のイメージキャラクターとなり、長じてのちには、この協会の法律顧問兼副代表理事として協会の発展のために努めることになる。また、脳性まひ協会連合（United Cerebral Palsy Associations Inc.）の前常務理事であり、「格別の芸術（Very Special Arts）」の現会長兼CEO（最高経営責任者）である。

ジョン・ケンプは、1949年10月10日にアイオワ州ワーテルロー（Waterloo）で生まれる。1971年にジョージタウン大学（Georgetown University）を卒業し、1974年に、カンザス州の州都トピーカにあるウォッシュバーン法科大学院で、法学博士の学位を取得する。そののち、ミズーリ州のカンザスシティにある連邦環境保護庁（U.S. Environmental Protection Agency）の司法部門に勤務し、1976年から77年までシカゴにある全米イースターシールズ協会（National Easter Seals Society）の消費者擁護担当コンサルタントを務める。1982年、同協会の人材担当理事となり、1986年、総合コンサルタント兼開発担当副代表理事に就任。1990年、協会を退職し、ワシントンD.C.にある脳性まひ協会連合の常務理事に就任。1995年、ワシントンD.C.にある舞台芸術のためのジョン・F・ケネディ・センター（John F. Kennedy Center for Performing Arts）の系列下の「格別の芸術（Very Special Arts）」のCEOに転じ現在にいたる。

ケンプの最初の障害者権利擁護活動は、20年以上前にアメリカ上院議会の教育特別小委員会（Select Subcommittee on Education）および障害

者小委員会（Subcomittee on the Handicapped）において、1973年リハビリテーション法（Rehabilitation Act of 1973）を支持する証言を行ったことに始まる。1986年には、全米公民権委員会（U.S. Commission on Civil Rights）において、医療的治療を要する障害児に対する差別について激しく非難し、さらに1991年には、連邦司法省（U.S. Department of Justice）において、1990年アメリカ障害者法（American with Disability Act of 1990）施行細則について証言している。

ケンプは、アメリカ上下肢欠損者連合（Amputee Coalition of America）の諮問委員会の一員、そして、世界障害研究所の国際障害者交流と研究（International Disability Exchange and Studies: IDEAS）プログラムの専門家委員会の一員でもある。非常に多くのラジオやテレビのインタヴューを受け、また、『障害児の親（The Exceptional Parent）』や『アメリカン・リハビリテーション（American Rehabilitation）』などの出版物にも記述がある。1995年、クリントン大統領によって、全米障害者協議会（National Council on Disability）の委員に任命される。

参照項目 脳性まひ協会連合（United Cerebral Palsy Associations Inc.）

Kowalski, Sharon , and Karen Thompson
コワルスキー，シャロン（1956年生）とトンプソン，カレン（1947年生）

1983年11月、ミネソタ州オーナミアの近郊において、シャロン・コワルスキーの運転していた車は、酔っ払いの運転する対向車に正面衝突される。当時27歳のコワルスキーは、昏睡状態から回復したのちもしゃべることができず、体の大部分もまひしたままとなる。4年来の恋人であるカレン・トンプソンは、コワルスキーを一緒に住んでいた家に連れて帰ることを求め、同様の願いは、意識を取り戻したのちのコワルスキー自身からも伝えられた。しかし、コワルスキーの両親は、彼女がナーシング・ホームに留まることを望む。そこで、トンプソンはコワルスキーの両親に対して訴訟を起こすが、8年以上の歳月と約30万ドルの費用をかけることとなる。このことは、障害をもつ人々が自らの望む場所で愛する人と住む権利を社会はなかなか認めようとしないことを示す結果となった。

この事故が起こる前、コワルスキーとトンプソンは自らの関係を公表してはいなかった。それは、セント・クラウド州立大学（St. Cloud State University）の物理学准教授であったトンプソンの地位が危うくなることを恐れてのことだった。1985年1月、コワルスキーは、セント・クラウド障害者サーヴィス機構（St. Cloud Handicap Services）障害者課の職員に文書を送り、自分は同性愛者でありトンプソンは恋人であることを伝え、6月には、コワルスキーが、ミネソタ自由人権協会（Minnesota Civil Liberties Union）に自分の弁護をすることを求めた。それにもかかわらず、1985年7月23日、法廷は、コワルスキーの父を後見人とする判決を下し、彼は即座に、トンプソンおよびその友人たち、法廷弁護人、ミネソタ自由人権協会（Minnesota Civil Liberties Union）のメンバー、同性愛や障害者権利運動の関係者たちが、コワルスキーに会うことを禁じる。コワルスキーは、48時間以内にトンプソンや友人・支援者たちのところからは何時間もかかるミネソタ州のヒビング（Hibbing）のナーシング・ホームに移された。加えて、そこにいる間、理学療法その他のリハビリテーションをコワルスキーが受けることは禁じられた。そのため、いったん回復の兆しがあった彼女の身体は再び悪化し始めるのである。

それからの3年半というもの、コワルスキーとトンプソンの面会は叶わず、トンプソンは、このことを、レズビアンと障害者の権利擁護団体にもち込む。トンプソンは、集会で話したり、障害者・ゲイの権利関係の出版物からの取材に応えることで、全国の何百もの人々からの支持を受け、法廷がその決定を覆すように圧力をかけようとしたのである。

当初、一般のメディアは、ありふれた障害者とレズビアンに対する紋切り型の報道を繰り返していた。そのような表現は不正確かつ侮辱的であるという専門家たちの指摘にもかかわらず、コワルスキーは「6歳の知能程度」といわれ、文字盤やタイプライターを用いればコミュニケーションがとれるにもかかわらず、「ゆがんだ体に囚われている」「不気味に沈黙した娘」

と記述されていた。一方で、トンプソンは、偏執的かつ貪欲に金銭的、政治的、性的な動機に基づきコワルスキーの障害を利用したいのだと決めつけられる。トンプソンはその著作である『なぜシャロン・コワルスキーは自宅に帰れないのか（Why Can't Sharon Kowalski Come Home?）』の中で、「まるで障害の直接の原因となった事故よりも、社会における同性愛嫌悪や障害者差別（handicapism）から受けた被害のほうが大きいようであった」と述べている。

1988年11月、能力に関する聴聞会（competency hearing）は、コワルスキーにはコミュニケーション能力があると裁定し、ナーシング・ホームからリハビリテーション・センターに移ることを勧告する。1989年、コワルスキーはダルースにあるリハビリテーション・センターに移され、そこで彼女は再び職員に対してトンプソンに会いたいと伝えた。そして、1989年3月、ついに恋人たちは再会する。トンプソンは再び後見申請を行った。しかし、コワルスキーの家族が後見を取り下げたにもかかわらず、法廷はトンプソンがコワルスキーを自分の家に連れて帰ることを認めなかった。そこでトンプソンは控訴し、1992年8月、ついにトンプソンによる後見が認められることになる。しかし、この時までにコワルスキーの状態はかなり悪化していたため、彼女が最終的に家に戻ったのは、1993年の春となった。

「みんなは、これは勝利だ、といったけど」とトンプソンは語る。「でもね、これは明らかに敗北でした。シャロンは彼女が必要とする時にリハビリテーションを受けられず、その結果、彼女はその人生で重要なものを失ってしまったのですからね。しかし、私たちは今、少なくとも一緒に暮らし共に生きることができるのです」。

コワルスキーは1956年8月8日、ミネソタ州グランド・ラピッズに生まれた。トンプソンは1947年7月24日、ウエストヴァージニア州のベルプレに生まれた。2人は今でも一緒にセント・クラウドに住み、活発な政治活動を続けており、女性運動、レズビアン、障害者の権利を求めるイヴェントにもときおり出席する。トンプソンはまた、反健常者優位主義（anti-ableism）のワークショップを指導している。

参照項目　ボストン・セルフヘルプ・センター（Boston Self Help Center）；障害女性集団（Handicapped Organized Women）；パンツァリーノ，コニー（Connie, Panzarino）

出典　Thompso002n, Karen, and Judie Andrzejewski, *Why Can't Sharon Kowalski Come Home?* (1988).

Kriegel, Leonard
クリーゲル，レナード（1933年生）

レナード・クリーゲルが1964年の自著『帰郷までの長い道のり（*The Long Walk Home*）』の刊行にあたり意図したことは、通常の障害に関する著作において「しばしば見られる感傷的な表現や特殊用語、張子のようなうすっぺらな信心深さ等のない本を書くこと」であった。この本で彼は、11歳の時に罹った経験について詳しく述べている。クリーゲルは、「トムおじさんとちっぽけなティム――黒人肢体不自由者論（Uncle Tom and Tiny Tim: Some Reflections on the Cripple as Negro）」「自己主張――肢体不自由者もアメリカ人である（Claiming the Self: The Cripple as American Man）」というエッセイでは、障害関係の人たちの期待と障害者の自己イメージの相互作用について考察し、「動物園の檻の中の狼（The Wolf in the Pit in the Zoo）」では、「アメリカ文学における肢体不自由者（the cripple in American Literature）」について、以下のように考察している。

「われわれの状態はひどいものだったし、孤独感もすごかった。社会にとっては、われわれは、社会ののけ者（パリア〈pariah〉）であり、犠牲者だった。われわれは、哀れまれ、避けられ、レッテルを貼られ、区分され、分析され、分類された……」

クリーゲルは1933年5月25日にニューヨークのブロンクスで生まれ、1955年に同市にあるハンター大学で学士号、1960年、ニューヨーク大学で博士号を取得。ロングアイランド大学で助教となり、そののち、ニューヨーク市立大学シティカレッジにおいて、英語学の助教を経て教授、また、ライデン大学、フローニンゲン大学、パリ大学のフルブライト講師を務める。クリーゲルのその他の著作として、『エドマン

ド・ウィルソン（*Edmund Wilson*）』（1971）、『やり通すこと——都市の大学の中での我が人生（*Working Through: An Autobiographical Journey in the Urban University*）』（1973）、『2ドルのチャンスにかけるための覚え書き（*Notes for the Two Dollar Window*）』（1976）、『マウスと男らしさ（*Of Mice and Manhood*）』（1979）などがある。また、近年のエッセイは『生活を始める（*Falling into Life*）』（1991）に収録されている。

■出典■　Kriegel, Leonard, *The Long Walk Home* (1964); ——, *Falling Into Life* (1991).

Labor Day Telethon
レイバーデイ・テレソン

参照項目 テレソン (Telethons)

LaFollette-Barden Act of 1943
1943年ラフォーレ-バーデン法

　1943年ラフォーレ-バーデン法 (LaFollette-Barden Act of 1943) は、1943年職業リハビリテーション修正法 (Vocational Rehabilitation Amendments Act of 1943) としても知られているが、15歳以上の障害者に対して、仕事を見つけ継続するために必要な職業能力を高めるための政府サーヴィスを提供するものであった。本法は、国内労働力確保と傷痍軍人対策を目的に戦時特例として成立したもので、1920年職業リハビリテーション法 (Vocational Rehabilitation Act) によるサーヴィスを拡大し、連邦職業リハビリテーション局 (Office of Vocational Rehabilitation) を設置した。また、障害者に対する医療サーヴィス、外科的手術サーヴィス、精神保健サーヴィス、理学療法的サーヴィスが、新設の連邦安全局 (Federal Security Agency、後の連邦保健・教育・福祉省 (Department of Health, Education, and Welfare)) の指揮下で提供された。1943年ラフォーレ-バーデン法は、先例のないほどに多数の障害者を就労させたとして評価されている。

参照項目 職業リハビリテーション、職業リハビリテーション法とその改正 (Vocational Rehabilitation, Vocational Rehabilitation Acts and Amendments)

出典 Groce, Nora, *The U.S. Role in International Disability Activities: A History and a Look Towards the Future* (1992); Rothstein, Laura F., *Disabilities and the Law* (1992).

Lane, Harlan
レイン, ハーラン (1936年生)

　ハーラン・レインは、言語心理学の、そして聾およびアメリカ手話 (American Sign Language: ASL) と聾文化 (Deaf culture) の歴史についての専門家である。『善意の仮面——聾コミュニティを無力にする (*The Mask of Benevolence: Disabling the Deaf Community*)』(1992)、『心が耳を傾けるとき——聾者の歴史 (*When the Mind Hears: A History of the Deaf*)』(1984)、『アヴェロンの野生児 (*The Wild Boy of Aveyron*)』(1976)、『聾児と聴児 (*Deaf and Hearing Children*)』(1976) などの著者でもあるレインは、ハーヴァード大学メディカル・スクール講師、マサチューセッツ工科大学の研究員を経て、現在、ボストンのノース・イースタン大学の著名な教授である。

　レインは、1936年8月19日、ニューヨーク市に生まれた。1958年、コロンビア大学より修士号を授与、1960年、ハーヴァード大学より心理学博士号、さらに1973年にはパリ=ソルボンヌ大学から言語学の名誉博士号を授与された。1974年、ノース・イースタン大学心理学部長に就任、ASL教育プログラムを開発し、ASL、聾コミュニティ、および聾についての研究の全面的支援を行う。その他の著作として、『聾世界への旅 (*A Journey into the Deaf World*)』(1996)、『社会の聾者——教育とその利用 (*Deaf People in Society: Education and Access*)』(1994, 編)、『歴史を振り返る——聾コミュニティと手話の歴史論文選集 (*Looking Back: A Reader on the History of Deaf Communities and Their Sign Language*)』(1993, R・フィッシャー (Renate Fischer) と共編)、『聾児の日記——ローレン・クラークの歴史 (*Diary of a Deaf Boy: The Youth of Laurent Clerc*)』(1991, キャスリン・キャロル (Cathryn Carroll) と共編) などがある。

参照項目 アメリカ手話 (American Sign Language: ASL); 聾文化 (Deaf Culture)

出典 Lane, Harlan, *The Wild Boy of Aveyron* (1976) (中野善達訳編『アヴェロンの野生児研究』福村出版、1980); ———, *When the Mind Hears: A History of the Deaf* (1984, 1988); ———, *The Mask of Benevolence: Disabling the Deaf Community* (1993).

Language and Disability
言葉と障害

言葉は抑圧にも解放にも強力な武器となりうる。民族的、宗教的、人種的マイノリティの人々は、彼らを記述する時に使われるある種の屈辱的な用語や表現に常に異議を唱えてきた。同じような抗議は障害者権利擁護運動家によって長い間、提起されてきた。彼らは、「望みなき不具者（hopelessly cripped）」「奇形（deformed）」「ひん曲った（twisted）」「苦しんでいる（afflicted by）」「病に襲われる（stricken with）」「廃疾（invalid）」「不格好（misshapen）」といったような用語や句を拒絶してきた。障害者権利擁護運動家によれば、このような言葉は、障害者を物と見なし、彼らの名誉をおとしめて、彼らに二流の公民権を与えることに役立ってきた。社会サーヴィスや医療従事者によって造語された、「身体的に挑戦している（physically challenged）」「異なった形で能力のある（differently abled）」「聴覚が損なわれた（hearing impaired）」といったような婉曲表現もまた、全体として障害者権利擁護運動家によって拒絶されている。

歴史家ポール・ロングモア（Paul Longmore）は、「障害に関する言葉が示しているのは、障害のある人は、通常は障害だけで認識されており、主に医療の受け手として見られる『障害者の役割』に限定されている。そしてこの役割はまた属性として、無力、依存、異常な外見や機能、人としてあらゆる点で全面的に無能であること、結局は人間以下であることを含んでいる」と書いている。ロングモアの指摘によれば、「障害者（handicapped）」「障害者（disabled）」「聾者（deaf）」「盲人（blind）」「精神遅滞者（mentally retarded）」のような「障害をもつ人々を識別するのに使われてきた最も一般的な用語は、『抽象名詞』として用いられ、眼で見て最も明白な特徴に基づいて人々をひとまとめに述べている」（「障害者の言葉と社会的アイデンティティに関するメモ〈A Note on Language and the Social Identity of Disabled People〉」1985年）。

障害者権利運動家らは、障害と障害のある人々を表すときに社会が使用する言葉の方法を変えることを試み、ある程度に成功した。まさに、「障害のある人（person with a disability）」という表現は、「障害者の権利（disability rights）」と同じように障害者権利運動の産物である。「障害のある人」という言葉では、生活においてそうであるように最初に彼または彼女としての人がくる。すなわち人は障害があるかないか以前に人間なのである。しかしこの用語の使用は普遍的に同意されているわけではない。レナード・クリーゲル（Leonard Kriegel）は、「『障害を負った（disabled）』、あるいは『ハンディキャップを負った（handicapped）』という言い方は、アメリカで不具者（a cripple）として何とか生き残ってきたことへの憤concept、怒り、そして誇りそれ自体をもつことを自ら否認するということである」と書いている。

障害者コミュニティも、他の少数コミュニティと同様に、自分自身の表現や俗語を発展させてきた。たとえば、障害のない人々は時々、「TABs（temporarily able-bodied people、一時的に障害のない人）と記述される。「ちんばはかっこいい（Crip is hip）」といったスローガンや「ゆがんだちんば（Wry Crips）」と自ら命名した劇団グループのように、古い汚名を着せる呼び名が利用される時もある。障害者権利運動家は、障害のある人々の平等な権利を妨げる世間の人々の態度を記述するために健常者優位主義（ableism）やハンディキャップ主義（handicappism）といった新語を造り出す一方、かっこいい障害者（disability cool）や「障害者はしゃれている（disability chic）」といった言葉で、障害のある人々かつそのコミュニティがもっている誇りの意識を表現している。一部の活動家は、次のステップは否定的な行為や特徴を述べる時に障害の用語が使用されているのをなくすことだと考えている。たとえば、「彼は聞く耳をもたなかった」を「彼は無視した」に、「彼らは言外の意味に盲目であった」を「彼らは気がついていなかった」などの表現を置き換えることである。

出　典　Gartner, Alan, and Tom Joe, eds. *Images of the Disabled, Disabling Images* (1987); Kriegel, Leonard, *Falling into Life* (1991); Longmore, Paul K., "A Note on Language and the Social Identity of Disabled People," *American Behavioral Scientist* (January/February 1985).

Laski, Frank J.
ラスキ，フランク・J（1943生）

フランク・J・ラスキは、障害をもつ人々の処遇を変えていくために訴訟を用いる障害者権利問題の弁護士である。「法廷で行う制度改革というものは、決して1回だけの訴訟手続きでも、他の訴訟から孤立した戦略でもなく……すべての法的行為が……われわれの生活や障害者との関係を改善する変革につながっているのである」と、彼は1976年に出版した『アメリカン・リハビリテーション（American Rehabilitation）』で述べている。

フランク・ラスキは1943年4月27日に生まれた。マサチューセッツ大学アマースト校（University of Massachusetts at Amherst）で政治学士、1967年、ハーヴァード大学法科大学院で法学博士号を取得する。1976年以降、フィラデルフィアにあるテンプル大学の障害研究所（Institute on Disability）の教員、フィラデルフィア公益法律センター（Public Interest Law Center of Philadel-phia）で障害者対策の責任者を務める。1973年から1974年までインディアナ州サウスベンドの全国法律・障害者センター（National Center for Law and the Handicapped）、1987年ヒューマン政策センター（Center on Human Policy）、1986年から1987年まで国立障害研究所（National Institute of Handicapped Research: NHR）他での職歴を有する。建造物へのアクセス、障害のある幼児が医療的ケアを受ける権利、自閉症の子どもが質の高い教育を受ける権利を求める訴訟などを起こす。また、ハルダーマン対ペンハースト裁判（Halderman v. Pennhurst, 1978）、W・ティモシー対ニューハンプシャー州ロチェスター学校区裁判（Timothy W. v. Rochester, N.H., School District, 1989）、ADAPT対スキナー裁判（ADAPT v. Skinner, 1989）などの時代を画する訴訟に参加した。彼は、嫌忌療法（aversives）を使用することに反対し、障害者権利法、脱施設、地域での住宅供給、地域の雇用などについても、多数の著作や講演がある。

参照項目　公共交通のバリアフリーを要求するアメリカ障害者の会（ADAPT）対スキナー裁判（American Disabled for Accessible Public Transit v. Skinner）；嫌忌療法（aversives）；ハルダーマン対ペンハースト州立施設・病院裁判（Halderman v. Pennhurst State School and Hospital）

Laurie, Virginia Grace Wilson "Gini"
「ジニー」ことローリー，ヴァージニア・グレース・ウィルソン（1913-1989）

ヴァージニア・グレース・ウィルソン・ローリー、愛称「ジニー（Gini）」は、メアリー・スウィッツァー（Mary Switzer）と並んで、自立生活運動の「祖母」の1人であるといわれている。ローリーは、『リハビリテーション・ガゼット——障害者による障害者のための自立生活に関する国際日刊新聞（Rehabilitation Gazette: International Journal of Independent Living by and for Persons with a Disability）』の編集者であり、指導的人物であった。『ガゼット』の発行部数は1万2000部に満たなかったけれども、同紙は、アメリカ、および海外の障害者コミュニティに計り知れない影響を与えた。1989年にローリーが死去する時までに、同紙は83ヶ国で読まれ、数ヶ国語に翻訳されていた。

ローリーは、1913年6月10日ミズーリ州セントルイスに生まれた。彼女が生まれる1年前にポリオが流行し、それが原因で姉2人が死亡し（この姉たちの名にちなんでローリーは名づけられた）、兄の1人は重度の障害者になった。ローリーはヴァージニア州リンチバーグのランドルフ・メイコン女子大学（Randolph Macon Women's College）に入学し、生物学とラテン語を専攻した。

当時の女性に対する性差別により、医師になることを断念した彼女は、25歳の時にジョセフ・スコット・ローリー3世（Joseph Scott Laurie III）と結婚した。彼らはオハイオ州クリーヴランドに引越し、そこで1949年のポリオ流行の間、トゥーミー・パビリオン・リハビリテーション・センター（Toomy Pavilion rehabilitation center）において赤十字のボランティアとなった。彼女は患者を訪問し、本を読んで聞かせ、個別の援助も行い、ポリオ・コミュニティの一員として受け入れられた。

1940年代のポリオ生存者たちは、発病後、2年間あるいはそれ以上入院することが多かった。

この間に、彼らはその中で固いきずなで結ばれていった。センターを去った後も連絡をもてるように、スタッフと入居者は、『トゥーミーヴィル・ガゼット（Toomeyville Gazette）』という名の、ボランティアによる謄写版印刷のニューズレターを創刊し、トゥーミーの同窓生に送った。ローリーは、1958年に（無給で）編集者の仕事を引き受けた。他のボランティアと一緒に、彼女は「患者、スタッフ、ボランティア、その他からニュースを集め」、トゥーミーのクリスマスカードリストにある記載者全員に送った。その後、同紙は『トゥーミー・j・ガゼット（Toomey j. Gazette）』と改名され、1959年、非営利組織である「鉄の肺ポリオ支援（Iron Lung Polio Assistance, Inc.）」の名のもとに法人組織化された。「急がず年4回発行される」同紙は、『ウォール・ストリート・ジャーナル（Wall Street Journal）』のページを口でくわえた棒でめくるのに一番よい方法とそのコツ、頬で操作する電話や、「ベッド上で使用するためのタイプライター台（over-bed typewriter mount）」のデザインなどを提案した。「私たちの目的は、世界中の人工呼吸器を使用するポリオ患者（respiratory polios）とつながり、手を差し伸べ、問題や体験、考えていること、価値のある冒険などを共有することである」と、1960年にローリーは書いている。『ガゼット』の読者の中には、エド・ロバーツやヒュー・ギャラハーのような、将来、障害者権利運動のリーダーとなる人物がいた。

ローリーの指導のもと、『ガゼット』は、法律、行動主義、およびのちに自立生活哲学と名づけられる事柄に関する記事を発表した。ローリーは、早くも1963年に「仕事に対してとても多くの能力をもっている若者を施設に収容することが、どれほど倫理的に誤ったことであるか」と書いている。『ガゼット』は、1959年に全国10セント行進によって、付添人基金打ち切りに抗議し、1965年の職業リハビリテーション法改正（Vocational Rehabilitation Amendments of 1965）の可決を賞賛した。1970年に、『トゥーミー・j・ガゼット』は、『リハビリテーション・ガゼット（Rehabilitation Gazette）』と改名された。「一番大事なのは、コミュニティの中で可能なかぎり正常な生活を送ることを選択する権利である。……分離は正常ではない」と1977年『リハビリテーション・ガゼット』の論説に書いている。

ローリーは、障害を超えて団結することを提案した人でもある。アメリカ障害者市民連合（American Coalition of Citizens with Disabilities）創設に関する記事を掲載し、理事会でただ1人の障害をもたないメンバーとなった。彼女は、「ポリオ後遺症候群（post-polio syndrome）」、すなわち年をとるに従ってポリオ生存者に現れる特有な数々の健康問題に関して、さらなる研究を行うよう、中心となって要求した。年配の読者が訴える不満にはあるパターンがあることに気づいたローリーは、1981年、ポリオ後（post-polio）に出てくる問題に関する、最初の国際会議を組織した。1985年、彼女は、国際ポリオ・ネットワーク（International Polio Network）を創設し、ポリオ後に関する情報を普及させるために、『ポリオ・ネットワーク・ニューズ（Polio Network News）』を発行した。また、1987年には、国際人工呼吸装置使用者ネットワーク（International Ventilator Users Network）を創設し、『国際人工呼吸装置使用者ネットワークニューズ（I.V.U.N. News）』を発行した。両紙とも『ガゼット』の考え方を継承するものであり、1人称による当事者自身の記述、医学とリハビリテーションに関する助言、政治的問題、社会的問題に関連したニュースや論説を掲載している。

フレデリック・M・メイナード（Frederic M. Maynard）、D・アーミン・フィッシャー（D. Armin Fischer）、ジュディ・レイモンド（Judy Raymond）らとともに、ローリーは「ポリオ後問題のバイブル」といわれる『医師とサヴァイヴァーのためのポリオ後の影響に関するハンドブック（Handbook on the Late Effects of Poliomyelitis for Physicians and Survivors）』（1984）を編集、出版した。彼女は、『障害者のための住宅および家庭サーヴィス——自立生活のガイドラインと経験（Housing and Home Services for the Disabled: Guidelines and Experiences in Independent Living）』（1977）を執筆したが、これは自立生活哲学を解説した画期的な著書である。この中で彼女は、いかにして「ナーシング・ホームでの1人に要する費用で、4人の重度身体障害者が家庭で生活できるか」を報告し、「経済的かつ人道的理由から、政府の規則は、ナーシング・ホームでの生活と同じように在宅での生活を可能にするよう

に修正されなければならない」と述べている。1983年、ローリーはそれまでに設立したさまざまなネットワークや出版物のための包括的組織として、ガゼット国際ネットワーキング機関（Gazette International Networking Institute: G.I.N.I.）を創設した。今日、G.I.N.I および『リハビリテーション・ガゼット』は、ミズーリ州セントルイスに本拠をおいている。

晩年、ローリーは、ノラ・グロウス（Nora Groce）いうところの、障害者権利運動の「年長の政治家」として、「ふだんは論争を超越したところにおり、時々目立たないように議論を仲裁する」ような人であった。彼女はまた、障害者運動の事実上の古文書保管係でもあり、障害、リハビリテーション、自立生活に関する、書籍、論文、手紙、記録を集め、世界で最も大きなコレクションを作った。ローリーと彼女の仕事の多くを分かち合った夫は、1979年、大統領優秀功績賞（President's Distinguished Service Award）を授与された。ジョセフ・スコット・ローリー（Joseph Scott Laurie）は1985年に死去した。ヴァージニア・グレース・ローリー（Virginia Grace Laurie）は、1989年6月28日、出生地セントルイスで、癌のために死去した。

参照項目　アメリカ障害者市民連合（American Coalition of Citizens with Disabilities）；パーソナル・アシスタンス・サーヴィス（Personal Assistance Services）

出典　Groce, Nora, *The U.S. Role in International Disability Activities: A History and a Look towards the Future* (1992); Laurie, Gini, *Housing and Home Services for the Disabled: Guidelines and Experiences in Independent Living* (1977); Laurie, Virginia, "Glimpse of Gini and G.I.N.I.," *Rehabilitation Gazette* (1990).

League of the Physically Handicapped
身体障害者連盟

1935年ニューヨークで組織された身体障害者連盟（League of the Physically Handicapped）は、行動する障害者の会（Disabled in Action）とアメリカ障害者アテンダント・プログラム・トゥデイ（American Disabled for Attendant Programs Today: ADAPT）のような後発グループの前兆となる障害者権利グループによる直接的な活動であった。労働運動から着想を得た連盟は、雇用とニューディール政策社会福祉プログラムにおける、障害者差別に抗議するため、座り込みやストライキを行った。連盟の歴史は、数人の会員にインタヴューしたポール・ロングモア（Paul Longmore）により明らかにされた。そのグループの構成員は脳性まひ者や傷痍軍人、結核患者などもいたが、「彼らはみんな若い成人で、身体障害をもっていた。彼らのほとんどは、児童期から小児マヒをもっていた」。そのグループの6人の創設者たちは、シルヴィア・フレクサー（Sylvia Flexer、のちにシルヴィア・フレクサー・バソッフ〈Sylvia Flexer Bassoff〉）、フローレンス・ハスケル（Florence Haskell）、ハイマン・エイブラモーウィッツ（Hyman Abramowitz）らであった。

連盟は1935年、職業を求める6人の障害者が連邦雇用促進局（Works Progress Administration: WPA）にニューヨーク市の緊急救済局（Emergency Relief Bureau: ERB）が障害者の仕事を紹介することを拒否した事実に抗議するために、6人の障害者がERBの事務所を訪ねたことから始まった。6人は、ERBの局長が彼らとの会合を断ったあと、座り込みをすることを決心した。翌朝、警備員によって事務室への出入りを断られたエイブラモーウィッツの妻は、すぐ近くで集会を開き演説を行った。数時間内に数百人の人々がこれらの抗議者を支持するためにERB事務室の外に集まった。ピケ隊の障害者数人が逮捕される間、6人の抗議者のうち3人がマスコミの関心を集めながら9日間座り込んでいた。参加者たちは、のちに身体障害者連盟となる組織を結成することを決めた。

その絶頂期には、連盟は数百人の会員を擁していた。連盟の行動のうち、ニューヨーク港湾公社にあるWPAニューヨーク本部において、3週間のピケとその他の政府機関でのピケとデモ、そしてローズヴェルト政府の担当者に会うための2度にわたるワシントンD.C.への旅行があった。グループのメンバーらは、障害者差別についての注意を喚起するため、労働組合の会合と左翼集会で演説を行った。連盟の活動は、連邦政策を全面的に変更させるところまでは至らなかったが、約500人のニューヨークの障害者のためにWPAの仕事を得ることができた。

連盟はまたディスアビィリティ・プライド (disability pride) の先駆者であった。ロングモアは、「どれだけの多くの会員たちが、自分たちがどのように見られているのかについて恥ずかしく思うように教えられたのかを考えると、ピケット・ラインに立つことはどれほど感情的に難しいことであったか」について述べている。連盟は親睦会を支援し、グループ内での結婚もあった。ほかの座り込みの結果として、1936年の夏、大統領顧問であったハリー・ホプキンズ (Harry Hopkins) との会合の後、グループのメンバーは「障害の条件に対する論文 (Thesis on Conditions of Handicap)」を記した。この記念碑的な報告書では、民間と政府の両部門での仕事の差別を年代記として記し、また障害者たちに影響を及ぼしてきたものとして、救済機関の温情主義と職業リハビリテーション・システム、そしてニュー・ディール福祉政策について批判した。

1930年代後半までには、仕事を得て結婚をした多くのリーダーの政治色は薄まっていった。またそのグループは、思想的分派と赤狩りによって分裂した。1940年代以前に解散したが、多くの会員は友人のままであり、一部は障害者権利擁護運動を続けた。たとえばフローレンス・ハスケルは、行動する障害者の会のメンバーで、1980年代に相変わらず障害者権利運動に関与していた。

ロングモアは、「彼らの活動において、彼らも1つのコミュニティとなった。多くの人々が社会的に隔離されていた時代に、彼らの活動は障害者として自らの意識を再形成することを助けた」と述べている。

参照項目 ディスアビィリティ・プライド (Disability Pride)；ロングモア, ポール・K (Longmore, Paul K.)

Learning Disabilities Association of America (LDA)
アメリカ学習障害協会（LDA）

アメリカ学習障害協会は、約600の州および地方支部で組織され、6万人以上の会員からなる非営利ボランティア組織で、学習障害のある人の権利擁護を目的としている。1964年に設立され、会員は、学習障害のある個人、その家族、そして学習障害に関わる専門家からなる。LDAは、1969年の初等中等教育改正法や1975年全障害児教育法、その他学習障害者とその家族に関係する法律の可決に積極的に活動した。

LDAは、会員と社会全体に情報を提供し、調査研究を奨励し、関連する公民権と教育法の施行を強く押し進め、連邦政府と州政府に働きかけている。LDAは、1987年発行の『学習障害児を代弁する――弁護士のための手引き (Representing Learning Disabled Children: A Manual for Attorneys)』や、1980年の『さあ、聴聞会へ行きましょう―― PL 94-142の適正手続き聴聞会への準備 (So You're Going to a Hearing: Preparing for a PL 94-142 Due Process Hearing)』、1992年の『アメリカ社会への参加：自立生活のための個別的援助――合衆国における介護サーヴィス事業に対する全国調査報告 (Attention Deficit Disorder and the Law: A Guide for Advocates)』〔植田恵抄訳『リハビリテーション研究』第6号、1990〕、1990年の『学習障害者のためのセルフ・アドヴォカシーの資源 (Self-Advocacy Resources for Persons with Learning Disabilities)』のような、幅広い出版物を出している。ペンシルヴェニア州ピッツバーグに本部を置くLDAは、学習障害に関する会議やシンポジウムも主催し、隔月発行のニューズレター『LDAニューズブリーフ (LDA Newsbriefs)』や年2回発行の『学習障害――学際的ジャーナル (Learning Disabilities: A Multidisciplinary Journal)』を出版している。

参照項目 1975年全障害児教育法 (Education for All Handicapped Children Act of 1975)

Legal Action Center
リーガル・アクション・センター

リーガル・アクション・センターは、1972年に設立された、アルコール、ドラッグ、HIV/AIDSに関する法律および政策問題専門のアメリカ唯一の公益法律事務所である。障害者を代理した主な訴訟には、トレイナー対ターネージ裁判 (Traynor v. Turnage, 1988)、ビーザー

対ニューヨーク交通局裁判（*Beazer v. New York City Transit Authority*, 1977）、メアリー・ドゥー対ニューヨーク社会サーヴィス局およびニューヨーク市警察裁判（*Mary Doe v. New York City Department of Social Services and the New York City Police Department*、1995年示談で解決）がある。ビーザー裁判は、ニューヨーク市業務サーヴィス当局が薬物中毒治療を受けている人々に対して差別することを禁止した。メアリー・ドゥー訴訟は、未成年者のHIV患者の秘密保持の必要性に言及した。同センターは、1990年アメリカ障害者法がアルコール依存、ドラッグ依存症、HIV/AIDSといった病歴をもつ人々の保護を確実にする上で重要な役割を果たした。最近では、センターは（ワシントンD.C.とニューヨーク市に事務所をもっているが）、アルコール依存症、およびドラッグ依存症の病歴がある人々が、公共住宅入居や補足的所得保障および社会保障障害保険給付金を受領できないようにしようという試みと闘ってきた。

参照項目 アルコール依存・ドラッグ依存（Alcoholism, Drag Dependence）；トレイナー対ターネージ裁判とマッケルヴィ対ターネージ裁判（*Traynor v. Turnage* and *McKelvey v. Turnage*）

▌Lewis, Victoria Ann
ルイス，ヴィクトリア・アン（1946年生）

ヴィクトリア・アン・ルイスは、ロサンゼルスにあるマークテイーパーフォーラム（Mark Taper Forum）の「他の人たちの声ワークショップ（Other Voices Workshop）」の創設者であり、演出家である。彼女は自らの職務を「複雑な社会的概念を演劇で表現するための発展的戦術」であると表現する。テレビのゴールデンタイムの番組でレギュラーを務めた身体障害をもつ俳優の草分けの1人（ノッツランディング〈*Knot Landing*〉という番組のペギー〈Peggy〉役）〔註：*Knot Landing* は、人気のあったドラマ。カリフォルニア沿岸の架空の住宅街の名前〕であり、エンバシー・テレビ（Embassy Television）の「私は人魚だと彼らに話して（Tell Them I'm a Mermaid）」（1983）や「誰がそのスペースに駐車するのか（Who Parks in Those Space?）」（1985）などの特別番組を含む障害体験を描いた一連のテレビ番組のディレクターも務めた。そのほか、「逸脱者たち──障害者の隠れた物語（Ph*reaks: The Hidden Story of Disability）」（1993）、「最も偉大な話は語られることがない（The Greatest Stories Never Told）」（1987）、「10代のニンジャ・マザー（Teenage Ninja Mothers）」（1991）などのディレクターやプロデューサーも務める。

ルイスは、1946年1月7日、カンザス州のカンザスシティ（Kansas City）で生まれた。初めは、障害（ポリオ）を理由に演劇学校への入学を拒否されたが、その後コロンビア大学に進学し修士号を取得、また優れた演技、脚本、演出などに対する賞を受けるようになる。1981年までは、バークレー自立生活センター（Center for Independent Living Berkeley）の季刊誌である『インデペンデント（*Independent*）』の執筆兼編集者を務め、障害者権利教育擁護基金（Disability Rights Education and Defense Fund）が1982年に発行した障害をもつ女性に関する年代記、『もう凝視するな（*No More Stares*）』の共著者である（他にはアン・キューポラ・キャリロ〈Ann Cupolo Carrilo〉とキャサリン・コーベット〈Katherine Corbett〉）。そのほかの著述として、雑誌『ミズ（*Ms.*）』『スペア・リブ（*Spare Rib*）』『ディスアビリティ・ラグ・アンド・リソース（*Disability Rag & Resource*）』などへの寄稿、多彩な作品集などもある。現在、ロサンゼルスのカリフォルニア大学にて、演劇専攻博士課程に在籍している。彼女はまた、1995年以降、ナッシュビルでのアメリカ障害者アテンダント・プログラム・トゥデイ（American Disabled for Attendant Programs Today: ADAPT）のデモンストレーションの体験に基づいて創作した「やっかいなこと（*Stuck*）」というソロ・パーフォーマンスを行っている。

参照項目 障害文化（Disability Culture）

▌"Little Paper Family"(LPF)
リトル・ペーパー・ファミリー（LPF）

参照項目 聾者刊行物（Deaf Publications）

Little People of America, Inc. (LPA)
アメリカ小人症協会（LPA）

アメリカ小人症協会は、小人症者とその家族に支援と情報を提供するワシントン D.C. にある非営利組織である。会員資格は、「小人症」として合計で 200 の医学的状態のいずれかを原因とする身長 4 フィート 10 インチ以下の人とその親族や関係専門家に与えられる。

LPA は 1957 年に創立された。映画俳優のウィリアム・バーティ（William Barty）は、ネヴァダ州リーノウの全国会合に小人症者たちが参加するように訴え、その後、バーティと 20 人の人々は新しい組織の結成を宣言した。LPA の主な目的の 1 つは、小人症者をサーカスの出演者や娯楽あるいは愚弄の対象として見なす固定観念と闘うことであった。LPA は、小人症をもった大部分の人々が平均的な寿命と知能をもっていること、激しい雇用差別にもかかわらず、小人症者たちは医者や弁護士、聖職者、教師、熔接工、芸術家となっていることを社会に知らせることにとりかかった。創設後 2 年間、LPA は病院、友愛グループ、学校、刑務所などで新しい会員を探して 200 人の会員を擁するに至った。バーティとローラー・シェルトン・ターナー（Launa Shelton Turner）、ダン・ターナー（Dan Turner）、アナ・ディクソン（Anna Dixon）など他の創設メンバーらは、「これがあなたの人生です（This Is Your Life）」のようなテレビ番組に出て新しい組織を知らせることに努めた。

LPA が関心をもった問題の 1 つは、1980 年代後半、小人症者を放り投げることや小人ボーリングのような「スポーツ」の急な人気があげられる。LPA は州議会議員たちと社会に対してこのような展示が危険かつ品位を傷つけることであることを説得するために組織的に努力した。LPA はそのように小人症者を扱うことが、脊髄や脳損傷の危険のような医療的問題は別として、「小さな人々は相変わらず嘲弄の対象に属しているとの神話」を永続化しているのであり、「われわれは社会のおもちゃではなく、真剣に扱われてもらいたい」ということに関心をもっていたのである。LPA は、1989 年 6 月、州議会としてそのような活動を禁ずる法律を通過させたフロリダ州から始まった一連の勝利をおさめた。類似の条令が同年、ニューヨーク、ニュージャージー、ミシガン諸州の議会で承認された。

小人症の最も典型的な類型である軟骨形成不全遺伝子が 1994 年に発見されて以来、LPA は遺伝学における新しい発見が、優生学的に使用される可能性があることについて憂慮を表明した。一部の LPA の会員は、彼らの状態に対する理解をが進展したことについて興奮したが、遺伝的検査がすべての小人症胎児を出生以前に機械的に中絶することに導くかもしれないことを恐れる会員もいる。「小人症の遺伝子解明に関する立場表明（*Position Statement on Genetic Discoveries in Dwarfism*, 1996）」において、LPA は次のように強調した。「私たちは、小人症の 1 人ひとりとして、社会の生産的な一員なのである。私たちは問題に直面しているが、そのほとんどが環境的なものであることを、世界に伝えなければならない……また、私たちは、社会の多様性に対して、比類のない観点を提供する機会を大切にしているのである」。

参照項目　中絶とリプロダクティブ・ライツ（Abortion and Reproductive Rights）；優生学（Eugenics）；見世物小屋（サイド・ショウ）の演技者としての「フリークス」（"Freaks" as Circus Performers）；障害者のメディア・イメージ（Media Images of People with Disabilities）

Lloyd v. Regional Transportation Authority 548 F.2d. 1277 (1977)
ロイド対地域交通局裁判（1977 年連邦下級審判例集第 2 集第 548 巻 1277 頁）

1953 年以来、四肢まひの障害者ジョージ・A・ロイド（George A. Lloyd）と、慢性的な肺機能不全のために移動障害（mobility-disabled）のあるジャネット・B・ウォルフ（Janet B. Wolfe）が、地域交通局（Regional Transportation Authority: RTA）とシカゴ交通局（Chicago Transit Authority）に対して、イリノイ州北部地域で生活するすべての移動障害をもつ障害者（all mobility-disabled people）を代表して集団訴訟を起こした。原告は、障害者が公共交通機関を利用することができないのは、1973 年リハビリテーション法 504 条などの障害者の権利

を認めた法律に違反すると主張した。原告は、裁判所に対して、地域交通局（RTA）に連邦補助金を受けた新規の交通機関や施設は、障害者が利用できるものでなければ、その導入や運用を禁止するよう、また、現存の公共交通機関は障害者が利用できる状態にする改善命令を出すよう求めた。地方裁判所は、原告が根拠としている法律は、「個人の裁判所への訴権」を認めておらず、個人がその法律をもとに訴訟を起こす余地はないとして、原告の訴えを退けた。そのため原告は控訴し、連邦第7巡回区控訴裁判所（U.S. Court of Appeals for the Seventh Circuit）担当の控訴審が1976年12月1日に開催された。

1977年1月18日、控訴審はリハビリテーション法第504条をもとに原告が訴訟を起こす権利を認める判決を下した。つまり裁判所は、リハビリテーション法第504条は、裁判所が長年個人に訴える権利を認めてきた1964年公民権法第601条と類似しているとして認めることとしたのである。本件は、地方裁判所に差し戻され、公共交通機関を障害者が利用できるような仕組み（たとえば、バスに車椅子リフトを設置すること）を提供しないことは、障害者差別にあたるという判決が下された。これに対して、連邦第5巡回区控訴裁判所（U.S. Court of Appeals for the Fifth Circuit）担当の控訴審はスノウデン対バーミンガム・ジェファーソン郡交通局裁判（Snowden v. Birmingham-Jefferson County Transit Authority, 1977）の、リフトを設置しないバスを運行しているバス会社は、車椅子利用者がバスに乗ろうとするのを阻止したわけではないので、彼らを差別してはいないという下級審の判決を支持した。この2つの判決は、障害者も利用できるようにするという公共交通機関の義務についての論争の解決には、ほとんど役には立たなかった。

■参照項目　公共交通機関（Public Transportation）；1973年リハビリテーション法第504条（Section 504 of the Rehabilitation Act of 1973）

■ **Local Option**
ローカル・オプション

■参照項目　公公共交通のバリアフリーを要求するアメリカ障害者の会（ADAPT）対スキナー裁判（American Disabled for Accessible Public Transit v. Skinner）

■ **Longmore, Paul K.**
ロングモア，ポール・K（1946年生）

ポール・K・ロングモアは、ヒュー・グレゴリー・ギャラハー（Hugh Gregory Gallagher）、ジャック・R・ギャノン（Jack R. Gannon）とともに、「障害をもつ人々の隠された歴史を明らかにした」最初の歴史学者の1人である。彼の著作によって、障害者の権利擁護運動の重要な概念的な枠組みができた。

ロングモアは、「エリザベス・ブーヴィア——自殺幇助と社会的偏見（Elizabeth Bouvia, Assisted Suicide and Social Prejudice）」（1987）の中で、「最近になってようやく、歴史学者は障害者の社会史と『障害』のイデオロギーの歴史の再構築に取り組み始めた……そして、歴史研究は以下のことを実証している。すなわち、社会的背景がどのようなものであろうと、どのような障害をもっていようと、障害者は、お決まりの偏見を抱かせる偏った価値観と態度にさらされてきたし、今もさらされている。そして、誰もが、社会的な抑圧を体験している」と記している。

ロングモアは、1946年7月10日、ニュージャージー州マウント・ホリーに生まれ、1953年、ポリオに罹患する。1968年、ロサンゼルスのオクシデンタル大学から歴史学の学士号を、1984年には、カリフォルニア州のクレアモント大学院から博士号を得た。その学位論文「ジョージ・ワシントンの発明（The Invention of George Washington）」をもとに、1988年、同じ表題の著書が出版された。1983年から1986年まで、ロサンゼルスのサザン・カリフォルニア大学において、障害と社会に関するプログラムの担当責任者を務めた。1990年から1993年までは、スタンフォード大学の歴史学の客員助教授、1992年からサンフランシスコ州立大学の歴史学の助教授、そして1995年に同校の准教授となり、終身在職権を得た。

ロングモアは、障害者権利論の発展を明快に記録した。「障害者の体験を研究する社会科学

者は、『障害』をスティグマ化された生物学的特徴に誘発されて、社会的に構築されたアイデンティティおよび役割として定義し、マイノリティ・グループ・モデルへとますます目を向けるようになってきている」。エリザベス・ブーヴィアに関する小論の中で、ロングモアは、障害者の自殺幇助を論ずる人々がもつ偏見を検討し、「彼ら障害者は欠陥者である、損傷を受けている、虚弱体質である、奇形がある、などという障害者に汚名を着せる強い言葉を使用し続けている。明らかに、障害をもって生きるということは、『苦しむ』ことであり、障害ゆえに苦しむのである。しかし、障害をもつ人々が一番、苦しんでいるのは、彼らに押しつけられた、社会的にスティグマ化されたアイデンティティである、ということは認識されていない」と指摘している。この「スティグマ化されたアイデンティティ」とはマスメディアにおいても見出される。ロングモアのエッセイ「固定的な障害観を覆い隠す（Screening Stereotypes）」（1987）では、「ワイルド・ワイルド・ウエスト（*Wild Wild West*）」という連続テレビ番組に登場する悪意のある小人症者、「逃亡者（*Fugitive*）」に登場する片腕の男、「で、一体誰の人生なんだ（*Whose Life Is It, Anyway?*）」における障害を悲哀とする映像描写、テレビ映画「愛の行為（*An Acts of Love*）」の障害者の殺人の話などを取り上げて、障害をもった悪役がよく登場することについて考察している。

ロングモアは、『季刊障害学（*Disability Studies Quarterly*）』の編集委員会、シカゴ障害研究センター（Chicago Center for Disability Research）の諮問委員会、アメリカ歴史学者協会（American Historians）、障害学会（Society for Disability Studies）、その他さまざまな委員会や組織のメンバーである。

参照項目　身体障害者連盟（League of the Physically Handicapped）；障害者のメディア・イメージ（Media Images of Disability）

出典　Longmore, Paul K., "Screening Stereotypes: Images of Disabled People in Television and Motion Pictures," in *Images of the Disabled, Disabling Images* (1987); Longmore, Paul K., "Uncovering the Hidden History of People with Disabilities," *Reviews in American History* (September 1987); Longmore, Paul K., "Elizabeth Bouvia, Assisted Suicide and Social Prejudice," *Issues in Law & Medicine* (December 1987).

McDaniel, Durward K.
マクダニエル，デュワード・K
(1915-1994)

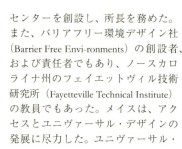

デュワード・K・マクダニエルは、アメリカ盲人協議会（American Council of the Blind: ACB）の中心的な設立者の1人であり、ACBの最初の20年間の指導者だった。公民権に関する傑出した弁護士であったマクダニエルは、ACBを大規模で活動的な障害者権利団体へと変容させる上で貢献した。

マクダニエルは1915年11月25日に生まれた。全米盲人連合（National Federation of the Blind）の活動家だった彼は、1950年代末、他の人々とともにこのグループと袂を分かち、1961年にACBを設立した。長年の間、彼はACBで唯一のワシントンD.C.代表であった。また、ランドルフ－シェパード法販売者の会（Randolph-Sheppard Vendors of America: RSVA）の法律顧問であり、1974年ランドルフ・シェパード改正法（他の変更の中でもとくに、改正案は盲人に対し、連邦政府が借用あるいは所有するすべての建物において、販売スタンドの経営に関する優先権を与えるものであった）の可決を唱導した。障害横断的な運動のパイオニアであったマクダニエルは、アメリカ障害者市民連合（American Coalition of Citizens with Disaqbilities）の初期創設者であった。

マクダニエルは1993年3月21日、クリントン大統領より著名貢献賞を授与された。1994年11月6日死去。

参照項目　アメリカ盲人協議会（American Council of the Blind）；1936年ランドルフ－シェパード法および修正案（Randolph-Sheppard Act of 1936 and its Amendments）

Mace, Ronald L.
メイス，ロナルド・L (1941-1998)

ロナルド・L・メイスは、建築家であり、製品デザイナーであり、バリアフリー建築物の提唱者である。彼は、ローリーにあるノースカロライナ州立大学のユニヴァーサル・デザイン・センターを創設し、所長を務めた。また、バリアフリー環境デザイン社（Barrier Free Envi-ronments）の創設者、および責任者でもあり、ノースカロライナ州のフェイエットヴィル技術研究所（Fayetteville Technical Institute）の教員でもあった。メイスは、アクセスとユニヴァーサル・デザインの発展に尽力した。ユニヴァーサル・デザインとは、すべての人にとって利用しやすいように製品や建築物を設計することを表した、メイスの造語である。

メイスは、ニュージャージー州ジャージーシティで、1941年8月3日に生まれた。9歳でポリオに罹患して以来、車椅子を使用していたが、「子どもの頃、とてもお粗末な作りの家に住んでいたので、それ以来、常に自分の周りの世界を作り変えようとしてきた」と語っている。1966年、ローリーにあるノースカロライナ州立大学を卒業し、建築学の学位を取得した。就職した会社で早速アクセスを考えた設計をするよう説得を試みたが、あまり成功しなかった。挫折した彼は、退社して教職に就き、ノースカロライナ州のアクセス法草案の起草を試みるリハビリテーションの専門家たちに加わった。建築家であり、かつ障害者でもある彼は、その2つのコミュニティの間の仲介者の役割を果たした。そしてメイスが、ノースカロライナ州建築条令における障害条項（Handicapped Section of the North Carolina Building Code）の草案を書くことになった。この条令は書物として出版され、イラストの入った読みやすいものとなっており、建築家や素人向けの建築物のバリアフリーという概念の格好の入門書となった。1974年、この規約は法律となった。それは当時、最も適用範囲が広い基準であり、他州におけるその後の立法のモデルとして役立った。メイス自身も、ワシントン、ジョージア、イリノイ、ニュージャージー、フロリダ等の諸州において、バリアフリー法を発展させるためのコンサルタントであった。また、アメリカ住宅都市開発省（U.S. Department of Housing and Urban Development）、ワシントンナショナル空港、ハイアット・ホテル社などの連邦政府機関、公共機関、民間事業のバリアフリー顧問でもあった。1976年、アメリカ合衆国連邦議会議事堂（U.S. Capitol

Building）のバリアフリーのための改修に関する顧問になる。また、アメリカ規格協会（American National Standards Institute: ANSI）によるバリアフリー基準の改訂にも全面的に関わっている。

1980年代、メイスは「適応性（adaptability）」という概念を創り出した。「適応性」とは、使いやすさを増加させるために、より低い位置に電灯スイッチを設置する、手すり設置に備えて浴室の壁を補強するなどの特徴をもった住居を設計することを意味する。この概念は、1988年バリアフリー住宅に関する改正法（Fair Housing Amendments Act of 1988）の可決に決定的な役割を果たし、個人の住宅におけるバリアフリーと政府命令によるバリアフリーとの間の中間案を提示している。メイスはしばしば議会で証言し、障害者の権利擁護者たちが障害者の権利に関わる法律制定に向けてロビー活動をする時には、彼らに専門知識を提供している。

メイスは『バリアフリー住宅に関する改正法バリアフリー・ガイドライン・デザイン・マニュアル（Fair Housing Act Accessibility Guideline Design Manual）』（1995）、『ユニヴァーサル・デザイン――すべての人々の生涯住宅（Universal Design: Housing for the Lifespan of All People）』（1988）、『障害者対応改造住宅仕様書技術手引き（Adaptable Housing）』（1987, J・A・ボストロン、M・G・Bロングとの共著）をはじめとし、バリアフリー建築に関する数々の論文、小冊子、書物を書いている。その他、彼の名誉をたたえるものとしては、1992年に大統領優秀功績賞（President's Distinguished Service Award）を受賞した。

参照項目　建築物のバリアフリー（Architectural Access）；バリアフリー環境デザイン社（Barrier Free Environments）；ユニヴァーサル・デザイン・センター（Center for Universal Design）；住宅（Housing）；ユニヴァーサル・デザイン（Universal Design）

出典　Johnson, Mary, "Universal Man: Architect Ron Mace Leads the Way to Design That Includes Everybody," *Mainstream* (August 1994).

Madness Network News
『精神病ネットワーク・ニューズ』

参照項目　精神障害サヴァイヴァー運動（Psychiatric Survivor Movement）

Mainstream: Magazine for the Able-Disabled
『主流――有能な障害者のための雑誌』

『主流――有能な障害者のための雑誌』は、全障害児教育法とともに「リハビリテーション法第504条の施行を重要課題とする」月刊のニュース雑誌として、1975年に創刊された。本誌はそれ以来、法律制定、訴訟、デモ、マスメディア、障害者の文化およびライフスタイルにおける重要な発展を記事に取り上げてきた。『主流』は、性の問題、人種差別、ユニヴァーサル・デザイン、国際的な障害者人権運動、育児、ドメスティック・ヴァイオレンス、性的虐待の問題を探求する先駆者であり続けている。また、車椅子の競技や選手の取材記事も載せている。

『主流』は、ジム・ハミット（Jim Hammitt）が構想したものである。ハミット自身、脳性まひをもって生まれ、「気まぐれな特殊教育」を経験し、コミュニティ・カレッジに進学するが、その在学時に初めて障害者による障害者のための雑誌という構想を抱くようになる。1975年に、手に職をつけ、実務経験を得たいと希望する障害者を対象とする非営利プログラム、有能障害者権利擁護団体（Able-Disabled Advocacy, Inc.）を立ち上げた。『主流』は、有能障害者権利擁護団体の副産物である。1982年に有能障害者権利擁護団体の資金が底をついたため、『主流』は、障害者が所有者である営利団体、エクスプローディング・ミス社（Exploding Myths, Inc.）に売却され、シンディ・ジョーンズ（Cyndi Jones）が発行人兼編集者となった。

『主流』は、現在ウィリアム・G・ストザース（William G. Stothers）が編集者を務め、発行部数2万1000、推定読者数は9万4000である。本社は、カリフォルニア州サンディエゴにある。

参照項目　ジョーンズ，シンディ（Jones, Cyndi）

M

Mainstreaming
主流化

参照項目 1975年全障害児教育法（Education for All Handicapped Children Act of 1975）

Marcus, Neil
マーカス，ニール（1954年生）

ニール・マーカスは、パフォーマンス・アーティストであり、俳優であり、「嵐を予測する（*Storm Reading*）」（1988、ロッド・レイスィム〈Rod Laithim〉とロジャー・マーカス〈Roger Marcus〉脚本、アクセス・シアター〈Access Theatre〉演出）、『私の性の歴史（*My Sexual History*）』（1992）、『人間の芸術（*The Art of Human Being*）』（1994）その他の作品の作者である。マーカスは観客に向かっていう。「恐れを抱きながら、あなたは私を見つめる。しかし、その時、解放に向かって、まさに一歩踏み出したということに、あなたは気づいていない」。この解放というのは、障害を描写するために普段使用されている言葉を書き換えることによっても生じる。「嵐を予測する」のワンシーンで、マーカスは、筋失調症医学財団（Dystonia Medical Foundation）が、彼の障害を説明した時のことを詳しく述べている（彼は8歳の時に奇形性筋緊張不全と診断された）。彼の障害は、「最も苛酷な痛みを伴うタイプで、話すことも、立つことも、歩くこともできない。そして／あるいは、ときたま起こる、突然の奇妙な動きを制御できなくなる」というものであった。マーカスは、この描写を「元気のよい筋失調症患者で、人前で絶えず飛んだり、跳ねたり、くるっと回ったりするので、ランチタイムに隣に座った人に、私を面白い人だと思わせる、神経学的な状態である」と変えている。「嵐を予測する」は、ミネソタ州セントポールのワールド・シアター（World Theatre）、ハリウッドのジェームズ・A・ドゥーリトル・シアター（James A. Doolittle Theatre）、ワシントンD.C.のフォード・シアター（Ford's Theatre）およびケネディ舞台芸術センター（Kennedy Center for the Performing Arts）等で上演されてきた。「嵐を予測する」は、全編が映画化され、1996年9月、「万華鏡──健康と障害番組チャンネル（Kaleidoscope: The Health and Disability Channel）」で放映された。

マーカスは、1954年1月3日、ニューヨーク州ホワイト・プレインズで生まれ、カリフォルニア州オーハイで育った。多くの障害児同様、彼は障害者文化やコミュニティから孤立したまま成長した。カリフォルニア州北部にあるソラノ・コミュニティ・カレッジ（Solano Community College）で初めて、障害をもつ学生の組織に参加した。マーカスの作品は、障害をもつ詩人たちの作品集『ソロモンの山に向かって（*Toward Solomon's Mountain*）』（1986）に発表された。また、障害カウンセリング誌『コンプリート・エレガンス（*Complete Elegance*）』を創刊し（1979）、編集発行も行っている。また児童書『お姫様とドラゴン──障害者の物語（*The Princess and the Dragon: A Disabled Fable*）』（1988）の著者でもある。マーカスの作品には、1992年、国連作家協会（United Nations Society of Writers）によって、名誉勲章が授与された。1990年のドキュメンタリー映画、『壁を貫いて語れ（*Speaking through the Walls*）』およびNBC-TV特集『心の底から（From the Heart）』（1989）に出演した。

Martha's Vineyard Deaf Community
マーサズ・ヴィニヤード島の聾コミュニティ

マーサズ・ヴィニヤード島は、マサチューセッツ州の南東部にある島である。今日、そこはリゾート地域として知られているが、1世紀以上にわたって捕鯨や海運の中心地として、合衆国で最も繁栄した港町でもあった。また2世紀以上にわたって、マーサズ・ヴィニヤード島は、聾者が暮らす島となってきた。『この島では誰もが手話で話す──マーサズ・ヴィニヤード島（*Everyone Here Spoke Sign: Hereditary Deafness on Martha's Vineyard*）』（1985）の著者、ノラ・エレン・グロウス（Nora Ellen Groce）は、聾者がいかに一般市民として受け入れられ、健聴者が英語の読み書きと同じように手話を学習してきたかを調査結果として発表した。グロウスによれば、耳が聞こえないことは、「ごく普通のこととされていた……たとえば、ある人は茶色の目、

別の人は青い目……それからある人は足が不自由であり、別の人は手首に障害があるのと同じように扱われていた」。グロウスはまた、「聾者が島の一般社会に完全に統合されている証拠は」「インタヴューに応じてくれた島の聾者がすべて自分自身を『聾者』の一員としてとらえていなかったことである。私には今、聾の人たちの1人ひとりがすべて1人の個性をもった人間として思い出される」と記している。

このような障害の受容の結果、マーサズ・ヴィニヤード島の聾者は、結婚し、雇用され、家や商店を所有しており、島外の聾者と比較すると、はるかに高い確率で地域社会の中に統合されていた。島の聾者の80％は高等学校を卒業していたが、これは島の健聴者の学歴と同様である。また聾者の90％は結婚していたが、これも島の健聴者の92％が結婚していたことと変わりがない。収入、家族数、職業についても差異はなかった。こうした事実は、皮肉なことに、口話主義者が聾者が一般社会から隔離されるとして退けた手話を使用することによって可能となっていた。

マーサズ・ヴィニヤード島の聾者社会（または名をチルマーク社会）は、1860年代に、聾児が寄宿制の聾学校で教育を受けるために島を離れるようになった頃から衰退していった。卒業生の多くは、そのまま「アメリカ本土」に残り、結婚し、人生を送ることとなった。

参照項目　聾文化（Deaf Culture）
出　典　Groce, Nora Ellen, *Everyone Here Spoke Sign: Hereditary Deafness on Martha's Vineyard* (1985).

Martin, Douglas A.
マーティン，ダグラス・A（1947年生）

ダグラス・A・マーティンは、1970年代からの障害者権利擁護運動家として全国的に知られている。ロサンゼルスにあるウエストサイド自立生活センター（Westside Center for Independent Living, Inc.）の共同設立者であり、最初の事務局長でもある。マーティンは、社会保障障害保険（Social Security Disability Insurance: SSDI）および補足的所得保障（Supplemental Security Income: SSI）によって、労働意欲がくじかれている状態をなくそうと唱道してきた。そして、過去20年間、両プログラムのすべての主要改革の最前線にいた。

マーティンは、1947年5月8日、ネブラスカ州の田園地帯に生まれた。彼は、5歳の時ポリオに罹患し、オマハの子ども病院に数年間入院した。1956年に自宅に戻ると、地元の公立学校は彼の入学を拒んだ。その代わりに、最小限の訪問教育を受けた。それにもかかわらず、大学の奨学金を得るための全州試験において好成績をあげた。リンカンにあるネブラスカ大学当局では、呼吸不全性四肢まひ（respiratory quadriplegic）であるマーティンは、「障害が重いため、大学に通うことはできない」と判断されたが、カリフォルニア大学ロサンゼルス校で入学を許可された。1973年、マーティンは都市地理学および都市計画の学士号を最優等で取得し、ファイ・ベータ・カッパクラブ会員となった。また、それと同時に、同じ専門において修士課程を修め、カリフォルニア大学ロサンゼルス校大学総長奨学金（UCLA Chancellor's Fellowship）を受ける初めての重度障害者となった。マーティンは、カリフォルニア大学ロサンゼルス校（UCLA）に残り、1975年、都市学の博士号を取得した。

同年、マーティンは、ウエストサイド自立生活センター（Westside Center for Independent Living, Inc.）を共同設立した。その後3年間、無給で事務局長として務めた。1970年代末、彼は利用する権利を強く求めるカリフォルニア州民組織の南カリフォルニア支部（Southern California branch of Californians for Strong Access）長であり、リハビリテーション法の第504条規則の公布および施行の支持者であった。1978年、CBSの「60分（*60 Minutes*）」という番組のプロデューサーと会い、SSIの労働意欲阻害への不当性に焦点を合わせたコーナーの「援助、求む（Help Wanted）」について話し合った。当時、自分自身も、補足的所得保障（SSI）給付金の受給者であったマーティンは、連邦議会を説得して社会保障法を改革させる運動を始めており、これがついには1986年のアメリカ障害者雇用機会法（Employment Opportunities for Disabled Americans Act）の可決へつながったのである。マーティンの権利擁護運動の結果、推定55万人の障害をもつSSI受給者が職を得る

ことができた。おまけに、1986年から1996年までの間に、マーティンの改革は社会保障制度において1億1000万ドル以上、節約させることができたと推定される。マーティンは、全米自立生活協議会社会保障小委員会（National Council on Independent Living's Social Security Subcommittee）の議長（1986–1991）、また世界障害研究所（World Institute on Disability）の特別研究員（1985年から現在まで）として、SSDI受給者のメディケア改革の発展と立法化の先頭に立っている。

その他の役職としては、カリフォルニア州カルヴァー市障害者局コーディネーター（Disability Services coordinator for Culver City, California, 1983–1989）、障害者の健康保険および健康関連サーヴィスの研究に関する全米障害者協議会（National Council on Disability Study of Health Insurance and Health Related Services for Persons with Disabilities）の諮問委員会メンバー（1990年から1992年まで）、そして1987年の障害学会（Society for Disability Studies）の設立メンバーであった。マーティンは、現在、カリフォルニア大学ロサンゼルス校の大学総長特別補佐およびアメリカ障害者法と第504条遵守役員特別補佐（special assistant to the chancellor/ADA and Section 504 compliance officer）であり、このポストには1989年以来就いている。

▎参照項目 阻害要因（Disincentives）；1986年アメリカ障害者雇用機会法（Employment Opportunities for Disabled Americans Act of 1986）；社会保障、社会保障障害保険、補足的所得保障（Social Security, Social Security Disability Insurance: SSDI, Supplemental Security Income: SSI）

Matlin, Marlee
マトリン，マーリー（1965年生）

マーリー・マトリンは、1965年の8月24日にイリノイ州のモートン・グローヴ（Morton Grove）で生まれ、パラタインのウィリアム・レイニー・ハーパー・カレッジ（William Rainey Harper College）に通学した。マトリンは俳優かつ聾文化の代表者であり、映画版『愛は静けさの中に（Children of a Lesser God）』（1986）で演じたサラ・ノーマンの役で最もよく知られている。彼女は本作でアカデミー〔主演女優〕賞を受賞している。その他の映画出演作品は、『ウォーカー（Wallker）』（1987）、『ブリッジ・トゥ・サイレンス（Bridge to Silence）』（1989、日本未公開）などである。1991年には、テレビシリーズの「もっともな疑問（Reasonable Doubts）」（USA 1991–1993）にレギュラーの役で出演した。また、障害のある人々の生活を扱うアメリカ公共放送サーヴィス（PBS）のドキュメンタリー・シリーズの『動いている人々（People in Motion）』の司会者でもある。

▎参照項目 『愛は静けさの中に』（Children of a Lesser God）

Maurer, Marc
マウラー，マーク（1951年生）

全米盲人連合（National Federation of the Blind: NFB）の会長であるマーク・マウラーは、盲人の公民権に関わる法律、訴訟、行政上の決定等に関する全米を代表する専門家の1人である。

マウラーは、1951年6月3日にアイオワ州ブーンで生まれた。1940年代後半から1950年代中期にかけてアメリカで生まれた何万人もの未熟児と同様に、マウラーも保育器内での酸素の過剰投与により失明した。彼は5年生までヴィントンにある寄宿制のアイオワ州立盲・弱視学校（Iowa Braille and Sight Saving School）で学び、それからブーンに戻り、教区学校に通った。1969年に高校を卒業し、デモインにあるアイオワ州盲人委員会（Iowa Commission for the Blind、現在のアイオワ州視覚障害部〈Iowa Department for the Blind〉）の訓練・適応センターに入学した。マウラーは、そこで、当時アイオワ州盲人委員会会長でNFBの会長でもあったケネス・ジャーニガン（Kenneth Jernigan）と出会った。マウラーはNFBに加入し、1971年にNFB学生部会会長に選出され、1973年、1975年と再選を果たしている。1974年、インディアナ州サウスベンドにあるノートルダム大学を卒業し、1977年、インディアナ大学法科大学院で法学博士号を取得している。その後、マウラーはオハイオ州トリードに移り、

基本的平等擁護団体（Advocates for Basic Legal Equality: ABLE）の上級弁護支援計画（Senior Legal Assistance Project）部長を務めた。

マウラーは1978年、ワシントン D.C. に移り、民間航空委員会（Civil Aeronautic Board）の弁護士を務め、その後1981年にボルティモアに移り、個人開業した。視覚障害者個人や、さまざまな視覚障害者団体の代理人として公民権訴訟を専門としていた。マウラーは、1984年にNFBのメリーランド支部長となった。1986年以降、NFB会長を務めている。

参照項目　全米盲人連合（National Federation of the Blind）

Mayerson, Arlene B.
マイヤーソン, アーリーン・B（1949年生）

アーリーン・B・マイヤーソンは、アメリカを代表する障害者権利法の専門家、理論家の1人である。障害者の権利擁護者であるパトリシア・ライト（Patrisha Wright）は彼女のことを障害者権利のための「秘密兵器」と呼んでいる。1981年以来、彼女は障害者権利教育擁護基金（Disability Rights Education and Defense Fund: DREDF）の管理弁護士（directing attorney）であり、訴訟および国家政策の展開において、この組織の革新的な活動を監督してきた。

マイヤーソンは、1949年11月11日、オハイオ州シンシナティに生まれた。1971年、ボストン大学から政治学と中等教育で学士号、1977年、カリフォルニア大学バークレー校ボールト・ホール・ロー・スクールから法学博士号、1978年、ワシントン D.C. にあるジョージタウン大学ロー・センターから法学修士号を取得した。1978年、ジョージタウン法律センター公益代表研究所（Institute for Public Interest Representation at the Georgetown Law Center）において、研修弁護士（graduate law fellow）となった。1979年、彼女は、バークレー自立生活センターの障害者法リソースセンター（Disability Law Resource Center at the Center for Independent Living in Berkley, DREDFの前身）の専任弁護士（staff attorney）となり、差別撤廃を求めて、障害者および障害児の保護者の代理人を務めた。その種のものの最初の勝利として、1975年の全障害児教育法を実施できないでいることを理由に、連邦保健・教育・福祉省にカリフォルニア州への財政援助をやめるよう要求した障害児の両親の代理人を務め、成功をおさめた。そして、連邦政府の障害者権利法に従わせるために、州に対してこのような戦略が使われたのはこの時が初めてであった。

マイヤーソンは、障害児童保護法（Handicapped Children's Protection Act）、バリアフリー住宅に関する改正法（Fair Housing Amendments Act）、アメリカ障害者法（Americans with Disabilities: ADA）のような主要な障害者法の整備と実施に関する、議会、連邦政府機関、複数の大統領の政権、および障害者コミュニティの重要なアドヴァイザーであった。また、アレクサンダー対チョート裁判（Alexander v. Choate, 1984）、統合鉄道会社対ダロン裁判（Consolidated Rail Corp. v. Darrone, 1984）、ナッソー郡教育委員会対アーライン裁判（School Board of Nassau County v. Arline, 1987）を含む、最高裁判所で争われた主要な障害者権利訴訟事件のすべてにおいて、クライアントの代理人を務め、弁護士たちと相談し、法廷助言書の戦略を練った。マイヤーソンは、ルイ・D・ブランダイス（Louis D. Brandeis）を受け継ぎ、障害者差別について裁判所に情報を与えるために、訴訟事件適用書の提供を主張した。彼女はとくに、国会議員を代表しての法廷助言書の形をとっていた。

1980年代初頭、マイヤーソンは法律分析を展開し、リハビリテーション法第504条および全障害児教育法の規制を撤廃しようというレーガン政権に異議を唱えた。彼女は、1987年公民権回復法（Civil Rights Restoration Act of 1987）を起草した公民権指導者会議（Leadership Conference on Civil Rights）では、障害者コミュニティの代表を務めた。マイヤーソンは、スミス対ロビンソン裁判（1984）における最高裁判所の判決を覆すための議会委員会での審議の際には、外部専門家コンサルタントを務めた。このスミス対ロビンソン裁判とは、障害児の両親が学校教育において適正な法的手続きを求める権利を制限したものである。障害児の両親は、他の集団に与えられているのと同様の公民権保護手段を有すべきであると主張し、適正な法的

手続きの保護が十分に行われていない、少数派の児童への影響を分析する論文を執筆した。彼女の分析は、1986年障害児童保護法（Handicapped Children's Protection Act of 1986）に対する連邦議会黒人議員連盟（Congressional Black Caucus）の支持を獲得する助けになった。

また、マイヤーソンは、アメリカ障害者法の立法化の際には、アメリカ障害者法の主要な支持者である上院議員エドワード・M・ケネディ（Edward M. Kennedy、民主党、マサチューセッツ州選出）およびトーマス・ハーキン（Thomas Harkin、民主党、アイオワ州選出）の外部コンサルタントを務めた。彼女は、全国の組織や擁護者と協力してアメリカ障害者法の起草過程を監視し、修正草案を作成し、また提案された法律専門用語の手直しをした。アメリカ障害者法の立法の歴史、およびその施行規則のいたるところに彼女の法律分析が反映されている。マイヤーソンはまた、アメリカ障害者法の聴聞会の際、専門家として証言し、他者の証言のとりまとめをした。

DREDFの指導的弁護士として、マイヤーソンは、障害者の権利に関する、連邦政府の法改正の判例となる訴訟事件を重要視している。彼女が開発した手法の1つに、障害児のデイケア参加に対する障壁を壊すためアメリカ障害者法を使う、というものがある。マイヤーソンは、合衆国で最も大規模なデイケア・サーヴィス供給者であるキンダーケア（Kinder Care）に対する全国的な訴訟事件に勝利した。このキンダーケアは、日中に指先から採血して検査する必要がある小児糖尿病の児童が、デイケアプログラムに参加することを拒んでいたのであった。

マイヤーソンは、3巻からなる『注釈付アメリカ障害者法（Americans with Disabilities Act Annotated）』（1994）、『アメリカ障害者法の施行（Implementing the Americans with Disabilities Act）』（ゴストンとベイヤーズ、1993）所収の「ADAの歴史——運動の展望（The History of the ADA: A Movement Perspective）」、『障害女性——心理学、文化、政治についてのエッセイ（Women with Disabilities: Essays in Psychology, Culuture, and Politics）』所収の「障害女性と障害、女性運動（Smashing Icons: Disabled Women and the Disability and Women's Movement）」（アッシュとファイン共著、1988）をはじめとし、多数の著作がある。

マイヤーソンは、カリフォルニア大学ボールト・ホール・ロー・スクール（University of California Boalt Hall School of Law）およびスタンフォード・ロー・スクール（Stanford Law School）において、障害者権利法の非常勤教授を務めている。

参照項目　1990年アメリカ障害者法（Americans with Disabilities Act of 1990）；1987年公民権回復法（Civil Rights Restoration Act of 1987）；障害者権利教育擁護基金（Disability Rights Education and Defense Fund）；ホランド対サクラメント市統合学校区裁判（Holland v. Sacrament City Unified School District）

Media Images of People with Disabilities
障害者のメディア・イメージ

『一歩先へ——活動的で健康な自立生活のリソース（One Step Ahead — The Resource for Active, Healthy, Independent Living）』の編集長、レイ・J・チュルザノウスキ（Leye J. Chrzanowski）が、次のように書いている。「固定観念を打破しようとするたびに、『めぐり逢い（Love Affair）』や『パッション・フィッシュ（Passion Fish）』といった映画が、無造作に私たちを『無力な障害者』という役に引き戻す」。さらに「しかも、こういった無力な障害者を演じた障害のない俳優が大抵オスカー賞にノミネートされたり受賞したりするのだから、踏んだり蹴ったりである」と付け加える。

ごく最近まで、大半のマスメディアによる障害者の描き方は、何らかの形でこうした「無力な障害者」という固定観念に基づいていた。障害のある登場人物は、哀れな子どもっぽいキャラクターでなければ、障害のせいで苦々しい思いをしており、障害のない人々の社会に対して恨みを晴らそうとしている者として描かれることさえあった。こういった架空の登場人物にとって、外なる身体的障害は内なる精神的邪悪の表れであった。あるいはまた、障害者の役は、歴史家ポール・ロングモアのいう「適応のドラマ」の物語を演じているのであり、障害者が自分の障害を受け入れているのは、障害のない友人との交わりを通してのみなのである。このよ

うな物語の中で障害者は、（繰り返すようだが）1992年の『パッション・フィッシュ』や1981年の『この生命、誰のもの（Whose Life Is This Anyway?）』といった映画の人物のように、苦々しい思いで孤立してしまうか、あるいはまるで聖人のように人々を勇気づけてくれるかのいずれかであった。1946年の『我等の生涯の最良の年』のようなより共感を呼ぶドラマでさえ、障害者は、健常者優位主義による態度やバリアフリーの欠如によって虐げられているのではなく、自分自身の頑迷さと自己嫌悪に苦しんでいる人物として描かれた。

ローリー・クロバス（Lauri Klobas）は、『脊髄損傷者ネットワーク——車椅子コミュニティの総合リソース（Spinal Network: The Total Resource for the Wheelchair Community）』（1988）の中で次のように書いている。「脊髄損傷の登場人物の事例を100例ほど見てきたが、障害を受ける前も後も、親としてはほとんど描かれていないことは興味深い……」「政治的に活発で、自らの権利を支持している者として描かれることはほとんどなく、物理的なバリアフリーの問題にも直面していない」。

一方、知的障害者や精神障害者は必ずといっていいほど、不気味で危険な「やつ」として描かれてきた。アルフレッド・ヒッチコック（Alfred Hitchcock）の『サイコ（Psycho）』（1960）の主人公から、『シリアル・ママ（Serial Mom）』（1994）の「致命的精神分裂病」に至るまで、大衆文化が、知的障害者は暴力的な犯罪者になるよりも本当は暴力の被害者になる可能性のほうがはるかに大きいという現実を認めることはほとんどない。

おそらく、最も気をつけなければならないのは、障害のない作家やプロデューサー、エンターテイナーが、「無力な人たちを助ける」目的で、あるいは彼らの「勇気」に励まされる目的で、こうした描写をしていることである。「もはや難破船のようではない」「両肢切断者は勇気の手本」といった見出しで障害者を扱った新聞や雑誌の記事は、障害のない読者に、障害を「克服」することは個人の勇気の問題であって、バリアフリーや社会の態度とはまったく関係がないと確信させるのに役立つ。こうした記事はまた、障害を完全にネガティブな見方で、あたかも誰も障害者であることになじめないかのように描く。これらの描写では、障害者は障害を克服あるいは否定するために、並外れたすばらしいことをしているようにとらえられてしまう。盲目の登山家、まひのあるスカイダイバー、そして自分の運命について決して不満をいわない「スーパー障害者」などである。ジョージ・コヴィントン（George Covington）がこういっている。「私たちは『感動を与える人』と見なされ、感動の大安売りだ。私にとって、障害は重荷ではない。むしろ、これほどまでに感動を与える存在でいなければならないことのほうが重荷である」。

こうした状況に対して障害者たちは、独自の障害の反体制文化を作り出してきた。映画監督のニール・ヒメネズ（Neal Jimenez）やビリー・ゴルファス（Billy Golfus）、作家のシェリル・マリー・ウェイド（Cheryl Marie Wade）やアン・フィンガー（Anne Finger）、そして俳優のマーリー・マトリン（Marlee Matlin）やエレン・ストール（Ellen Stohl）はいずれも、障害とともにある生活の現実を自分なりに描いた。時を同じくして、障害者権利運動が、主流のメディアに対して影響を与えるようになってきた。多くの子ども向け番組がいまだに障害者を邪悪または奇異なものと見るイメージを利用している一方で、たとえば『セサミ・ストリート（Sesame Street）』のように、障害のある登場人物（障害のある俳優が演じている）を他の人と変わらない人間として扱っている番組もある。また、『スター・トレック——ネクスト・ジェネレーション（Star Trek: The Next Generation）』のような人気の高いシリーズで、障害のある人（この場合は盲）が、クルーの正式な一員として、任務に関して有能なだけでなく、障害者としてのアイデンティティに満足感と誇りをもっている者として描かれてきた（それでもやはり、このジョーディ・ラフォージ〈Geordi LaForge〉という登場人物を演じたのが障害のない俳優であった点には留意すべきである）。1980年代半ばには、主要企業がテレビのコマーシャルや活字の広告に障害者を使うようになった。こうした変化は、メディアにおける女性や黒人の描き方と同様に、以前は組織化や代表権とは無縁だった人々の政治的、社会的勢力の高まりがもたらした結果であった。

参照項目 健常者優位主義（Ableism）；『我等の生涯の最良の年』(*The Best Years of Our Lives*)；『愛は静けさの中に』(*Children of a Lesser God*)；『帰郷』(*Coming Home*)；ディスアビリティ・ブラックフェイス（Disability Blackface）、全米スティグマ情報センター（National Stigma Clearinghouse）

出典 Gartner, Alan, and Tom Joe, eds., Images of the Disabled, Disabling Images (1987); Norden, Martin F., The Cinema of Isolation: A History of Physical Disability in the Movies (1994); Zinn, Harlan, Media Stereotypes of Mental Illnesses (1995).

Mental Health Law Project
精神保健法プロジェクト

参照項目 ディヴィッド・L・バゼロン判事記念精神保健法センター（Judge David L. Bazelon Center for Mental Health Law）

Mental Patients' Liberation Front (MPLF)
精神障害者解放戦線（MPLF）

　精神障害者解放戦線は、1971年ボストンに設立された。設立者は、『急進派セラピスト（*Radical Therapist*)』という雑誌の事務所で開催された集会に参加した2人の精神科の元患者であった。その目的は精神障害で入院している人々の市民権を獲得することであった。設立当初のプロジェクトは『精神障害者としてのあなたの権利（*Your Rights as a Mental Patient*)』(1975)という56ページのブックレットの出版であり、「ボランタリーかそうでないか」「養育権をめぐる元患者の権利」「精神障害者の記録に対する政府と当事者による情報収集」「雇用差別」「運転免許申請、大学入学志願に際しての差別」の問題を特集した。同戦線のメンバーは『精神障害者としてのあなたの権利』をボストン州立病院に入院中の患者に配布した。院内で週1回活動する企画グループを組織し、他の病院の患者が自らの手で権利擁護団体を組織化するのを支援した。同戦線は1974年に法人組織となった。
　1975年4月、ボストン州立病院の7名の障害者は、画期的訴訟と評価されるロジャーズ対オクリン裁判（*Rogers v. Okrin*）を起こした。彼らは隔離や強制服薬といった治療に異議を申し立てた。マサチューセッツ州連邦地方裁判所は、1979年、非緊急時の治療拒否は憲法に基づいた精神障害者の権利であるという判決を下した。判決は上訴され、1983年ロジャーズ対精神保健局長官裁判（*Rogers v. Commissioner of Mental health*, 1983）として連邦控訴裁判所（U.S. Court of Appeals for the First Circuit）で審理された。マサチューセッツ州の患者が治療を拒否できる権利、とくに向精神病薬を拒否できる権利を支持し、「精神障害者は治療の内容の決定に関与する決定権を有し、法手続きによって責任能力を欠くと判定されないかぎりその権利を失わない」と結論づけた。しかし、裁判所は「マサチューセッツ州の警察当局に、緊急時に限って、拘束手段として、強制的な薬物供与を許可した。精神障害の急激な悪化を防ぐために重篤な精神障害者には強制的な抗精神薬による治療を与えることができる」とする判決を示した。判決の結果は混乱を招く結果となった。患者の権利を擁護する側からは、裁判官が、患者の意思を無視して治療する医師の要求を「形式的に承認する」ことが多いとして、異議が唱えられた。同様の判決はニューヨーク州（1986年リヴァース対カッツ裁判〈*Rivers v. Katz*, 1986〉）やカリフォルニア州（ライス対聖マリー病院裁判〈*Reise v. St. Mary's Hospital*, 1987〉）でも相次ぎ、同様の結果をもたらした。1980年代初頭、同戦線は電気痙攣療法（ETC）と精神外科手術に抗議するデモを行い、ボストンにあるマサチューセッツ州総合病院でピケを張った。1985年、同戦線はルビー・ロジャーズ・センター（Ruby Rogers Center）を設立した。同戦線の活動家でありロジャーズ裁判の原告の名前にちなんだものである。同戦線は同センターの運営団体であり、同センターは、国によって設置された、当事者だけで運営する精神保健施設の1つである。

参照項目 精神障害サヴァイヴァー運動（Psychiatric Survivor Movement）

出典 Chamberlin, Judi, "The Ex-Patients' Movement; Where We're Been Where We're Going," *Journal of Mind and Behavior* (Summer/Autumn 1990).

Metropolitan Area Transit Authority ("METRO") Access Campaign
首都交通局（メトロ）のバリアフリーキャンペーン

1960年代の初めに、ワシントン首都交通局（Washington Metropolitan Area Transit Authority: WMATA）は首都圏の交通整備に効果的な地下鉄、鉄道システムの新設計画に着手した。ワシントン建築物バリアフリー計画に関与した活動家は、早くも1964年には、バリアフリーの必要性を訴えて、WMATAの職員と対決することとなった。障害者の権利擁護運動家であったリチャード・ヘッディンガー（Richard Heddinger）は次のように演説している。「エレベーターがなければ、首都圏で何十万人もの高齢者や障害者が首都交通システムから排除されることになる。エレベーターがあっても利用できなければ、路線利用者の多くは、首都交通システムの駅で進路が妨げられ、文字どおり立ち往生してしまうだろう。その結果、何百万のアメリカ人が、国会議事堂を訪ねようとしても首都交通システムの利用を拒絶されることになる」。

これを契機に、WMATAの職員と障害者の権利運動活動家との間で12年に及ぶ闘争が始まった。職員は当初、助成金をバリアフリーの実施はおろか研究にさえ利用できないと主張した。障害者の権利擁護運動家は、大統領障害者雇用委員会（President's Committee on Employment of the Handicapped）の援助を受けて独自に研究を展開した。「バリアフリーの高速交通システム」と題する研究論文が、建築家であるE・H・ノークス（E. H. Noakes）によって1969年に完成している。その間に議会は、連邦政府による資金の提供を受けた首都交通システム等の建設計画においてバリアフリーを命じることのできる1968年建築物バリアフリー法（Architectural Barriers Act of 1968）を制定した。しかし、首都交通システムの職員は障害者の権利擁護運動家による研究を無視し法律も無視した。それどころか、バリアフリーとまったく無関係の建設計画、「87駅整備計画案（87-station system）」を公表した。1970年3月、首都交通システムのバリアフリー化を要求する公法91-205号が議会を通過し、建築物バリアフリー法が改正された。WMATAは、この改正も無視した。

1972年4月19日アメリカ身体まひ退役軍人会（Paralyzed Veterans of America）、全米対まひ財団（National Paraplegia Foundation）、リチャード・ヘッディンガーは、WMATAの頑固な態度に失望し連邦裁判所に提訴した。エレベーターの設置経費が高くつくという理由でエレベーターの設置を拒む回答を撤回するよう裁判所に判断を求めた。裁判所の最初の判断では、提訴は却下された。1972年6月29日にいたって裁判所は首都交通システムのバリアフリー化、エレベーターなしでは駅の開設を不可能とする内容の判決を出した。1973年の8月には、議会は首都交通システムをバリアフリー化するために、25億ドルの予算総額のうち6500万ドルの支出を承認した。しかし、WMATAは否定的な態度を変えず、新設の駅にエレベーターを設置する約束を拒んだ。1973年10月23日、ワシントンD.C.の連邦地方裁判所はエレベーターを設置しなければ駅の新設を禁止する判断を出した。1973年11月に入ってようやく、WMATAの理事会はエレベーターの設置を決定した。「1974年の半ばに初めて、つまり首都交通システム着工の4年後にエレベーター第1号を設置する実際の工事が始まった」とヘッディンガーが記録している。

しかし、それで終わらなかった。計画では87の駅のうち少なくとも12の駅のバリアフリー化が進む予定であった。言い換えれば、WMATAは、法律に従ってバリアフリー化を進めようとはしなかった。いくつかの駅は、ヘッディンガーが指摘するように、フットボール場の長さの5倍の距離、列車の到着ホームから3分の1マイル離れた場所にエレベーターが設置されていた。権利擁護運動家は、無視を重ねるWMATAの職員の対応に注目した。1975年にWMATAは、最初の6つの駅のうち3駅はエレベーターなしで開設できるとする判決を求めて裁判所に逆提訴した。障害者の権利擁護運動家は、3駅のうちの2駅にはエレベーターが必要でないことに同意したものの、中央に位置するギャラリープレイス駅に関しては容認しなかった。WMATAは、裁判所に同駅をただちにバリアフリー化の対象から除外するよう要求したが却下された。バリアフリーの工事を終えた駅の開設は許されたが、工事が完了していないギャ

ラリープレイス駅での列車の停車は認められなかった。この事例は公共施設がバリアフリー化なしには開設できないとされた初めてのケースであった。WMATA は、建築物バリアフリー法の施行を担当する会計検査院（General Accounting Office）からの配慮を得て命令を回避できた。1976 年に首都交通システムの工事全体の完了後 6 ヶ月を経過してようやく、ギャラリープレイス駅のエレベーターが設置された。

この成果は重要な意味をもっている。障害者の権利擁護運動家にとって時間は要したが勝利であった。リチャード・ブライアント・トリーナー（Richard Bryant Treanor）は、『私達は乗り越えた――障害者の公民権の物語（We Overcame: The Story of Civil Rights for Disabled People）』（1993）の中で、ワシントン D.C. の地下鉄のバリアフリー化は今日ではアメリカだけでなく世界中のモデルとなったと書いている。

参照項目　1968 年建築物バリアフリー法（Architectural Barriers Act of 1968）；公共交通機関（Public Transportation）

出典　Heddinger, Richard W., The Twelve Year Battle for a Barrier Free METRO, *American Rehabilitation* (March/April 1976); Treanor, Richard Bryant, *We Overcame : The Story of Civil Rights for Disabled People* (1993).

Milam, Lorenzo Wilson
ミラン，ロレンゾ・ウィルソン（1933 年生）

ロレンゾ・ウィルソン・ミランは、作家、メディア・コンサルタント、評論家、障害者コミュニティと障害体験の観察者である。彼の有名な著作には、『肢体不自由者解放戦線マーチングバンド・ブルース（*The Cripple Liberation Front Marching Band Blues*）』（1984）、『クリップ・ゼン――サヴァイバル手引き（*Crip Zen: A Manual for Survival*）』（1993）などがある。ミランによれば、これらの著作は、あの「有能なノーマン・ヴィンセント・ピール博士の出現以来、私たちを悩ませてきた、何が起ころうとも人生はすばらしいというメッセージに対する対応策として」書かれたものである。

ミランは、1933 年 8 月 2 日、フロリダ州ジャクソンヴィルに生まれた。イェール大学在学中の 1952 年、ポリオに罹患し、障害者となった。1957 年、ペンシルヴェニア州のハヴァフォード・カレッジ（Haverford College）から英文学の学士号を取得し、1959 年にはカリフォルニア大学バークレー校から同じく英文学の修士号を取得した。ラジオ放送における彼の仕事は、1958 年に始まった。1960 年代を通して、彼は数多くの非商業的な地域ラジオ放送局を創設、あるいは共同設立した。1960 年代半ばから 1970 年代半ばまで、カリフォルニア州とミズーリ州セントルイスにある放送局の共同所有者となり、フロリダ州マイアミ、ルイディアナ州ニューオーリンズ、等のラジオ局とテレビ局のコンサルタントとなった。ラジオ放送におけるこのような仕事の結果として、『セックスとラジオ放送――コミュニティ放送局のつくり方ハンドブック（*Sex & Broadcasting: A Handbook on Building a Station for the Community*）』（1974）があり、「自分でできるマスメディア」に関する基本文献として引用されている。ミランは、放送に関して、他に『神への嘆願、ミラン – ランズマン嘆願の裏話（*The Petition against God, the Full Story Behind the Milam-Lansman Petition*）』（1976）と『ラジオ・ペーパー（*The Radio Papers*）』（1990）の 2 冊を書いたが、それに加えて、『気取ったポーズの下に（*Under a Bed of Poses*）』（1959）、『マーキン・ペイパーズ（*The Myrkin Papers*）』（1969）、『オアハカを食べた怪物とその他旅物語（*The Blob That Ate Oaxaca and Other Travel Tales*）』（1992）、『グリンゴランディア（*Gringolandia*）』（1996、ジョン・ギャラントと共著）も書いた。彼の旅行に関する記事は、『ニュー・モビリティ（*New Mobility*）』『主流（*Mainstream*）』『ワシントンポスト（*Washington Post*）』その他に掲載された。

その他の活動としては、ワシントン州のモンロー州立少年院（Monroe State Reformatory）で文学の講師、サンディエゴ大学（University of San Diego）で英語、放送、ジャーナリズムの非常勤講師、サンディエゴの『フェセンデン・レヴュー（*Fessenden Review*）』の編集者、サンディエゴの『トリビューン（*Tribune*）』の書評家などを務めてきた。1973 年、他のメンバーとともに 12 人で全米コミュニティ放送財団（National Foundation of Community Broadcasters）

を設立した。『フェセンデン・レヴュー』と出版社モー・アンド・モー・ワークス（Mho & Mho Works）を後援する、レジナルド・A・フェセンデン教育ファンド（Reginald A. Fessenden Educational Fund, Inc.）という非営利組織の会計担当責任者（secretary treasurer）である。

出典 Milam, Lorenzo W., *The Cripple Liberation Front Marching Band Blues* (1984); Milam, Lorenzo W., *Crip Zen: A Manual for Survival* (1993).

Miller, Oral O.
ミラー，オーラル・O（1933 年生）

オーラル・ミラーは、1981 年からアメリカ盲人協議会（American Council of the Blind: ACB）の事務局長を務めている。ミラーは、1933 年 4 月 7 日にケンタッキー州ソフィー（Spphie）で生まれ、ルイヴィルにあるケンタッキー盲学校とルイヴィル男子高校で学んだ。また、彼はプリンストン大学（Princeton University）で文学士を、シカゴ大学法科大学院で法学博士を取得している。

ミラーは 1986 年当時、全米障害者協議会（National Council on Disability）の報告書、『自立に向けて（*Toward Independence*）』の作成委員の 1 人であった。この報告書により、1990 年アメリカ障害者法（Americans with Disabilities Act of 1990）が立案された。また、アメリカ障害権利・エンパワメント（Rights and Empowerment of Americans with Disabilities）の専門調査会の一員でもあった。彼は ACB の代表として、1986 年航空機バリアフリー法（Air Carrier Access Act of 1986）、1988 年バリアフリー住宅に関する改正法（Fair Housing Amendments Act of 1988）、1987 年公民権回復法（Civil Rights Restoration Act of 1987）といった画期的な障害者権利関連法案を可決に導く審議や権利擁護活動において、連邦議会の前で何度も証言した。1995 年、ミラーはホワイトハウス高齢問題会議の障害諮問委員会の一員であった。国際視覚障害者スポーツ協会やアメリカ視覚障害弁護士協会（American Blind Lawyers Association、元会長）、その他の組織で積極的に活動してきた。

ミラーは、1992 年にブッシュ大統領より「障害者の尊厳、平等、自立そして雇用の促進に貢献した」として優秀功績賞（Distinguished Service Award）を授与されている。

参照項目 アメリカ盲人協議会（American Council of the Blind）；アメリカ障害者の権利・エンパワメント特別委員会（Task Force on Rights and Empowerment of People with Disabilities）

Miller, Paul Steven
ミラー，ポール・スティーヴン（1961 年生）

1994 年 9 月 29 日、ポール・スティーヴン・ミラーは、連邦上院により、アメリカ雇用機会均等委員会（U.S. Equal Employment Opportunity Commission: EEOC）の委員に満場一致で承認された。この承認は、ミラーと障害者権利擁護運動にとって大勝利であった。なぜならば、小人症（dwarf）であるミラーは、ハーヴァード・ロー・スクール（Harvard Law School）を首席に近い成績で卒業したにもかかわらず、長い間弁護士としての仕事を見つけることができなかったからである。

ミラーは、1961 年 5 月 4 日、ニューヨーク市に生まれた。1983 年、フィラデルフィアのペンシルヴェニア大学から学士号を優等で取得し、1986 年、ハーヴァード・ロー・スクールから法学博士号を取得した。ハーヴァードでは、彼は『ハーヴァード公民権と市民の自由法律評論（*Harvard Civil Rights-Civil Liberties Law Review*）』のメンバーであった。卒業後、ミラーは 40 以上の法律事務所で不採用となったが、その理由は、ある弁護士が彼に語ったところによると、「われわれがちょっとしたサーカスのフリーク・ショーを行っている」と依頼人が思うかもしれない、というのであった。ミラーは、ロサンゼルスに移り、アメリカ西部障害者権利法律センター（Western Law Center for Disability Rights）の訴訟部長（director of litigation）となり、そこで雇用、教育、交通機関、アクセスにおける差別に関する訴訟事件を法廷で争った。彼は、ブリー・ウォーカー・レンプリー（Bree Walker Lampley）の代理として、連邦コミュニケー

ション委員会（Federal Com-munications Commission）を名誉毀損で告訴した。レンプリーは、ロサンゼルスのテレビニュース番組の司会者で障害者であったが、子どもがほしいとラジオの聴取者参加番組で話したところ、批判を浴びたのであった。ミラーはまた、シカゴにあるロヨラ・ロー・スクール（Loyola Law School）の非常勤講師、ロサンゼルスにあるカリフォルニア大学（University of California）の法学の客員教授、オーストラリアのシドニー大学（University of Sydney）の客員研究員（Parson Visiting Scholar）であった。ワシントン D.C. に移った後、EEOC に任命される前は、連邦消費者問題局（U.S. Office of Consumer Affairs）副局長、ホワイトハウス障害者コミュニティ渉外担当官（White House liaison to the disability community）を務めた。

ミラーには、「期待はずれ——小人症者に対する雇用差別（Coming Up Short: Employment Discrimination against Little People）」（『ハーヴァード公民権と市民の自由法律評論（*Harvard Civil Rights-Civil Liberties Law Review*）』冬号, 1987）、「障害のある人々に自殺幇助が与える影響（The Impact of Assisted Suicide on Person with Disabilities）」（『法と医学における争点（*Issues in Law & Medicine*）』夏号, 1993）をはじめとして、多くの論文がある。障害者権利法についてたびたび発言し、1996 年には、子どもがほしい小人症の人のための遺伝子検査の影響について議論するため、「ナイトライン（*Nightline*）」のゲストになった。現在 5 人いる委員の 1 人であるミラーは、EEOC の新しい紛争解決プログラムを開発するための委員会特別研究班の共同議長である。

参照項目　アメリカ小人症協会（Little People of America）

Mills v. Board of Education of the District of Columbia 348 F. Supp. 866 (1972)
ミルズ対ワシントン D.C. 教育委員会裁判（1972 年連邦地方裁判所判例集第348 巻866 頁）

ミルズ対ワシントン D.C. 教育委員会裁判は、1971 年 9 月、ワシントン D.C. の公立学校への入学を拒否された 7 人の重度障害児のために起こされた訴訟である。しかし、これは原告だけの問題ではなかった。原告側証人に立った専門家は、「〔ワシントン D.C. には〕精神遅滞児、情緒障害児、盲児、聾・言語または学習障害児を合わせて約 2 万 2000 人の障害児がおり、そのうち 1 万 8000 人が専門的な教育プログラムを受けられないでいる」と証言した。ミルズ裁判の原告はすべて黒人であったが、「彼らが代表する集団は黒人に限らず」、ワシントン D. C. に居住しながら公教育の機会を剥奪されてきたすべての障害児であった。

1972 年 8 月 1 日、裁判所は、ワシントン D.C. に対して、障害の種類や程度にかかわらず、どの障害児も公教育の機会を奪うことはできないとの判決を下した。裁判官は、「子どもを学校に行かせない親に対して刑罰を与えるためには、それ以前にすべての子どもが学校に行ける状態でなければならない。教育委員会にはその義務がある」と判示した。裁判所はまた、財政困難を理由に障害児から教育を受ける権利を奪うことは許されないとし、「もし予算が不足するために障害児に必要なあるいは望ましいサーヴィスをすべて提供できない場合でも、必要や能力に応じて提供されるべき学校教育全体から排除され、その恩恵を受けることができない状況は、どの子どもに対しても許されるべきではない」とした。さらに、通常の学校の環境がその子どもにとっての最善の策ではない場合、学校区教育委員会は、あくまでも「憲法で保障された権利に基づく聴聞をあらかじめ行うことと、その子どもの状態を定期的に把握すること」を前提とした上で、「特殊教育や学費補助を含む、当該障害児のニーズに見合った適切な代わりの教育を」公立学校以外のところで提供しなければならないとした。

ミルズ訴訟は、1972 年のペンシルヴェニア州精神遅滞児親の会（PARC）対ペンシルヴェニア州裁判（*Pennsylvania Association for Retarded Children v. Pennsylvania*）とともに、子どもがその障害を理由に公教育から排除されてはならないという原則を打ち立てた。この 2 件の訴訟が成功裏に終わったために、障害児の教育権を回復させるための裁判が次々に起こされた。ミルズ訴訟と PARC 訴訟は、1975 年全障害児教育法（PL 94-142, Education for All Handicapped Children

Act of 1975）への道を拓くものであり、法案を支持する議員の主張の根拠として用いられた。

参照項目 1975年全障害児教育法（Education for All Handicapped Children Act of 1975）；ペンシルヴェニア州精神遅滞児親の会（PARC）対ペンシルヴェニア州裁判（*Pennsylvania Association for Retarded Children (PARC) v. Pennsylvania*）
出典 Bowe, Frank G., *Handicapping America: Barriers to Disabled People* (1978); Rothstein, Laura F., *Disabilities and the Law*. (formerly, *Rights of Physically Handicapped Persons* (1992).

Mobility International USA (MIUSA)
モビリティ・インターナショナルUSA (MIUSA)

オレゴン州ユージーンに本部を置く、モビリティ・インターナショナルUSAは、1981年にスーザン・シーガル（Susan Sygall）とバーバラ・ウィリアムズ（Barbara Williams）によって設立された非営利団体である。MIUSAは、国際的な教育交流、指導者育成、旅行、地域福祉における障害者の平等な権利を擁護する活動を行っている。また、この種の団体として世界で最初に、アメリカ全土および海外の障害者権利擁護運動家の交流プログラムを提供し、異文化問題や障害者権利運動の組織化に関する研修プログラムを後援している。このような交流は、他国の障害者権利擁護団体や自立生活センターの発展の促進に大きく貢献している。MIUSAは、利用のしやすさ、旅行、障害のある旅行者の法的権利に関する資料、および季刊誌『虹の彼方へ（*Over the Rainbow*）』を刊行している。MIUSAは国際障害者交流・研修（IDES）プロジェクト2000の協賛5団体の1つとして、1995年に中国・北京で開かれた、障害のある女性の問題に関する国際シンポジウムを組織し、運営のとりまとめをした。その他の参加団体は、障害者インターナショナル〈Disabled Peoples' International〉、世界盲人連合〈World Blind Union〉、インクルージョン・インターナショナル〈Inclusion International〉、世界障害研究所〈World Institute on Disability〉であった。

Mothers From Hell
苦境の母親たち（MFH）

「苦境の母親たち（Mothers From Hell: MFH）」は1992年、オレゴン州ユージーンで設立された。発達面などに障害をもつ人の価値を主張し、彼らの生活の質（QOL）と教育の質を改善し、特殊教育などのサーヴィスの実行とその継続を確保することを目的とする団体である。MFHが行ってきたデモ、記者会見、告訴、および訴訟は、障害関連の出版物や『USニューズ＆ワールド・レポート（*U.S. News and World Report*）』で報道された。MFHは親による地域レベルの草の根団体の先例となった。MFHは『ブリムストーン・ブリティン（*Brimstone Bulletin*）』というニューズレターを発行し、アメリカ全土および海外数ヶ国で購読されている。

参照項目 親の会の運動（Parents' Movement）

Mouth: The Voice of Disability Rights
『マウス——障害者権利の声』

ルーシー・グウィン（Lucy Gwin）は飲酒運転による交通事故にあい、重い頭部損傷の後、1989年、昏睡状態から目覚めた。「私はニューメキシコ州頭部損傷『コミュニティ再入院センター』に入院していた」「私は、自分の名前すら思い出すことができなかったが、自分に公民権があることはわかっていた。昏睡状態から目覚めてから最初にいわれたのは、『あなたの患者権利証のコピーが要る』『ここにいるならあなたにはそういうものなどは要らない』という入院係からの一言であった」。

半年後、グウィンは、『この脳は口をもっている（*This Brain Has a Mouth*）』と名づけ、のちに『マウス』と変更した雑誌の刊行を始めた。この隔月雑誌の特徴は、障害者権利活動に関わる調査報道やニュース、そして権利活動家に対するインタヴューであり、そこには「援助する専門家」に対する最も辛辣な批判が含まれていた。たとえば『マウス』は、保護作業場における最高経営責任者の給与（1992年現在11万5000ドル）を平均労働者（年間662.8ドル）と比べるなど数値を並列した。また「ピーナッ

ツ・バター文書」と命名した連載のような文書を再現したりもした。この文書は、州立施設に入所している障害者に、ピーナッツ・バターの提供を許可すべきか否かに関するニュージャージー州ヒューマン・サーヴィス局長代理の局内の往復文書である。『マウス』はまた、詩、随筆、挿絵も出版している。「私たちは大半のページをポスターと考えている」とグウィンはいう。「要するに、私たちは『視覚的』である。私たちはよい写真と面白い絵を豊富に使っている」。

1995年、『マウス』はナーシングホームでの監禁に反対であったので、アメリカ障害者アテンダント・プログラム・トゥデイ（American Disabled for Attendant Programs Today: ADAPT）と連携し、障害者のための個別活動補助サーヴィスに関する議論を盛り込んだ、32ページの『自分が選択する（You Choose）』を出版した。『マウス』はまた、死ぬ権利運動の闘いにおいても活発であった。1996年、マウスは障害者権利に関する紙面の不足とその賞の名称を理由に、『ウトネ・リーダー（Utne Reader）』の「特別関心」出版賞の受賞を拒否した。その賞について、編集者であるグウィンは論説で「いつからどのような人の権利が特別だったのか」と書いている。

参照項目 パーソナル・アシスタンス・サーヴィス（Personal Assistance Services）
出典 Gwin, Lucy, et al., *You Choose: Long Term Care Policy* (1995).

Multicultural Issues, Minority Persons with Disabilities
多文化問題、障害のあるマイノリティ

全米障害者協議会（National Council on Disability: NCD）の1992年の報告によれば、民族的、人種的、文化的なマイノリティ・グループの一員である障害をもつ個々人は「同じ障害をもつ白人やヨーロッパ人に比べ、差別を頻繁に経験する。障害に民族性、人種、文化的背景が重なると、二重に差別されることが多い」アフリカ系アメリカ人、ラテン系アメリカ人、アジア系アメリカ人、アメリカ先住民は皆、複合的な抑圧を受ける危険がある。つまり彼らは、自身のコミュニティでは健常者優先主義に、一般社会では健常者優先主義と人種差別に、そして全体的な障害者人権運動では人種差別に直面するのである。ミシシッピ州のジャクソン州立大学とNCD共催による会議の報告書ではまた、次のように述べている。「障害をもつマイノリティの人々は……個人的、家族的な人的資源が少なく、外部の利用可能な人的資源の知識や理解が少ない。そして、マイノリティの健常者よりも社会経済的にずっと裕福ではない」。たとえば、1992年、黒人障害者の失業率は82％と深刻だった。

マイノリティの人々は白人に比べ、障害をもつ可能性が高く、障害者人口に占める比率も偏っている。それにもかかわらず、マイノリティの障害者は、白人の障害者よりもリハビリテーションや社会サーヴィスを受けることが少ない。上記のNCD／ジャクソン州立大学会議報告書で引用された研究によると、1980年代中期、ニューヨーク州の障害者総数のほぼ半数が黒人やラテン系アメリカ人だったのに対し、州の職業リハビリテーション事務局の利用者は、白人が4分の3以上を占めた。マイノリティの人々がリハビリテーションや医療サーヴィスを利用する時、白人とは異なる扱いを受けることが多い。1980年の研究では、非白人向けの職業リハビリテーション・サーヴィスを終結する第1の理由は「協力しなかったから」であり、職業リハビリテーション施設がほとんど白人に限定されていることが、非白人の困難を示していた、と報告している。同様に、マイノリティの障害児は、大多数の白人の子どもたちよりも質の高い教育を受けることは少ない。

障害者権利運動の指導者は、一般的な障害者コミュニティと比べてそれほど多様ではない。たとえば、自立生活運動の指導者は、最近まで、ほぼ完全に白人で（そして男性に偏って）いた。主な全国的な障害者権利団体は、指導者や会員において、有色人種をほとんど数に入れていない（主な全国的な障害者権利団体には、有色人種の指導者や会員はほとんどいないため）。マイノリティの人々は無視され、権限も与えられないままだった。

黒人公民権運動が障害者人権運動の理念や方策に与えた影響を考えると、排除の歴史は皮肉

である。ブラウン対教育委員会裁判（*Brown v. Board of Education*, 1954）の勝訴は、ペンシルヴェニア州精神遅滞児親の会（PARC）対ペンシルヴェニア州裁判（*PARC v. Pennsylvania*, 1972）やそれ以降の教育権訴訟を促した。ジャスティン・ダート・ジュニアやウェイド・ブランク牧師（Reverend Wade Blank）などの障害者権利運動の指導者は、マーチン・ルーサー・キング・ジュニアの社会活動や著作をたびたび引用し、1960年代の"Black is Beautiful"運動は、障害者の誇りを鼓舞するものと見なされた。黒人公民権運動家たちは、重要な時期に障害者人権運動に直接的な支援をしてきた。たとえば、1977年のサンフランシスコの保健・教育・福祉省庁舎に座り込みの際、ブラック・パンサー党（アメリカの黒人の極左過激武装組織団体）がデモ参加者に食料を届けた。また、ワシントンD.C.のギャローデット大学で、「今こそ聾の学長を」という学生運動が起こった時、ジェシー・ジャクソン牧師（Reverend Jesse Jackson）は公にこの運動を支持した。

マイノリティの障害者の権利を擁護するために、さまざまな全国・地方組織が設立された。ロサンゼルスのフィエスタ・エデュカティーヴァ（Fiesta Educativa）は、ヒスパニック系の障害児の親たちにとって重要な問題に取り組んでいる。その一方で、ピッツバーグのアフリカ系アメリカ人障害者（African Americans with Disabilities）、ニューヨークのハーレム自立生活センター（Harlem Independent Living Center）、ヴァージニア州ハンプトンのインサイト・エンタープライズ（Insight Enterprises）、ボストンのアクセス・ナウ（Access Now）などの地方組織が、アフリカ系アメリカ人の障害者に関する問題に取り組んでいる。聾コミュニティでは1940年代、ワシントンD.C.在住の黒人の聴覚障害者たちがワシントンD.C.聾者の会（Washington Silent Society、現在の首都聴覚障害者協会〈Capital City Association of the Deaf: CCAD〉の前身）を設立した。というのも、ワシントンD.C.聾者協会（今日の首都ワシントン聾者協会〈Metropolitan Washington Association of the Deaf: MWAD〉の前身）が白人限定で、入会を拒まれたからである。権利擁護運動家であるアーネスト・ヘアストン（Ernest Hairston）とリンウッド・スミス（Linwood Smith）は、1980年代になってもMWADには白人が、またCCADには黒人が圧倒的多数を占める組織形態に留まっていることを指摘している。同様に、1960年代まで、とくに南部では、聾学校、教会、施設の多くで人種差別が行われていたため、聴覚障害をもつアフリカ系アメリカ人は、自分たちの独立した教会とビジネス団体を組織した。1981年、聴覚障害をもつ黒人活動家たちはワシントンD.C.のハワード大学に集い、1982年に全米黒人聾者協会（National Black Deaf Advocates）を設立、今日、全米に支部がある。全米ヒスパニック聾・難聴者協議会（National Hispanic Council for the Deaf and Hard of Hearing）では、ヒスパニック系聾コミュニティのメンバーを代表し、権利擁護活動に重点的に取り組んでいる。

障害者コミュニティは、多くの点で一般的なアメリカ社会の縮図であり、そこでは、生活と政治が人種と民族性の断層で分割され続けている、とアフリカ系アメリカ人の障害者問題運動家、ラルフ・シェルマン（Ralph Shelman）は指摘する。それゆえ、人種差別はこれからも障害者人権運動内の問題であり続ける。この運動が障害をもつすべての人々が完全な公民権や人権を獲得することができるように成功するには、取り組まねばならない問題である。

参照項目　アメリカ・インディアン障害者立法プロジェクト（American Indian Disability Legislation Project）；バプティスト，ジェラルド・シニア（Batiste, Gerald, Sr.）；フィエスタ・エデュカティーヴァ（Fiesta Educativa, Inc.）；全米黒人聾者協会（National Black Deaf Advocates）；ウォーカー，シルヴィア（Walker, Sylvia）

出　典　Hariston, Ernest, and Linwood Smith, *Black and Deaf in America: Are we That Different?* (1983); Lopez, John R, "Hispanic Americans: Roots of Oppression and Seeds of Change," in Gary W. Olsen, ed., *Kaleidoscope of Deaf America* (1984); Wright, Tennyson J., and Paul Leung, *The Unique Needs of Minorities with Disabilities: Setting an Agenda for the Future* (1992).

Multiple Chemical Sensitivity (MCS)
多種化学物質過敏症（MCS）

過去半世紀において、環境下に存在する人工化学物質は、量的にも、またその分布規模においても急速に増加してきた。多種化学物質過敏症（Multiple Chemical Sensitivity: MCS）は、新たに障害として認識されたもので、化学物質にさらされてきた結果生じたものと考えられている。しかしながら、多種化学物質過敏症は最近になってようやくその存在を認識されてきたばかりであるため、多種化学物質過敏症の人々は一般的に、他の障害者が利用可能な社会サーヴィスやリハビリテーション・サーヴィスの利用を拒否されている。

国立環境・保健政策センター（National Center for Environmental Health Strategies）の代表メアリー・ラミエール（Mary Lamielle）によれば、多種化学物質過敏症の人々は「自らを絶望的な立場にいると感じている。症状の複雑さを検証することがなかなかできないことに加えて、健康の喪失と生計の危機は深刻な問題なのである」。多種化学物質過敏症の人々は、洗剤、塗料、カーペット、エアコンや換気システム、香水などに普通に含まれる化学物質に反応する。彼らは事実上、社会の外へと放り出され、働くことも旅行することもできず、ときに自分の家や家族の近くに住むことさえできないのである。1995 年、全米ソーシャルワーカー協会（National Association of Social Workers）のミネソタ支部の報告によれば、この症状はとりわけ貧困層やマイノリティ・コミュニティの間で流行している。「彼らは、普通の人よりとりわけ多く、毒性廃棄物、煙突からの排煙、農業用の殺虫剤その他の汚染源にさらされている」。膨大な量の毒性物質を生み出す民間企業や国防総省などの公的組織がこの問題の深刻さを矮小化しようとする一方、医療保険会社は多種化学物質過敏症の治療費をあまり払いたがらない。1990 年アメリカ障害者法の下、多種化学物質過敏症はいくつかの州当局や多くの裁判所決定で認められているにもかかわらず、多種化学物質過敏症の労働者たちは、適切な職場環境の適用を拒否されてきた。

多種化学物質過敏症の人々を、より大きな障害者権利運動として取り込む運動の歩みは遅い。なぜなら、運動家の中には、多種化学物質過敏症に対して懐疑的な態度をとる医学界主流派に同調する者もいるからである。しかしながら、ボストン・セルフヘルプ・センター（Boston Self Help Center）のように、多種化学物質過敏症の人と一緒に活動し、彼らの公民権の獲得を試みている団体もある。

参照項目　ボストン・セルフヘルプ・センター（Boston Self Helf Center）

出典　Martin, Rosemary M., "People with Multiple Chemical Sensitivity: A New Social Policy for NASW" (1995).

Murphy, Robert F.
マーフィー，ロバート・F（1924-1990）

ロバート・F・マーフィーは、1987 年に出版された『ボディ・サイレント──病いと障害の人類学（*The Body Silent*）』の著者である。マーフィーは、ニューヨーク市のコロンビア大学の人類学の教授であるが、手術不能の脊髄腫瘍によって四肢まひになった経過をたどりつつ、自らの進行性障害という病気の衝撃がどのようなものであったかを記している。マーフィーは、障害が自分の自己イメージ、結婚、学者という職業におよぼす影響を検討している。彼は四肢まひを社会的状況において、障害者が経験する、経済的、および、対人関係上の抑圧と、多くの健常者が感じる恐れやためらいの両方について記している。マーフィーは、「障害者は論じるまでもなく、典型的なアメリカのアンチヒーローである」と結論づけている。障害者はまさに自らの存在によって、厳格な自恃に対するカルヴァン主義的強迫観念と大変な努力と積極的な態度があればいかなる逆境も乗り越えられるというアメリカ人の信念とに対して異議を唱えているのである。「障害があるということは、ある時間においての身体の状態であり、社会的アイデンティティの 1 つの側面である。すなわち、身体的原因によって始まり、社会によって定義と意味が与えられるプロセスのことである」。

マーフィーの他の著書には、『社会生活の論理学──人類学理論における警告と逸脱（*The*

Dialectics of Social Life: Alarms and Excursions in Anthropological Theory)』(1971)、『文化・社会人類学——序章(*Cultural and Social Anthropology: An Overture*)』(第2版, 1986) がある。

出　典　Murphy, Robert F., *The Body Silent* (1987) (辻信一訳『ボディ・サイレント——病いと障害の人類学』新宿書房、1992).

NARC
全米精神遅滞児親の会

参照項目　全米精神遅滞市民協会（The Arc）

The National Alliance for the Mentally Ill (NAMI)
全米精神障害者家族連合会（NAMI）

　全米精神障害者家族連合会は、ウイスコンシン州マディソンに住む精神障害者の2人の母親によって、1979年に設立された。1995年時点で、50州に1100の支部と14万人の会員を擁していた。本部はヴァージニア州のアーリントンにあり、重い精神障害者の家族の生活を改善する全国的ネットワークである。重い精神障害者をもつ家族が可能なかぎり最善の生活を送れるようにすることを目標としている。NAMIは1990年アメリカ障害者法に護られて、精神障害のある人々のインクルージョンを主張している。

　同連合会は、精神障害者のための地域サーヴィスを求める人を対象に、家族支援グループの組織化、権利擁護支援、関連情報の提供を行っている。マスメディアや一般社会において根強く残存する精神障害者への否定的な固定観念にも対抗している。たとえば、下院議員、チャック・ダグラス（Chuck Douglas、共和党、ニューハンプシャー州選出）が、1995年の米議会での「凶暴な人間たち——職場における時限爆弾」という演説を行った時、ニューハンプシャー州のNAMIは、雇用を求める精神障害者に対するダグラスの誤った考えを糾弾する記者会見を開き、抗議の手紙キャンペーンを展開した。NAMIは、隔月に『NAMI権利擁護（NAMI Advocate）』という会報を発行している。発行部数は約18万部である。研究者や行政担当者、当事者や家族が体験や知識を分かち合うために交流する年次総会の後援も行っている。精神障害サヴァイヴァー（psychiatric survivor）の中には（たとえばレイ・アンジッカー〈Rae Unzicker〉）ら、精神障害者の親や家族の利益を代表するものとしてのNAMIを、障害当事者自身の利益に対立するものとして批判的に捉えているものもある。同連合会は、その起源あるいは構成からみて、障害者の親の会の運動の1つとして分類できる。

参照項目　親の会の運動（Parents' Movement）；精神障害サヴァイヴァー運動（Psychiatric Survivor Movement）

National Alliance of Blind Students
全米盲人大学生連合

参照項目　アメリカ盲人協議会（American Council of the Blind）

National Association for Rights, Protection and Advocacy (NARPA)
全米権利保護・擁護協会（NARPA）

　全米権利保護・擁護協会は、地域の精神疾患者の権利擁護活動を国中で支援するために、権利擁護者によって、1980年に創設された。協会はミネソタ州セントポールを本拠地とし、「精神保健事業の受益者は、自ら選択する能力をもち、かつまた、そうする権利がある。これらの人々は、何よりもまず、法の下で平等な市民である。…… NARPAの基本的な使命は、精神的な障害者というレッテルを貼られてきた人々が自主的に自らの法的権利を行使できるようにするために、彼らの能力を高める手助けをすることである」と考えている。

　NARPAの会員には、精神保健事業の利用者、精神疾患者の家族、サーヴィス提供者、障害者権利運動の弁護士等の人々が含まれる。理事会役員には、ジュディ・チェンバレン（Judi Chamberlin）やレイ・アンジッカー（Rae Unzicker）のような全国的に有名な権利擁護運動家たちが含まれており、常に理事会の半数以上は、精神疾患者本人である。NARPAは、1986年精神疾患者保護および権利擁護法（Protection and Advocacy Act for Mentally Ill Individuals of 1986）の再認可のためのロビー活動を行った。NARPAは、季刊の会報『権利主義（The Rights Tenet）』を発行している。同誌には、電気ショック療法（ECT）を禁止するテキサス州の活動報告から、一般報道機関の精神疾

患関連報道，および NARPA の活動の最新情報にわたる記事が掲載されている。

参照項目 チェンバレン，ジュディ（Chamberlin, Judi）；1986年精神疾患者保護および権利擁護法（Protection and Advocacy for Mentally Ill Individuals Act of 1986）；精神障害サヴァイヴァー運動（Psychiatric Survivor Movement）；アンジッカー，レイ・E（Unzicker, Rae E.）

National Association of Psychiatric Survivors 全米精神障害サヴァイヴァー協会

参照項目 精神障害サヴァイヴァー運動（Psychiatric Survivor Movement）

National Association of the Deaf (NAD) 全米聾者協会（NAD）

全米聾者協会は、1880年に創設された。同協会は、今日存続している中では、合衆国で最も古い、全国規模の障害者権利組織である。もともとは全米聾唖者会議（National Convention of Deaf-Mutes）と呼ばれていたが、1889年の第3回全国大会開催前に名称が変更された。オハイオ州シンシナティで開催された第1回の NAD 大会には、21州から143名が出席した。同協会の目的は、設立趣意書によれば、「アメリカ国内の諸地域に住む聾者たちに緊密な交流をもたせること、そして人間の1つの集団としての聾者のニーズを審議することである。われわれには固有の利害があり、われわれだけがそれに対処できるのである」。

『聾唖ジャーナル（The Deaf-Mutes' Journal）』の発行人であるエドウィン・アラン・ホッジソン（Edwin Allan Hodgson）は、一般に、エドマンド・ブース（Edmund Booth）、ロバート・P・マクレガー（Robert P. McGregor）とともに、NAD の創設への推進力となったと認められている。シンシナティ通学制聾学校の創設者であり、初代校長であった著述家マクレガーが、NAD の初代会長に選出された。ホジソンは1883年にマクレガーのあとを引き継ぎ、NAD の第2代会長となった。1890年までに設立され、NAD に加盟した州の聾者協会は、アイオワ州、ペンシルヴェニア州、ヴァージニア州、ミネソタ州、テキサス州、ミシガン州、アーカンソー州であった。

NAD は当初から、アメリカ手話、ならびに聾者が聾学校の教師となる権利を擁護することに取り組んでいた。初期の画期的出来事としては、聾者が連邦公務員に雇用される権利に関する1908年の運動があり、これは成功した。この運動は、1930年代には植林市民部隊（Civilian Conservation Corps）に聾者を参加させる権利（1960年代には失業青少年のための職業部隊であるジョブ・コアに参加させる権利）のための運動へとつながっていった。20世紀の最初の数十年間、NAD は、州法における聾者への運転免許取得禁止に見られるような、一般市民の聴覚障害に対する無知と闘った。1940年代後半、NAD は聾者による路上での物乞いをやめさせる運動を開始した。次の10年は、聾者に対する特別非課税に反対を表明し、代わりに聾者に対する雇用差別を止めるよう主張した。NAD はまた、聴覚障害が「治る」といってさまざまな薬、外用水薬、機器を売りつけ、聾コミュニティを食い物にする偽医者や詐欺師を摘発するために闘った。

NAD は1960年代と1970年代において、会員数とその影響力の増大という点で著しい発展を遂げた。それはフレデリック・C・シュライバー（Frederick C. Schreiber）の活動によるところが大きい。シュライバーはすでに1950年代、ニューヨーク市のイスラエル人聾者協会（Hebrew Association of the Deaf）の会長としてその運営手腕を示していた。彼は1964年に NAD の会計担当責任者（Secretary treasurer）に選出された。2年後には、協会の筆頭事務局長（first executive secretary、のちに事務局長〈executive director〉と改称）になった。1965年、シュライバーの説得により、NAD は連盟本部をカリフォルニア州バークレーからワシントン D.C. へ移転した。1966年、NAD は聾と聾者の歴史に関する書物の出版を開始した。3年後、NAD は最初の全米規模の聾者人口調査を実施するための連邦資金を受領した。シュライバーと他の NAD 会員たちは、アメリカ障害者市民連合（American Coalition of Citizens with Disabilities）の最初の世話人のメンバーに入った。

1975年、世界聾者連盟（World Federation of the Deaf）加盟組織であるNADは、ワシントンD.C.において開催された世界聾者会議（World Congress of the Deaf）を主催した。NAD年間予算は1964年には2万5000ドルであったのに対し、1980年までには200万ドルとなった。

今日、メリーランド州のシルヴァースプリングに本部を構えるNADは、51の各州聾者協会の加盟（ワシントンD.C.を含む）を誇り、隔年で全国大会を開催する。NADは、多数の書籍だけでなく、月刊ニューズレター『ブロードキャスター（The Broadcaster）』も発行している。NADは、NAD法律センターを開設し、聾者および難聴者に彼らの法的権利について助言し、公民権訴訟において連邦法廷で彼らを代理している。NADはまた、裁判官が法廷で手話通訳サーヴィスを提供するのを拒否したり、医療供給者が病院、診療所または健康教育クラスにおいて手話通訳者を提供するのを拒否した時に、仲裁に入っている。NADは毎年行われる「ミス・デフ・アメリカコンテスト」を後援しており、高校生のための「ジュニアNAD（JNAD）」もある。1988年のギャローデット大学における「今こそ聾の学長を」運動（Deaf President Now Campaign）のリーダーの多くは、JNADの会員であった。

NADの現在の推定会員数は3万人である。

参照項目 アメリカ障害者市民連合（American Coalition of Citizens with Disabilities）；アメリカ手話（American Sign Language）；「今こそ聾の学長を」運動（Deaf President Now Campaign）；口話法聾学校、口話主義（Oral School, Oralism）；シュライバー，フレデリック・C（Schreiber, Frederick C.）
出典 Gannon, Jack R., *Deaf Heritage: A Narrative History of the Deaf* (1981); Schein, Jerome D., *At Home among Strangers* (1989).

National Association of the Physically Handicapped, Inc. (NAPH)
全米身体障害者協会（NAPH）

全米身体障害者協会は、1958年5月、アメリカ身体障害者連盟（American Federation of the Physically Handicapped: AFPH）を解散する会合において発足した。それは「身体障害者の社会的、経済的、身体的福祉を向上させることを援助するための」非営利組織であり、「独立した自助的活動グループ」である。NAPHは、ミシガン州、インディアナ州、オハイオ州、ニューハンプシャー州、ノースカロライナ州とその支部において約800人の会員を有している。健常者にも会員の資格は与えられるものの、どの支部の執行部においてもメンバーの60％は身体障害者でなければならない。地方の支部は、会員に地方および全国的な障害者権利法を通過させる働きかけのような政治的活動に携わるだけでなく、社会化の機会も提供する。NAPHは連邦法および規定において、一連の建築標準を統合する基礎となった、アメリカ規格協会（Ameri-can National Standards Institute: ANSI）が1961年に刊行した建築物のバリアフリー基準の発展に貢献した。一部のNAPH支部は、障害をもったアメリカ障害者市民連合（American Coalition of Citizens with Disabilities）の会員であり、NAPHは1990年アメリカ障害者法の支持者であった。NAPHは、季刊誌『NAPHナショナル・ニューズレター（NAPH National Newsletter: NNN）』を刊行しており、オハイオ州のシンシナティに事務所を置いている。現協会長は創始期から組織に関与してきた、AFPHのリーダーでもあるクラレンス・アヴェリル（Clarence Averill）である。

参照項目 アメリカ身体障害者連盟（American Federation of the Physically Handicapped: AFPH）

National Black Deaf Advocates (NBDA)
全米黒人聾者協会（NBDA）

全米黒人聾者協会は、既存の白人中心の聾者団体は黒人の聾者の問題を取り上げてくれないと感じた黒人聾者たちによって、1982年に設立された。この団体の設立者たちは、同時に、より多くの黒人健聴者たちが、黒人聾者の経験と可能性について知ってほしいと考えていた。1996年現在、NBDAは、全米で17支部をもち、700名以上の会員をかかえている。

NBDAの設立者の1人、チャールズ・ウィ

リアムズ（Charles Williams）は、シンシナティで全米聾者協会（National Association of the Deaf: NAD）年次総会が開催された1980年頃から、NADには、黒人聾者の代表が少なすぎると主張していた。現在、黒人聾者は24万人程度いて、全米の聾者全体の5％を占めるが、その割に聾学校の教師には黒人がほとんどいない。またアフリカ系アメリカ人組織が会合や行事を行う際には、手話通訳がつくこともほとんどない。全米黒人手話通訳連合（National Alliance of Black Interpreters: NAOBI）のバーバラ・モリス・ハント（Barbara Morris Hunt）は、ジャーナリストのヴィクトリア・ヴァレンタイン（Victoria Valentine）に対して、黒人聾者が、白人聾者にも黒人健聴者にも理解してもらえないと感じていると語った。たとえば、「ギャローデット（大学）では聾者は受け入れられるが、黒人では無理だし、ハワード（大学）では黒人でも受け入れられるが、聾者では難しいのである」。

NBDAは、ワシントンD.C.のハワード大学（Howard University）で1981年6月開催された第1回黒人聾者大会（First Black Deaf Conference）から始まったと見ることができる。クリーヴランドで開かれた翌年の大会には、約300人が集い、全米組織をコーディネイトする事務局長が選出された。アーネスト・ヘアストン（Ernest Hairston）とリンウッド・スミス（Linwood Smith）によれば、NBDAの主目的は、「黒人聾者が指導者となって活躍できるようにすること、つまり自分たちの手で事業の企画、組織化、実施ができるように訓練すること、また指導的役割を果たす機会を与え、互いにロール・モデルとなる機会を与えること」である。

参照項目 多文化問題、障害のあるマイノリティ（Multicultural Issue; Minority Persons with Disabilities）

出典 Hairston, Ernest, and Linwood Smith, *Black and Deaf in America: Are We That Different?* (1983); Valentine, Victoria, "Being Black and Deaf: Coping in Both Communities," *Emerge: Black America's Newsmagazine* (December/January1996).

National Center for Law and the Handicapped
全国法律・障害者センター

全国法律・障害者センターは、1971年に設立された、アメリカで最初の全米規模の障害者のための法律上の権利擁護センターであった。このセンターは、インディアナ州サウスベンドのノートルダム大学（University of Notre Dame）ロー・スクールの教員と学生によって、精神遅滞市民協会（Association for Retarded Citizens: ARC、現在はArc）の後援を受けて設立された。センターの弁護士は、初期のいくつもの障害者の権利訴訟で弁論したが、1974年のG.H.裁判（*In re G.H.*, 1974）では、その中でもノースダコタ州最高裁判所での弁論はその主なものである。この教育権訴訟では、裁判所は、「この州では、多くの障害児が教育をまったく受けていないが、……ノースダコダ州のすべての子どもたちが、州法の下、公立学校において教育を受ける権利を有しているとわれわれは確信しており、……州憲法の条項に明確に記載されているとおり、障害児は、障害がない子どもに劣らず、確かに権利があるのである」と裁定した。

障害者の権利に関する問題で有名な代理人が何人も、センターに関係していた。トーマス・K・ギルフール（Thomas K. Gilhool）は1971年から1977年までセンターの顧問の1人だった。フランク・ラスキ（Frank Laski）は1973年から1974年まで、ロバート・バーグドーフ（Robert Burgdorf）は1973年から1976年まで、スタッフ弁護士（staff attorney）であった。このセンターは1980年までに活動を停止した。

参照項目 バーグドーフ，ロバート・L・ジュニア（Burgdorf, Robert L., Jr.）；ギルフール，トーマス・K（Gilhool, Thomas K.）；ラスキ，フランク・J（Laski, Frank J.）

National Council on Disability
全米障害者評議会

全米障害者評議会（National Council on the Handicappedを改称）は、1973年リハビリテーション法の1978年改正法によって、当初、連

邦教育省内に設置された。この評議会は、障害者に関連する連邦政府の政策を調査し、評価する責任を負っていた。1984年リハビリテーション改正法により、当評議会は、大統領によって任命され、上院によって承認される15人の専門委員会が率いる、独立した連邦政府機関となった。当評議会は、大統領、連邦議会、国立障害・リハビリテーション研究所（National Institute on Disability and Rehabilitation Research）、その他の連邦政府職員、および連邦政府機関に対し、障害のあるアメリカ人のために雇用機会均等、経済的自立、自立生活、社会への統合を促進する方法に関して、勧告する権限を与えられている。

当評議会は、障害者のために連邦政府による公民権擁護を要求するリーダーシップで名高い。評議会の1986年報告書『自立に向けて（Toward Independence）』は、当評議会弁護士ロバート・L・バーグドーフ・ジュニアによるアメリカ障害者法（ADA）の起草につながり、1988年4月連邦議会に提出された。続いて、評議会および評議会の各委員は、アメリカ障害者法（ADA）可決のために専門的支援を行った。同法案は、1990年7月に署名され、法律となった。当評議会のアメリカ障害者法監視プロジェクト（ADA Watch Project）は、データを収集し、政府部門、および民間部門による遵守を監視している。

当評議会は、障害のあるアメリカ人の現状、ニーズ、懸案事項に関する情報を伝える役割を果たしている。評議会のメンバーは、重要な問題に注意を向けるために、連邦議会、連邦政府、全国メディアにアクセスできる立場を利用した。一例をあげると、コンピュータを使用する視覚障害者のために、利用しやすいグラフィカル・ユーザー・インターフェース・ソフトウェア（Graphical User Interface software）、とくにマイクロソフト社（Microsoft Corporation）によるソフトウェアを開発するよう行った擁護活動がある。評議会は1992年に「マイノリティの独特のニーズに応える（Meeting the Unique Needs of Minorities）」という重要な会議を共催、1990年に「ウィルダネス・アクセシビリティ・フォーラム（Wilderness Accessibility Forum）」を実施、1989年に教育、および長期健康管理に関するフォーラム等々を実施した。当評議会は、他国の障害者権利擁護の活動家や機関と連絡をとっている。たとえば、1992年にはプラハで東部ヨーロッパ障害者会議（Eastern European Conference on Disabilities）を共催した。また、当評議会は、障害者にとって重要な事項に関する全国調査の依頼も行っている。クリントン政権のもとで、初めて評議会メンバーの大多数が障害者となった。

参照項目　1990年アメリカ障害者法（Americans with Disabilities Act of 1990）；コンピュータ・アクセス（Computer Access）；ダート，ジャスティン・ジュニア（Dart, Justin, Jr.）；パリーノ，サンドラ・スウィフト（Parrino, Sandra Swift）

National Council on Independent Living (NCIL)
全米自立生活協議会（NCIL）

全米自立生活協議会は、ワシントンD.C.に拠点を置く、自立生活センターの協会である。NCILは各センターと自立生活運動の利益を代表して活動し、各センターならびに他の障害者団体に対して技術的な支援を行う。

NCILは1982年、全員がボランティアの非営利組織として設立された。連邦に対して助成金の提供を求めるとともに、連邦のリハビリテーション・サーヴィスと自立生活センターに対する利用者の統制を強化するために連邦法の改正を要求している。またNCILは、1987年公民権回復法、1988年バリアフリー住宅に関する改正法、1990年アメリカ障害者法（ADA）の連邦議会通過の一翼を担った。たとえば1989年、NCILはアメリカ障害者法支持のデモ行進を組織し、連邦議会のレイバーンビルからホワイトハウスまで行進した後、約175人の障害者がろうそくを灯して徹夜の抗議をした。当協議会は弁護士、活動家、連邦機関と連携して障害者権利関連法規の実現に取り組んだ。また、保健・医療財政改革やパーソナル・アシスタンス・サーヴィスならびに社会保障障害保険（SSDI）、補足的所得保障（SSI）プログラム等の問題について支持を表明している。NCILは全国会議の開催を資金援助し、アメリカ障害者法におけるピア訓練プログラムを運営し、

『NCILニューズレター（NCIL Newsletter）』を季刊発行している。財政基盤としては、会費、個人寄付および助成金によっている。運営委員会は22名中20名が障害者で構成されている。

▶参照項目　自立生活、自立生活運動（Independent Living and Independent Living Movement）

National Empowerment Center
全米エンパワメント・センター

マサチューセッツ州のローレンスにある全米エンパワメント・センターは、全国的レベルで世論形成を推進し、個人または団体に技術的な支援を提供している。その目的は、当事者の快復、立場や権限の強化（エンパワメント）、希望を失わず、癒しを得ることにある。

センターは1992年に設立された。業務は、強制治療が必要な人を対象とした薬物濫用防止キャンペーン、法的権利に関する文献ならびに音声テープの整備、セルフヘルプ・グループや民間の人権擁護団体の組織化、相互支援団体および個人が運営する相談支援拠点（drop-in center）のリストの提供である。同センターは会報『全米エンパワメント・センター・ニューズレター（National Empowerment Center Newsletter）』（発行部数が6000）を年2回発行している。国内外の精神科セルフヘルプ・グループや公民権運動の記事を掲載している。

▶参照項目　精神障害サヴァイヴァー運動（Psychiatric Survivor Movement）

National Federation of the Blind (NFB)
全米盲人連合（NFB）

1940年に設立された全米盲人連合は、アメリカで最も古い障害者擁護団体の1つである。ほとんどが晴眼の専門家により組織され主導されていたそれまでの盲人組織とは異なり、盲人自身があらゆる主導的立場にある当事者団体である。

NFBの設立当時、盲人はさまざまな場所で差別を受けていた。寄宿制の隔離された学校へ行ける盲人もいたが、いかなる教育をも受けられない盲人もいた。一般的に、収入の多い職に就くことを阻まれ、屈辱的で搾取的な環境のもと、最低賃金以下の報酬で授産施設で働く盲人もいた。「職業訓練」とは籠編みやモップ作りを学ぶことでしかなく、その一方で多くの盲人が家族や社会の慈善に頼って生活していた。著名な医師や心理学者が、「盲人」は精神的、情緒的に障害を負っていると論じた。盲人は、単に障害があるというだけでごくふつうにレストランやホテルの利用を拒まれ、公共交通機関や映画館から締め出され、陪審員制度から除外され、そしてYMCAの会員になることさえも拒否された。

NFBは、1940年11月にペンシルヴェニア州ウィルクス・ベァリーで行われた会議において組織された。7つの州の16名の代表者が規約を起草し、「全米盲人連合の目的は盲人の経済的、社会的福祉を促進することである」と宣言した。NFB創設の中心人物で、初代会長を務めたのは、歴史家で政治学教授のジェイコブズ・テンブローク（Jacobus TenBroek）である。テンブロークは、1940年代から1950年代を通じて、NFBのリーダー的役割を果たすことになった。

テンブロークらは、労働運動を手本とした。NFBは、雇用主が盲人に最低賃金以下の支払いをすることを容認している1938年公正労働基準法の免責条項と闘い、また、連邦政府と州のサーヴィスから盲人が排除されることに抗議した。NFBは、1948年にボルティモアで開かれた定例総会において、「盲人の権利宣言」を発表した。それは、正当な賃金で正当な仕事をする権利と、それが可能となるような社会復帰援助を受ける権利をうたっていた。テンブロークはこの年、「盲人は後見人の職務を果たすソーシャルワーカーのもとに置かれすぎている」と書いている。そして彼は、NFBに対し、アメリカのすべての盲人の「安全・平等・機会均等」に尽力するよう要求した。

NFBの会員は着実に増加した。1960年には47の州に支部があり、マイアミで開催された20周年記念総会には900名の代表者が参加した。NFBは、国の授産施設、および州の視覚障害者関連委員会やリハビリテーション機関に労働者組織を作ることに力を尽くした。盲人が当事

者の連合を組織することを受け入れた機関もあれば、NFB が関与していることを疑って従業員に嫌がらせをする機関もあった。彼らが従業員やクライアントに対してあまりにも大きな圧力をかけたために、上院議員のジョン・F・ケネディ（John F. Kennedy、民主党、マサチューセッツ州選出）は、盲人が組織を作る権利を保護する連邦法を議会に提出した（その法案は可決されなかった）。

NFB は、その闘争性と連帯感の両方で知られるようになった。集会やデモでは、「私は授産施設で働いてきた」といった NFB の歌を一緒に歌って、呼び物にした。NFB は、会員に誇りと団結力を植え付けた。そして、盲という状態は身体的なハンディキャップではなく、社会の態度や障害者の能力を奪う政治の問題である、という考え方を強調した。

1950 年代末にかけて、考え方の食い違いや人間関係の不和が噴出し、公式の NFB 史において「南北戦争」と称される状態に陥った。反対派は、NFB は「真の民主主義者」ではないと非難し、全国的な政策に地方の声が取り込まれていないと批判した。この論争は 1958 年の年次総会に始まり、1960 年の総会において、規約の改正、および「同連合を破壊するような活動」に対する処置として 6 つの州の支部の活動停止という形で終止符が打たれた。活動を停止した支部は 1961 年までに 15 に達し、これには 1940 年の NFB 創設時の全支部が含まれていた。辞任もしくは活動停止された反対派の多くが中核となって、アメリカ盲人協議会を結成した。テンブロークは 1961 年に代表の座を退いたが、1966 年に再選された。1968 年に彼が死去し、ケネス・ジャーニガン（Kenneth Jernigan）が NFB の新代表となった。

NFB はジャーニガンのもとで、リハビリテーション機関とアメリカ航空業界に対する反対運動を展開した。とくにターゲットとしたのは、全米視覚障害者サーヴィス提供機関認定協議会（National Accreditation Council for Agencies Serving the Blind and Visually Handicapped: NAC）である。NFB は、NAC に対し「改革するのでなければ撤退せよ」という方針をとり、NAC の会議でデモ行進を実施し、「盲人組織」として NFB の協議により多く参加することを求めた。NFB は、盲人や盲聾者のための機関、そ

れもしばしば NAC の認定機関内の悪弊を暴いた。NFB は、航空会社が視覚障害のある乗客が非常口の近くの席に座るのを拒んでいること、それはまったく相手を見下す差別的なものであるとして強く非難した。NFB はまた、すべての盲人が点字を使用できるようにすべきであると主張し、自立への欠かせないステップとして点字の読み書きが重要であることを強調した。ジャーニガンは、テンブロークのもとで始まった「白杖法（white cane laws）」の制定という戦略を継続した。これは、自動車のドライバーに対し白杖使用者を見たら注意するように求め、また盲導犬使用者が公共の場を利用できるようにする法律である。これは、歴史家ポール・ロングモアが「事実上、最初の利用機会平等法」と記した法律である。

ジャーニガンは、盲人の世界でも、規模の大きい障害者権利運動の中でも、しばしば物議をかもす人物であった。彼の主導のもとで、NFB はミネソタ州、ルイディアナ州、およびコロラド州で独自のリハビリテーション・センターを運営し始めた。それは、「連合が運営する機関の利用者が、サーヴィスに満足できなかった場合はどこに行けばよいのか」という批判を招いた。NFB は、最初は 1990 年アメリカ障害者法（ADA）についていかなる立場もとらず、その後に、もし企業が障害者に関する便宜を強要することを禁止するように法案が修正されないかぎり、これに反対すると公然と脅迫した。アメリカ障害者法の賛同者たちは変更に同意したが、中には、AFB の意義の表明が遅すぎ、しかもそれが対決を辞さない態度であったことに困惑する者もいた。

それにもかかわらず、AFB はアメリカの盲人全体の 10 分の 1 を占める 5 万人の会員を有する、アメリカ最大の盲人政治団体である。その月刊誌『点字モニター（*Braille Monitor*）』は、NFB のニュースと論点を扱っている。アメリカ労働省と協同で進めている盲人就労機会（JOB）プログラムは、盲人の就職を支援している。NFB はまた、学生には奨学金の支給を、差別の被害者には法的援助を、若い運動家たちには法律や弁護に関する研修を行っている。

1986 年にジャーニガンが辞任し、マーク・マウラー（Marc Maurer）が次の会長となった NFB は、現在メリーランド州ボルティモアに

本部を置く。NFBの目的は依然として変わらず、「平等に基づき盲人を社会に完全に統合すること」にある。

参照項目 アメリカ盲人協議会（American Council of the Blind）；ジャーニガン，ケネス（Jernigan, Kenneth）；授産施設（Sheltered Workshops）；テンブロー ク，ジェイコブズ（tenBroek, Jacobus）
出典 Matson, Floyd, *Walking Alone and Marching Together: A History of the Organized Blind Movement in the United States, 1940–1990* (1990).

National Fraternal Society of the Deaf/Deaf Insurance
全米聾者友愛協会／聾者保険

1900年代初めの保険会社が、聾者に対し生命・身体障害・自動車保険を提供することはまれであり、提供するとしても法外な掛金を負担させていた。保険業界では、裏づける証拠がないにもかかわらず、聾者は危険が多いと考えていた。そこで、ミシガン州フリントにあるミシガン州立聾学校の1901年同期会の若い聾者グループが、「互助組織」を創設する計画を練った。全米聾者友愛協会（National Fraternal Society of the Deaf: NFSD）はその年の8月12日に法人化され、必要なときには会員に財政支援を提供した。NFSDは1907年、イリノイ州の「法定準備金団体（legal reserve society）」として正式に法人格を与えられ、1945年には会員は1万人を上回った。当初は男性にのみ開かれたものであったが、1937年、女性の補助団体も組織され、1951年には女性も正会員として認められた。1960年代のNFSDによる権利擁護運動により、保険会社はもはや聾のドライバーに対して差別をしなくなった。今日では、聾者は、他の保険に関しても加入しやすくなっている。

NFSDは、主に聾者によって経営された世界で唯一の友愛生命保険会社として存続している。同協会は、とくに州レベルでの聾コミュニティに対する給付金の法律制定を主張している。また、社会的、文化的活動を主催したり、慈善活動を行い、隔月刊のニューズレター『フラット（*Frat*）』を発行している。本部は、イリノイ州のマウント・プロスペクト（Mt. Prospect）にある。

National Legal Center for the Medically Dependent and Disabled
全米医療的依存者・障害者法律センター

全米医療的依存者・障害者法律センターは、インディアナ州ブルーミントンのベビー・ドゥー裁判への対応として1984年に創立された。この非営利センターは、乳幼児殺害、安楽死、自殺幇助、非自発的（麻薬などの）使用中止、不可欠な医療処置とケアの抑制、健康管理財政における差別によって脅かされる脆弱な人々の権利を守ることに焦点が置かれる。このセンターは、法律サーヴィス組合（Legal Services Corporation）の全国的なサポート・センターとして設立されたが、1996年、議会がすべての国立サポート・センターに対する財政援助を打ち切った際に独立機関となった。このセンターは、たとえば1996年連邦第2巡回区控訴裁判所によって下されたクウィル対ヴァコ裁判（*Quill v. Vacco*）、連邦第9巡回区控訴裁判所によって下されたワシントン対グラックスバーグ裁判（*Washinton v. Glucksberg*）のような「死ぬ権利」裁判と関わりをもっていたが、両事件は1997年最高裁判決までいった。

このセンターは、障害者を冷遇する死ぬ権利を保障する努力について議論する。最高裁判決に対するアミカス・クリエ（amicus curie, 個別事件の法律問題について、裁判所に情報または意見を提出する第三者）において、センターの弁護士は、「自殺幇助は、自殺幇助法が憲法の下で容認されうるという人種に基づいた例外以上に、アメリカ障害者法下で終末期にある障害者のための特別な配慮や利益として見なすことはできない」と主張する。

このセンターは、インディアナポリスに基盤を置き、季刊誌『法律と医学の争点（*Issues in Law and medicine*）』を発行している。

参照項目 ベビー・ドゥー裁判（Baby Doe Case）；ベビー・ジェイン・ドゥー裁判（Baby Jane Doe Case）；安楽死と自殺幇助（Euthanasia and Assisted Suicide）

National Mental Health Foundation
全米精神保健財団

　第2次世界大戦中、多くの良心的兵役拒否者が精神病院へ送られ、看護人としての仕事をさせられた。専門職としての訓練のない「素人」が大量に、精神障害者の治療の場に足を踏み入れた。「素人」である彼らは州立病院に収容されている患者処遇に接し、ショックを受けた。戦争中、フィラデルフィア州立病院で働いていたレナード・エーデルスタイン（Leonard Edelstein）、フィル・スティア（Phil Steer）、ハロルド・バートン（Haroldo Barton）、ウィラード・ヘッツェル（Willard Hetzel）は、全国の良心的兵役拒否者の看護人から情報を集め始めた。1946年、彼らは全米精神保健財団（National Mental Health Foundation）を設立し、本部をフィラデルフィア州にあるアメリカン・フレンズ・スクール（American Friends School）に置いた。『精神保健介助（*Psychiatric Aide*）』や『精神保健に向けて（*Toward Mental Health*）』などの定期刊行物を発行した。弁護士であるヘッツェルは、精神障害者の施設収容に関する州法の調査を行った。

　財団の責任者は、施設での精神障害者の処遇改善を目指し、州の法律家を説得するため、情報を収集し普及させた。この目標は、財団が正式に設立される前の1946年5月、雑誌『ライフ』による擁護と世論による圧力によって、患者1人あたりに対する州施設の財政支援の増加をもたらした。この経費の増加は、施設内の患者虐待を明るみにする世論とともに1960年代の地域精神保健サーヴィスと1970年代の精神障害者の脱施設化を推し進めていくこととなった。

　精神保健財団は全米精神衛生協会（National Committee for Mental Hygiene）と精神医療財団（Psychiatric Foundation）が合併した1951年の秋に解散し、現在は全米精神保健協会（National Mental Health Association: NMHA）と呼ばれている。同協会はヴァージニア州のアレキサンドリアを拠点に、一般の人々に向けて精神保健についての情報提供を行っている。それは人々が地域での精神医療の選択に役立つ情報提供サーヴィスとなっている。

参照項目　脱施設化（Deinstitutionalization）；精神障害サヴァイヴァー運動（Psychiatric Survivor Movement）

National Organization on Disability (NOD)
全米障害者組織（NOD）

　非営利組織である全米障害者組織は、障害に関する問題を、非障害者組織、とりわけ企業や民間団体に提起するため、1982年に設立された。NODは全米パートナーシップ・プログラム組織（National Organization Partnership Program）により、各企業や民間団体が協会の本部あるいは各州、各地方の支部や関連団体を通して障害者の参加を進めるよう働きかけている。参加組織には、アメリカ少年少女クラブ（Boys and Girls Clubs of America）、女性クラブ総連合（General Federation of Women's Clubs）、ヒスパニック大学連盟（Hispanic Association of Colleges and Universities）、アメリカ高齢者向け住宅およびサーヴィス協会（American Association of Homes and Services for the Aging）がある。また、3500以上の町、都市、郡の政府が、NODのコミュニティ・パートナーシップ・プログラム（Community Partnership Program）に関わっている。その世界障害者委員会（World Comittee on Disability）は、外国の障害者に対して直接的な支援を提供している。

　NODでは、参加団体が障害者を、とりわけ管理的、指導的な立場でスタッフとして雇用するよう推進している。また、地域をバリアフリーの環境にするため、参加団体が障害者委員会を設置すること、さらには地方行政での有給職や無給の理事会や委員会職務に障害者が含まれるよう保証することを勧めている。かつてレーガン時代の大統領報道官であったジェームズ・ブレイディ（James Brady）は、協会の主要な代弁者である。またNODは、1990年アメリカ障害者法の議会通過を積極的に支援した。

National Paraplegia Foundation
全米対まひ財団

参照項目　全米脊髄損傷者協会（National Spinal Cord Injury Association）

National Spinal Cord Injury Association (NSCIA)
全米脊髄損傷者協会

1948年7月、アメリカ身体まひ退役軍人会の会員数人は、ロバート・モス（Robert Moss）の指導のもと、脊髄損傷をもつ市民のニーズを代弁するため、全米対まひ財団（National Paraplegia Foundation: NPF）を創設した。NPFの州および支部は、彼らの地域における最初の障害者権利組織であり、ワシントンD.C.の地下鉄を利用可能にするための闘いのような重要なキャンペーンに参加した。1979年、ニューイングランド脊髄損傷財団（New England Spinal Cord Injury Foundation）と統合されてからは全米脊髄損傷財団（National Spinal Cord Injury Foundation）となった。その時、焦点は政治的な活動主義から、支部のネットワークを通した直接的なサーヴィス提供、脊髄損傷の完治のための研究擁護へと変わった。数年後に、名称は全米脊髄損傷者協会（NSCIA）へ変更された。

1996年、NSCIAは30ヶ所の支部で構成されるが、これは25ヶ所の発展途上の支部と5ヶ所のサポート・グループとなる。彼らはそれぞれ「3つのC」に献身する。第1に、健康管理（health Care）の質と有用性についての標準を向上させること、第2に、完治（Cure）のための研究基金を助成すること、第3に、脊髄損傷者の現実の生活に対する対処（Cope with）である。メリーランド州シールヴァー・スプリングに基盤を置いたNSCIAは、全米脊髄損傷情報センター（National Spinal Cord Injury Resource Center: NSCIRC）を運営する非営利組織であり、『脊髄損傷者の生活（SCI Life）』を含んだ一連の資料を出版している。

参照項目　アメリカ身体まひ退役軍人会（Paralyzed Veterans of America）；首都交通局（メトロ）のバリアフリーキャンペーン（Metropolitan Area Transit Authority ("METRO") Access Campaign）

National Stigma Clearinghouse
全米スティグマ情報センター

全米スティグマ情報センターは精神障害者へのマスメディアによる偏見に満ちた固定観念に基づいた誤った報道と闘うために、1990年、ニューヨーク市に設立された。テレビ、映画、大衆芸術は、精神障害者を変態、悪魔、危険人物として描写することが多い。情報センターはボランティアグループで組織され、報告書を発行し、精神障害者を傷つける情報に対して圧力をかける投書行動などを展開する。抗議の対象には、DCコミック〔註：アメリカの二大アメリカンコミック出版社の1つ〕も含まれる。映画のスーパーマンの中にも、地球外惑星の精神障害者施設から逃げ出した「常軌を逸した」危険人物や悪魔の描写があり、「障害者、精神障害者、異常者との雇用契約を回避する方法」といったテーマでビジネスセミナーが開かれるような実態と闘っている。

参照項目　アメリカ身体まひ退役軍人会（Paralyzed Veterans of America）；首都交通局（メトロ）のバリアフリーキャンペーン（Metropolitan Area Transit Authority ("METRO") Access Campaign）

National Technical Institute for the Deaf (NTID)
国立聾工科大学

国立聾工科大学は、ニューヨーク州ロチェスターにあるロチェスター工科大学（Rochester Institute of Technology）のキャンパス内に位置する。1965年に連邦議会によって、聾と難聴学生に対して学士および修士レベルの技術的、専門的訓練を提供するために設けられた。1968年9月に71人のクラスでスタートしたが、1994年には1000人以上が在籍している。NTIDには、応用科学・科学技術、ビジネス、工学、画像芸術・科学、一般教養および科学の課程が

ある。また、同大学は、聾の政策および文化の中心でもある。

National Theatre of the Deaf (NTD)
アメリカ聾者劇団

寸劇、マイムショー、手話歌や手話詩は長い間、聾文化に不可欠なものであり、一般に全米およびカナダで多くの聾クラブの週末の集まりや大会などで愛好家によって演じられてきた。1950年代末には、ニューヨーク市だけでメトロポリタン聾シアター団体（Metropolitan Theatre Guild of the Deaf）、ニューヨーク・ユダヤ系聾者協会（New York Hebrew Association of the Deaf）、ニューヨーク聾者劇場組合（New York Theatre Guild of the Deaf）の3つの大きな聾劇団があった。他にも、シカゴ、サンフランシスコ、そして1961年にギャローデット大学が演劇の授業を開講し始めたワシントンD.C.でも定期公演があった。ギャローデット演劇クラブ（Gallaudet Drama Club）は1892年初めに作られた。

聾の俳優がアメリカ手話（ASL）でレパートリーを上演する全米規模のプロ劇団を作る構想は、心理学者で『聾の心理学（*The Psychology of Deafness*）』（1960）の著者であるエドナ・S・レヴィン（Edna S. Levine）が初めに思いついた。彼女は、ブロードウェイと映画版『奇跡の人（*The Miracle Worker*）』でアン・サリヴァン役を演じてASLを勉強していた女優アン・バンクロフト（Anne Bancroft）に協力を求めた。レヴィン、バンクロフトと舞台装置製作者デイヴィッド・ヘイズ（David Hays）は、ブロードウェイのプロデューサー、アーサー・ペン（Arthur Penn）とともに、プロジェクトの着手資金を求めて、1959年に連邦職業リハビリテーション局のメアリー・スウィッツァー（Mary Switzer）とボイス・R・ウィリアムズ（Boyce R. Williams）に働きかけた。レヴィン、ヘイズ、スウィッツァー、ウィリアムズが、聾者の雇用機会を拡大するためのプログラムとして宣伝するという趣旨で、連邦職業リハビリテーション局からアメリカ聾者劇団を立ち上げるために1万6500ドルの補助金を獲得することができたのは1967年であった。NTDの最初の頃の上演は、プッチーニ、シュロイメ・アンスキー、モリエール、ディラン・トーマスの古典劇のASL訳であった。NTDの芸術監督であるヘイズは、「私たちの劇団はすべての人のためのものです。聾の役者がエンターテインメントの世界で活躍する場がないのを当然とするのは間違いです」と強調している。聾の劇団とASLを聴者の世界にもち込もうとするこのような関与には、聾コミュニティから賞讃も批判もあった。NTDが聴者の聴衆に上演を提供することで遠いところに行ってしまったように感じる者もいた。俳優のバーナード・ブラッグ（Bernard Bragg）は、「聾の聴衆だけでは、聾のプロの劇団の繁栄を持続させるには小さすぎる。生き抜いていくためには、聾者に関する劇は、聴者の世界と聾者の世界の間にある普遍的な経験や摩擦に焦点をあてることによって、聴者の聴衆に合わせていかなければならない」と答えている。1971年初め、NTDは初めてのオリジナル劇、「第3の眼（*My Third Eye*）」を聴者の聴衆に公開し、聾者と聴者の摩擦、たとえばASLを禁じられる聾児の経験を垣間見せた。

NTDは、コネティカット州チェスターを本拠地とし、聾の俳優、監督、舞台製作、劇作家養成の中心地となっている。1977年から1982年の間に、NTDは聾の作家に17の新作劇の制作を依頼し、劇作家を目指す聾者のための会議と研究集会を開いた。また、ヨーロッパ、アフリカ、アジアで聾の俳優、作家、役者に技術的援助を提供した。NTDは、聴者の聴衆をASLに目を向けさせるのにも、アメリカの聾コミュニティにプライドと文化的意識を呼び起こすのにも大きな影響力をもっている。リンダ・ボーヴ（Linda Bove）、アンドレ・ノートン（Andree Norton）、フィリス・フレリック（Phyllis Frelich）、マーリー・マトリン（Marlee Matlin）、ジュリア・フィールズ（Julia Fields）、ティム・スキャンロン（Tim Scanlon）のような多くのNTDの会員が主流メディアで受賞歴をもって活動している。

参照項目　アメリカ手話（American Sign Language）；聾文化（Deaf Culture）

出典　Baldwin, Stephen C., *Pictures in the Air. The Story of the National Theatre of the Deaf* (1993).

Neas, Ralph G., Jr.
ニース，ラルフ・G・ジュニア（1946年生）

ラルフ・グレアム・ニース・ジュニアは、14年間、公民権指導者会議（Leadership Conference on Civil Rights: LCCR）の事務局長であった。LCCRは、マイノリティ・グループ、女性、障害者、高齢者、労働者、そして主要な宗教団体を代表する、およそ180の全米組織の連合体である。ニースは、1946年5月17日、マサチューセッツ州ブルックラインで生まれた。彼は、1968年、インディアナ州サウスベンドのノートルダム大学（University of Notre Dame）で学士号を取得し、1971年、シカゴ大学法科大学院（University of Chicago Law School）で法学博士号を取得した。そして、1971年、連邦議会図書館連邦議会研究部（Congressional Research Office of the Library of Congress）において、公民権に関する立法担当の弁護士となり、1973年から1978年まで、上院議員エドワード・W・ブルック（Edward W. Brooke、共和党、マサチューセッツ州選出）の立法補佐、さらに首席立法補佐を務めた。1979年1月から、上院議員デイヴ・デュレンバーガー（Dave Durenberger、共和党、ミネソタ州選出）の首席立法補佐として働き始めたが、同年、ギラン・バレー症候群（Guillain-Barré Syndrome: GBS）に罹患し、休暇をとった。その8ヶ月の長期休暇の間、彼はギラン・バレー症候群財団（Guillain-Barré Syndrome Foundation）の設立を支援した。この財団は、その後、ギラン・バレー症候群国際財団（Guillain-Barré syndrome Foundation International）となり、世界中に1万5000人の会員と130の支部を有している。1981年、LCCRの初代専任事務局長となり、1983年、リーダーシップ会議教育基金（Leadership Conference Edu-cation Fund）の事務局長となった。

ニースは、LCCRが大きく発展し、医療保険制度改革、家族休暇と医療休暇、ゲイとレズビアンの権利、移民と障害者の権利の問題に関わっていく様子を監督した。ニースは自分自身、障害者であることで、進んで障害者の権利に関する重要課題をLCCRで取り上げた。1990年アメリカ障害者法の可決の間、彼は、より広い公民権支持者層に好意的な議員たちとの重要なパイプ役を果たした。

ニースは、1995年、LCCRを辞し、ワシントンD.C.にあるジョージタウン大学ロー・センター（Georgetown University Law Center）の客員教授となり、法律相談所ニースグループ（Neas Group）の所長兼CEOとなった。

参照項目　1990年アメリカ障害者法（Americans with Disabilities Act of 1990）；1987年公民権回復法（Civil Rights Restoration Act of 1987）；1988年バリアフリー住宅に関する改正法（Fair Housing Amendments Act of 1988）

New England Gallaudet Association of the Deaf
ニューイングランド・ギャローデット聾者協会

ニューイングランド・ギャローデット聾者協会は、アメリカ最初の正式な地方聾者組織である。同協会は、もともとアメリカ聾学校同窓生により構成されていたが、同校創設者であるトーマス・ホプキンズ・ギャローデットが1851年に死去した後に、彼の栄誉を讃えるための活動が発展したものである。この協会の発案者は、聾者のジャーナリストで『ギャローデット・ガイドと聾唖の友（Gallaudet Guide and Deaf Mute's Companion）』の編集者であるウィリアム・M・チェンバレン（William M. Chamberlain）と、マサチューセッツ州の「マーサズ・ヴィニヤード島」と同様に、聾者が定住し、コミュニティを形成していたニューハンプシャー州ヘニカー出身の聾者の農場主トーマス・ブラウン（Thomas Brown）である。同協会は1854年3月に、ヴァーモント州モントピーリアにおいて、第1回の公式会合を開催した。その後30年間以上、聾者の権利擁護の最前線にあり続けた。同協会の役員や会員の中には1880年の全米聾者協会の最初の設立メンバーとなった人たちもいる。

参照項目　アメリカ聾学校（American School for the Deaf）；ギャローデット，トーマス・ホプキンズ（Gallaudet, Thomas Hopkins）；全米聾者協会（National Association of the Deaf）

出典　Lane, Harlan, *When the Mind Hears:*

History of the Deaf (1989).

New Mobility
『ニュー・モビリティ』

1989年に創刊された『ニュー・モビリティ(*New Mobility*)』は、「障害者のライフスタイル・文化・社会資源」を扱う月刊誌である。クリストファー・リーヴ(Christopher Reeve, 1952–2004)やアンドレ・デュバス(Andre Dubus, 1936–1999)のような障害のある有名人の紹介記事、障害者の幼少期の体験、障害者の親としての体験、車椅子スポーツや、車椅子および関連製品購入の手引きといった特色ある記事を掲載している。この雑誌はミレマール通信社(Miramar Communications)とサム・マドックス(Sam Maddox)とによってカリフォルニア州のマリブで発行され、バリー・コーベット(Barry Corbet, 1936–2004)が編集を担当している。また、『ニュー・モビリティ』とミレマール通信社は、車椅子使用者のための総合社会資源を内容とする『脊髄損傷者ネットワーク(*Spinal Network: The Total resource for the Wheelchair Community*)』(1988、サム・マドックスによって創刊された)を共同で発行した。1995年現在、『ニュー・モビリティ(*New Mobility*)』は3万の有料発行部数に成長した。実質的に11万の読者層をもつことになった。

参照項目　コーベット，バリー(Corbet, Barry)

No Pity
『哀れみはいらない』

「全米障害者運動の軌跡(*People with Disabilities Forging a New Civil Rights Movement*)」という副題は、アメリカ障害者権利運動の歴史における最初の真剣なジャーナリズムによる説明の1つであった。1993年に創刊された『USニューズ＆ワールド・レポート(*U. S. News & World Report*)』において、社会政策の諸問題の著者であるジョセフ・P・シャピロ(Joseph P. Shapiro)によって書かれた『哀れみはいらない』は、1950年代後半に始まった障害者権利運動の出現に特別に焦点を置きながら、1700年代から現在までの障害をもつアメリカ人の歴史をたどっている。それは、ジュディス・ヒューマン、エドワード・V・ロバーツ(Edward V. Roberts)、ジャスティン・ダート・ジュニア、シンディ・ジョーンズ(Cyndi Jones)、エヴァン・ケンプ・ジュニア(Evan Kemp Jr.)のような著名な障害者権利活動家を紹介しており、アメリカ障害者アテンダント・プログラム・トゥデイ(ADAPT)および行動する障害者のようなグループの活動を記述し、1990年アメリカ障害者法の通過のための闘いをたどっている。障害者権利運動を学ぶことに興味のある人々には必須の教科書と見なされている。

出典　Shapiro, Joseph P., *No Pity: People with Disabilities Forging a New Civil Rights Movement* (1993)(秋山愛子訳『哀れみはいらない――全米障害者運動の軌跡』現代書館、1999)。

Normalization
ノーマライゼーション

ノーマライゼーションの概念は、1950年代後半のデンマークに起源をもつ。それは知的障害をもつ人たちの、教育・処遇方針を決する新原理であった。基本理念は、できるだけ彼らの生活を「ノーマル」にすることであった。これは施設に入れるのではなく、兄弟姉妹と一緒に家庭で知的障害の子どもを育てるように親を励まし、かつ障害児は普通の子どもと一緒の学校に通学するであろうことを意味していた。成人になれば知的障害があっても、他の人がそうであるように、親や家族から自立して地域で暮らすとされた。このアプローチは、精神障害者のみならず、実にほとんどの障害者が、その頃アメリカで取り扱われていたやり方からの、ラディカルな決別であった。その頃の支配的な考え方は精神遅滞は病理的症状であり、大規模施設において医師や精神科医によって「治療・処遇されるのが最善」であり、そうした大規模施設の障害者は社会から隔離されていたのである。ノーマライゼーションは、ほとんどの知的障害を、この分離主義的医療状況から連れ出し、教師や社会学者領域に、さらには障害者権利擁護

運動家の領域にもっていったのである。

アメリカにノーマライゼーションの概念がもたらされるのは1969年であった。デンマーク社会福祉庁・精神遅滞サーヴィス部の長であったニールス・エーリック・バンク-ミッケルセン（Niels Erik Bank-Mikkelsen）と、スウェーデン精神遅滞児親の会の事務局長ベンクト・ニィリエ（Bengt Nirje）が、大統領精神遅滞委員会（President's Committee on Mental Retardation）主催の会議で講演をした時である。当初、彼らのプレゼンテーションは懐疑的に見られ、多くの施設長がノーマライゼーションを公然と拒絶した。けれども、ノーマライゼーションの理念は1970年代を通じて主としてヴォルフ・ヴォルフェンスベルガー（Wolf Wolfensberger）の業績によって支援の輪を拡げていく。ヴォルフェンスベルガーはオマハ市のネブラスカ精神医学研究所の心理学者であり、ノーマライゼーションのアメリカでの指導的な提案者であった。

ヴォルフェンスベルガーはノーマライゼーションの概念を拡げ、その中に教育ないしは生活適応の域を越え、人間が経験するあらゆる領域をも含みいれた。彼の著書『ノーマリゼーション——社会福祉サービスの本質（*The Principle of Normalization in Human Services*）』（1972, 共著者はニィリエ、サイモン・オルシャンスキー〈Nirge, Simon Olshansky〉、ロバート・パースキー〈Robert Perskr〉、フィリップ・ルース〈Philip Roos〉）には、このより一般的に使われる理論が解説されている。その中でヴォルフェンスベルガーは次のように結論づける。「結局、ノーマライゼーションは、社会的統合である場合にのみ、すなわち社会的相互作用と社会的承認を含む場合にのみ、意味をもつ。ノーマライゼーションは単に障害者を施設から出して家庭に入れるというだけの意味ではないのだ」と。

障害者権利運動の擁護者たちの中には、ノーマライゼーションが地域社会の統合を要求する一方で、「ノーマルな」あるいは「規範的な」行動と外観を重要視していることに不安を感じる者もいた。ヴォルフェンスベルガーが求めるのは、「文化的規範となる個人の行動や性格特性を確立し、保持するために、できるかぎり文化的にノーマルな手段を用いること」であり、こうした見地からのノーマライゼーションでは、知的障害者が当事者間で互いの社会化を促し、セルフヘルプや政治活動グループを組織していく力を妨げてしまうとの批判が出されるようになる。ピープル・ファーストによるノーマライゼーションへの批判は、次のようなことだ。「ノーマライゼーションがコンシューマーの社会的ニーズを満たしていない場合もある。コンシューマーは互いの関係性の中で特別な意味を、自分にとって大切な意味を見出すのだ。彼らは……グループのアイデンティティを必要とする。彼らは彼ら自身の文化、歴史、そして彼ら自身のヒーローを必要とするのだ」と。ノーマライゼーションは、障害をもつ人の政治的、社会的エンパワメントにつながりはしない。なぜならばそれはいまだに、何をもって「ノーマル」とし、何が望ましいのかの基準として、非障害者を用いているからであると論ぜられた。

こうした批判があるにせよ、ノーマライゼーションは、何千という障害をもつ人の脱施設化において中心的な役割を演じた。ノーマライゼーションは、障害をもつ人を地域社会に統合させるべきと主張し、1973年リハビリテーション法第504条項、1975年全障害児教育法、1990年アメリカ障害者法制定などの、障害者権利運動における画期的な変化のための知的枠組みを築く手助けをした。

参照項目 脱施設化（Deinstitutionalization）；ピープル・ファースト、ピープル・ファースト・インターナショナル（People First, People First International）

出典 Kugel, Robert B., and Wolf Wolfensberger, eds., *Changing Patterns in Residential Services for the Mentally Retarded* (1969); Wolfensberger, Wolf, *The Principle of Normalization in Human Services* (1972)（中園康夫・清水貞夫編訳『ノーマリゼーション——社会福祉サービスの本質』学苑社、1982）．

Not Dead Yet
「ノット・デッド・イエット（まだ死んでいない）」（安楽死／自殺幇助に反対する団体）

参照項目 安楽死と自殺幇助（Euthanasia and

N

Assisted Suicide）

Nugent, Timothy J.
ニュージェント，ティモシー・J（1923年生）

ティモシー・J・ニュージェントは、世界で最初の障害学生プログラムの創始者であり、代表を務めた人物である。彼はリハビリテーション、バリアフリー建築、車椅子競技の分野で先見の明があった。1994年にリハビリテーション専門家ポール・コーコラン（Paul Corcoran）は次のように書いている。「権利擁護という言葉がキャッチフレーズになり、バリアフリーが法制化されるずっと前に、ティム・ニュージェントはこれらの概念を自身の行動によって定義づけた」。

ニュージェントは、1923年1月10日にペンシルヴェニア州ピッツバーグで生まれた。彼はウィスコンシン大学ラクロス校で医科大学予科と保健体育の学位を受けた（1947年に学士号、1948年に修士号）。第2次世界大戦中は、陸軍医療部隊（Army Medical Corps）、陸軍工兵部隊（Army Corps of Engineers）、歩兵隊に務めた。ニュージェントの障害との関わりは、彼の家族から始まった。彼の妹は盲で、父親は視覚と聴覚両方に障害があり、一家の使用人は脳性まひであった。ニュージェント自身には心雑音があり、青年期には当時の常識に従い、身体的活動が制限された。彼はインタビュアーに、「私は外見からわからない障害というものが何を意味するかを理解できるようになった」と語っている。

1947年、ニュージェントは、イリノイ大学のゲイルズバーグ・キャンパスで障害学生のためのプログラムを始め、それは1948年9月に公式に認められた。ゲイルズバーグ・プログラムは、住居、学業、スポーツ、余暇、社会的活動を含むキャンパス生活全体において重度障害者の要求に応えるという、史上初の取り組みであった。州が1949年にゲイルズバーグ・キャンパスを閉鎖した時、ニュージェントのもとに彼のプログラムを打ち切る予定であるとの通知が届いた。4月、彼は知事と面会するため、28名の対まひ者とともに州都スプリングフィールドへ向かったが、知事は彼らと面会することを拒んだ。すると彼らは州議会議員に面会するために州議会議事堂へと向かった。彼らの運動は、『シカゴトリビューン（Chicago Tribune）』の一面を飾り、この記事はアメリカ障害退役軍人協会（Disabled American Veterans）、アメリカ在郷軍人会（American Legion）、その他の退役軍人組織の注意を引いた。その後、ニュージェントと学生たちは、イリノイ大学アーバナ・シャンペーン校のメインキャンパスへ向かった。彼らは、ペンキ塗り職人の足場板を使って、キャンパスのメイン棟へ通じる階段の上に間に合わせのスロープを作り、どのようにすれば車椅子使用の学生が授業に出席できるかを示した。世間の注目と退役軍人グループからの圧力により、大学の幹部はニュージェントのプログラムをアーバナ・シャンペーン・キャンパスに「試験的に」導入する許可を出した。プログラムは、最初の7～9年間は大学や州の補助を一切受けず、代わりにアメリカ在郷軍人会、その他の退役軍人グループ、連邦アメリカ退役軍人管理局（U.S. Veterans Administration）、連邦職業リハビリテーション局（Department of Vocational Rehabilitation）からの助成金を頼りに運営されていた。

障害学生は、キャンパス内、あるいはキャンパスの外で、個人で、もしくはグループで暮らしていた。キャンパスに隣接する古い3階建てのタンブライヤー（Tanbrier）〔註：黄褐色（tan）に塗られたのでこのように称された〕では、四肢まひ学生たちが1階に住み、彼らの専任介助者が上階に住んだ。ニュージェントと学生たちは脊髄損傷者のためのセルフケア技術を開拓し、脊髄損傷者が病院や医療的環境の外で暮らすことが可能であることを示した。補装具がない場所では、彼らはそれを作り出した。浴室とトイレの機械設備、車椅子用空気入りタイヤ、動力補助ドア、排尿用機器などである。ニュージェントらのチームは、国内初の油圧式リフト付きのバスを作り、バリアフリーの学生サーヴィス棟の建設を強力に要求し、キャンパスのほかのすべての建物がバリアフリーになるよう、主張した。彼らは地元の商店主たちに彼らの店舗にスロープをつけるよう勧め、市当局に道路修繕の際には段差除去のカーブ・カットを導入するよう説得したが、これもまた、この種のものの初めての例であった。1985年までに、

本プログラムは102名を卒業させ、卒業生のすべてが雇用された。1960年まで、アーバナ・シャンペーンは、150名の障害学生が在籍し、100名以上の車椅子利用者がいるという、世界で最もバリアフリー度の高いキャンパスになった。

ニュージェントはまた、車椅子競技の早くからの擁護者でもあった。1949年、彼は全米車椅子バスケットボール協会（National Wheelchair Basketball Association）を設立し、本協会コミショナーを25年間務めた。1948年、彼はリハビリテーション・サーヴィスの友愛会（rehabilitation service fraternity）の全国的な組織であるデルタ・シグマ・オミクロン（Delta Sigma Omicron）を設立し、40年間その事務局長を務めた。

1959年、ニュージェントはアメリカ規格協会（ANSI）プロジェクトA117の研究および開発の初代プロジェクト長となった。プロジェクトの独創的な「身体障害者建物がアクセスと利用を可能にするように建物や施設を作る（*Making Buildings and Facilities Accessible to, and Usable by, the Physically Disabled*）」（1961年10月）は、その後のあらゆる建築バリアフリー法および法規の基礎となった。ニュージェントは1974年まで本プロジェクトの研究プロジェクト長を務め、1976年から1983年まではプロジェクトA117.1の議長となった。

ニュージェントは、第2次世界大戦後にアメリカ身体まひ退役軍人会（Paralyzed Veterans of America）の一般市民の分派（civilian offshoot）として設立された、全米対まひ財団（National Paraplegia Foundation）の発展にも助力した。彼は会長を4期務め、初期の資金調達に助力した。

ニュージェントは数えきれないほどの組織、企業、政府機関のコンサルタントを務めてきた。また、リハビリテーションのあらゆる側面に関する多くの論文、単行本の1章、百科事典の項目の著者である。彼の影響力の大きさは以下の事実からもわかる。1994年、彼のプログラムの卒業生たちは20以上のキャンパスで障害学生サーヴィスの主任となり、多くのバリアフリーの余暇、リハビリテーション、自立生活のためのプログラムの主任となった。障害者の権利擁護運動の最近の指導者の多く、たとえばフレッド・フェイ（Fred Fay）、カーティス・コーン（Curtis Cone）、メアリー・ルー・ブレスリン（Mary Lou Breslin）は、アーバナ・シャンペーンの卒業生である。

ニュージェントは、1986年にアーバナ・シャンペーンのリハビリテーション教育教授、リハビリテーション教育センター長、リハビリテーション教育サーヴィス局長を退いた。1958年のアイゼンハワー大統領および大統領身体障害者雇用委員会（President's Committee on Employment of the Physically Handicapped）からの市民専門家賞（Public Personnel Award）、1993年のクリントン大統領優秀功績賞（Distinguished Service Award from President Clinton）を含む多くの名誉ある賞を受賞している。

参照項目 建築物のバリアフリー（Architectural Access）；障害学生支援（Disabled Student Services）；自立生活、自立生活運動（Independent Living and Independent Living Movement）；全米脊髄損傷者協会（National Spinal Cord Injury Association）；スポーツと運動競技（Sports and Athletics）

***O' Connor v. Donaldson* 95 S. Ct. 2486 (1975)**
オコナー対ドナルドソン裁判（1975年最高裁判所判例集第95巻2486頁）

「州は、行動様式が異なっている人々を市民に接触させないという理由だけで、害を及ぼさない精神障害者を分離できるのだろうか」と、オコナー対ドナルドソン裁判（*O'Conor v. Donaldson*）での全員一致の判決について、連邦最高裁判所の判事ステュワート（Stewart）はこのように問うた。1975年6月26日、法廷は、いかなる犯罪も起こさず、彼ら自身や他者に脅威も与えない人々を、彼らの意思に反して施設に入れることは違憲であると言い渡した。

ウィリアム・ケネス・ドナルドソン（William Kenneth Donaldson）は1957年から15年以上も、チャタフーチにあるフロリダ州立精神病院に閉じ込められていた。監禁の間、ドナルドソンは、人身保護令状を何度も申請し、新聞に投書し、人権擁護運動家たちに自分の問題に関心をもってもらおうと努力した。しかし、すべての人が彼の嘆願を拒否し、施設の医師たちはそれをドナルドソンの「迫害妄想」のさらなる証拠だと考えた。ドナルドソンのカルテには、（入院前に3年間服役したと記録されるなど）数多くの誤りがあり、それが問題を複雑にした。ドナルドソンは自分のカルテを見ることを許されず、彼が記録の誤りに気づいた時でも、施設のスタッフはそれを事実だと認めなかった。ドナルドソンは向精神薬の投与を提案されたが、クリスチャン・サイエンス宗派を信仰していたため、それを拒否し、また、それ以外の心理療法や治療を受けたことがなかった。

ワシントンD.C.にあるアメリカ連邦第4巡回区控訴裁判所の裁判長、ディヴィッド・L・バゼロン（David L. Bazelon）は次のように書いている。「ドナルドソン訴訟の判決において重要なのは、彼に対する法廷の判決（彼に有利な判決を下したこと）ではない。この事例の極端な事実を考慮すれば、他にどのような判決ができるだろうか。ドナルドソンは、明確に話すことができ、白人で、元来中流階級であり、犯罪歴のない教養ある男である。それにもかかわらず、彼は15年間閉じ込められていたのである」。

バゼロンと患者の支持者たちが考える通り、この訴訟は、最高裁判所がドナルドソンを自由の身とする判定を下すまでの間、彼から人生の本質を占める自由を奪うには、精神障害というレッテルだけで十分だったことを示す点で、重要だった。オコナー対ドナルドソン訴訟は、1970年後半から1980年初期にかけ、精神障害者の脱施設化の流れの法的根拠を構築する一助となった。ドナルドソン自身は、自由になってから、自分の経験を『狂気の裏返し（*Insanity Inside Out*）』（1976）という本に書いた。1908年5月22日に生まれたドナルドソンは、1995年2月5日に亡くなった。

参照項目　脱施設化（Deinstitutionalization）；精神障害サヴァイヴァー運動（Psychiatric Survivor Movement）

出典　Donaldson, Kenneth, *Insanity Inside Out* (1976).

Office of Special Education and Rehabilitative Services (OSERS)
連邦特殊教育・リハビリテーション・サーヴィス局（OSERS）

連邦特殊教育・リハビリテーション・サーヴィス局は、連邦教育省内に置かれた連邦機関であり、障害者のための教育とリハビリテーションを保証する責任がある。この局は、(1) 特殊教育プログラム局（Office of Special Education Programs: OSEP）、(2) リハビリテーション・サーヴィス庁（Rehabilitation Services Administration: RSA）、(3) 国立障害・リハビリテーション研究所（National Institute on Disability and Rehabilitation Research: NIDRR）の3つの部門に分かれている。特殊教育プログラム局（OSEP）は、主に障害のある児童や青年の無償で適切な公教育に関するプログラムに対して責任をもち、リハビリテーション・サーヴィス庁（RSA）は、雇用と自立生活（かつては職業リハビリテーションと呼ばれていたもの）に関す

るプログラムを管理している。そして、国立障害・リハビリテーション研究所は、障害とリハビリテーションに関する研究を助成し、監督している。

連邦特殊教育・リハビリテーション・サーヴィス局の局長たちの中には、障害児の親で権利擁護者であるマデライン・C・ウィル（Madeleine C. Will）や、聾の教育家のロバート・デイヴィラ（Robert Davila）、障害者権利運動家のジュディス・ヒューマン（クリントン大統領によって任命された運動性障害者として初の局長となった）などがいた。リハビリテーション・サーヴィス庁（RSA）の公式刊行物である『アメリカン・リハビリテーション（American Rehabilitation）』は、1960年1月に『リハビリテーション・レコード（Rehabilitation Record）』として刊行され始め、1975年9月に『アメリカン・リハビリテーション』となった。この刊行物は、レックス・フリーデン（Lex Frieden）やジョン・ヘスラー（John Hessler）のような活動家の自立生活と障害の権利に関する最初の論説のうちのいくつかを公表した。1983年までは、隔月刊行であった『アメリカン・リハビリテーション』は、現在は年4回の発行となっている。

Office of Vocational Rehabilitation (OVR)
職業リハビリテーション局（OVR）

参照項目　職業リハビリテーション（Vocational Rehabilitation）

One Step Ahead — The Resource for Active, Healthy, Independent Living
『一歩先へ──活動的で健康な自立生活のリソース』

『一歩先へ──活動的で健康な自立生活のリソース』（初期の題名は『一歩先へ──障害リソース』）は、メリーランド州キャピトル・ハイツで出版される月刊誌であり、およそ6万5000の世帯に郵送される。記事の典型的な特徴は、障害児をもつ親や自立生活センターにおけるリーダーシップを取り戻す利用者のための財政計画、アメリカ障害者法、障害をもつ女性の健康ケアのようなトピックを盛り込んでいる。この雑誌の常連筆者では、マイク・アーヴィン（Mike Ervin、常任編集者）とキャロル・ギル（Carol Gill）がいる。

『一歩先へ』の第1号は、1994年1月12日にワシントンD.C.で刊行された。発行人のレイ・J・チュルザノウスキ（Leye J. Chrzanowski）は、読者に同誌の使命を「教養ある利用者と政治に精通した投票者として健康で自立した暮らしを営むことを可能にさせる産物やリソース、サーヴィスについての公平な情報を提供することにある」とした。

Oral School, Oralism
口話法聾学校、口話主義

口話主義は、手話を排除し発話と読話に重きをおいて聾児を教育する技法である。アメリカでは、多くの聾者の願いに反して、19世紀後半から20世紀前半にかけて支配的であった方法であり、聾者は自分たちの言語と文化への攻撃であると見なした。最もよく知られている推進者は、発明家のアレクサンダー・グレアム・ベル（Alexander Graham Bell）であり、最もよく知られている批判者はギャローデット大学の設立者にして初代学長のエドワード・マイナー・ギャローデットであった。

アメリカ最初の「純粋口話法聾学校」はウィーンのドイツユダヤ人聾学校（Deutsche's Jewish School (for the Deaf)）で、教師をしていた時に口話法を学んだバーナード・エンゲルスマン（Bernard Engelsman）によって設立された。彼は1864年にニューヨーク市に到着してから1ヶ月以内に彼にとって最初の聾の生徒を「ドイツ法」として知られている方法で教え始めた。1867年、彼はニューヨーク聾唖者口話院（New York Institution for the Improved Instruction of Deaf Mutes）を設立した。後にレキシントン通りに移り、同院はレキシントン学校と改名したが、この頃までに生徒は100人以上に増えていた。

この時まで、アメリカの聾学校では手話を教え使用していたが、教育者たちはまもなく、口話法対「手指法」または手話法という対立する

O

難聴と聾の生徒が新しい装置であるラジオ・イア・ティーチング・セットを使ってみる。この装置は1人ひとりの生徒の潜在的聴力がどれほどかを計り、それに従って教師の声の大きさを決めるというものである。1930年、ここに写っているカリフォルニア州立聾学校は、口話法聾学校として、発話と読唇法に力を入れる指導理念に従い、手話を排除した。
©Bettmann/CORBIS/amanaimages

2つの陣営に分裂した。口話主義者は、マサチューセッツ州ノーサンプトンのクラーク聾学校を創設したガーディナー・グリーン・ハバード（Gardner Greene Hubbard）のような大富豪の博愛家や、ボストンのパーキンス盲学校で盲児や盲聾児を教育していたサミュエル・グリッドリィ・ハウ（Samuel Gridley Howe）から強力な後押しを受けた。聾学校は資金と生徒を求めて競争し始めた。とくに激しく行われた論争は、手話は聾児の発話と読話の発達を妨げるという口話主義者による主張であった。実際にはこの主張を支持する証拠は何もなかったが、ハバードのような口話主義者たちは、公的資金を受けているすべての学校で手話の使用を禁じるよう州議会に圧力をかけた。いくつかの州ではこの禁止令を採用した。

1867年、エドワード・マイナー・ギャローデットは、聾教育者のルイス・ウェルド（Lewis Weld）およびI・L・ピート（I. L. Peet）とともに発祥地で口話法を研究するためヨーロッパに旅立った。彼らはすべての学校での読話と発話訓練の導入を勧める報告書を書いた。またその報告書には、口話で指導を受けたほとんどの生徒は明瞭に話すことができていないことも記述しており、引き続き手話の使用も行うべきであると勧告した。ギャローデットはこのような発話、手話、読話の使用を「併用法」と名づけた。彼の報告書は、口話法をかなり正当化していたが、ベルのような手話の完全禁止推進者を納得させることはできなかった。

1880年にミラノで開かれた国際聾教育教育者会議（International Congress of Educators of the

Deaf）では、口話法が聾教育で容認できる唯一の方法であるという決議が採択された。ミラノ会議の参加者164人のうち聾者はただ1人であった。まだ口話法を採用していなかった多くのアメリカの聾学校も、この時をきっかけに口話法に切り替えた。聾児は手話を使ってコミュニケートしている聾の大人と交流することをやめさせられた。手指法から口話法に切り替えた学校では聾の教師を解雇したり、生徒が手話を使わないように体罰を加えたり手を縛るような途方もないことにまで及んだ。アメリカ手話は、ほとんどの聾児にとって「こっそりと使う」言語となった。

口話主義者はどのような聾児でも読話と発話を学ぶことができると主張した。ベルの主張の根拠の1つは、5歳で聾になった彼の妻メイベル・ハバード（Mabel Hubbard）の経験によっていた。実際には、メイベル・ハバード・ベルは、決して発話・読話に優れていなかったという者もいるし、彼女は英語と同じくらいドイツ語の読話もできる「驚きの成功物語」であると主張する者もいた。どちらにせよ、口話主義は、たとえ手話のない環境を維持できたとしても、少数の限られた生徒を除いて成功することはなかった。口話法に成功したのは、たいてい、メイベル・ハバードのように聾になる前にすでに何らかの言語を学んだ者であった。成功した場合でも、読話や発話を中心にすえることは子どものそれ以外の教育を無視するという犠牲を払うものであった。ほとんどすべての聾児は初めは何年もの口話指導を受けたものの、「口話の失敗」として分類された彼らが手話の学校に転校する時にはしばしば10代になっていた。結果的に、膨大な割合の聾者が低水準の教育を受けたために、かろうじて読み書きできる程度にとどまったのである。

歴史家ジャック・ギャノンは、「この（手話法対口話法の）論争が、家族を引き裂き、結婚を破綻させ、離婚へと至らしめた。論争は聾の子どもも大人も同じように惨めにさせたのであり、多くの聾者の人生に傷跡を残した」と述べている。ギャノンは、口話主義を「聾児を『きこえる』人にしようとするための試み」と称し、「彼らは事実上聾であることはよくないといっている」のだと述べている（1981）。口話主義は指導方法を対立させる社会政策であったと決めつける者もいる。ギャノンは、「聾者が自分たちにとって最もよいと信じているものは何かと聞かれることはほとんどないのは、おかしくないか？」と書いている。1900年代初め、全米聾者協会（National Association of the Deaf）会長だったジョージ・ウィリアム・ヴェディッツ（George William Veditz）は、口話主義者を「聾者の真の幸せに対する敵」であると宣言した。

こうした抑圧にもかかわらず、聾者たちは口話主義の時代の間もASLを使用し、大切にし続けた。口話法聾学校の聾児たちは、夜の寄宿舎や、教師や親の目の届かないところでお互いに手話を教え合った。ベルでさえ、ASLは表現豊かで美しいと認めていたが、そのため聾者に困難な口話法から逃げるようにそそのかすほど影響力があるとして、彼はASLを非難した。

ギャノンが記しているようにASLが「公に出てくる」のは1960年代になってからであった。1950年代半ば、ワシントンD.C.にあるギャローデット大学英語学部長のウィリアム・C・ストコー・ジュニア（William C. Stokoe, Jr.）が手話単語を使った「ピジン英語（Pidgin English）」に反対してASL自体を言語としてASLの研究を始めた。1965年、ストコーは、同僚のカール・クローンバーグ（Carl Cronberg）、ドロシー・キャスターライン（Dorothy Casterline）とともに、『言語理論に即したアメリカ手話辞典（A Dictionary of American Sign Language on Linguistic Principles）』を出版した。カリフォルニア州では、口話主義の結果に納得がいかない聾児の親と教師がギャローデットの併用法の再考である「トータル・コミュニケーション」の実験を始めた。その間にも、口話主義者と併用法推進者の論争は続いた。リチャード・ワインフィールド（Richard Winefield）は『両者はまったく合わない――A. G. ベルとE. M. ギャローデットの聾者コミュニケーション論争（Never the Twain Shall Meet: Bell, Gallaudet, and the Communications Debate）』(1987) の中で、1915年頃、聾学級の約65%が口話で35%が併用法であったが、1970年代半ばまでにこの比率は逆転したと見積もっている。

1975年の全障害児教育法の可決は、聾児の教育論争に新たな局面を開いた。ナンシー・ベッカー（Nancy Becker）のような一部の聾の権利擁護者は、『普通の瞬間――障害の経験

O

（*Ordinary Moments: The Disabled Experience*）』
（1985）の中で、「主流化」や「インクルーシヴ教育」を強調することは、新しい口話主義であり、多くの聾児がASLや聾文化から再び隔離されてしまうと案じた。口話法は、マサチューセッツ州ノーサンプトンにあるクラーク聾学校などのように、今でも多くの聴者の聾教育者に好まれ続けている技法である。

参照項目 1975年アメリカ全障害児教育法（American Education for All Handicapped Children Act of 1975）；アメリカ手話（American Sign Language）；インクルーシヴ教育（Inclusive Education）；ベル，アレクサンダー・グレアム（Bell, Alexander Graham）；聾文化（Deaf Culture）；ギャローデット，エドワード・マイナー（Gallaudet, Edward Miner）；トータル・コミュニケーション（Total Communication）

出典 Gannon, Jack R., *Deaf Heritage: A Narrative History of Deaf America* (1981); Neisser, *the Deaf Community in America* (1983); Winefield, Richard, *Never the Twain Shall Meet: Bell, Gallaudet, and the Communications Debate* (1987).

Ordinary Lives
普通の生活

参照項目 ゾラ，アーヴィング・ケネス（Zola, Irving Kenneth）

Ordinary Moments: The Disabled Experience
『普通の瞬間――障害の経験』

　1984年に出版された『普通の瞬間――障害の経験』は、8人の障害者による自伝的エッセイである。アラン・J・ブライトマン（Alan J. Brightman）によって編集されたこの物語は、「障害経験をたいてい無視し、障害者をポスターに登場する子どもと見続けようとする社会」における生活を記述する。エド・ロング（Ed Long）は、車椅子でニューヨークの地下鉄を利用しようとすることについて書く。マーシャ・サクストン（Marsha Saxton）は、1950年代、彼女の歩行を「矯正」するために何回も手術を受ける二分脊椎児として入院したことについて回想する。ステファン・スピネット（Stephen Spinetto）は、ボート事故で彼の足がひどく損傷したあと、運転免許証をまた得るために闘う。

　『普通の瞬間』は、ブライトマンの写真に登場した人々が書いた説明文がつけられた、1981年国際障害者の年を記念する写真展から始まった。初めは、ボルティモアのユニヴァーシティ・パーク・プレスによって出版され、1985年にヒューマン・ポリシー社によって再刊された。

参照項目 国際障害者年、国際障害者の10年（International Year, International Decade of Disabled Persons）；サクストン，マーシャ（Saxton, Marsha）

出典 Brightman, Alan J., *Ordinary Moments: The Disabled Experience* (1985).

Oregon Medicaid Rationing Plan
オレゴン州メディケイド割り当て計画

参照項目 医療保障（Health Care Access）

O'Rourke, Terrence James (T.J.)
オルーク，テレンス・ジェームズ（T.J.）
(1932–1992)

　聾の出版業者であり著述家であるテレンス・ジェームズ・オルークは、字幕とアメリカ手話（ASL）の支持者であり、アメリカ障害者市民連合（ACCD）および全米聾者協会（NAD）の指導者であった。彼は1932年4月17日にワシントン州ベリンガムで生まれ、バークレーのカリフォルニア州立聾学校、ワシントンD.C.のギャローデット大学、ワシントンD.C.のアメリカ・カトリック大学、メリーランド大学カレッジパーク校で学んだ。1953～1956年にデヴィルズレイクにあるノースダコタ州立聾学校（North Dakota School for the Deaf）の教員を、1956～1960年にモーガンタウンにあるノースカロライナ州立聾学校（North Carolona School for the Deaf）の教員を、1960～1962年にギャロー

デット大学のケンドール初等学校で教員を務めた。彼はギャローデット大学で1962年から1968年まで英語の教授として教鞭を執った。

1968年から1978年までオルークはNADのコミュニケーションスキルプログラム全米部長として、全米で学校、カレッジ、関係機関にASLプログラム設立の手助けをする陣頭指揮を執った。1972年に『マニュアル法基礎コース (A Basic Course in Manual Communication)』を著した。これはNADにより出版され、300万部以上を売り上げ、手話テキストの全米ベストセラーになった。1975年に手話指導者ガイダンス・ネットワーク (Sign Language Instructors Guidance Network: SIGN) を設立し、最初の全米手話研究・指導シンポジウム (National Symposium on Sign Language Research and Teaching) の開催を支援した。1978年に自分自身の出版社、T. J. パブリッシャーズを立ち上げ、聾と聾文化についての本や資料を出版した。その出版物には、トム・ハンフリーズ (Tom Humphries) とキャロル・パッデン (Carol Padden) との共著で1980年に出版された『アメリカ手話基礎コース (A Basic Course in American Sign Language)』(1980) がある。また聾者の図書館利用を改善するために活動し、聾者図書館行動の支持者 (Friends of Libraries for Deaf Action: FOLDA) のリーダーでもあった。1983年に彼は字幕クラブ (Caption Club) を設立した。それは、テレビ番組のプロデューサーに字幕をつけることを認めさせる権利擁護団体であった。1984年までにこのクラブに1万4000人以上の人々や団体が加入し、170余のシリーズのテレビ番組の字幕挿入のための資金の一部がクラブから拠出された。1989年にはクラブの努力により、すべてのゴールデンアワーのテレビ番組に字幕が挿入されるようになった。

一方オルークは、障害の違いを超えた活動の重要性を認識していた。1977年の連邦保健・教育・福祉省 (HEW) デモ行進の組織者の1人であり、ワシントンD.C.での座り込みに参加した。ACCDの副議長 (1977–1978) および議長 (1978–1982) を務め、1978年から1980年までは障害者の雇用に関する大統領の委員会の実行委員会委員であった。1992年1月10日に亡くなった。

参照項目 アメリカ障害者市民連合 (American Coalition of Citizens with Disabilities); アメリカ手話 (American Sign Language); 字幕／非表示可能字幕 (Captioning/Closed Captioning); 連邦保健・教育・福祉省デモ (HEW Demonstrations)

出典 Moore, Matthew Scott, and Robert F. Panara, *Great Deaf Americans* (1996).

Owen, Mary Jane
オーウェン，メアリー・ジェーン

メアリー・ジェーン・オーウェンの思想と行動は、障害者の権利運動に深い影響を与えてきた。1972年のバークレー自立生活センターでの早期からの活動家であり、1977年のサンフランシスコの連邦保健・教育・福祉省庁舎占拠では組織者として参加したオーウェンは、若い障害者運動活動家、とくに女性にとっての助言者でもあり、障害者の権利に関する600以上の論文を著した。

オーウェンは障害をもつ前から政治的活動を始めていた。「平和主義者の家庭 (family of pacifists)」に育った彼女は、ニューヨーク市にある「ニュー・スクール・フォー・ソーシャル・リサーチ (New School for Social Research)」でガンジー主義を学ぶ学生であった。1940年代には若い女性として、「人種平等会議 (Congress of Racial Equity: CORE)」のメンバーであった。のちに、ニューメキシコ州アルバカーキにCOREの支部を創設するために尽力した。彼女は、ロサンゼルスで自分たちが「プールの人種差別を廃止するよう行動を起こしている時に、消火ホースの水で窓ガラスを貫かれ、叩きつけられた」ときの様子を想起する。また彼女は、ヴェトナム戦争に抗議して税金の支払いを拒否したことにより、罰金や留置刑に処せられた。彼女は1960年代前半にアルバカーキのニューメキシコ大学で美術の学士号を取得し、1966年にカリフォルニア大学バークレー校において社会福祉の修士号を取得した。その後数年間、ニューヨーク市のグリニッチヴィレッジでアーティストやデザイナーとして、アリゾナ州フェニックスでソーシャルワーカーとして、アリゾナ州立精神病院 (Arizona State

O

Hospital）で精神保健ソーシャルワーカーとして、またカリフォルニア州オークランドのリンカーン児童センター（Lincoln Child Center）のスーパーヴァイザーとして、サンフランシスコ州立大学（San Francisco State University）の社会福祉教育学科の助教授兼行政職員として働いた。

オーウェンは1960年代後半に視力を失い障害者となった。その後、年を追って聴力の大部分と歩行能力を失った。障害者権利運動の活動家としての彼女の活動は、障害者権利教育擁護基金（DREDF）の前身である自立生活センターの弁護士補助員になった1972年に始まった。1977年にサンフランシスコHEW連邦庁舎での座り込みの主要組織者の1人となった。それは、HEWのカリファーノ長官に、1973年のリハビリテーション法第504条を実施するための規則の公布を要求する全国運動の一環として行われた。ワシントンD.C.での占拠が、警察が食料と医薬品の供給を拒否したために終わった、という言葉が伝えられた時、オーウェンはハンガーストライキに入った。HEW庁舎で座り込みをしていた100人以上の活動家の中で12人ほどが彼女に加わり、カーター政権が彼らの要求に応ずるまで食事を拒否した。オーウェンの教育者としての影響力は、彼女の学生たちがジョージ・モスコーン（George Moscone）市長やフィリップ・バートン（Philip Burton）下院議員（民主党、カリフォルニア州選出）に対して、デモを行っている人たちへの支持を公表するよう説きふせたことからも明らかだった。オーウェンは1978年にアクション・平和部隊（Peace Corps）の責任者特別補佐になりワシントンD.C.に移った。そこで彼女は平和部隊ボランティアへの医学的要件を取り除くよう努力した。また障害のある若い女性の中核グループを育て、運動の中で彼女らがリーダーシップを発揮できるよう学ぶための補助金や奨学金を手配した。

オーウェンは1981年から1986年まで障害者雇用に関する大統領委員会の連邦議会連絡を担当した。1984年に「障害フォーカス（Disability Focus, Inc.）」の事務局長、そして理事長となり現在に至る。5年の間、彼女は障害に関するグレイパンサー特別委員会（Grey Panthers Task Force on Disability）のメンバーであった。

1983年のパネル討論で、彼女は初めて障害の定義を、普通でない異常な何ものかというのでなく、「生きているものそれ自身の過程におけるリスクやストレス、緊張によって生じる当然の結果であり、それゆえに障害は個人の悲劇ではなく、どのような地域社会にも起こりうる出来事である」とする考え方を打ち出した。

1990年にオーウェンは連邦教育省のメリー・スウィッツァー研究員となり、ヴィデオ「生の歴史──障害者権利運動の触媒としての1977年第504条座り込みデモ（Living History: The 1977 "504" Sit-In as a Catalyst in the Disability Rights Movement）」の製作に参加した。同年オーウェンはジョージタウン大学（Georgetown University）からバプテスマ（神学）証明を授与され、カトリックに改宗した。現在は全米カトリック障害者事務所（National Catholic Office for Persons with Disabilities）の事務局長を務める。

オーウェンはイリノイ州エヴァンストンに生まれたが、年齢や生年月日を公開していない。「以前私が手術のために病院に入院した時、私が年をとりすぎているためリハビリテーションを受けさせることはできないと決まった。私は年をとりすぎてはいない。私は盲人で、難聴者で、車椅子にのっているかもしれない。私はもう若くはないかもしれない。しかしこれらすべての要素を一緒くたにして、私がリハビリテーションを『受けるに値しない』と判断するのは恐ろしいことだ」。オーウェンはジャック・ケヴォーキアン（Jack Kevorkian）による自殺幇助に反対を表明した最初の人々の1人であった。彼女は障害者が健康管理のコストを削るための方法として、社会から自殺を選ぶよう圧力をかけられることについて警告を発した。雑誌『地平線（Horizons）』の1996年6月号に「過去2、3年の間に出されている判例は、私たちのところにこれまで到達したような早さで去っていきはしない」と述べた。オーウェンは健康保険業界、医師、死ぬ権利を主張する活動家は、皆障害者が生きるために必要なケアを簡単に否定してしまっていると警告を発している。

参照項目　自立生活センター（Center for Independent Living）；安楽死と自殺幇助（Euthanasia and Assisted suicide）；連邦保健・教育・福祉省デモ（HEW demonstrations）；宗教（Religion）

PALIL or Personal Assistance for Independent Living Legislation
PALIL あるいは自立生活のためのパーソナル・アシスタンス法

参照項目 パーソナル・アシスタンス・サーヴィス（Personal Assistance Services）

Panzarino, Concetta (Connie)
パンツァリーノ，コンセッタ（コニー）（1947年生）

コンセッタ（コニー）・パンツァリーノは、女性、レズビアン、そして障害者としての彼女の人生を描いた作品、『鏡の中の私（The Me in the Mirror）』（1994）の著者である。彼女は芸術家、アート・セラピスト、講演者、そして障害者とレズビアンの権利擁護者でもある。「あなたに障害があれば、ある人はあなたに知恵を期待し、またある人は恐怖をもってあなたを見る。でも、世の中の大抵の人は、あなたが目に入らず、あるいは見て見ぬふりをしようとする。そして、こうしたいろいろな世の中の人の見方のただ中に、あなたの存在はある」と、彼女は序文に記している。

パンツァリーノは、1947年11月26日、ニューヨーク市ブルックリンに生まれた。ごく幼ないときに進行性の神経筋疾患を患い、現在では右の親指と顔面筋しか動かすことができなくなっている。公立学校に行く権利を拒否された彼女は、週に数時間の自宅での訪問指導を受けた。1969年に英語と人文科学の学士号を、1978年に美術と心理学の修士号を、ともにニューヨーク州ヘンプステッドにあるホフストラ大学のニューカレッジ（New College of Hofstra）で取得した。1983年には、ニューヨーク大学（New York University）でアート・セラピーの修士号を取得した。

パンツァリーノは、身体的、および性的虐待を経験した男女とさまざまな活動を行ってきた。障害、同性愛嫌悪、性差別、遺伝子工学の倫理に関して、全国を回って講演している。1980年から1985年まで、ニューヨーク州フォレストバーグにある障害女性のための自立生活プログラム、ビーチツリー（Beechtree）の責任者を務め、1986年から1989年までは、ボストン・セルフヘルプ・センターの事務局長であった。パンツァリーノは、自らの意思に反して8年間、ナーシング・ホームに入れられていた障害者のレズビアン、シャロン・コワルスキー（Sharon Kowalski）を解放する運動の活動家であった。また、女性と障害プロジェクト（Project on Women and Disability）、およびボストン障害者法律センター（Boston Disability Law Center）の理事会のメンバーである。

彼女は、『鏡の中の私』の他、『夢を追いかけろ（Follow Your Dreams）』（1995）の著者であり、『レベッカは新しい道をみつける（Rebecca Finds a New Way）』（1994）の共著者である。両著とも全米脊髄損傷者協会（National Spinal Cord Injury Association）によって、脊髄の損傷や疾患がある子どもたちに配布された。彼女の最新の取り組みは、『ありのままに話して（Tell It Like It Is）』である。これはティーンエージャー向けの同様の書であり、1997年に出版された。

参照項目 ボストン・セルフヘルプ・センター（Boston Self Help Center）；コワルスキー，シャロンとトンプソン，カレン（Kowalski, Sharon and Thompson, Karen）

出典 Panzarino, Connie, The Me in the Mirror (1994).

Paralympics (Paralympics Movement)
パラリンピック（パラリンピック運動）

世界の身体障害者スポーツ選手の国際的競技大会というアイデアが、イギリス神経外科医であったルードヴィッヒ・グットマン卿（Sir Ludwig Guttman）によって結実した。彼は1948年のロンドンオリンピックにあわせて、イギリス・エイルズベリーのストーク・マンデヴィル病院（Stoke-Mandeville Hospital）で国際車椅子競技大会（International Wheelchair Games）を開催した。1960年にローマで開かれたパラリンピックは、国際オリンピック委員会（International Olympic Committee）に承認された最初

の大会であった。世界23ヶ国から約400人の選手の参加があった。初期の大会は車椅子の選手だけの参加であったが、徐々に車椅子以外の障害をもつ選手も参加してきた。そのため1982年に障害者のための世界障害者スポーツ団体国際調整委員会（International Coordinating Committee of World Sports Organizations for the Disabled）が創設された。同委員会は次の4つの独立した組織に分割された。

（1）国際脳性まひスポーツ・リクリエーション協会（Cerebral Palsy International Sports and Recreation Association: CP-ISRA）、（2）国際視覚障害者スポーツ協会（International Blind Sports Association: IBSA）、（3）国際ストーク・マンデヴィル車椅子スポーツ連盟（International Stoke-Mandeville Wheelchair Sports Federation: ISMWSF）、（4）国際障害スポーツ組織（International Sports Organization for the Disabled: ISOD）。ISODには手足の一部を失った人、小人症者など広範囲の障害者が参加した。1992年、国際調整委員会はパラリンピックを主催する団体として国際パラリンピック委員会（International Paralympic Committee）と名称を改めた。選手は上記の4つの団体に分属したままであった。

パラリンピックは世界最大級のスポーツイヴェントの1つとなった。パラリンピックはオリンピック終了直後に開かれ、常にオリンピックと同じ開催地で行われる。1996年のアトランタパラリンピックには、世界120ヶ国から3500人の選手の参加があった。10日間の競技期間中に700の種目が実施された。メダル正式種目としては、アーチェリー、バスケットボール、自転車、フェンシング、柔道、パワーリフティング、サッカー、水泳、テニスが設定された。国際パラリンピック委員会は青少年を対象にした多様な教育プログラム、パラリンピック・ユース・キャンプ（Paralympic Youth Camp）や指導者養成プログラムも運営している。

障害者運動の活動家にとって、パラリンピックは人々の関心と理解を呼び覚ます絶好の機会であった。

1996年大会にはジンバブエのジョシュア・T・マリンガ（Joshua T. Malinga）のような国際的な活動家の他、アメリカ合衆国からはジャスティン・ダート・ジュニア（Justin Dart Jr.）やマーカ・ブリスト（Marca Bristo）といった活動家の参加をみた。

参照項目　スポーツと運動競技（Sports and Athletics）

Paralyzed Veterans of America (PVA) アメリカ身体まひ退役軍人会（PVA）

第2次世界大戦の終結は、家庭へ復帰する、前例のない障害退役軍人の数を示した。約2500人が脊髄損傷を被り、彼らの大多数はカリフォルニア州ヴァン・ナイズのバーミンガム病院の患者であった。彼らの身体的障害とは別に、態度や建築上の障害物が彼らをアメリカ社会の主流から遮断した。この状況に対し、傷痍退役軍人会が組織され、1940年代と50年代における障害者権利運動の先頭に立った。

最初の傷痍退役軍人グループの1つであるアメリカ両足切断者クラブ（Bilateral Leg Amputee Club of America: BLACA）が、終戦に先立ってユタ州のブシュネル病院（Bushnell Hospital）に設立された。障害者権利に関する歴史家のリチャード・ブライアント・トリーナー（Richard Bryant Treanor）は、彼らの活動を「地域での貯蓄債券販売と、酔っ払って騒がしい音を出す」巡回活動として描く。しかしBLACAは、トリーナーがアメリカ身体まひ退役軍人会（PVA）の「先駆者」として規定するバーミンガム病院で組織された、より真剣なグループのモデルとして位置づけられた。PVAはこのグループと全国の他の退役軍人協会病院から来た代表者らにより、1947年2月7日に創立された。1948年、PVAは全米対まひ財団（National Paraplegia Foundation、のちに全米脊髄損傷者協会〈National Spinal Cord Injury Association〉と名称を変更）とその支部の設立を支援した。

PVAの諸支部は、自立生活の最も初期におけるいくつかの実験と関係している。全国組織はアメリカ障害者市民連合（American Coalition of Citizens with Disabilities）の最初のメンバーで、1981年国際障害者の年の創設者の1つであった。PVAは、1987年公民権回復法と1988年バリアフリー住宅に関する改正法、1990年アメリカ障害者法（ADA）のような記念碑的な法律の通過において不可欠であった。1986年航空機

バリアフリー法（Air Carrier Access Act of 1986）は、アメリカ交通省（U.S. Department of Transportation）に対する PVA 裁判の直接的な結果で、交通省対アメリカ身体まひ退役軍人会裁判（*Department of Transportation v. Paralyzed Veterans of Amarica*, 1986）として連邦最高裁判所にまで控訴した。PVA はワシントン D.C. にあるヴェトナム戦争戦没者慰霊碑（Vietnam Veterans Memorial）のバリアフリーを可能にするように努め、建築物のバリアフリーのための建物法令の通過のための活動にも参加した。また PVA は、公共交通のバリアフリーを要求するアメリカ障害者の会対スキナー裁判（*American Disabled for Accessible Public Transit (ADAP) v. Skinner*, 1989）のような画期的な訴訟や、ニューヨーク市の大量輸送システムの利用を要求する 1981 年から 1984 年までの（行動する障害者と共同の）訴訟にも関与した。1996 年には、アメリカ障害者法で規定したバリアフリー基準に違反したプロのバスケットボールチーム、ワシントン・ブレット用スタジアム建設に対し、MCI センター・スポーツ・アリーナ（MCI Center Sports Arena）の所有者らを告訴した。

今日、PVA は全国 34 ヶ所以上の支部とその下位支部と構成されており、アメリカ退役軍人省（U.S. Department of Veterans Affairs）を通じて要求と利益を求める退役軍人を助ける 59 ヶ所のサーヴィス事務所を運営する。そして脊髄損傷、疾患の治療に関する研究を支援し、また脊髄損傷者と彼らの家族、健康ケア専門家を支援し、教育するために脊髄損傷者教育・訓練財団（Spinal Cord Injury Education and Training Foundation: ETF）を経営する。PVA の出版物としては、『脊髄損傷後遺症がもたらす経済状況（*The Economic Consequences of Traumatic Spinal cord Injury*）』（1992）、『あなたにできる——脊髄損傷者のセルフ・ケア・ガイド（*Yes You Can: A Guide to Self Care for Persons with Spinal Cord Injury*）』（1989, 1996 に改訂）、『アルコール、薬物、脊髄損傷について自ら学ぼう（*Inform Yourself: Alcohol, Drugs, and Spinal Cord Injury*）』（1990）、『セクシュアリティの再生（*Sexuality Reborn*）』（1993）、『車椅子スポーツと余暇ガイド（*A Guide to Wheelchair Sports and Recreation*）』（2nd edition, 1996）がある。PVA はまた車椅子競争スポーツとレクリエーションを網羅する

隔月刊行誌『スポーツとスポークス（*Sports 'n Spokes*）』と月刊誌『PN／パラプレジア・ニューズ（*PN/Paraplegia News*）』を刊行する。

ワシントン D.C. に本部を置く PVA は、現在、脊髄損傷をもつ約 1 万 7000 人を代表する。

参照項目 航空機バリアフリー法（Air Carrier Access Act）；公共交通のバリアフリーを要求するアメリカ障害者の会対スキナー裁判（*American Disabled for Accessible Public Transit v. Skinner*）；全米脊髄損傷者協会（National Spinal Cord Injury Association）

出典 Trenor, Richard Bryant, *We overcame: The Story of Civil Rights for Disabled People* (1993).

Paraquad
パラクアッド

参照項目 スタークロフ，マックス・J（Starkloff Max J.）

Paratransit Systems
バリアフリー個別交通システム

バリアフリー個別交通システムは、大量輸送システムとしてのバスや地下鉄を利用できない人々のために計画されたものである。すなわち、高齢者や障害者の自宅から目的地までの往復のために用意されたもので、リフト設備を備えたワンボックスカー、タクシー、バスの利用を意味する。いわゆる「玄関から玄関まで」の交通サーヴィスである。バリアフリー個別交通システムは少なくとも前日に予約が必要で、交通当局によって利用資格があると認められた人々が対象となる。

1970 年代初頭に始まったバリアフリー個別交通システムの発達は、議論の的となり社会問題化した。また、分離した不平等な公共交通機関として発展した。配車はしばしば遅れ、移動には通常の 6 倍もの時間がかかった（なぜなら、目的地が違う複数の人を乗せたからである）。通常の移動とは異なり、目的地に到着できないことさえあった。1980 年代の半ば、ボストン在住のバリアフリー個別交通システムの利用者

P

の報告によれば、地域間の移動が不安定で、週5日のうち4日は朝の出勤時間に遅れ、場合によっては職場に到着できなかった。不安定な状態のため、「交通機関」としてのワンボックスカーが予定通り到着せず、利用者は職場から帰宅できないこともあった。その上、バリアフリー個別交通システムの運転手が優先順位を判断しようとした。したがって、友人に会ったり、礼拝に出かけたり、映画を見に出かけようとしても、病院受診のため外出する人々の前ではあとまわしにされた。1980年半ばにボストンで地域の障害者運動活動家が利用時間の延長を要求するまでは、バリアフリー個別交通システムは週末の夜間にサーヴィスを提供することを拒否していた。

バリアフリー個別交通システムの分離的な特性ゆえに、障害をもたない人々はバリアフリー個別交通システムを、適切な補償システムとして認識することになった。フィリップ・K・ハワード（Philip K. Howard）は、『常識の死（The Death of Common Sense）』（1994）で、個別交通システムを「バスサーヴィスの戦場」だと描写し、また、障害者運動の活動家が交通のバリアフリー化を希望したことを激しく非難した。バリアフリー個別交通システムの不備と不平等に気づかないまま、ハワードは、障害者がバスに乗車するために健常者が数分待つことを余儀なくされるのは不当であり、リフトつきのバスは常識を侮辱するものだとして非難した。

バリアフリー個別交通システムはまた、長期的に見て交通当局にとっては、バリアフリーの幹線バスおよび地下鉄を整備するよりもコストがかかるものであった。しかし、バスや地下鉄にまで移動できないような障害をもつ人々にとっては、バリアフリー個別交通システムはたとえ地下鉄およびバスが完全にバリアフリー化されたとしても必要な選択肢である。このことから、積極的な障害者権利活動家は、幹線バスのバリアフリー化およびバリアフリー個別交通システムという両方の形式の必要性を認識している。

1990年のアメリカ障害者法第2編も、この二重の必要性を認識している。「それは、一般の公共交通システムおよびバリアフリー個別交通システムの両方を整備しないのは、差別である」と規定している。アメリカ障害者法に基づけば、このようなサーヴィスを提供することは、「過度の財政負担でないかぎりにおいて、バリアフリー個別交通システムと一般の交通機関サーヴィスが、障害をもった乗客にとっても、健常者と同じサーヴィスを、同じ地域に、同じ時間帯だけ整備しなければならない」。「過度の財政負担」かどうかを判断するプロセスと基準は、交通省によるアメリカ障害者法細則に詳述されている。

参照項目 公共交通のバリアフリーを要求するアメリカ障害者の会対スキナー裁判（*American Disabled for Accessible Public Transit (ADAPT) v. Skinner*）；アメリカ障害者アテンダント・プログラム・トゥデイ（American Disabled for Attendant Programs Today）；公共交通機関（Public Transportation）；過大な困難／過大な負担（Undue Hardship/Undue Burden）

Parenting and Disability
障害をもつ人が親になること

政府や医療施設、民間慈善団体や宗教団体が、あなたは子どもをもつことができないと告げようものなら、ほとんどの人は憤慨するであろう。家族をもつ権利はあまりにも基本的な権利であるため、ほとんどの人はそれを当然のことと考えている。しかし最近まで、障害程度の重い人は家族生活に関わるあらゆる希望をあたり前のように否定されていた。19世紀後半から20世紀にかけて、施設への収容や性別による分離、さらには強制不妊手術などあらゆる方法を用いることにより、障害をもつ人が親になることは阻まれてきた。多くの州では、てんかんをもつ人に結婚を禁止するなどの法律を制定し、特定の障害をもつ人に対する禁止事項を設けていた。また、ティファニー・キャロ（Tiffany Callo）のケースのように障害をもつ人に子どもができた場合、彼らにはよい親になる能力がなくてあたり前であるかのように、政府は彼らから子どもを取り上げた。裁判所は離婚訴訟において、障害の有無以外の要因は考慮せず、障害をもたない親に子どもの養育権を与えるのが常であった。さらには、障害をもつ人が養子を迎えることを望んだ場合にも、当局が障害をもつ人に子

どもを与えることはなかった。

1980年代まで、両親のうち少なくとも一方が障害をもっていると子どもの精神的健康は損なわれると、障害をもたない心理学者の多くは考えていた。こうした主張を検証する研究もほとんどなく、またその主張を否定する証拠があるにもかかわらず、こうした見解が支配的であった。アリゾナ大学のフランシス・バック（Frances Buck）が1980年に発表した『親の障害が子どもに与える影響（The Influence of Parental Disability on Children）』という論文では、脊髄損傷のある父親がいる50例以上の家族の子どもを対象に心理検査を実施し、障害をもたない両親の子どもと比較した結果を示した。バックは結論として、「脊髄損傷のある父親の子どもは全般的に適応が良好であり、適切に機能しているようである。また、予測された特定の有害な影響（心理学的不適応、不適切な性役割志向、身体像の乏しさや歪み、身体活動や体育への興味を発達させることの失敗など）は確認されなかった」と述べている。続けてバックは、障害をもつ父親が「温かく、愛情にあふれ、助けになると知覚されていた。彼らの子どもたちは、社会的スキル、友人関係、デートのパターンにおいて、障害をもたない父親の子どもと差がないことが示された」と述べている。

以降、障害をもつ父親や母親のいる家族に関するさまざまな研究により、バックの研究結果は裏づけられた。両親の少なくとも一方が障害をもっている数百もの家族と関わってきた心理学者であるスタンレー・ダシャーム（Stanley Ducharme）は、「子どものおむつを替えることや子どもとボール遊びをすることが、よい親になるための必要条件なのではない。必要なのは感情面で子どもの求めに応じられることである」と主張している。ダシャームの視点に立てば、身体的側面に十分配慮した子育て援助を含むパーソナル・アシスタンス・サーヴィス（personal assistance services: PAS）の提供が行われさえすれば、障害の最も重い人であっても実際にすばらしい親になることができる。

しかし、医療従事者の多くは古い固定観念を信奉し続けており、州の社会サーヴィス当局が障害をもつ親を疑いの目で見ることが現在でもよく見られる。障害をもつ親が直面する困難としては、保育所、余暇プログラム、教会のクラブ、PTA活動におけるバリアフリーの不十分さがあげられる。学校、商業施設、公共輸送機関、職場など、われわれの社会のバリアフリーは全体的に欠如しており、こうしたことすべてが、障害をもちながら親になることの困難を募らせている。

参照項目 キャロ，ティファニー・アン（Callo, Tiffany Ann）；優生学（Eugenics）；強制断種（Forced Sterilization）；セクシュアリティと障害（Sexuality and Disability）

出典 Mathews, Jay, *A Mother's Touch: The Tiffany Callo Story: The True Story of a Physically Disabled Mother's Fight for the Right To Keep Her Children* (1992); National Institute of Handicapped Research, Office of Special Education and Rehabilitative Services, "The Influence of Parental Disability on Children," *Rehab Brief* (January 1982).

Parents' Movement
親の会の運動

1930年代初頭、障害をもつ子ども、とりわけ脳性まひや精神遅滞をもつ子どもの親は、支援を求めて地域での小規模の集まりを組織し、関心の高い問題についての議論の場をもち始めた。1940年代にこの過程は加速したが、これは復員兵の参加によるところが大きかった。こうした流れの中、1949年に脳性まひ協会連合（United Cerebral Palsy Association）、1950年に全米精神遅滞児親の会（National Association for Retarded Children、のちに全米精神遅滞市民協会〈National Association for Retarded Citizens: NARC〉となり、その後The Arcと改称）が設立された。その後設立された親たちの団体には、アメリカ自閉症協会（Autism Society of America）、全米精神障害者家族連合会（National Alliance for the Mentally Ill）、フィエスタ・エデュカティーヴァ（Fiesta Educativa）がある。

親の会の運動は、障害をもつ子どもに対する国、州、地域それぞれのレベルでのプログラムの創出とその拡大を推し進める力となった。障害をもつ子どものための余暇プログラムやサマーキャンプ、あるいは個別交通システムの創出の過程は、すべて親の会による主張が出発点

となっている。1972年のPARC対ペンシルヴェニア州裁判（*PARC v. Pennsylvania*）、ならびにミルズ対教育委員会裁判（*Mills v. Board of Education*）の判決により、障害をもつ子どもが一般の学校教育を受ける権利が確立された。親の会は全障害児教育法（Education for All Handicapped Children Act of 1975）成立のための運動によりさらなる勝利を獲得し、次の世代の障害をもつ子どもが教育を受けることを可能とした。1978年のハルダーマン対ペンハースト州立施設・病院裁判（*Halderman v. Pennhurst State School*, 1978）や1973年のニューヨーク精神遅滞市民協会対ケイリー裁判（*New York ARC v. Carey*, 1973）などの裁判は、何千人もの障害をもつ子どもおよび成人の脱施設化を推し進めるとともに、彼らのコミュニティサーヴィスを受ける権利を確立した。ARCと脳性まひ協会連合は、施設から解放された人々のためのコミュニティプログラムを確立した。親の会は、1973年リハビリテーション法（Rehabilitation Act of 1973）から1990年アメリカ障害者法（Americans with Disabilities Act of 1990）にいたる法案の成立に対し、中心となって支援を行った。

親の会の運動の成功はアメリカ社会、障害をもつ人、そして親の会の運動そのものにも多大な影響を与えた。マサチューセッツ州ボストンの特別なニーズのある子ども連盟（Federation for Children with Special Needs）の設立者であるマーサ・ジーグラー（Martha Ziegler）は、1975年の全障害児教育法の成立が「親たちに深い変化、すなわち血肉と化し元に戻ることのない変化をもたらした」と述べ、「親たちはささいなことでいちいち感謝の念を抱く必要はもはやない。親たちは子どもの利益のために要求することができ、かつ要求に対する妥当な回答を期待することができる」と述べている。また「個別教育プログラム（IEP）の開発過程は、子どもがダウン症であろうと読み書き障害（dyslexia）であろうと同じである」がゆえに、全障害児教育法は障害の違いを超えた親の協働を助長した。1975年、連邦政府からの資金提供のもと、地域の権利擁護団体が運営する保護者訓練・インフォメーション（PTI）・センター（Parent Training and Information (PTI) Centers）のネットワークが、親の会のための資源として確立された。全米障害者の親ネットワーク（National Parent Network on Disabilities: NPND）は、各地の保護者訓練・インフォメーション・センターの上位組織として1988年12月に正式に設立された。

親の会の運動当時の子どもが成人するにつれ、すでに確立された親の会と障害をもつ人による当事者団体との間に緊張関係が生じるようになった。1974年に設立されたピープル・ファースト（People First）は、「遅れ（retarded）」という語を団体名に使用していることなどさまざまな問題点をあげ、ARCを批判した（この論争から最終的にNARCからThe Arcへの名称変更にいたった）。親の団体がデイプログラムやグループホームの経営に移行したことにより、親の会と障害をもつ当事者との間には時として敵対的関係が生じた。テレソンや子役モデルを用いたことも、こうした資金の集め方は、本来、障害をもつ人の権利を侵害していると多くの活動家は考えたために、人々の不興を買うことになった。精神障害サヴァイヴァーを支援する活動家は、全米精神疾患者連合が強制収容法を支持していることを含め、同連合会の立場を批判している。精神障害サヴァイヴァーであるレイ・アンジッカー（Rae Unzicker）は、「まさにこの団体の名称がスティグマなのだ。私たちは癌（cancer）に苦しむ人を『癌にむしばまれた人（cancerous）』とは呼ばない」と述べている。

親の会の全国組織は多くの予算と会員をもち、医療改革、教育、リハビリテーション・サーヴィスや障害者支援技術のバリアフリー化といった問題への支援に際し、現在も重要な役割を担っている。1971年にスタンレー・D・クライン（Stanley D. Klein）とマクセル・J・シュライファー（Maxwell J. Schleifer）によって創刊された雑誌である『障害児の親（*Exceptional Parent*）』などの出版物は、障害をもつ人の権利に関する問題についての情報を、何万という読者に提供している。「苦境の母親たち（Mothers From Hell）」のような小規模の草の根団体は、地域レベルで自分たちの子どものために活動しており、親の会の運動に新たな急進的視点を与えている。

<u>参照項目</u>　全米精神遅滞市民協会（The Arc）；1975年発達障害支援および権利章典法（Developmentally Disabled Assistance and Bill of

Rights Act of 1975）；ディバット，ガンナー（Dybwad, Gunnar）；全障害児教育法（Education for All Handicapped Chidren Act of 1975）；フィエスタ・エデュカティーヴァ（Fiesta Educativa）；ハルダーマン対ペンハースト州立施設・病院裁判（*Halderman v. Pennhurst State School*）；ホランド対サクラメント市統合学校区裁判（*Holland v. Sacramento City Unified School District*）；ミルズ対教育委員会裁判（*Mills v. Board of Education*）；苦境の母親たち（Mothers From Hell）；全米精神障害者家族連合会（National Alliance for the Mentally Ill）；ピープル・ファースト，ピープル・ファースト・インターナショナル（People First, People First International）；ペンシルヴェニア州精神遅滞児親の会（PARC）対ペンシルヴェニア州裁判（*Pennsylvania ARC v. Pennsylvania*）；テレソン（Telethons）；脳性まひ協会連合（United Cerebral Palsy Association, Inc.）

出典 Dybwad, Gunnar, and Hank Bersani Jr. eds., *New Voices: Self-Advocacy by People with Disabilities* (1996); Turnbull, H. Rutherford, III, and Ann P. Turnbull, *Parents Speak Out: Then and Now* (1985, 1978).

Parrino, Sandra Swift
パリーノ，サンドラ・スウィフト（1934年生）

サンドラ・スウィフト・パリーノ（Sandra Swift Parrino）は、1983年から1993年まで、全米障害者協議会（NCD）の議長を務めた。彼女は、1934年6月22日、コネティカット州ニューヘイヴンに生まれた。肢体不自由の息子をもつ親として、彼女が最初に障害関連の仕事をしたのは、ニューヨーク州のオシニングとブライアークリフ・マナーの障害者事務所（Office for the Disabled）での勤務であり、そこで1979年から1982年まで所長を務めた。1982年、全米障害者協議会委員に任命された。協議会は当時、連邦教育省に属していた。しかし、パリーノは、協議会は独立機関であるべきだと主張し、そのために、1984年リハビリテーション改正法の可決に向けてロビー活動をした。新たに独立した協議会は、連邦法の改正を要求し、それが1990年アメリカ障害者法の起草、および可決につながる。

パリーノの在任期間中、協議会は、ミシシッピ州のジャクソン州立大学（Jackson State University）とともに、障害をもつマイノリティの人々に関する会議を共催した。また、協議会は教育、障害の可能性の高い乳幼児、雇用、個別支援サーヴィスなどのテーマに関する聴聞会、調査研究、フォーラムも主催した。

パリーノは、1993年、ニューヨーク州スカーバラに本拠地がある国際開発連合（Alliance for International Development）を創設し、会長となり、1994年、全米障害者協議会を辞した。この連合は、障害に関する、政府および非政府の組織を支援している。パリーノは、障害者のための権利擁護だけでなく、獄中にいる女性とその子どもたちを援助する活動も行っている。

参照項目 全米障害者協議会（National Council on Disability）；親の会の運動（Parents' Movement）

PAS
パーソナル・アシスタンス・サーヴィス（PAS）

参照項目 パーソナル・アシスタンス・サーヴィス（Personal Assistance Services）

Peer Counseling
ピア・カウンセリング

マーシャ・サクストン（Marsha Saxton）は、ピア・カウンセリングについて以下のように定義している。すなわち、「1人の人間が、〔その人と〕同様の経験ないしはそれと関係のある経験をした別の人間によって手助けされるプロセス」である。ピア・カウンセリングは、障害をもたない「援助専門職（helping professionals）」によって頻繁に虐待、搾取、あるいはこれ見よがしに保護されてきた障害者にとって、自分の人生の問題を解決する新しい手段であるだけではなく、あらゆる成功の可能性を含む唯一の手段なのである。

ピア・カウンセリングは、グループで行われたり、個人間で行われたりする。厳密には、カ

ウンセリングの方法として用いられたり、新しく障害を負った人が、経験をより多く積んだ他の障害者から自身の障害にうまく対処する方法を示される「スキルトレーニング」の一環として行われたりする。またピア・カウンセリングは、1960年代と1970年代の女性の意識変革グループ（women's consciousness-raising groups）とほぼ同様の機能を備えている。人々は、そこで共有された自分たちの苦しみを認識し、社会的、政治的変化を成し遂げる方法を探ることを学ぶ。ピア・カウンセリングは、1978年リハビリテーション改正法により、自立生活センターの事業として認められ、連邦政府助成金を受けるようになった。

参照項目　ボストン・セルフヘルプ・センター（Boston Self Help Center）；サクストン, マーシャ（Saxton, Marsha）

出典　Saxton, Marsha, "A Peer Counseling Training Program for Disabled Women: A Tool for Social and Individual Change," in Mary Jo Deegan and Nancy A. Brooks, eds., *Women and Disability: The Double Handicap* (1985).

Pennhurst Decision
ペンハースト判決

参照項目　ハルダーマン対ペンハースト州立施設・病院裁判（Halderman v. Pennhurst State School and Hospital）

Pennsylvania Association for Retarded Children v. Commonwealth of Pennsylvania (*PARC v. Pennsylvania*) 343F. Supp. 279 (1972)
ペンシルヴェニア州精神遅滞児親の会対ペンシルヴェニア州裁判（PARC対ペンシルヴェニア州）1972年連邦地方裁判所判例集第343巻279頁

PARC対ペンシルヴェニア州裁判（*PARC v. Pennsylvania*）は障害をもつ児童のために教育の権利を争ったアメリカ初の裁判であった。当事者間で到達した同意判決はアメリカ史上初めて障害をもつ児童が公教育を受ける権利を保障した。この裁判は3年後に成立する全障害児教育法（Education for All Handicapped Children Act）へと続く過程においてきわめて重要な出来事であり、また全入の原則、すべての児童への無料かつ適切な公教育の要求、インテグレーションの要求、有益な教育実践に対する知識と採用の要求という障害者の教育権法における中心概念の先駆けとなった。

裁判以前、ペンシルヴェニア地区の学校関係者は州法を使って障害児の公教育を拒否していた。州による1965年ペンシルヴェニア精神遅滞計画（Pennsylvania Mental Retardation Plan）の見積もりによると、ペンシルヴェニア州の7万から8万人の発達障害をもつ児童が公教育、家庭での教育サーヴィス、デイケアやコミュニティ施設でのサーヴィス利用を拒否されている。唯一の選択肢である施設入居にしても、州立「学校」はすでに定員をはるかに超えて満員であったため、たいてい空きがなかった。さらに、ペンシルヴェニア州で施設に入居している就学年齢の4159人の児童のうちごくわずかでも公的教育と比較しうるものを受けていたのは100人程度にすぎず、3000人以上は教育を一切受けていなかった。貧しい児童、マイノリティ・グループの児童、英語を母国語としない児童はしばしば知的障害と誤った分類をされ、同様に教育を拒否された。

集団訴訟は知的障害と分類され公教育から排除されていた13人の児童の両親によってなされた。原告は6歳から21歳までの知的障害児・者であり、被告はペンシルヴェニア州のすべての学区であった。トーマス・K・ギルフール（Thomas K. Gilhool）は原告代理として、児童の多くがただ1つの学校当局の判断によって排除されており、両親には抗議をすることはもとより決定についての質問の機会さえ与えられていなかったと証言した。原告はこの排除が原告の子どもたちがもつ法の下での平等の保護の権利と法の適正手続きに違反し、またすべての児童に公教育の権利を保障するペンシルヴェニア州法に違反するものだと主張した。原告は裁判所が州に対し障害をもつ生徒に公的資金による教育を拒否することを禁止するよう主張した。原告は、学校当局が児童を普通学級から排除しようとする場合は、まず初めにその児童の両親

に学校運営者が会うこと、面会の際には専門のヒアリング担当者が同席していること、そして両親の弁護士同伴を許可することを必要条件とするよう裁判所に求めた。弁護士同伴は、児童の記録を調べ、学校側の決定に異議を唱えるための資料を提出し、また、排除の根拠となるものを提出していた学校心理士などを証人として反対尋問するためであった。裁判開始前からペンシルヴェニア州は、予備的合意の交渉に入ることで原告両親による訴訟の強力さから勝算のないことを認め、裁判所はそれを了承、原告要求はすべて条件として明記された。

最終的な合意決定は1972年5月になされた。「6歳から21歳までのすべての障害児・者は能力に見合う無償の公的教育あるいは訓練を受ける権利を提供されなければならない。また、その履行はできるかぎり早く、1972年9月1日を過ぎてはならない」。もし児童が公立学校や普通学級に出席することができなければ、学校区は自宅学習や私立の学校教育などの他の選択肢を無償で提供しなければならない。

PARC訴訟はいくつもの重要な先例を作った。ギルフールの訴訟の基本をロバート・L・バーグドーフ（Robert L. Burgdorf）は「適正な過程と平等の保護という二面からなる攻撃」で「後に続く訴訟の標準となり、ギルフールの法的慧眼が与えた影響は強調してもしすぎるということはない」と評した。判決はまた、社会的な固定観念が障害をもつ児童の成長を妨害する役割を果たしていることを明らかにした。この啓発と説得の手法をギルフールは1985年のテキサス州クレバーン市対クレバーン生活センター裁判（City of Cleburne, Tex. v. Cleburne Living Center, 1985）で繰り返し活用している。

PARC訴訟は多くの報道記事で取り上げられ、全米での同様の訴訟のきっかけとなり、全障害児教育法へと続く道筋の大きな機動力となった。最終的に、また最も重要なのは、1954年のブラウン対教育委員会裁判（Brown v. Board of Education, 1954）が黒人公民権運動のきっかけとなったのと同様に、この訴訟がきっかけで障害者運動全般が促進されたことである。

参照項目　全米精神遅滞市民協会（The Arc）；ディバット，ガンナー（Dybwad, Gunner）；1975年全障害児教育法（Education for All Handicapped Children Act of 1975）；ギルフール，トーマス・K（Gilhool, Thomas K.）

出典　Burgdorf, Robert L., Jr., *The Legal Rights of Handicapped Persons, Materials and Text* (1980); Lippman, Leopold., *Right to Education: Anatomy of the Pennsylvania Case and Its Implications for Exceptional Children* (1973).

People First, People First International
ピープル・ファースト、ピープル・ファースト・インターナショナル

ピープル・ファースト（People First）は1974年、オレゴン州セーレム（Salem）に設立された。知的障害者によって構成され、運営されている、国内最大のセルフ・アドヴォカシーの組織である。このグループはアメリカの全土、および30ヶ国以上の国々に支部をもっているが、本部は現在もセーレムにある。

ピープル・ファーストの起源は1973年11月にさかのぼる。オレゴン州セーレムのフェアヴュー病院（Fairview Hospital）と訓練センターの3名の入居者と2名のスタッフが、ブリティッシュ・コロンビア州のヴィクトリア島で開催された「第1回北米精神遅滞者会議（First Convention for the Mentally Handicapped in North America）」に出席した。5名は、知的障害者による知的障害者のための組織の設立という考えに勇気づけられ、オレゴンに戻ってきた。この組織は、The Arc（親とその家族による組織の全米精神遅滞市民協会）やアメリカ精神遅滞学会（American Association on Mental Retardation: AAMR、医師や教育者、ソーシャルワーカー、組織運営者などからなる）とは異なっていた。新組織の初代代表であったヴァレリー・シャーフ（Valerie Schaaf）は、数年後、次のように書いている。「私たちは、権限をもっている人たちに知ってほしかった。私たちは彼らと同じ人間で、彼らと同じように人から扱われたいのだということを」「私たちは自分の主張を自分で主張したかったのだ」。

1974年1月8日、8名のフェアヴュー病院入居者と元入居者たちが話し合い、その年の10月に向けて、組織化のための会議をもつことで合意した。ピープル・ファーストという名前は

P

5月に採用された。知的障害者は何よりもまず他の人たちと変わりなく、人である、ということを強調するためにこのような名称になったのである。彼らは、セーレム周辺の郡にあるすべての居住プログラム、授産所、デイ・プログラム、活動センターを訪れた。そして500名以上の障害者が、1974年10月12~13日に開催された第1回会議に出席した。組織規模は着実に拡大していき、1976年には900名以上が、1978年には1000名以上が、オレゴン州ポートランドで開催された会議に出席した。

ピープル・ファーストの支部はすぐに組織化され、最初は太平洋北部沿岸地域に、それから中西部や他の地域へと広がっていった。これらの支部は、中央支部によって結びつけられているというより、むしろセルフ・アドヴォカシーやセルフ・エンパワメントの理念によって結びついていた。彼らが作った原則においては、知的障害者や発達障害者は、生活費を得るそれなりの仕事に就くというニーズをもち、どこに住むのか、誰と交際するのか、親密な関係になるのか、家庭をもつのかといったことなどを、自ら決定する権利をもつとされている。最初に取り組んだ課題は、「知的に遅れている（mentally retarded）」というレッテルを変えることであった。ピープル・ファーストの活動家たちは、ARCの州会議や全国会議に出席した。ARCは「精神遅滞市民協会（Association for Retarded Citizens）」の略語であったが、活動家たちは「遅滞（retarded）」という言葉を名前から外すことを、時間をかけて認めさせていった（今日ARCは"The Arc"として知られている）。ピープル・ファーストのメンバーは、彼らの生活に関する権限をもつ州の会議や委員会、非営利組織に、メンバーから代表者を出すことを要求した。ピープル・ファーストの支部はまた、授産所における低い労働条件に抗議し、居住施設での収容から発達障害者を解放するための訴訟にも参加した。

1982年、多くのグループからなる国際的な連合が、1984年にワシントン州タコマで国際会議を開催するという計画を開始した。この連合は、ロンドン精神遅滞者キャンペーン（Campaign for Mentally Handi-capped People of London）、マサチューセッツ障害者市民連合（Massachusetts Coalition of Citizens with Disabilities）、ピープル・ファーストオレゴン支部、同ワシントン支部、同ネブラスカ支部、オーストラリア知的障害市民ユニオン（Australian Union of Intellectually Disadvantaged Citizens）で構成されていた。また、他の当事者権利擁護運動家もピープル・ファーストに触発されて、フィラデルフィアの当事者自身を主張せよ（Speaking for Ourselves）をはじめとするグループを設立した。第1回北米ピープル・ファースト会議は1990年、コロラド州のエステスパーク（Estes Park）で開催された。ここは、全米組織であるセルフ・アドヴォカシーは自分たちの力を強力にする（Self Advocates Becoming Empowered: SABE）が結成された地である。

1984年、カリフォルニア州のピープル・ファーストの活動家は、同州の発達障害者サーヴィス・システムに関する大規模調査を行った。彼らの報告、『現行制度下で生き残る――精神遅滞と遅滞させる環境（Surviving in the System: Mental Retardation and the Retarding Environment）』(1984)は、彼らを助けているとされている温情主義的社会サーヴィス・システムが、いかにして彼らを侵害しているかを描いた、衝撃的な記述であった。他にも、イギリスのポール・ウィリアムズ（Paul Williams）とアメリカのボニー・シュルツ（Bonnie Shoultz）の手による『私たちは自分のために発言できる（We Can Speak for Ourselves）』(1983)、ワシントン州のピープル・ファーストの『大きな声で、声をあげて（Speaking Up and Speaking Out）』(1985)、同じくワシントン州ピープル・ファースト刊行の、ヴィクトリア・メジェシ（Victoria Medgyesi）による『空言はもう要らない！　障害者権利活動家として生きるためのガイド（No More BS! A Realistic Survival Guide for Disability Rights Activists）』(1992)といった出版物がある。

1990年代には、テネシー州のピープル・ファーストが、施設入所者のための訴訟を起こした。1996年の裁定は、テネシー州の発達障害者サーヴィスを再構築したばかりでなく、施設入所者自身の手によって計画され、集団訴訟という形で成功をおさめた初の事例となった。

参照項目　全米精神遅滞市民協会（The Arc）；『煉獄のクリスマス』（Christmas in Purgatory）；1975年発達障害支援および権利章典法

(Developmentally Disabled Assistance and Bill of Rights Act of 1975）；ディバット，ガンナー（Dybwad, Gunner）；ハルダーマン対ペンハースト州立施設・病院裁判（*Halderman v. Pennhurst State School and Hospital*）；ジェンセン，サンドラ（Jensen, Sandra）；ペンシルヴェニア州精神遅滞児親の会対ペンシルヴェニア州裁判（*Pennsylvania Association for Retarded Children v. Commonwealth of Pennsylvania*）；セルフ・アドヴォカシーは自分たちの力を強力にする（Self Advocates Becoming Empowered）；援助つき雇用（Supported Employment）；ウィロウブルック州立施設（Willowbrook State School）；ワイアット対スティックニー裁判（*Wyatt v. Stickney*）

出典 Dybwad, Gunner, and Hank Bersani, Jr., eds., *New Voices: Self-Advocacy by People with Disabilities* (1996); Medgyesi, Victoria, *No More B.S.: A Realistic Survival Guide for Disability Rights Acticists* (1992).

Perkins School for the Blind
パーキンス盲学校

　開校当初の校名はニューイングランド盲院（New England Asylum for the Blind）であり、さらにその後パーキンス盲院（Perkins Institution）と呼ばれたパーキンス盲学校（Perkins School for the Blind）は、1829年3月2日、マサチューセッツ州によって設立認可を与えられたのち、1832年7月に開校した。初代校長はサミュエル・グリッドリィ・ハウ（Samuel Gridley Howe）で、最初学校はボストン市プレザント通りにある彼の父親の自宅内に置かれた。開校当初の生徒は、ソフィアとアビーの2名のカーター姉妹であり、教師はエミール・トレンチェリ（Emile Trencheri）とジョン・プリングル（John Pringle）の2名で、2名の教師はいずれも盲人であった。トレンチェリはパリの国立盲院で教師の経験があり、プリングルはスコットランドのエディンバラで指導の経験があった。開校後1ヶ月以内に在籍生徒数は6名に増加し、音楽指導のために3番目の教師としてローウェル・メイソン（Lowell Mason）が雇用された。学校はその後、トーマス・ハンダシッド・パーキンス（Thomas Handasyd Perkins）大佐の邸宅に移転し、それによって同校は最終的にパーキンス盲学校と命名された。

　同校は、ハウがヨーロッパ視察に際して訪問したパリ盲院やその他の盲学校を手本とした。しかしハウは、ヨーロッパの盲院は盲児の自立のための教育という点で、十分ではないと感じた。さらに彼は、生徒たちにとって「社会に出て行くこと、それも哀れみによる施しではなく、誠実な仕事によって生活の糧を得る」ための訓練を受けることが決定的に重要であると考えていた。1839年までには、同校の生徒数は65名にまで増加し、校舎をパーキンス邸からマウント・ワシントン・ハウスのホテルに移転した。1837年には、ローラ・ブリッジマン（Laura Bridgman）が最初の盲聾の生徒として受け入れられ、ハウの指導による学習成果によって、ハウとブリッジマンの名は国際的に知られるようになった。チャールズ・ディケンズ（Charles Dickens）は、アメリカ旅行について著した『アメリカ紀行（*American Notes*）』（1842）の中で、ブリッジマンに対するハウの成果を記している。

　ハウは1876年に死去し、校長職は彼の女婿マイケル・アナグノス（Michael Anagnos）によって継承された。アナグノスはパーキンス研究図書館および博物館を設置し、国内で初めての盲児幼稚園を創設した。アナグノスの後任となったエドワード・E・アレン（Edward E. Allen）は、学校を現在の所在地であるマサチューセッツ州ウォータータウンに移転させた。校長としてのアレンは、盲人用ヘイズ - ビネ検査（Hayes-Binet）の標準化の開発を監督したが、それは盲の人々の平均的な知能が晴眼者のそれと同じであることを初めて証明するものとなった。

　障害者権利運動が出現し、視覚障害の生徒を公立学校の通常学級に組み入れることが認められるようになり、パーキンス盲学校は重大な転換を経験した。1970年代までには、生徒数に占める重複障害児の割合がますます拡大したため、パーキンス盲学校では、同校内で生活していない子どもや青年、そして他の学校で重複障害児を指導している教員を対象として幅広くサーヴィスを提供した。パーキンス盲学校は、世界最大の点字印刷所の1つであるハウ印刷所の活動や、パーキンス・ブレイラーの製造な

P

よって盲人社会での役割も果たし続けている。パーキンス・ブレイラーは、携帯用の点字タイプライターで、これまでに18万台以上が製造された。

参照項目 ハウ，サミュエル・グリッドリィ（Howe, Samuel Gridley）；ケラー，ヘレン・アダムズ（Keller, Helen Adams）
出典 Lash, Joseph P., *Helen and Teacher: The Story of Helen Keller and Anne Sullivan Lacy* (1980)（中村妙子訳『愛と光への旅——ヘレン・ケラーとアン・サリヴァン』新潮社、1982）; *Perkins School for the Blind: Annual Report 1987* (1988).

Perske, Robert
パースキー，ロバート（1927年生）

ロバート・パースキーは、認知障害や知的障害のある人々が刑事司法制度によって虐待されている状況を詳細に記録し、訴訟に加わっている。彼が1991年に出版した『公正は平等ではないのか（*Unequal Justice?*）』では、そのような訴訟事件がいくつか取り上げられている。パースキーは、裁判を傍聴し、刑務所を訪問し、被告人やその家族へ支援を呼びかけている。

ロバート・パースキーは、1927年10月16日、コロラド州デンヴァーに生まれた。彼は、知的障害者のための施設やコミュニティ・サーヴィスに従事した後、フリーの作家となった。1968年、ローズマリー・ディバット国際賞（Rosemary Dybwad International Award）を受賞した。そのために、スウェーデンとデンマークでの、知的障害者に対する人々の態度を研究することが可能となった。そして、アメリカに帰国後、ノーマライゼーションとコミュニティでの生活について書き始め、擁護するようになった。彼の最初の作品である『家族の希望——精神遅滞その他の障害者の親の新しい方向（*Hope for the Families: New Directions for Parents of Persons with Retardation and Other Disabilities*）』(1974) に続き、『重度障害者の食事時間（*Meal-times for Persons with Severe Handicaps*）』(1978)、ヤング向きの小説『憐みを私に示さないで（*Show Me No Mercy*）』(1984)、『音楽をやめるな（*Don't Stop the Music*）』(1986)、そして『友愛の輪——障害者とその友人が相互の生活を豊かにする方法（*Circle of Friends: How People with Disabilities and Their Friends Enrich the Lives of One Another*）』(1988) を発表した。『このうえなく潔白ではないか（*Deadly Innocence?*）』(1995) は、ジョー・アリディ（Joe Arridy）の話である。アリディは、1900年代初めに殺人罪により死刑執行された知的障害者だが、看守でさえも、彼はやっていない、と認めていた。この本の中で、パースキーは優生学運動の歴史と、それがためにガス室によるアリディの殺害に至った人々の怠慢と偏見について詳しく述べている。

パースキーの活動は、1995年のPBSドキュメンタリー番組「正義への情熱（A Passion for Justice）」で特集された。このエミー賞受賞番組は、活動家グループ、「リチャード・ラポワンの友人たち（The Friends of Richard Lapointe）」を彼が設立した様子を描いている。彼らは、コネティカット州立刑務所からの釈放を勝ち取るためにひたむきに活動した。ダンディー・ウォーカー症候群（Dandy Walker syndrome）により、脳が損傷され、障害者となったラポワンは、強要された自白だけに基づいて、有罪判決を受けた。ジャーナリストのトム・コンドン（Tom Condon）もまた、この事件を調査していたのだが、「合理的に疑わしい」という記事を書き、「ラポワンは正当な扱いを受けていなかった」と結論づけた。警察による9時間の尋問の間、ラポワンには、「弁護士もつかず、彼の供述は録音されず、彼の家族は電話で話すことも訪問することも許されなかった。……警察は彼に嘘をつき、だまし、脅迫して、自白を得た」。ラポワンは後に、「供述書にサインすれば、トイレにいかせてやると尋問官は言った」と述べた。

マーサ・パースキー（Martha Perske）は、ロバートの妻であり、ロバートの著書に挿絵を描いている芸術家である。

参照項目 ステュワート，ジーン（Stewart, Jean）
出典 Condon, Tom, "Reasonable Doubt," *Hartford Courant Northeast* (February 1993); Perske, Robert, *Unequal Justice? What Can Happen When Persons with Retardation or Other Developmental Disabilities Encounter the Criminal Justice System*

(1991); Perske, Robert, *Deadly Innocence?* (1995).

Personal Assistance Services (PAS)
パーソナル・アシスタンス・サーヴィス（PAS）

世界障害研究所（World Institute on Disability: WID）はパーソナル・アシスタンス・サーヴィス（PAS）を、「障害がなかったら普通自分で行うであろうことを、他の人の手を借りて援助されること」と定義している。しかしながらこの定義の範囲は、PAS を実施している行政機関の大部分や、一部の障害者権利擁護運動家が採用している PAS 定義よりも広い。PAS を狭義に定義している人々は、PAS を、重度身体障害者に提供されるような基本的な身体介護、清潔保持、軽い家事労働に限定している。

PAS を必要とするアメリカ人は、770 万人から 960 万人と見積もられている。このうち、約 190 万人が施設やナーシング・ホームで暮らしている。彼らのほとんどは、援助があれば地域生活が可能であろう。政府出資の PAS プログラムはどの州にもある。しかし、それは PAS を必要とする人々のごく一部にしか提供されていない。公的な PAS を受けられるのは一般的に、低所得者、連邦の貧困水準を下回っている人々、および最も重度の身体障害者に限定されている。提供されるケアの時間の上限設定は、恣意的に決められることが多い。加えて PAS プログラムは通常、障害をもたない家族と一緒に暮らしている人を除外する。結果的に受給者は、集合住宅や、施設に準ずる住居（semi-institutional housing）に住むことを求められる。公的な PAS は配偶者の収入をも問題とし、障害者同士で結婚した場合でも給付は減らされる。こうした諸条件が、PAS 利用を躊躇させているのである。たとえば、PAS 利用者は、利用資格がおびやかされるという恐れなしには、結婚することも、仕事に就くこともできないのである。

PAS は、障害者権利運動において最優先の問題として登場してきた概念である。施設外で生活している成人障害者に関する「ハリス世論調査」の報告によれば、PAS の欠落により 56％の人が活動を制限されている。WID は 1991 年 10 月、PAS が「われわれのあらゆる人権と公民権の行使において重要である」と宣言した。公共交通のバリアフリーを要求するアメリカ障害者の会（American Disabled for Accessible Public Transit: ADAPT）は、1990 年アメリカ障害者法に続いて、アメリカ障害者アテンダント・プログラム・トゥデイ（American Disabled for Attendant Programs Today）に改称し、公的 PAS を最優先事項に位置づけた。

PAS プログラムのあり方は、どのように採用されているかという点で大きく異なってくる。幅広い領域があり、そのスペクトラムの一端においては、PAS は、医師、看護師および看護的な援助の多大な関与を伴う伝統的医療サーヴィスと見なされるプログラムである。このようなプログラムはより費用のかかるものであり、受給者の個人としての自主性をもつことは難しいのである。領域のもう一端では、PAS は、PAS の提供者（大学生、働く母親、失業者、パートタイマーなど）を自分で雇い、訓練し、注文をつけたりするような、個人のプログラム利用者に対して給付される。このようなシステムは一般的に、利用者 1 人あたりの支出は高くない。また、彼らの日々の生活により、自主性を与える。たとえば、1 日のうち援助をいつ受けるかを決めることができ、それゆえ起床時間や食事、シャワーの時間なども自分で決められる。実際、ほとんどの権利擁護運動家は、PAS を医療サーヴィスとは定義しない。彼らは、カテーテルや人工呼吸器のケアさえ、PAS 受給者によって訓練された、非医療の支援者によって提供され得ると指摘するのである。

PAS の給付は、ナーシング・ホームや施設ケアよりも安価な選択肢である。1995 年に『マウス——障害者権利の声（Mouth: The Voice of Disability Rights）』によって発表された数字によると、1994 年当時、高齢者ないし障害者 1 名を施設に収容するために納税者にかかる年間の国内平均支出は 4 万 784 ドルであった。同じ人に対するメディケイドによる PAS の給付額の平均は 9692 ドルであろう。この数字には、サーヴィス必要度の低い人たちだけでなく、24 時間のサーヴィスを必要とする人も含まれている。PAS の利用者が雇用され、税金を支払うような場合には、それ以上の節約ができる。これはナーシング・ホームや施設に暮らす人には事実上不可能な話である。メアリー・ジョンソン（Mary Johnson）はこう書いている。「パーソナ

ル・ケアは医療ではなく、家庭でやりくりすることが可能であると認めるだけで、この国は莫大な費用の節約ができるであろう」。

障害者市民連合（Consortium for Citizens with Disabilities）は、クリントンの1993年のヘルスケア法制の改革にPASを含めるよう主張した。またこれに先立って、障害者権利グループは、自立生活のためのパーソナル・アシスタンス法（Personal Assistance for Independent Living: PAIL）の草案を作り、1988年初めに議会に提出していた。これらの努力はいずれも成功しなかった。しかしいくつかの裁判——最も有名なものにヘレンL.対カレン・F.スナイダー裁判（Helen L. v. Karen F. Snide, 1995）、テネシー州ピープル・ファースト対州立アーリントン発達センター裁判（People First of Tennessee v. The Arlington Developemental Center, 1992）がある——は、PASを認めず障害者をナーシング・ホームに閉じ込めている公共のプログラムおよびそれを許している地域共同体は、アメリカ障害者法に違反しているという判決を勝ち取った。

全米障害者協議会（National Council on Disability）のマーカ・ブリスト（Marca Bristo）のように、障害者権利擁護運動家の中には、PASを、盲人や視覚障害のある人のための読み上げや手話通訳、知的障害や精神障害のある人向けの援助介護者なども含めて拡大したいと考えている人もいる。ADAPTのボブ・カフカ（Bob Kafka）のような他の運動家は、PASをより狭く、着衣や排泄といった、重度身体障害者が必要とするような基本的なサーヴィスに限定してほしいと考えている。ADAPTが作成したコミュニティ生活援助法（Community Attendant Service Act: CASA）案は、こうした限定的な定義を反映している。

参照項目 アメリカ障害者アテンダント・プログラム・トゥデイ（American Disabled for Attendant Programs Today）；自立生活センター（Center for Independent Living）；障害者市民連合（Consortium for Citizens with Disabilities）；医療保障（Health Care Access）；自立生活、自立生活運動（Independent Living, Independent Living Movement）；世界障害研究所（World Institute on Disability: WID）

出典 Crewe, Nancy M., and Irving Kenneth Zola, *Independent Living for Physically Disabled People* (1987); Johnson, Mary, "The Nursing Home Rip-Off," *New York Times* (2 June 1991): Op. Ed. Page; "You Choose," *Mouth: The Voice of Disability Rights* (1995).

Pfeiffer, David
ファイファー，ディヴィッド（1934年生）

ディヴィッド・ファイファー（David Pfeiffer）は、障害研究が本格的な学問研究となるよう尽力してきた。1993年、ボストンにあるサフォーク大学（Suffolk University）の彼が所属する学部は、障害学の専攻科目を開講する国内初の行政学修士（MPA）課程となった。

ファイファーは、1934年5月13日、テキサス州ダラスに生まれた。9歳の時にポリオと診断されたが、1956年、オースティンのテキサス大学（University of Texas）で哲学の学士号を、1975年、ロチェスター大学（University of Rochester）で政治学の博士号を取得した。1977年から1980年まで、ホワイトハウス障害者会議の州局長会議（Council of State Directors for the White House Conference on Handicapped Individuals）の議長を務め、ニューイングランドにおける障害者の権利擁護運動のリーダーであった。マサチューセッツ障害者市民連合（Massachusetts Coalition of Citizens with Disabilities）の共同設立者であり、ボストン・セルフヘルプ・センター（Boston Self Help Center）、ボストン自立生活センター（Boston Center for Independent Living）、障害者環境改善センター（Adaptive Environments Center）の初期の役員を務めた。彼は、障害者に対する差別を禁止するマサチューセッツ州憲法改正案を提出し、1980年11月、有権者によって可決された。ファイファーは、障害者政策に関して140以上の論文があり、1986年障害学会（Society for Disability Studies: SDS）の設立を援助し、1995年、『季刊障害学（Disability Studies Quarterly）』の編集者となった。

ファイファーは、1975年、サフォーク大学の教授陣に加わり、1981年、公共経営学部の教授に、1990年には学部長および行政学修士課程の責任者に昇進した。

Physically Disabled Students' Program (PDSP)
身体障害学生プログラム（PDSP）

参照項目　自立生活センター（Center for Independent Living, Inc.）

Postsecondary Education
中等教育以降の教育

参照項目　障害学生支援（Disabled Student Services）

President's Committee on Employment of People with Disabilities
大統領障害者雇用委員会

　大統領障害者雇用委員会（President's Committee on Employment of People with Disabilities, 以前の名称は President's Committee on Employment of the Handicapped）〔註：本書では同一訳とする〕は連邦政府機関であり、委員長と副委員長は大統領により任命される。委員会の目的は「公的機関と民間の取り組みの連絡、調整、促進の手助けをして障害をもつ人々の雇用を拡大する」ことである。

　委員会の起源は、何百万人もの健常成年男子が軍隊に徴兵された第2次世界大戦に遡る。結果としての「労働力不足」は前例のない雇用機会を女性、有色人種、障害をもつ人々に提供した。1942年にアメリカ身体障害者連盟（American Federation of the Physically Handicapped）会長のポール・A・ストラチャン（Paul A. Strachan）は10月第1週を「全米身体障害者雇用促進週間（National Employ the Physically Handicapped Week）」とする法案を両院合同決議案として通すよう下院議会に要求した。ストラチャンは戦争の終結により、新規に採用された障害のある被雇用者が帰還した健常の退役軍人に職を奪われることを心配していた。さらに彼やアメリカ障害退役軍人協会（Disabled American Veterans）を代表する国会議員のミラード・ライス（Millard Rice）といった人々は新たに障害者となった多数の退役軍人が雇用を求めるであろうことを心配していた。合同決議は1945年6月4日に下院、1945年8月1日に上院議会承認を得た。その年の活動を決める常設委員会の最初の会合は、1947年9月12日にもたれた。大統領全米身体障害者雇用促進週間委員会（President's Committee on National Employ the Physically Handicapped Week）は、1952年ハリー・トルーマン（Harry Truman）大統領により、大統領身体障害者雇用委員会（President's Committee on Employment of the Physically Handicapped）と名称変更された。

　委員会の最初の数年間は全米身体障害者雇用促進週間宣伝の活動に費やされた。政府、リハビリテーション医療、企業代表者を集めた対策委員会が州、市、地区レベルで編成された。これらのグループは映画の予告編やビルボード、ラジオやテレビで公共広告、パレードの山車や飛行機による文字、飛行船などを使って「障害者雇用はよい事業である」というメッセージを広告した。キャンペーンが同情に訴えたり、慈善（charity）から障害者の企業雇用を迫ったりしなかった点は特筆すべきである。それよりも委員会は、労働統計局（Bureau of Labor Statistics）の実施した調査を使用し、障害をもつ被雇用者は効率や生産性、安全性と欠勤率の低さにおいて高得点を得ており、障害をもたない同僚を凌ぐことが多いことを示した。委員会の最初の委員長、海軍司令長官ロス・T・マッキンタイア（Ross T. McIntyre）は1954年、退役海兵隊将官メルヴィン・マース（Melvin Maas）に代わった。マースは、自身も障害者であったが、リハビリテーション法の修正や建造物などへのアクセスに関わるロビー活動を行い委員会の活動範囲を広げた。その他の改革として、委員会はどの建築物や施設にアクセスできるかを示すシンボルマークを使用することを提案した。このシンボルマーク（車椅子に座る人の側面の棒状画）は国際的なアクセスのマークとなった。1950年代半ばには全米肢体不自由児（者）協会（National Society for Crippled Children and Adults）と共同で建造物のアクセス基準の開発を助成し、その成果は1961年にアメリカ規格協会（American National Standards Institute: ANSI）から規格として公表された。

　委員会は1962年に、その名称から「身体（*Physically*）」という語を外し、大統領障害者雇用委員会（President's Committee on Emplyment of the Handicapped）とした。この変更は、知的あるいは精神障害をもつ人々の擁護に対する要望を反映しており、姉のローズマリーが知的障害をもつケネディ大統領の承認を得ていた。1964年にマースに代わってハロルド・ラッセル（Harold Russell）が委員長に就任した。1960年代後半から1970年代には輸送機関小委員会の議長ヘンリー・ヴィスカーディ（Henry Viscardi）のリーダーシップのもとに、大統領障害者雇用委員会は、障害をもつ人々が航空機に乗る権利を擁護した。都市大量輸送機関局（Urban Mass Transit Administration）に連邦補助金を使って、地方公共交通センターに昇降機整備のバスを購入させることを強く要請した。そして、ワシントンD.C.が地下鉄システムの計画を開始した時には、委員会はアクセス問題を含めるよう強固に主張した。委員会はまた障害者権利団体結成のきっかけとなった会議や協議会を運営した。一例としてアメリカ障害者市民連合（American Coalition of Citizens with Disabilities）の創設者は1974年の委員会の年次集会を団体創設の発表のためのフォーラムとして使用した。委員会は1973年リハビリテーション法雇用条項施行のための、とくに連邦契約を結んだ被雇用者に対して積極差別是正措置を義務づける第503条施行のための取り組みに参加した。職場にアクセスするための情報センターである連邦就労調整ネットワーク（Job Accommodation Network: JAN）は1983年に委員会によって創設された。ジャスティン・ダート・ジュニア（Justin Dart Jr.）は1989年ブッシュ大統領により委員会委員長に任命され、委員会名を大統領障害者雇用委員会（President's Committee on Employment of People with Disabilities）に変更した。1994年にはトニー・コエロ（Tony Coelho）が委員長になった。

委員会は本部をワシントンD.C.に置き、現在では全米障害者雇用啓発月間（National Disability Employment Awareness Month）となった活動を続けている。委員会では障害をもつ人々の雇用に関する法律や調査をモニターし、JANを管理運営している。1995年には37名の職員を擁し、加えて全50州およびプエルトリコとグアムの州知事委員会とともに活動する300名のボランティア、600に及ぶ市長委員会、6000名の障害者団体活動家が障害者のコミュニケーションネットワーク（Disability Communication Network）を形成している。

参照項目 アメリカ障害者市民連合（American Coalition of Citizens with Disabilities）；アメリカ身体障害者連盟（American Federation of the Physically Handicapped）；建築物のバリアフリー（Architectural Access）；1968年建築物バリアフリー法（Architectural Barriers Act of 1968）；コエロ，トニー（Coelho, Tony）；ダート，ジャスティン・ジュニア（Dart, Justin, Jr.）；アメリカ障害退役軍人協会（Disabled American Veterans）；首都交通局（メトロ）のバリアフリーキャンペーン（Metropolitan Area Transit Authority ("METRO") Access Campaign）；ラッセル，ハロルド（Russell, Harold）

President's Panel, President's Committee on Mental Retardation (PCMR)
大統領委員団、大統領精神遅滞委員会（PCMR）

1960年11月に行われた合衆国大統領選でのジョン・F・ケネディ（John F. Kennedy）の当選は、精神遅滞者の処遇を変える転換点となった。大統領の妹のユーニス・ケネディ・シュライバー（Eunice Kennedy Shriver）は、障害のある姉ローズマリーにまつわる家族の経験を公の場で話題にした。そしてこのことは、障害の歴史研究者ノラ・グロウス（Nora Groce）が「知的障害者のニーズに目を向ける意味でめざましい発展」と呼ぶ状況をもたらした。1961年10月11日、ケネディは、特別な「大統領精神遅滞委員団（President's Panel on Mental Retardation）」を設置した。この委員会は、精神遅滞の分野で社会的に認められた医師、教育学者、そして心理学者などの専門家を招集した。その中には、全米精神遅滞児親の会（National Association for Retarded Children）の設立者であるエリザベス・M・ボッグズ（Elizabeth M. Boggs）も含まれていた。彼女は、委員会の審議に親の会の運動の視点を導入した。この委員会は、既存のプログラムと処遇（treatments）の調査を実施し、一連の公聴会とヨーロッパでの現地調査を行った。その報告書『精神遅滞と闘うための全米活動計

画案（*A Proposed Program for National Action To Combat Mental Retardation*）』（1962）は、教育プログラムの強化、より包括的で改善された臨床および社会サーヴィス、そして精神遅滞者に関する新たな法的・社会的概念の啓発などをはじめとする、8つの広範な見出しのもと112の勧告を含んでいた。

ケネディは、1963年2月5日、アメリカ議会のスピーチでその報告書を要約し、国民に対して「何年もかけて、数十万人規模で、施設に……閉じ込められた人々を減少させること。精神障害者そして精神遅滞者を施設から出してコミュニティにとどめ、コミュニティに復帰させること、そこでよりよい健康プログラムと強化された教育、そしてリハビリテーション・サーヴィスを通して彼らの人生を取り戻し、彼らに新しい活力を与えること……」を強調したのである。これは、本質的にはインクルーシヴ教育、コミュニティサーヴィス、そして脱施設化の要請であった。

委員会の活動の成果として、アメリカ議会は、1963年に母子保健および精神遅滞計画法修正法（Maternal and Child Health and Mental Retardation Planning Amendments）および精神遅滞者施設および地域精神保健センター建設法（Mental Retardation Facilities and Community Mental Health Centers Construction Act）を成立させた。これらの画期的な法律により、以下の施策が実施された。すなわち、精神遅滞の発生原因と予防に関する研究、包括的なコミュニティサーヴィス計画立案の促進、およびそれに関連したニーズ調査のための州への補助金支給、そして精神遅滞児教育の研究あるいは実証プロジェクトへの公的助成である。この法律は、精神遅滞者の研究と指導計画の作成にきわめて大きな発展をもたらし、後に続くノーマライゼーションと脱施設化運動の基礎を提供したのである。

同委員会は報告書の提出後に解散したが、その作業を継続、発展させるため、リンドン・ジョンソン（Lyndon Johnson）大統領が1966年3月11日に大統領精神遅滞委員会（President's Committee on Mental Retardaition: PCMR）を立ち上げた。当初PCMRは、大統領に任命された民間人21人から構成されていた。1974年、大統領は委員会を拡張し、保健福祉省長官、住宅都市開発省長官、司法省長官を含む6人の官庁職員を加えた。PCMRは、1960〜70年代を通して、コミュニティサーヴィスと脱施設化の進展を監視するきわめて重要な役割を果たしたのである。1969年、PCMRは革新的な『精神遅滞者入所施設サーヴィス形態の変革（*Changing Patterns in Residential Services for the Mentally Retarded*）』を刊行した。これは、合衆国に「ノーマライゼーション」を紹介した委員会の議事録を本にしたものであった。1976年には、PCMRのもう1つの重要な出版物『精神遅滞市民と法律（*The Mentally Retarded Citizen and the Law*）』が刊行された。これは、精神遅滞者の公民権を最大限に保障するために必要な法的、社会的変化の可能性を模索したものであった。この本は、PCMRによって招集された別の委員会から出されたのだが、その委員会では、コミュニティサーヴィスと脱施設化の闘いにおいて重要な役割を果たす人々が集められた。

今日PCMRは、精神遅滞の領域と、知的障害のあるアメリカ人の体験から生ずるニーズ、関心、そして生活の質に焦点をあてたフォーラムの開催と、資料や報告書の発行を続けている。

参照項目　ボッグズ，エリザベス・モンロー（Boggs, Elizabeth Monroe）；脱施設化（Deinstitutionalization）；1975年発達障害支援および権利章典法（Developmentally Disabled Assistance and Bill of Rights Act of 1975）；ノーマライゼーション（Normalization）

出典　Kugel, Robert B., and Wolf Wolfensberger, eds., *Changing Patterns in Residential Services for the Mentally Retarded* (1969); Scheerenberger, R.C., *A History of Mental Retardation: A Quarter Century of Promise* (1987).

Project on Women and Disability
女性と障害プロジェクト

女性と障害プロジェクト（Project on Women and Disability）は、1987年にボストンで創設された。それは、障害、慢性疾患、聴覚障害のある女性たちによって構成され、率いられている。その成員たちは、セルフ・アドヴォカシーや政治的組織化ならびにロビー活動を習得する。このプロジェクトが取り組んできたテーマには、

性や生殖に関するヘルスケア、遺伝子研究とテクノロジーの影響、セクシズムおよび障害のある女性に対する差別、セクシュアリティと障害などが含まれる。文筆家でもあり障害者権利擁護活動家でもあるマーシャ・サクストン（Marsha Saxton）は、このプロジェクトの中心的な創設者の1人であった。プロジェクトは、女性と障害シンクタンク（Women and Disability Think Tank）を後援しており、このシンクタンクは、理論と社会政策を発展させるために毎月会合を開き、女性の指導者／障害者活動家のための季刊誌 WILDA を出版している。このプロジェクトはまた、女性と障害に関連する諸問題の情報センターおよび委託・紹介サーヴィスとしても活動している。

参照項目　中絶とリプロダクティブ・ライツ（Abortion and Reproductive Rights）；サクストン，マーシャ（Saxton, Marsha）：障害女性（Women with Disabilities）

Protection and Advocacy for Mentally Ill Individuals Act of 1986
1986年精神疾患者保護および権利擁護法

1986年精神疾患者保護および権利擁護法（Protection and Advocacy for Mentally Ill Individuals Act of 1986）は、連邦政府から各州政府に補助金を拠出し、精神保健施設の入院患者や居住している人々に対する保護と権利擁護のシステムの実施を確立するためのものである。これらのシステムは、1975年発達障害支援および権利章典法（Developmentally Disabled Assistance and Bill of Rights Act of 1975）の下で確立された保護とアドヴォカシー・システム（protection and advocacy systems: P&As）をモデルとしている。このシステムは「精神疾患のある人に対する虐待や怠慢の事例を調査し、行政としてまた法的その他の面からの適切な救済策を求める」権限をもつ。

この法律は、1980年精神保健制度法（Mental Health Systems Act of 1980）から適用された精神保健サーヴィスの利用者としての権利章典の概要を示す条項も含まれている。その中には、「個人の自由を最も支持する」という条件で「適切な治療」を受ける権利がある。コンシューマー（consumer）は、「個人にあわせて作成された治療サーヴィス計画書の作成」の権利をもち、「その能力にあわせた適切な方法で」自身の治療計画に「継続的に参加する」ことができる。また「非常事態の場合」を除いて、「十分な説明と、自発性、書面による同意（インフォームド・コンセント）を得ない治療様式や治療方針の場合は、それを受けない」権利もある。患者は、インフォームド・コンセントなしには医学的治験に参加しない権利をもち、「非常事態である場合」を除いては責任ある精神保健専門家の書面による指示、あるいは記録された指示なしには「拘束や隔離」を受けない権利もある。患者は、「危害を加えられることから保護され、適切なプライバシーも守られた」人間的な治療環境の権利を有し、他の人々と私的に交流する権利を有し、自由に電話や、手紙や、訪問者と面会する権利を有している。治療上の必要性から否定されないかぎりは、これらの権利を有している。

本法は1988年に改正され、利用者の死亡が虐待の一形態かどうかを検討し、患者が施設からあるいは施設へ移されていく際に、虐待や怠慢が行われた場合や、患者の所在がわからなくなった場合などの事例は、保護とアドヴォカシー機関が調査できるようした。1991年にも改正されており、そこでは「施設（*facilities*）」という用語の意味を「限定する必要はまったくないが、病院、ナーシング・ホーム、精神疾患のある人々への地域施設、賄い付ケアホーム、ホームレスシェルター、拘置所や刑務所」とするとされた。

参照項目　1975年発達障害支援および権利章典法（Developmentally Disabled Assistance and Bill of Rights Act of 1975）；精神障害サヴァイヴァー運動（Psychiatric Survivor Movement）

Protection and Advocacy for Persons with Developmental Disabilities Program (PADD or P&As)
発達障害者保護とアドヴォカシー・プログラム（PADD あるいは P&As）

参照項目　1975 年発達障害支援および権利章典法（Developmentally Disabled Assistance and Bill of Rights Act of 1975）

Psychiatric Survivor Movement
精神障害サヴァイヴァー運動

「精神障害」「狂人（insane）」または「心神喪失者」と定義された人々は、この世で最も虐げられた人々である。歴史を通じて、ほとんどすべての文化において、精神障害者は暴力的で、危険で、普通ではないと考えられてきたし、今もそう考えられている。さらに、精神疾患を「治癒」するために開発された「処遇」の多くは、身体的にも心理的にも拷問のようである。これらには、4 点拘束（患者の手足をベッドに縛る）、独房監禁（これは時に数週間・数ヶ月に及ぶこともある）、コールドパック（凍らせたシーツや毛布で患者を包み、それからベッドに縛る）、インシュリンショック「療法」や電気ショック「療法」、拘束衣や「化学的拘束」としての薬物使用、さらにはロボトミーのような外科的切断さえ含まれている。1970 年代の脱施設化の到来まで、何十万もの精神疾患をもつアメリカ人が、大規模な州立「病院」に閉じ込められ、放置され、身体的にも性的にも虐待されることが広くあった。多くの虐待的な「処遇」は、引き続きなされている。たとえば、精神障害サヴァイヴァーのアン・C・ウッドレン（Anne C. Woodlen）は彼女のエッセイ「マインド・コントロール（Mind Control）」（『精神病院を超えて〈Beyond Bedlam〉』1995 所収）の中で、「1990 年代の半ば、4 点拘束は有史以前の名残ではなく、最先端のやり方であった」と報告している。ドロシー・ウォッシュバーン・ダンデス（Dorothy Washburn Dundas）は、「ショッキングな真実（The Shocking Truth）」（同じく『精神病院を超えて』所収）の中で、最新の営利目的の精神病院もしばしば古い州立の精神病院と同様であると指摘している。「よい場所というのは錯覚で、他の場所よりも薬漬けで性的、身体的虐待が私に行われたのだ」。

ジュディ・チェンバレン（Judi Chamberlin, 1978）は、精神障害サヴァイヴァー運動の基本理念を、「精神病とラベリングされた人々に対する差別を引き起こす、すべての法や慣習は変える必要があり、精神科の診断は、糖尿病や心臓疾患の診断と同じように、市民としての権利や責任に影響するものではない」と位置づけた。彼女は、この運動は何よりもセルフヘルプやエンパワメントに焦点をあてていると述べている。この運動において、自らを元精神障害者（ex-mental patients）と自称する活動家や、精神障害サヴァイヴァー（psychiatric survivors）、精神科収容者（psychiatric inmates）と自称する活動家もいる。また、単語のもつ恐怖や排斥の意味をなくしたいと、あえて「気違い（mad）」とか「狂人（insane）」と自称することを好む人もいる。

精神障害療サヴァイヴァー運動に先立つものとして、エリザベス・パッカード（Elizabeth Packard）の活動がある。彼女は、1860 年代に短命に終わった反精神病院協会（Anti-Insane Asylum Society）を設立し、いくつかの書籍やパンフレットを出版して、どのように彼女の夫が彼女自身の意思に反してイリノイ州のジャクソンヴィル精神病院に彼女を収容したかについて書き記した。エリザベス・ストーン（Elizabeth Stone）もまた、運動の先駆者の 1 人である。マサチューセッツ州の女性で、同様に夫によって精神病院に収容させられたが、ほぼ同時期に、「気違い」と見なされた人々への独断的で不当な監禁をやめさせようとした人物である。

20 世紀における、最初の長期的な活動を展開した精神科団体は、私たちは 1 人ではない（We Are Not Alone: WANA）である。これはニューヨーク州にあるロックランド州立病院の患者と元患者によって 1948 年に立ち上げられたピア・サポート団体である。1970 年代の初頭には、東海岸と西海岸の活動家たちは、政治的、社会的な抑圧に対する認識が強まるとともに共闘し始めた。オレゴン州ポートランドの精神障害者解放戦線（Insane Liberation Front）は 1970 年に、ボストンの精神障害者解放戦線（Mental Patients' Liberation Front）、ニューヨーク

P

市の精神障害者解放プロジェクト（Mental Patients' Liberation Project）はいずれも1971年に設立された。精神医学的暴力に反対するネットワーク（Network Against Psychiatric Assault）は1972年にサンフランシスコで設立された。『精神病ネットワーク・ニューズ（Madness Network News）』は1972年にサンフランシスコのニューズレターとして発刊され、後には合衆国とカナダの活動家たちの全国的な討論の場へと発展した。最初の人権と精神医学的抑圧に関する全国大会は1973年にデトロイト大学にて開催された。1990年にチェンバレンは記している、「以下のような原則と規則により、団体は一致団結した。すなわち、精神保健用語は疑わしく信用できないこと、精神科患者のための機会を限定するような姿勢はやめて、改めるべきであること、そして参加者たちの感情——とくに精神保健システムに対する怒りの感情は——『疾患の症状』などではなく本物の怒りであり正当なものとされるということなのだ」。

これらの団体はすべて、独立に組織され異なった政策課題に取り組んでいた。伝統的な医学的処遇を避けたい精神障害をもつ人々のためのたまり場や危機介入センターを運営していた団体があるかと思えば、政治的な課題を着実に遂行し、法律の制定を試みたり訴訟にもち込んだ団体もあった。裁判での原告たち（たとえば、ロジャーズ対精神保健局長官裁判〈Rogers v. Commissioner of Mental Health, 1983〉）は、精神保健システムに関わる人々が、自らの意思に反して服薬させられたり、監禁されたり、治験対象にされたり、手術されたりすることがないよう、治療を拒否する権利を確立しようとした。電気ショックやロボトミーなどの処置の廃止や、向精神薬の使用を放棄するか、少なくとも使用を制限することを訴えた団体もあった。実際、ある活動家たちは、「精神疾患」の全医学的モデルは欠陥だらけであり、「症状」の抑制を意味する「治癒」を探求するよりも、むしろ処遇では、各人が社会的、人種的、階層的、ジェンダー的、政治的な背景の中で直面している環境や生活上の問題点を探索することを扱うべきだと考えている。権利擁護団体は、「専門家」——すなわち精神科医や心理学者や病院管理者たち——と大統領精神保健委員会（President's Commission on Mental Health）などの討論の場で対決し、強制的な医学的「処遇」から、患者が運営するセルフヘルプのオルタナティヴに変換することに資金投下を要求した。

全米精神障害サヴァイヴァー協会（National Asso-ciation of Psychiatric Survivors: NAPS）はこの運動に国民の声をとり入れるために1985年に創立された。これは、「利用者主体」で初期のラディカルな改革を取り入れていると見られたが、実際は精神保健機関の助成を受けた医療に基づくセルフヘルプ・プログラムに対して設立されたのであった。各地域の活動家たちは、NAPSを通じて接触を保っていたが、人権会議（Human Rights Conferences）の年次大会は1985年を最後に中断された。近年は、サヴァイヴァーの活動家たちによって、他の障害者の権利運動支援団体とのつながりを確立するためにさまざまな企てがなされてきている。1990年代からは、『デンドロン（Dendron）』が、1986年に発刊を停止していた『精神病ネットワーク・ニューズ（Madness Network News）』の役割を果たすようになっていたが、一方でNAPSはもはや活動を停止している。にもかかわらず、多くの地域集団が機能し続けており、サヴァイヴァーの問題は一般の障害者権利に関する出版物において近年ますます多くの報道がなされるようになっている。

参照項目 ビアーズ，クリフォード・ホイティンガム（Beers, Clifford Whittingham）；チェンバレン，ジュディ（Chamberlin, Judi）；『デンドロン』（Dendron）；ゲルド，ハワード（Geld, Howard）；全米エンパワメント・センター（National Empowerment Center）；アンジッカー，レイ・E（Unzicker, Rae E.）。

出　典 Chamberlin, Judi, *On Our Own: Parent-Controlled Alternatives to the Mental Health System* (1978)（中田智恵海監訳『精神障害者自らの手で——今までの保健・医療・福祉に代わる試み』解放出版社、1996）; Chamberlin, Judi, "The Ex-Patients' Movement: Where We've Been and Where We're Going," *Journal of Mind and Behavior* (Summer/Autumm 1990)〔註：2006年現在次のサイト上に全文掲載中 http://www.power2u.org/articles/history-project/ex-patients.html〕; Glenn, M ed. *Voices From the Asylum* (1974); Grobe, Jeanine ed. *Beyond Bedlam: Contemporary Women Psychiatric*

Survivors Speak Out (1995).

Public Transportation
公共交通機関

　公共交通機関のバリアフリー化への闘いは、長い間アメリカの障害者権利擁護運動の中心課題であった。運転することもできず、障害に対応した車をもつ余裕もない障害者の多くは、公共交通機関なしには通勤や通学、社会活動への参加、教会や文化活動の場への出席ができない。権利擁護運動家は、バリアフリー公共交通機関の不備こそがバリアフリー実現のために人々を結集し組織化するのを難しくするという、キャッチフレーズ22の内容を十分に自覚していた。1986年のハリス世論調査は、調査対象となった障害者の半分以上の人にとって交通が主要な問題であること、仕事のない10人の障害者のうち3人がバリアフリー公共交通機関の不備が失業の主要な理由であることを示している。「バリアフリー化された公共交通機関が、地域社会に参加できるか孤立するかを決定する」と権利擁護運動家であるデニス・カルース（Denise Karuth）は主張している。

　バリアフリー化された公共交通に関する法的権利の確立は、時間を要する過程であった。1968年建築物バリアフリー法（Architectural Barriers Act of 1968）は、アメリカ合衆国で最初のバリアフリーに関する連邦法であった。同法は、理論上は列車と駅舎を対象としていた。しかし、権利擁護運動団体は同法が、駅舎に関しては有効ではないことを指摘した。むしろ、1973年リハビリテーション法（Rehabilitation Act of 1973）の第504条が有効であった。同条項は、連邦政府による予算措置によってサーヴィスとプログラムにおけるバリアフリー化をも規定していた。建築物バリアフリー法の実施のために交通省が制定した規則は、交通機関のバリアフリー化に関する規定を地方交通当局に任せたままであった。ほとんどの場合、分離された個別交通サーヴィスによって、バリアフリー化の義務を達成しようとするものであった。しかも、その個別交通サーヴィスは社会サーヴィス当局に委託される場合が多かった。サーヴィスはたいてい数日前に乗車を予約するよう、障害者に求められていた。また、1ヶ月あたりの乗車回数も限られていた。公共交通機関によってカバーされた限定された地域のみで利用可能であった。多くの都市で、個別交通サーヴィスの利用を望む人々は長い間待機リストにのるだけで、その間サーヴィスを受けられなかった。サーヴィスを利用できても、サーヴィスが信頼できなかったので、通勤、通学を安定して続けることができなかった。1979年に、カーター政権は、権利擁護団体からの圧力により、連邦基金によって購入する新しいバスはすべてバリアフリーの「トランスバス」仕様車を購入する新しい規則を制定した。これによって、バスによるバリアフリー化が100％実現することになった。アメリカ公共交通協会（American Public Transit Association: APTA）は訴訟によって、これらに対抗し、法律は連邦裁判所によって廃止された。1980年代の中頃まで、アメリカの公共交通に関するバリアフリー化はほとんど進展しなかった。

　進展が遅れたことは、さまざまな地域の市民運動との連帯が強化されアメリカ障害者市民連合（American Coalition in Action: ACCD）や行動する障害者の会（Disabled in Action: DIA）のような障害者グループを過激化させる結果となった。1972年、ワシントンD.C.では、退役軍人と全米対まひ財団（National Paraplegia Foundation: NPF）と、権利擁護運動家リチャード・W・ヘッディンガー（Richard W. Heddinger）は、首都圏交通サーヴィス局に対して訴訟を起こし、長期に激しく争った後、エレベーターの設置およびバリアフリー機能の強化を勝ち取った。アメリカ障害者アテンダント・プログラム・トゥデイ（American Disabled for Attendant Programs Today: ADAPT）は、当初公共交通のバリアフリーを要求するアメリカ障害者の会（American Disabled for Accessible Public Transit）として設立されたものを引き継いだのである。1980年代のほとんどの障害者運動は、デモによる市民の抵抗の標的を、APTA年次総会に向けた。

　バリアフリー交通システムの実現、即ち、誰でもバスや地下鉄に乗車する権利があるという内容は大衆に支持された。そして、ADAPTやDIAのような障害者組織の結成に有効に結びついた。さらに、連邦による資金の削減は、公共交通機関への分離型個別交通サーヴィスの運

P

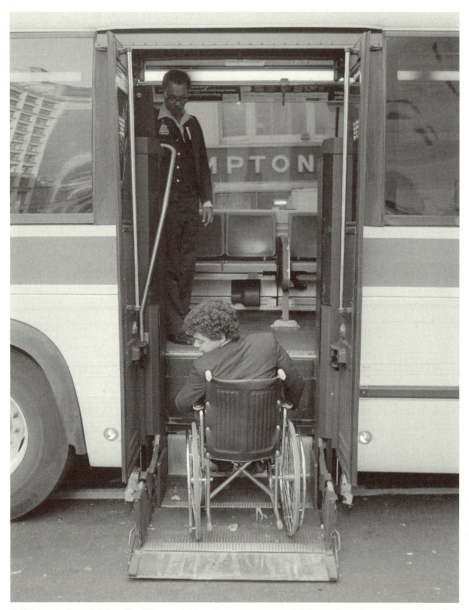

車椅子対応のバスに乗車するグレゴリー・マンフィールド。障害者対応の公共交通機関は障害者権利運動の最大の挑戦であった。1990年アメリカ障害者法は公共交通のバリアフリー化を法制化したが、支援者は障害者が引き続きバス設計の不備や不十分な乗務員訓練、法の整備が不十分であると主張した。1982年。　©Bettmann/CORBIS/amanaimages

用経費の負担を当局に理解させ、公共交通のバリアフリー化をより魅力的なものにした。1990年アメリカ障害者法（Americans with Disabilities Act of 1990）の起草時、バスと地下鉄を利用できない障害者のためのバリアフリー仕様の分離型個別交通サーヴィスと同様に公共交通システム全体のバリアフリー化を明記するよう、さらにプラットフォームの端がわかるような標示および音声と視覚による案内が規定された。財政措置と法律制定という組み合わせは、強い影響力を及ぼし始めた。すなわち1993年のAPTA調査ではアメリカの公共交通網の約53％がバリアフリー化した。しかし、障害者の権利擁護団体は、当局によるバリアフリー化が、しばしばなまぬるいことを指摘している。そして、障害をもった利用者は、障害を考慮しない駅舎の構造や不十分な運用、障害者に関する研修を受けていない運転手、法律の公然たる無視などに遭遇した。

グレイハウンド社やトレイルウェーズ社などによって運行される長距離バス（Intercity）のバリアフリー化も問題であった。「違法な長距離バス」のバリアフリー化を命令するアメリカ障害者法（ADA）の規定はバス会社による抵抗に遭遇した。たいていの長距離バスは車椅子利用者にとってのバリアフリー化が実現していなかった。バリアフリー化が例外的に実現している例はマサチューセッツ州で見られた。そこでは、都市間バス交通介助プログラム（Intercity Bus Capital Assistance Program: IBCAP）が国債を活用してリフト付きバスをリース購入し、マサチューセッツ州の民間バス会社にリースしたり、低価格で提供したりしている。1985年に創設されたこのプログラムの成功は、長距離バスのバリアフリー化に関するアメリカ障害者法の規定につながった1つの例として注目される。

参照項目　アメリカ障害者市民連合（American Coalition of Citizens with Disabilities）；公共交通のバリアフリーを要求するアメリカ障害者の会 対 スキナー裁判（*American Disabled for Accessible Public Transit v. Skinner*）；アメリカ障害者アテンダント・プログラム・トゥデイ（American Disabled for Attendant Programs Today: ADAPT）；1990年アメリカ障害者法（Americans with Disabilities Act of 1990）；1968年建築物バリアフリー法（Architectural Barriers Act of 1968）；ロイド対地域交通局裁判（*Lloyd v. Regional Transit Authority*）；バリアフリー個別交通システム（Paratransit）；1973年リハビリテーション法第504条（Section 504 of the Rehabilitation Act of 1973）；トランスバス（Transbus）

出　　典　Capozzi, David M., and Dennis J. Cannon, "Transportation Accessibility," in Arthur E. Dell Orto and Robert P. Marinelli, eds., *Encyclopedia of Disability and Rehabilitation* (1995)（中野善達訳『障害とリハビリテーション大事典』湘南出版社、2000）; Golden, Marilyn, "Title II–Public Services, Subtitle B: Public Transportation," in Lawrence O. Gostin and Henry A. Beyer, eds., *Implementing the Americans with Disabilities Act: Rights and Responsibilities of All Americans* (1993).

Quickie Wheelchairs, Quickie Designs, Inc.
クイッキー社製車椅子、クイッキー・デザイン社

参照項目　車椅子（Wheelchairs）

Rainbow Alliance of the Deaf (RAD)
レインボー聾者同盟

　レインボー聾者同盟は、聾のゲイとレズビアンの教育、経済、社会福祉促進のため、1977年に設立された。アメリカとカナダに約20の支部をもつ非営利組織であり、オーストラリア、ドイツ、イギリスにも加盟支部がある。アメリカとカナダの支部の会員数は1000～1500人ほどであると推定される。

　RADでは、「友情を育て、われわれの権利を守り、社会正義に関わる聾のゲイとレズビアン市民としての利益を促進すること、すなわちすべての価値ある会員が自分たちの社会福祉に関わる実際的な問題と解決に関する論議に参加できるような組織を築き上げること」を使命として掲げている。同盟の方針は、隔年の集会と、集会と集会の間に開催される執行委員会で決定される。その決定はRADのニューズレター、『タトラー（*tattler*）』で報告されている。

出　典　Luczak, Raymond, *Eyes of Desire: A Deaf Gay and Lesbian Reader* (1993).

Randolph-Sheppard Act of 1936 and its Amendments
1936年ランドルフ－シェパード法および修正案

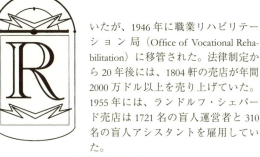

　1936年ランドルフ－シェパード法（Randolph-Sheppard Act of 1936）は「盲人に有給の職を提供することで盲人の雇用機会を拡大し、自活のための一層の努力を促す」ことを目的に策定された。この法律により政府官庁の建物ロビーに果物、新聞、コーヒーなどを売る売店が作られ、盲人が配置された。売店の販売員は盲人か視力に大きな障害がある21歳以上のアメリカ市民で、地方の職業リハビリテーション局により売店の運営が可能であると認定されていなければならなかった。開店準備、在庫、備品の費用は政府あるいは地方のリハビリテーション局から支払われ、売店の収入の何割かが回収される。全体のプログラムは当初連邦教育局が管理していたが、1946年に職業リハビリテーション局（Office of Vocational Rehabilitation）に移管された。法律制定から20年後には、1804軒の売店が年間2000万ドル以上を売り上げていた。1955年には、ランドルフ・シェパード売店は1721名の盲人運営者と310名の盲人アシスタントを雇用していた。

　この法律は障害をもつ人々の経済的自立を育む初期の連邦政府の試みを代表するものの1つである。しかしながら、この試みは、1941年に盲人被雇用者がこれらの事業を買い上げることを禁止する旨の規定が発布されたことから、限定的なものになった。また、ランドルフ・シェパードプログラムでは、盲人運営者はきめ細かい監督と「訓練」が必要だと信じられ、パターナリスティックな姿勢によって価値が損なわれていた。経営上の決定は、たいてい盲人でない政府職員あるいは地方リハビリテーション局職員によってなされていた。

　その他の変更として、1954年の修正条項では、売店運営者が売店経営に関する意見聴聞の権利を得た。全米盲人連合（National Federation of the Blind: NFB）は、盲人売店運営者が売店の経営と独立ができるように規定条項の中に彼らの能力を拡大する文言を入れるよう、首尾よくロビー活動を行った。しかしながら、盲人でないリハビリテーション専門家からは、盲人が実際に売店を所有し、経営するという考えにはかなりの反対意見があり、アメリカ盲人教育・福祉職員協会（American Association of Workers for the Blind）やアメリカ盲人援護協会（American Foundation for the Blind）のような団体は、政府またはリハビリテーション局によるきめ細かい「個々の売店の運営監督」が必要であると引き続き主張した。全米盲人連合の創設者であるジェイコブズ・テンブローク（Jacobus tenBroek）は「このように盲人行政の代理人は、盲人の売店運営者に、自分たちの事業を経営する機会を与える計画すべてに反対することを明確にした」。1974年の修正はこの問題にある程度取り組むために起草され、売店運営者の立場を強化することになった。1994年にはランドルフ－シェパード法による売店運営者の平均給与は2万5832ドルであった。アメリカ盲人協

議会（American Council of the Blind）の支部であるランドルフ－シェパード法販売者の会（Randolph-Sheppard Vendors of America: RSVA）は、1969年、売店運営者の意見を代弁するために創設された。

参照項目　アメリカ盲人協議会（American Council of the Blind）；アメリカ盲人援護協会（American Foundation for the Blind）；職業リハビリテーション（Vocational Rehabilitation）
出典　TenBroek, Jacobus, and Floyd W. Matson, *Hope Deferred: Public Welfare and the Blind* (1959).

Rape/Sexual and Domestic Violence
レイプ／性的暴力およびドメスティック・ヴァイオレンス

　カナダにある障害女性ネットワーク（DisAbled Women's Network: DAWN）によって行われた数々の調査研究によれば、障害女性は障害のない女性よりもレイプや性的な被害を受ける可能性が2倍も高い。これらの結果は臨床医や障害セルフヘルプ・グループの構成員たちの印象を裏づけるものであった。というのも彼らは、自分たちの障害をもつクライエントに対する性的暴力の出現率が、男女を問わず非常に高いことを報告しているからだ。この暴力はすべての障害に見られるものだが、とりわけ精神的および知的障害をもつ人々に多く見られるものである。研究者であるアルバータ大学のディック・ソブシー（Dick Sobsey）はこう報告している。「（アメリカ、イギリス、オーストラリアなど）多くの国々での研究によると、児童虐待、殴打、レイプは、多くの、いやおそらくは大半の発達障害をもつ人々の人生に生じることのようである」(1984)。
　性的暴力やドメスティック・ヴァイオレンスの被害を受けた障害者に対してサーヴィスを提供するという対策はほとんどとられてこなかった。DAWNはこの事実を変えることを最優先課題の1つとして取り上げた。というのも、1980年代の半ば、カナダには運動性の障害をもつ人々や聾者が利用できるレイプ被害者救済センターや暴力による被害女性シェルターは、1ヶ所もなかったのである。そうした状況はアメリカにおいてもまったく同様であった。
　なぜ虐待者が障害をもつ人々を標的とし、彼らをより高いリスクにおくのかについては数多くの理由がある。障害をもつ人々の中には、より身体的に脆弱な人もいるだろう。彼らは世間の潮流から締め出されていることが多く、介護者や家族構成員から暴力を受けていても、虐待から逃れるために必要な援助を手に入れることができないことが多い。障害をもつ子どもたちや青年もまた、はるかに多くの介護者――個別交通システムの運転手や、特殊教育の教師や、医師や理学療法士など――との接触があるが、彼らも、職務に関連した力を濫用しやすい立場にある人々である。さらに、多くの障害をもつ人々は、とくに施設に入所しており、長期に入所している人であれば、介護者や権威をもつ人に対して従順であるように教え込まれているため、罰を受けることなく虐待の機会はさらに増すことになる。ある権利擁護者たち、たとえばバーバラ・フェイ・ワックスマン（Barbara Faye Waxman）などはレイプと性的暴力は、障害をもたない人が障害をもつ人に対して感じる憎しみと蔑みの感情の表れであると考えている。
　障害者権利擁護運動家からは否定されているが、ある伝統的理論で、いわゆるストレス－依存モデルと呼ばれるものでは、障害をもつ人々が介護者から虐待をされるのはケアを提供することに関連したストレスのためであると説明される。ソブシーによれば、「この考えを支持する研究はこれまでに1つもなされていない。ストレス－依存による説明は、被害者に責任を負わせようとする私たちのもつ計りしれない心の底の偏見を反映している以外の何者でもない」(1994)。
　障害をもつフェミニストは、障害者権利運動にレイプや性的暴力、家庭内虐待の問題に対する関心が欠落していることを批判してきた。レイプ被害者救済センターや病院、暴力による被害女性シェルターや、その他公的な機関が法律適用されるようになったのは、1990年アメリカ障害者法からである。

参照項目　カナダ障害女性ネットワーク（DisAbled Women's Network (DAWN) of Canada）；グレン・リッジ事件（Glen Ridge Case）；障害者への憎悪犯罪（Hate Crimes Against People with

Disability）；ワックスマン，バーバラ・フェイ（Waxman, Barbara Faye）

出典 Sobsey, Dick, *Violence and Abuse in the Lives of People with Disabilities: The End of Silent Acceptance?* (1994).

Rarus, Tim
レイラス，ティム

参照項目 「今こそ聾の学長を」運動（Deaf President Now Campaign）

Reasonable Accommodation/Reasonable Modification
合理的調整／合理的変更

「合理的調整（Reasonable Accommodation）」や「合理的変更（Reasonable Modification）」という概念は、1973年リハビリテーション法の可決のあとに、障害者の権利に関する法律に取り入れられた。リハビリテーション法第504条は、連邦政府から財政援助を受けている団体が障害のある人を差別することを禁じた。連邦最高裁判所は、サウスイースタン・コミュニティ・カレッジ対デイヴィス裁判（*Southeastern Community College v. Davis*, 1979）において、本法の適用を受ける団体は、そのような差別を避けるために、合理的変更をしなければならないとの判決を下した。裁判所は、合理的変更の「合理的」という言葉によって、その変更が過大な財政的負担や管理上の負担を課すものではないことを示した。

合理的調整の概念は通例、雇用や雇用主に適用される。合理的調整は、1990年アメリカ障害者法（Americans with Disabilities Act of 1990: ADA）に組み入れられた。そこでは、以下のことを含むものとして合理的調整が定義されている。「（A）被雇用者が使用する現存の施設を、障害のある個人にとって容易に利用できるようにするとともに、障害のある個人の使用に適した状態にすること、つまり（B）職務の再編成、短時間勤務または勤務シフトの変更、空席の職位への配置転換、機器または装置の取得もしくは改造、試験・訓練教材または業務方針の適切な調整もしくは変更、有資格の朗読者または通訳の提供、そして、障害のある個人のために行うその他同様の配慮のこと」である。

合理的調整は、1件ごと個別に判断されるとともに、「過大な負担（Undue Burden）」という言葉から生じる概念によって制限される。すなわち、雇用主は、彼らの事業の遂行に対して深刻な悪影響を与えるような配慮を行う必要はない。たとえば、築100年の建物で開業している法律事務所が、破産する危険を冒してまで、車椅子が利用できるように建物を改築する必要はない。しかしながら、その場合、車椅子を使用する依頼人や弁護士と会うことができるように、彼らが利用可能な場所を事務所の外に設けなければならない。

合理的変更の概念は、アメリカ障害者法の第2編と第3編に関する施行規則に組み入れられた。公共団体（すなわち、州および地方自治体）が提供するサーヴィスにおける障害に基づく差別を禁止している第2編の規則では、以下のように定められている。「公共団体は、障害に基づく差別を避けるために何らかの変更が必要となった際には、業務方針、実行、手続きにおいて合理的変更をすべきである。ただし、変更の実施によって、そのサーヴィス、プログラム、活動の性質が根本的に変化することを公共団体が証明できる場合は、このかぎりではない」。また、公共性のある施設（すなわち、宿泊施設、レストラン、劇場、商店、美術館など）での障害に基づく差別を禁止している第3編の規則において、公共性のある施設は、障害のある人に対して、「商品、サーヴィス、施設、特典、宿泊設備の便益を得るもしくはそれらを利用する」機会を提供するために、「業務の方針、実行、手続きにおける合理的変更」をすることが求められている。ただし、「その商品、サーヴィス、設備、特典、施設の性質が根本的に変化する」ような変更を公共性のある施設が行う必要はない。合理的調整と合理的変更は、その範囲と目的において似通っているが、合理的変更のほうが、より高い基準を設定している。なぜならば、個人に便宜を図る際に「根本的な変化」が必要となることを証明することは、障害のある個人の雇用に関して「過大な負担」が生じることを証明することよりも、さらに難しいからである。

R

参照項目 1990年アメリカ障害者法（Americans with Disabilities Act of 1990）；1973年リハビリテーション法第504条（Section 504 of the Rehabilitation Act of 1973）；サウスイースタン・コミュニティ・カレッジ対デイヴィス裁判（Southeastern Community College v. Davis）；過大な困難／過大な負担（Undue Hardship/Undue Burden）

出典 Gostin, Lawrence O., and Henry A. Beyer, *Implementing the Americans with Disabilities Act: Rights and Responsibilities of All Americans* (1993).

Reeve, Christopher
リーヴ，クリストファー（1952-2004）

クリストファー・リーヴは、スーパーマン・シリーズ（1978）のスターとして最もよく知られている。1995年に脊髄を損傷してから、彼は脊髄損傷の治療法研究の助成を求める運動家となった。

リーヴは、1952年7月25日にニューヨーク市で生まれた。彼はニューヨーク州イサカ（Ithaca）にあるコーネル大学（Cornell University）で1974年に文学士を取得し、ジュリアード音楽院の学生であった1978年に映画出演者としてのキャリアを開始した。1995年のチャリティ・イヴェント中に乗馬競争で落馬し脊髄損傷を負ったが、この事故は国際的な関心を集めた。彼はシカゴにおける1996年の民主党全国大会でスピーチを行い、その模様は主要なテレビ局ネットワークのすべてで放映された。リーヴは、アメリカ障害者法（ADA）施行の必要性について言及したが、スピーチの大半は、脊髄損傷の治療法の発見に対する研究資金を増加してほしいという彼の願いに関するものであった。

この治療法発見に対する重視の姿勢が、コミュニティ代弁者としてリーヴに突然の賞賛が湧き上がった時に、障害者権利擁護団体の間で議論を生じさせたのである。キャロル・ギル（Carol Gill）は、リーヴの党大会でのスピーチ直後に、『主流（Mainstream）』でこう記している。「大衆は、障害は各個人が治療を要する一身上の悲劇であると信じたがるものだ。リーヴはその論調に同意し、自分たちの態度や公共政策を変える責任から逃れるように人々を導くものだ。人々が治療されるようにただ待っているだけでよいのなら、障害者がどこにでも行くことができ、また、特別扱いされない社会にするために熱心に働くのは何のためなのか」。他の人々はリーヴを擁護した。アンソニー・タスラー（Anthony Tusler）は、『主流』の同じ号に意見を述べた。「リーヴが差別との闘いについて語る時にもっと情熱を示していてくれたら、と私も思うが、〔とにかく〕ゴールデンタイムにこの概念が民主党員によって言及されたこと自体が、われわれのコミュニティにとっては大きな勝利である」。

1 クリストファー・リーヴは、1996年に「クリストファー・リーヴ財団」を設立し、執筆、講演、ロビイスト活動を積極的に展開したほか、俳優活動も再開。2004年10月12日、褥瘡に起因する感染症により、心不全にて死去。

参照項目 障害者のメディア・イメージ（Media Images of People with Disabilities）
出典 Brown, Steven E., "Super Duper? The (Unfortunate) Ascendancy of Christopher Reeve and the Cure-All for the 1990s," *Mainstream* (October 1996).

Rehabilitation Act of 1973
1973年リハビリテーション法

1973年リハビリテーション法（Rehabilitation Act of 1973）を可決する際、連邦議会は、本法の目的が「調査、訓練、サーヴィスおよび平等な機会の保証を通じて、職業リハビリテーションと自立生活に関する包括的で調和のとれたプログラムを発展させ実施すること」であると述べた。リハビリテーション法は、本法以前に50年間存在した職業リハビリテーション法（Vocational Rehabilitattion Act）を改正したものであるが、第5編、とくに第504条によって障害者の公民権を保護するという点で、従来の法にはるかにまさるものであった。1973年リハビリテーション法は、まさに、アメリカでは最初の、障害のある人のための重要で広範な公民

権法であった。

　法案は1972年に最初に可決されたが、リチャード・ニクソン（Richard Nixson）大統領が「議案拒否権」を行使し、その署名を拒否した。障害者の権利を訴える活動家のユーニス・フィオリート（Eunice Fiorito）とジュディス・ヒューマン（Judith Heumann）、そして行動する障害者の会（Disabled in Action）のメンバーはリンカーン記念館前でデモを行い、150名の障害のある活動家がワシントンD.C.のコネティカット通りを行進した。連邦議会は1973年の会期の初めに法案を再審議した。ジョン・ネイグル（John Nagle、全米盲人連合〈National Federation of the Blind〉ワシントン事務局理事）は公聴会で次のように証言した。本法、とくに第504条が「これまで長い間法律の枠外に置かれていた障害者を法の範囲内に取り入れることになる。そして、視覚障害だったり、耳が不自由だったり、足を失ったりしているからといって、その人が市民として劣っているわけではないことを本法が規定する」。議会は再びこの法律を可決したが、ニクソン大統領は、本法があまりにも多くの新しいプログラムを作ることになり、さらに、リハビリテーション・サーヴィスの設計と運営に際して障害者の参加を要求する点で度を越していると述べ、再度、拒否権を行使した。法案は彼の不安に折り合いをつけるよう書き直され、この3度目の法案がニクソン大統領によって1973年9月26日に署名された。

　連邦議会開催前の公聴会では、伝統的な職業リハビリテーション・サーヴィスが障害者のニーズを満たしていないことが明らかにされた。職業リハビリテーションは、ある人を職に就けるよう訓練することとして定義されており、リハビリテーション機関は、障害のあるクライアントを労働力人口とすることによって、その成功を判断されていた。よって、リハビリテーション機関は、より重度の障害者に対して、彼らは労働できない、あるいは労働することが難しいと判断し、サーヴィスの提供をしばしば拒否していた。最重度の障害者の多くは施設収容され、明確な職業上の目標をもっていなかった。したがって、連邦のリハビリテーション・サーヴィスを受ける資格がないとされたのであった。さらに、ニクソン政権の間は、「リハビリテーション問題に関わる研究や人材育成に対する関心が連邦レベルで低下していた」。また公聴会は、「雇用に関する差別、住居と移送サーヴィスの不足、建築物および交通機関における障壁」といった問題を除去するための活動が存在しなかったことを明らかにした。1973年法は、リハビリテーションの定義を広げるとともに、連邦政府に対して初めて、障害のある人に対する社会的差別に対処するよう命じた。

　本法の第1編では、連邦の定めた最低基準を満たしている州の職業リハビリテーション・プログラムに対する連邦補助金が制定された。補助金が認められるプログラムは、サーヴィス受給後に雇用に適した状態となりうる障害者すべてに利用可能である必要があった。州の機関に対しては、クライアントごとに、長期的目標、提供されるサーヴィスの詳細、それらの目標が達成されそうかを評価する方法などを記載したリハビリテーション・プログラム計画を文書で用意するよう命じた。また、計画作成にあたっては、各機関やプログラムが、クライアントの直接的な関与を求めなければならないとした。その他、第1編には、公的あるいは民間非営利の団体や機関が最重度の障害者への職業的リハビリテーション・サーヴィスを拡充するために利用可能な「革新と拡大のための助成金（Innovation and Expansion Grants）」に関する規定も含まれた。カリフォルニア州リハビリテーション局長に新たに任命されたエドワード・ロバーツ（Edward Roberts）は、これらの助成金を使って、カリフォルニア州のいたるところに自立生活センターを設置し、このことが、全国的な自立生活運動を引き起こすきっかけとなった。

　第2編は、国立障害研究所（National Institute of Handicapped Research）の指導のもとで行われる、リハビリテーションに関する研究や試験的なプログラムのための財源について規定した。

　第3編では、公的あるいは民間非営利のリハビリテーション機関が障害者を対象に行う職業リハビリテーション・サーヴィスの費用について、その90％までを連邦政府補助金が負担するという規定が設けられた。また、本編では、最も重度な障害のある人々のリハビリテーションに対するニーズを満たすことに、とくに重きを置くことが命じられた。その他、連邦保健・

教育・福祉省（HEW）長官が、新たに建設される公的あるいは民間非営利のリハビリテーション施設の担保の保証を行うことや補助金を支給することも可能となった。さらに第3編は、「全米盲聾青年・成人センター（National Center for Deaf-Blind Youths and Adults）を設立、運営するための」財源支出も認めている。

第4編は、HEW長官に対して、この法律で認可されたプログラムの調査や研究および実施する権限や、査定を行う権限を与えた。

第5編「雑則」は、障害をもつアメリカ人のための「権利章典」と呼ばれてきた。第501条の下、連邦政府は、すべての局と省において、職務の本質的な部分を遂行できる障害者に対して、平等な機会を提供することを約束した。これらの行政府の省や局（アメリカ郵政公社も含む）は、障害のある連邦職員の数を増加させ、その地位を向上させることを狙いとした積極的差別是正措置の計画を提出するよう求められた。

第502条は、1968年建築物バリアフリー法（Architectural Barriers Act of 1968）の実施を推進する目的で、建築・交通バリアフリー遵守委員会（Architectural and Transportation Barriers Compliance Board: ATBCB）を設立した。ATBCBには、「建築物バリアフリー法の遵守を確実にするために必要となるような調査を行う権限、公聴会を開催する権限」そして、「命令を発する権限」が与えられた。

第503条は、連邦政府と2500ドル以上の契約を結ぶ事業体に対して、職務の本質的部分を遂行できる障害者の採用、配置、昇進に関して、積極的差別是正措置の実施を義務づけた。この義務づけは、「国益に沿うような特別な事情から免除が必要であると大統領が判断する時には」、免除されることもありえた。

障害者権利という面で、1973年リハビリテーション法の最も重要な部分となったのは、第504条である。全国的な障害者権利擁護団体は、1970年代、第504条の履行に優先的に取り組むこととなった。また、1980年代に、障害者の権利に関する多くの積極的な実現活動の焦点となったのは、第504条のさまざまな規制を廃止あるいは縮小させようとするレーガン政権の試み、そして、そこで使われている用語についての連邦最高裁判所の限定的な解釈であった。

1973年リハビリテーション法は、1974年の12月に最初の改正が行われ、その後、数回の改正が行われている。1974年の改正では、法律上での障害者の定義が、「(A) 日常生活活動の1つあるいはそれ以上を実質的に制限するような身体的または精神的な機能損傷をもつ者、(B) そのような機能損傷の経歴をもつ者、(C) そのような機能損傷をもっていると見なされる者」という形で明確にされた。1978年の改正は、自立生活センターに対する連邦の補助金を確立した。また、全米障害者協議会（National Council on the Handicapped、のちに全米障害者協議会〈National Council on Disability〉に名称変更）を設立した。さらに同改正では、第504条の適用が拡大され、連邦政府の行政機関および政府によって管理されるすべてのプログラムが含まれるようになった。1986年の改正では、部族当局への補助金交付に関する連邦政府の権限が拡大され、アメリカ先住民保留地での職業リハビリテーション・サーヴィスの費用について、その90％までが補助金で賄われるようになった。また同改正は、連邦政府の諸機関に対して、障害のある職員もそうでない職員も電子事務機器を等しく利用できる状態とするように命じた。さらに、知的障害や精神障害のある人々が仕事を獲得し、それを保持できるよう手助けするための援助つき雇用（Supported Employment）に対する「定式補助金」プログラムが確立された。1992年の改正は、公的なリハビリテーション・プログラムに参加している州のリハビリテーション局すべてに対して、メンバーの過半数が障害者で構成される諮問委員会を設立するよう命じた。

1975年全障害児教育法（Education for All Handicapped Children Act of 1975）および1990年アメリカ障害者法（Americans with Disabilities Act of 1990: ADA）とともに、リハビリテーション法は、障害のあるアメリカ人の公民権保護として最も重要なものの1つであり続けている。本法の用語の大部分（たとえば、障害者の定義など）と本法の下で発達した概念、たとえば合理的調整（Reasonable Accommodation）や過大な負担（Undue Burden）は、アメリカ障害者法でも使用されている。

参照項目　アメリカ害者市民連合（American Coalition of Citizens with Disabilities）；1990年ア

メリカ障害者法（Americans with Disabilities Act of 1990）；建築・交通バリアフリー遵守委員会（Architectural and Transportation Barriers Compliance Board）；1968年建築物バリアフリー法（Architectural Barriers Act of 1968）；行動する障害者の会（Disabled in Action）；フィオリート，ユーニス・K（Fiorito, Eunice K.）；ヒューマン，ジュディス・E（Heumann, Judith E.）；連邦保健・教育・福祉省デモ（HEW Demonstrations）；全米障害協議会（National Council on Disability）；全米盲人連合（National Federation of the Blind）；1973年リハビリテーション法第504条（Section 504 of the Rehabilitation Act of 1973）；合理的調整／合理的変更（Reasonable Accommodation/ Reasonable Modification）；ロバーツ，エドワード・V（Roberts, Edward V.）；職業リハビリテーション（Vocational Rehabilitation）；過大な困難／過大な負担（Undue Hardship/Undue Burden）

出典 Burgdorf, Robert L., Jr., *The Legal Rights of Handicapped Persons: Cases, Materials, and Text* (1980); Gostin, Lawrence O., and Henry A. Beyer, eds., *Implementing the Americans with Disabilities Act: Rights and Responsibilities of All Americans* (1993); Scotch, Richard K., *From Good Will to Civil Rights: Transforming Federal Disability Policy* (1984).

Rehabilitation Gazette
『リハビリテーション・ガゼット』

参照項目 「ジニー」ことローリー，ヴァージニア・グレース・ウィルソン（Laurie, Virginia Grace Wilson "Gini"）

Religion
宗教

　神学者のナンシー・L・イースランド（Nancy L. Eiesland）は以下のように記した。「キリスト教の伝統における根強い考え方として、障害は神との普通ではない関係を示すものであり、障害をもつ者は神聖なまでに祝福されているか、呪われているかのどちらかだというものであった、すなわち汚れた悪人か精神的な英雄かである」(1944)。こうした特色づけを行うのはキリスト教のみではない。ジェームズ・I・チャールトン（James I. Charleton）は『ディスアビリティ・ラグ・アンド・リソース（*The Disability Rag & Resource*）』（1993年9/10月号）の「宗教と障害——世界観（Religion and Disability: A World View）」の中で、ジンバブエ、マレーシア、インドネシアの障害者権利擁護活動家が、彼らの宗教的伝統では障害は生来の罪深さに起因する「神の罰」の表れと見なされていると語ったことを引用している。ウィリアム・ブレア（William Blair）とデイナ・デイヴィッドソン（Dana Davidson）は『障害とリハビリテーション大事典（*Encyclopedia of Disability and Rehabilitation*）』（1995）で「異なる人への恐怖が障害をもつ人を宗教儀式に、同等の立場で参加することを受け入れられなくしてきた。障害をもつ人々は他の人にとって脅威であり、『感染』のもととなり、自らの世話をできないことから『不浄』であると見なされているのかもしれない」と述べている。たとえば、障害者権利擁護運動家のトニー・コエロ（Tony Coelho）とヘンリー・ヴィスカーディ・ジュニア（Henry Viscardi Jr.）はどちらも青年期に、障害者であるために聖職者の道には進めないといわれた。聖職者の中には、結婚生活を成就させることができないと主張して障害者の結婚式の挙行を拒否し続ける者もいる。聖職者や牧師、ユダヤ教ラビ、宗教団体の就労者に占める障害者の数は少ないままで、神学校や神学課程にはたいてい入学することができない。教会、寺院やイスラム教寺院で車椅子用の通路があるところはほとんどない。盲人がアクセスできる様式の掲示や讃美歌集のような基礎的なバリアフリーを提供しているところはさらに少ない。障害をもつ人々が宗教的儀式に参加できる時は、しばしば憐憫や慈悲の対象、あるいは聖職者による「癒し」の一環としてであり、教会は障害を、信仰を試すものあるいは克服すべき障壁と見なしている。ナンシー・J・レイン牧師（Reverend Nancy J. Lane）は『ディスアビリティ・ラグ・アンド・リソース（*The Disability Rag & Resource*）』（1993年9/10月号）の論文で以下のように論じた。「教会には障害のある人々を『治癒する』こと、つまり、社会が『正常』と定義するものへと矯正することにとりつかれている人が多くいます。障害を人間の多様

さとしてではなく、基本的な欠陥と見なしているのです」。

そのような視点は社会の一員として参加を望む人々にとって助けにはならない。にもかかわらず、障害をもつ人々は時代を通じて宗教上の教えに一定の満足を見出すことができた。ヘレン・R・ベーテンバウ（Helen R. Betenbaugh, 1996）はこう述べる。「不自由な足で祭壇に近づく人々を排除したレビ法を説く同じ聖書が障害をもつ人々に対し深い思いやりをもって行動し急進的な受容を命じている」。宗教団体はとくに聾者の間で大きな意味をもってきた。M・アルヴァーナ・ホーリス修道女（Sister M. Alverna Hollis）は『聾者および聾に関するギャローデット百科事典（Gallaudet Encyclopedia of Deaf People and Deafness）』（1987）の宗教に関する項目でこう記している。「過去の教会での聾者教育がなければ、現在ある聾唖教育は100年の遅れがあったかもしれない」。宗教団体は1990年アメリカ障害者法のさまざまな必要事項からの除外を目的にロビー活動を行う一方、多くの宗派が障害者に関する部門を作り、障害者である教区民を支援する努力をした。近年ではベテンバウやイースランドといった多くの神学者が宗教的思想と障害者の経験を調和させる試みを行っている。これは障害者権利運動の影響の増大を反映しているか、あるいは障害をもつ聖職者の数がゆっくりではあるが増えてきて、障害者問題が主流の宗派の議論の大きな部分を占めるようになったことの反映かもしれない。また、全米カソリック教会障害者局（National Catholic Office for Persons with Disabilities）のメアリー・ジェーン・オーウェン（Mary Jane Owen）やカリフォルニア州クレアモントのケア信徒団（Caring Congregation）のハロルド・ウィルク牧師（Reverend Harold Wilke）、全米障害者組織（National Organization on Disability）のジニー・ソーンバーグ（Ginny Thornburgh）のような障害者権利活動家の活動に負うところも大きい。彼らはみな自らの宗派で健常者優位主義（ableism）を終了させる目的のために尽力している。

参照項目 オーウェン，メアリー・ジェーン（Owen, Mary Jane）；ソーンバーグ，ジニー（Thornburgh, Ginny）；ウィルク，ハロルド（Wilke, Harold）

出典 Betenbaugh, Helen R., "ADA and the Religious Community: The Moral Case," *Journal of Religion in Disability & Rehabilitation* (1996); Blair, William, and Dana Davidson, "Religion," in Arthur E. Dell Orto and Robert P. Marinelli, eds., *Encyclopedia of Disability and Rehabilitation* (1995); Charleton, James I., "Religion and Disability: A World View," *Disability Rag & Resource* (September/October 1992); Eisland, Nancy L., *The Disabled God: Toward a Liberatory Theology of Disability* (1994); Hollis, M. Alverna, "Religion, Catholic," in John V. Van Cleve,ed., *Gallandet Encyclopedia of Deaf People and Deafness* (1987); Wolfe, Kathi, "The Bible and Disabilities," *Disability Rag & Resource* (September/October 1993).

Roberts, Edward V.
ロバーツ，エドワード・V（1939–1995）

エドワード・V・ロバーツは、「自立生活運動の父」と呼ばれている。彼は、世界初の地域に根ざした自立生活センターの共同設立者であり、初めての所長であった。それは、世界中の400以上のセンターのモデルとなったものであり、その多くはロバーツの直接の指導で設立された。彼は、障害者権利活動家のすべての世代の指導者であり、1970年代初期から彼の死の時まで、すべての主要な障害者権利の闘いで活動していた。

ロバーツは、カリフォルニア州サンマテオで、1939年1月23日に生まれた。14歳の時ポリオに感染、まひが残り、日中の呼吸器、夜の鉄の肺〔人工呼吸器の一種〕なしには生きていけない状態「呼吸不全性四肢まひ（respiratory quadriplegic）」になった。ロバーツは、その時に、医師が彼の残りの人生は「植物状態」であろうから、死なせてあげるのがベストであるということを母にいっているのを耳にしている。「私はすべての固定観念を体験した。つまり私は決して結婚できない、働けない、1人の人間として扱われないということだ。私は、餓死しようとした。それが自殺を遂げる唯一の方法であった」。数年後、彼は、植物状態でないといけないのなら、アーティチョークがいいなどとよく冗談をいっていた。「外側に小さなとげが

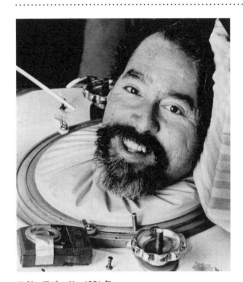

エド・ロバーツ。1981 年。
©Bettmann/CORBIS/amanaimages

あるが大きな心をもっているから……。私は、世界中のすべての植物状態とされる人々に結束せよといいたい」。

ロバーツは、優等生であった。しかし、高校の校長は、初め、体育と自動車教習の単位をとらなかったことを理由に彼の卒業を許可しなかった。彼は、サンマテオ・コミュニティカレッジで 2 年間を過ごし、進学アドヴァイザーから、カリフォルニア大学バークレー校で勉強を続けるようにと励まされるくらい優秀であった。授業料を払う余裕がなく、ロバーツは、州の職業リハビリテーション局の援助を申し込んだ。そこで、彼は拒絶され「ふさわしくない（infeasible）」依頼人であり、決して働くことはなさそうだとレッテルを貼られた。彼の職業リハビリテーションのケースマネージャーはまた、コミュニティカレッジにおける 2 年間の優秀な成績にもかかわらず「大学進学能力がない」と主張した。ロバーツは、サンマテオ・コミュニティカレッジでの支援者とともに、地元の新聞社に行った。そして、必要な援助を認めるリハビリテーション職員の仲介を勝ち取った。バークレーの職員もまた、健康の問題やアクセスの欠如を引き合いに出して、ロバーツをキャンパスに受け入れるのを渋った。1 人の管理者は「われわれはかつて、身体障害者（cripples）を

試しに受け入れたが、うまくいかなかった」と彼にいったそうである。ロバーツは、それらの問題は解決できると彼らを説得し、1962 年秋から授業に出た。

自立生活サーヴィスができる前、ロバーツは、介助を兄であるロン（Ron Roberts）やバークレー大学の学生に頼らなければならなかった。学生寮はアクセスできなかったので（そして、誰も彼の鉄の肺を世話できなかったので）ロバーツは、キャンパス内の、コーウェル病院に住んだ。バークレーでの彼の受け入れについて、新聞記事は「身体の不自由な障害者、大学に通う」という見出しで、彼をちょっとした有名人にしたてあげた。そして、数年の間に、12 人の重度障害をもつ学生が、大学に入学した。彼らは、ローリング・クワッズ（Rolling Quads）を設立し、キャンパスや周辺の地域をバリアフリーにすることに打ち込んだ。彼らの運動の結果の 1 つに、身体障害学生プログラム（Physically Disabled Student's Program）の形成がある。それは、パーソナル・アシスタンス・サーヴィス（PAS）の規定、地域での生活、権利擁護を含み、自立生活センターの原型となり、自立生活運動のさきがけとなった。ロバーツは、その間、1966 年に政治学で学士課程を修了した。そして、政治学での博士号に向けて大学での勉強を続け、最終的には、学位論文以外の必要課目をすべて修了した。

自立生活センター（CIL）はロバーツを最初の所長として 1972 年 3 月に設立された。最初の数年間は、CIL は、サンフランシスコ地域で増え続けるサーヴィス申し込み者を受け入れるのに奮闘した。CIL の所長としてロバーツは大きな成果を上げ、彼が離れる時までに、組織の予算は、年間 4 万ドルから 100 万ドルにまで増えていた。

1975 年、ロバーツは、カリフォルニア州知事であるジェリー・ブラウン（Jerry Brown）によって、州の職業リハビリテーション局長に任命された。そこは、かつて、働くには障害が重すぎると彼を評した局である。彼らの態度はその間の 13 年間ではほとんど変わっていなかった。スタッフの何人かは、「彼らのかつての依頼人の 1 人が上司になる」ということにためらいをもっていた。「彼らは今までずっと障害者の偉大なる救世主であることに慣れてしまっていた。

なのに今や、身体障害者が、彼らに、ああしろ、こうしろと指示していたのです」と彼の母親であるゾナ・ロバーツ（Zona Roberts）は思い出を語った。

ロバーツは、自立生活の概念の拡大に専念した。1973年リハビリテーション法の第1編の下で利用可能な新しい連邦の革新と拡大のための助成金（federal Innovation and Expansion Grants）は、障害をもった人々によって、スタッフが配属され運営される9つの新しい自立生活センターを設立するのに必要な資本をロバーツに与えるものであった。連邦政府は、自立生活センターは「リハビリテーション」ではないと主張し、この資金利用に異議を申し立てた。この論争におけるロバーツの勝利は、初期の自立生活運動の歴史において、重大な契機となった。「私は、1つのCILだけで自立生活のコンセプトが受け入れられるとは思わない」とジョーン・レオン（Joan Leon）は述べた。ジョーン・レオンは、CILの仕事仲間であり、リハビリテーション局の仕事仲間である。「しかし[10のセンターでその概念が機能したことを示すことによって]、彼はもう止められないすごいことをしていた」。

ロバーツはまた、障害者インターナショナル（DPI）の主要な組織者の1人であった。そして彼は、1981年の11/12月にシンガポール世界会議でのDPI創立会議をまとめるのに尽力した。DPIはCILのように、世界中で障害者の権利擁護運動が新たに起こるきっかけとなり、その手助けをした。

ロバーツは、1983年に、カリフォルニア州職業リハビリテーション局を離れ、残りの人生を自立生活を広める活動に費やした。ロバーツは、1985年から1989年の間、マッカーサー特別奨励金給付生（MacArthur fellow）に指名され、その奨励金を1983年、ジュディス・ヒューマン（Judith Heumann）とジョーン・レオンとともに設立した世界障害研究所（World Institute on Disability: WID）の資金に使用した。WIDは、障害者権利の問題や運動に関する国際的なフォーラムの場や情報のパイプ役を務め、しばしば、ロバーツの直接の関与を伴って、東ヨーロッパやロシアや中央アメリカにおける自立生活センターの設立に役立ってきた。ロバーツは、障害者の権利と自立生活のメッセージを広めるために、まとめて100万マイル以上を旅した。そして、障害者の権利集団に呼びかけ、障害者や主流の新聞社の会見に応じた。

ロバーツは1995年の3月14日、カリフォルニア州で亡くなった。彼は、障害者や主流の新聞社を通して、褒め称えられ、彼の死を世界中の権利擁護家が悼んだ。

参照項目 自立生活センター（Center for Independent Living, Inc）；障害者インターナショナル（Disabled People's International）；自立生活、自立生活運動（Independent Living, Independent Living Movement）；世界障害研究所（World Institute on Disability）

出典 Drieger, Diane, *The Last Civil Rights Movement* (1989)（長瀬修編訳『国際的障害者運動の誕生——障害者インターナショナル・DPI』エンパワメント研究所、2000）；Levy, Chava Willig, *A people's History of Independent Living Movement* (1988); Pelka, Fred, "Ed Roberts, 1939–1995: Father of Independent Living" *Mainstream* (May 1995); Shapiro, Joseph, *No pity: People with Disability Forgoing a New Civil Rights Movement* (1993, 1994)（秋山愛子訳『哀れみはいらない——全米障害者運動の軌跡』現代書館、1999）；Treanor, Richard Bryant, *We Overcome: The story of Civil Rights for Disabled People* (1993).

Rochlin, Jay F.
ロークリン，ジェイ・F (1932-1996)

ジェイ・F・ロークリンは1987年から1990年まで、大統領障害者雇用委員会（President's Committee on Employment of People with Disabilities）事務局長であった。1985年11月から1987年までは同委員会事務局長代理、1985年1月から10月までは同委員会議長の事務補佐官であった。彼は「障害者の雇用」を「ボランタリズム」に任せるのではなく、公民権の1つに位置づけるべきとする委員会見解修正に一役買った。彼は共和党上院議員に「ボランタリズム任せの50年はうまくいかなかった」と訴え、1990年アメリカ障害者法（Americans with Disabilities Act of 1990）制定にも関与した。同様に1988年障害者のための技術関連支援法

（Technology Related Assistance for Individuals with Disabilities Act of 1988）の起草と通過の手助けもした。

　ロークリンは1932年8月27日にニューヨーク州ホワイト・プレインズに生まれた。1970年ニューアーク工科カレッジ（Newark College of Engineering）卒業、1972年にはニュージャージー州ニューブランズウィック（New Brunswick）のラトガーズ大学（Rutgers University）上級マネージメント・プログラムを修了した。世界障害研究所（World Institute on Disability）やギャローデット大学、多数の団体のメンバーないしは顧問を務め、さらに全米自立生活協議会（National Council on Independent Living: NCIL）や（1988–1990）、リハビリテーション・サーヴィス庁の精神障害者のリハビリテーションに関する特別委員会（Rehabilitation Services Administration's Task Force on Rehabilitation of People with Mental Illness）のメンバーとしても活躍した。

　出版物には次のようなものがある。『ワシントン・ジョブライン（Washington Jobline）』（1989年11/12月）所収の「障害とともに働く――問題・進歩・将来（Working with Disabilities: Problems, Progress and Promise）」、『今日の雇用関係（Employment Relations Today）』（1988夏）所収の「雇用――自立の手がかり（Employment: The Key to Independence）」、『国際障害者余暇・スポーツ・芸術・雇用フォーラム（International Forum : Leisure, Sports, Cultural Arts and Employment for People with Disability）』所収の「障害者の雇用――変わりつつある展望（Employment of Persons with Disabilities: A Changing Perspective）」（全米障害者協議会〈National Council on the Handicapped〉刊、1985）。

　彼は、1996年4月6日、オレゴン州のフッド山（Mt. Hood）で死亡した。

参照項目　大統領障害者雇用委員会（President's Committee on Employment of People with Disabilities）；1988年障害者のための技術関連支援法（Technology Related Assistance for Individuals with Disabilities Act of 1988）

Rolling Quads
ローリング・クワッズ

参照項目　自立生活センター（Center for Independent Living, Inc.）；ロバーツ，エドワード・V（Roberts, Edward V.）

Roosevelt, Franklin Delano
ローズヴェルト，フランクリン・デラノ
（1882–1945）

　フランクリン・デラノ・ローズヴェルトは、歴史家ヒュー・ギャラハー（Hugh Gallagher）によれば、助けなしには歩行も立つこともできなかったのに、国民によって国のリーダーに選ばれた、人類記録史上の唯一の人物であった。ローズヴェルトは車椅子の上から、その時代を引っ張っていったのだが、障害があるということは、ある意味決して悟られなかったのである。

　ローズヴェルトは、1882年1月30日、ニューヨーク州ハイド・パークに生まれた。裕福で、名士の家柄であった。第1次世界大戦中、ウィルソン大統領によって海軍事務次官補に任命された。戦争が終わると、ローズヴェルトはニューヨーク州上院議員になり、1920年には民主党の副大統領候補になる。しかし、その1年後にポリオに罹りまひが残って、車椅子の生活を余儀なくされる。

　ローズヴェルトの最初の行動は、それを終わらせようとする試みであった。ジョージア州ウォーム・スプリングスに移り、厳しいリハビリテーション・プログラムに取り組んだ。ウォーム・スプリングス財団の共同設立者の一員としてローズヴェルトは、今日のピア・カウンセリングとセルフヘルプ・グループの先駆になる、革新的なプログラムを組織化した。しかしながら、支えなしに歩ける能力を回復させる試みは成功しなかった。1928年、ローズヴェルトは政界に復帰し、ニューヨーク州知事選に立候補した。選挙戦は困難であった。彼が障害者だったからではない。車椅子を使って人々に近づけるような場所がほとんどなかったからである。彼が行く所はどこでもスロープを特別に設置しなければならなかった。さもなければ、演壇に立つために、業務用エレベーターを使う

か、階段や非常階段をかかえて運んでもらうしかなかったのである。すべてのこうした特別の配慮は、秘密裏になされた。成功をおさめている政治リーダーは、車椅子使用者などであるはずがないとの通念があったからだ。彼は「障害者だ」との噂があったにもかかわらず、選挙は勝利した。さらに1930年には大差をつけて再選されている。

ニューヨーク州議会での初めての年頭教書で、ローズヴェルトは「市民である身体障害者の身体的に不利な条件を取り除くために、市民の精神的、知的な発達に提供されるのと同じケアを身体障害者に与えることは州の義務である。つまるところ人間の普遍的教育とは近代的概念なのだ。身体障害のゆえに不幸である子どもや大人が有益な活動を取り戻すように、国家は他の市民に対するのと同様の義務があることを、私たちは認識しなければならない。そういう時代に今や私たちは達しているのだ……ビジネスの問題としても、これら身体障害者のシティズンシップを取り戻す援助は、自ずと州に利益をもたらすことであろう」と言明した。ギャラハー(1985)は、この「身体障害者の普遍的ケアと処遇の要求は、1929年という時期ではラディカルな提案であった。半世紀を経てもなおそれはラディカルな提案である」と指摘している。

任期2年のニューヨーク州知事を2期務めた後、ローズヴェルトは合衆国大統領に選出される。身体障害をもっている身で、そうした公務に就けた唯一の人物であった。けれどもローズヴェルトは、彼の障害の重さを隠さねばならないと感じ、ギャラハーがいうところの、「見事なる欺瞞」に携わったのである。大統領ライブラリーに保存されているローズヴェルトの写真は3万5000枚を超すのに、その中で彼が車椅子を使っている写真はたったの2枚しかない。

もちろんローズヴェルトは、ニューディール政策と第2次世界大戦時のリーダーシップにおいて最も記憶されている。が、彼はまた多数の障害者団体組織にも関与した。ただしノラ・グロウス（Nora Groce, 1992）が指摘するように、常に「障害をもつ個人としてではなく、有力な後援者を装って」いた。1期目の初めに、彼はチャリティ組織「全米マーチ・オブ・ダイムズ慈善財団（National March of Dimes）」の立ち上げを支援した。それはポリオに罹った者のために、リハビリテーションと教育、ならびに適切な補装具のための基金を募り、同時に研究資金を提供する組織であった。同組織へのローズヴェルトの支援は、ポリオのワクチン開発に大いに寄与していくことになる。生涯を通じてローズヴェルトは、ウォーム・スプリングスのコミュニティに立ち戻るのが常であり、全米の障害者と親密なつながりを保ち続けた。大統領として彼が就任していた12年もの歳月は、障害をもつ人々にとっては重要な進歩の年になった。1935年社会保障法、1943年ラフォーレ—バーデン法（LaFollette-Barden Act of 1943）、リハビリテーション医学の進展などがその中に含まれる。

ローズヴェルトはウォーム・スプリングスで1945年4月12日に亡くなる。死後、半世紀を経て、ワシントンD.C.でローズヴェルト・メモリアル記念館設立の企画案をめぐって論争が巻き起こる。ローズヴェルト・メモリアル委員会は「ローズヴェルト自身は彼の症状にはとても用心深くて、大衆には障害のことを明らかにはしなかったという事実に敬意を払うべき」と判断、ステッキも下肢装具もない、もちろん車

フランクリン・D・ローズヴェルトとルーシー・バイと犬のファーラ。1941年。車椅子に乗ったローズヴェルトの写真はきわめて少ない。

Franklin Delano Roosevelt Library

椅子などない肖像画を描くように決定を下した。この肖像画を、障害者権利擁護運動家たちは健常者優位主義（ableism）への迎合と見なし、歴代アメリカの大統領で最も崇拝されている1人が身体障害であったことを隠蔽するものと受け止めている。

1　ポリオではなく、ギラン・バレー症候群との説もある。日常生活は車椅子を使用。

参照項目　ギャラハー, ヒュー・グレゴリー（Gallagher, Hugh Gregory）；1943年ラフォーレ－バーデン法（LaFollette-Barden Act of 1943）；社会保障, 社会保障障害保険, 補足的所得保障（Social Security, Social Security Disability Insurance, Supplemental Security Income）；ジョージア州ウォーム・スプリングス（Warm Springs, Georgia）
出典　Gallagher, Hugh Gregory, *FDR's Splendid Deception* (1985); Groce, Nora Ellen, *The U.S. Role in International Disability Activities: A History and a Look toward the Future* (1992).

Rousso, Harilyn
ルソー，ハリリン（1946年生）

ハリリン・ルソーは、教育者、ソーシャル・ワーカー、心理療法士であり、障害をもつ女性や少女に対して、画期的な仕事をした障害者の権利擁護者である。彼女は、障害のある青年女子のための類のない指導カウンセリング・プログラムである、ニューヨーク市YWCA障害女性のネットワーキング・プロジェクト（Net-working Project for Disabled Women and Girls of the Young Women's Christian Association of New York City, 1984）の設立者として最もよく知られている。

ルソーは、1946年5月21日、ニューヨーク市ブルックリンに生まれた。1968年、マサチューセッツ州ウォルサムのブランダイス大学（Brandeis University）で経済学の学士号を、1972年、ボストン大学（Boston University）で教育学の修士号を取得した。1984年、ルソーは、ニューヨーク市のニューヨーク精神分析的心理療法学校（New York School for Psychoanalytic Psychotherapy）から精神分析的心理療法の免許状を取得した。

ルソーは、障害女性ネットワーキング・プロジェクト（Networking Project for Disabled Women and Girls）の活動に加え、ニューヨーク市人権委員会（New York City Commission on Human Rights）の委員（1988–1993）、ニューヨーク女子法人組織全米本部（Girls Incorporated National Headquarters in New York）における青年障害者の就業化に関するコンサルタント（1991–1994）、そして同じくニューヨーク州にあるハンター大学（Hunter College）の女性学プログラムの非常勤講師を務めた。現在、無限障害相談サーヴィス協会（Disabilities Unlimited Consulting Services）の所長（executive director）である。無限障害相談サーヴィス協会は、障害者とその家族に対し、カウンセリングと権利擁護サーヴィスを提供している。無限障害相談サーヴィス協会は、1979年、ルソーによって設立された。

ルソーは、「障害者だってセクシュアルである（Disabled People Are Sexual Too!）」（『障害児の親〈*Exceptional Parent*〉』1981）、「障害のあるセラピスト――理論的および臨床的問題点（Therapists with Disabilities: Theoretical and Clinical Issues）」（アンドリアン・アッシュと共著『精神医学〈*Psychiatry*〉』1985）、『障害のある女性と誇り！　障害女性10人の物語（*Disabled, Female and Proud! Stories of Ten Women with Disabilities*）』（S・オマリー、M・セヴェランスと共著、1988）、「青年期女性のセクシュアリティを肯定する（Affirming Adolescent Women's Sexuality）」（『ウエスタン・ジャーナル・オブ・メディスン〈*Western Journal of Medicine*〉』1991）をはじめとする、多数の著作物を発表している。1990年から1992年の間、ブルックリン障害者自立センター（Brooklyn Center for Independence of the Disabled）の理事会のメンバーを務め、現在は、女性のためのミス財団（Ms. Foundation for Women）および障害学会（Society for Disability Studies）の委員会のメンバーである。

参照項目　障害女性（Women with Disabilities）

Rural Institute on Disabilities
村落障害研究所

ミズーラにあるモンタナ州立大学（University

of Montana）に拠点を置く村落障害研究所（Rural Institute on Disabilities）は、連邦発達障害局の資金により、田舎に暮らす障害のあるアメリカ人の地域生活への完全参加を唱導する目的で、1979年に設立された。このプロジェクトの主な内容は、年1回の全米村落障害者会議や村落早期介入訓練プログラム、ヴェトナム復員兵子弟のアシスタンス・プログラム（Vietnam Veterans' Children's Assistance Program）、アメリカ・インディアン障害者立法プロジェクト（American Indian Disability Legislation Project）などである。この研究所は、村落障害者情報サーヴィス（Rural Disability Information Service）と村落障害者インフォ・ネット（Rural Disabilities Info-Net）を主催している。また、この研究所は、『モンタナ・レスパイト・トレーニング・リソース・サーヴィス・ニューズレター（Montana Respite Training Resource Service Newsletter）』のほか、『村落交流（Rural Ex-change）』と『村落実態（Rural Facts）』の2つの月刊ニューズレターを発行している。最近の『村落実態』の記事には、中小企業の起業や利用しやすい村落の住宅供給、村落の障害者人口統計などがあった。

参照項目 発達障害局（Administration on Developmental Disabilities）；アメリカ・インディアン障害者立法プロジェクト（American Indian Disability Legislation Project）

Rusk, Howard
ラスク，ハワード（1901-1989）

リハビリテーション分野の開拓者であるハワード・ラスクは、1901年4月9日、ミズーリ州ブルックフィールドで生まれた。ラスクはいくら障害が重いといっても、個人は自活手段を得るための技術を学べるし、適切なテクノロジーを使用できると信じた。ラスクの書いた1972年の自叙伝『ケアするための世界（A World To Care For）』を見ると、「リハビリテーションを信じることは、ヒューマニティを信じることである」と書かれている。

内科医療分野においてアメリカ最初の専門医の1人であったラスクは、第2次世界大戦中に陸軍飛行団に入隊し、ミズーリ州ジェファーソン・バラックの病院に配属された。この時、傷痍軍人は、負傷が治ったら医療専門家から事実上放棄された。脊髄損傷の人々はケガや肺炎で死亡するまで、6ヶ月から1年の間に病床に残された。『ケアするための世界』でラスクは、障害者となった1人の軍人が悲しんでいる姿を偶然見かけた時の状況を述べている。その悲しみは、病棟勤務員がその患者ベッドの上にかかっていたくもの巣を片付けてしまったためであり、それは彼が入院してから何週間もの間、彼の唯一の気晴らしであった。ラスクは、「軍隊にはリハビリテーション・プログラムのための前例がない。そして私が知るかぎり、広い範囲にわたる民間人のプログラムもない」ことを悟った。

ラスクは理学療法と身体訓練プログラムを始めた。彼は自分の患者に数学、言語、アメリカ史を教えるための教師を招聘してきた。患者は、互いが助言者や先生になるために交流することが奨励された。ラスクの革新は、彼自身に相当の注意を喚起させることになった。1944年の初めに、彼はニューヨーク州ポーリングに回復期センターを開くことにした。その成果は劇的で、ラスクは12ヶ所の他の空軍病院にもリハビリテーション・プログラムを設置するように求められた。第2次世界大戦の終結頃、ローズヴェルト大統領はリハビリ・プログラムをすべての軍隊でラスクの実践に基づいて実施することを命じた。

軍隊を去った後、ラスクはニューヨークのベルヴュー病院（Bellvue Hospital）で、アメリカで初めて地方リハビリテーション・センターを創設した。そこで彼と彼のチームはいくつかの重要な功績をあげたが、それの一部が二分脊椎の人々に試みられたリハビリテーションであった。1951年1月、彼はニューヨーク大学メディカル・センターにリハビリテーション医学研究所を開いた。ほとんどの患者は、作業中に障害を被ったアメリカ鉱山組合の労働者であった。また、ラスクと彼のスタッフは、解決策を模索するために規則を破った。なぜならば当時の車椅子が不適切であったため、新しいものをデザインする必要があったためである。電子タイプライター（初めにIBMによって障害者の筆記手段として開発）、マウス・ステッキ、義足の

すべてがラスクのチームによって開発されたり、より精巧に改良された。

　医療センターにいる間、ラスクはリハビリテーション医学における医療施設の設立に関心を注いだ。しかし、説得が困難な提案であった。"Rehab"は豪華ではなく、基金も少なかった。リハビリテーション医学は多くの医師によって非医療的で非専門的であると思われた。ラスクによるような、障害者を信頼して彼らを病院のスタッフとし、彼らに訓練させることは前例のないことであったため、リハビリテーション医療は「ラスクの愚行」と呼ばれた。

　それにもかかわらず、ラスクの評判はよくなる一方であった。彼の患者はしばしば喪失の時間を過ごしたあと、彼のもとにやってきた。彼のプログラムを経験した者は、看護師、弁護士、芸術家、教師、企業家などであった。彼の患者が作業場や学校で差別と遭遇した時、ラスクは時々個別的に介入した。彼は『ニューヨーク・タイムズ（New York Times）』に週刊コラムを書いていたが、そこでリハビリテーションの恩恵について説明し、障害のある労働者を雇うことを主張した。

　1955年、ラスクは世界リハビリテーション財団を共同で創設して初代会長として就任し、リハビリテーション医療についての講演のため、広範に旅行した。20年以上かかって、リハビリテーション医療の役割は徐々に受け入れられるとともに革新家としてのラスクも認知されるようになった。ラスクは1989年11月4日、ニューヨーク市で亡くなった。

参照項目　支援技術（Assistive Technology）；ヴィスカーディ，ヘンリー・ジュニア（Viscardi, Henry, Jr.）

出典　Rusk, Howard A., *A World To Care For: The Authobiography of Howard A. Rusk, M. D.* (1972).

Russell, Harold
ラッセル，ハロルド（1914-2002）

　ハロルド・ラッセルは、1914年1月14日にカナダのノヴァ・スコシアに生まれ、マサチューセッツ州ケンブリッジで育った。戦前は肉切り職人だったが、第2次世界大戦中は落下傘兵となった。ノースカロライナ州のキャンプ・マッコールの爆破教官を務めていた1944年6月6日、手榴弾爆発で両腕の肘から下を失った。彼は義手をつけ、アメリカ陸軍のドキュメンタリー『軍曹の日記（*The Diary of a Sergeant*）』(1945) に出演した。自身も障害者であるハリウッドの監督ウィリアム・ワイラー（William Wyler）は、そのドキュメンタリーを見て、戦争からわが家へ帰還した退役軍人の苦闘を描いた映画『我等の生涯の最良の年（*The Best Years of Our Lives*）』(1946) の登場人物の1人の役をラッセルに割り当てることに決めた。ラッセルはその時、ボストン大学に在学中だった。サミュエル・ゴールドウィン（Samuel Goldwyn）のスタジオから、映画に出るためにハリウッドに来られないか、と電話がかかってきた時、ラッセルはいたずら電話だと思い、電話を切った。

　映画は大成功し、その成功のほとんどは、悪人でもなく、超人的に勇敢な人間でもない障害者を演じたラッセルの独特の役作りによるものであった。明らかにプロの役者ではなかったが、ラッセルの演技によって役が本物らしくなり、1947年のアカデミー賞2部門、1つは最優秀助演男優賞、もう1つは（特別賞の）「仲間の退役軍人に希望と勇気をもたらした」賞を、獲得した。

　ラッセルはトルーマン（Truman）大統領に依頼され、1948年10月に大統領障害者雇用委員会（President's Committee on Employment of the Handicapped）のメンバーとなった。その翌年、彼は自伝『わたしの手の中の勝利（*Victory in My Hands*）』を出版した。1964年、リンドン・ジョンソン（Lyndon Johnson）大統領はラッセルを同委員会の議長に任命した。彼は委員会議長の立場で、1973年リハビリテーション法とその法規に力強く差別反対を訴える文言を含めるように、国会で証言した。この間、ラッセルは連邦政府、および国際電話電信会社ITTのような民間企業の双方に対して、バリアフリーと雇用に関する相談役を務めた。

　ラッセルは、1989年に同委員会から退いた。彼は現在引退しているが、ホームレスと障害をもつヴェトナム退役軍人のために活動を続けている〔註：2002年に死去〕。

参照項目 『我等の生涯の最良の年 (*The Best Years of Our Lives*)』; 障害者のメディア・イメージ (Media Images of People with Disabilities); 大統領障害者雇用委員会 (President's Committee on Employment of People with Disabilities)

出典 Russell, Harold, *Victory in My Hands* (1949).

Ryan White Comprehensive AIDS Resources Emergency (CARE) Act of 1990
1990年ライアン・ホワイト包括AIDS救急リソース (CARE) 法

1990年ライアン・ホワイト包括AIDS救急リソース (CARE) 法は、エドワード・M・ケネディ (民主党、マサチューセッツ州選出) とオリン・G・ハッチ (Orrin G. Hatch、共和党、ユタ州選出) の両上院議員の支援を受けた。この法は、AIDSと6年間闘った末、1990年4月8日に亡くなった若い血友病患者、ライアン・ホワイト (Ryan White) にちなんで命名され、彼にささげられた。

この法案化への活動は、上院労働人的資源委員会がHIV/AIDSのある人とその家族の医療的ニーズの調査を開始した1987年1月に始まった。その月、ケネディ上院議員は、「歴史上のいかなる病気」をも上回る可能性のある、深刻な「健康上の災難」の流行を宣言した。委員会はこの流行がニューヨーク市やサンフランシスコといった地域に圧倒的に広まっていることを確認した。疾病管理センターに報告された1990年3月までのAIDSの患者数は約12万8000人、そのうち7万8000人以上が死亡していた。この死者数は朝鮮戦争、ヴェトナム戦争でのアメリカ人死者数合計にほぼ匹敵する。連邦議会報告は次のように結論づけた。「アメリカ人のほぼ100万人がすでに感染している。医学的介入がなければ、ほとんどの感染者が末期のAIDSに進行するだろう」。また、この「医療的ニーズの大きな波」は、「今後10年間の医療制度に対する重大な課題となる」。

この難問に対処するために、ライアン・ホワイト法の第1編は、感染症の流行が深刻な地域に対し、連邦政府の資金の形で緊急援助を行う。第2編は、「包括的なケアプログラム」に連邦補助金を提供し、在宅医療、輸送、カウンセリング、ホスピス・ケア、その他の支援サーヴィスの費用を支払う。また州は、健康保険を継続しようとする低所得層の人々への財政支援プログラムを設けるよう奨励される。第3編は、HIVの検査、カウンセリング、専門家への紹介、そして「HIVに関する他の臨床および診断サーヴィス」といった初期介入サーヴィスに対して資金を提供する。第4編は、他の編の下で資金提供されたプログラムについて、定期的な有効性評価を行う。この法律はまた、検査でHIV陽性反応が出た人たちに関する守秘義務や、輸血によって感染リスクのある人々に情報を提供する規定を含む。この法律は、HIV感染者／AIDS発症者からの他者への意図的感染を防ぐ法律がない州に対して資金提供を禁止している。

1996年、連邦議会とクリントン大統領はライアン・ホワイト法を拡張したが、それまでに30万人以上がこの規定の下でケアを受けてきた。1996年度、この法律の下、約7億3800万ドルが配分された。しかしながらエイズ問題の活動家が指摘するように、この莫大な金額をもってしても、継続的流行のために感染した、または感染リスクのある人たち全員の医療ニーズを満たす、という課題の解決には不十分であった。

参照項目 HIV/AIDSと障害 (HIV/AIDS and disability)

Savage, Elizabeth
サヴェージ,エリザベス(1955年生)

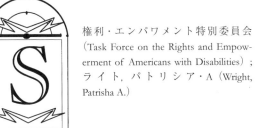

エリザベス・サヴェージは、アメリカてんかん財団(Epilepsy Foundation of America)の政府機関担当の次長として、1990年アメリカ障害者法(ADA)可決のための運動において、障害者権利教育擁護基金(DREDF)のパトリシア・ライト(Patrisha Wright)と緊密に活動した。サヴェージは、1955年5月7日、コネティカット州ノーウィッチで生まれた。1977年、マサチューセッツ州メドフォードにあるタフツ大学(Tufts University)で政治学の学士号を、1982年、サンフランシスコにあるカリフォルニア大学ヘイスティングス・ロー・スクール(University of California Hastings College of Law)で法学の学位を取得した。彼女は、1977年から1979年まで、カーター政権のもと、ホワイトハウスに勤務し、1984年までは個人の弁護士、1984年のモンデールとフェラーロの大統領選挙運動においてはスケジュール管理者代理を務めた。1985年、アメリカてんかん財団に加わり、全国的な草の根運動と立法化に向けた活動を指揮した。

サヴェージは、大統領選挙運動での経験を活かし、1990年アメリカ障害者法(ADA)の可決を支援する障害者団体、公民権団体、宗教団体および市民団体など、75の組織の連合活動をうまくとりまとめた。彼女はまた、連邦議会アメリカ障害者の権利・エンパワメント特別委員会(Congressional Task Force on the Rights and Empowerment of Americans with Disabilities)のメンバーでもあった。1991年、障害者権利教育擁護基金(DREDF)の全国トレーニング責任者(national training director)となった。現在、サヴェージは、公民権に関する連邦司法長官特別補佐官であり、障害者として連邦司法省でこのような高い地位に就いた初めての人となった。1990年アメリカ障害者法(ADA)の政策と施行を専門としており、この職に任命されたのは1993年である。

参照項目 1990年アメリカ障害者法(Americans with Disabilities Act of 1990);アメリカ障害者の権利・エンパワメント特別委員会(Task Force on the Rights and Empowerment of Americans with Disabilities);ライト,パトリシア・A(Wright, Patrisha A.)

Saxton, Marsha
サクストン,マーシャ(1951年生)

マーシャ・サクストンは、女性の健康と障害者権利の活動家であり、作家である。彼女は、ボストンにある女性と障害プロジェクト(Project on Women and Disability)の設立者、かつ責任者である。ボストン・セルフヘルプ・センターのサーヴィス責任者、『新しいわれらの体とわれら自身(The New Our Bodies, Ourselves)』(1984)を出版したボストン女性の健康に関する本の出版団体(Boston Women's Health Book Collective)で寄稿編集者、かつ役員を務めたこともある。

サクストンは、1951年5月23日、カリフォルニア州オークランドで生まれた。1973年、カリフォルニア大学(University of California)で心理言語学の学士号、1977年、ボストン大学(Boston University)で音声言語病理学の修士号、1996年、シンシナティのユニオン・インスティテュート(Union Institute)でフェミニスト生命倫理学(feminist bio-ethics)の博士号を取得した。

彼女の多くの執筆物の中には、『普通の瞬間(Ordinary Moments)』に掲載(1984)の「私が生まれる前に起こったあのこと(That Something That Happened before I Was Born)」、『卵管を検査する――母性の将来(Test Tube Women: What Future for Motherhood?)』(1984)に収録の「出生と中絶――生殖医療技術と障害者(Born and Unborn: Implications of the Re-productive Technologies for People with Dis-abilities)」、『身体障害者の自立生活(Independent Living for Physically Disabled People)』(1983)収録の「ピア・カウンセリング」がある。フローレンス・ハウ(Florence Howe)とともに、『翼をもって――障害女性文献アンソロジー(With Wings: An Anthology of Literature by and about Women with Disabilities)』(1987)を共同編集し、また障害

者、女性の健康、遺伝子検査、ピア・カウンセリングに関する100以上の論文を書いた。

サクストンが女性の健康と障害者の権利の問題に取り組んだのは、二分脊椎者としての自身の経験に発している。『普通の瞬間（Ordinary Moments）』の彼女が書いた章の中で、子ども時代に、身体を「直す」ための何回もの手術にどのようにして耐えたかを記している。「これらすべての人たちは必死に私を助けようとした。……しかし、彼らは私が何をしたいのか、尋ねたことはなかった。私が彼らの援助を望んでいるかどうかも、尋ねたことはなかった」。

サクストンは、ハーヴァード大学ケネディ行政大学院（Kennedy School of Government at Harvard University）、ボストンのマサチューセッツ大学（University of Massachusetts）、同じくボストンのサフォーク大学（Suffolk University）で教鞭を執った。原因遺伝学協議会（Council for Responsible Genetics）に属し、国立保健研究所（NIH）ヒト・ゲノム計画の倫理、法律、社会的影響部門の専門調査委員会のメンバーも務めている。

参照項目　中絶とリプロダクティブ・ライツ（Abortion and Reproductive Rights）；ベビー・ドゥー裁判（Baby Doe Case）；ベビー・ジェイン・ドゥー裁判（Baby Jane Doe Case）；ボストン・セルフヘルプ・センター（Boston Self Help Center）；ボウウェン対アメリカ病院協会裁判（Bowen v. American Hospital Association）；『普通の瞬間』（Ordinary Mo-ments）；女性と障害プロジェクト（Project on Women and Disability）

出典　Saxton, Marsha, and Florence Howe, eds., *With Wings: An Anthology of Literature by and about Women with Disabilities* (1987).

School Board of Nassau County, Florida v. Arline 107 S. Ct.,1123 (1987)
フロリダ州ナッソー郡教育委員会対アーライン裁判（1987年最高裁判所判例集第107巻1123頁）

フロリダ州ナッソー郡教育委員会対アーライン裁判（*School Board of Nassau County, Florida v. Arline*）で最高裁は、結核の病歴をもつ公立校教諭は1973年リハビリテーション法が意味する「障害を負った個人」であり、単に病歴のために解雇することはできないとの判決を下した。

ジーン・H・アーライン（Gene H. Arline）は1957年結核により入院したが回復した。病気は20年にわたり小康状態を保っていた。その間、アーラインはフロリダ州ナッソー郡の小学校で教鞭を執っていた。期間は1966年から1979年で、2年間にわたる結核の3度目の再発のあとに解雇された。アーラインは州の雇用手続きをとったが、復職は認められなかった。彼女はそこで解雇はリハビリテーション法第504条、連邦政府の補助金を受けている機関は「職務を遂行する能力をもっている障害者（otherwise qualified）」を差別してはならないという条項の違反であると州を訴えた。

1987年3月3日、裁判所はアーラインが事実、リハビリテーション法で定義された「障害者」であり、それによって第504条で保護されると判決した。裁判所は、アーラインが解雇されたのは彼女の障害ではなく、感染源となる恐れによるものであるから、彼女はリハビリテーション法で保護されている障害者ではないとする教育委員会の主張を却下した。裁判所は「（結核のような）病歴のある個人が感染源となる恐れがあるからといって、その個人が第504条の保護から排除されるものではない」と断じた。

裁判所は連邦政府の補助金を受ける、いかなる機関においても、同僚や生徒の安全を脅かす恐れがある場合において被雇用者の解雇禁止をしたわけではない。むしろ、そのような決定は「(a) その危険の本質（例：どのようにして病気が感染するか）、(b) 危険の持続する期間（菌保持者の感染期間はどれくらいか）、(c) 危険の深刻さ（第三者への潜在的有害性とは何か）、(d) 病気の感染および病気がさまざまなレベルで害を及ぼす可能性に関する医学的知識に裏づけられた適格な医学的判断に基づいて決定されることを命じた」。最後に「これらの判断結果を基に」雇用主は障害者が仕事を継続しながら感染の危険を最小限にするために「適正な便宜を図ること」が可能かどうかを明らかにしなければならない。裁判所はこのようなプロセスが必要なのは障害者が差別的な態度や無知によって解雇やその他の利益を拒否されることがないことを確実にするためだ」とした。

アーライン訴訟はエイズ感染（HIV positive）の人々にとっての法的な前例となり、障害者活動団体とエイズ公民権活動団体の連携の基礎ともなった。現在の「適格な医学的判断」はエイズが血液や精液を介してしか感染しないとしていることから、最高裁決定はたとえば学校教諭がエイズに感染しているという事実のみで解雇されないよう保護するために引用することができる。

参照項目 HIV/AIDS と障害（HIV/AIDS and Disability）；合理的調整／合理的変更（Reasonable Accommodation/Reasonable Modification）；1973 年リハビリテーション法第 504 条（Section 504 of the Rehabilitation Act of 1973）

Schreiber, Frederick C.
シュライバー，フレデリック・C（1922-1979）

フレデリック・C・シュライバーは全米聾者協会（National Association of the Deaf: NAD）の初代会長で、全米の障害分野でほとんど知られていない小さな組織の NAD を、聾者社会を代表する主要な団体にするまでに発展させる上で大きな役割を果たした。植字工を職業としながら、彼はいくつかの影響力のある聾雑誌を創刊し編集した。障害の違いを超えた活動の推進者でもあった。

シュライバーは 1922 年 2 月 1 日にニューヨーク市ブルックリンで生まれた。6 歳で脊髄膜炎による 4 回の発作のあとに聴覚障害となった。1942 年にワシントン D.C. のギャローデット・カレッジで化学の学士号を取得した。その後 1945 年までオハイオ州アクロンにある軍事工場で働いた。第 2 次世界大戦後、シュライバーはオースティンのテキサス聾学校で短期間教鞭を執り、ニューヨーク市の職業リハビリテーション局で聾者に個人指導をした。1950 年代初頭にワシントン D.C. に移り、ライノタイプ植字工として、最初は『ワシントン・スター（Washington Star）』で、その後は連邦政府印刷局で働いた。

1950 年代半ばから 1966 年にかけてシュライバーは、数多くの聾者の権利擁護とセルフヘルプの団体でボランティア活動を行った。1960 年にワシントン聾者協会の機関誌である『ディー・シー・アイズ（Dee Cee Eyes）』を創刊し、最初の編集者になった。1966 年に編集者としての仕事を離れたが、その後も彼は 12 年間にわたって『ディー・シー・アイズ』に寄稿し続けた。

シュライバーは 1964 年に NAD 理事会の会計担当者に選ばれた。2 年後 NAD の理事長（のちに専務理事に改称）になった。NAD はそれまで 80 年以上続いてきた団体であったが、シュライバーが引き継いだ時点では、本部事務所がなく、中心となる組織も小さく会員の数も少ない最低限の予算で運営される団体であった。しかし、シュライバーのリーダーシップのもと、NAD は急速な発展を遂げ、聾者の権利擁護において増大する役割を担った。シュライバーの業績の中には、聾青年のためのプログラム創設、全米規模のコミュニケーションスキルプログラムの開設、NAD の州支部の急増等がある。彼は、国内最初の多種のサーヴィスを提供する聾コミュニティ専門機関で、フレデリック・C・シュライバー・センターとして知られるマサチューセッツ州ボストンの「D. E. A. F. 社（D. E. A. F. Inc.）」のようなセルフヘルプ団体の設立に力を尽くした。シュライバーの印刷や出版への関心を反映して、NAD は独自の出版社を開設した。1979 年にシュライバーは NAD の最初のタブロイド新聞である『NAD ブロードキャスター（NAD Broadcaster）』を創刊した。シュライバーの資金集めは非常にうまくいって、NAD はメリーランド州シルヴァー・スプリングに本部事務所ビルを購入し、インディアナポリスに支部事務所を開所することができた。NAD の予算は、1966 年にはわずか 5 万 1000 ドルであったが、1979 年にシュライバーが亡くなるまでには 200 万ドルの年間予算をもち 40 人の職員を雇用する団体となった。

シュライバーの在任中に NAD は、たとえば国立聾工科大学（National Technical Institute for the Deaf）の設立のためのロビー活動など、ワシントン D.C. で一層積極的な役割を担うようになっていた。シュライバーの在任中で、最も重要な変化は、おそらく聾学校や一般のアメリカ人の生活にアメリカ手話（ASL）が受け入れられたこと（そしてそれに続くデフプライドや

聾文化の発展）であろう。NAD は歴史的に口話主義に対抗してきたが、ASL の数十年間の擁護の中で、NDA の主張の正当性は立証されていると見なされた。

シュライバーはアメリカ障害者市民連合（ACCD）の創設者であり初代の副議長であった。ACCD の全米規模の取り組みの一環として、1973 年リハビリテーション法第 504 条の最初の施行規則を公布するようカーター政権に要求するために 1977 年 4 月に実施された、連邦保健・教育・福祉省（HEW）ワシントン本庁舎の占拠に参加した。シュライバーはニューヨーク市で 1979 年 9 月 5 日に亡くなった。

参照項目　アメリカ障害者市民連合（American Coalition of Citizens with Disabilities）；障害の違いを超えた意識／反応（Cross-Disability Awareness/Cross-Disability Sensitivity）；連邦保健・教育・福祉省デモ（HEW Demonstrations）；全米聾者協会（National Association of the Deaf: NAD）

出典　Moore, Matthew Scott, and Robert F. Panara, *Great Deaf Americans: The Second Edition* (1996); Schein Jerome D., *A Rose for Tomorrow: Biography of Frederick C. Schreiber* (1981).

Section 504 of the Rehabilitation Act of 1973
1973 年リハビリテーション法第 504 条

1973 年リハビリテーション法第 504 条（Section 504 of the Rehabilitation Act of 1973）は、1990 年アメリカ障害者法（Americans with Disabilities Act of 1990: ADA）成立に先立つ最も重要な障害者の権利に関する法律である。その施行のために出された細則は、障害をもつ人々にそれまで前例のない機会を拡大するとともに、アメリカ社会に障害者の権利という概念を紹介した。これらの法律を調印し、施行させることは、1970 年代、1980 年代の障害者権利運動の最重要課題であった。フランク・バウ（Frank Bowe）によると「第 504 条はその視点と思慮深さにおいて歴史的に重要である」と述べる。ジェーン・ウェスト（Jane West）は障害者権利法の発展を述べる時、リハビリテーション法はアメリカ障害者法の「最も重要な礎となるもの」と称する。

その重要性にもかかわらず、第 504 条はリハビリテーション法の最後にある次の一文にすぎない。「7 条 (6) 項で定義されているところの障害があっても仕事をする能力がある障害者が、障害をもつという理由だけで連邦政府の補助を受けているプログラムや活動において、その参加の自由を奪われること、利益の享受を否定されること、差別を受けることを禁止する」。軍関係の契約業者、公立大学、公立学校区、裁判所、病院、ナーシング・ホーム、博物館、空港等国家補助を受けているすべての施設・機関が第 504 条に該当する。

障害者権利活動家の主導により、いくつかの州ではすでに障害をもつ人々に対する差別を禁止する目的の条例を成立させていた。しかしながら、第 504 条のモデルとなったものは、人種的少数派の人々と女性の差別を違憲とする 1964 年公民権法（Civil Rights Act）の第 6 編、1972 年教育改正法第 9 編（Title IX of the Education Amendments）であった。第 504 条は 1972 年 8 月法案に取り組む上院議会スタッフ会議でリハビリテーション法に追加された。リチャード・K・スコッチ（Richard K. Scotch）は『アメリカ初の障害者差別禁止法はこうして生まれた（*From Good Will to Civil Rights*）』(1984) の中で、出席者は「障害をもつ人々が職業リハビリテーション制度による訓練を終え、社会に出ようというときに雇用主の多くは彼らを雇うことに消極的であるようだと懸念していた」と説明している。第 504 条はこの差別を終わらせることを目的としていた。

障害者権利活動家は第 504 条を有力な道具としてとらえ、行動する障害者の会（Disabled in Action）やアメリカ障害者市民連合（American Coalition of Citizens with Disabilities）といった団体は第 504 条の調印を活動の最大の焦点とした。最初に 1977 年 4 月 28 日、連邦保健・教育・福祉省（HEW）長官ジョセフ・A・カリファーノ（Joseph A. Califano）が署名した。この施行細則では、国家予算で建設されるすべての新しい建物は、障害をもつ人々が利用できるものでなければならず、既存の建物は施行後 2 ヶ月の間に改修されなければならなかった。しかしながら、スロープやエレベーターの追加といった大きな改修工事が必要な場合は 3 年間の延長が認めら

れた。連邦政府の補助を受けているすべての公立学校は障害をもつ児童を入学させ、教育をし、必要となる設備を整えなければならなかった。また、連邦政府の補助を受けている短大や大学では障害のある学生に、通訳、朗読者、必要となるその他の設備を提供すること、そして雇用主が障害を唯一の理由として被雇用者を差別することの禁止を求めた。他の省庁から出された第504条施行細則は大なり小なり連邦保健・教育・福祉省（HEW）法令をモデルとしていたが、法令遵守の権威は連邦司法省に委ねられた。

法令の調印後、どのように施行細則を用いるかを障害者権利擁護運動家に教える「504条ワークショップ（504 workshops）」が開始された。これらのワークショップは西部と中西部では障害者権利教育擁護基金（Disability Rights Education and Defense Fund: DREDF）、南東部ではバリアフリー環境デザイン社（Barrier Free Environments）、北部ではフィラデルフィア公益法律センター（Public Interest Law Center of Philadelphia）によって運営された。ロビー活動や訴訟、直接行動を通じて法令遵守を実行させるために草の根組織団体が生まれた。レーガン政権で新規に選出された公民権担当の司法副長官のブラッド・レイノルズ（Brad Reynolds）が1981年に、1975年全障害児教育法（All Handicapped Children Act of 1975）の施行細則とともに第504条細則を無効にすると宣言した際には、ホワイトハウスは全米の障害者権利活動家から約4万通のハガキや封書を受け取った。このキャンペーンの成果の1つは副大統領のジョージ・ブッシュ（George Bush）と顧問ボイデン・グレイ（Boyden Gray）を障害者問題と、高まる障害者権利運動の影響力に関して敏感にさせたことである。こうした教育の重要性が明らかになるのは、1990年ブッシュ大統領がアメリカ障害者法を受容するか拒否するかの選択に直面した時であった。

第504条の施行から2つの主要となる概念が生まれた。「合理的調整（reasonable accommodation）」と「合理的変更（reasonable modification）」である。アメリカ最高裁の決定を含むいくつかの裁判では、「過大な負担（undue burden）」と「職務を遂行する能力をもっている障害者」つまり第504条に対応してつくられた概念定義に焦点化された。反対に、第504条は他の公民権法に関連する訴訟の影響を受け、最高裁はグローヴ市立大学対ベル裁判（Grove City College v. Bell, 1984）で直接的に連邦政府の補助を受けるプログラム（たとえば大学全体というよりは大学内の学科または課程）のみが1972年教育改正法第9編を遵守しなければならないとの判決を下した。第504条は、この判決の影響を解消するために、1987年公民権回復法（Civil Rights Restoration Act）で修正された。

第504条の調印後10年間で大学の新入生の少なくとも7％が障害をもつ学生になった。政府予算により新たに建設された組織や団体建物は、部分助成であっても、スロープ、エレベーター、点字表示、カーブ・カットが整備された。古い建物も改装の際にはバリアフリーを備えることが目標とされた。第504条以降は障害をもつ人々の雇用についても重要な進歩があった。

しかしながら第504条は、連邦政府から補助金を受けない団体には効力を発揮しないことから限定的であった。第504条の施行は不十分なものであり裁判所の必要事項に対する決定はしばしば混乱、矛盾するもので、その効力を制限する傾向にあった。結果としてアメリカの市民生活一般、たとえば、公共交通機関や住宅は、引き続き障害をもつ人々にとってバリアフリーを欠くものであった。明らかに、より効力範囲の広い法律が必要であった。1983年には全米障害者協議会（National Council on Disability）がやがてアメリカ障害者法となるところの全国的な公民権法の要求を開始したのであった。

参照項目　1987年公民権回復法（Civil Rights Restoration Act of 1987）；連邦保健・教育・福祉省デモ（HEW Demonstrations）；合理的調整／合理的変更（Resonable Accommodation/Resonable Modification）；1973年リハビリテーション法（Rehabilitation Act of 1973）；サウスイースタン・コミュニティ・カレッジ対デイヴィス裁判（Southeastern Community College v. Davis）；過大な困難／過大な負担（Undue Hardship/Undue Burden）

出典　Bowe, Frank G., *Changing the Rules* (1986); Rothstein, Laura F., *Disabilities and the Law* (formerly, *Rights of Physically Handicapped Persons*) (1992); Scotch, Richard, *From Good Will to Civil Rights: Transforming Federal Disability Policy* (1984); West, Jane, *"The Evolution of Disability Rights,"* in Lawrence

O. Gostin and Henry A. Beyer, eds., *Implementing the Americans with Disabilities Act: Rights and Responsibilities of All Americans* (1993).

Self-Advocacy
セルフ・アドヴォカシー

　障害者の権利運動の核心の1つは、障害者自身が障害者の最善の擁護者であるということである。これは一見きわめて明白な原則に思われるが、歴史を通して振り返ると、家族、教育者、医師、慈善家、そして近年の社会福祉従事者やリハビリテーションの専門家など、いずれも健常者が障害をもつ人々の代弁者として機能してきた。障害者がどのように暮らしたいかを自分たち自身で決めなければならないという考え方は、比較的最近までは急進的な主張とされた。

　セルフ・アドヴォカシーは1970年代の初めから発達障害、知的障害をもつ人々の間でとくに重要な概念となった。その当時、以前は施設入所していた障害者の多くが地域で生活を始めた。彼らは、緩やかに組織化されたグループの中でお互いに教育し合い、擁護し合うために結びついた。それは、個人的な問題として自分自身や自分の友人を擁護するという最初の一歩であった。このことは、グループホームでいつ寝るか、いつ食べるかを決めるという日常生活上の権利から、大きな社会変革をもたらす政治活動へと進歩していった。

　セルフ・アドヴォカシーはイギリス、スウェーデン、カナダ、オーストラリアなどの国々のいろいろなグループによって採用された。イリノイ大学シカゴ校の障害と人間の発達に関する研究所（Institute on disability and Human Development）のディヴィッド・ブラドック（David Braddock）によれば、1996年の時点で、合衆国に知的障害の人々による700以上のセルフ・アドヴォカシーグループが存在し、構成メンバーは1万7000人以上と推定されている。

参照項目　ピープル・ファースト、ピープル・ファースト・インターナショナル（People First, People First International）；セルフ・アドヴォカシーは自分たちの力を強力にする（Self Advocates Becoming Empowered）

出典　Dybwad, Gunnar, and Hank Bersani Jr., *New Voices: Self-Advocacy by People with Disabilities* (1996).

Self Advocates Becoming Empowered
セルフ・アドヴォカシーは自分たちの力を強力にする

　セルフ・アドヴォカシーは自分たちの力を強力にする（Self Advocates Becoming Empowered）という名称の団体が、1991年8月2日、テネシー州ナッシュビル（Nashville）で開かれた第2回北米ピープル・ファースト会議（Second North American People First Conference）において設立された。目的は、障害者の権利を擁護するための州および国レベルでの法律制定を促進すること、地方や州でのセルフ・アドヴォカシーグループの支援、施設解体、障害者が適正賃金で仕事に就く機会の確保、障害者の権利を守る観点から刑事司法制度と障害者の関係のあり方の改善である。セルフ・アドヴォカシーの運動を組織している当事者が最も重要視する問題は、次のようなものであった。知的障害者が友人関係などの人間関係を選べる権利、利用可能な交通手段、質の高い教育、地域生活、性的表現の選択的自由、身体的、性的、心理的虐待の防止である。この組織の設立後、グループは最初の基本方針文書である「自分の居場所を確保する——地域で暮らすために立ち上がり、意見を表明しよう」を作成した。クリントン大統領に接見し、連邦政府の施設に入所している人の権利の擁護を要望した。

　この団体はテネシー州ナッシュビルを本拠地にしている。9つの地区の代表者によって年に4回の代表者会議が開催される。

参照項目　ピープル・ファースト、ピープル・ファースト・インターナショナル（People First, People First International）；パーソナル・アシスタンス・サーヴィス（Personal Assis-tance Services）

Self Help for Hard of Hearing People, Inc. (SHHH)
難聴者セルフヘルプ

　難聴者セルフヘルプは1979年に設立され、今日では「耳が聞こえにくい人の福祉のために尽力している最大の国際的利用者団体」である。協会のメンバーは、その主たる目的を「聴力損失の原因、特質、合併症——そして聴力損失に対しできることについて自分自身、親類、友人を教育すること」であると述べている。

　SHHHは、初代の事務局長でもあったハワード・E・「ロッキー」・ストーン（Howard E. "Rocky" Stone）によって設立された。ストーンは、第2次世界大戦中、爆発で耳が聞こえなくなったが、SHHH設立の前はCIAで25年間働いていたという経歴をもっている。初代の会長には、やはり組織の設立のために重要な役割を演じたウィリアム・カトラー（William Cutler）が選ばれた。1990年代半ばまでに、SHHHは、難聴者、その家族、難聴児の親、友人らを含む4万人の会員をもち、280以上の地方グループと支部を組織した。SHHHは主としてセルフヘルプと教育を行うグループであるが、コミュニケーションアクセスや1990年アメリカ障害者法の施行も擁護している。1993年の医療財政改革の議論の際には、補聴器、聴覚リハビリ、人工内耳の保険適用の陳情運動を行った。また、その年、アメリカ退職者協会（American Association of Retired Persons: AARP）と合同で、職場で聴覚障害者が直面するバリアを明らかにするプログラムの後援を行った。SHHHの方針では、メンバー・理事・職員に対して、聴力損失、コミュニケーションのバリアフリー、その他難聴者に関連する問題に関する政策を策定する政府の委員会や機関で活動することを奨励している。

　SHHHは、メリーランド州ベセスダに本部を設け、『SHHHジャーナル（*SHHH Journal*）』や多様な書籍、教材を出版している。

参照項目　人工内耳（Cochlear Implants）

Sexuality and Disability
セクシュアリティと障害

　障害のある人々についての最も有害で誤った理解の1つは、彼らは性的関係をもつことができない、あるいは興味がないというものである。この固定観念をめぐる1つの例外は、知的障害ないし情緒障害のある人々（精神的に病んでいる、あるいは精神的に遅れているとレッテルを貼られる人々）に関するものである。彼らは一般に、性欲過剰あるいは性的に危険だと考えられている。多くの健常者（および障害者の一部）は、障害を性的に魅力を感じないものと見なしているが、これとは反対に、障害のある人々は障害に固有の性的魅力を見出す人々によるハラスメントを受けているのである。このように障害者の真のセクシュアリティを否定することは、とりわけ施設やナーシング・ホームにおいて広く行われてきたが、コミュニティの中で暮らす人々にとっても、障害の出現は、結婚や長期にわたる性的関係の終わりを意味しうるのである。

　エドワード・ジョン・ヒューダック（Edward John Hudak）は、1992年4月、雑誌『主流（*Mainstream*）』の記事で、「性的排除のもとで生きることは、自己イメージと生きていく力（viability）を損なってしまう。障害者になった人々を最も傷つけているのは、彼らのリハビリテーションに責任をもつ専門職の人々である。脊髄の損傷を受けた人々の多くは、医師から性的能力の回復を期待しないようにと話をされる。……不幸なことに、［性的感覚］に従って行動することをためらってしまう人もいるかもしれない。……というのも、人は、他人から見られているその同じ見方で自分自身を見てしまうことがよくあるからである」と論じている。ある種の障害が特定のセクシュアリティの表現に負の影響を与えることもあるが、セクシュアリティがすべての人の生活の構成要素であり、障害者もまたその例外ではない、ということに変わりはないのである。

　障害が性的感覚および性的表現をもてなくするという考えは、1960年代に、フレッド・フェイ（Fred Fay）や全米対まひ財団（National Paraplegia Foundation）のような障害者権利擁護運動家たちによって初めて公式に異議を唱えら

れ、そして1970年代には、『石からできているのではない（Not Made of Stone）』（1974）のような書籍の出版や、『帰郷（Coming Home）』（1978）といった映画によって問題化された。障害とセクシュアリティについての次なる探求には、イギリス映画『ザ・スキン・ホース（The Skin Horse）』（1986）およびバリー・レイビン（Barry Rabin）が著した原作『感覚的な車椅子利用者（The Sensuous Wheeler）』が含まれる。イヴォンヌ・ダッフィー（Yvonne Duffy）は『すべては可能である（All Things Are Possible）』（1981）の中で、障害女性たちに、彼女たちの性教育、性的空想、性的関係についてインタヴューしている。ある女性は、「セックスについては1度も、本当に1度も話題になったことはない」と話していた。「ただ、『妊娠はするな。あなたはいま身体障害者なのだから』といわれただけ」と。1994年5月に出版された『マウス──障害者権利の声（Mouth: The Voice of Disability Rights）』は、その紙面のすべてをセクシュアリティの話に割き、そしてカナダの季刊誌『イッツオーケー！（It's Okay!）』は、障害のある人々による障害のある人々のための性に関する特集記事を出した。『新しいわれらの体とわれら自身（The New Our Bodies, Ourselves）』（1984）のような主流かつフェミニストによる出版物もまた、セクシュアリティが障害のある人々にも関わる問題であるということに注目するようになっていた。

サム・マドックス（Sam Maddox）は『脊髄損傷者ネットワーク（Spinal Network）』の中で、「セクシュアリティはどのようにするかということで定義される必要はない。それはどのように表現し、どのように感じるかということによって定義されるべきである。セックスは演じられるものではない。それは分かち合う何かである」と書いている。何が性的であり、何が性的に魅力的であるかの再定義は、障害者権利運動が、人間として普通に認められている経験の領域をあらゆる人に対して広げていくためにとる方法の1つである。

参照項目　『イッツオーケー！──障害のある成人が、生きること・愛することについて書く』（It's Okay!: Adults with a Disability Write about Living and Loving）

出典　Brown, Susan, Debra Connors, and Nancy Stern, eds., *With the Power of Each Breath: A Disabled Women's Anthology* (1985); Duffy, Yvonne, *All Things Are Possible* (1981); Maddox, Sam, *Spinal Network: The Total Resource for the Wheelchair Community* (1987).

Shapiro, Joseph P.
シャピロ，ジョセフ・P

参照項目　『哀れみはいらない』（*No Pity*）

Sheltered Workshops
授産施設

ステファン・マーフィー（Stephen Murphy）とパトリシア・ローガン（Patricia Rogan）は『授産施設の閉鎖──授産から統合的就労への転換（Closing the Shop: Conversion from Sheltered to Integrated Work）』（1995）の中で、「授産施設は、障害者に対する治療的パターナリズムの最後の砦の1つである」と書いている。1989年、重度障害者協会（TASH）は、授産施設を永久に、かつ速やかに閉鎖し、すべての重度障害者の個々に応じた統合された職場に雇用するよう求めた。

おそらくアメリカ初の授産施設といえるのは、1838年、ボストンのパーキンス盲学校内に、サミュエル・グリッドリィ・ハウによって創設されたものである。ハウの計画は、視覚障害の生徒に職業訓練を与えてコミュニティで仕事を獲得できるようにすることであったが、たとえどれほどふさわしい技術を身につけたとしても、雇用主が視覚障害のある働き手を雇用することを拒んだため、彼はこの計画を断念した。訓練プログラムはその後、パーキンス盲学校から独立し、授産施設となった。この形態は150年以上存続し、「移行的な」プログラムは、恒久的な分離された職場となった。視覚障害や他の障害をもつ労働者たちは、製品を作るために低い賃金を支払われ、製品を売った利益は作業所の経営維持、非障害者であるオーナーと経営者の給与の足しにあてられた。しばしば、このような作業所は、公式には1918年にニューヨークのブルックリンに設立されたグッドウィル・イ

ンダストリーズ（Goodwill Industries）のような慈善機関によって運営された。

　1938年公正労働基準法（Fair Labor Standards Act of 1938）の可決によって、授産施設システムはすばらしく発展した。この法律は、視覚障害をもつ労働者を雇用する作業所に関連するものであり、1971年に他の障害者も含むように改定された。この法律により、75％、あるいはそれ以上の労働者が重度障害者であるような授産施設に対し、さまざまな製品やサーヴィスに関し、連邦契約法上の排他的な入札権を与え、最低賃金、および他の合衆国の労働規約の適用を控えるというものであった。法律の目的は、障害者が一般的な労働環境に参入するために必要な技術を学ぶ機会を与えることであった。ところが、経営者に保証された市場を提供することによって、作業所が最も生産性の高い、すなわち最も障害の軽い労働者を雇用し、できるかぎりその人々を手放さないよう、法によって奨励されることになった。1970年代の初めまでに、約1500の授産施設があり、およそ16万人の障害労働者がいた。脱施設化に伴い、労働者の数は、1980年代半ばまでに65万人以上へと増加した。この頃までには、作業所の被雇用者の大部分は知的障害をもつ人々になっていた。

　最も早く授産施設を批判した人としては、全米盲人連合（National Federation of the Blind）の設立者のジェイコブズ・テンブロークがいる。『引き延ばされた希望――社会福祉と盲人（Hope Deferred: Public Welfare and the Blind）』（1959、フロイド・W・マトソンとの共著）の中で、彼は最低賃金が「生活費のほんの一部」しかまかなえないし、労働者が「年金制度、有給休暇、雇用保障、経営者側との組織的で自由な関係」を欠いていると述べた。労働者たちはしばしば、困窮、あるいは作業所の方針のいずれかによって、宿舎での生活を強いられた（働く場所と同じ建物内であることも多かった）。宿舎では、彼らは性別によって分けられ、被雇用者の生活のすべてが監視され、統制された。テンブロークとマトソンは、盲人労働者が「生産に駆り立てられて、悩まされ、強要されて」『視覚障害者が作った』製品として、大衆の同情を利用する非視覚障害者のセールスマンのために製造している」と書いた。

　これらの抗議は、障害者権利擁護運動が発展し、援助つき雇用のような選択肢が成功するにつれて激しくなった。1992年に授産施設産業を監督する連邦政府機関（盲または重度障害者からの購入委員会〈Committee for Purchase from People Who Are Blind or Severely Disabled〉）に対して実施された調査により、全国の授産施設の視覚障害労働者の22.9％、その他の障害の労働者の48.3％には、最低賃金すら支払われていないことがわかった。屈辱的な状況と経済的搾取の告発に加え、いかなる理由であっても、障害者を分離することが、障害者は非障害者とは異なっており、劣った存在であるという見方をもたらすことになり、ゆえに本質的に非道であるという主張である。

　授産施設システムは、重度障害者、あるいは重複障害者にとって、唯一可能な雇用を提供するものであるとして、弁護する人もいる。それらの人々は、多くの「作業所」の被雇用者は、たとえば掃除員やカフェテリアの従業員として実際にコミュニティで働き、民間の非営利団体と州の機関との間のサーヴィス契約に従っていると指摘している。この観点から見ると、障害者の中には、障害の重さゆえに競争の激しい仕事に就くことができない人もいるが、一方で、民間の雇用主は、能力がない、あるいは危険だと考えられている知的障害や精神障害をもつ重度障害者を雇用しようとしない、という事実がある。

　障害者の権利擁護活動家は、これらの主張を拒絶する。彼らは、過去20年間の経験により、最重度の身体的、情緒的、知的障害をもつ人でさえ、必要な便宜が図られれば、コミュニティにおいて、有給で雇用されうると指摘した。働く場所に関する差別を撤廃する解決策は、分離システム、あるいは劣った扱いを受けての雇用ではなく、障害者の権利に関する法律の遵守である、というのが彼らの主張である。

参照項目　重度障害者協会（Association for People with Severe Handicaps）；ハウ，サミュエル・グリッドリィ（Howe, Samuel Gridley）；全米盲人連合（National Federation of the Blind）；援助つき雇用（Supported Employment）；テンブローク，ジェイコブズ（TenBroek, Jacobus）

出　典　Ervin, Mike, "Have Sheltered Work-Shops Outlived Their Usefulness?" *One Step Ahead-The*

S

Resource for Active, Healthy, Independent Living (August 1996); Murphy Stephen T., and Patricia M. Rogan, *Closing the Shop: Conversion from Sheltered to Integrated Work* (1995); Nelson, Nathan, *Workshops for the Handicapped in the United States: An Historical and Developmental Perspective* (1971); TenBroek, Jacobus, and Floyd W. Matson, *Hope Deferred: Public Welfare and the Blind* (1959).

Silent News: World's Most Popular Newspaper of the Deaf
『サイレント・ニューズ――世界でも最も人気のある聾者新聞』

ジュリアス・ウィギンズ（Julius Wiggins）が聾者による聾者のための新聞を創刊しようと考えついたのは、1968年の全米聾者協会年次大会（Deaf convention）に向けてラスヴェガスへ旅をしている最中であった。彼と妻のハリエット（Harriet）は、聾コミュニティにおける出来事が「噂」を通して広がるということに苛立ちを覚えていた。ウィギンズと妻は、彼らの冒険的事業のための資金を友人や親戚から募った。そのような協力に対してはサーヴィスで応えることにした。たとえば、毛皮商人であったジュリアスは、出版社のオーナー婦人にミンクのコートをオーダーメイドしようと申し出た。その代わりに1年間、印刷をしてもらうことにしたのである。『サイレント・ニューズ』は、1969年に創刊され、1975年、非営利組織として法人化された。

『サイレント・ニューズ』は、聾の少年少女や高齢者から健聴の聾教育専門家に至るまで、多様な読者に浸透している。『サイレント・ニューズ』は月刊で発行され、一般の新聞ではまちがいなく、めったに紙面が割かれないような記事を報道している。見本の版を見ると、一面に警察に撃たれて死亡した聾男性に関する記事（「3週間で2人の聾者がイリノイ警察に殺される」）があり、それに関する社説（「なぜ警察は聾者の存在を心に留めておくことができないのか？」）、その他、「隠れている字幕」（聴者の視聴者には見えないが、聾者が特別な機器を使用すれば見ることができる字幕）を一般の映画館に導入しようという活動の記事、聾者俳優アラン・バーワイオレック（Alan Barwiolek）の死亡記事が一面に掲載されている。編集者のトム・ウィラード（Tom Willard）は、『サイレント・ニューズ』の役割をこう定義づけている――「ニューズを明確、公平、正確に報じ、読者が自分の欲することを知った上で自由に行動できるようにすることにつきる」。

『サイレント・ニューズ』の発行部数はおよそ7000部で、3万人以上の読者がいるとされる。本社はニュージャージー州マウント・ローレルである。

参照項目 聾者刊行物（Deaf Publications）

"Silent Press"
聾者新聞

参照項目 聾者刊行物（Deaf Publications）

Smith v. Robinson 104S. Ct. 3457 (1984)
スミス対ロビンソン裁判（1984年最高裁判所判例集第104巻3457頁）

連邦最高裁判所は、スミス対ロビンソン裁判（*Smith v. Robinson*）において、彼らの地区の学校当局に対して起こした訴訟に勝訴した障害児の両親に対し弁護士費用を供与することを拒否した。その主張の根拠は、1975年の全障害児教育法は連邦議会が当該費用についての供与を定めていないという点であった。

トーマス・F・スミス3世（Thomas F. Smith III）が1976年11月、8歳の時に、カンバーランド教育委員会（Cumberland School Committee）は今後ロードアイランド州イーストプロビデンス市でデイケア費用を供与することはできないと両親に通告した。スミスは脳性まひ患者で「さまざまな身体的、情緒的な障害」を負っていた。学校の指導監督官はこれら「情緒的なハンディキャップ」を引用し、スミスの教育は学校区の責任ではなく、むしろロードアイランド州政府の精神保健・精神遅滞病院課の責任であると決定した。スミスの両親は訴訟を起こし、スミスの教育を拒否することは州法および1975年全障害児教育法、1973年リハビリ

テーション法第504条および憲法修正第14条平等保護条項（Equal Protection Clause of the Fourteenth Amendment）に違反するものだと主張した。ロードアイランド地区のアメリカ地方裁判所はスミスが無料で適切な教育を受ける権利があり、地区教育委員会が費用を負担するべきだとした。しかしながら第1巡回区控訴裁判所は両親への弁護士費用供与を拒否した。

1984年7月5日最高裁判所は、連邦議会が全障害児教育法に当該供与を許可する文言を入れていないことから、スミス側は弁護士費用の権利を有さないとの判決を下した。裁判所は、「連邦議会は1975年全障害児教育法（EHA）をこのような権利のための唯一の方策として策定したのであり」第504条の施行細則に関する規定において弁護士費用の権利があるとするスミスの主張を却下した。

障害者権利擁護運動家たちは、弁護士は通常、報酬の可能性のない訴訟を扱うことはないため、この決定により裁判所が障害者をもつ低所得の家族にとって、手の届かない機関となることを危惧した。それに答える形で、1986年障害児童保護法（Handicapped Children's Protection Act）が、第504条の規定の使用を承認し、教育差別についての訴訟で勝訴した場合、弁護士費用を提供するという条項とともに制定された。

参照項目　1975年全障害児教育法（Education for All Handicapped Children Act of 1975）；1973年リハビリテーション法第504条（Section 504 of the Rehabilitation Act of 1973）

Social Security Disability Reform Act of 1984
1984年社会保障障害給付改革法

社会保障障害保険（Social Security Disability Insurance: SSDI）制度の肥大化に対する連邦議会の懸念によって、1980年社会保障障害改正法（Social Security Amendments）が可決された。この改正によって、受給者の受給資格が定期的に再審査されることとなった。しかし、この改正では、障害のある受給者が労働に復帰できるか否かを判断するために、どのような基準が用いられるべきかが明確にされていなかった。1981年初頭には、新たに発足したレーガン政権のもと、社会保障庁（Social Security Administration: SSA）はSSDIの受給者に対する大規模な再審査を始め、1982財政年度だけで、約50万のケースが再審査された。再審査されたケース全体のほぼ半数で、障害給付が「打ち切られた」。わずか3年に満たない間で、その数は約47万人に上った。多くのケースにおいて、深刻で恒久的な障害のある人々が、障害状態から完全に回復していると再審査委員会に裁定され、郵送でその結果を知らされた。しかも、裁定にあたっては、医学的な審査は行われず、あるいは、個別面談さえ行われなかったのである。

1983年の終わりには、支給を打ち切られた人々の90％以上が、その決定に対する不服申し立てを行った。そして、その3分の2で不服申し立てが認められた。しかしながら、不服申し立てが認められるまでには、しばしば1年以上の期間がかかった。その間、障害のある人々は、収入を得ることができず、公的な医療保険の適用からも外れた。批評家たちは、政府が予算を切り詰めるために、現に受給している人々のニーズを無視して、障害給付の受給者数を大幅に削減していると非難した。議会の公聴会では、「驚くほどのやり方で疑わしい支給打ち切りがなされており、打ち切りに際して、警告がないこともしばしばで、たいていの場合、その人が障害者でないという十分な証拠も示されていない」ことが明らかにされた。連邦裁判所が、いくつかのケースにおいて、個人の医学的状態が改善しないかぎり障害給付の打ち切りをしないようSSAに命じた際、レーガン政権は、「連邦裁判所にはSSAの制度に対する法的決定権はない」と主張して、その決定に従うことを拒否した。メディアは、深刻な障害のある人々がSSAによって不当にも給付を打ち切られ、そのうちの何人かは自暴自棄になって自殺したということを報道した。社会保障障害給付受給者連合（Alliance of Social Security Disability Recipients）、社会保障障害給付に関する特別委員会（Ad Hoc Committee on Social Security Disability）、障害者権利センター（Disability Rights Center）を含む障害者権利団体による全国的キャンペーンは、議会に対して、この危機に対処するよう強く迫った。その一方で、給付を打ち切られた受給者とその家族は、彼らの選挙区の議員と接触し

た。およそ4万人が個別に連邦裁判所で訴訟を起こすと同時に、障害者の権利を擁護する弁護士たちが、給付を打ち切られた人々を代表して、集団訴訟を行った。

議会は、1984年社会保障障害給付改革法（Social Security Disability Reform Act）によって対応した。この法律によって、SSAは、支給打ち切りを決めた場合でも、受給者に対して彼らの上訴の結果が出るまで給付を続けなければならなくなった（ただし、もし敗訴した場合、受給者は支給打ち切り後に受け取った金銭をSSAに返済しなければならない）。さらに、打ち切りについての決定は、「確実な証拠に基づいて」「個人が障害状態にあるかないかについて先入観や推論なしで」行わなければならないと定められた。

社会保障障害給付改革法は、1984年9月19日に議会で可決された。下院で賛成402反対0、上院で賛成99反対0の全会一致であった。ロナルド・レーガン（Ronald Reagan）は、1984年10月9日、法案に署名した。

参照項目　社会保障、社会保障障害保険、補足的所得保障（Social Security, Social Security Disability Insurance: SSDI, Supplemental Security Income: SSI）

出典　Mezey, Susan Gluck, *No Longer Disabled: The Federal Courts and the Politics of Social Security Disability* (1988).

Social Security, Social Security Disability Insurance (SSDI), Supplemental Security Income (SSI)
社会保障、社会保障障害保険（SSDI）、補足的所得保障（SSI）

1935年社会保障法（Social Security Act of 1935）は、高齢となった労働者、貧困の要扶養児童、および視覚障害者に対して、連邦によるセーフティネットを創設した。視覚障害以外の障害のある市民に対する保険制度を創設するという議論もあったが、その時点では、そのような方策は急進的過ぎると考えられた。上院多数党院内総務のリンドン・B・ジョンソン（Lyndon B. Johnson、民主党、テキサス州選出）の指揮のもと、リベラル派議員たちが、障害の状態に至った労働者を含む形でセーフティネットを拡大する社会保障障害保険（SSDI）を議会で可決できたのは、1956年のことであった。この法案に対しては、全米製造業者協会（National Association of Manufacturers）、アメリカ医学会（American Medical Association）、そして、保険業界の大部分が反発した。彼らは、SSDIがあまりにも費用がかかるだけでなく、医療の社会化につながると主張した。妥協案として、SSDIを50歳以上の者に限定し、障害認定に関する権限を各州に与えるという形で立法化された。この年齢制限は1960年に廃止されている。

労働災害補償（worker's compensation）や職業リハビリテーションと同様に、SSDIでの障害は、「いかなる実質的な稼得活動にも従事」できない状態と定義される。受給権者は、彼らの就労期間の長さや社会保障税の拠出額に応じた現金給付を毎月受け取る。申請者は、法律で定められている最低限の期間以上の就労期間を有し、その間に社会保障信託基金に拠出を行っている必要がある。給付申請を却下された者は、行政法審判官（administrative law judges: ALJs）に、最終的には連邦裁判所に上訴することができる。

1972年には、議会は補足的所得保障を創設した。それによって、就労することなく22歳より前に障害をもつようになった者も公的給付の適用対象となった。SSIでは、社会保障老齢保険やSSDIと異なり、申請者が「ニーズテスト」を受ける必要がある。すなわち、申請者が受給資格を得るためには、所得や資産が一定以下でなければならない。1972年の社会保障法改正では、2年以上SSDIを受給している者に対して連邦政府の運営するメディケアが適用されるようにもなった。一方で、SSIの受給者は、州運営のメディケイドの適用を受けることができる。SSIは、1974年1月1日に施行され、それまで州政府が連邦補助金付きで運営していた、視覚障害や精神面で障害のある低所得の人々に対する扶助プログラムにとって代わった。

SSIには、就労することでSSIから抜け出ようと努める障害者のためのいくつかの規定が含まれた。受給者は、自活実現プラン（Plan to Achieve Self Support: PASS）を申請することがで

きる。PASSを利用する受給者は、就労に必要となるコンピュータやバン用の車椅子リフトのような補助具を購入するために利用する目的であれば、SSIで認められている（1996年では2000ドル）以上の現金資産を貯えることができる。しかしながら、大部分ではないとしても、多くの受給者は、再度就労すること、あるいは、就労を始めることによって、公的な医療給付をあえて失うようなことはしたがらない。なぜならば、民間の医療保険者は、通例、障害のある人々を被保険者とすることや、介助サーヴィスを給付の対象とすることを拒絶するからである（その一方で、自らの努力によって、医療や介助の費用を自己負担だけで支払うことができるほど所得を稼げる人はほとんどいない）。たとえば、1986年アメリカ障害者雇用機会法（Employment Opportunities for Disabled Americans Act of 1986）のように、このような阻害要因（Disincentives）を和らげるための試みがなされているものの、それらの試みは成功というには不充分である。自活実現プラン（PASS）についても定期的に改訂が行われているが、障害者の権利擁護団体は、そのような改訂の狙いが、障害のある人々の経済的な自立を促進することよりも、短期的な財政支出の節約を図り、連邦の財政赤字を少なくすることにあると非難している。

1995年12月には、498万4467人のアメリカ人が1ヶ月あたり総額23億3466万4000ドルのSSI給付を受け取っていた。一方で、418万5263人が1ヶ月あたり総額28億5336万5000ドルのSSDI給付を受け取っていた。SSIでは、1996年1月において、連邦による給付額の上限は月470ドルであり、さらに多くの州では上乗せ給付が行われていた。支給額は、もし受給者に他の所得がある場合は減少する。1995年12月では、連邦と州の給付を合わせたトータルのSSI給付の全米平均値は、1ヶ月あたり389.47ドルであった。

1996年に、議会はSSIに関していくつかの重要な変更を行った。10万人以上の障害児に対する給付が終了することになる、という権利擁護団体からの警告があったにもかかわらず、扶助を受給するための要件を厳しくした。新たな立法は、また薬物やアルコール依存に関連する障害のある人々に対する給付を打ち切るとともに、合法移民に対しては、SSIの受給資格を認めないことにした（同年に成立した法律は、1935年の成立当初の社会保障法に含まれていた要扶養児童家族扶助に対する連邦の保証も取り除いた）。

参照項目 阻害要因（Disincentives）；1986年アメリカ障害者雇用機会法（Employment Opportunities for Disabled Americans Act of 1986）
出典 Berkowitz, Edward D., *Disabled Policy: America's Programs for the Handicapped* (1987); Mezey, Susan Gluck, *No Longer Disabled: The Federal Courts and the Politics of Social Security Disability* (1988).

Society for Disability Studies (SDS)
障害学会（SDS）

障害学会は、1986年に設立された社会における障害者の諸問題に関する非営利的な科学・教育組織である。社会科学者、人文科学者、障害者権利擁護運動家からなる。年次総会は、通常6月に開催される。障害学会では、歴史・文化・政治・性・比較文化研究・障害者運動などのトピックについて、パネルディスカッションや議論を行う。その著名なメンバーには、ガンナー・ディバット（Gunnar Dybwad）、ポール・ロングモア（Paul Longmore）、アンドリアン・アッシュ（Adrienne Asch）、デイヴィッド・ファイファー（David Pfeiffer）、ヒュー・グレゴリー・ギャラハー（Hugh Gregory Gallagher）がいる。『季刊障害学（Disability Studies Quarterly）』は、ブランダイス大学（Brandeis University）の社会学者・障害学者のアーヴィング・ゾラ（Irving Zola）が発行していたが、1996年6月、ボストンのサフォーク大学（Suffolk University）に事務局を置くSDSが、その発行を引き受けた。

参照項目 『季刊障害学』（*Disability Studies Quarterly*）

Southeastern Community College v. Davis 99 S. Ct. 2361 (1979)
サウスイースタン・コミュニティ・カレッジ対デイヴィス裁判（1979年最高裁判所判例集第99巻2361頁）

サウスイースタン・コミュニティ・カレッジ対デイヴィス裁判（Southeastern Community College v. Davis）は、1973年リハビリテーション法第504条に関する連邦最高裁判所の最初の判例である。裁判所は1979年6月11日、ノースカロライナ州ホワイトビル（Whiteville）のサウスイースタン・コミュニティ・カレッジが「聴覚に障害のある」女性、フランシス・B・デイヴィス（Frances B. Davis）の看護課程入学を拒否したことは、法律違反を犯しているとはいえないと判決した。しかしながら、裁判所は「既存の課程の修正を拒否することは不当で差別的であるとする状況は発生するかもしれない」とした。

デイヴィスはすでに准看護師であったが、サウスイースタン大学に入学し正看護師になろうとしていた。学校側は、デイヴィスが読唇法に頼っていることが、課程修了を困難にし、患者を危険にさらし、デイヴィスはリハビリテーション法の「職務を遂行する能力をもっている障害者」という定義にあてはまらないと主張した。彼女の以前の雇用主は彼女が卒業したら再雇用する意向を示していたにもかかわらず、学校側はまた、デイヴィスはたとえ課程を修了したとしても仕事を見つけることが難しいと主張した。

裁判所の見解では、第504条が障害をもつ人々への積極的差別是正措置を要求している、あるいは示唆していることを否定した。裁判所決定としては、リハビリテーション法の適用を受けるには、個人はその障害にかかわらず課程の基本的条件を満たしていなければならず、課程あるいは大学自体は障害者の参加のために課程の基本的な特徴を変更させたり、過度な経済的負担や組織運営上の負荷が介在する場合は、これを変更したり整備する必要はないとした。学校側は入学許可のプロセスにおいて身体的な条件を様式上の要件とすることを検討できるとした。反対に合理的変更を加えることができない場合は差別を生むことになり、その機関は法的制裁の対象となると規定した。

この決定は、第504条の概念が制限されただけでなく、解釈が曖昧で多様に読み取ることができるという点から障害者権利活動家によって大々的に批判された。大きな後退と考える者もあった。ステファン・L・パーシー（Stephen L. Percy, 1989）が回顧して記述しているように、「決定は大部分サウスイースタン大学看護課程の特殊性に関わるものであった」。そのため、当初考えられていたよりダメージは少なかった。その代わり、この決定が生み出した、合理的変更、合理的調整、過大な負担などの概念は、それ以来障害者権利法や訴訟の争点の中心となり、1990年アメリカ障害者法（Americans with Disabilities Act of 1990）も例外ではない。

参照項目 合理的調整／合理的変更（Resonable Accommodation/Resonable Modification）;1973年リハビリテーション法第504条（Section 504 of the Rehabilitation Act of 1973）;過大な困難／過大な負担（Undue Hardship/Undue Burden）

出典 Liachowitz, Claire H., *Disability as a Social Construct: Legislative Roots* (1988); Percy, Stephen L., *Disability, Civil Rights, and Public Policy* (1989); Shrauder, Betsy, and Jeannine Villing, eds., *Proceedings of the Supreme Court Davis Decision: Implications for Higher Education and Physically Disabled Students* (1979).

Special Education
特殊教育

参照項目 1975年全障害児教育法（Education for All Handicapped Children Act of 1975）

Special Olympics
スペシャル・オリンピックス

参照項目 スポーツと運動競技（Sports and Athletics）

Sports and Athletics
スポーツと運動競技

　スポーツと運動競技は、障害者の権利運動において重要な役割を果たしてきた。たとえば、アメリカ合衆国の最大級の障害者組織の設立に影響したものがいくつかある。スポーツと競技は、障害者1人ひとりに自分が他者よりも卓越していることを示す機会だけでなく、社会および障害者自身に競技者、成功者、勝者としての障害者のイメージをもたらす。

　団体競技は、少なくとも19世紀までは聴覚障害者にとって最も好まれる余暇活動であった。多くの場合、音楽、ラジオ、講演、演劇、映画などの聴覚に頼る楽しみは聴覚障害者にとって縁のないものであったからである。野球において審判が用いる手を使った合図やアメリカンフットボールハドル（選手が円陣を組んでの作戦会議）は聴覚障害者の世界の中で案出された。今日、アメリカ合衆国ではソフトボールとバスケットボールの地方選手権、および全米選手権がアメリカ聾者競技協会（American Athletic Association of the Deaf: AAAD）とその支部によって開催されている。同協会は聴覚障害者のスポンサーとなって、トップクラス選手で構成されたナショナルチームを「サイレント・ゲーム（一般的にはデフ・オリンピックと言い替えられている）」に参加させている。この大会は1924年以来、4年に1度開催されている。夏季および冬季に陸上競技、レスリング、水泳、スキー、スケートなどの競技が「国際聾者スポーツ委員会（Comité Internationale Sports Silencieux: CISS）」をスポンサーとして開催されている。全米および世界チェストーナメント（National and International chess tournaments）は国際聾者チェス委員会（International Committee on Deaf Chess）の後援のもとで開催されている。

　車椅子利用者や身体障害のある人々のための競技は、当初は身体的、心理的リハビリテーションの一環として開発された。アメリカの戦争映画には、第1次世界大戦終了直後、片足を切断した退役軍人が野球をする場面が描かれている。車椅子でのアーチェリー、卓球、槍投げの競技が、イギリスのストーク・マンデヴィル病院（Stoke-Mandeville Hospital）の脊髄損傷センターで行われた。同病院で1944年に、車椅子のポロ競技が行われている。アメリカにおいて最初に報告された車椅子の団体競技は、1945年のカリフォルニア州のコロナ海軍基地（Corona Naval Station）か、あるいは1946年のマサチューセッツ州フラミンガムのカッシング病院（Cushing Hospital）での退役軍人によって行われたものである。これらの初期の車椅子バスケットボール選手の大部分は、アメリカ身体まひ退役軍人会（Paralyzed Veterans of America: PVA）の会員であった。同会はいくつかの大都市でリーグを組織し、毎年競技大会を開催した。全米車椅子バスケットボール協会は1949年、イリノイ大学のティモシー・ニュージェント（Timothy Nugent）によって設立された。1957年の全米車椅子競技大会には63のチームが参加した。車椅子競技はバスケットボール以外の種目でも普及していった。たとえば、1956年には全米車椅子競技協会がニューヨーク市に設立された。同協会は（1）エアガン、（2）陸上競技、（3）重量挙げ、（4）水泳、（5）卓球、（6）アーチェリー、の6種類の競技組織の連合体である。

　第1回目の全米女子車椅子バスケットボールトーナメントは、第1回全米車椅子マラソンと同じ1974年に開かれた。

　その後の20年間に、車椅子と障害者のスポーツ、競技への関心が飛躍的に高まった。1978年にはジョージ・マレイ（George Murray）がボストンマラソンにおいて初めて健常者に勝った選手となり、ウィーティー社（Wheaties）製のコーンフレークの包装箱（シンディ・ジョーンズ〈Cyndi Jones〉ら障害者の権利活動家によるキャンペーンの一環として）に登場した初の車椅子選手となった。ディヴィッド・キリー（David Kiley）とその所属チームであるカーサ・コリナ・コンドルズ（Casa Colina Condors）は、7年間のうちに5度の全国制覇を成し遂げ、1980年代の車椅子バスケットボール界を制した。キリーはバスケットボールの「王様」であり、テニスやラケットボールの世界からも人気を奪いかねないほどであった。アーチェリーのスーザン・ヘーゲル（Susan Hagel）、マラソンのリック・ハンセン（Rick Hansen）、ジーン・ドリスコル（Jean Driscoll）、キャンディス・ケーブル - ブルックス（Candace Cable-Brooks）、ジョージ・マレイ

S

ボストン・マラソン車椅子の部でゴールを決めるフランス代表ムースタファ・バディッド。
©Bettmann/CORBIS/amanaimages

（George Murray）、ジム・クナウブ（Jim Knaub）、テニスのブラッドリー・パークス（Bradley Parks、全米車椅子テニス連盟の創始者）、ランディ・スノウ（Randy Snow）、陸上競技のマックス・ローズ（Max Rhodes）ら、彼らはスーパースターになった。

競技大会には世界中から障害者が集まった。1996年のアトランタ・パラリンピックは数千人の観客とともに世界120ヶ国から3500人の競技者が結集した。今やパラリンピックは障害者の世界最大級の大会の1つとなった。競技への参加者は車椅子利用者だけでなく、手足を失った人、小人症者、感覚器官に障害のある人もいる。知的障害者は、1968年に結成されたスペシャル・オリンピックス（Special olympics）に参加している。1991年、スペシャル・オリンピックスは知的障害をもった人々に対する固定観念を打破する1つの方法として考えられたものである。知的障害者の競技者と健常者がペアになってトレーニングと競技に参加するプログラムである「ユニファイド・スポーツ（統一スポーツ〈Unified Sports〉）」という概念を導入した。

さまざまなビジネスが障害者スポーツの分野で成長している。そのいくつかは障害者自身によって所有され、経営されている。このビジネスは軽量車椅子の製造から『スポーツとスポークス（Sport 'n Spokes）』や『障害者のアウトドア活動（Disabled Outdoors）』のような出版物まである。

障害者スポーツ人口の増加は、このような分野のビジネスの競争力と商品化の増大をもたらした。1996年8月、『ニュー・モビリティ（New Mobility）』はアトランタ・パラリンピックに参加した複数選手による運動能力向上薬の使用の疑惑を報道した。この件に関してさまざまな批判も同時に拡がった。ヒュー・ギャラハー（Hugh Gallagher）のように「お金になる子どもへの注目（the return of the poster kids）」としてのパラリンピックを描く者もいれば、スター選手への注目が「超人的肢体不自由者（Supercrip）」という特別扱いになることを心配する人もいた。こういった風潮にもかかわらず、競技に参加する若い人たちの多くは、全米車椅子バスケットボール協会や全米車椅子テニス財団のジュニアプログラムで競技を行い、成長を続けている。1996年、アメリカ脳性まひスポーツ者協会（Cerebral Palsy Athletic Association）は、初めての全米脳性小児まひ者ジュニア競技会を開催した。

参照項目 アメリカ障害者スポーツ（Disabled Sports USA）；フレミング，G.アンドリュー（Fleming, G. Andrew）；ジョーンズ，シンディ（Jones, Cyndi）；ニュージェント，ティモシー・J（Nugent, Timothy J）；パラリンピック／パラリンピック運動（Pralympics/Pralympic Movement）；アメリカ身体まひ退役軍人会（Paralyzed Veterans of America）；超人的肢体不自由者（Supercrip）

出典 Maddox, Sam, *Spinal Network: The Toal Resource for the Wheelchair Community* (1987); Strohkendle, Horst, *The 50th Anniversary of Wheelchair Basketball* (1996).

Starkloff, Max J.
スタークロフ，マックス・J（1937年生）

1970年、マックス・J・スタークロフが障害者権利運動家になった時、彼はまだナーシング・ホームの居住者であった。ミズーリ州セントルイスでバリアフリーの住居を求めて、たった1人で活動を始めたスタークロフは、パラクアッド社（Paraquad, Inc.）の設立者、および社長となり、自立生活運動の全国的なリーダーとなった。

スタークロフは、1937年9月18日、セントルイスに生まれた。セントルイス大学（St. Louis University）在学中の1959年、自動車事故にあい、四肢まひ者となった。最小限のリハビリテーションを受けると、コミュニティに帰されたが、そこには、カーブ・カット、バリアフリーの住居、働く場所、移動手段はなかった。自立生活や、個別の介助サーヴィスも存在しなかった。家族にかける身体的、情緒的、経済的負担は膨大なものとなり、スタークロフは、1963年、ナーシング・ホームに入った。当時、彼は25歳だったが、彼の言葉を借りれば、「残りの人生をそこで過ごすことになりそうだという可能性が強かった……。この場所での平均年齢は82歳であった」。

まもなく、スタークロフはナーシング・ホームの管理者側と問題を起こす。彼は口にくわえた筆で絵を描くことを学んでいたが、スタッフは、窓辺に積み重ねられた彼の美術の本が通行人からだらしなく見えると抗議した。スタークロフが食事について、「この水っぽいトマトソースに、ミートロフとマッシュポテトが浮かんでいる」と抗議すると、彼には不満を口にする権利は一切ないといわれた。彼がデートでホームから出かけると、「法的後見人」が必要だといわれた。この時には、彼はもう30歳になっていた。

ナーシング・ホームを出ようと奮闘する中で、1970年、彼はセルフヘルプ・グループ、パラクアッド社を始めた。まず、利用できる住居と移動手段を見つけようとした。しかし、適当なものが何もなかったため、彼は障害者を集め、この問題を議論した。彼の奮闘はモートン・D・メイ（バスター・メイ〈Morton D. ("Buster") May〉としてよく知られていた）の目に留まり、地元デパートの有力者である彼は、スタークロフの生まれたばかりの組織に5000ドルを寄付した。スタークロフの奮闘の結果、1972年、セントルイスに最初の段差解消スロープが設置された。スタークロフは、1971年、全米対まひ財団セントルイス支部（St. Louis chapter of the National Paraplegia Foundation）を設立し、1971年から1977年までその支部長を務めた。

1975年、スタークロフはコリーン・ケリー（Colleen Kelly）と結婚し、38歳でナーシング・ホームを出た。彼ら2人はパラクアッド社の事業に身を捧げ、資金もほとんどなく、有給スタッフのいないこの組織を維持するために苦闘した。1977年、スタークロフは、アメリカ障害者市民連合（ACCD）の理事に選ばれ、2年後にはミズーリ州第504条会議（Missouri Section 504 Conference）のとりまとめ役になり、この協議会において、障害者たちは1973年リハビリテーション法の下でいかにして自分たちの法的権利を獲得するかについて学んだ。1979年、パラクアッド社は、リハビリテーション法第7編（Title VII of the Rehabilitation Act）の下、初めて連邦政府の財政援助を受ける10の自立生活センターの中に入った。スタークロフが社長を務め、妻はサーヴィス責任者を務めた。1977年のセントルイス初のリフト付バス購入は、スタークロフとパラクアッド社の功績によるところが大であった。20年後、市営バスの約80％は車椅子使用者が利用できるようになった。1995年までに、パラクアッド社は、20人以上の常勤スタッフをかかえ、運営費は120万ドルとなり、自立生活サーヴィスを提供し、1990年アメリカ障害者法（Americans with Disabilities Act of 1990）の施行を主張した。

1983年、スタークロフは全米自立生活協議会（NCIL）の会長に選ばれ、任期1年を3期務めた。1984年、全米障害者協議会（National Council on the Handicapped）の公式顧問に任命され、ガゼット国際ネットワーキング機関（G.I.N.I.）の理事に選ばれた。G.I.N.I.は、自立生活、およびその他のテーマに関する情報を普及させるために、ジニー・ローリーによって、セントルイスに設立された統括団体である。スタークロフとパラクアッド社は、自立生活センターのための連邦資金がレーガン政権によって削減されたあと、それらを復活するために、上院議員トーマス・イーグルトン（Thomas Eagleton、民主党、ミズーリ州選出）とともに、活動した。スタークロフは、1990年、世界障害研究所（WID）の理事会の一員となり、全米テレコミュニケーション政策プロジェクト（National Project for Telecommunications Policy）に関する研究所の有識者会議の委員を務めた。1995年、彼は、共同設立した障害学研究所（Institute for Disability Studies）の共同ディレクターとなった。同年、彼はまた、ワシントンD.C.にある民主党全米委員会の障害諮問会議（Disability Advisory Council of the Democratic National Committee）の委員に任命され、アメリカ障害者協会（American Association of People with Disabilities）の理事会メンバーに選ばれた。

スタークロフは数多くの賞の受賞者であり、最も注目すべきは、1981年国際連合人権賞と、1991年ジョージ・ブッシュ大統領優秀功績賞である。各地で講演も行い、1995年のドキュメンタリー映画『マックスと魔法のくすり（*Max and the Magic Pill*）』に出演した。

参照項目　アメリカ障害者協会（American Association of People with Disabilities）；アメリカ障害者市民連合（American Coalition of Citizens with Disabilities）；自立生活、自立生活運動

（Independent Living, Independent Living Movement）

Stewart, Jean
ステュワート，ジーン（1947年生）

ジーン・ステュワートは、「障害者権利運動の初の本格的な小説」として描かれた『ボディズ・メモリー（The Body's Memory）』（1988）の著者であり、障害者の権利や人権の擁護者である。ステュワートは1947年の9月3日にニュージャージー州モリスタウン（Morristown）で生まれ、1968年にニュージャージー州マディソンのドルー大学（Drew University）で植物学の学士号をとって卒業した。彼女は、腰の腫瘍の除去のため1975年から1978に行われた外科手術ののち、障害者となった。腫瘍は、1960年代の後半における製薬会社での勤務中にダイオキシン関連化合物の照射を受けたことが原因と考えられている。

ステュワートはすでに、女性運動や反戦運動、そして、季節労働者や間借り人たちの組織化で活動していたが、1980年には障害者権利運動に関わり始めた。1981年、障害をもった人々のフォーク音楽と文化についての雑誌『大きな声で歌え（Sing Out!）』の特別号を編集した。そして、ハドソン河でのクリアウォーターリバイバル（Clearwater's Great Hudson River Revival）のためのプログラムコーディネーターであった。それは、障害をもった人たちも参加できる文化的イヴェントの国際的なモデルとなった。1984年、ステュワートは、ニューヨーク州ポキプシーに自立生活センターを設立し、その最初の事務局長となった。ステュワートの著作物は、膨大な数の雑誌、文芸雑誌や新聞に見受けられ、いくつかの作品集の中にも入れられてきた。『翼をもって――障害女性文献アンソロジー（With Wing: An Anthology of Literature by and about Women with disabilities）』（1987）、『危機を超えて――アメリカのヘルスケアに立ち向かう（Beyond Crisis: Confronting Health Care in the United States）』（1984）、そして『見つめ返す――障害のある著作者アンソロジー（Staring Back: Anthology of Writer with Disabilities）』（1997）などである。

『ボディズ・メモリー』は、架空のキャラクターである「ジェン（Jen's）」の障害者としての経験の物語を伝えるために、従来の語りだけでなく、日記、手紙、詩、そして内なるモノローグを使っている。その中で語り手は、障害がいかに自己イメージを変えるか、そして自立生活につきものの苦労から「君ができると思えば、6ヶ月で松葉杖とおさらばするこができるんだよ」と論してくる信仰治療師や友人たちまであらゆることを詳しく述べている。ステュワートは、障害に伴う違和感が非障害者の振る舞いをいかに変えるものかということへの鋭い洞察力をもっていた。「車椅子を使うようになって、多くが変わった。私が松葉杖を利用していた時、じろじろ見ていた人たちの多くが、今はその目をそらすようになったのである」。

ステュワートは、障害のある囚人正義基金（Disabled Prisoners' Justice Fund）の設立者である。それは、障害をもった囚人の権利を促進するものである。基金での彼女の仕事は、『塀の中の虐待――刑務所の障害者抑圧（Inside Abuse: Disability Oppression Behind Bars）』の中に記録されている。

参照項目 聾文化（Deaf Culture）；障害文化（Disability Culture）；パースキー，ロバート（Perske, Robert）

出典 Stewart, Jean, The Body's Memory (1989).

Stokoe, William C.
ストコー，ウィリアム・C

参照項目 アメリカ手話（American Sign Language）；口話法聾学校、口話主義（Oral School, Oralism）

Stothers, William G.
ストザース，ウィリアム・G

参照項目 『主流――有能な障害者のための雑誌』（Mainstream: Magazine of the Able-Disabled）

Strachan, Paul A.
ストラチャン，ポール・A

参照項目 アメリカ身体障害者連盟（American Federation of the Physically Handicapped）；大統領障害者雇用委員会（President's Committee on Employment of People with Disabilities）

Sullivan, Anne
サリヴァン，アン

参照項目 ケラー，ヘレン・アダムズ（Keller, Helen Adams）

Super Crip
超人的肢体不自由者

「超人的肢体不自由者は、新聞を激安で買えるようになった時代から周囲にいた」とジョージ・コヴィントン（George Covington）は書いている。彼自身、いくつかの超人的肢体不自由者物語の主人公であった。「超人的肢体不自由者」は一般に、人生の全盛期に打ちのめされたが、打ち勝ちがたいハンディキャップを克服し、役に立つ社会構成員として成功しようと闘う人物である。強い意志、忍耐力、厳しい努力によって、障害のある人が『通常の』生活ができるようになる。マスコミは、彼の分野や専門職で成功した障害者を、それが特別なことであるかのように取り上げることがあまりにも多い。この種の見方は、いい話を作る観点からは役立つかもしれないが、一方で一般の人々に障害者が成功するのは非常に珍しい、ということを印象づけてしまう」（1994）。

他にも超人的肢体不自由者物語の有害な側面は、集団の努力や政治的活動ではなく、もっぱら個人の努力と意志に焦点をあてていることである。暗黙の、だが時折語られることもある仮定は、「彼らはできるのに、あなたはなぜできないのか」というものである。そして超人的肢体不自由者はすべての障害者が判断される基準になる。超人的肢体不自由者物語は、公民権や人権、障害者に立ちはだかる建築、態度、その他のバリアについてはほとんど語らない。そして、こうした障壁を取り払う障害者権利運動の必要性を認めることもない。障害者権利運動は、超人的肢体不自由者が必要とされず、そして障害者が障害者ではないと偽る必要もなくなることを目指している。

参照項目 障害者のメディア・イメージ（Media Images of People with Disabilities）

出典 Covington, George, "Shattering the Myth of Super Crip," *Home Health Dealer* (March/April 1994).

Supported Employment
援助つき雇用

援助つき雇用（Supported Employment）とは、「ジョブコーチ」の使用を通じて、障害者が職場の要求に適応することを可能にするものである。ジョブコーチとは、障害のある従業員に付き添って彼や彼女の同僚や雇用主とともに働く者である。援助つき雇用の財源は、ほとんどの場合、各州のさまざまな職業リハビリテーション担当機関から提供されている。また、常にではないが、通例、援助つき雇用の対象者は、脳損傷のある人、知的障害者や精神障害者である。

歴史的には、そのような障害のある多数の人が常に雇用されてきた。20世紀より前、障害のあるアメリカ人で自宅生活をしていた多くの者は、家族経営の事業や作業場あるいは家族牧場で働いていた。州の施設や保護施設にいた者も、しばしば無給で就労していた。たとえば、庭やキッチンで働いたり、牧草地で家畜の世話をしたり、作業場で織物を織ったり、衣服や他の製品を作っていたりした。それらの製品は販売され、施設の収入の足しになっていた。20世紀に入ると、これらの状況はすべて変化した。アメリカ人の生活の都市化によって、家族牧場はほとんどなくなり、無賃労働を禁じる裁判所の決定によって、州の施設が利益を上げる仕組みを維持することはできなくなった。

援助つき雇用は、伝統的な職業リハビリテーション・プログラム、とくに授産施設（Sheltered Workshops）の明白な短所に対応するため、1980年代後半に発展した。1970年代の初頭には、「ノーマライゼーション」の原理に

よって、授産施設での保護雇用を実際の労働現場での訓練に移行させる要求が生まれてきた。その過程での最初の一歩として、「移動作業班」や「企業内作業所」への発展があった。そこでは、障害者のチームが、彼らを受け入れる工場や事務所内で、州や非営利機関からの監督職員とともに就労していた。この仕組みは、障害者をジョブコーチや雇用専門家と一緒に個々の職場に就職斡旋することへ徐々に発展していった。ジョブコーチや雇用専門家は、各仕事で要求されているものを分析し、仕事をいくつかの課題に小分けにし、それから、それらの課題をこなせるよう障害者に指導を行っていた。

援助つき雇用やジョブコーチによる指導は、多くのソーシャル・サーヴィス事業者を驚かせるような成果を生み出した。援助つき雇用の専門家であるディヴィッド・ヘグナー（David Hagner）とデイル・ディレオ（Dale Dileo）によれば、多くのヒューマン・サーヴィス機関が、「重度障害のある人々には能力の限界があって、既存の専門的な『ケア』や監督業務のサーヴィスが必要であるという自分たちの信念は、人工的に作り出されたものである」ということを学んだ。さらにいえば、「これらの信念は、サーヴィスを提供される人々の有する特性が生み出したものではなく、むしろ、それまでのサーヴィスの設計方法によって生み出されてきた」（1993）のだと。しかしながら、援助つき雇用でさえ、人々の能力の限界に関するこれらの信念を助長することに終わる可能性がある。たとえば、ある研究では、コーチが1人の特定のクライアントに関わる仕事に費やす時間が多くなればなるほど、クライアントは自らの仕事に適応するのにより多くの困難をかかえることが実証されている。

1973年リハビリテーション法は1986年に改正され、援助つき雇用は「正当なリハビリテーション成果」として認められ、公的な財源負担で行われるようになった。

参照項目　授産施設（Sheltered Workshops）；職業リハビリテーション（Vocational Rehabilitation）
出典　Hagner, David, and Dale Dileo, *Working Together: Workplace Culture, Supported Employment, and Persons with Disabilities* (1993).

Supported Living
援助つき生活

ジョージア州リトニアのリスポンシブシステムズ協会（Responsive Systems Associates）に所属するジョン・オブライエン（John O'Brien）は、援助つき生活（supported living）を以下のように定義している。すなわち、「公的助成を受けた長期的かつ組織的に提供される援助を求める障害者が、それ相応の自分の家で、安全な生活をおくるのに必要なあらゆる援助を公的機関によって手配・提供される場合をいう。さらに、……援助つき生活は、個々の生活の状況に焦点をあてるが、それは、そのことによって1人ひとりがおかれた状況の問題と複雑さを最もよく理解できるであろうからである」（1993）。

オレゴン州のピープル・ファースト（People First）の共同創設者であるデニス・ヒース（Dennis Heath）によれば、援助つき生活は、施設からグループホームでの共同生活へと発展してきた流れの次段階として、1980年代半ばに注目を集め始めた。援助つき生活は、施設収容（institutionalization）と対照的な立場をとり、多くの点でアンチテーゼとなる。施設収容においては、障害者を障害で分類するのに対し、援助つき生活は個人として見なそうと努める。また、施設収容を進める立場は、知的障害や発達障害がある人々を無能力者と見なし、障害のない人々による管理の必要性を強調するが、これに対して援助つき生活は、障害のある人が自身の生活を管理し、いつ、どのように援助を必要とするのかを自ら決定する能力があると想定する。援助つき生活は、社会サーヴィス機関（social service agency）が所有するグループホームでの生活でもなければ、公的機関の管理下にあるアパートでの生活でもない。障害者は、必要なときにワーカーからの支援を得て、自分の生活環境を管理するのである。

援助つき生活が成功する重要な要因の1つに、発達障害のある人々が、互いに助け合うために組織化してきた点にあった。たとえば、ピープル・ファースト支部は、施設、病院、グループホームから地域に移行する人を援助するために、ピープル・ファースト・ウェルカムワゴン活動（People First Welcome Wagon）、つまり新規居住者を歓迎し、地域の情報誌配布や交流会等を行

う活動を始めたのである。

参照項目 脱施設化（Deinstitutionalization）；ピープル・ファースト、ピープル・ファースト・インターナショナル（People First, People First International）

出典 O'Brien, John, *Supported Living: What's the Difference?* (1993).

Switzer, Mary Elizabeth
スウィッツァー，メアリー・エリザベス
（1900-1971）

フランク・バウ（Frank Bowe）は、『ハンディを負わせるアメリカ（*Handicapping America*）』（1978）の中でメアリー・エリザベス・スウィッツァーを、1950年から1969年にかけて「公的生活の中で誰よりもアメリカの障害者の生活の質を高めるのに指導力を発揮した女性である」と述べている。彼女は、ワシントンD.C.の連邦職業リハビリテーション局（Federal Office Vocational Rehabilitation: OVR）の長として、障害者のためのプログラムを急速に拡大するため陣頭指揮を執った。彼女の影響力はきわめて大きかったため、OVRは「スウィッツァーの国（スウィッツァーランド）」として知られるようになったほどであった。スウィッツァーは自立生活運動の「祖母たち」の1人と呼ばれている。

スウィッツァーは1900年2月16日にマサチューセッツ州ニュートン・フォールズで生まれた。1921年にマサチューセッツ州ケンブリッジのラドクリフ大学を卒業し、同年に連邦財務省で働き始めた。財務省在任中に、新たに設立された職業リハビリテーション・プログラムの運営責任者であるトレイシー・コップ（Tracy Copp）と親しくなった。この時期に、スウィッツァーは「平和と自由のための国際女性連合（Women's International League for Peace and Freedom）」の事務局長も務めていた。1934年には、公共事業を担当する財務次官の補佐に任命された。1939年に連邦保障庁（保健・教育・福祉省〈HEW〉の前身）に移った。1950年にOVRの局長に任命された。

スウィッツァーの主たる関心は、障害者が経済的に自立できるようにするOVRのプログラムに対する資金援助にあった。スウィッツァーはリハビリテーションの先駆者であるハワード・ラスクとともに、1954年職業リハビリテーション修正法の通過に向けて議会でロビー活動を行った。この改正案は、州や連邦政府の既存のプログラムの内容を拡大するものであった。この法律は、また非営利団体や公共団体がリハビリテーション・サーヴィスを開始するのを支援するための、連邦政府の資金援助を認めるものであった。「今や、メアリー・スウィッツァーはリハビリテーションの領域で、一挙に、彼女が選択したものには何にでも実質的に資金援助する権限をもったのである」とノラ・グロウス（Nora Groce）は書いた。

スウィッツァーはこの権限を十二分に活用した。OVRを率いた17年間で、100以上の大学に基盤をおくリハビリテーション関連の研修プログラムに資金を提供することにより、何万人もの人々にサーヴィスを提供した。この期間のOVRの予算は40倍以上に増加した。OVRのサーヴィスの受け手には、それまでほとんど無視されてきた知的障害者と精神障害者が新たに加わった。1967年にスウィッツァーは、HEWの社会リハビリテーション・サーヴィス長官になった。その結果、当時の連邦官僚の中で最も地位の高い女性となった。そのポストでは、ほぼ60億ドルの年間予算を管理・運営することになった。

他の多くの業績の中でもスウィッツァーは、ニューヨーク州ロチェスターの国立聾工科大学設立のための法案を作成し、その指針を練るのに助力した。またアメリカ聾者劇団の創設にも尽力した。スウィッツァーは、その業績に対し数多くの賞を授与され、少なくとも16の名誉博士号を授与された。その1つは、ワシントンD.C.のギャローデット・カレッジからであった。スウィッツァーは1970年に引退し、1971年10月17日に亡くなった。

参照項目 職業リハビリテーション（Vocational Rehabilitation）

出典 Groce, Nora, *The U.S. Role in International Disability Activities: A History and a Look toward the Future* (1992); Walker, Martha Lentz, *Beyond Bureaucracy: Mary Elizabeth Switzer and Rehabilitation*

S

1967年8月15日ホワイトハウスで撮影された保健・教育・福祉省の社会リハビリテーション・サーヴィス長官に新たに任命されたメアリー・スウィッツァーとジョンソン大統領。　©Bettmann/CORBIS/amanaimages

(1985).

T-4
T-4障害者安楽死政策

「T-4」とは、1940年代初頭にナチ・ドイツ下で行われた障害児絶滅政策のコード名である。それはアドルフ・ヒトラー（Adolf Hitler）が「無駄な食い潰しの一群」と名づけ、障害者は「生きる価値なき生命（lebensunwertes Leben）」であるという、ナチ見解の極みであった。

このドイツでの障害児絶滅政策の最初のステップは、障害者への魔女狩りキャンペーンで、それは大々的な強制断種につながった。当時のドイツの児童の算数教科書は、「ノーマルな」学童に次のような質問をぶつけている。どのくらいの金額を「身体障害者、犯罪者、精神障害者」に使われる経費から、健全な新婚カップルに分配されうるかを計算せよ、という問いである。障害児者施設・病院への経費は削減され、障害児の記録が政府に統括され、最終的にはドイツ、ポーランド、オーストリアで30を超える施設が障害児殺人センターになっていく。このプログラムで殺された子どもは推定5000人とされるが、実際にははるかに多いと考えられる。子どもたちのある者は薬物投与で殺されたり、またある者は餓死させられたりしたからである。

T-4障害者安楽死政策は1939年秋に「総統指令」でもって開始された。障害をもつ人に、「慈悲による死」を施行する権限が医師に与えられたのである。ロバート・ジェイ・リフトン（Robert Jay Lifton）によれば、T-4プログラムは「事実上、ドイツの精神医学界全体と一般医学界の関連する分野を巻き込んだ」（1986）。ちなみにT-4とは、安楽死計画統括本部があったベルリンのティアガルテン街4番地（Tiergarten 4）の略称である。

殺人は、そのために指定された殺人センターで、医師によってたいていは精神病院ないしはナーシング・ホームで実施された。犠牲者の大半はガスで殺された。1940年のとある2週間に、東プロイセン地域から連れて来られた1558名の精神障害の患者がこの方法で殺されている。また「14f13」のコード名をもつ別のプログラムでは、障害者その他が強制収容所内で殺された。さまざまな「安楽死」プログラムのもとで、実際どれほどの障害児者が殺されたのかを正確に把握するのは困難なのである。しばしば引き合いに出される数は9000人から1万人であるが、精神科医フレデリック・ワーサム（Frederic Wertham）は、ドイツとオーストリアだけで27万5000人に達すると指摘している。

T-4障害者安楽死政策は、いくつもの理由から、現在アメリカの障害者権利活動家にとっても、重要な意味をもっている。まず第1に、安楽死プログラムが述べる「正当とする理由」の多くが、英米での優生学運動の根拠・既成事実に基づくものであったからである。第2には、それが保健医療の専門家集団によって行われた点である。すなわち医師・看護師・看護助手である。とくに精神科医と医療ソーシャルワーカーの役割が目立つ。障害者権利活動家は、これを障害をもつ人が自己の人生を決定するエンパワメントをもたざるをえないとする根拠と見なしている。最終的に「慈悲深き殺人」を要求する人々がいまだに存在するからである。たとえば、自殺幇助や死ぬ権利を主張する人々の中には、障害児者に関してはT-4障害者安楽死政策の提起者と同様の仮定のもとでの論議をしている者がいる。つまり障害は苦痛であり、障害をもつ人が「その惨めさに悩まされないように」安楽死させるべきなのだと主張するのである。メアリー・ジョンソン（Mary Johnson）、ジュリー・レイスキン（Julie Reiskin）、リーサ・ブラムバーグ（Lisa Blumberg）、スティーヴ・メンデルスゾーン（Steve Mendelsohn）のような著述家たちは、とくに「悪い出生」という概念に、すなわち重篤な障害をもっての生存は忌まわしいことであり、生きるに値しない、そのような出生を許容する医師は訴えてもいいのだとする見解に懸念を抱いている。障害者権利活動家の中にはこうした見解を、ナチの「生きる価値なき生命（lebensunwertes Leben）」という考えに後戻りするものだと考える人もいる。

参照項目　健常者優位主義（Ableism）；ベビー・ドゥ裁判（Baby Doe Case）；ベビー・ジェイン・ドゥ裁判（Baby Jane Doe Case）；優生学（Eugenics）；安楽死と自殺幇助（Euthanasia and

Assisted Suicide）；強制断種（Forced Sterilization）
出典 Freidmann, Ina, *The Other Victim* (1990); Gallagher, Hugh Gregory, *By Trust Betrayed: Patients, Physicians, and the License To Kill in the Third Reich* (1990)（長瀬修訳『ナチスドイツと障害者「安楽死」計画』現代書館、1996）; Kuhl, Stefan, *The Nazi Connection: Eugenics, American Racism, and German National Socialism* (1994)（麻生九美訳『ナチ・コネクション――アメリカの優生学とナチ優生思想』明石書店、1999）; Lifton, Robert Jay, *The Nazi Doctors* (1986).

TASH
重度障害者協会（TASH）

参照項目 重度障害者協会（Association of Persons with Severe Handicaps）

Task Force on the Rights and Empowerment of Americans with Disabilities
アメリカ障害者の権利・エンパワメント特別委員会

アメリカ障害者の権利・エンパワメント特別委員会は、1988年5月下院特殊教育小委員会の委員長である下院議員R・オーウェンズ（R. Owens、民主党、ニューヨーク州選出）により、アメリカ障害者法（Americans with Disabilities Act: ADA）の検討を補助する目的で設立された。委員会はアメリカ障害者法の成立において重要な役割を果たした。委員会はジャスティン・ダート・ジュニア（Justin Dart Jr.）が委員長、エリザベス・M・ボッグズ（Elizabeth M. Boggs）が副委員長、レックス・フリーデン（Lex Frieden）がコーディネーターであった。委員会の構成メンバーはウェイド・ブランク（Wade Blank）、フランク・バウ（Frank Bowe）、ドナルド・ギャロウェイ（Donald Galloway）、I・キング・ジョーダン（I. King Jordan）、シルヴィア・ウォーカー（Sylvia Walker）その他、著名な障害者権利活動家たちであった。

委員会は、公的助成なしに全50州およびワシントンD.C.、グアム、プエルトリコの63ヶ所でフォーラムを行った。これらを含むイヴェントには障害者やその支援者ら3万人を超える出席者があり、アメリカ障害者法の必要性について意見を述べた。委員会は下院議会の前で公聴会を開催し、障害者は差別や抑圧の経験を証言した。委員会は障害者の経験を詳細に記した5000以上の文書や録音テープを収集し、これらも議会に送られた。委員会はブッシュ大統領やダン・クウェール（Dan Quayle）副大統領、内閣メンバー、下院議員やスタッフなど広範囲にわたって面会した。1990年10月12日に議会に提出された最終報告では、「障害をもつ何百万人もの市民が人権の不当な侵害に遭っている」ことを明らかにし、委員会は大統領が「強いリーダーシップでもって議会を通過したアメリカ障害者法を施行すること」「適切なアメリカ障害者法細則」が起草、施行されること、障害をもつ人々の権利を制限する最高裁判所の判決を無効にする法令を成立させること等を他の勧告と同時に提出した。

参照項目 1990年アメリカ障害者法（Americans with Disabilities Act 1990）；ダート，ジャスティン・ジュニア（Dart, Justin, Jr.）
出典 Task Force on the Rights and Empowerment of Americans with Disabilities, *From ADA to Empowerment: The Report of the Task Force on the Rights and Empowerment of Americans with Disabilities* (October 1990).

TDD/TTY
聾者用電話機器／テレタイプライター

参照項目 聾者用電話機器、テレタイプライター、文字電話（Telecommunications Devices for the Deaf, Teletypewriters, Text Telephones）

Technology Related Assistance for Individuals with Disabilities Act of 1988 (Tech Act)
1988年障害者のための技術関連支援法（テック法）

1988年障害者のための技術関連支援法（テック法）は、1998年8月に公法100-407号として

正式に成立した。そして1994年3月、公法103-218号として再認可された。これは、州、準州、およびワシントンD.C.が障害者支援技術の開発プログラムを支援する際に、中央政府の補助金を利用できるというものである。テック法は、多くの障害者が自立に役立つ支援技術の存在を知らない、あるいはそれらを利用する金銭的余裕がないという事実を踏まえて制定された。さらに、支援技術の開発と習得に資金を出しているさまざまな機関相互の協力と調整も、広範囲にわたって明らかに不足していた。

テック法に基づくプログラムには、支援技術に対する人々の意識を高めることに重点をおくものもあれば、適切な支援機器に関する情報が必要な人々のための照会システムを開発しているものもある。さらには、州政府に対し、支援機器を市民に利用しやすくするための援助方法について助言するプログラムもある。これらのプログラムはすべて、「利用者の反応に応えられるもの」でなければならないと定めている（この語句が連邦法に用いられたのは初めてである）。つまり、実際に支援機器を利用する人々が、そのプログラムの内容について意見をいえるようにしなければならないということである。

州がテック法に基づく補助金を受け取る資格を得るためには、連邦政府に対して、1973年リハビリテーション法第508条を遵守していることを確約しなければならない。第508条（のちに第509条に改正）は、官庁や下請け業者が、コンピュータやソフトウェア、またはその他の情報機器類を購入する際には、可能なかぎりバリアフリーを支援しなければならないと定めている。

参照項目　支援技術（Assistive Technology）；1973年リハビリテーション法（Rehabilitation Act of 1973）

Telability Media
『テラビリティ・メディア』

『テラビリティ・メディア』は、報道機関で働く、働くことを希望する、もしくは関心のある障害者のための月刊誌である。本誌は、ミズーリ州コロンビアにある全米テラビリティ・メディア・センター（National Telability Media Center）が発行している。『テラビリティ・メディア』は、障害のある作家が執筆した本、障害に関連した新しい出版物、また会議やその他の興味深い行事の告知に関する記事を扱っている。1992年にチャールズ・ウィンストン（Charles Winston）により設立された当センターは、『アメリカ・テラビリティ・メディア（America's Telability Media）』の刊行も行っている。『アメリカ・テラビリティ・メディア』とは、障害のある、もしくは障害問題を取り扱っている雑誌、新聞、会報誌、専門家組織や、報道記者、作家、映画・テレビ制作者の名簿である。

参照項目　障害者のメディア・イメージ（Media Images of People with Disabilities）

Telecommunications Devices for the Deaf (TDDs), Teletypewriters (TTYs), Text Telephones (TTs)
聾者用電話機器（TDDs）、テレタイプライター（TTYs）、文字電話（TTs）

世界の聾者は、1876年のアレクサンダー・グレアム・ベル（Alexander Graham Bell）による電話の発明によって、明らかに不利な立場におかれることになった。聾者の雇用と社会参加の機会は、差別と言語的障壁のためにすでに制約があったが、この広く用いられたコミュニケーション手段にアクセスができないために、一層制限を受けることとなった。1960年代になって初めて、科学技術がこの不利益を緩和させるようになった。

聾者のための近代的電話システムの発明者は、聾の物理学者ロバート・H・ウェイトブレクト（Robert H. Weitbrecht）であった。ウェイトブレクトは、第2次世界大戦中、原子爆弾を開発するマンハッタン計画で働いていた。戦後、彼は、合衆国海軍のためのレーダー装置の設計や、WWV無線報時信号の設計をした。これらは今日も使われている。1964年、彼は、テレタイプライター（TTY）のメッセージを通常の電話回線を通じて送信することを可能にする装置を公にした。この発明以前、テレタイプライター

のメッセージは、はるかに高額なテレックス（TWX）のシステム上でしか送信できず、AP通信や証券取引所のような会社が使用した。ウェイトブレクトによる「アコースティック・カプラ」は、コンピュータ・モデムの先駆けであり、聾者の電話使用の急増をもたらした。というのも、AT&T社が余ったテレタイプライターを、アレクサンダー・グレアム・ベル聾者協会および全米聾者協会のリーダーたちが設立した非営利団体「聾者用テレタイプライター配給委員会」を通じて、聾者の顧客に販売することに同意したからであった（同委員会は、1969年にその名称を「聾者用テレタイプライター社」、1979年には「聾者用テレコミュニケーション社」へと改めた）。これらのテレタイプライターは、かさばるし、購入ととりつけに費用がかかり、電話を受ける相手方にも配備されて初めて使用可能となった。メッセージの打ち込みは話すのよりも時間がかかるため、長距離通話や市外通話は、まだ大変高額であった。

聾者用電話機器もしくは電話機器（TDD）が使用されるにようになったのは1970年代であった。TDDはメッセージの電子表示が可能である。それは、TTYより低廉でポータブルであるという利点がある。TDDをより使いやすくするために、いろいろなプログラムが生み出された。これにより可能となったのは、機器のレンタルや寄付、有資格の顧客への通話料の割引、1971年の連邦税法の修正による医療費としての控除であった。1968年にはたった25のTTYの通信局しかなかったのに、1984年には、およそ15万台のTTYとTDDが全米各地で使用されるようになった。それにもかかわらず、これらの機器の入手しやすさには課題が残っており、ほとんどの企業はおろか、病院や警察署にもTDDやTTYのサーヴィスが備えられていなかった。1982年の障害者電話法と1990年のアメリカ障害者法はいずれも、重要な公的施設において電話アクセスが可能であることを要求した。とくにアメリカ障害者法は、TDD機器の使用を急増させた。

電話へのアクセス問題に対するもう1つの反応は、リレー・ネットワークの開発であった。それは、TDD/TTYを利用する聾者が、TDD/TTYを利用する聴者を呼び出し、その聴者がTDD/TTYを利用しない相手にそのメッセージをリレーして伝えるというものである。多くの都市で聾コミュニティは、そうしたネットワークを作り上げていった。アメリカ障害者法第4編は、電話サーヴィスを提供する企業に対しTDD/TTYの利用者がリレーサーヴィスを利用できるようにすることを求めている。電子メールは、遠隔通信アクセスのもう1つの方法を提供しており、一方では、ファクシミリ（ファックス）の激増もまた、主流の電話ネットワークを介して聾者が意思疎通をはかる能力を拡大してきた。

近年では、TTYという用語を用いるのが標準となってきており、TDDという言い方は消え去りつつある。とはいえ、現在使用されている種々の機器は元々のテレタイプライターの面影をほとんど残していないのであるが。TDDという言い方は、すべてのユーザーが聾者とは限らないので（多くは聞こえるが話し言葉に障害がある）、誤解を招きやすい。一方、TTYという言い方は、TTというもう1つのより正確な言い方に比べて、アメリカ手話でも英語でも洗練された印象がある（TTは文字電話の略語であり、TDDのもう1つの名称である）。「聾者用テレコミュニケーション社」が行った1995年の消費者投票では、TTYの名称が圧倒的に好まれているという結果となった。

参照項目 1990年アメリカ障害者法（Americans with Disabilities Act 1990）；1982年障害者電話法（Telecommunications for the Disabled Act of 1982）

出典 Moore, Matthew S., and Robert F. Panara, *Great Deaf Americans: The Second Edition* (1996); Van Cleve John V., ed., *Gallaudet Encyclopedia of Deaf People and Deafness* (1987).

Telecommunications for the Disabled Act of 1982
1982年障害者電話法

聴覚障害者、難聴者、発話障害者の電話使用の際の問題解決のために起草された1982年障害者電話法（Telecommunications for the Disabled Act of 1982）は、1983年3月、成立した。この法律により連邦コミュニケーション委員会（Federal Communication Commission: FCC）は細

則を定め、電話連絡網の適格なアクセスを確保するために特定の電話が補聴器対応型であることを保証しなければならないとした。指定される電話は、下院議会によって公衆電話、緊急電話および聴覚障害者や難聴者向けの電話とされた。

FCCによって発布された規則によって、既存か新規かにかかわらず、コイン式電話は1985年1月1日までにすべて補聴器対応型にするよう命令が下された。小銭を使用する電話が隣接していない場合は、クレジットカードを使用する電話も補聴装置を装備するよう法律に明記された。企業内の新規の電話、孤立した地域の緊急電話、1985年1月1日以降に、病院、病後ナーシング・ホーム、老人ホーム、刑務所、公共あるいは準公共施設に付設されるすべての電話、およびホテルやモーテルの新規電話の10％が補聴器を使って利用できるようにするよう求められた。議会はまた、法律の中に補聴器対応型電話を必要としながら経済的な問題でできない個人に対し自治体が補助をする条項を設けた。これらの補助金は他の電話サーヴィスによる売り上げから補填された。

また、本法律は障害によって聾者用電話機器（TDDだが、TTYと総称される）を使用する個人のニーズについて明らかにした。1982年に発表された政府報告によれば、アメリカ人の1200万人がこのカテゴリーに分類されると推定された。法制定とその後の規定により自治体が助成金を払って標準的な口話電話（voice-operated phones）よりもかなり高価な聴覚障害者用通信機を製作、配布することを可能にした。

本法律はまた、聴覚はあるが話すことができない人々の補助機器も条項に加えた。これらの機器は、人工喉頭に適合する電話や息で話せる電話で、テレタイプライター（TTY）と同様に障害をもつ人々にも使用可能になった。さらに法で定められたのは、視覚障害のある聾啞者のための点字通信機器であった。

1988年補聴器互換法（Hearing Aid Compatibility Act of 1988）では、実質的にはアメリカに存在するすべての電話が補聴器対応型の電話であることを命じた。

参照項目　聾者用電話機器、テレタイプライター、文字電話（Telecommunications Devices for the Deaf (TDDs), Teletypewriters (TTYs), Text Telephones (TT)）

Telethons
テレソン

ジェリー・ルイス（Jerry Lewis）は1990年9月2日付け発行の『パレード（*Parade*）』に、「もし私が筋ジストロフィであったなら」というタイトルで「他の身体障害者たちと一緒にコートに出て車椅子バスケットボールをする勇気がわかる」と書いた。進行性筋ジストロフィ協会（MDA）のテレソンを一般大衆に知らせるための彼の努力において、ルイスは障害をもつ人の観点から書いているように見せかけた。「私は正常で元気で力強くてエネルギーあふれる人々のように野球がしたい……私がじっと座ってもう少し理性的に考えて見たら、今までの自分の人生が半分であったことを悟り、残り半分をどうすればいいのかを学ばなければならなかった。私はただ半人前の人になることに慣れるよう努力しなければならなかった」。

この記事は障害者権利運動家たちを激怒させ、彼らがテレソンの何に対して攻撃的であったかを示す良例となった。基金を集めるために案出されたテレソンは聴衆たちの心を動かす役割を果たし、障害者たちを哀れかつ無能で、人生における唯一の目的が完治であることを「ジェリーの子どもたち」のように永遠の子どもとして描いた。このような観点からの障害者は、「私たちの子どもたちは作業場に行こうと思わない。そこには彼らにできることが何一つない」とジェリーが別の機会にいったように慈善の対象にすぎなかった。

「テレソンは、障害者権利運動が成し遂げようとするすべてのものを台無しにする」と、MDAの元ポスター少年だったマイク・アーヴィン（Mike Ervin）はいう。彼とMDAの元ポスター少女だった彼の妹クリス・マシューズ（Cris Matthews）は、ジェリー・ルイスのMDAテレソンに反対する穏健な活動家の協会である「ジェリー孤児の会」の創設者たちであった。

さまざまな慈善をあらわすためのポスター児の使用は1930年代に、テレソンは1950年代の初めに始まった。歴史家のヒュー・グレゴ

毎年恒例の筋ジストロフィ基金キャンペーンTVセットでのタレント、ジェリー・ルイス。障害者権利活動家はルイスのキャンペーンは障害者をチャリティが必要な救いようのない幼児と見なしていると反対した。1997年。
©Bettmann/CORBIS/amanaimages

リー・ギャラハー（Hugh Gregory Gallagher）は、『ニュー・モビリティ（New Mobility）』の1996年9月号で次のように述べた。「基金を調達する時期がきた時、多様な協会——肢体不自由、脳性まひ、筋ジストロフィ、ポリオ——がそれぞれ1人の子どもを選ぼうとした……彼らのポスターに特徴的な……愛と同情を同時に引き起こすことがポスター児の仕事だった」。数年後、テレソンは、ジェリー・ルイスのMDAテレソンとともに巨大な、たとえば1000万ドルを動かす事業となった。基金の一部はサーヴィスに使われたが、主に疾病や障害の完治のための研究に使われたのかどうかは疑問であるといわれる。

テレソンとポスター児の使用に対する抗議は、1970年代に始まった。1976年と1977年に行動する障害者の会（Disabled in Action）は、ニューヨークの脳性まひ協会連合のテレソンに対し、「同情を称賛し、奨励する卑劣で温情主義的なショー」と命名してピケを張った。ジェリー・ルイスのMDAテレソンを攻撃する1981年の『ニューヨーク・タイムズ（New York Times）』社説で、エヴァン・ケンプ・ジュニア（Evan Kemp, Jr.）は「治癒を求める人間としての願いが、障害者に敵対するスティグマを強化するテレビショーを正当化することはありえない」といった。ルイスは、連邦雇用機会均等委員会の議長としてのケンプを解任するようにブッシュ大統領を説得するキャンペーンで反撃を加えようとした。ブッシュは断った。

アーヴィンは、テレソンには障害者を中傷する表現だけでなく、他の問題点があることを認識していた。「彼らは一般の人々に、すべての障害者は介護され、差別や公民権または社会的サーヴィスについて心配する必要がないという考えを与えている。なぜなら『その人々』は面倒を見てくれる『自分の慈善団体』をもっているためである。われわれは、誰がサーヴィスを提供すべきで、誰が研究基金を助成しなければならないのかについて全国的に論議したことがない」。事実上、テレソンと慈善は、障害者たちに届けられるサーヴィスのごく一部のみを提供し、アーヴィンらによれば基金の多くは研究やサーヴィスではなく、基金の調達と運営に流

れていく。

『パレード』記事に応えて設立された「ジェリー孤児の会」は、1991年に最初の反テレソンデモを行った。それ以来、労働者週間ごとに活動家たちはジェリー・ルイスのMDAテレソンとテレソンを放送する地域局に対するピケットデモをしている。

参照項目 ケンプ, エヴァン・ジュニア（Kemp, Evan, Jr.）

出典 Kemp, Evan, "Aiding the Disabled: No Pity Please," *New York Times* (3 September 1981); Lewis, Jerry, "If I Had Muscular Dystrophy," *Parade* (2 September 1990); Shaw, Barrett, ed., *The Ragged Edge: The Disability Experience from the Pages of the First Fifteen Years of* The Disability Rag (1994).

Television Decoder Circuitry Act of 1990
1990年TVクローズド・キャプション・デコーダ搭載法

参照項目 字幕／非表示可能字幕（Captioning/Closed Captioning）

TenBroek, Jacobus
テンブローク, ジェイコブズ (1911-1968)

ジェイコブズ・テンブロークは、全米盲人連合（National Federation of the Blind）の主要な創設者であり、創設後の28年のほとんどの間、会長職にあった。盲人の自己決定を支持した彼の主義は、現代の盲そして障害者の権利運動に対して重要な影響力を今も残している。彼は、障害をもつという体験を公民権問題という枠組みにおいて構成し、障害者に対する差別と、虐げられている労働者やマイノリティに対するそれとを類似させた最初期の人物の1人である。

テンブロークは1911年7月6日、カナダのアルバータ州で生まれた。子どもの時、7歳で片眼の視力を失い、その後もう片方の眼も視力が悪化して14歳で失明した。1919年、一家はアメリカに移住、その後バークレーに移り住んだため、テンブロークはカリフォルニア盲学校に在学することができた。1934年には文学士を、1935年には文学修士を、1938年には法学士を、さらに1940年には法学博士号を、カリフォルニア大学バークレー校で取得した。1940年には、ハーヴァード大学法科大学院のブランダイス奨学金給費研究員と、シカゴ大学法科大学院の教員にもなった。1942年、カリフォルニア大学で教鞭を執るためバークレーに戻り、1953年には正教授に、その2年後には言語学科の学科長となった。彼の著書である『偏見、戦争、憲法（*Prejudice, War, and the Constitution*）』（フロイド・W・マトソンとの共著）は、1955年に刊行された統治と民主主義に関する最も優れた作品として、アメリカ政治学会の賞であるウッドロウ・ウィルソン賞を受賞した。彼のその他の著書には、『アメリカ合衆国憲法修正第14条における奴隷制度反対の原点（*The Antislavery Origins of the Four-teenth Amendment*）』（1951年、1961年に『法の下の平等（*Equal Under Law*）』として再刊）、『引き延ばされた希望——社会福祉と盲人（*Hope Deferred: Public Welfare and the Blind*）』（1959、マトソンとの共著）、『カリフォルニア州家族法の二重性（*California's Dual System of Family Law*）』（1964）が含まれる。1963年、バークレー校で政治学の教授に就任した。テンブロークはまた、政治学、政府、法律、盲、そしてアメリカにおける盲人の権利について多数の論文を執筆した。また、行動科学高等研究センターとグッゲンハイム財団の特別会員であった。1950年にはカリフォルニア州社会福祉委員会委員に任命され、1960年から1963年まで委員長を務めた。1950年には、大統領身体障害者雇用委員会の委員となった。

1934年までにテンブロークは、カリフォルニア州盲人協議会（California Council of the Blind）を共同で創設したが、この団体が後に全米盲人連合（National Federation of the Blind: NFB）カリフォルニア州支部となった。1940年、テンブロークと妻のヘイゼル、そしてその他少人数からなるグループは、ペンシルヴェニア州ウィルクス・ベァリィでの会合で、NFBを創設した。その後25年以上にわたってテンブロークは会長として、指導者として、そしてその後は「経験豊富な政治家」として、NFBを視覚障害者によって構成されるアメリカ国内最大の全米政治組織として確立する上で貢献した。テンブロークは1940年から1961年までと、1966年か

ら1968年まで会長を務めた。

　著書、エッセイ、そしてスピーチの中でテンブロークは、盲人は晴眼者に比べて知的にも心理的にも、また道徳的にも劣っているという一般的な固定観念が存在することをあばいている（こうした考え方は、ごく最近、1995年に『アメリカ・スペクテーター（*American Spector*）』の筆者が盲人に陪審員としての任務を許可するのは不合理だと抗議したことでまだ広く存在している）。テンブロークは、一集団としての盲人について次のように主張している。「知的に有能であり、心理的には安定しており、社会適応性をもつ……それゆえ彼らが必要としているのは、普通の人々、つまり身体的あるいは社会的不利にとらわれている障害のない男女が必要とするものと同じである」と主張した。この主張は、盲人が必要としているのは他の人々と同様の保護が必要なことであって、決して保護されることが必要なのではなく、必要なのは調整と受容であって、甘やかすことや保護者のような支援ではないことを意味している。もっと明確にいえば、この主張は、盲人が自恃と自己決定、そして社会活動と、通常の経済的機会への活発な競争における完全参加に対して、盲人が能力をもっていることを確認するものである（TenBroek and Matsom, 1959）。

　テンブロークは1968年3月27日、カリフォルニア州で死去したが、アメリカにおける組織された盲人社会の「指導者として、助言者として、代弁者として、そして哲学者」との賛辞を贈られた。

参照項目　全米盲人連盟（National Federation of the Blind）；授産施設（Sheltered Workshops）；職業リハビリテーション（Vocational Rehabilitation）
出典　Matson, Floyd W., *Walking Alone and Marching Together: A History of the Organized Blind Movement in the United States, 1940–1990*（1990）；TenBroek, Jacobus, and Floyd W. Matson, *Hope Deferred: Public Welfare and the Blind*（1959）.

Thomas, Stephanie K.
トーマス，ステファニー・K（1957年生）

　ステファニー・K・トーマスは、テキサス州のアメリカ障害者アテンダント・プログラム・トゥデイ（ADAPT）の設立メンバーであり、1985年以降の全米でのあらゆるADAPT活動を主催し、参加している。彼女はまた、ADPTの全国版ニューズレター、『鼓舞（*Incitement*）』の編集も行っている。1990年アメリカ障害者法（ADA）可決の擁護者であり、バリアフリー・バスの主要な路線事業への拡大が確実に、時機を失せずにアメリカ障害者法に含まれるよう活動していた。

　トーマスは、1957年8月21日、ニューヨーク市に生まれ、1980年、マサチューセッツ州ケンブリッジのハーヴァード−ラドクリフ大学（Harvard-Radcliffe College）で民俗学と人類学で学士号を取得した。1982年、北部ヴァージニア・エンディペンダンス・センター（Endependence Center of Northern Virginia）において、ピア・カウンセラー、および住宅問題の権利擁護を行い、1982年から1983年まで、エルパソ障害者センター（El Paso Center for Handi-capped、現在の障害理解リソース環境〈Disability Awareness Resource Environment〉）で自立生活コーディネーターとして務め、1983年から1985年までオースティン自立生活センター（Austin Center for Independent Living）でコミュニティ派遣コーディネーター（community outreach coordinator）として働いた。

　1984年、彼女はテキサス州ナコドチェスに障害児のためのE-Z-J牧場（E-Z-J Ranch）を設立し、そこで1985年までカウンセラーを務めた。1985年から1988年まで、テキサス障害者連合（Coalition of Texans with Disabilities）の事務局長（executive director）であった。1989年からは、自営で障害者権利に関するコンサルタントをしている。

　トーマスの最もよく知られている功労は、ADAPTに関するものである。ADAPTの理念と一致する、市民的不服従や一般市民によるデモという手段も好んで使った。それと同時に、障害者コミュニティで最も貧しく、最も抑圧されている人々、とりわけナーシング・ホームに監禁されている人々への積極的な救済活動も行った。トーマスは、全国弁護士組合障害者権利特別委員会（National Lawyer's Guild Disability Rights Task Force）のメンバーを務め（1989–1990）、テキサス州中央部法律サーヴィス（Central Texas Legal

Services）の役員（1990–1996、1993–1994は役員会議長）であった。この他に、オースティン市長の障害者委員会（Austin Mayor's Committee for Disabled Persons, 1983–1985）、テキサス州トランジション特別委員会（Texas Tran-sition Task Force, 1986–1988、1990年には委員長）を含む多数の組織に参加してきた。1984年からは、テキサス州身体まひ退役軍人協会（Texas Paralyzed Veterans Association）の準会員になっている。

参照項目 アメリカ障害者アテンダント・プログラム・トゥデイ（American Disabled for Attendant Programs Today）；公共交通機関（Public Transportation）

Thompson, Karen
トンプソン，カレン

参照項目 コワルスキー，シャロンとトンプソン，カレン（Kowalski, Sharon and Thompson, Karen）

Thornburgh, Ginny, and Richard Thornburgh
ソーンバーグ，ジニー（1940年生）と
ソーンバーグ，リチャード（1932年生）

ジニー・ソーンバーグは、ワシントンD.C.にある全米障害者組織の宗教と障害プログラム（Religion and Disability Program of National Organization on Disability）の責任者である。彼女は、キリスト教教会やユダヤ教会堂における建築およびコミュニケーションや対人関係における障壁を取り除くための手引書『誰もが礼拝できるために（That All May Worship）』（1992）を共同執筆した。コミュニティ活動のための入門書、『障壁から架け橋へ（From Barriers to Bridges）』（1996）の著者であり、『正義への愛——ADAと宗教界（Loving Justice: The ADA and the Religious Community）』（1994）の編者でもある。ジニーは、1940年1月7日、ニューヨーク市に生まれた。マサチューセッツ州ノートンにあるホイートン大学（Wheaton College）で宗教と哲学の学士号、ハーヴァード大学（Harvard）で教育学の修士号を取得した。ジニーは、自動車事故で脳損傷を負った息子ピーター（Peter）のために、ペンシルヴェニア精神遅滞市民協会（Pennsylvania Association for Retarded Citizens）の会員として、1960年代に権利擁護運動を始めた。1988年から1989年まで、ハーヴァード大学の障害者プログラムのコーディネーターであった。1992年、彼女と前連邦司法長官（U.S. Attorney General）の夫、リチャード・ソーンバーグは、バチカン障害者会議（Vatican Conference on Disability）、およびプラハで開催された東部ヨーロッパ障害者会議（Eastern European Conference on Dis-abilities）に、講演者として参加した。

リチャード・ソーンバーグは、1932年7月16日、ペンシルヴェニア州のロスリン・ファームズに生まれた。彼は、1954年、イェール大学で工学の学士号を取得し、1957年、ペンシルヴェニア大学ロー・スクールを卒業した。ペンシルヴェニア州知事を2期（1978–1986）務めたあと、1988年、ロナルド・レーガン大統領によって、連邦司法長官に任命された。この任命により、国家の最高位の法律執行官であり、閣僚の一員である人物が障害児の親であり、障害者権利擁護運動家の夫であるということになった。彼は障害者の直面する抑圧というものについての個人的体験もあった。ソーンバーグは、このように、マデライン・C・ウィルやボイデン・グレイ（Boyden Gray）のような、評価の高い他の障害者の権利支援者とともに、アメリカ障害者法の可決において重要な役割を果たした。

参照項目 1990年アメリカ障害者法（Americans with Disabilities Act of 1990）；全米精神遅滞市民協会（The Arc）；全米障害者組織（National Organization on Disability）；宗教と障害者（Religion and Disability）

Tiny Tim
タイニー・ティム

障害がある人を「タイニー・ティム」と呼ぶのは、アフリカ系アメリカ人を「アンクル・トム（Uncle Tom）」と呼ぶのとほぼ等しい。この表現は、障害者の自分の人生において、しきり

に非障害者を喜ばせようとする人、自分のもっている権利や尊厳が侮辱されても気づかないふりをして、恵んでもらったパンくずに感謝し、快活な「障害者」の役を演ずることで、社会一般という主流の世界に順応しようとする人を言外に意味している。この表現は、チャールズ・ディケンズ（Charles Dickens）の『クリスマス・キャロル（A Christmas Carol）』（1843）からとったものである。その物語の中のタイニー・ティムは、気高いけれど、「われわれ皆にご加護がありますように」と神にお願いする、哀れな障害児である。ビリー・ゴルファス（Billy Golfus）は、彼のドキュメンタリー『ビリーが首を骨折した日……その他の驚異の物語（When Billy Broke His Head and Other Tales of Wonder and Other Tales of Wonder）』（1995）でこの物語を引用した。それ以来、この言葉は『ディスアビリティ・ラグ・アンド・リソース（The Disability Rag & Resource）』その他で使用されている。

参照項目 障害者のメディア・イメージ（Media Images of People with Disabilities）

Total Communication
トータル・コミュニケーション

歴史家のジャック・R・ギャノン（Jack R. Gannon）は、マーガレット・S・ケント（Margaret S. Kent）のトータル・コミュニケーションの定義を引用し、「できるだけ早い年齢で言語能力を発達させるあらゆる機会を手に入れられるように、すべての聾児が、あらゆる形のコミュニケーションを使えるようになるための権利である」としている（1981）。1970年代初期、ケントはフレデリック市のメリーランド聾学校の校長を務め、当時、おそらく寄宿制の学校としては初めて公式の教授法としてトータル・コミュニケーションを採用した。口話法がまだ聾教育の支配的な教授法であった時代に、トータル・コミュニケーションが初めて導入されたことは、聾や難聴の人々への1つの教授法として手話を再び容認するための重要な一歩を意味した。

カリフォルニア州の公立学校教師であったドロシー・シフレット（Dorothy Shifflett）は、彼女自身の娘が受けた口話法の経験に満足できずに、彼女が「トータル・アプローチ」と呼ぶものを開発した。1960年代初めに、彼女はアナハイム・ユニオン高等学校の学区で聾の生徒の両親や教師たちに、発話や読話に加えて手話や指文字も、学び教えるように勧め始めた。それは、1860年代のエドワード・マイナー・ギャローデットの「併用法」への復帰であった。さらに、聾の生徒たちは、休憩時間や体育、昼食の時間や特別授業では、健聴の子どもたちと統合された。シフレットはまた、公立の通学制の学校で聾の生徒を教えるために聾の教師を雇うことを要求した。

「トータル・コミュニケーション」という表現は、カリフォルニア州のサンタアナ市にあるジェームズ・マディソン小学校で聾教育プログラムの顧問だったロイ・ホルコウム（Roy Holcomb）によってつくられた。1968年までに、この学校のトータル・コミュニケーション・プログラムは3歳から12歳までの聾の子どもたち34人に実践された。ホルコウム自身が聾者であったが、彼の生徒たちの成長に感激し、その結果を公表することにした。彼の努力によって、ホルコウムは「トータル・コミュニケーションの父」という評価を得たが、同時に彼の障害を理由に、教員免許を無効にするという脅迫まがいの手紙をカリフォルニア州当局の資格審査部から受け取った。しかしながら、ホルコウムは教員免許を保持し、トータル・コミュニケーションについて広く教授した。そして彼は、聾児の教育における自身の功績によって、数えきれないほどの賞で讃えられた。

最近では、トータル・コミュニケーションを実施している方法を批判している聾の活動家もいる。たとえば、ベン・バーハン（Ben Bahan）は、「TC」を「たいてい発話と手話を同時に行うだけの」妥協の産物と呼び、それによって聾の生徒に混乱をきたしていると述べている。その代わりに、バーハンらは「バイリンガリズム」を主張し、その方法では教室で話される言語としてはアメリカ手話が用いられ、一方で、生徒たちに英語を教えるためにはリーディングとライティングが用いられている。

参照項目 アメリカ手話（American Sign Language）；口話法聾学校、口話主義（Oral

T

School, Oralism）

出典 Bahan, Ben, "Total Communication: A Total Farce," in Sherman Wilcox, ed., *American Deaf Culture* (1989)（鈴木清史・酒井信雄・太田憲男訳『アメリカのろう文化』明石書店、2001）; Gannon, Jack R., *Deaf Heritage: A Narative History of Deaf America* (1981).

Transbus
トランスバス

　トランスバス（Transbus）は、快適さを重視すると同時に、低床式、昇降式スロープを備えた設計で、アメリカの公共交通における革命的なコンセプトを備えていた。保守が容易であり、燃費もよく、障害者対応のバリアフリーのバスである。この製作プロジェクトは連邦政府から2700万ドルが拠出され、民間のエンジニアによって設計された。1973年までに、ゼネラル・モーターズ社（General Motors: GM）、フレキシブル社（Flxible Company）、AMゼネラル社（AM General）によって3つの形式のトランスバスが製造された。同プロジェクトのための連邦資金提供は1976年に終了した。しかし、障害者運動の活動家は、GM製のトランスバスへの資金提供の継続を要望した。

　1976年6月17日に、ペンシルヴェニア行動する障害者の会（DIA）、フィラデルフィア公益法律センターの2団体を代表格として構成された連合団体である、トランスバス・グループが、連邦資金の給付を受けた公共交通システムの利用を拒否された障害をもつアメリカ人すべてのために連邦裁判所へ集団提訴した。上記の2団体の他、このトランスバス・グループに参加した組織は、次の通りである。アメリカ障害者市民連合（ACCD）、脳性まひ協会連合（United Cerebral Palsy Associations）、全米聾者協会（National Association of the Deaf）、アメリカ盲人協議会（American Council of the Blind）と全米盲人連合（National Federation of the Blind）である。ペンシルヴェニア州行動する障害者の会対コールマン裁判（*Disabled in Action of Pennsylvania, Inc. v. Coleman*, 1976）では、1973年リハビリテーション法第504条を含む複数の連邦法が、公共交通システムのバリアフリー化を要求して

いると主張された。トランスバス・グループは、フォード政権の運輸長官、ウィリアム・T・コールマン・ジュニア（William T. Coleman Jr.）に、バリアフリー仕様でない旧型モデルを廃車にして、トランスバス仕様で製造されたバスの購入を交通当局に命じるよう求めた。コールマンは1977年に、新しく選ばれたカーター政権のブロック・アダムズ（Brock Adams）と交代した。その年の5月、アダムズは、今後の公共のバス購入にあたって、トランスバス仕様を満たすよう命令した。したがって、行動する障害者の会（DIA）訴訟は公共交通をバリアフリーにする運動の大勝利と認識された。

　しかしながら、GMはまもなく、バスを含む全車種の自動車についてトランスバス仕様での新たな生産の中止を発表した。工場の再編に関する経費ならびにトランスバス後部の通路側の座席のデザインを問題にした。フランク・バウ（Frank Bowe）はACCDと連携して、トランスバスを製造するようにドゥ・ロリアンモーター社（DeLorean Motor Company）を説得した。その結果、同社の経営陣が議会とアメリカ公共交通協会（APTA）に自社製トランスバスの製造プランを示した。しかしながら同社は、プロジェクトとは無関係な理由で、間もなく破産宣告に至った。交通当局は、命令に応じることなく、生産中止となった車を買うことはないとして抵抗した。

　バウは、「消えたトランスバス（Without Transbus）」(1986)の中で次のように書いている。「バリアフリー公共交通システムを求める勇気ある規則は消えた。それだけではなく、トランスバスの消失は、バリアフリー公共交通システムに対する反対者を勇気づけた」。またAPTAは、当局としての権限を超えていると主張し、交通省に訴訟を起こした。1981年に、連邦控訴院が、交通省は交通当局にバリアフリーのために格段の努力をするよう要求するにとどめるという内容であった。

　1990年アメリカ障害者法第2編において、公共交通機関における差別禁止が規定され、新車購入にあたって、当局は車椅子にとってバリアフリーの車両の購入を要求できることとなった。トランスバスの設計を放棄したバス製造会社は、旧式仕様のリフトを設置したバスを生産し始めた。消費者は、このようなリフトが、ト

ランスバス仕様に比べて、故障しやすく、したがって多くの人々が使うには困難であるとして不満を表明した。

参照項目　アメリカ障害者市民連合（American Coalition of Citizens with Disabilities）；行動する障害者の会（Disabled in Action）；公共交通機関（Public Transportation）

出典　Bowe, Frank G., *Handicapping America: Barriers to Disabled People* (1978); Burgdorf, Robert L. Jr., *The Legal Rights of Handicapped Persons, Cases, Materials, and Text* (1980).

Traynor v. Turnage (1988) and McKelvey v. Turnage 108 S. Ct. 1372 (1988)
トレイナー対ターネージ裁判とマッケルヴィ対ターネージ裁判（1988年最高裁判所判例集第108巻1372頁）

連邦最高裁判所は、トレイナー対ターネージ裁判とマッケルヴィ対ターネージ裁判（*Traynor v. Turnage* and *McKelvey v. Turnage*）で退役軍人管理局（Veterans Administration）規定のアルコール依存症はすべての場合、個人の「意図的な不品行」によるものとする定義を支持した。心因性の障害を要因としないアルコール依存症の退役軍人は1973年リハビリテーション法第504条で保護されることはないと規定した。

ユージン・トレイナー（Eugene Traynor）は幼少から飲酒を始めた。ジェームズ・P・マッケルヴィ（James P. McKelvey）は13歳ですでにアルコール依存症であった。両名とも米陸軍に入隊しヴェトナムでの任務を果たしたのち、マッケルヴィは1966年、トレイナーは1969年に名誉除隊となった。除隊後、両名ともアルコール依存症やアルコールにより併発する病気から何度か入院した。両名は飲酒を止め、大学への復学を決意した。彼らは1966年復員兵援護法（Veterans' Readjustment Benefit Act）、あるいは退役軍人法〈G. I. Bill〉）の援助を申請したが、除隊後10年以上を経た退役軍人はこの制度に該当しないことが判明し、トレイナー、マッケルヴィどちらもこの年数を超えていた。しかしながら、障害のために制限期間内に援助を利用することができなかった退役軍人には例外が認められた。トレイナーとマッケルヴィはアルコール依存症を障害であると主張し、期間延長を申請した。彼らの申請は却下され、両名は訴訟を起こした。両名の主張は地区裁判所段階では勝訴したが、どちらも控訴裁判所で敗訴した。2つの訴訟は一体化され1987年12月7日連邦最高裁判所で争われた。

最高裁判所は、1988年4月20日、退役軍人管理局の決定はリハビリテーション法第504条を侵害するものではないと決定した。バイロン・ホワイト（Byron White）裁判官は多数意見として「精神障害を要因としないアルコール依存症はどうあっても『意図的である』とする前提と第504条は必ずしも矛盾するものではない」と結論づけた。この判決は第504条の保護を得たいアルコール依存症の人々にとって大きな後退であった。

参照項目　1973年リハビリテーション法第504条（Section 504 of the Rehabilitation Act of 1973）

Twitch and Shout (TS)
『トゥレット症候群を生きる──止めどなき衝動』

トゥレット症候群は、不随意に頻繁に起こる奇妙な動き、抑制できない不愉快な発声をときどき発すること、そしてさまざまな衝動によって特徴づけられる遺伝性の疾患である。トゥレット症候群のある人々は、自身の障害に対処しなければならないだけでなく、しばしば彼らのことを酒に酔っているのか、麻薬患者か、あるいは情緒障害者だと決めつけてしまう周囲の人々の反応にも対応しなければならない。

ローレル・チャイテン（Laurel Chiten）が製作と監督を担当し、ローウェル・ハンドラー（Lowell Handler）が語り手を務めた『トゥレット症候群を生きる──止めどなき衝動（*Twitch and Shout*）』は、トゥレット症候群の人々の日常の生活を見せてくれる。登場する人々の中には、プロのバスケットボール選手や画家、女優、メノナイト派教徒の木こりがいる。その映画は1994年に完成し、1995年にはPBSの「観点」シリーズにおいて全国放映された。その映画は1995年サンフランシスコ国際映画祭ならびに

T

ニューイングランド映画・ヴィデオ祭で賞を受けた。また、メリーランド州ベセスダにある非

劇場型映画を対象とする CINE の金鷲賞やその他の賞も受賞している。

Undue Hardship / Undue Burden
過大な困難／過大な負担

1990年のアメリカ障害者法（ADA）の下では、雇用主は、障害以外の点では要件を満たしている場合、障害者が彼らの仕事を得たり、継続するために「合理的調整」が求められている。しかし、雇用主に「過大な困難」を生じる場合には、その配慮は合理的であるとは見なされない。過大な困難は、ケースごとに雇用主によって決定される。過大な困難は、アメリカ障害者法によって、「明記された諸要因に照らして考慮される時、著しい困難やコストを必要とする」行為として規定されている。この要因には、調整の性格と最終的な経費、従業員数、雇用主の全体的な財政状況、そして雇用主の事業のタイプがある。ある雇用主には過大な困難が他の雇用主には不当な苦労ではないかもしれず、同じ雇用主でも、ある時には、過大な困難になるかもしれない。たとえば、中規模のコンピュータ会社が聾のコンピュータ・プログラマーを雇用する場合、手話通訳者を雇用すれば同僚との会話で聾のプログラマーを援助すればよいために、それは過大な困難ではないかもしれない。しかし、もしある聾者が、小さなレストランの仕事に応募する場合、専任の手話通訳士を雇用することは過大な困難になるだろう。何が合理的調整なのか、不当なのかをめぐる不一致は、障害のある従業員やその可能性がある従業員による不服とともに、連邦雇用機会均等委員会（EEOC）によって扱われる。連邦裁判所に訴訟を申し立てることもできる。

過大な負担は、過大な困難とほとんど同じ用語として定義されるが、雇用を妨げるものとしての公共的な調整とサーヴィスに関係がある。それは「著しい困難と経費」を必要とする行為として、司法省の規則で定義されている。

参照項目　1990年アメリカ障害者法（Americans with Disabilities Act of 1990）；合理的調整／合理的変更（Reasonable Accommodation/Reasonable Modification）；1973年リハビリテーション法第504条（Section 504 of the Rehabilitation Act of 1973）

出典　Golden, Marilyn, Linda Kilb, and Arlene Mayerson, *The Amjericans with Disabilities Act6: An Implementation Guide* (1991).

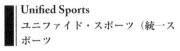

Unified Sports
ユニファイド・スポーツ（統一スポーツ）

参照項目　スポーツと運動競技（Sports and Athletics）

United Cerebral Palsy Associations, Inc. (UCPA)
脳性まひ協会連合（UCPA）

脳性まひ協会連合（UCPA）の起源は、ある親のグループが脳性まひ児の養育経験を議論するために、1946年1月、ニューヨーク市に集まったことにさかのぼる。彼らの最初の行動の1つは、『ニューヨーク・ヘラルド・トリビューン（*New York Herald Tribune*）』に広告を出して、境遇を共有する他の親たちの意見に耳を傾けたいと考えたことだった。その広告は、350件の反響を引き出し、1946年9月13日、ニューヨーク市脳性まひ協会（Cerebral Palsy Society of New York）の結成をもたらした。他の親たちのグループは、全州を通して結成され、これらのグループは1946年6月、ニューヨーク州脳性まひ協会（New York State Association for Cerebral Palsy）を組織するために集まった。ニューヨーク市グループ（1952年にニューヨーク市脳性まひ連合会〈United Cerebral Palsy of New York City〉へ変更）は、全国的組織を結成するために率先して努力し、1949年8月12日、全米脳性まひ財団（National Foundation for Cerebral Palsy）の設立が認可された。1950年には名称が脳性まひ協会連合に変わった。今日、UCPAは、自らの組織について「障害者のためのわが国最高のボランタリー保健組織」と説明している。

1940年代における脳性まひの人々の状況は、知的障害をもつ人々と似ているように思われた。実際、医師たちは脳性まひを精神遅滞の一形態と誤診した。脳性まひはいかなるものであり、どのように扱われなければならないかについて

の研究はほとんどなされていなかった。マリー・キリリア（Marie Killilea）は彼女の回顧録である『カレン（Karen）』（1952）で、彼女の娘の出生後、家族医が、「私は脳性まひ児がいかなる知的能力ももっているとは思いません」と記述している。医師は一様に、脳性まひ児は大規模かつ非人間的な「学校」に収容されなければならないことを勧め、他方で社会は親たちに彼らの障害児を恥の源泉と見るように奨励した。医師と歯科医は、たびたび脳性まひ児の治療を拒否した。施設に入所していない子どもたちは、しばしば公立学校への入学が拒否された。

UCPAが優先したのは医療的ケアと教育であった。UCPAはまた、社会を教育し、レスパイトケアや特殊教育のようなプログラムを設定し、基金を用意する法律制定に向けてのキャンペーンを行った。また、脳性まひの原因や治療、予防に関する研究も進めた。1950年にUCPAは基金を集め、社会の理解を促進するために、選ばれし者のプライド（Celebrity Pride）と呼ばれる第1回目のテレソンをシカゴで催した。キリィレアの『カレン』は1952年に出版されベストセラーとなり、脳性まひとUCPAのことを数百万の人々に知らせた。脳性まひ連合研究・教育財団（United Cerebral Palsy Research and Educational Foundation）は1955年に創立され、1956年にUCPAは神経障害者の職業ガイダンスに関する全米合同会議（Joint National Conference on Vocational Guidance of the Neurologically Disabled）の計画のために先頭に立った。

1964年、全国にわたって約324のUCPA支部があった。1969年にはUCPAによって基金が助成された研究が、風疹ウイルスに対するワクチンの開発をもたらした。同年『ワシントン便り（Word from Washington）』が、会員に連邦議会での展開を知らせるために創刊された。この全国ニュース誌は、1973年リハビリテーション法と1975年全障害児教育法の進展について擁護者たちの重要な情報源として役立った。UCPAは、PARC対ペンシルヴェニア州裁判（PARC v. Pennsylvania, 1972）のような裁判における精神遅滞児親の会（ARC）の成功に励まされ、訴訟を避けるという長期政策を変え、1975年に法律擁護委員会を設置した。また、UCPAは住宅問題に関与するようになり、連邦住宅都市開発省と共催で1983年のバリアフリー建築物のためのワーク・ショップを開催した。また1980年代、UCPAは1990年アメリカ障害者法を通過させるため、障害者市民連合（Consortium for Citizens with Disabilities）等の組織と活動した。

UCPAは、障害者権利法を擁護するリーダーの役割を果たしてきている。UCPAは、『ワシントン便り』その他の出版物や連邦レベルでのロビーを通して、障害者の遠隔コミュニケーションと教育工学、住宅、支援生活、インクルーシヴ教育、医療ケアを容易に利用しやすくするように努めた。UCPAは、児童の補足的所得保障と障害者と彼らの家族に対する連邦・州プログラムの変更に反対した。UCPAは非営利組織で、ワシントンD.C.にその本部を置いている。

参照項目　全米精神遅滞市民協会（The Arc）；ケンプ，ジョン・D（Kemp, John D.）；親の会の運動（Parents' Movement）；テレソン（Telethons）
出　典　Killilea, Marie, Karen (1952).

Universal Design
ユニヴァーサル・デザイン

「ユニヴァーサル・デザイン（Universal Design）」という言葉は、建築物や製品のバリアフリー化を主張してきた建築家、ロナルド・L・メイス（Ronald L. Mace）による造語である。ユニヴァーサル・デザインという概念を活用して、能力にかかわらず誰にでも使用できるように、建築家は建築物を、製品デザイナーは製品を設計する。ユニヴァーサル・デザインは、バリアフリーのために建築物を改造したり、障害者の使用を想定して特別な製品をデザインすることとは対照的である。

ユニヴァーサル・デザインの製品の例として、大きな押しボタン式の電話や、触れるだけでスイッチを入れたり切ったりできるランプがある。このようなデザインは、子ども、高齢者、障害者だけではなく、誰にとっても使い勝手がよい。ハンドルが、ノブではなくレバーのドアもある。レバーハンドルのほうが、車椅子利用者や手を使いにくいとき（たとえば、障害があったり、

食料品を詰め込んだバッグをかかえて手がふさがっている時）でも容易にドアを開けることができる。ヨーロッパではレバーハンドルが一般的に使用されていて、特別なものだとは考えられていない。同様に、家やオフィスの入口を平らにすれば、出入りがしやすくなるし、家具や設備、機材を動かしやすくなる。こうすれば車椅子の人だけのためではなくなる。すべての家やアパートがユニヴァーサル・デザインで設計されていれば、年をとった時も、障害を負った時にも、高齢者ホームや福祉施設への入居を余儀なくされることはない。

　ユニヴァーサル・デザインの提唱者によれば、ユニヴァーサル・デザインは標準的な建物や製品よりも価格が少し高くなるだけですむ。アトランタにあるコンクリート・チェンジ（Concrete Change in Atlanta）という障害者向け住宅改装団体とともに活動する建築家であるエレノア・スミス（Eleanor Smith）は、障害者が健常者の家を訪問することができる設計になっている家の意味で、「訪問可能な家（visitability）」という概念を使っている。スミスは、「訪問可能な家」を建築するのに必要な追加コストはゼロのこともあるし、最大でも200ドルであると見積もる。「訪問可能な家」は以下の点で重要である。バリアフリー住宅が障害者の住んでいる家に限られた場合は、障害者はその住宅を一歩外へ出ると住宅周辺の地域（コミュニティ）からは閉め出されることになる。スミスはこれを「建築物による分離（segregation imposed by architecture）」と呼ぶ。

　メイス、スミスらの活動家は、障害者と健常者の共生を支持する建築家、建築業者および住宅メーカーを説得して、ユニヴァーサル・デザインを採用させるのにある程度成功したといえる。それにもかかわらず、今でも住宅の構造や製品の大部分は、使用者が若く、敏捷で、健常であるという前提の元にデザインされている。

参照項目　建築物のバリアフリー（Architectural Access）；バリアフリー環境デザイン社（Barrier Free Environments）；ユニヴァーサル・デザイン・センター（Center for Universal Design）；コンクリート・チェンジ（Concrete Change）；住宅（Housing）；メイス，ロナルド・L（Mace, Ronald L.）

University of Illinois at Urbana-Champaign
イリノイ大学アーバナ・シャンペーン校

参照項目　ニュージェント，ティモシー・J（Nugent, Timothy J.）

Unzicker, Rae E.
アンジッカー，レイ・E（1948年生）

　レイ・E・アンジッカーは、精神障害サヴァイヴァー運動（psychiatric survivor movement）を指導する活動家である。全米精神障害サヴァイヴァー協会（National Association of Psychiatric Survivors）の主だったまとめ役である彼女は、全米障害者協議会（National Council on Disability）のメンバーに任命された最初の「カミングアウトした精神障害サヴァイヴァー」である。

　「精神疾患の患者になるというのは、あなた以外の誰もが、あなたの人生を支配するということである」とかつて彼女はいった。

　アンジッカーは、1948年8月20日、メリーランド州モネットに生まれ、幼年時代をカンザス州で過ごした。7歳の時、「変容した意識状態に陥った」が、これは混乱した、虐待を伴う家庭生活によって引き起こされたのではないかと彼女は考えている。精神保健制度と接した最初の体験は、彼女が統合失調症および緊張症と診断された14歳の時のことだった。彼女の主治医は、精神病院に入所すべきだと勧めた。それ以降、少なくとも5つの精神病院で過ごし、19人の精神科医によって治療を受けた歳月を含めて、12年間を精神保健制度の中で過ごした。「私はショック療法以外のあらゆる種類の薬と、数週間の『隔離』を含むあらゆる種類の治療法にさらされた」。

　彼女が政治に目覚めたのは1978年である。その時ジュディ・チェンバレン（Judi Chamberlin）の『精神障害者自らの手で——今までの保健・医療・福祉に代わる試み（On Our Own）』（1978）と『精神病ネットワーク・ニューズ（Madness Network News）』の初期の号を読んだのである。この時までにサウスダコタ州スーフォールズに住んでいたアンジッカーは、既存の精神保健制度に代わりうるものに関する

会議に出席するようになっていた。フィル・ドナヒュー（Phil Donahue）の番組において「元患者」として出演すると、アンジッカーには、他の精神障害サヴァイヴァーから何百という電話を受けた。チェンバレンらとともに、彼女は1985年、全米精神障害サヴァイヴァー協会（Na-tional Association of Psychiatric Survivors）を設立し、1993年まで、全国コーディネーターを務めた。1970年代から1980年代には、彼女とその夫は、スーフォールズの何百人もの精神疾患者のために緊急シェルターを提供し、危機に陥った時、彼女らの家に滞在させた。

1995年4月、連邦上院は、クリントン大統領による全米障害者協議会（National Council on Disability）メンバーへの彼女の任命を承認した。彼女が「元精神疾患者」であったということを理由に、政府費用2万5000ドルを費やして、F.B.I.による広範囲な身辺調査が要求されたため、彼女の任命は遅れた。「私の担当となったF.B.I.職員と私は、結局よい仲間になった。私は問題なく承認されたが、彼らの仕事は大変だった」。

アンジッカーは、1967年、ローレンスにあるカンザス大学（University of Kansas）でジャーナリズムの学士号を取得し、ある一族が所有する映画会社の統括マネージャーとして働き、また広告業界でも働いた。1982年には、彼女自身で、スーフォールズを本拠地とするコンサルティング会社を設立した。

参照項目　チェンバレン，ジュディ（Chamberlin, Judi）；精神障害サヴァイヴァー運動（Psychiatric Survivor Movement）

出典　Chamberlin, Judi, *On Our Own* (1978)（中田智恵海監訳『精神障害者自らの手で──今までの保健・医療・福祉に代わる試み』解放出版社，1996）; Grobe, Jeanine, ed., *Beyond Bedlam: Contemporary Women Psychiatric Survivors Speak Out* (1995).

Urban Mass Transportation Assistance Act of 1970
1970年都市大量輸送機関における援助関連法

1970年都市大量輸送機関における援助関連法（Urban Mass Transportation Assistance Act of 1970）は、「公共交通機関ならびにそのサーヴィスを利用するにあたって、高齢者および障害者も一般の人々と同様の権利を有する」と規定している。同法は、1964年都市大量輸送機関法（Urban Mass Transportation Act of 1964）を改訂したものである。同法は、次のことを要求している。第1に「高齢者および障害者が効率よく公共交通機関を活用できることを確実にする」、第2に「公共交通の部門における支援を提供する連邦プログラムはすべて、この要求を実現する規定を設ける」。

しかし、1970年法も、公共交通のバリアフリー化という点ではたいした効果を発揮しなかった。障害者である法律学者ロバート・バーグドーフ・ジュニア（Robert Burgdorf Jr.）は同法の脆弱さを次のように表現している。「強制的措置の規定を欠落していたことも相俟って、特定の現実場面に法の適用を試みる法廷に多大の混乱を引き起こした」。一例をあげれば、スノウデン対バーミンガム・ジェファーソン郡交通局裁判（*Snowden v. Birmingham-Jefferson County Transit Authority*, 1977）において、交通局は次のような事項を法律によって要求される事態に直面していた。「バスの乗降に際して**車椅子使用者以外の障害者**を助けるものとして、支柱・手すり・足元の照明・自動ドア等の設備」の設置が求められた。しかし、1989年7月、連邦控訴裁判所第3審（U.S. Court of Appeals for the Third District）は、ADAPT対スキナー裁判（*ADAPT v. Skinner*, 1989）において、公共交通システム全体における車椅子対応による車両のバリアフリー化の要求を却下した。

参照項目　公共交通のバリアフリーを要求するアメリカ障害者の会（ADAPT）対スキナー裁判（*American Disabled for Accessible Public Transit v. Skinner*）；バリアフリー個別交通システム（Paratransit）；公共交通機関（Public Transportation）

出典　Burgdorf, Robert L., ed., *The Legal Rights of Handicapped Persons: Cases, Materials, and Text* (1980).

Veteran Reserve Corps (VRC)
予備役傷痍軍人団（VRC）

　南北戦争中に結成された予備役傷痍軍人団は、連合軍として戦闘中に、または在職中に受けた疾患や事故の結果、中度または重度の障害を負った人々から構成されていた。1865年までには、VRCは南北戦争前のアメリカ陸軍より少なくとも2倍は大きい762名の将校と2万9852名の下士官を有する組織へ成長した。VRCの会員たちは数万人の南部連合捕虜を守り、ニューヨーク等の市で徴兵反対や反黒人の暴動を抑圧することに助力し、ゲティスバーグにリンカーン（Lincoln）が現れた時、儀礼兵を務め、また南部占領地域の鉄道と倉庫を防衛した。

　VRCの軍人たちは彼らの制服——他の部隊より淡い青色の——が、彼らの障害のない軍人とは異なることを抗議した時点で障害者権利擁護運動家となった。彼らはまた、自分たちの部隊の元々名称——傷病部隊——に対して怒った。ある連合軍将校は、「傷病者と称される犠牲を払って部隊に残るより、彼らの元の連隊に帰ることを懇請した」と書いた。会員によるこのような圧力のためにこの団体の名称は、1864年3月18日、予備役傷痍軍人団に正式に変わった。

　たとえVRCに戦闘の意図はなかったとしても、連隊は直接戦闘に参加した。第2大隊第18連隊は1864年の春、ウェイド・ハンプトン（Wade Hampton）の南部連合軍から奇襲を受けた（連隊の部隊員が「立て」と求められた時、連隊の指揮官は上官に対して「私の部下たちは肢体不自由で走れない」といった）。1864年7月11日、VRCは1万5000人の南部連合軍による攻撃からワシントンD.C.の防衛を助けた。

　アメリカ憲兵司令官であるジェームズ・B・フライ（James B. Fry）大将は1865年の夏、報告書で、「（VRCの）部隊は、立派に任務を果たしたのであり、さもなければ多数の障害のない部隊を戦争に派遣することを余儀なくされたのである」と書いた。南北戦争後、数人のVRCの将校は、南部に残って解放奴隷局に合流し、解放されたばかりの奴隷たちの状況を改善するために活動した。

参照項目　アメリカ障害退役軍人協会（Disabled American Veterans）；アメリカ身体まひ退役軍人会（Paralyzed Veterans of America）

出　典　Catton, Bruce, *A Stillness at Appomattox* (1953); *War of the Rebellion: A Compilation of the Official Records of the Union and Confederate Armies*, Series 3, Vol. V (1902).

Viscardi, Henry, Jr.
ヴィスカーディ，ヘンリー・ジュニア
(1912-2004)

　ヘンリー・ヴィスカーディ・ジュニアは、職を得たいと願う身体障害者が直面する障壁を壊すために闘った初期のパイオニアであった。1952年、「われわれは皆、身体能力には限度がある。しかし、それは程度問題にすぎない」のであるから、「障害より能力を重視」する雇い主を見つけなければならない、と彼は書いている。

　ヴィスカーディは、ニューヨーク市のイタリア移民の子どもであった。1912年5月10日に生まれたが、両足がなかった。彼は、幼年期前半のほとんどを、ニューヨーク市の奇形・関節疾患病院（New York's Hospital for Deformities and Joint Diseases）で過ごした。退院後、学校長たちからは猛烈に反対されたが、ヴィスカーディは公立学校に在籍し、子ども用の手押し車に乗って、あるいは義足の上に整形外科用の靴を履いて、動き回っていた（彼は学校の正門を使用することを禁じられ、また音楽と理科の授業は受けられなかった）。高校では、ヴィスカーディは優等生で、バスケットボールの審判員をした。ニューヨーク市ブロンクスにあるフォーダム大学（Fordham University）に入学後、彼の第1希望はカトリック教会の聖職者になることであったが、障害者は司祭職に就けないといわれた。ヴィスカーディは大学でも優秀な学生だったが、学資不足から卒業前に退学せざるをえなかった。障害ゆえに差別を受けた彼がついに見つけたのは、法律事務所での事務の仕事であった。そこで彼は弁護士として身をたてようと考えるようになった。

V

ヘンリー・ヴィスカーディ。1960年。
©Bettmann/CORBIS/amanaimages

27歳の時、オーダーメイドの義足セットを使って歩くことができるようになった。ヴィスカーディは、これを彼の「第2の誕生」と称した。真珠湾攻撃後、ワシントンD.C.にあるウォルター・リード陸軍医療センター（Walter Reed Army Medical Center）で傷痍軍人のいる赤十字社で自ら進んで働いた。彼はそこで目のあたりにしたことにショックを受けた。リハビリテーションはほとんど受けられず、木製の義足はひどく粗雑で頻繁に亀裂が入り、このような不十分な装具やサーヴィスでさえ、受けるには長い間待たなければならなかった。「兵士らは落胆していた。そして、その状態を何とか変えようとする者はいなかった。彼らが休暇をとって帰省すると、コミュニティが最後の面倒をみてくれた。彼らは哀れみ、年金、障害手当を得たが、尊敬は得られなかった」。ヴィスカーディは、同センターでの教え子に、義足の使い方を教えただけでなく、手紙を書き、また、家族に会い、彼らの家に行って、リハビリテーションを手伝いさえした。しかしながら、病院の専門のセラピストたちは、彼が学位をもっていないと訴え、赤十字社は彼が事務仕事をしないことを理由に彼を解雇した。彼が解雇されると、ウォルター・リード陸軍医療センターでは、切断手術を受けた人たちが病棟をこっそりと抜け出し、ヴィスカーディに会いに行った。ヴィスカーディはそこで彼らに、歩き方、運転方法、障害のある生活への適応方法を教え続けた。ヴィスカーディの活動は、リハビリテーションの先駆者であるハワード・ラスクの目に留まり、彼らは一緒になって、リハビリテーション・プログラムの向上を図るため軍に圧力をかけるようエレノア・ローズヴェルト（Eleanor Roosevelt）と連邦議会に協力を願い出た。

第2次世界大戦後、ヴィスカーディはニューヨーク市に戻り、自らも障害者である実業家オーリン・レーマン（Orin Lehman）やハワード・ラスクとともに、「少しの特別な配慮（Just One Break: JOB）」を共同設立した。JOBの目的は、障害のある労働者に仕事を探すことと、実業界に対して、障害者が優良な被雇用者となりうることを示すことであった。ヴィスカーディを初代所長に迎え、JOBによって、何千人もの障害者が有給の仕事を手に入れることができた。1952年、ヴィスカーディは個人融資を受け、アビリティー社（Abilities, Inc.）を設立し、社長となった。アビリティー社は、ロングアイランドのウエストハムステッドの広大な修理工場を本拠とする非営利の産業および事務作業センターである。「われわれはかごの製作やブランケット織物は教えなかった。なぜなら、ここは授産施設ではなかったからだ。われわれはエレクトロニクスや製造作業を教え、他社に負けない賃金を払った」。このプロジェクトは障害者によって運営され、その生産品を売り込むのも障害者であった。1954年までに、アビリティー社は160人の障害のある労働者を雇用するようになり、現在は全米障害者サーヴィスセンター（National Center for Disability Services）の名称のもとに、さらに数千人を雇用するまでになった。数年後には、ヴィスカーディが初めに考えたように、37ヶ国に50以上のセンターが設立された。ヴィスカーディはまた、ロングアイランドに現在ヘンリー・ヴィスカーディ・スクール（Henry Viscardi School）の名で知られている学校を設立し、1975年全障害児教育法の可決の20年も前に、障害のある学生に質の高い教育を提供した。

ヴィスカーディには、8冊の著書があるが、そのうち最も有名なものは自叙伝『人の器量（A Man's Stature）』（1952）であり、それは30ヶ国語以上に翻訳された。1977年ホワイトハウス障害者会議（1977 White House Confer-ence on

Handicapped Individuals）の議長を務め、リハビリテーション分野で、連邦職業リハビリテーション長官メアリー・スウィッツァー（Mary Switzer）らの顧問となった。1981年までニューヨーク州ロングアイランドにある全米障害者サーヴィスセンター（National Center for Disability）の会長を務め、センターの理事会では今も現役を続行中である〔註:2004年に死去〕。

参照項目 ラスク，ハワード（Rusk, Howard）；スウィッツァー，メアリー・エリザベス（Switzer, Mary Elizabeth）；ホワイトハウス障害者会議（White House Confer-ence on Handicapped Individuals）
出典 Viscardi, Henry, Jr., *A Man's Stature* (1952).

Vocational Rehabilitation, Vocational Rehabilitation Acts and Amendments
職業リハビリテーション、職業リハビリテーション法とその改正

　障害者に対する最初の連邦レベルでの訓練プログラムは、第1次世界大戦の間に障害をかかえることとなった何千もの軍人のニーズに応えるために生まれた。1918年スミス－シアーズ退役軍人職業リハビリテーション法（Smith-Sears Veterans Vocational Rehabilitation Act of 1918）は、障害のある退役軍人の職業訓練のための財源と、退役軍人とその家族のための生活費手当の財源を提供した。また、これらのサーヴィスは連邦職業教育委員会（Federal Board for Vocational Education）が管理した。その後、2年間のうちに、職業リハビリテーションの考え方は、障害のある民間人をも含むように拡大された。1920年スミス－フェス市民職業リハビリテーション法（Smith-Fess Civilian Vocational Rehabilitation Act of 1920）は、「身体的障害や病気を理由として、それが先天的なものであっても、事故、ケガ、病気による後天的なものであっても、有給の仕事が完全にまたは部分的にできない人」に対するプログラムを発展させるために、連邦が州に補助金を支出することを承認した。ここでは、「『リハビリテーション』という表現が、障害のある人を報酬のある職業に従事できるようにすることと解釈される」。このように、障害とリハビリテーションを労働に関連させて定義したことが、その後のプログラムとサーヴィスの発展に多大な影響を与えることとなった。総合すれば、1918年と1920年の職業リハビリテーション法（Vocational Rehabilitation Act）は、障害のある人々の経済的な自立に対して、政府側がこれまでにない関与を行うことを意味した。

　その後の数十年間にわたって、このような関与は強められた。さらに、当初の法律に対するさまざまな改正を通じて、それが集大成された。議会は、1924年世界大戦退役軍人法（World War Veterans Act of 1924）において、アメリカ退役軍人省（Veterans Bureau）を設立し、「リハビリテーションを終えた人々を適切な職業あるいは有給の職業に斡旋することができるように」労働省と協働する責任を与えた。本法では、「疾患が兵役によるものであるかどうかにかかわらず」、視覚障害やその他の疾患だけでなく「精神神経疾患や結核」となった退役軍人にまでサーヴィスの適用対象が拡大された。また、1935年社会保障法（Social Security Act of 1935）によって、民間人に対する職業リハビリテーションは恒久的なものとなった。各州および準州は、それぞれリハビリテーション・プログラムを発展させ、その財源負担を行った。それらのプログラムに対しては、連邦政府によって補助金が提供されると同時に、満たすべき基準が定められた。プログラムの発展が刺激となって、リハビリテーションについての調査研究、障害者支援技術の発展、大学でのリハビリテーション専門家の育成が促された。1943年ラフォーレ－バーデン法（LaFollette-Barden Act of 1943）は、提供されるサーヴィスの範囲を拡大し、若者にもそれらを拡張し、さらに連邦職業リハビリテーション局（Federal Office Vocational Rehabilitation: OVR）を設立した。

　職業リハビリテーション・プログラムの範囲と規模は1950年代に再び劇的に拡大された。1954年職業リハビリテーション修正法（Vocational Rehabilitation Amendments of 1954）は、連邦OVR局長に1950年に任命されたメアリー・スウィッツァー（Mary Switzer）の監督のもとで可決された。その年の議会前の公聴会では、「有益な仕事と地域社会で尊重される地位に復帰させることができたかもしれないのに、

何年にもわたって蓄積された未処理のサーヴィスがあったために、そのようにできなかった障害者がアメリカには約200万人」存在したということ、また「このようになった理由の一端として、利用可能なリハビリテーション・サーヴィスや施設が常に不充分であり、援助を受けられる可能性のあった人々のごく一部にしかサーヴィスの提供ができなかった」ことが指摘された。1950年代、職業リハビリテーションに対する連邦・州の年間支出はおよそ3000万ドルに達し、1年あたり6万人強の人々にサーヴィスを提供していた。しかしその一方で、「毎年、約25万人の人々が病気や事故、その他の理由で障害をもつようになる」とも推定されていた。1954年の修正法によって、OVR が政府および民間非営利のリハビリテーション機関の両方に資金を供給する能力は大いに拡大した。さらに、議会はこの時までに、さまざまな医療サーヴィス、人工装具、そして、精神面での障害のある者・移民労働者・経済的に恵まれていない若者・障害者の家族に対するリハビリテーションを含むような形で、職業リハビリテーションの定義も広げていた。

1970年代まで職業リハビリテーション制度は、ほとんどの場合、健常者によって管理されていた。彼らは、障害者の能力上の限界に対して、社会一般が想定する健常者優位主義的な見方を共有していることが少なくなかった。さらに職業リハビリテーションは、依然としてサーヴィスを必要とする人々のごく一部にしか行き届いていなかった。全体からいうと、障害をもった個人で、たとえば視覚障害者や四肢まひ者については、彼らは「実行不可能」、すなわち、就労するには障害が重すぎると考えられたため、職業リハビリテーションから完全に排除されていた。また、女性や白色人種以外の人々は、白人で中流階級の男性に比べて、サーヴィスを受けることがはるかに少なかった。結局、職業リハビリテーションは、障害者が労働現場や地域社会で直面する差別に対処するものでなかったし、建築上のバリアー、輸送機関、その他のアクセス面でのバリアーを取り除くことを強制するものでもなかった。しかしながら労働しようとする者にとっては、彼ら各自の障害の性質よりも、これらのバリアーのほうがより問題となることがしばしばであった。

1973年リハビリテーション法は、これらの問題に対処することをその意図としていた。障害やリハビリテーションの定義が、従来のような雇用を基にしたものから変わったことを示すために、職業という言葉は法律名から取り除かれた。その一方で、第5編、とくに第504条は、初めて健常者優位主義（ableism）や差別の問題を取り扱った。数名の障害者が、リハビリテーションの職階制度の中での指導的地位に任命された。たとえば、エドワード・ロバーツ（Edward Roberts）は、1975年に、カリフォルニア州のリハビリテーション局の長となった。また、エルマー・バートルズ（Elmer Bartels）は、マサチューセッツ州の同じ地位に任命された。にもかかわらず、財源が不充分で過度に官僚化されたリハビリテーション制度は、多くの障害者にとって、大きな欲求不満の原因であり続けている。自らが監督する『ビリーが首を骨折した日（*When Billy Broke His Head*）』(1995) という映画において、ビリー・ゴルファス（Billy Golfus）が述べた不平は、その典型である。ゴルファスは、彼のカウンセラーが「8年間で彼に1度も就職面接への機会を与えなかった」と報告している。州の機関は、ゴルファスに対して、脳損傷のために中断していた放送関連の仕事を再開することを手助けしようとはせずに、「時給4ドルで」レンズを磨くことを覚えるよう勧めた。

1990年代には、50の州および準州にあるリハビリテーション機関は、約95万の人々にサーヴィスを提供している。

参照項目　バートルズ，エルマー・C（Bartels, Elmer C.）；1973年リハビリテーション法（Rehabilitation Act of 1973）；ロバーツ，エドワード・V（Roberts, Edward V.）；1973年リハビリテーション法第504条（Section 504 of the Rehabilitation Act of 1973）；スウィッツァー，メアリー・エリザベス（Switzer, Mary Elizabeth）

出典　Bartels, Elmer C., "Employment and the Public Vocational Rehabilitation Program: Impact of the ADA," in Lawrence O. Gostin and Henry A. Beyer, eds., *Implementing the Americans with Disabilities Act* (1993); Berkowitz, Edward D., *Disabled Policy: America's Programs for the Handicapped* (1987); Berkowitz, Monroe, William G. Johnson, and Edward

H. Murphy, *Public Policy toward Disability* (1976); Golfus, Billy, *When Billy Broke His Head... and Other Tales of Wonder* (1995).

Voting Accessibility for the Elderly and Handicapped Act of 1984
1984年高齢者・障害者の投票におけるバリアフリー法

1984年高齢者・障害者の投票におけるバリアフリー法（Voting Accessibility for the Elderly and Handicapped Act of 1984）の制定によって、連邦政府関係の選挙登録所および投票所への高齢者および障害者のアクセスを改善することによって投票権という基本的権利を行使しやすくすることが、議会によって示された。同法は、車椅子使用者に適用されるバリアフリー化を求める一方、視覚障害者のためには大きなサイズの文字による表示ならびに聴覚障害者には補聴器の設置等を規定している。同法は、バリアフリー化の実行責任を各州の選挙管理者に付託した。しかし、同法は重大な欠陥をかかえている。すなわち、個人が告訴するための訴訟に関する規定を備えていない。また、当局が要求に応じない場合の罰則規定も欠いている。

Wade, Cheryl Marie
ウェイド，シェリル・マリー
（1948年生）

シェリル・マリー・ウェイドは、障害女性劇場（Disabled Women's Theater）であるライ・クリップス（Wry Crips）の初めての演出家であり、サンフランシスコのベイエリアの詩人であり、パフォーマンスアーティストである。彼女は、1948年3月4日に、カリフォルニア州のヴァレーホで生まれた。1980年に学士号を、1982年に修士号をどちらもカリフォルニア大学バークレー校で取得した。

ウェイドは、37歳の時にライ・クリップスのための詩や寸劇を書きながら、パフォーマンスアーティストとしての経歴を開始した。彼女の作品は、障害をもつ女性としての自身の経験に焦点をあてており、それはしばしば障害に対する一般的な俗説や恐れへの風刺であった。彼女が観客に障害のある手を振って語る「私の手はあなた方にとっては悪夢である」は彼女の詩の1つの初めに出てくる言葉である。

1988年、ウェイドは、車椅子ダンス団（AXIS Dance Troupe）を共同設立し、1989年には、自身のナーリー・ボーンズ・プロダクション（Gnarly Bones production）を設立した。どちらもサンフランシスコ地域において、である。ウェイドはまた、『ディスアビリティ・ラグ・アンド・リソース（Disability Rag and Resource）』のコラムニストである。

参照項目 障害文化（Disability Culture）；ライ・クリップス（Wry Crips）；障害女性劇場（Disabled Women's Theater）

Walker, Sylvia
ウォーカー，シルヴィア

シルヴィア・ウォーカーはワシントンD.C.のハワード大学のリハビリテーションと経済的機会利用のための研究・訓練センター（Research and Training Center for Access to Rehabilitation and Economic Opportunity）の所長である。彼女は障害のあるマイノリティに関する研究で全国に知られ、1995年にクリントン大統領によって大統領障害者雇用委員会の副委員長に任命された。

ウォーカーはニューヨーク州ファーロックアウェイに生まれたが、生年月日は公表していない。彼女はニューヨーク市のコロンビア大学教員養成カレッジから特殊教育・管理および国際教育の教育博士号を取得した。南アメリカとアフリカで研究および研修プロジェクトを実施し、またニューヨーク市のハンター大学（Hunter College）およびアフリカのガーナのケープ・コースト大学（University of Cape Coast）で教鞭を執った。現在、彼女はハワード大学教育学部特殊教育学科および人文・科学大学院の教授である。彼女の業績の一部は1991年に障害者雇用に関する大統領委員会が発行した『障害のあるマイノリティの雇用における将来の方向性（Future Frontiers in the Employment of Minority Persons with Disabilities）』および『ハワード大学研究・研修センター1995年連邦政府の多文化プログラムへのアクセスのための資料集（Howard University Research and Training Center 1995 Source-book for Access to Multicultural Federal Programs）』で見られる。

参照項目 多文化問題、障害のあるマイノリティ（Multicultural Issues, Minority Persons with Disabilities）

Warm Springs, Georgia
ジョージア州ウォーム・スプリングス

ジョージア州ウォーム・スプリングスは、1920年代半ばにフランクリン・デラノ・ローズヴェルト（Franklin Delano Roosevelt）がその地にリハビリテーション・センターを設立したため、彼との関係で有名である。あまり知られていない事実としては、ウォーム・スプリングスの事業は、障害をもつ人々によって創案され、主に障害をもつ人々によって管理されていたことである。そのため1960年代、1970年代の障害者権利運動の土台を作るための役割を果たした。ヒュー・グレゴリー・ギャラハー（Hugh Gregory Gallagher）は『FDRの見事なる欺瞞

（FDR's Splendid Decep-tion）』にこう記した。「一世代にわたりウォーム・スプリングスは障害者コミュニティであった」。1961年の脊椎損傷直後にやはりウォーム・スプリングスの居住者となった活動家のフレッド・フェイ（Fred Fay）は「そこは障害をもつ人々のコミュニティがどのようなものになるかを示す初期のモデルであった」と述懐している。

ローズヴェルトはウォーム・スプリングスの天然水温泉をポリオによるまひの治療として勧められ、1924年10月3日にこの地を訪れた。ローズヴェルトは温泉に効果があったと信じ、全国に配信された記事でそう伝えた。彼が大統領として選任されるのは8年後であったが、すでにローズヴェルトは海軍次官補、ニューヨーク州上院議員、民主党副大統領候補であった。この名声から、彼のポリオとの闘いとポリオによる対まひからの回復への挑戦は広く知れわたった劇的事件となる。即座に何百万人もの「ポリオ患者」が投書を寄せ、多くが宿泊先もないまま突然ウォーム・スプリングスにやってきた。ローズヴェルトは地元のホテル経営者であるトム・ロイレス（Tom Loyless）とともにウォーム・スプリングスを車椅子使用者にアクセス可能にする活動を開始した。

その時点でローズヴェルトは天然温泉を中心とするリハビリテーション・センタープログラムの運営を始めたが、参加者全員が可能なかぎり自立可能になることに最大の重点を置いた。障害者自身が障害にいかに対処するかの最良の戦略家であり指導者であると考えられた。彼らは同じような障害をもつ人々とグループを構成し日常生活における問題点の解決に関してブレインストーミング（brainstorm）を行った。パーティを主催し、映画に行き、同好会に参加し、男女間の交際をもった。ウォーム・スプリングス・ポリオ・リハビリテーション・センター（Warm Springs Polio Rehabilitation center）はその時代のどこにも見当たらない類のものであり、やはりウォーム・スプリングスのセンターの出身者であるロレンゾ・ミラン（Lorenzo Milam）は「アメリカに比類ないリハビリテーション施設」と呼んだ。

ローズヴェルトは1926年センターの責任者となり、最初の数年間資金のほとんどを提供した。ウォーム・スプリングスは世界最高のポリオ回復後施設となり、後年エレノア・ローズヴェルト（Eleanor Roosevelt）は、夫はリハビリテーション・センターの仕事のために政治的野心を捨てそうになったと語った。ローズヴェルトは1945年4月12日ウォーム・スプリングスで亡くなった。

センターは1974年ジョージア州によって買い上げられた。現在ではローズヴェルト・ウォーム・スプリングス・リハビリテーション研究所（Roosevelt Warm Springs Institutefor Rehabilitation）と呼ばれている。

参照項目 ローズヴェルト，フランクリン・デラノ（Roosevelt, Franklin Delano）
出典 Gallagher, Hugh Gregory, *FDR's Splendid Deception* (1985); Gould, Tony, *A Summer Plague: Polio and Its Survivors* (1995).

Waxman, Barbara Faye
ワックスマン，バーバラ・フェイ（1955年生）

バーバラ・フェイ・ワックスマンは、障害者の性、および生殖に関する権利の分野での活動で知られている。彼女は障害者に対する憎悪犯罪について論じた最初の人であるが、障害をもっているからという理由により障害者に加えられた暴行を追跡調査するよう、連邦政府および地方自治体に求め続けた。

ワックスマンは、1955年4月1日に、カリフォルニア州ロサンゼルスに生まれた。1978年、ノースリッジのカリフォルニア州立大学（California State University）で心理学の学士号を取得し卒業した。1978年から1984年までは、ロサンゼルスにあるアメリカ計画出産（Planned Parenthood）の障害プログラム担当責任者、1985年から1993年までは、セクシュアリティ、性と生殖に関する健康、家庭生活などの問題に関する障害者政策コンサルタントを務めた。1993年、アメリカ障害者法カリフォルニア家族計画会議の訓練と技術援助プロジェクト（Americans with Disabilities Act (ADA) Training and Technical Assistance Project of the California Family Planning Council）の責任者になった。ワックスマンは、各地で講演を行い、メディアにもたびたび出演し、知的障害者の生殖の権利

に関するカリフォルニア委員会（California Committee on the Sexual Rights of Persons with Developmental Disabilities）、ワシントンD.C.の女性政策研究センター（Center for Women's Policy Studies in Washington）など、さまざまな委員会や組織のメンバーを歴任している。

ワックスマンは、自殺幇助、および障害のある胎児中絶のための遺伝子検査をすることに関して、歯に衣を着せず批判している。彼女の著書には、『愛情と障害（Intimacy and Disability）』（J・レヴィンと共著、Institute for Information Studies 刊、1982）、「性および障害政策（The Politics of Sex and Disability）」（アニー・フィンガーと共著、『季刊障害学（Disability Studies Quarterly）』1989）、「今こそ、私たちの性的抑圧を政治的に論ずる時（It's Time To Politicize Our Sexual Oppression）」（『ディスアビリティ・ラグ・アンド・リソース（Disability Rag & Resource）』March/April 1991）などがある。「憎悪——障害者に対する暴力の隠れた重要性（Hatred: The Unacknowledged Dimension in Violence against Disabled People）」（1991）では、障害者は、「社会的抑圧と憎悪という行動パターンに向き合っている。それは、女性が女嫌いに、ゲイの男性やレズビアンが同性愛嫌悪に、ユダヤ人が反ユダヤ主義に、有色人種が人種差別に向き合っているのとほぼ同じである」と主張している。

結婚を決めてから、ワックスマンの擁護活動は彼女自身のものとなった。人工呼吸器とパーソナル・アシスタンス・サーヴィス（personal assistance services: PAS）を利用しているワックスマンは、結婚しても働き続けると、メディキャル（Medi-Cal〔カリフォルニア州の〕メディケイド）の適用を失うといわれた。彼女の選択肢は、独身のままでいるか、結婚して仕事を辞めるか、結婚して仕事も続け人工呼吸器とPASを失うか、の3つであった。数年にわたって彼女自身も運動し、法的擁護活動の末、メディキャルはカップルに適用免除を認め、1996年7月28日、ワックスマンは結婚した。

参照項目 阻害要因（Disincentives）；安楽死と自殺幇助（Euthanasia and Assisted Suicide）；グレン・リッジ事件（Glen Ridge Case）；障害者への増悪犯罪（Hate Crimes and Violence against People with Disabilities）；セクシュアリティと障害（Sexuality and Disability）

出典 Waxman, Barbara Faye, "Hatred: The Unacknowledged Dimension in Violence against Disabled People," *Sexuality and Disability* (October/November 1991): 185–199; Waxman, Barbara Faye, "It's Time to Politicize Our Several Oppression," in Barrett Shaw, ed., *The Ragged Edge: The Disability Experience from the Pages of the First Fifteen Years of The Disability Rag* (1994).

Western Law Center for Disability Rights
アメリカ西部障害者権利法律センター

アメリカ西部障害者権利法律センターは、1975年にアメリカ西部法・障害センター（Western Center on Law and the Handicapped）として設立されたが、現在、障害のために差別されてきた低収入の障害者の権利を代理する活動を行っている。このセンターでは、個人訴訟と同時に、障害のあるアメリカ人全体の権利を拡大する可能性のある「影響力のある訴訟（impact cases）」にも取り組んでいる。また同センターは、障害法の個別分野での法律家セミナーの開催、障害者権利関連の会議の後援、1990年アメリカ障害者法に関する情報提供、障害者の権利に関する無料の弁護活動を行う弁護士の応援、あるいは全国的に重要な障害者権利事件法廷への第三者法廷助言書の作成なども行っている。

このセンターは非営利組織で、ロサンゼルスにあるロヨラ・ロー・スクール（Loyola Law School）のキャンパス内に拠点を置いている。

Westside Center for Independent Living (WCIL)
ウエストサイド自立生活センター（WCIL）

ウエストサイド自立生活センターは、1976年、エド・ロバーツ（Ed Roberts）がカリフォルニア州リハビリテーション局長に任命されたあと、彼によって支援された9ヶ所の自立生活センターの1つとして設立された。アメリカにおける最も初期に作られた最大の自立生活セン

ターの1つとしてこのセンターは、カリフォルニア州と全国の障害者権利政治問題において先導的な役割を果たしてきた。

WCILのきっかけは、当時ロサンゼルスにあるカリフォルニア大学の博士候補だったダグラス・A・マーティン（Douglas A. Martin）が、カリフォルニア州バークレーで偶然エド・ロバーツと出会ったことだった。マーティンはバークレーの自立生活センターに深い感銘を受け、ロバーツはロサンゼルスにもセンターを設立するようにマーティンを説得した。シャーマン・クラーク（Sherman Clark）、サンドラ・バーネット（Sandra Burnett）、リンダ・ニップス（Linda Knipps）のような活動家たちを集め、マーティンは1975年、ウエストサイド・センターを構想し始めた。センターの法人化条項は、1976年3月30日に署名され、WCILはクラークを最初の所長として、秋にオープンする予定であった。この計画は、クラークが8月末に死亡し、WCILは賃借したビルがメーデーの日に全焼したことで延期された。組織者たちの緊急会議が開かれ、マーティンがWCILの初代会長となった。1976年9月から1977年4月まで、WCILは自らの建物をもつまでロサンゼルスの脳性まひ協会連合（United Cerebral Palsy Association）の本部の空間を共有した。

最初の数年間、WCILの多くの擁護者たちは、働きたい障害者たちが直面している差別をなくすことに焦点をおいた。たとえば、マーティンは報酬なしに働かなければならなかったが、それは彼が給料を受けてしまうと健康保険を含め、障害手当てが受けられなくなったに違いないからであった。WCILは、1619個の項目を1980年社会保障修正法（Social Security Amendments Act of 1980）に盛り込ませようとしたが、この法律はのちに1986年アメリカ障害者雇用機会法（Employment Opportunities for Disabled Americans Act of 1986）の基礎となる。WCILの活動家たちは、カーター政府に1973年リハビリテーション法第504条の施行規則を公布するように圧力をかけた、1977年の連邦保険・教育・福祉省（HEW）に対するデモにも関与した。WCILの活動家たちは、交通と建築物のバリアフリー、カーブ・カットの設置、カリフォルニア州全体における建築物のバリアフリー条例の促進を擁護した。

今日WCILはロサンゼルス・コミュニティにある障害者と高齢者がより自立的に生きていけるように通所制の非営利機関を運営している。長年にわたって、WCILはこの目的のために3万人以上の人を助けてきた。当センターは障害組織を超えて維持されており、スタッフたちは主に障害者と老人たちからなる。

参照項目　阻害要因（Disincentive）；1986年アメリカ障害者雇用機会法（Employment Opportunities for Disabled Americans Act of 1986）；自立生活、自立生活運動（Independent Living, Independent Living Movements）；マーティン，ダグラス・A（Martin, Douglas A）；ロバーツ，エドワード・V（Roberts, Edward V.）

Wheelchair Basketball
車椅子バスケットボール

参照項目　スポーツと運動競技（Sports and Athletics）

Wheelchairs
車椅子

車輪の発明以来、なんらかの形の車椅子がおそらく存在していたであろう。しかし今日使用されている手動による車椅子の基本的な設計は、合衆国特許局（U.S Patent Office）に1869年に登録されたものである。折りたたみ式の車椅子は1909年に特許を取得し、移動に困難のある障害者の間で一般に使用されるようになった。1909型の車椅子は、従来の機種に改良が加えられていたものの、旅行には不便で、しかも、壊れやすく扱いにくかった。車椅子設計者は、車椅子のことを、あまり旅行もしない「病人」が使用する「医療機器」と見なしていた。

このような車椅子に対する考え方にも、1937年には変化の兆しが見え始めた。ハーバート・A・エヴェレスト（Herbert A. Everest）とハリー・ジェニングス（Harry C. Jennings）が自動車のトランクに積むことができる折りたたみ式のXフレーム型の車椅子の特許権を取得した。エヴェレストは1918年、鉱山事故でまひ患者

になった。彼はエンジニアの友人のジェニングに当時使用していた車椅子について不平不満を訴えた。2人はロサンゼルスにエヴェレスト＆ジェニングズ社（E&J）を設立した。1960年代後半まで、同社は国内車椅子市場を事実上独占した。その時期、同社の経営権は障害をもたない者の手に渡っていた。扱いにくく高価すぎる車椅子に関する消費者である障害当事者の苦情を無視した結果、同社は車椅子の設計の改良に失敗した。同社が競争相手を潰そうとしている事実も告発された。1977年、連邦司法省は独占禁止法に関わる係争事件として告訴し、1979年に結審した。

1970年代の車椅子スポーツの急速な普及は、車椅子設計の改善の契機となった。従来モデルを大幅に改善した特別注文で車椅子を作ったレーサーや車椅子に革命をもたらした人物としてロバート・ホール（Robert Hall）、マーティ・ボール（Marty Ball）、ゲイリー・カー（Gary Kerr）、ジム・マーティンソン（Jim Martinson）、ランディ・ウィックス（Randy Wicks）らがいる。それらの車椅子は一般の使用者は入手できなかったものの、従来の車椅子が多くの点で改善の余地があることを証明された。

「クイッキー（Quickie）」の開発は飛躍的な進歩をもたらした。新しいモデルは利用者に競技用自転車を連想させた。無駄がなくおしゃれで、重量も手動式車椅子の半分であった。スポーツタイプの車椅子はマリリン・ハミルトン（Marilyn Hamilton）の独創的な発想である。彼女は1978年、ハンググライダー事故で身体にまひが残り障害者になった。この車椅子の考案には高性能自転車設計の専門家であるジム・オカモト（Jim Okamoto）、ドン・ヘルマン（Don Helman）も加わっていた。エヴェレストと同様にハミルトンも自分の車椅子に不満を抱いていた。満足いくものを生産するために彼女はエンジニアの友人に協力を仰いだ。1979年、ハミルトンの600平方フィートの倉庫でスポーツタイプの車椅子製造会社を創業した。この車椅子はすぐに運動選手の間で人気になり、スポーツタイプの車椅子はたちまち一般の利用者にも広まった。1986年、ハミルトンの会社は南カリフォルニア州のサンライズ・メディカル社（Sunrize Medical）に買収され、クイッキー・デザイン社（Quickie Design Inc.）と名称変更した。現在は世界で最も大きな軽量車椅子のメーカーになっている。

全天候型バッテリーを使用している電動車椅子は、脊髄損傷や多発性硬化症による四肢まひなど重度の障害のある人々に使用されている。電動車椅子は軽量の手動式車椅子に比べて重く扱いにくい点はやむをえないが、現在、軽量で耐久性に優れたものへと改良されつつある。しかし公共健康保険基金と民間健康保険の補助金削減によって、車椅子の入手が障害のある人々にとって大きな問題となっている。とくに発展途上国においては耐久性に問題があり、何百万という人々の社会参加に支障をきたしている。

■参照項目　支援技術（Assistive Technology）；医療保障（Health Care Access）；ホッチキス，ラルフ・ディヴィッド（Hotchkiss, Ralf David）

Wheeled Mobility Center
車椅子障害者センター

■参照項目　ホッチキス，ラルフ・ディヴィッド（Hotchkiss, Ralf David）

Wheels of Justice
正義の車椅子団

1990年初期、連邦議会がアメリカ障害者法（ADA）を通過させないとか、通過を遅らせる、もしくは効果がないように修正するといった徴兆があった。このような脅威に対し、アメリカ障害者アテンダント・プログラム・トゥデイ（ADAPT, 当時は公共交通機関利用のためのアメリカ障害者協会）は、正義の車椅子団を組織し、アメリカ障害者法を通過させるように連邦議会に圧力を行使する目的で、一連のデモを行った。

正義の車椅子団は、今日まで横断的な障害団体による最大の出来事であった。700人以上の人々が3月12日、ワシントンD.C.に集まり、ジャスティン・ダート・ジュニア、エヴァン・ケンプ・ジュニア（Evan Kemp Jr.）、ジェームズ・ブレイディ、I・キング・ジョーダン（I. King Jordan）、マイク・オーバーガー（Mike

Auberger）のような障害者権利擁護運動家たちによる演説を聞くため、ホワイトハウスから国会議事堂まで行進を行った。国会議事堂の階段に立ってオーバーガーは、聴衆たちに次のように演説した。「私たちは、当然対等であるべき状態から私たちを阻んでいる、このような階段を容認しないだろう」。これが、「這い上がり」を始める掛け声となった。人々は車椅子をおりて78段の階段を国会議事堂の建物に向かって這い上がっていた。

翌日、200人以上のデモ隊が、国会議事堂の円形ホールを占め、下院議長のトム・フォーリー（Tom Foley、民主党、ワシントン州選出）、下院少数党のリーダーであるロバート・マイケル（Robert Michel、共和党、イリノイ州選出）、それからアメリカ障害者法支持のステニー・ホイヤー（Steny Hoyer、民主党、メリーランド州選出）とともに会合を開いた。フォーリー議員とマイケル議員がアメリカ障害者法の通過には修正が不可欠であると述べた時、このグループはスローガンを唱え始めたため、彼らは、歌い始め、その場を去るように要求された。104人のデモ隊が逮捕された。3月14日、ADAPTのデモ隊は、アメリカ障害者法に対する主な反対者の1人、バド・シューズター（Bud Shuster）議員（共和党、ペンシルヴェニア州選出）が面会を拒否したあとで、同議員の事務所を占拠した。他の64人のデモ隊も逮捕された。

同じ週の木曜日と金曜日に続いて開かれた裁判は、法廷とメデアを教育するために、逮捕された活動家たちによって利用された。裁判官に対する彼らの陳述で、人々は障害のために彼らの経験した差別について説明した。デモ隊の一部には軽い処罰が、別の者には重い罰金と長期保護観察が言い渡されたが、のちに地方保護観察局が車椅子の利用ができないことが判明して問題になった。

参照項目 アメリカ障害者アテンダント・プログラム・トゥデイ（American Disabled for Attendant Programs Today）；1990年アメリカ障害者法（American with Disabilities Act of 1990）；オーバーガー，マイク（Auberger, Mike）

White, Ryan
ホワイト，ライアン

参照項目 1990年ライアン・ホワイト包括AIDS救急リソース（CARE）法（Ryan White Comprehensive AIDS Resources Emergency (CARE) Act of 1990）

White House Conference on Handicapped Individuals
ホワイトハウス障害者会議

1973年リハビリテーション法に対する1974年修正案により障害をもつ人々に対する政策を見直すための会議が召集された。1500名の代表者と1500名の代理人がヘンリー・ヴィスカーディ・ジュニア（Henry Viscardi Jr.）を議長として1977年5月23日から27日、ワシントンD.C.のシェラトンパークホテルに参集した。この会議は多数の障害をもつ人々が、彼らの生活に関わる政策についての自分たちの意見を提供するために政府に招待された初めての機会であり、多くのリハビリテーション専門家を動揺させた。「障害をもつ人々は自分たちのことを自ら語る知的能力をもたないと信じているサーヴィス提供者がいまだにかなりの数いることにしばしば驚かされる」と会議事務局長のジャック・F・スミス（Jack F. Smith）は当時そう語っている。

会議は公式、非公式両面の成果をもたらした。公式には、会議代表者は、リハビリテーション・プログラムにより多くの利用者が参加すること、包括的な医療保険プログラムの成立、障害者プログラムの調整と情報交換のための連邦機関の設立、社会保障制度における人々の意欲をくじく仕組みの廃止、その他多くを求める142にも及ぶ決議文を可決した。最も大きな成果は、連邦政府に、現行の障害者権利法を完全に施行させること、および下院議会で1964年公民権法と1965年選挙権法に知的・身体障害者を追加することを主張したことである。この提案をヴィスカーディや他の参加者は、アメリカ障害者法（Americans with Disabilities Act: ADA）の最初の発案と見ていた。今会議は、市、郡、州レベルで全米の障害者に関する委員会の編成

の発端となった。

　非公式には、会議は全国的な障害者権利運動のきっかけとなった。連邦保健・教育・福祉省（Department of Health, Education and Welfare: HEW）でリハビリテーション法第504条を法制化する要求がちょうど1ヶ月前に行われたため、代表者はこの会議を全国的な連携網を作る機会として活用した。参加者の多くは地元の組織を新たに設立、あるいは拡大するよう啓発されて会議場を後にした。

参照項目　ファイファー，ディヴィッド（Pfeiffer, David）；ヴィスカーディ，ヘンリー・ジュニア（Viscardi, Henry, Jr.）

Wilke, Harold H.
ウィルク，ハロルド・H（1914年生）

　ハロルド・H・ウィルク牧師は、教会区の牧師を務めたアメリカ最初の重度障害者の1人であった。過去50年間、彼はアメリカの1000以上の信徒の集会と広島、ヨハネスブルクの教会で福音を述べてきた。社会運動家、聖職者、作家、教師として、ウィルクの活動は、既成宗教——とくにプロテスタント——を障害者により利用しやすくする上で、巨大な影響を及ぼした。彼はカリフォルニア州クレアモントのヒーリング・コミュニティ（Healing Community）の設立者、指導者であり、全米障害者組織（National Organization on Disability）の設立ディレクターであった。1985年、障害者の宗教・障害者プログラムに関する全米組織が設立される際に、彼の助けがあった。

　ウィルクは、1914年12月10日にミズーリ州ワシントンで腕のない状態で生まれた。彼は幼い頃から自立するように励まされ、足で着替え、書き方、運転を身につけた。奨学金を得て、セントルイスのエデン神学校（Eden Theological Seminary）、シカゴ大学（University of Chicago）、ニューヨークのユニオン神学校（Union Theological Seminary）で学び、第2次世界大戦前に牧師となる訓練を始めた。ウィルクはラインホールド・ニーバー（Reinhold Niebuhr）とポール・ティリッヒ（Paul Tillich）の学生として、社会運動に献身した。福音改革派教会（現在は統一キリスト教会〈UCC〉）に任命を求めることで、ウィルクは最初に教会の階層化された聖職者制度における健常者優先主義の態度を克服しなければならなかった。

　「聖職者と信者たちは一様にウィルクが牧師になることをやめさせようとした」と彼の伝記作家、ロバート・ピーチ（Robert Pietsch）は書いている。「『どのように洗礼を施すことができるのか。聖餐式は行えるのか』。ウィルクは躊躇なく、彼のくちびるを洗礼盤から人の額にあてることで洗礼が施せることを示した」。ウィルクは1939年に牧師に任命され、ミズーリ州コロンビアのチャペル大学教会（Chapel University Church）で職務を始めた。そこで彼は所属教派で初めて女性を牧師に任命した。そして『ソーシャル・アクション（Social Action）』を創刊、編集したが、『ソーシャル・アクション』はまもなくUCCの主要な刊行物となった。第2次世界大戦中、ウィルクは病院の従軍牧師でありながら、マサチューセッツ州のハーヴァード大学とアンドーヴァー・ニュートン神学校（Andover Newton Seminary）から神学の修士号を得た。戦後、ウィルクはイリノイ州クリスタルレイクに移り、セントポール教会で牧師として勤めながらシカゴ大学で博士号をとった。

　ウィルクは、UCCの一般教会会議内に宗教・保健委員会を創設するためにニューヨーク市に移り、この教派において全国的な指導者となった。1955年にその初代部長となり、女性と障害者に牧師の道を開こうと取り組んだ。1950年代初めに、ウィルクはマーチン・ルーサー・キング・ジュニア牧師が組織した行進に参加するなど、公民権運動に積極的に取り組んだ。ウィルクは1930年代にニューヨーク市で行われたナチ反対デモで初めて逮捕され、後には公民権、反戦、反アパルトヘイトのデモで逮捕された。1970年代にウィルクは教会と障害の全国委員会を設立し、1976年に最初の「アクセス安息日」（宗教と社会への障害者の参加を促進する礼拝）を組織した。この時期、ウィルクは障害とリハビリテーションの精神的な側面に関心をもつようになり、これらの問題を探求する地方の信徒を手伝うヒーリング・コミュニティの設立を指導して、地方の信徒がこれらの問題を検討するのを手助けした。

1990年7月26日、障害者の公的権利の法制化における大きな足跡であるアメリカ障害者法の調印式で署名をしたジョージ・ブッシュからペンを受け取るハロルド・ウィルク。腕のないウィルクが足でペンを受け取っている。
©Bettmann/CORBIS/amanaimages

ウィルクはまた、国際的に有名な演説家で作家でもある。1980年の国際連合での彼の演説「神の全家族（The Whole Family of God）」は、国際障害者年の幕明けとなった。1990年7月26日に、ホワイトハウスでアメリカ障害者法（ADA）に署名する際に祈りを捧げたのはウィルクであった。ウィルクの著作には、『人に挨拶をする（Greet the Man）』（1945）、『実力で強くなる（Strengthened with Might）』（1952）、『ケアする教会をつくる（Creating the Caring Congregation）』（1980）、『開かれた教会（The Open Congregation）』（1980）がある。

参照項目 全米障害者組織（National Organization on Disability）；宗教（Religion）
出典 Pietsch, Robert, "Becoming the Kingdom of God: Building Bridges between Religion, Secular Society, and Persons with Disabilities: The Ministry of Harold Wilke," *Journal of Religion in Disability & Rehabilitation*（1996）; Wilke, Harold, *Greet the Man*（1945）.

Williams, Boyce Robert
ウィリアムズ，ボイス・ロバート（1910年生）

ボイス・ロバート・ウィリアムズは、アメリカの聾・難聴者の職業リハビリテーション・サーヴィスの発展に最も貢献した人物である。1945年から1983年まで、彼は連邦職業リハビリテーション局（Federal Office Vocational Rehabilitation: OVR、1967年にリハビリテーション・サーヴィス庁〈Rehabilitation Services Administration: RSA〉に改称）に勤め、アメリカの聾者の教育と雇用機会を大きく広げるような革新的なプログラムを立案、運営した。

ウィリアムズは1910年8月29日、ウィスコンシン州ラシーンに生まれ、17歳の時、髄膜炎の発症により全聾となった。彼は1932年に、ワシントンD.C.のギャローデット・カレッジで数学の学士号を取得し、1933年、デリヴァンにあるウィスコンシン聾学校（Wisconsin School for the Deaf、彼が短期間在学していた）に職を得た。1935年から1945年の間は、イン

ディアナポリスにあるインディアナ聾学校（Indiana School for the Deaf）の教師となり、1937年に同校の職業訓練主事となった。1940年にはコロンビア大学で教育学修士号を取得した。

ウィリアムズは、1945年に聾・難聴者のプログラム開発のために連邦OVRに雇用された。彼は、聴覚障害に関係する全国的な組織、たとえば全米聾者協会（National Association of the Deaf）、全米聾者友愛協会（National Fraternal Society of the Deaf）、アメリカ聾教育教育者会議（Conference of American Instructors of the Deaf）などの関係を促進するため、彼の地位を活用した。エドナ・P・アドラー（Edna P. Adler）が『聾者および聾に関するギャローデット百科事典（Gallaudet Encyclopedia of Deaf People and Deafness）』に書いているところによれば、これらの組織間に構築された関係は、「それ以降開催されるようになった聾者のリハビリテーション関連の問題を扱う何百もの国レベル、州レベル、地方レベル、コミュニティレベルの会議やワークショップの基盤を作った」。

「成人聾者とそのニーズ、問題、能力に対するよりよい理解を促進することは、ウィリアムズが仕事を進める上で、常に彼を突き動かす唯一で最大のものとなっていた。聾者の職業斡旋を検討する際に、彼は、聾者が正常な知能、体力、移動能力をもっていることを繰り返し強調した。……また、彼自身の発話は明瞭であったにもかかわらず、サーヴィスを提供する専門家のいるところでは、彼は熟達した手指コミュニケーション手話を強力に支持する者として振る舞った」。

1950年にメアリー・E・スウィッツァーがOVRの局長に任命されて以後、彼女とウィリアムズは、20年間にわたって協力して、聾者の社会的地位とニーズの革新的な調査や、アメリカ聾者劇団（National Theatre of the Deaf）、聾通訳者登録会（Registry of Interpreters for the Deaf）、聾者向け字幕付映画（Captioned Films for the Deaf）などのさまざまな革新的プログラムを発展させた。アドラーはその様子を以下のように記している。「この重要な仕事を行う際に、いかに［ウィリアムズが］聾者が意思決定と計画に十分に関与するようにはからったことだろうか……聾者たちはそのように配慮された初期のワークショップを『栄光の道を歩んでいた』

と思い出して話している」。ウィリアムズの成し遂げた仕事の中で決定的な影響があったのは、彼自身もいっているように、有能な聾者リーダーを速やかに育成することであった。また、OVRによるサン・ファーナンド・ヴァレー州立カレッジ（San Fernando Valley State College）に対する助成金で、聾教師とサーヴィス提供者に管理職の訓練を行うことができるようになった。それによって、教師らが以前、勤めていた機関や学校で責任ある地位に就くことができるよう教えられるようになった。

ウィリアムズは、国際的にも聾者のリハビリテーション・サーヴィスの専門家として認められており、研究開発を促進するためにヨーロッパ、アジア、アフリカを回っている。彼は、世界聾者連盟（World Federation of the Deaf）で重要な役割を果たしてきており、全米聾者協会のフレデリック・シュライバー（Frederick Schreiber）と協力して、1976年のワシントンD.C.への定例会議の誘致を実現した。ウィリアムズはまたギャローデット・カレッジ同窓会（Gallaudet College Alumni Association）を含むさまざまなアメリカ人聾者組織でも活躍している。

ウィリアムズは1983年にRSAを引退し、1983年から1984年までは、ギャローデット大学で聾研究のポワリー・ヴォー（Powrie Vaux）博士講座教授職に就いた。

参照項目　職業リハビリテーション（Vocational Rehabilitation）；スウィッツァー, メアリー・エリザベス（Switzer, Mary Elizabeth）

出典　Moore, Matthew, and Robert Panera, *Great Deaf Americans*, 2d edition (1996); Van Cleve, John V., ed., *Gallaudet Encyclopedia of Deaf People and Deafness*, Vol.3 (1987).

Williams, Robert
ウィリアムズ, ロバート（1957年生）

ロバート・ウィリアムズは、詩人、作家、そして話す能力に障害をもつ人々の支援者である。彼は、1957年2月23日、コネティカット州ウィリマンティックに生まれ、1983年5月、ワシントンD.C.のジョージ・ワシントン大学（George Washington University）で都市問題の学

士号を取得して卒業した。1981 年から 1982 年の間は、連邦議会上院障害者小委員会（U. S. Senate Subcommittee on the Handicapped）の補佐職員を務め、1984 年から 1988 年までは、ワシントン D.C. 精神遅滞者プラット監視プログラム（Pratt Monitoring Program for the District of Columbia Association for Retarded Citizens）においてプログラム分析専門員として務め、1988 年から 1990 年まの間はプログラムの副責任者であった。彼は、ワシントン D.C. の知的障害者施設であるフォレスト・ヘイヴン（Forest Haven）の閉鎖を監督し、その施設に入所していた人々のためのコミュニティ・サーヴィスを開発した。また、1990 年から 1993 年まで、脳性まひ協会連合（United Cerebral Palsy Associations, Inc.）の政策協力会員であり、1990 年アメリカ障害者法（ADA）の可決の支援者であった。1990 年から 1991 年までの間、増力コミュニケーション装置（augmentive communication devices）に頼る人々の組織である、われわれの声を聴け（Hear Our Voices）の会長であり、重度障害者協会（TASH）の前副会長であった。1991 年から 1993 年まで、ウィリアムズは、障害者市民連合（Consortium for Citizens with Disabilities）のパーソナル・アシスタンス・サーヴィス（PAS）特別委員会の共同議長であった。1993 年、クリントン大統領はウィリアムズを、現在の連邦保健福祉省（U. S. Department of Health and Human Services）発達障害局（Administration on Developmental Disabilities）長官に任命し、ウィリアムズはそのような地位に就いた、初めての発達障害者となった。

ウィリアムズはまた、詩人、作家でもある。彼の最初の詩集『闘う声のなかで（*In a Struggling Voice*）』は、脳性まひ者としての彼の体験の記録である。

参照項目　発達障害局（Administration on Developmental Disabilities）

Willowbrook State School
ウィロウブルック州立施設

　1972 年 3 月 17 日、障害者の権利を求める弁護士と親たちからなる団体が、ニューヨーク精神遅滞児親の会（New York Association for Retarded Children）とともに、ウィロウブルック州立施設（Willowbrook State School）で入所者が受けている虐待を終わらせようとしてニューヨーク州を告訴した。ウィロウブルックはそれまで、施設収容の悲惨さの象徴となっていた。その後の 10 年間で、ウィロウブルックの入所者とその支援者たちは、適切なサポートがあれば最重度の障害者でも地域で生活し成長していけることを証明した。

　1951 年 4 月の開校当初から、ウィロウブルックの数千人の入所者たちはネグレクトと虐待への可能性にさらされていた。1950 年代から 1960 年代の多くの報告書が、広範囲に及ぶ栄養失調を例証している。子どもたちの外傷が治療されずに、あまりにも長い間放置されたため、うじ虫がたかっていたという報告や、不適切な衛生状態によって致命的な病気が蔓延したという報告から、医療ケアはひどく不十分であったといえる。開校から 4 年以内で、ウィロウブルックでは 2950 人定員のスペースに 3600 人の入所者を収容しており、その数は 1963 年までに 6000 人までに増えた。施設はまた、常に職員不足であった。ニューヨーク州議会による 1964 年の調査報告書には、施設内の「ひどい悪臭」と入居者に課する「粗末な生活様式」について記録されているが、その報告書は公にされなかった。欠陥のあった給水管によるやけどで亡くなった 10 歳の男子と、拘束中に窒息死した 12 歳の男子を含む一連の死亡事故が、1965 年の大陪審調査につながった。同じ年にウィロウブルックを訪れたロバート・F・ケネディ上院議員（Robert F. Kennedy、民主党、ニューヨーク州選出）は記者に対して、そこは「動物園で動物を入れる檻よりも苦痛で不愉快」な場所だったと述べた。1971 年のニューヨーク州議会による予算削減は、職員雇用の凍結とともに、施設の問題を悪化させただけであった。しかしこの間、ウィロウブルックは知的障害を専門に扱う医師の団体であるアメリカ精神遅滞学会（American Association on Mental

W

Deficiency）のすべての認定調査に合格した。

1970年、ウィロウブルック職員へのウィリアム・ブロンストン医師（Dr. William Bronston）の任命とともに転機は訪れた。ブロンストンは政治に対する長年の積極的な活動の経歴をもち、また、ヴォルフ・ヴォルフェンスベルガー（Wolf Wolfensberger）による「ノーマライゼーション」への擁護と、障害児を施設から出すことを強調するリチャード・コック（Richard Koch）の主要点の双方に感銘を受けていた。彼はまず、彼の懸念を施設長に相談することでウィロウブルックを改革しようとした。それに対し施設長は、ブロンストンをより一層ひどい状態の居室棟へ配置換えさせた。そこでブロンストンは、状態改善のために、直接のケアワーカーの組織を作ろうとしたが、ほとんどの者が失職を恐れていた。しかし、若干名、とくにマイケル・ウィルキンス医師（Dr. Michael Wilkens）とソーシャルワーカーのエリザベス・リー（Elizabeth Lee）がその呼びかけに応じた。入所者の1人、バーナード・カラベロ（Bernard Carabello）が地元新聞に手紙を書き始めた。障害児をもつことと施設に入れたことの両方に肩身の狭い思いを感じていた親たちもまた、施設の状態に異議を唱え始めた。それに対して管理部はまず、施設批判の立場をとる職員と親との会合を禁止し、さらにウィルキンスとリーを解雇した（ブロンストンは1年以上公務員であり、公務員保護を受けていた）。ウィルケンスとリーはABCテレビのリポーターであるジェラルド・リヴェラ（Geraldo Rivera）に電話をかけた。裸で汚物の中に横たわる入所者、排泄物で汚れた壁、尿だらけの床などの場面を映した彼のフィルムは、1972年1月6日に放送され、全米に怒りの嵐を引き起こした。怒った親たちはデモを組織し、一方、ニューヨーク州立精神障害者入所施設保護者会連合（Federation of Parents' Organizations for the New York State Mental Institutions）は、ウィロウブルック支部とともに、犯罪的なネグレクトによって施設職員たちを起訴する大陪審を開くよう要求した。

ウィロウブルックの話は、ブルース・エニス（Bruce Ennis）の注意を引いた。彼は囚人の権利に関する事例を専門に扱う弁護士であった。エニスは、ドナルドソン対オコナー裁判（*Donaldson v. O'Conor*, のちに1975年オコナー対ドナルドソン裁判〈*O'Conor v. Donaldson*〉として連邦最高裁判所までもっていかれた）においてモートン・バーンバウム（Morton Birnbaum）とともに共同弁護人を務めており、また、精神保健法プロジェクト（Mental Health Law Project, 現ディヴィッド・L・バゼロン判事記念精神保健法センター〈Judge David L. Bazelon Center for Mental Health Law〉）の共同創設者であった。エニスは共同弁護人であるロバート・フェルド（Robert Feldt）とアニタ・バレット（Anita Barrett）とともに、集団訴訟（ニューヨーク精神遅滞市民協会対ロックフェラー裁判〈*New York ARC v. Rockefeller*, 1973〉）において、ウィロウブルックの父母と入所者の代理人を務めることに同意した。彼らは多数の証言と何百ページもの供述書を提出したが、なかでも代表的なのは、1972年3月30日から31日にウィロウブルックを訪れた小児科医、メアリー・ステュワート・グッドウィン（Mary Stewart Goodwin）による次の報告である。「隔離された部屋の扉は、求めに応じて開かれる。……黒ずんだだぶだぶの部屋着を着た17歳の少女が、弱々しく青白い顔をして扉のそばに立っていた。……彼女は7年間も隔離生活を送っており、多量に精神安定剤を与えられ、『人を噛む』からと歯はずっと前に抜かれていた」。ある夫婦が自分たちの子どもを訪ねてウィロウブルックを訪れた際、「彼女の耳がかじりとられ、彼女の鼻の一部は引きちぎられて（略）」いることに気がついた。エニスは連邦裁判所に「入所者の生命、身体の健康、安全と福祉を守るために必要な緊急救済」を求めた。エニスは裁判所にこう述べた「ウィロウブルックは……多くの点において監獄よりも劣悪だといえる」。彼はこう結論を述べた「ニューヨーク市において、おそらくウィロウブルックの隔離居室棟ほど住むのに危険な場所はないだろう」。

ニューヨーク東部地区連邦裁判所オーリン・ジャッド（Orrin Judd）判事は、職員配置、公衆衛生、衣料、医療ケアについて州が行う必要のある具体的な改善点を列挙し、緊急救済を認めた。1975年3月、ジョン・R・バートルズ（John R. Bartels）判事は州に対して、1981年までに入所者数を5400からわずか250という数にまで減らすという同意判決を下し、またそれ

を実行しているかどうかを委員会が監視するよう命じた。「ウィロウブルック闘争」の中で、ディヴィッド・J・ロースマン（David J. Rothman）とシーラ・M・ロースマン（Sheila M. Rothman）はこう報告している。「1976年から1982年にかけて、5400人の入所者のうち2600人が地域での生活環境に入った。そこは、ごくわずかな例外を除いて、きちんとしていて、安全で、訓練的でさえあった」。彼らは次のように結んだ。空になったウィロウブルックは、「良質なコミュニティ・ケアを提供するための費用は、悪質な施設を運営する費用より高いわけではない」（1984）ということを証明した。1983年9月30日の時点で、「ウィロウブルック生」の50％が地域で暮らしており、他の者たちの多くは別の施設へ移されていた。ロースマンが指摘した1つの明らかな含意は、「知的障害者が尊厳をもってグループホームで生活することができるのであれば、高齢者や虚弱者に対しても、思いやりがなく、ただ人数を集めた、利益目的のナーシング・ホームに代わるものを設計することが可能なはずである。実際は、彼らの多くが完全にナーシング・ホーム（あるいは病院）を出て、家庭にいられるよう条件を整えることも可能に違いない」。

参照項目 全米精神遅滞市民協会（The Arc）；ブロンストン，ウィリアム（Bronston, William）；脱施設化（Deinstitutionalization）；オコナー対ドナルドソン裁判（O'Conor v. Donaldson）；ペンハースト州立施設・病院対ハルダーマン裁判（Pennhurst State School v. Halderman）

出典 Rothman, David, and Sheila Rothman, *The Willowbrook Wars: A Decade of Struggle for Social Change* (1984).

With the Power of Each Breath: A Disabled Women's Anthology
『息の力を生かして——障害女性のアンソロジー』

『息の力を生かして——障害女性のアンソロジー（*With the Power of Each Breath: A Disabled Women's Anthology*）』は、「あらゆるところの障害女性」にささげるために、詩や小説、自伝的エッセイを通して、障害女性であることの経験を明らかにしている。1985年にクレイス出版から出版されたこのアンソロジーは、障害を隠して生きることや障害のある女性への虐待、車椅子バスケットボールなどのトピックから、「月並みだけれども勇気づけられる障害があっても才能のある人の話（Orthodox Handicapable Chicken Soup）」のようなトピックにいたる、アン・フィンガー（Anne Finger）やシェリル・マリー・ウェイド（Cheryl Marie Wade）、ヴィクトリア・アン・ルイス（Victoria Ann Lewis）のような著述家の作品を取り上げている。このアンソロジーは、女性の障害者権利運動の標準的テキストになっており、障害の諸論点をフェミニストに提供し、フェミニズムを障害者権利運動に取り入れることに貢献している。

参照項目 ルイス，ヴィクトリア・アン（Lewis, Victoria Ann）；ウェイド，シェリル・マリー（Wade, Cheryl Marie）；障害女性（Women with Disabilities）

出典 Browne, Susan E., Debra Connors, and Nanci Stern, eds., *With the Power of Each Breath: A Disabled Women's Anthology* (1985).

Women with Disabilities
障害女性

心理学者であるミッチェル・ファイン（Michelle Fine）と社会学者であるアドリアン・アッシュ（Adrienne Asch）は、障害女性の状況を「台座のない性差別」として書いている。さらに、社会学者であるメアリー・ジョー・ディーガン（Mary Jo Deegan）とナンシー・A・ブルックス（Nancy A. Brooks）は、健常者優位主義（Ableism）と性差別主義の「二重のハンディキャップ」に言及している。この二重の抑圧の結果、シャーリーン・ポック・デローチ（Charlene Poch DeLoach）が『障害とリハビリテーション大事典（*Encyclopedia of Disability and Rehabilitation*）』（1995）の女性に関する記述の中で指摘しているように、「この社会における他の女性に比べて、障害女性は、より多く仕事をもたず、また低い給料を受け取っている。そして障害をもたない両ジェンダー、もしくは、障

害をもった男性よりもより結婚しないようである」。

　障害をもったフェミニストは、健常者のフェミニストが、これらの問題に対して無神経であり続けたということを批判してきた。ランベイグ・トラウスタドッティル（Rannveig Traustadottir）は、いかに「障害女性に対する重要な問題が多くの場合、女性運動と同様に障害者権利運動の中で無視されてきたか」を記している（1990）。ある有名な例外は、健常者のレズビアンのコミュニティである。それは、トラウスタドッティルが「概して、彼女らは女性運動の人たちより、心を開いている」と報告していることである。これは、性差別主義と同性愛嫌悪に直面しているレズビアンが経験する複合的な抑圧と、障害とセクシュアリティゆえにナーシング・ホームに幽閉された障害をもつレズビアン、シャロン・コワルスキー（Sharom Kowalski）の解放運動のような出来事が関係しているかもしれない。

　障害女性たちはまた、ヘレン・ケラー（Helen Keller）や、ジュディス・ヒューマン（Judith Heumann）、ジュディ・チェンバレン（Judi Chamberlin）、メアリー・ジェーン・オーウェン（Mary Jane Owen）、そしてパトリシア・ライト（Patrisha Wright）のようなリーダーたちの貢献にもかかわらず、障害者権利運動や自立生活運動の中で過小評価されてきた。デボラ・マッキーサン（Deborah McKeithan）は、障害女性集団（Handicapped Organized Women）の設立者であるが、1988年に、これらの運動において「全国的なリーダーシップの役割を男性が独占している」ということをインタヴューアーに話した。同様の差別が、障害者スポーツの領域でも起こっていた。たとえば、1974年になってようやく、初の全米女性車椅子バスケットボール・トーナメント（Women's National Wheelchair Basketball Tournament）が開催されたが、それは、合衆国での最初の車椅子バスケットボールの試合から、およそ30年も後のことである。

　1980年代より前には、障害女性による、もしくは障害女性についての資料はほとんど出版されていない。たとえば、脊髄損傷の人々の性的問題についての資料は、ほとんどの場合、勃起の成功と維持のような男性の問題について書かれていたし、雇用差別の研究は、もっぱら、男性の経験に焦点が絞られていた。中絶や避妊、リプロダクティブライツ、妊娠や母性、そして性暴力およびドメスティック・ヴァイオレンスのような女性に関係する問題は、めったに言及されてこなかった。この状況は1981年、ジョー・キャンプリング（Jo Campling）の『私たち自身のイメージ——障害女性が語る（Image of Ourselves: Women with Disabilities Talking）』とイボンヌ・ダッフィー（Yvonne Duffy）の『すべては可能である（All Things Are Possible）』の出版とともに変化した。これらの本に続いて、『障害と女性——二重障害（Women and Disability: The Double Handicap）』（1985）、『息の力を生かして（With the Power of Each Breath）』（1985）、『翼をもって——障害女性文献アンソロジー（With Wings: An Anthology of Literature by and about Women with Disabilities）』（1987）、そして『障害のある女性と誇り！（Disabled, Female and Proud!）』（1988）が出版された。

　障害をもつ女性に関する重要な問題には次のようなものがある。結婚と恋愛関係、母性、セクシュアリティ、性的虐待とドメスティック・ヴァイオレンス、教育、リハビリテーションと雇用、ドラッグとアルコール依存、若さと美しさを尊ぶ文化である。

結婚と恋愛関係：デローチが言及しているように、障害女性は、障害をもった男性や障害をもたない女性よりも、結婚もしくは長く異性と付き合うことが少ないようである。加えて、夫や恋人がいる間に障害をもった多くの女性が、夫や恋人たちに見捨てられてきたと報告している。対照的に、障害をもった男性は、あまり妻や女性の恋人に見捨てられないようである。おそらく、それは女性が、社会的に世話をしたり、養育したりするのに適応しやすいからだろう。

母性：トラウスタドッティルは「障害女性は、子どもを生み、育てることができないし、すべきではない」という考えがいかに多くの人の中に存在しているかを述べている。この固定観念は、「障害をもった妊婦に、彼女を受け入れる医師を見つけるのを困難にさせている」。そして、出産可能年齢にある知的障害をもった女性の大規模施設収容や強制断種のような虐待を引き起こした。障害をもった母親は、健常者の母親よりも、離婚訴訟や社会サーヴィス機関でも

子どもの保護観察権（custody）を失いがちである。パーソナル・アシスタンス・サーヴィスや、利用できるデイケアセンターのような、重度障害をもつ女性が子どもの親の役割を果たすのを助けるサーヴィスは、存在しないか、あっても資金不足に陥っている。

セクシュアリティ：身体の障害をもった女性は、性とは関係がないという固定観念をもって見られている。一方で、知的障害や精神障害をもった女性は、「性欲過剰」で危険であると見られている。結果として、障害女性はしばしば、性教育や避妊法を与えられない。これらの固定観念はまた、自尊心の低下と、恋人を見つけることの困難、性的関係を結ぶことの困難をもたらしうる。

性的虐待とドメスティック・ヴァイオレンス：障害女性や少女は、障害をもたない女性よりも、性的虐待を受けたり、性的搾取を受けたりしているようである。とくに、彼女らが施設に住んでいる場合はそのようである。障害女性はまた、より多いといわないまでも、同程度に、虐待と暴力を被るリスクを有し、虐待者から逃れることは、より少ないようである。にもかかわらず、最近まで、レイプ救済センター（rape crisis center）や虐待被害者女性のシェルター（battered women shelter）は、通常、アクセスしにくいものであり、法執行機関や医療機関、社会サーヴィス機関による建物や態度のバリアを取り除こうとする動きは進まない場合が多かった。

教育：トラウスタドッティルによると、障害女性は、「学校教育が正規の8年に満たない人が、健常者女性の5倍はありそうである」という。障害者権利擁護運動家であり、研究者である、フランク・バウ（Frank Bowe）の1984年統計学的研究によると、健常者の女性の31％、障害者の男性の28％に対して、障害女性はわずか16％しか大学教育を受けられなかった。大学に入学することができても障害女性は、健常者女性よりもはるかに、「養育」の分野やソーシャルワークやリハビリテーションのような伝統的な女性の分野に進むことを勧められることが多かった（ただし、看護や教育は、概して彼女らに対しては閉ざされていた）。

リハビリテーションと雇用：研究によると女性は、障害をもった男性よりリハビリテーションや援助つき雇用（supported employment）のようなプログラムをあまり受けられないようである。どのようなレベルの訓練や、教育・リハビリテーションを受けても、障害女性は類似の障害をもった男性よりも雇用されないようである。障害をもった男性と同じように、多くの障害女性は、「クロムの天井（chrome ceiling）」に直面する。それは〔ガラスの天井と同様に〕彼女らが超えることを許されない水準のことである。

ドラックとアルコール依存：障害女性は、他の女性と比べてより大きいとはいわないまでも、同程度にドラックやアルコール依存のリスクにさらされている。しかし、1980年代に入る前は、障害女性のために企画されたプログラムはほとんど存在しなかった。そして、メインストリームのプログラムは、ほとんどアクセスできなかった。その状況は、ゆっくりと変わってきたものの、いまだドラックやアルコール依存である障害女性のニーズを満たすためには、ひどく不十分である。

若さと美しさを尊ぶ文化：われわれの社会における女性や少女は、達成はほとんど不可能という身体的魅力の基準に合わせる圧力のもとにある。障害女性は、その身体が、違った形や機能をしており、健常者の社会によって、「奇形」で見苦しいものとして見られている。作家であり、セラピストであるコニー・パンツァリーノ（Connie Panzarino）は、この健常者優位主義（Ableism）とマスメディアによる、私たちの美の基準と価値の操作との直接的な関係を見ている。「鏡を見て、自分に『私は太りすぎている』とか『私の肌は汚い』とか『私はがりがりすぎる』というたびに、あなたは自ら、健常者優位主義に陥ってしまっているのだ」。

このような抑圧と排除の歴史に対して、障害女性は、障害者権利に対する最も活発な（しばしば無視されているが）活動家であった。ボストンの女性と障害プロジェクト（Project on Women and Disability）やデンヴァーの障害女性のためのドメスティック・ヴァイオレンス・イニシアティブ（Domestic Violence Initiative for Women with Disabilities in Denver）やカナダ障害女性ネットワーク（DisAbled Women's Network of Canada）を含むさまざまな、地域的そして国家的な組織が、障害女性によって障害女性のために組織化されてきた。このような女性はま

た、ライ・クリップス（Wry Crips）の演劇、ジーン・ステュワート（Jean Stewart）の散文、レスリー・ドノヴァン（Leslie Donovan）や、ミュリエル・リューカイザー（Muriel Rukeyser）や、アドリアンヌ・リッチ（Adrienne Rich）の詩、そしてジェリ・ジュエル（Geri Jewell）のコメディ、そして音楽やダンス、芸術などを含む、活気に満ちたカウンターカルチャーを生み出している。

参照項目　中絶とリプロダクティブ・ライツ（Abortion and Reproductive Rights）；キャロ，ティファニー・アン（Callo, Tiffany Ann）；カナダ障害女性ネットワーク（DisAbled Women's Network of Canada: DAWN）；強制断種（Forced Sterilization）；障害女性集団（Handicapped Organized Women）；コワルスキー，シャロン（Kowalski, Sharom）とトンプソン，カレン（Thompson, Karen）；親になること（Parenting）；女性と障害プロジェクト（Project on Women and Dis-ability）；レイプ／性的暴力およびドメスティック・ヴァイオレンス（Rape/Sexual and Domestic Violence）；セクシュアリティと障害（Sexuality and Disability）；ステュワート，ジーン（Stewart, Jean）；『息の力を生かして』（With the Power of Each Breath）；ウィミィンズ・ブライユ・プレス（Womyn's Braille Press）；ライ・クリップス（Wry Crips）

出典　Fine Michelle, and Adrienne Asch, eds., *Women with Disabilities: Essays in Psychology, culture, and politics* (1988); Bowe, Frank, *Disabled Women in America: A Statistical Report Drawn from the Census Data* (1984); Browne, Susan E., Debra Connors, Nancy Stern, *With a Power of Each Breath: Disabled Women's Anthology* (1985); Deegan, Mary Jo, and Nancy A. Brooks, *Women and Disability: a Double Handicap* (1985); Duffy, Yvonne, *All Things Are Possible* (1981); Grobe, Jeanine, ed., *Beyond Bedlam: Contemporary Women Psychiatric Survivors Speak Out* (1995); Saxton, Marsha, and Florence Howe *With Wings: An Anthology of Literature by and about Woman with disabilities* (1987); Traustadottir, Rannveig, *Women with Disabilities: Issues, Resources, Connections* (1990).

Womyn's Braille Press
ウィミィンズ・ブライユ・プレス

『ウィミィンズ・ブライユ・プレス』は、1980年、ミネアポリスの6人の盲女性によって創刊された。彼女たちは、盲人が利用できるフェミニストや女性の著作を刊行するか、それに代わるメディアを利用したいと考えていた。この出版社は、13年間の運営において、アメリカ、カナダ、ヨーロッパ、オーストラリア、イスラエルの読者のために、800冊以上の著作を、点字化または録音図書にしたのである。

「他の女性が書いた、とくにフェミニストやレズビアンの文献を読みたくても、盲女性には何もなかった」と、共同設立者のマージ・シュナイダー（Marj Schneider）は1996年のインタヴューで語った。「主流の点字出版は、このニーズにはまったく取り組んでいなかった」。この出版社の購読者は、書籍と録音図書を借り出すか、購入するか、あるいは購入を選択して借り出すことができた。この出版社は、盲女性が興味をもっているトピックの記事を中心とするニューズレターも刊行した。また、1990年アメリカ障害者法（ADA）の連邦議会での可決を支持した。

この出版社は正式には解散していないけれども、1993年以後にはその活動の大半を休止した。現在、その蔵書は、フロリダ州デイトナビーチの点字・トーキングブック・サーヴィス事務局で保管されている。その蔵書は、連邦議会の全国図書サーヴィスを通して可能である。

参照項目　点字（Braille）；障害女性（Women with Disabilities）

Workers' Compensation
労働災害補償

産業革命は、就業中にケガをする人々の数を劇的に増加させた。これに応じて1890年代後半から、進歩主義活動家は、州政府に労働災害補償法を承認するよう要求した。労働災害補償制度は州により運営されているが、実質は私企業である保険会社が請け負っており、雇用主および被雇用者から徴収された保険掛け金を原資

としている。この制度は、病気やケガの医療費と、障害が起こる前の、被雇用者の給与に基づく収入を補償している。1915年までに35州が労働災害補償制度を有しており、1919年には43州に拡大した。

障害者権利活動家から問題視された労働災害補償の側面の1つは、障害を就業が不可能であることと定義している点である。労働災害補償を受領する人々は、伝統的に、仕事に戻ることができるよう再就職のための訓練やリハビリテーションを受けるインセンティヴや機会に欠けていた。労働災害補償はそのために、場合によっては再雇用への阻害要因として働き、雇用リハビリテーション等、州や連邦政府の他の障害者向けプログラムの目的と矛盾するものであった。

参照項目 阻害要因（Disincentives）；職業リハビリテーション（Vocational Rehabilitation）

出典 Berkowits, Edward D., *Disabled Policy: America's Programs for the Handicapped* (1987).

World Institute on Disability (WID)
世界障害研究所

世界障害研究所（World Institute on Disability: WID）の構想は、1983年、自立生活運動の先駆者であるエド・ロバーツ（Ed Robert）および活動家のジュディス・ヒューマン（Judith Heumann）、カリフォルニア州障害リハビリテーション局でのロバーツのアシスタントであったジョーン・レオン（Joan Leon）が、ロバーツの自宅で会合をもった時に生まれた。現在WIDは、カリフォルニア州オークランドに本拠地を構え、自らを「障害の分野における公共政策・調査・訓練の研究のための国際センター」と定義する。WIDのスタッフは、世界各国を巡り、障害当事者活動家および専門家、さらに、政府官僚、教育者、実業界ならびに地域活動のリーダーやマスコミ関係者などとの交流活動を行っている。

WIDの国際的な活動は、とくに東欧やロシアにおいて活発で、アメリカと東欧の活動家たちを結びつけてきた。たとえばWIDは、アメリカ国際開発庁（U.S. Agency for International Development: AID）からの助成金を用いて、車椅子障害者センター（Wheeled Mobility Center）のラルフ・ホッチキス（Ralf Hotchkiss）が車椅子生産のための3つのプロジェクトを立ち上げる支援をするためにロシアに渡る際の資金援助をした。また、ロシアにおいて、より大きな努力を必要とする活動の一環としてシベリアのノヴォシビルスク市（Novosibirsk）で、アクセス問題と障害者差別に取り組むプロジェクトが行われている。さらに、チェコ共和国やポーランドにおいても、WIDが資金援助している団体が活発に活動している。加えて、WIDは、エルサルバドルからのリハビリテーション専門家のツアーなど、国外の運動家や事業者がアメリカ訪問を行う際のホスト役も務めている。

WIDの活動の約3分の2は、医療保障、パーソナル・アシスタンス・サーヴィス、輸送の問題、科学技術と通信へのアクセスその他のアメリカ国内に向けられたものである。WIDの調査研究は、他団体の障害をもつ活動家が社会変革のためのロビー活動や組織化を行う際にも活用されている。また、WIDは活発な出版活動も行っており、その代表的なものとして、『アメリカ社会への参加——自立生活へのパーソナル・アシスタンス（*Attending to America: Personal Assistance for Independent Living*）』(1987)、『障害者および慢性疾患者の医療保険ニーズ調査（*Measuring the Health Insurance Needs of Persons with Disabilities and Persons with Chronic Illness*）』(1988)、『基礎構造の構築——電話と障害者（*Building the Framework: Telecommunication & Persons with Disabilities*）』(1994) などがある。世界障害研究所の国際的コンピュータ・サーヴィス機関であるWIDネット（WIDNET）では、アメリカ国内および国外の障害者施策に関する最新の情報をオンラインで提供している。

参照項目 ヒューマン, ジュディス・E（Heumann, Judith E.）；ホッチキス, ラルフ・ディヴィッド（Hotchkiss, Ralf David）；パーソナル・アシスタンス・サーヴィス（Personal Assistance Services）；ロバーツ, エドワード・V（Roberts, Edward V.）

Wright, Patrisha A.
ライト，パトリシア・A（1949年生）

パトリシア・A・ライトは、1990年アメリカ障害者法（ADA）を制定するためのキャンペーンを統率した「戦術家」として知られている。彼女は1980年から障害者権利教育擁護基金（DREDF）のワシントンD.C.にある政府対策室長を務めている。

ライトは1949年2月1日にコネティカット州ブリッジポートで生まれた。彼女は1976年にオハイオ州イエロースプリングスのアンティオーク大学（Antioch University）から医療経営管理の修士号を得た。1970年代半ばには、カリフォルニア州に住みながら脳性まひや知的障害の人々のためにコミュニティ・プログラムを確立した。ライトは1977年にアンティオーク大学のサンフランシスコ・キャンパスで、肢体不自由の心理学と医療経営管理の大学院プログラムを統括していた。当時、障害のある活動家たちは、1973年のリハビリテーション法第504条を施行する規則に署名するよう連邦保健・教育・福祉省（HEW）カリファーノ長官に圧力をかけるデモを始めていた。彼女の学生の大部分がサンフランシスコHEW庁舎での座り込みに参加していることを知って、ライトは授業を一時中断し、彼らと合流した。彼女は戦略家兼補助者として、デモ隊の指導者キティ・コーン（Kitty Cone）、ジュディス・ヒューマンらと一緒にワシントンに向かった。この経験によって彼女は、障害を公民権の問題として理解しただけでなく、彼女自身の視覚障害を受容するようになった。ライトはその後ずっと障害者の公民権の進展に専念した。

1979年にライトはDREDFの設立に参加した。1980年にロナルド・レーガン大統領が当選すると、ライトとDREDFの主任弁護士アーリーン・マイヤーソン（Arlene Mayerson）はDREDFの政府対策室を開こうとワシントンD.C.に出向いた。当初、障害者権利センターに賃貸料無料で対策室を開設し、マイアーソンとライトは、伝統的な全国的障害組織、レーガン政権、そして連邦議会に障害者の権利を訴える原動力となった。当時のワシントンD.C.の障害者のロビイストたちは、たいてい障害者権利活動家ではなく、健常者のリハビリテーション専門家であった。この「ワシントン障害者運動の既成組織」は、彼らの長年の障害者観に対するこれほど積極果敢な攻撃を経験したことがなかった。

ライトと他のDREDF活動家たちは、コミュニティ教育、厳格な法律分析、障害者権利センター所長エヴァン・ケンプ・ジュニア（Evan Kemp Jr.）の紹介によるレーガンおよびブッシュ政権の政策決定者への接触によって、障害者権利の擁護・向上の戦略を立てた。ライトは、ケンプとともに、1975年全障害児教育法、1973年リハビリテーション法第504条の施行規則の無効化をもくろむレーガン政権の計画に対し、反対キャンペーンを展開し、そこで中心的な役割を果たした。DREDFの弁護士と協働し、1986年障害児童保護法（Handicapped Childrens's Protection Act of 1986）と1987年の公民権回復法（Civil Rights Restoration Act of 1987）の成立にも重要な役割を果たした。

1988年、バリアフリー住宅に関する改正法案に障害者の保護が含まれていなかったことで、ライトは自身が実行委員を務める公民権指導者会議（Leadership Conference on Civil Rights: LCCR）に支援を要請した。ライトは、LCCR、DREDFの法律専門家、そして他の居住権関連の活動家と協力して公正住宅法を支持する議員たちを説得し、新しい集合住宅は、バリアフリー環境デザイン社（Barrier Free Envi-ronments）のロナルド・メイス（Ronald Mace）が開発した「（障害）対応住宅」様式で建てるよう要求した。ライトはまた、AIDSの感染拡大初期に、伝統的な障害者グループと連邦議会に対し、HIV/AIDSを障害として認めるよう働きかけ、そこでも重要な役割を果たした。エイズのロビー活動に尽力し、一部の議員が擁護する差別的な政策に反対して闘った。

ライトはアメリカ障害者法案の成立キャンペーンにおける主要な戦略家として、最もよく知られている。このキャンペーンで、彼女はすべての主要障害者組織を代表する法律家たちを招集し、草の根キャンペーンには史上最大規模で障害グループが連携し、数千人もの活動家が参加した。その中には、薬物・アルコール依存症者、HIV感染者・AIDS患者、精神障害サヴァイヴァーといった過去に過少評価された人々の支援団体も含まれたのである。ライトは障害者たちに「自分自身と連邦議会を教育す

る」ために「差別日記」をつけることを呼びかけ、「生活の一部として私たち全員が受け入れている差別に……目覚める」よう促した。こうした日記が2万5000冊以上、議会に提出された。ライトは公私共に、「団結すれば立ち向かうことができるが、分裂すれば崩壊する」との戦略で進んだ。

ライトは彼女の業績でブッシュ大統領からの殊勲章とロバート・ドール（Robert Dole）上院議員からのドール財団賞など、多数の賞を受賞した。公民権に関する指導者会議からヒューバート・H・ハンフリー公民権賞（Hubert H. Humphrey Civil Rights Award）を受けた最初の障害者であった。

ライトはワシントンD.C.とカリフォルニア州バークレーのDREDF事務所で働いている。また、障害者の平等な公民権と公民権を向上させるために国際的に活動している。

参照項目　1990年アメリカ障害者法（Americans with Disabilities Act of 1990）；1987年公民権回復法（Civil Rights Restoration Act of 1987）；ダート，ジャスティン・ジュニア（Dart, Justin, Jr.）；障害者権利教育擁護基金（Disability Rights Education and Defense Fund: DREDF）；1988年バリアフリー住宅に関する改正法（Fair Housing Amendments Act of 1988）；ケンプ，エヴァン・ジュニア（Kemp, Evan, Jr.）；マイヤーソン，アーリーン・B（Mayerson, Arlene B.）；スミス対ロビンソン裁判（Smith v. Robinson）

Wry Crips: Disabled Women's Theater
ライ・クリップス：障害女性劇場

ライ・クリップス（Wry Crips）は自らを、「われわれの生活の真実からアートを創り出す障害女性である役者、著述家、舞台専門家、詩人」と説明している。この一団は、風刺および政治的ユーモアや、障害および障害者の諸権利のラディカルな受容、障害を超えた包括性でよく知られている。「われわれの強さは、われわれが集団であるということ、そしてわれわれが互いにサポートし合えるということにある。このことは、われわれが、われわれ障害者の力をはっきりと社会に宣言するのに役立つものである」。

1985年の夏に設立されたライ・クリップス（Wry Crips）は、オークランド、カリフォルニアに本拠地を置いており、そしてサンフランシスコ女性センター（San Francisco Women's Centers）から助成されたプロジェクトである。

参照項目　障害文化（Disability Culture）；障害女性（Women with Disabilities）

Wyatt v. Stickney 503 F.2d 1305 (1974)
ワイアット対スティックニー裁判（1974年連邦下級審判例集第2シリーズ503巻1305頁）

1970年、アラバマ州タスカルーサ市ブライス病院（Bryce Hospital）に入居する知的障害をもつリッキー・ワイアット（Ricky Wyatt）の後見人である叔母は、甥とその他の病院入居者を代表して集団訴訟を行った。訴訟は1971年8月、同じくタスカルーサ市のパートロウ州立施設（Partlow State School）と病院の入居者にも拡大された。1971年と1972年にアラバマ州中部地区裁判所北地区裁判所判事であるフランク・ジョンソン（Frank Johnson）判事によって判決が出され、1972年と1974年に連邦第5巡回区控訴裁判所（Federal Appeals Court for the Fifth Circuit）で支持された判決では、州立施設に居住している人々は皆「彼ら1人ひとりが知的な状態を治療するか、改善するための現実的な機会をもつ憲法上の権利がある」ことを確認した。これは脱施設化を主張する障害者権利活動家や弁護士にとってきわめて重要な勝利であった。

パートロウ州立施設の状況は全国の他の施設と同様、残虐で悲惨であった。議会報告書は「知的障害の子どもたちは夜間世話をするスタッフ数が十分でないため、ベッドに縛りつけられていた。トイレットペーパーは清掃作業が増えるのを避けるために使用禁止になっていた。患者の1人は定期的に9年もの間、拘束服を着用させられ、その結果、両方の腕が使いものにならなくなった」。1971年の判決の中で、ジョンソン判事は、ブライス、パートロウ両校が遵守すべき最低限の処遇内容の基準を設けた。それには入学規定の明確な選定基準、スタッフの

人数と訓練、入居者の教育、医療、「ハビリテーション（habilitation）」に対する権利、薬の使用などが含まれていた。この裁定は障害をもつ人々のための州施設の管理に関する州裁判所の前例のない権限拡大を表すものだった。ジョンソン判事はまた、下された裁定を具体的に施行するにあたり、独立した監視委員会の創設を要求した。

1972年5月、アラバマ州知事ジョージ・ウォリス（George Wallace）はジョンソンの判決を連邦第5巡回区控訴裁判所に上訴した。法廷の判事たちは1974年11月、本質的にはジョンソン判事の判決を承認した。裁判所は、知的および／または身体的障害をもつ人々で州の「学校」や施設に入居している者は、処遇に対する憲法上の権利を有すると決定した。裁判所はさらに実際にこの憲法上の権利の保護を確実にするための連邦裁判所の介入は可能であるとし、ジョンソン判事の裁定の通り基準を設けその施行を追跡調査することができるとした。

ワイアット裁判は広範囲の影響をもった画期的な判決であった。ワイアット訴訟の弁護士、ジョージ・ディーン（George Dean）、チャールズ・ハルパーン（Charles Halpern）、ブルース・エニス（Bruce Ennis）は、ジョンソン判事の判例を使いニューヨーク精神遅滞市民協会対ロックフェラー裁判（*New York ARC v. Rockefeller*）を争った。ワイアット裁判は、オコナー対ドナルドソン裁判（*O'Connor v. Donaldson*, 1975）やハルダーマン対ペンハースト裁判（*Halderman v. Pennhurst*, 1978）の連邦裁判所による判決とともに、障害をもつ人々は今後、治療や教育、あるいは施設から出る希望のないまま社会から隔離されることはないことを意味していた。ある連邦判事が語ったように、「今や法律によってある程度の生活環境が保障された」のであった。ワイアット訴訟は1990年代まで続き、州当局は連邦裁判所によって設定された基準をゆるやかにするか、あるいはすべて取り去ってしまうことを訴え続けた。

参照項目　脱施設化（Deinstitutionalozation）；ハルダーマン対ペンハースト裁判（*Halderman v. Pennhurst*）；オコナー対ドナルドソン裁判（*O'Conor v. Donaldson*）；ウィロウブルック州立施設（Willowbrook State School）

出　典　Burgdorf, Robert L., *The Legal Rights of Handicapped Persons: Cases, Materials, and Text* (1980); Scheerenberger, R.C., *A History of Mental Retardation: A Quarter Century of Progress* (1987).

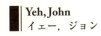

Yeh, John
イェー，ジョン

参照項目 「今こそ聾の学長を」運動
(Deaf President Now Campaign)

Ziegler Magazine (Matilda Ziegler Magazine for the Blind)
『ジーグラー・マガジン』(『マティルダ・ジーグラー盲人向け雑誌』)

1907年3月に発刊された『マティルダ・ジーグラー盲人向け雑誌』は、点字使用の視覚障害者が購読できる、アメリカ初の大衆向け定期刊行物である。当初は点字のニューヨーク式点字、およびムーンタイプ(凸文字)で印刷されていたが、現在は点字版およびカセットテープ版の読者が1万人に達している。

テネシー州のジャーナリストで同誌の初代編集長でもあるウォルター・G・ホームズ (Walter G. Holmes) と、資金提供者である慈善家のエレクタ・マティルダ・ジーグラー (Electa Matilda Ziegler) が創刊した『ジーグラー・マガジン』は、テレビとラジオが登場する前の時代、そして視覚障害者が他の新聞や雑誌を読めなかった時代に、ニュースと社会的触れ合いの情報源として役立った。同誌は、2代目編集長ハワード・リクティ (Howard Liechty) の言葉によれば、「掲示板、情報局、買い物案内、投書箱、職員や機関の名簿、相互扶助クラブ、商品取引、広告メディア、リハビリテーションおよび職業案内と斡旋業者、自己改善協会、街頭演説の場、そして時には知らず知らずのうちに結婚相談所にまで」なった。

1910年には、この雑誌を送料無料で発送できるとする法案が議会で可決された。点字資料の製作には通常の30倍以上のコストがかかり、また通常の印刷物に比べてはるかに嵩張るので、送料も高くなる。したがって、この免責条項は必要であった。その後この免責条項は、「視覚障害その他の障害者用無料郵便物」として拡大適用されるようになった。

参照項目　点字 (Braille)
出典　Koestler, Frances A., *The Ziegler Magazine Story* (1992, 1995).

Zola, Irving Kenneth
ゾラ, アーヴィング・ケネス
(1935-1994)

アーヴィング・ケネス・ゾラは、社会学者、大学教授にしてボストン・セルフヘルプ・センターの創立者であり、障害の経験に関する著書や論文により知られている。彼はまた、多作の作家であり尊敬される学者として幅広い著作を発表しており、それは障害とともに生きた半生を綴った自伝的著作から学術論文、ならびにアメリカ内外における障害政策論に関する研究まで、多岐にわたっている。

ゾラは1935年1月24日に生まれた。ボストンで育ったが、青年期にポリオに罹患している。彼はボストン・ラテン高校を1954年に卒業し、1956年にハーヴァード大学で文学士を取得した。博士号は1962年にハーヴァード大学の社会関係学部より得ている。

職業上のキャリアをボストンのマサチューセッツ総合病院の社会学研究員として開始したが、1963年にマサチューセッツ州ウォルサムにあるブランダイス大学 (Brandeis University) に異動した。彼は、その生涯を同大学で過ごし、長年にわたって社会学部長を務めた。また、WHO (世界保健機関) ならびにオランダ予防衛生研究所 (Netherlands Institute of Preventive Health) の障害に関する在宅顧問であった。ゾラはボストン・セルフヘルプ・センターや精神科医院であるグリーンハウスを設立したことに加え、障害学会 (Society for Disability Studies、現所在地はボストンのサフォーク大学) の創設者の1人であり、社会変革のための資金確保を図る小さな草の根組織による共同体であるコミュニティ・ワークスも設立している。『季刊障害学 (*Disability Studies Quarterly*)』(障害学会の機関誌) を創刊し、その編集者を長らく務めるとともに、20以上の他の学術誌でも編集委員を務めた。

ゾラの最もよく知られた著作は、1982年に出版された『失われた部分——障害とともに生きる者の記録 (*Missing Pieces: A Chronicle of Living with a Disability*)』である。この本では、オランダ政府により明白に障害者のため (そして障害者だけ) の村として設計されたヘット・ドープ

村（Het Dorp）を彼が訪れた時の体験を記している。ゾラは社会学者としてその村の訪問を始め、アメリカでインテグレーションを推進しているのとは対照的に、その分離施策がオランダの障害者コミュニティにどのような影響を与えているのかを興味深く観察した。そこからこの本は、彼の個人的遍歴の説明に移る。そしてヘット・ドルプで彼が出会った人々の物語を振り返りつつ、自分自身の人生における障害の意味を深く語るのである。

ゾラによる他の著作としては、彼が編集し1982年発刊した詩と散文の選集『普通の生活——障害と疾病の声（Ordinary Lives: Voices of Disability and Disease）』や、1987年の『身体障害者の自立生活（Independent Living for Physically Disabled People』（Nancy M. Creweとの共著）、ならびに論文、短編小説、韻文などがある。これらの業績から、1989年に障害者に対する貢献によるN・ニール・パイク（N. Neal Pike）賞を受賞するなど、多くの賞を与えられている。またゾラは、1992~1993年の間、クリントン政権の政権移行作業チームのメンバーであった。

「ディスアビィリティ・プライド（disability pride）」の提唱者であるゾラは、次のように主張する。「われわれが自分の障害を、すべてではないにしても、アイデンティティの重要な一部分として認めないうちは、いくら、しっかりした誇りをもとうとしたり、社会運動や文化を生み出そうとしても失敗するに決まっているのだ」。彼は1994年12月1日に59歳で亡くなった。

参照項目　ボストン・セルフヘルプ・センター（Boston Self Help Center）；ディスアビィリティ・プライド（Disability Pride）；『季刊障害学』（Disability Studies Quarterly）；障害学会（Society for Disability Studies）

出　典　Zola, Irving Kenneth, *Missing Pieces: A Chronicle of Living with a Disability* (1982).

Zukas, Hale J.
ズーカス，ヘイル・J（1943年生）

ヘイル・J・ズーカスは、カリフォルニア州バークレーの自立生活センター設設者の1人である。彼は1943年3月31日にロサンゼルスで生まれた。1960年代の半ばに、カリフォルニア大学バークレー校に入学し、ローリング・クワッズ（Rolling Quads）の一員となり、身体障害学生プログラム（Physically Disabled Students' Program）の設立者、およびリーダーの1人となった。1971年に、1971年バークレー校を優秀な成績で卒業し、数学の学士号を取得した。

ズーカスは、自立生活センターでその開始から1982年まで、地域業務のコーディネーターであった。この間、とくに補足的所得保障（Supplemental Security Income: SSI）、在宅介護サーヴィス（In Home Supportive Services: IHSS）といった障害者や高齢者に対するさまざまな給付金制度の専門家となった。彼はまた、建築と交通の障壁除去の指導的提唱者となり、カーブ・カット（curb-cuts）や、カーブ・ランプ（curb ramps）導入のため地方政府に圧力をかけたり、交通当局や他の公的、私的機関へ障害をもった人々に対するバリアーをどのように除去するのかの助言をしたりした。

1983年、ズーカスはカリフォルニア州オークランドの世界障害研究所（World Institute on Disability）の社会政策分析官になった。現在そこで調査研究の責任者をしている。この立場で彼は、パーソナル・アシスタンス・サーヴィス（PAS）の必要性や、アクセスできる大量輸送機関、建築物のバリア除去、そして障害に関連する統計といったテーマでの世界的権威となった。ズーカスはまた、全米科学財団（National Science Foundation）と連邦高速道路局（Federal Highway Administration）を含む多くの公的機関や組織のコンサルタントである。また1983年には、ズーカスは、アメリカ建築・交通バリアフリー遵守委員会（U.S. Architectural and transportation Barriers Compliance Board）の副委員長になった。そこで、1979年から、基準、調査、技術援助に関する委員会（Standards, Reseach, and Technical Assistance Committee）の一員であった。彼は、「アメリカ社会への参加——自立生活のための個別的援助——合衆国における介護サーヴィス事業に対する全国調査報告（*Attending to America: Report of National Survey of Attendant Service Programs in the United States* (1987)」〔植田恵抄訳『リハビリテーション研究』第65号、1990〕、『バークレー自立生活センターの歴史（*CIL History*）』（1976）、そしてさ

まざまな論文や報告書を書いている。

参照項目 自立生活センター（Center for Independent Living）；世界障害研究所（World Institute on Disability）

年表

1817	コネティカット州ハートフォードにアメリカ聾学校が設立される。これが西半球で初の障害者学校となる。
1832	ボストンのパーキンス盲学校が最初の生徒であるカーター姉妹（ソフィーとアビー）を入学させる。
1841	ドロシア・ディックスが監獄や救貧院に監禁されている障害者のための活動を開始する。
1847	コネティカット州ハートフォードのアメリカ聾学校で『アメリカ聾者紀要』の出版が始まる。
1848	最初の精神遅滞児寄宿制学校がボストンのパーキンス盲院内にサミュエル・グリッドリィ・ハウによって設立される。のちの100年にわたり知的障害のある多くの子どもや大人が施設に収容され、多くは一生を施設内で過ごすことになった。
1854	ヴァーモント州モントピーリアにニューイングランド・ギャローデット聾者協会が創始される。
1860	サイモン・ポラックがミズーリ盲学校で点字のデモンストレーションを行う。
	『ギャローデット・ガイドと聾唖の友』が障害者を読者としたアメリカ最初の出版物となる。
1861	ヘレン・アダムズ・ケラーがアラバマ州タスカンビアに生まれる。
1862	アメリカ陸軍により予備役傷痍軍人団が組織化される。戦後メンバーの多くは解放奴隷局に参加し、解放されたばかりの奴隷たちとともに働いた。
1864	コロンビア盲・聾唖院に学位授与の権限を賦与する授権法がエイブラハム・リンカーン大統領により署名され、障害者の学校のうち世界初の大学となった。1年後、盲生徒はボルティモア州メリーランド盲学校に移管され、コロンビア校は聾生徒から構成される教育機関となった。本校はのちにギャローデット・カレッジと改称され、最終的にギャローデット大学となる。
1869	初の車椅子特許がアメリカ特許庁に登録される。
1878	ジョエル・W・スミスがアメリカ盲教育者協会に修正点字（アメリカ式点字）を提案する。協会は彼の考案を拒否し、ニューヨーク式点字の奨励を継続したが、これに対し盲人らは、読むのも書くのもより困難であると不満を表していた。次に起こったのが「点字戦争」で、盲人擁護運動家はほとんど修正点字を支持したにもかかわらず、点字のための基金を管理をする晴眼者の教師や運営者はニューヨーク式点字を支持した。

1880	イタリア、ミラノで開催された国際聾教育教育者会議は手話使用の禁止と聾学校でのすべての聾教師解雇を発表した。この口話主義の勝利を聾擁護運動家は聾文化に対する直接的な攻撃であると見なした。	1902–1903	大学に入学許可された最初の盲聾者であるヘレン・ケラーが彼女の自伝『わたしの生涯』を出版する。1902年後半に『レディース・ホーム・ジャーナル』に連載されたものを1903年に単行本化している。
	全米聾唖者会議がオハイオ州シンシナティで開催され、これが核となり後の全米聾者協会（NAD）となる。NADにより採用された最初の主要な問題は口話主義とアメリカ手話の禁止であった。	1907	視覚障害者のための『マティルダ・ジーグラー・マガジン』の第1号が発刊される。
		1908	クリフォード・ビアーズが州立および私立の精神障害者施設内での処遇を暴露する『わが魂にあうまで』を出版する。
1883	イギリスのフランシス・ゴールトン卿は、人間の「種の改良」という彼の疑似科学を表すために優生学という用語を造語する。優生学運動がアメリカに渡り、あらゆる障害者はアメリカへの入国、結婚、あるいは出産を禁止する法律が国内で成立するのを導いた。さらに、知的障害と精神疾患等のある大人や子どもの施設収容や強制断種へと発展していく。有色人種や移民に反対する優生学キャンペーンにより南部では「ジム・クロウ法」が成立し、また、南ヨーロッパ、東ヨーロッパ、アジア、アフリカ、ユダヤ人移民を禁止する法律もできた。	1909	盲の権利擁護運動家が公聴会においてニューヨーク式点字の廃止を表明した後、ニューヨーク市公立学校は盲生徒が教室で使用する点字に修正点字（アメリカ式点字）を採用した。
			ニューヨーク市にクリフォード・ビアーズにより全米精神衛生協会が設立される。
			運動障害のある人々のための初の折りたたみ式車椅子が商品化される。
		1911	連邦議会は両院共同議決（P.R.45）により、労働災害補償の問題および障害を得た労働者への経済補償の雇用主の責任を調査する連邦委員会の設置を認可した。
1887	アラバマ州タスカンビアでアン・サリヴァンがヘレン・ケラーに出会う。		
1890s–1920	進歩主義者が州による労働災害補償制度の設立を要求する。1913年までに21州が何らかの労働災害補償を設立し、1919年に43州に拡大する。	1912	ヘンリー・H・ゴダードが『カリカック家』を出版する。このベストセラーは障害と不道徳を意図的に関連づけ、遺伝子が関係していると言い立てた。これが優生学運動の計画を進めることになり、「精神薄弱者の脅威」といった冊子がヒステリー状況を作り出し、施設収容や強制断種などを含む広範な障害者の人権侵害を生んだ。
1901	ミシガン州フリントのミシガン聾学校の同窓会により全米聾者友愛協会が設立される。これは後に世界で唯一の聾者が管理する互助による生命保険会社となる。この会社は、前半世紀を通じて聾者が保険を購入し、運転免許証を取得する権利を擁護している。		
		1918	スミス－シアーズ退役軍人職業リハビ

リテーション法により障害軍人のための連邦職業リハビリテーション・プログラムが成立する。

1920　スミス－フェス市民職業リハビリテーション法が可決し、障害のある市民のための職業リハビリテーション・プログラムが創設される。

1921　アメリカ盲人援護協会が設立される。ヘレン・ケラーが主要な寄付金調達者となる（ロバート・アーウィンが1922年に調査担当ディレクター、1929年に事務局長となった）。

1927　ジョージア州ウォーム・スプリングスにフランクリン・ローズヴェルトが共同経営者としてウォーム・スプリングス財団を設立する。ウォーム・スプリングスのポリオ患者のための施設は、リハビリテーションとピア・カウンセリングプログラムのモデルとなる。

連邦最高裁判所は、バック対ベル裁判において、知的障害者の強制断種は憲法上の権利の侵害ではないと判決した。この決定は知的障害のある人の出産を禁止すべきであると主張する優生学者の最後の抑制を取り払った。1970年代までに6万人にも上る知的障害者および精神疾患が、自身の承諾なしに断種させられた。

1929　シーイング・アイ協会がアメリカで初めての盲導犬学校を設立する。

1932　「ロンドン協約」がアメリカ手話とイギリス手話を標準化する。

アメリカ障害退役軍人協会が傷痍軍人を代表して連邦政府と交渉することが上院で可決される。

1933　フランクリン・ローズヴェルトがアメリカ合衆国大統領に宣誓就任した。政治のトップの座に就く初めての重度身体障害者である。彼は「見事なる欺瞞」を続け、有権者の健常者優位主義に応える形で、自己の障害を最小限に見せる道を選んだ。

1935　社会保障法を連邦議会が可決し、ローズヴェルト大統領が署名、連邦による高齢者年金および盲人、障害児童に対する扶助を実施する州への補助金が設立される。社会保障法はまた、先の法律で成立した既存の職業リハビリテーション・プログラムを拡張した。

ニューヨーク市に身体障害者連盟が設立され、連邦救済プログラムでの障害者差別に抗議した。団体は座り込みやピケ、デモを組織化し、ワシントンD.C.まで出向いて抗議運動をし、ローズヴェルト政府の高官に面会した。

1936　ランドルフ－シェパード法の成立により、連邦政府のロビー売店では盲人の小売業者を雇用する連邦プログラムが定められた。

1937　ハーバート・A・エヴェレストとハリー・C・ジェニングスはX型に折りたため、車のトランクに収納できる折りたたみ式車椅子のデザインの特許をとった。彼らはエヴェレスト＆ジェニングズ（E＆J）社を設立し、後にアメリカ最大の車椅子メーカーへと成長する。

1938　公正労働基準法の成立により盲人労働者のための授産所が増加した。本来は盲人や視覚障害者に訓練や働く機会を提供するためのものであったが、しばしば劣悪な環境の中、最低賃金以下の賃金で労働者を搾取する結果となった。

1940　全米盲人連合がジェイコブズ・テンブローク等の盲人擁護運動家によってペンシルヴェニア州ウィルクス・ベァリィに設立される。この団体はさまざまな改革の中でも、「白杖法」の唱導、

盲人自身により盲人のためのプログラムを実現した。

アメリカ身体障害者連盟がポール・ストラチャンによって、全米初の障害横断的な全国的な政治団体として設立された。団体は職業差別の撤廃を働きかけるとともに、さまざまな活動の中でもとくに全米身体障害者雇用促進週間の法制化を訴えた。

1942-
1944　ヘンリー・ヴィスカーディがアメリカ赤十字のボランティアとしての活動を始め、傷痍軍人に義肢の活用を指導した。ワシントンD.C.ウォルター・リード陸軍医療センターでの彼の活動はハワード・ラスクとエレノア・ローズヴェルトの関心をひき、ヴィスカーディのプログラムが赤十字および軍隊から廃止されると、これに抗議した。

1943　連邦議会は職業リハビリテーション修正法、通称ラフォーレ－バーデン法を可決した。これにより、政府予算による職業リハビリテーション・プログラムの目的に身体的リハビリテーションが追加されるとともに、一定の健康管理サーヴィスに対する財政提供がなされた。

1944　ハワード・ラスクがニューヨーク州ポーリングの米国陸軍エア・フォース健康回復センターに配属され、身体障害を負った空軍隊員のためのリハビリテーション・プログラムを開始する。当初、医学界からは「ラスクの愚行」と呼称されたが、リハビリテーション医学は新規の専門医学領域となった。

1945　コネティカット州エイヴォンに失明退役軍人協会が設立される。

ハリー・トルーマン大統領が全米身体障害者雇用促進週間を年中行事として指定する両院共同の決定である公法176に署名する。

ボイス・R・ウィリアムズが連邦職業リハビリテーション局（OVR）に聾、難聴、言語障害者のコンサルタントとして雇用され、その後40年近くにわたるOVRでの聾のアメリカ人のための教育、職業リハビリテーション・プログラム企画・運営の仕事を開始する。

1946　連邦議会はヒル－バートン法と称される病院調査・建設法を制定し、連邦予算で州に病院、公立ヘルスセンター、障害のある人々のリハビリテーション施設の建設を許可した。

ニューヨーク市に脳性まひの子どもたちの親によりニューヨーク市脳性まひ協会が設立される。これがその後の脳性まひ協会連合の前身となる。

第2次世界大戦中に州立精神病院で看護人として従事した良心的兵役拒否者により全米精神保健財団が設立される。財団はこれらの施設での虐待の実態を明らかにし、脱施設化を推し進める最初の萌芽となった。

1947　カリフォルニア州ヴァン・ナイズのバーミンガム病院に、フレッド・スメッド、ランドール・アップダイク、その他全米の退役軍人病院の代表者からなる団体により、アメリカ身体まひ退役軍人会（PVA）が設立される。

全米障害者雇用促進週間の最初の大統領委員会がワシントンD.C.で開催される。州および地方委員会で広報キャンペーンが展開され、障害のある人々の能力が強調され、映画予告やビルボード看板、ラジオ、TV広告を使い「障害者を雇用するのはよいビジネスになる」ことが伝えられた。

ハロルド・ラッセルが『我等の生涯の最良の年』でアカデミー賞2部門を受賞する。

1948	アメリカ身体まひ退役軍人会により、拡大する活動の市民部門として全米対まひ財団が設立される。財団の多くの都市と州の支部が障害者権利擁護運動の先鋒となる。
	イリノイ州ゲイルズバーグのイリノイ州立大学で障害学生プログラムが公的に創設される。ティモシー・ニュージェントにより設立、運営されるこのプログラムはアーバナ・シャンペーンのキャンパスに移り、全米各地の障害学生プログラムの原型となり、やがて自立生活センターへと成長していく。
	精神障害患者のセルフヘルプ・グループである「私たちは一人ではない」がニューヨーク市のロックランド州立病院で組織される。
1949	第1回車椅子バスケットボール・トーナメントがイリノイ州ゲイルズバーグで開催される。車椅子バスケットボールやその他のスポーツは後の数十年間、障害者のライフスタイルや文化の重要な部分を占めることになる。
	ティモシー・ニュージェントが全米車椅子バスケットボール協会を設立する。
	脳性まひの子どもをもつ親たちが作るさまざまなグループの代表者からなる全米脳性まひ財団が設立される。1950年に脳性まひ協会連合と改称され、全米精神遅滞児親の会とともに1950年代以降の親の会活動の主力となる。
1950	1950年社会保障改正法により、永久的かつ完全な障害者に対する金銭的扶助を行う連邦＝州プログラムが成立する。これは社会保障障害保険など後の連邦政府による障害者扶助プログラムのための限定的な模範になるものであった。
	全米精神遅滞児親の会（後に精神遅滞市民協会、さらに The Arc と改称）が精神遅滞児の親によるさまざまな団体の代表者によってミネアポリスに設立される。
	メアリー・スウィッツァーが連邦職業リハビリテーション局長となる。
1951	ハワード・ラスクがニューヨーク大学メディカル・センターにリハビリテーション医学研究所を開設する。障害者を含む研究所所員により、重度の障害をもつ人向けの介助用品として電動タイプライター、マウススティック、改良義肢の開発が始まった。
1952	大統領全米身体障害者雇用促進週間委員会が大統領身体障害者雇用委員会に改編され、大統領および連邦議会に属する常設委員会となった。
	ヘンリー・ヴィスカーディが個人貸付金により、障害者のための職業トレーニングと人材サーヴィス事業であるアビリティー社を設立する。
1954	連邦最高裁判所はブラウン対トピーカ教育委員会裁判において黒人と白人の学校を区別することは本質的に差別であり、違憲であると判決した。このきわめて重要な判決がアフリカ系アメリカ人の公民権運動の触媒となり、さらに障害者権利運動の大きな示唆となった。
	連邦議会は職業リハビリテーション修正法を可決し、身体障害者が利用できる制度を拡大するための連邦補助金を認めた。連邦職業リハビリテーション局のメアリー・スウィッツァーはこの決定を活用し、100以上の、大学を基盤とするリハビリテーション関連制度に予算をつけた。
	1935年社会保障法が公法83-761号により改正された。この改正により障害

により離職を余儀なくされた労働者のための「凍結」規定が追加された。この規定によって、老齢年金支給開始までの間で障害のために働いていなかった期間は、年金額の算定から外される。それゆえ、老齢給付は障害の状態に至る前の水準に凍結されることになり、障害者が引退した時の年金が保護される。

1955 ハロルド・ウィルクがニューヨーク市統一キリスト教会総会で宗教・健康委員会を創設し、最初の最高責任者となる。この権限により、女性と障害者が聖職者を志す道を開放した。

1956 連邦議会は1956年社会保障修正法を可決し、50歳から64歳までの障害者の社会保障障害保険（SSDI）制度が創設される。

『アクセント・オン・リビング』が創刊される。

1957 ニューヨーク州ガーデン・シティ、アデルフィ大学にてアメリカ初の全米車椅子競技大会が開催される。

ネヴァダ州リーノウに小人症の人の権利擁護のためのアメリカ小人症協会が設立される。

ガンナー・ディバットが全米精神遅滞児親の会の事務局長となる。

1958 連邦議会は1958年社会保障修正法を可決し、社会保障障害保険の給付を障害者の扶養者に拡大した。

ジニー・ローリーがトゥーミー・パヴィリオン・ポリオ・リハビリテーション・センター発行の『トゥーミーヴィル・ガゼット』の編集者となる。後に『リハビリテーション・ガゼット』と改称されるが、この草の根的な出版物が障害者権利、自立生活および障害の違いを超えた団体活動の初期の声となった。また、障害のあるライターによる記事を掲載、障害経験をあらゆる側面から描いた。

アメリカ身体障害者連盟がミシガン州グランド・ラピッズでの会議で解散した。参加者はその代わりに全米身体障害者協会を結成した。

1960 イタリア、ローマで国際パラリンピック委員会の後援により最初のパラリンピックが開催される。

連邦議会は1960年社会保障修正法を可決し、社会保障障害保険の受給者は50歳以上とするという制限を取り払った。

1961 アメリカ盲人協議会が正式に発足する。

ケネディ大統領が、精神遅滞者の現状を調査し、改善のためのプログラムや改正を目的とする大統領精神遅滞委員団を設立する。

アメリカ規格協会が『建物への身体障害者のアクセスを可能にし、利用可能にするためのアメリカ基準仕様』を出版。この画期的な出版物がその後のあらゆる建築物バリアフリー基準の基礎となる。

1962 大統領身体障害者雇用委員会は大統領障害者雇用委員会に改称された。これは知的障害や精神疾患のある人々の雇用問題への関心の高まりを反映していた。

エドワード・V・ロバーツがカリフォルニア大学バークレー校初の重度障害のある入学生となる。

1963 ケネディ大統領が連邦議会演説で「今後数年をかけて施設に拘束されている数十万人を」縮小することを要求した。

さらに「精神疾患者や精神遅滞者をコミュニティにとどめ、あるいは戻して、コミュニティ内のより優れた医療プログラムや強化された教育、リハビリテーション・サーヴィスによって回復させ、再生させるような」方法の開発が指示された。当時はこれに対する呼称はなかったが、脱施設化およびコミュニティ・サーヴィスの増加の要求であった。

連邦議会が精神遅滞者施設および地域精神保健センター建設法を可決し、連邦補助金による公立および私立NPOによるコミュニティ精神保健センターの建設を認めた。

サウスカロライナ州が初の州による建築物のバリアフリー規則を可決する。

ジョン・ヘスラーがカリフォルニア大学バークレー校のエド・ロバーツに加わり、さらなる障害者学生がこれに続く。彼らはローリング・クワッズを編成し、キャンパス内および周辺コミュニティのバリアフリー改善運動を唱導した。

1964 公民権法が連邦議会を通過し、公共施設、雇用および連邦政府支援プログラムにおいて人種による差別を禁止した。これが、後に続く障害者権利法のモデルとなる。

ロバート・H・ウェイトブレクトが電話回線モデムの先がけとなる「音響カプラー」を発明し、タイプライターによるメッセージを標準的な電話回線で送ることが可能になった。この発明が**聾者テレタイプライター**（TDDs、現TTYs）の使用の拡大を可能にし、**聾**者や難聴者が電話システムを使用できるようにした。

1965 1965年社会保障修正法によりメディケアとメディケイド制度が成立した。これらの制度は障害者および高齢者に社会保障制度により連邦政府が資金助成するヘルスケアを提供する制度である。この修正法では、さらに社会保障障害保険制度に該当する障害の定義を「長期に、無期限に継続する」から「12ヶ月以上継続すると予測される」に変更した。

1965年職業リハビリテーション修正法が可決され、連邦補助金によるリハビリテーション・センターの建設が認められ、既存のリハビリテーション法を拡大し、全米障害者リハビリテーション建築物バリアフリー委員会を創設した。

ウィリアム・C・ストコー、カール・クローンバーグ、ドロシー・キャスターラインが『言語理論に即したアメリカ手話辞典』を出版し、アメリカ手話への正当性を訴え、口話主義から距離を置くことを開始した。

アメリカ自閉症学会が自閉症児の親により設立された。これは、サーヴィスの不足、自閉症児への差別、医療「専門家」に支配的な、自閉症は脳障害でなく未熟な育児の結果であるとする説に反対して設立されたものであった。

連邦議会はニューヨーク州ロチェスターのロチェスター工科大学に国立聾工科大学を開設した。

1966 フレデリック・C・シュライバーが全米聾者協会の事務局長に就任する。

ジョンソン大統領が大統領精神遅滞委員会を設置する。

バートン・ブラットおよびフレッド・カプラン共著による『煉獄のクリスマス』が出版され、州立施設での知的障害者の驚くべき処遇が記録されている。

1967	国立聾者劇場が連邦職業リハビリテーション局の補助金により設立された。
1968	建築物バリアフリー法が可決され、連邦政府が建設した建物や施設（機関）は身体障害者にとってバリアフリーであるべきとされた。この法律が最初の連邦障害者権利法であるとされる。
1969	デンマークのニールス・エーリック・バンク-ミッケルセンとスウェーデンのベンクト・ニィリエが大統領精神遅滞委員会主催の会議においてアメリカの聴衆に初めてノーマライゼーションの概念を紹介し、脱施設化の概念的枠組みを提供した。ノーマライゼーションの見解は、『精神遅滞者入所施設サーヴィス形態の変革』として出版された。
	聾者のための新聞として『サイレント・ニューズ』がジュリアスとハリエット・ウィギンス夫妻によって刊行された。
1970	精神障害者解放戦線がオレゴン州ポートランドに設立される。
	発達障害者サーヴィスおよび施設設置改正法が可決される。改正法では発達障害の最初の法的定義が記載され、発達障害のある人々へのリハビリテーション・サーヴィスや施設・機関のための補助金が提供され「DD協議会」と称された。
	ナーシング・ホーム入所者のマックス・スタークロフがセント・ルイスにパラクアッドを設立する。
	ニューヨーク市に、ジュディス・ヒューマンにより「行動する障害者」が設立される。これは彼女が市の公立学校制度に対する雇用差別訴訟の勝利を受けてのことであった。その他の都市支部では、デモ活動を行ったり、障害者権利を代表して訴訟を起こしたりした。
	エド・ロバーツ、ジョン・ヘスラー、ヘイル・ズーカスその他のカリフォルニア大学バークレー校の学生により、身体障害学生プログラム（PDSP）が設立された。コミュニティ生活、行政への権利擁護、パーソナル・アシスタンス・サーヴィスを活動内容とし、2年後に設立される最初の自立生活センターの中核となる。
	連邦議会は都市大量輸送機関における援助関連法を可決し、「高齢者や障害者が他の人々のように公共交通機関やサーヴィスを使用する共通の権利を有する国家政策」を宣言した。しかし、本法は強制力をもたないことから、ほとんど効力のないものであった。
1971	精神障害者解放戦線がボストンに、精神患者解放プロジェクトがニューヨーク市に開設される。
	インディアナ州サウスベンドのノートルダム大学に全国法律・障害者センターが創設され、アメリカ初の障害のある人々のための法律に関する権利擁護センターとなる。
	アラバマ州中部地区連邦裁判所はワイアット対スティックニー裁判で初の判決を下し、州立の施設にいる人々は「個人の精神疾患を治療または改善する現実的な機会となる個別治療を受ける」憲法で保障された権利をもつとした。障害者は治療や教育なしに「保護施設」に閉じ込められることはできなくなった。本判決は脱施設化への闘いにおける決定的な勝利となる。
	ボストンのWGBHテレビにキャプションセンターが開設され、聾視聴者のための字幕放送が始まった。

1938年公正労働基準法が修正され、視覚障害以外の障害者も授産所に受け入れることが決まった。この決定が、後に知的障害者や発達障害者のための大規模な授産所システムの設置へとつながっていく。

1972　連邦ワシントンD.C.連邦地方裁判所はミルズ対教育委員会裁判において、ワシントンD.C.では公立学校から障害児を排除することはできないと定めた。同様に連邦ペンシルヴェニア州東部地区連邦裁判所は、PARC対ペンシルヴェニア州裁判において、それまで公立学校から障害児を排除するために使用されてきたさまざまな州法を取り消した。これらの決定は、公聴会において権利擁護運動家により引用されることにより、1975年全障害児教育法の制定につながることになった。PARC裁判はとくに、数多くの教育を受ける権利訴訟のきっかけとなり、権利擁護運動家たちが障害者権利の拡大のために裁判に期待するようになった。

自立生活センター（CIL）がカリフォルニア州バークレーに設立される。CILは一般に世界初の自立生活センターと認められており、自立生活運動を世界に広げる口火を切った。

1972年社会保障修正法により補足的所得保障（SSI）が成立する。本法は、成人した障害児の介護をする家族の経済的負担を緩和した。この制度は障害があっても社会保障障害保険に該当しない人々を対象にする既存の連邦プログラムを統合したものである。

ヒューストン共同生活居住プロジェクトがテキサス州ヒューストンに設立され、バークレーの自立生活センターとともに、後続の自立生活プログラムのモデルとなる。

ディヴィッド・L・バゼロン判事記念精神保健法センターがワシントンD.C.に設立され、精神疾患のある人に法的後見や権利擁護の提供を開始する。

リーガル・アクション・センターが、ワシントンD.C.およびニューヨーク市で事務所を開設、アルコール依存、薬物依存の権利擁護を開始する。現在ではHIV/AIDS患者の権利擁護も行っている。

アメリカ身体まひ退役軍人会、全米対まひ財団、およびリチャード・ヘッディンガーはワシントン首都交通局に対し、ワシントンD.C.の新しい数十億ドルをかけた地下鉄システムの計画にバリアフリーを加えることを求め訴訟を起こした。彼らの最終的な勝利は公共交通のバリアフリー化闘争の指標となるものであった。

ヴォルフ・ヴォルフェンスベルガーにより『ノーマライゼーション――社会福祉サーヴィスの本質』が出版され、ノーマライゼーション理論の普及とともにアメリカ国内で多くの読者を得た。

サンフランシスコに精神医学的暴力に反対するネットワークが組織化される。

ニューヨーク州スターテン島のウィロウブルック州立施設入所者の親により訴訟（ニューヨークARC対ロックフェラー）が起こされ、施設の恐るべき処遇の廃止が求められた。施設内からのテレビ放映は知的障害者が耐える非人間的な扱いを目のあたりにした一般視聴者を激怒させた。このメディアによる暴露が、裁判その他の権利擁護運動とともに、何千人もの人々が施設を出てコミュニティで生活する方式に転換するきっかけとなった。

ワシントンD.C.で、リチャード・M・ニクソンによる1973年リハビリテーション法案に対する拒否権の行使に抵

抗する、障害当事者の活動家によるデモが行われた。ワシントン D.C. その他の地域で組織化されたデモには、行動する障害者、アメリカ身体まひ退役軍人会、全米対まひ財団、その他の団体が参加していた。

『精神障害者ネットワーク・ニュース』がサンフランシスコで出版される。

1973　ワシントン D.C. で最初の障害者用駐車スペース・ステッカーが導入される。

デトロイト大学で最初の人権と精神医学的抑圧に関する大会が開催される。

連邦政府助成幹線道路改正法の成立により連邦予算によるカーブ・カットの設置が認められる。

1973年リハビリテーション法の可決が、障害者権利運動における、歴史上最大の偉業となる。この法律のとくに第5編、さらに第504条は、史上初めて障害のある人々に対する差別を扱っている。第504条は、連邦政府から資金提供を受けている制度は、「障害があっても能力を有する」個人を差別することを禁止しており、「504条ワークショップ」やさまざまな草の根組織の結成を促進させた。障害者権利活動家は、この法律を強力な武器とし、第504条を履行するための施行規則に署名させることを最優先事項とした。第504条に起因する訴訟により、障害者権利の中心的な概念である「合理的調整」「合理的変更」「過大な負担」などを生み、その後の法律、とくに1990年アメリカ障害者法の枠組みを成していく。

1968年建築物バリアフリー法を施行するために、1973年リハビリテーション法の下、建築・交通バリアフリー遵守委員会（ATBCB）が設立された。

障害者市民連合が組織化され、後に1975年発達障害支援および権利章典法および1975年全障害児教育法として成立する権利擁護を行う。

1974　最初の全米車椅子バスケットボール・トーナメントおよび最初の全米車椅子マラソンが開催される。

ボストン自立生活センターが設立される。

ペンシルヴェニア州でハルダーマン対ペンハースト訴訟がペンハースト州立施設・病院の居住者の代理として起こされる。訴訟は州立「学校」での精神遅滞者への恐るべき処遇に焦点をあてており、脱施設化への闘いの重要な先例となり、知的障害者のコミュニティ・サーヴィスへの権利を作り出した。

ピープル・ファーストの初めての会議がオレゴン州セイラムで開催される。ピープル・ファーストは知的障害をもつ人々により構成、運営される組織の全米最大のものとなる。

最初の介助プロジェクト（CAPs）が設立され、州の職業リハビリテーション局の利用者のために当事者擁護を開始する。

ノースカロライナ州は、バリアフリー化権利擁護運動家のロナルド・メイスにより文書化された厳格な建築条件法を州全域で制度化した。この建築法は、他の州での効果的な建築物のバリアフリー化モデルとなる。メイスは建築物や商品のバリアフリー化を進める権利擁護運動のためバリアフリー環境デザイン社を設立する。

1975　クリーヴランドにてアメリカ盲聾者協会の第1回大会が開催される。

連邦議会はコミュニティ・サーヴィス法を施行、ヘッド・スタート・プログラムを開始し、全プログラムの少なくとも10%が障害児のために確保されるよう規定した。

連邦議会は発達障害支援および権利章典法を可決し、連邦予算を発達障害者支援のためのプログラムに提供するとともに施設入所者の一連の権利を明らかにした。しかしながら、権利章典および後続の裁判判決における強制力の欠如により、この法規定は障害者権利擁護にとって実質的には役に立たなかった。

全障害児教育法（PL 94-142）が可決され、障害児が統合教育の環境下で公立学校教育を受ける権利が認められた。この法律は連邦による障害者法制化の礎石となった。その後の20年間、この法律の下で何百万人もの障害児が教育を受け、障害者コミュニティの人々の生活を根本的に変えていった。

アメリカ障害者市民連合が創設される。この団体が1970年代の障害の違いを超えた全米組織の先がけとなり、盲、聾、身体障害、発達障害者の権利擁護グループを一体化した。連合はフランク・バウを初代事務局長として雇用し、彼は障害のあるアメリカ人の現状についての主要な調査を開始する。

重度障害者協会（TASH）がPARC対ペンシルヴェニア州裁判および後続の教育法訴訟に呼応する特殊教育専門家により創設される。組織は後に嫌悪行動療法の廃止と障害者のすべての入所施設の閉鎖を訴える。

デンヴァーにアトランティス・コミュニティが設立され、それまでナーシング・ホームで暮らすことを強制されていた重度障害者のグループホーム制度を開始する。

連邦最高裁判所はオコナー対ドナルドソン裁判で本人あるいは他人に危害を与える恐れがあると見なされない限り、本人の意思に反して精神病院に収容することはできないと判決した。

『主流——有能な障害者のための雑誌』がサンディエゴで刊行を開始する。

最初の親・訓練情報センターが、障害児の親が1975年全障害児教育法の下で権利を行使することを支援する目的で設立される。

エドワード・ロバーツがカリフォルニア・リハビリテーション局長となり、斬新なバークレー自立生活センターをモデルとする自立生活センターを州内に9ヶ所開設するよう働きかけた。これらのセンターの成功により自立生活が他の地域でも導入可能であることの証明となり、世界中に何百もの自立生活センター開設される結果を生んだ。

ロサンゼルスに西部法・障害センターが開設される。

1976　1972年高等教育法改正法可決により、大学進学する身体障害者への介助サーヴィスが開始される。

ペンシルヴェニア州行動する障害者の会、アメリカ障害市民連合、脳性まひ協会連合や他団体からなるトランスバス・グループはフィラデルフィア公益法律センターを代理人として訴訟（ペンシルヴェニア州行動する障害者の会対コールマン裁判）を起こし、連邦からの資金を受け取っている公共交通局により購入されたすべてのバスはトランスバス規定を満たし車椅子乗降が可能でなければならないと求めた。

行動する障害者の会はニューヨーク市脳性まひ連合のテレソンに対しピケを張った。テレソンは「哀れみを讃え、

これを助長するような、品位を傷つける温情主義的な見世物である」と訴えた。

カナダのウィニペグ市にカナダ障害者州組織連合が創設され、これが後のカナダ障害者協議会となる。

ワシントンD.C.に障害者権利センターが創設される。同組織は、ラルフ・ネイダーの法律研究センターからの資金援助によるもので、障害者の消費者保護を専門とし、エヴェレスト＆ジェニングズ社への独占禁止活動では司法省に協力した。

ロサンゼルスにウエストサイド自立生活センターが設立され、エド・ロバーツとカリフォルニア州リハビリテーション局によって開設された9ヶ所の自立生活センターの初例となった。

1977　ジミー・カーター大統領がマックス・クリーランドをアメリカ退役軍人省の責任者として任命し、クリーランドはその任に就く最初の、そして一番若い重度障害者となった。

10都市の障害者権利活動家団体が保健・教育・福祉省（HEW）の庁舎前でデモを行い、カーター政権に1973年リハビリテーション法第504条を履行するための施行規則を公布するよう求めた。このデモは全国の障害者コミュニティを刺激し、とくにサンフランシスコでは活動が1ヶ月近くも続いた。4月28日、HEW長官であるジョセフ・カリファーノが施行規則に署名した。

ホワイトハウス障害者会議は3000人もの障害者を集め、障害者のある人々への連邦政策に関して討議した。史上初となるこの種の会議はさまざまな提案を呼び、障害者権利の草の根活動の触媒の役割を果たした。

法律サーヴィス組合改正法が可決され、経済的に困窮した障害者が公的資金による法律サーヴィス受給資格者リストに加えられた。

連邦第7巡回区控訴裁判所は、ロイド対地域交通局裁判で個人は1973年リハビリテーション法第504条の下に、公共交通局がバリアフリー・サーヴィスを提供することを求める訴訟を起こす権利があると判決した。連邦第5巡回区控訴裁判所は、スノウデン対バーミンガム・ジェファーソン郡交通局裁判において、交通局は「車椅子障害者以外の障害者」に限りバリアフリー・アクセスを確保しなければならないと判決したことによって、この決定を台無しにした。

1978　ロサンゼルスに障害児をもつヒスパニック系の親たちによって、フィエスタ・エデュカティーヴァ親の会が創設される。

ボストンに障害者環境改善センターが設立される。

デンヴァーの障害者権利擁護活動家が座り込みデモを主催し、デンヴァー市交通局バスを封鎖し、市内の主要交通システムがとてもアクセスしがたいことに抗議した。このデモはアトランティス・コミュニティにより組織された。これがその後何年にも及ぶ市民不服従キャンペーンを展開し、デンヴァー市交通局による車椅子昇降機を備えたバス購入させるに至る最初の活動となった。

1978年リハビリテーション改正法第7編により初めて自立生活に連邦予算がつくようになり、連邦教育省に全米障害者協議会が創設される。

ジュディ・チェンバレン著の『精神障害者自らの手で――今までの保健・医

療・福祉に代わる試み』が出版され、精神障害サヴァイヴァー運動の教科書となる。

ワシントン D.C. に全米法律・聾者センターが設立される。

フランク・バウ著の『ハンディを負わせるアメリカ』が出版される。この本は障害者の平等なシティズンシップを否定する政策や姿勢の包括的なレヴューであり、障害者権利運動全体の教科書となった。

| 1979 | アメリカ・オリンピック委員会がスポーツ障害者委員会を設置する。

連邦最高裁判所は、サウスイースタン・コミュニティ・カレッジ対デイヴィス裁判において 1973 年リハビリテーション法第 504 条の下では、連邦予算を受けるプログラムは、その他の点では資格要件のある障害者に対し、参加を可能にする「合理的調整」を行わなければならないと判決した。この決定は第 504 条の裁判所による最初の判決となり、「合理的調整」が障害者権利法における重要な定義となった。

マリリン・ハミルトン、ジム・オカモト、ドン・ヘルマンが軽量で折りたたみ式の車椅子「クイッキー」を製作し、手動式の車椅子デザインを革新させた。

障害者権利教育擁護基金（DREDF）がカリフォルニア州バークレーに設立され、アメリカの障害者権利擁護センターの前身となり、1980 年代、1990 年代における画期的な訴訟と議案通過運動の多くに関わることになる。

ウィスコンシン州マディソンに精神疾患のある人々の親により全米精神障害者家族連合会が設立される。

メリーランド州ベセスダにハワード・「ロッキー」・ストーンにより難聴者セルフヘルプが設立される。

| 1980 | 社会保障修正法が可決される。その第 1619 条は、社会保障障害保険や補足的所得保障における仕事上の阻害要因に対処するという狙いを有するものであった。その他の規定では、社会保障受給者の再審査が義務づけられ、結果的には何十万もの障害者の年金廃止につながった。

連邦議会は施設入所者公民権法を可決し、権利を侵害されている施設入所者に代わって市民訴訟を起こす権限を連邦司法省に与えた。

ケンタッキー州ルイヴィルで『ディスアビリティ・ラグ・アンド・リソース』の創刊号が出版される。

カナダとアメリカから権利擁護運動家の参加を得て、障害者インターナショナルがシンガポールに設立される。

ミネアポリスにウィミンズ・ブライユ・プレス（The Womyn's Braille Press）が設立され、女性作家やフェミニスト文学の点字や朗読テープの作成を開始した。

| 1981 | 国際障害者年が国連総会でのスピーチで開始が宣言される。年間を通して政府は障害者を社会の主流へと迎え入れるプログラムの後援を推進した。

『ニューヨーク・タイムズ』の社説でエヴァン・ケンプ・ジュニアがジェリー・ルイス全米筋ジストロフィ協会テレソンを「キュア（配慮）を求めるきわめて人間的な願いは障害者へのスティグマを助長するテレビ番組を、とうてい肯定できるものではない」と非難した。

ジョー・キャンプリングによる『私た

ち自身のイメージ——障害女性が語る』とイボンヌ・ダッフィーの『すべては可能である』は障害女性の関心事に光をあてた。

1981–1983	新たに選出されたレーガン政権は1973年リハビリテーション法第504条および1975年全障害児教育法を履行する施行規則を修正あるいは廃止をする恐れがあった。障害者権利教育擁護基金（DREDF）のパトリシア・ライトと障害者権利センターのエヴァン・ケンプ・ジュニア率いる障害者権利擁護運動家は精力的なロビー活動を行い、草の根運動とによって4万通以上のはがきや手紙を集めた。3年後レーガン政権は施行規則廃止や改正の試みを諦めた。
1981–1984	レーガン政権は何十万人もの障害受給者の社会保障障害給付を廃止した。障害者権利擁護運動家は、これらの廃止は単なる政府予算の縮小にすぎず、当該受給者の健康状態改善を反映するものではないと訴えた。社会保障障害給付受給者連合や社会保障障害給付に関する特別委員会などを含むさまざまな団体がこれらの廃止に反対して立ち上がった。年金の喪失を悲観して自殺した障害者も数名いた。
1982	全米黒人聾者協会が設立される。
	インディアナ州ブルーミントンの「ベビー・ドゥー」の両親が主治医から新生児はダウン症候群であるから、食道閉塞を取り除く外科処置を拒否するようアドヴァイスされた。障害者権利活動家が介入しようとしたが、訴訟が起こされる前に新生児は餓死した。この事件によって、レーガン政権は、障害のある新生児の公民権を守るために、「ベビー・ドゥー班」の創設を求める施行規則を公布するに至った。
	障害者電話法は1985年1月1日までに病院や警察署といった公共的に重要な場所の電話や、すべてのコイン式電話は補聴器対応型にし、聾者や難聴者が利用可能となるようにしなければならないと定めた。また、州自治体が、TDDs（聾者用電話機器、より一般的にはテレタイプライター〈TTYs〉と呼称）を製作、交付するための補助金を支給することを求めた。
	自立生活センターおよび自立生活運動を代表して権利擁護活動を行う全米自立生活協議会が設立される。
1983	障害児コンピュータ・グループ（DCCG）がカリフォルニア州バークレーに設立される。
	エド・ロバーツ、ジュディ・ヒューマン、ジョーン・レオンがカリフォルニア州オークランドに世界障害研究所を開設する。
	コロラド州デンヴァーに本部を置くアトランティス・コミュニティによって公共交通への乗車を求めるアメリカ障害者団体（ADAPT）が組織化される。その後の7年間、ADAPTはアメリカ公共交通協会（APTA）やさまざまな地方の公共交通局に対し市民不服従キャンペーンを行い、公共交通のバリアフリーの不足を訴えた。
	全米障害者協議会は「1964年公民権法やその他の公民権や選挙権法に障害者を加えることに前向きに取り組む」ことを連邦議会で提言した。
	国連は国際障害者年を国際障害者の10年に拡大し、1983年から1992年まで継続するとした。
	シャロン・コワルスキーがミネソタ州オーナミアで酔っ払い運転者が起こした事故により障害を負った。両親は彼女がレズビアンと発覚したことから恋

人のカレン・トンプソンの元に帰宅することを認めずに、ナーシング・ホームに収容した。トンプソンのコワルスキー奪回のための8年に及ぶ闘いは障害者権利擁護運動家の焦点となり、レズビアンと障害者権利コミュニティとの懸け橋となった。

連邦就労調整ネットワーク（JAN）が大統領障害者雇用委員会により創設され、障害のある被雇用者に仕事情報を提供するようになった。

1984　ベビー・ジェイン・ドゥー裁判は、1982年のブルーミントンのベビー・ドゥー裁判と同様、障害のために必要な治療を拒否された新生児を巻き込んだ裁判である。このケースはアメリカ最高裁においてボウェン対アメリカ病院協会として争われる結果となり、1984年改正児童虐待防止および処遇法の成立という結果を生んだ。

ジョージ・マレイがウィーティーズ・シリアルのパッケージ箱に登場した初の車椅子のスポーツ選手となった。

連邦最高裁判所は、アーヴィン独立学校区対タトロ裁判において、1975年全障害児教育法の下、障害のある生徒への「関連サーヴィス」として、学校看護師や看護助手による休み時間のカテーテル挿入を許可した。学校区はそれらのサーヴィスが必要となるかもしれないことを理由に障害児の受け入れを拒否することはできないとした。

全米障害者協議会が独立した連邦の庁となる。

連邦議会は何十万もの人々の社会保障障害給付が廃止されたことを受けて、社会保障障害給付改革法を可決した。本法は、支給の打ち切られた受給者に対しても、彼らの控訴審が終わるまでは、現金給付と医療保険の適用を継続

することを政府に命じている。また、社会保障局による支給打ち切りの決定は、それぞれの受給者のケースにおいて、「信頼に足る証拠」を根拠にしている場合にだけ認められることになった。

高齢者・障害者の投票におけるバリアフリー法は選挙会場がバリアフリーであるか、高齢者や障害者が権利を行使できるような方法をとることを義務づけている。権利擁護運動家は、本法を遵守させることは不可能とはいわないまでも非常に難しいとしている。

1985　カリフォルニア州オークランドに前衛的な障害者劇団ライ・クリップスが設立される。

連邦最高裁判所は、バーリントン教育委員会対教育省裁判において、1975年全障害児教育法の下、障害児童が私的な制度を活用する場合、裁判所が児童には最も制約のない環境で適切な教育を提供するためにそのような制度が必要であると判断した際には、学校がこの費用を負担しなければならないと定めた。

連邦最高裁判所は、クレバーン市対クレバーン生活センター裁判において、地方自治体は知的障害者のためのグループホームを住宅街に開設することを、居住者が障害者であることのみを理由に妨げる都市計画法を使用することを禁止した。

ジニー・ローリーが国際ポリオ・ネットワークをミズーリ州セントルイスに創設し、ポリオ後遺症候群の啓発活動を開始した。

全米精神障害サヴァイヴァー協会が設立される。

1986　航空機バリアフリー法が可決され、単

に障害者であることを理由に、サーヴィス提供を拒否し、障害をもたない旅行者または、一般旅行者よりも高い運賃を請求することを禁止した。

全米障害者協議会は、アメリカの障害者の法的状況を明らかにし、差別状況を文書化し、連邦による公民権法（後に 1990 年アメリカ障害者法として可決される）の発効を求めた報告書『自立に向けて』を発行した。

ジョージア州アトランタにバリアフリー住宅を推進する草の根組織コンクリート・チェンジが組織化される。

アメリカ障害者雇用機会法が可決され、社会保障障害保険や補足的所得保障の受給者が仕事を得た後も給付、とくに医療保険適用を保持することを認めた。本法は多くの障害者が働かないことを選ぶような阻害要因排除を目的としていた。

精神疾患者保護および権利擁護法が可決され、入院患者や精神保健施設入所者のための保護および権利擁護のための機関を作った。

障害学会が創設される。

1986 年リハビリテーション改正法で支援つき雇用が「正当なリハビリテーション目的である」と定義した。

1987 カリフォルニア州に障害児コンピュータ・グループとアップル・コンピュータの特殊教育部門とによるテクノロジー・アクセス連盟が設立される。

マーリー・マトリンが『愛は静けさの中に』の演技でアカデミー賞を受賞する。

カリフォルニア州オークランドに車椅子ダンス団が設立される。

カナダのウィニペグ市に障害女性ネットワーク（DAWN）が設立される。

連邦最高裁判所は、フロリダ州ナッソー郡教育委員会対アーライン裁判において 1973 年リハビリテーション法第 5 編の下、感染症の人々の権利を明らかにした。この決定により感染症罹患者を「他人の偏見的な態度や無知を理由として」解雇することはできないと定めた。この決定は結核や HIV/AIDS、その他の感染症や障害のある人々、また感染するのではと恐れられ差別される、がんやてんかん患者にとって画期的な判例となった。

アメリカ中途失聴者協会（ALDA）がシカゴに設立される。

1988 ワシントン D.C. のギャローデット大学の学生たちは、ギャローデット大学理事会が非聾者を大学学長に任命したことを不服として、聾者の学長選出を要求して 1 週間のキャンパス封鎖と占拠を行った。3 月 13 日、ギャローデット大学理事会は I・キング・ジョーダンを大学初の聾者の学長として任命した。

ニューヨーク州ロチェスターで『デフ・ライフ』の月刊発行が開始される。

障害者のための技術関連支援法（テック法）が可決された。同法は、支援技術へのアクセスを容易にすることを目的とした州のプロジェクトに連邦基金を提供することを認めた。

バリアフリー住宅に関する改正法が連邦公正住宅法により保護される集団に障害者を加えることを認め、新たに建設される集合住宅の最低限のバリアフリー基準を定めた。

全米障害者協議会は「自立への入り口で」とアメリカ障害者法（ADA）の

最初の草案を公表、下院議員トニー・コエロにより下院に、上院議員ローウェル・ワイカーにより上院にそれぞれ提出された。連邦議会障害者の権利・エンパワメント特別委員会が下院議員メイジャー・R・オーウェンズによって発足し、ジャスティン・ダート・ジュニア、エリザベス・ボッグズらも共同委員長となった。特別委員会はアメリカ障害者法成立のための草の根支援の構築を始める。

連邦議会が1987年公民権回復法に対するロナルド・レーガン大統領の拒否権を覆した。本法は、グローヴ市立大学対ベル裁判における最高裁判所の判決など、1973年リハビリテーション法第504条を含む公民権法の範囲を限定するような判決を取り消すものであった。

連邦最高裁判所はホーニッグ対ドゥー裁判において1975年全障害児教育法の下、「ステイ・プット・ルール」を再確認した。学校当局は個別教育プログラム（IEP）で合意された学校から、適正手続きのヒアリングなしに障害児を退学や休学、転校させることはできないとした。

全米障害者の親ネットワークが保護者訓練・インフォメーション・センターの上部組織として創設される。

1989　連邦控訴裁判所は公共交通のバリアフリーを要求するアメリカ障害者の会（ADAPT）対スキナー裁判において、交通局が予算の3％のみをバリアフリー化に支出するとする連邦規則は専横的で差別的であるという判決を下した。

前年に連邦議会に提出されたアメリカ障害者法の原案が再度書き直され、再提出された。全国の障害者権利擁護団体はこれを支持し、パトリシア・ライトが「中心となり」マリリン・ゴールデン、リズ・サヴェージ、ジャスティン・ダート・ジュニア、エリザベス・ボッグズがライトに協調する役割を担った。

ユニヴァーサル・デザイン・センター（旧バリアフリー住宅センター）がノースカロライナ州ローリーにロナルド・メイスにより設立される。

ニューヨーク州ロチェスターで『マウス——障害者権利の声』の出版が始まる。

大統領障害者雇用委員会（President's Committee on Employment of the Handicapped）が President's Committee on Employment of People with Disabilities）改称される〔註：本書では同一訳〕。

1990　「芸術変性状態」が創設される。

公共交通のバリアフリーを要求するアメリカ障害者の会（アメリカ障害者アテンダント・プログラム・トゥデイ〈ADAPT〉）により組織されたワシントン D.C. での正義の車椅子団（Wheels of Justice）キャンペーンにアメリカ障害者法成立支援のために多数の障害者が首都に集合した。ADAPT活動家が米国連邦議会議事堂の円形広場を占拠し、退去を拒否して逮捕された。

7月26日、ホワイトハウスの芝庭園のセレモニーで何千人もの障害者権利活動家に見守られながらアメリカ障害者法にジョージ・ブッシュ大統領が署名をした。この法律は歴史上最も包括的な障害者法であり、初めて障害のあるアメリカ人に完全なる法的な公民権をもたらした。これにより地方自治体、州、および連邦政府の制度は利用可能となり、15人以上の被雇用者のいる会社は障害のある被雇用者のために「合理的調整」を行わなければならず、

レストランや店舗などの公共的な施設は障害のある市民のアクセス確保のために「合理的変更」を行わなければならないと定めた。さらに公共交通、コミュニケーション、その他の公的生活のさまざまな領域におけるバリアフリー化も定められた。

全米自閉症委員会が設立される。

古い血液製剤を通じてHIV/AIDSに感染した血友病患者とその家族により一万人委員会が創設される。

ライアン・ホワイト包括AIDS救急リソース法が可決され、地方自治体がHIV/AIDSの拡大に対処することを支援した。

アメリカ障害者法の成立により、公共交通のバリアフリーを要求するアメリカ障害者の会（ADAPT）は活動の焦点をパーソナル・アシスタンス・サーヴィスの権利擁護に変更し、アメリカ障害者アテンダント・プログラム・トゥデイと改称した。

全障害児教育法が改正され、個別障害者教育法（IDEA）と改称される。

1991　ジェリー孤児の会（Jerry's Orphans）がジェリー・ルイス筋ジストロフィ協会テレソンで初めてのピケ包囲を行う。

1993　アメリカ・インディアン障害者立法プロジェクトが設立され、ネイティブ・アメリカンの障害者権利法や規定についてのデータ収集を開始した。

ダグラス・ビクレンによる『制約のないコミュニケーション』が出版され、ファシリテイテッド・コミュニケーションの使用の増大につながった。この方式がコミュニケーションに障害のある人々の教師や介護者、家族などによる身体的、性的虐待の告発という結果を生んだときに、その是非が論争の的になった。

ニュージャージー州のグレン・リッジ事件が裁判にかけられ、3人の男性が性的暴行と共謀、もう1人も共謀により17歳の知的障害女性をレイプした罪で有罪を宣告された。この事件により知的障害者への広範な性的虐待が明らかになる。

ロバート・ウィリアムズが連邦発達障害局長となり、初めてその任に就く発達障害者（脳性まひ）となる。

1994　連邦控訴裁判所はホランド対サクラメント市統合学校区裁判最終決定、で障害児が健常児とともに公立学校に通う権利を支持した。この判決は個別障害者教育法の施行を確実にする支援活動の大きな勝利となった。

1995　ワシントンD.C.に万民のための正義団（Justice for All）が設立される。

PBSテレビで『ビリーが首を骨折した日……その他の驚異の物語』が放映される。この映画が多くの人々にとって初めて障害者権利や障害者権利運動の概念に接する機会となる。

ワシントンD.C.にアメリカ障害者協会が設立される。

連邦第3巡回区控訴裁判所はヘレンL.対スナイダー裁判において、ペンシルヴェニア州に住む女性のナーシング・ホームへの公金による入所継続に関して、次のような判決が下された。医療的な必要がなく、ペンシルヴェニア州が在宅ケアの選択肢を提供できるのであれば、1990年アメリカ障害者法の下での権利侵害にあたるとの判決である。この決定を障害者権利擁護運動家は、ナーシング・ホーム入所者の権利を認めパーソナル・アシスタン

ス・サーヴィスに移行することで帰宅できるとした画期的な判決として熱烈に歓迎した。

ピープル・ファーストのメンバーであるサンドラ・ジェンセンはダウン症であることを理由にスタンフォード大学病院から心肺移植を拒否された。障害者権利運動家の抗議により病院経営側は決定を覆し、1996年1月にジェンセンはダウン症患者で初めて心肺移植を受けることになった。

1996　連邦議会は15万人の障害児およびアルコール依存症、薬物依存症者を社会保障の受給者名簿から抹消する法律を可決した。

「ノット・デッド・イエット」がジャック・ケヴォーキアンおよび障害者の自殺幇助を支持する人々に反対する障害者権利擁護者によって組織化される。最高裁判所はいくつかの死ぬ権利をめぐる審理に同意し、障害者権利擁護者は第2次世界大戦でナチスによって実行された障害者の「安楽死」や「慈悲深き殺人」の再発を防止する努力を強めた。とくに関心事となったのは、重度障害者への医療ケアの「割り当て制限」と、病院、学校、ナーシング・ホームでの「蘇生を拒否する（DNR）」指示を押しつけたがる要請であった。

ロバート・ドール上院議員がフランクリン・ローズヴェルト大統領以降初めて、明らかに障害をもった人物としてアメリカ大統領に立候補した。ローズヴェルト大統領とは違い、彼は障害の度合いを公表している。彼は現職のビル・クリントンに敗れた。

ジョージア州は障害のあるマックス・クリーランド候補者を上院議員として選出した。

参考文献

Albrecht, Gary L., editor. *The Sociology of Physical Disability and Rehabilitation.* Pittsburgh: University of Pittsburgh Press, 1976.

Allen, Robert S. "Testimony." *Valor* (August 1950): 18.

Altmeyer, Arthur J. *The Formative Years of Social Security.* Madison: University of Wisconsin Press, 1966.

American Council of the Blind. *Annual Report 1993.* Washington, DC: American Council of the Blind, 1994.

American Disabled for Attendant Programs Today. "DC Action a Huge Success." *Incitement* (Spring 1990): 3–4.

———. "National Highlights of a Decade of ADAPT Actions." Unpublished manuscript, 1995.

American Printing House for the Blind, Inc. *Annual Report: July 1, 1992–June 30, 1993.* Louisville, KY: American Printing House for the Blind, 1994.

Amundson, R. "Disability, Handicap, and the Environment." *Journal of Social Philosophy.* Vol. 23, No. 1 (1993): 105–117.

"Animal Quarantine May Violate ADA." *Silent News.* Vol. 28, No. 8 (August 1996): 11.

"Another Loss: Howie the Harp, 42." *Disability Rag & Resource.* Vol. 16, No. 3 (May/June 1995): 26.

Armstrong, David F. "Deep Roots: The Historical Context for Gallaudet's Birth and Growth." *Gallaudet Today.* Vol. 17, No. 3 (Spring 1987): 10–17.

Arnold, Jean. Interview. 8 July 1996.

Asch, Adrienne S. "Has the Law Made a Difference?: What Some Disabled Students Have To Say." In Dorothy Kerzner Lipsky and Alan Gartner, editors. *Beyond Special Education: Quality Education for All.* Baltimore: Paul H. Brookes Publishing Co., 1989.

———. "The Human Genome and Disability Rights." Disability Rag & Resource (January/February 1994): 12–15.

———. Interview. 22 September 1996.

Asch, Adrienne S., and Michelle Fine. "Disability beyond Stigma: Social Interaction, Discrimination, and Activism." *Journal of Social Issues.* Vol. 44, No. 1 (Spring 1988): 3–21.

———. *Women with Disabilities: Essays in Psychology, Culture and Politics.* Philadelphia: Temple University Press, 1988.

Association of Persons with Severe Handicaps (TASH). *TASH's Structure, Purpose, History and Program,* 1995.

Atkins, B. J., and G. N. Wright. "Vocational Rehabilitation of Blacks: The Statement. The Response, The Comment." *Journal of Rehabilitation.* Vol. 46, No. 2 (April/May/June 1980): 40–46.

Auberger, Michael. "ADA Now: Mike Auberger's Address to the Wheels of Justice Marchers at the Nation's Capitol Monday 3/12/90." *Incitement* (Spring 1990): 7.

Averill, Clarence. Interview. 19 September 1996.

参考文献

Backman, Eric. "Is the Movement Racist?" *Mainstream.* Vol. 18, No. 8 (May 1994): 24–31.

Bahan, Ben. "Total Communication: Total Farce." In Sherman Wilcox, editor. *American Deaf Culture.* Burstonsville, MD: Linstok Press, 1989.

———. "Who's Itching To Get into Mainstreaming?" In Sherman Wilcox, editor. *American Deaf Culture.* Burstonsville, MD: Linstok Press, 1989.

Bajema, CarlJay, editor. *Eugenics: Then and Now.* Stroudsburg, PA: Dowden, Hutchinson and Ross, 1976.

Baker, Ann. "Doors, Hearts Opened to Ex-Mental Patients." *St. Paul Pioneer Press and Dispatch* (18 October 1985): 4C.

Baker, Charlotte, and Carol Padden. *American Sign Language: A Look at Its History, Structure, and Community.* Silver Spring, MD: T. J. Publishers, 1978.

Baldwin, Stephen C. *Pictures in the Air: The Story of the National Theatre of the Deaf.* Washington, DC: Gallaudet University Press, 1993.

Ballard, Joseph, Bruce Ramirez, and Kathy Zantal-Wiener. *Public Law 94-142. Section 504, and Public Law 99-457: Understanding What They Are and Are Not.* Reston, VA: Council for Exceptional Children, 1987.

Barnes, Sandra. *Who's Who in Entertainment, Second Edition, 1992–1993.* Wilmette, IL: Reed Publishing Co., 1992.

Barrier Free Environments. The Accessible Housing Design File. New York: Van Nostrand Reinhold, 1991.

"Barriers Persist." *Out-Line.* Vol. 10. No. 24 (14 February 1984).

Bartels, Elmer C. "Employment and the Public Vocational Rehabilitation Program: Impact of the ADA." In Lawrence O. Gostin and Henry A. Beyer, editors. *Implementing the Americans with Disabilities Act: Rights and Responsibilities of All Americans.* Baltimore: Paul H. Brookes Publishing Co., 1993.

Bartlett, Katharine T., and Judith Welch Wegner, editors. *Children with Special Needs.* New Brunswick, NJ: Transaction Books, 1987.

Batiste, Gerald. Interview. 27 March 1996.

Bazelon Center for Mental Health Law. *What Does Fair Housing Mean to People with Disabilities?* Washington, DC, 1994.

Becker, Elle Freidman. *Female Sexuality following Spinal Cord Injury.* Bloomington, IL: Accent Special Publications, 1978.

Becker, Jaimie. Interview. 29 July 1996.

Beers, Clifford Wittington. *A Mind That Found Itself.* Garden City, NY: Doubleday and Company, 1908, 1965.〔江畑敬介訳『わが魂にあうまで』星和書店、1980〕

Berkowitz, Edward D. *Disabled Policy: America's Programs for the Handicapped.* Cambridge, New York, and Port Chester: Cambridge University Press, 1987.

Berkowitz, Monroe, William G.Johnson, and Edward H. Murphy. *Public Policy toward Disability.* New York: Praeger, 1976.

Best, Harry. *Deafness and the Deaf in the United States.* New York: Macmillan, 1943.

Betenbaugh, Helen R. "ADA and the Religious Community: The Moral Case." *Journal of Religion in Disability & Rehabilitation.* Vol. 2, No. 4 (1996): 47–69.

Beyer, Henry A. "A Free Appropriate Public Education." *Western New England Law Review.* Vol. 5, No. 3 (Winter 1983): 363–390.

Bibow, Martin. "The Winning Technology." *New Mobility.* Vol. 7, No. 35 (August 1996): 34–38.

Biklen, Douglas. *Communication Unbound.* New York: Columbia University Teachers College Press, 1993.

———. "Why Parents and Children with Disabilities Should Have the Right To Use Facilitated Communication." *Exceptional Parent.* Vol. 25, No. 7

(July 1995): 48–50.

Biklen, Douglas, Nina Saha, and Chris Kliewer. "How Teachers Confirm the Authorship of Facilitated Communication: A Portfolio Approach." *Journal of the Assoctation for Persons with Severe Handicaps.* Vol. 20, No. 1 (1995): 45–56.

Bishop, Mary. "An Elite Said Their Kind Wasn't Wanted: How Social Judgements of the Day Forced Sterilizations." *Roanoke Times & World News* (26 June 1994): E-l, E-5.

Blank, Wade. Interview. 22 December 1993.

Blair, William, and Dana Davidson. "Religion." In *Encyclopedia of Disability and Rehabilitation,* Arthur E. Dell Orto and Robert P. Marinelli, editors. New York: Simon & Schuster Macmillan, 1995.

Blatt, Burton, and Fred Kaplan. *Christmas in Purgatory.* Allyn and Bacon, Inc., 1966.

Blumberg, Lisa. "Eugenics vs. Reproductive Choice." *Disability Rag & Resource* (January/February 1994): 3–11.

Boatner, Maxine Tull. *Voice of the Deaf A Biography of Edward Miner Gallaudet.* Washington, DC: Public Affairs Press, 1959.

Bogdan, Robert. *Freak Show: Presenting Human Oddities for Amusement and Profit.* Chicago: University of Chicago Press, 1988.

Bogdan, Robert, and Steven J. Taylor. *Inside Out: The Social Meaning of Mental Retardation.* Toronto: University of Toronto Press, 1982.

Bolte, Bill. "Bree Walker: TV Anchor Pays the Price for Coming Out of the Cripple Closet." *Mainstream.* Vol. 16, No. 3 (November 1991): 12–17.

———. "Hollywood's New Blackface: Just Spray 'em with Chrome." *Mainstream.* Vol. 17, No. 6 (March 1993): 25–32.

———. "A Matter of Hiring: Are Disabled People in Positions of Power Pulling Up the Ramps To Keep the Rest of Us Out?" *Mainstream.* Vol. 18, No. 2 (October 1993): 20–23.

Boston Center for Independent Living (BCIL). *20th Anniversary Banquet.* Boston: BCIL, 6 October 1994.

———. *Annual Report 1994.* Boston: BCIL, 1995.

Bowe, Frank G. *Handicapping America: Barriers to Disabled People.* New York: Harper and Row, 1978.

———. *Rehabilitating America.* New York: Harper and Row, 1980.

———. *Disabled Women in America: A Statistical Report Drawn from Census Data.* Washington, DC: President's Committee on Employment of the Handicapped, 1984.

———. *Changing the Rules.* Silver Spring, MD: T.J. Publishers, 1986.

———. "Section 504: 10 Years Later." *American Rehabilitation.* Vol. 13, No. 2 (April/May/June 1987): 2–3, 23–24.

———. *Approaching Equality: Education of the Deaf.* Silver Spring, MD: T.J. Publishers, 1991.

———. Correspondence. 4 March 1995, 30 August 1996.

Bower, Jo. "HIV & Disability: Worlds Apart or Worlds Together?" *Disability Rag & Resource* (March/April 1994): 8–14.

Braddock, David. "Community Mental Health and Mental Retardation Services in the United States: A Comparative Study of Resource Allocation." *American Journal of Psychiatry.* Vol. 149, No. 2 (February 1992):175–183.

———. "Foreword." In Gunnar Dybwad and Hank Bersani Jr., editors. *New Voices: Self-Advocacy by People with Disabilities.* Cambridge, MA: Brookline Books, 1996.

Brand, Teresa. "Opinion." *Silent News.* Vol. 28, No. 9 (September 1996): 2.

Brandt, Anthony. *Reality Police.* New York: William

Morrow and Company, 1975.

Breggin, Peter R., and Ginger Ross Breggin. *The War against Children: How the Drugs, Programs and Theories of the Psychiatric Establishment Are Threatening America's Children with a Medical 'Cure' for Violence.* New York: St. Martin's Press, 1994.

Brightman, Alan J., editor. *Ordinary Moments: The Disabled Experience.* Syracuse, NY, 1985.

Bristo, Marca. Interview. 15 March 1995.

Bronston, William. Interview. 8 September 1995.

Brown, Bruce M. "Second Generation: West Coast." *American Rehabilitation.* Vol. 3, No. 6 (July/August 1978): 23–30.

Brown, Dale. "Leadership: Some Views and Perspectives from the Top." *Mainstream.* Vol. 12, No. 11 (May 1988): 13.

Brown Dale S. and Vargo, John. "Bibliography of Resources on Universal Design." *Journal of Rehabilitation.* Vol. 59, No. 3 (July/ August/ September 1993): 8–11.

Brown, Steven E. "Super Duper: The (Unfortunate) Ascendancy of Christopher Reeve and the Cure-All for the 1990s." *Mainstream.* Vol. 21, No. 2 (October 1996): 28–31.

Brown, Susan E., Debra Connors, and Nancy Stern editors. *With the Power of Each Breath.* Pittsburgh, San Francisco: Cleis Press, 1985.

Bruce, Robert V. *Bell: Alexander Graham. Bell and the Conquest of Solitude.* Boston: Little, Brown and Company, 1973.

Brummel, Susan. *People with Disabilities and the National Information Infrastructure: Breaking Down Barriers, Building Choice.* Washington, DC: U.S. General Services Adlninistration, 1994.

Buckman, Danielle F. "Women with Disabilities at Mid-Life." *Disability Rag & Resource.* Vol. 16, No. 4(July/August1995): 19–21.

Burgdorf, Robert L., Jr. *The Legal Rights of Handicapped Persons: Cases, Materials, and Text.* Baltimore: Paul H. Brookes Publishing Co., 1980.

———."Equal Access to Public Accommodations." *Milbank Quarterly.* Vol. 69, Supplement 1/2 (1991): 183–213.

———. *Disability Discrimination in Employment Law.* Washington, DC: Bureau of National Affairs Books, 1995.

———. Interview. 3 October 1996.

Burgdorf, Robert L., Jr., and Christopher Bell. "Eliminating Discrimination against Physically and Mentally Handicapped Persons: A Statutory Blueprint." *Mental and Physical Disability Law Reporter.* Vol. 64, No. 1 (1984).

Burke Chris and Jo Beth McDaniel. *A Special Kind of Hero.* New York: Dell Publishing, 1991.

Burns, James MacGregor. *Roosevelt: The Soldier of Freedom.* New York: Harcourt Brace Jovanovich, 1970.

Burson, Bradley. "Dear General-Wherever You Are." *Braille Forum.* Vol. 33, No. 7 (January 1995): 35–36.

Burt, Robert A. "Pennhurst: A Parable." In Robert H. Mnookin, editor. *In the Interest of Children: Advocacy, Law Reform, and Public Policy.* New York: W. H. Freeman and Company, 1985.

Byrd, Todd. "The Way We Were—And Will Be: Measuring the Impact." *Gallaudet Today.* Vol. 18, No. 5 (Summer 1988): 30–31.

Byron, Peg. "Health Insurance Conspiracy: How Doctors, Insurers, and Hospitals Have Left Us in Critical Condition." *Ms.* (September/October 1992): 40–45.

Byzek, Josie. "The Company Town: Its Decline and Fall, Its Resurrection." *Mouth: The Voice of Disability Rights.* Vol. 5, No. 5 (January/February 1995): 16–19.

———. "Stephanie Says: An Interview with Stephanie Thomas." *Mouth: The Voice of Disability Rights.* Vol. 6, No. 2 (July/August 1995): 6–7, 46–47.

———. "Chair Trumps Cane." *Mouth: The Voice of Disability Rights.* Vol. 7, No. 4 (November/December 1996): 14–15.

———. "Judi Says: An Interview with Judi Chamberlin." *Mouth: The Voice of Disability Rights.* Vol. 7, No. 4 (November/December 1996): 10–13.

Callahan, John. *Don't Worry, He Won't Get Far on Foot.* New York: Vintage Books, 1989.

———. *Do What He Says! He's Crazy!!!* New York: Quill, 1992.

Campbell, Philippa, editor. *Use of Aversive Procedures with Persons Who Are Disabled: An Historical Review and Critical Analysis.* Seattle: The Association for Persons with Severe Handicaps, 1987.

Campling, J., editor. *Images of Ourselves: Women with Disabilities Talking.* London: Routledge & Kegan Paul, 1981.

Campos, Art. "Pioneer in Independence for Disabled People Dies." *Sacramento Bee* (13 May 1993): B-1.

Cannon, Dennis. "Design for All Persons: The Architectural Barriers Act and Public Transit." *Journal of Rehabilitation.* Vol. 55, No. 2 (April/May/June 1989): 10–12.

Capozzi, David M., and Dennis J. Cannon. "Transportation Accessibility." In Arthur E. Dell Orto and Robert P. Marinelli, editors. *Encyclopedia of Disability and Rehabilitation.* New York: Simon & Schuster Maclnlillan, 1995.

Carling, Paul J. "Access to Housing: Cornerstone of the American Dream." *Journal of Rehabilitation.* Vol. 55, No. 3 (July/August/September 1989): 6–8.

Carney, Nell C. "Seventy Years of Hope, Seventy Years of Success." *Journal of Rehabilitation.* Vol. 56, No. 4 (October/November/December 1990): 6–7.

Caroom, nene. "Court Approves Exclusion of Assistance Dog from Emergency Room." *Partner's Forum: International Association of Assistance Dog Partners.* Vol. 2, No. 4 (Winter 1995): 1.

Catton, Bruce. *A Stillness at Appomattox.* Garden City, NY: Doubleday and Company, 1953.

Cecere, Michael S., Martin F. Payson, and Meryl R. Kaynard. "AIDS in the Workplace: Are AIDS Sufferers Handicapped under Federal and State Laws?" *Trial.* Vol. 22 (December 1986): 40–42+.

Chamberlin, Judi. *On Our Own: Patient-Controlled Alternatives to the Mental Health System.* New York: Hawthorn Books, 1978.〔中田智恵海監訳『精神障害者自らの手で——今までの保健・医療・福祉に代わる試み』解放出版社、1996〕

———. "Psychiatric Survivors: Are We Part of the Disability Rights Movement?" *Disability Rag & Resource.* Vol. 16, No. 2 (March/April 1995): 1, 4–9.

———. Interview. 23 May 1996.

———. "The Ex-Patients' Movement: Where We've Been and Where We're Going." *Journal of Mind and Behavior.* Vol. 11, Nos. 3–4 (Summer/Autumn 1990).

Chappell, John A., Jr. Interview. 2 June 1995.

Charleston, James. "Religion and Disability, a World View." *Disability Rag & Resource.* Vol. 14, No. 5 (September/October 1993): 14–16.

Cheever, Raymond C. "The ACCENT Story." *ACCENT on People...Who Happen To Have a Physical Disability.* Bloomington, IL: ACCENT, 1995.

"Chicago ShockJock Revives Freak Shows." *Mouth: The Voice of Disability Rights.* Vol. 7, No. 2 (July/August 1996): 5.

Chong, Curtis. *Computer Science Update.* Minneapolis: National Federation of the Blind, Summer 1995.

Christiansen, John B., and Sharon N. Barnartt. *Deaf President Now! The 1988 Revolution at Gallaudet University.* Washington, DC: Gallaudet University Press, 1995.

Clarke Institution for Deaf Mutes. *Annual Reports: 1878–1885.* Vols. 11–18. Northampton, MA: Metcalf & Co., 1885.

参考文献

Clay, Julie, Carol Locust, Tom Seekins, et al. *American Indian Disability Legislation Project: Findings of a National Survey of Tribal Governments*. Missoula, MT: Montana University Affiliated Rural Institute on Disabilities, 1995.

Cleland, Max. *Strong at the Broken Places*. New York: Berkeley Books, 1980.

"Cochlear Implants: The Final Putdown?" *Disability Rag & Resource*. Vol. 7, No. 2 (March/April 1986): 1, 4–6.

Coelho, Tony. "The New Chainnan of the President's Comlnittee for the Employment of People with Disabilities" (an interview with Tony Coelho). *Enable Georgia* (Fall 1994): 27–31.

———. "Epilepsy Gave Me a Mission." *Epilepsy Association of Greater Greensboro Newsletter* (November 1995): 6–7.

Cohen, Abby. "Accessible Child Care: Who Does the ADA Protect and What Does It Require?" *Mainstream*. Vol. 18, No. 7 (April 1994): 18–21.

Cohen, Leah Hager. *Train Go Sorry: Inside a Deaf World*. Boston, New York: Houghton Mifflin Company, 1994.

Coleman, Diane, and Carol Gill. Testimony before the Constitution Subcommittee of the Judiciary Comlnittee of the U.S. House of Representatives. 29 April 1996.

Conley, Ronald, and John Noble Jr. "Workers' Compensation Reform: Challenge for the 80s." *American Rehabilitation*. Vol. 3, No. 3 (January/February 1978): 19–26.

Consortium for Citizens with Disabilities Health Task Force. "Principles for Health Care Reform from a Disability Perspective." Washington, DC: Consortium for Citizens with Disabilities, 1993.

Consortium for Citizens with Disabilities Task Force on Personal Assistance Services. "Recommended Federal Policy Directions on Personal Assistance Services for Americans with Disabilities." Washington, DC: Consortium for Citizens with Disabilities, October 1991, May 1992.

Consortium for Citizens with Disabilities Housing Task Force. "Opening Doors: Recommendations for a Federal Policy To Address the Housing Needs of People with Disabilities." Washington, DC: Consortium for Citizens with Disabilities Housing Task Force and the Technical Assistance Collaborative, Inc., June 1996.

Cook, Timothy M. "The Friendly Skies?" *Mainstream*. Vol. 11, No. 7 (November 1986): 34.

———. "The Americans with Disabilities Act: The Move to Integration." *Temple Law Review*. Vol. 64, No. 2 (1991).

Cooke, Annmarie. "Jean L. Driscoll " *Mainstream*. Vol. 17, No. 9 (June/July 1993): 20–21.

Corbet, Barry. *Options: Spinal Cord Injury and the Future*. Denver: A. B. Hirschfeld Press, 1980.

———. "Billy Golfus' Righteous Surprise." *New Mobility* (January/February 1995): 42–44.

Corcoran, Paul J., with Frederick A. Fay, Elmer C. Bartels, and Robert McHugh. *The BCIL Report: A Summary of the First Three Years of the Boston Center for Independent Living, Inc.* Boston: Health, Education and Welfare, Office of Human Development; Rehabilitation Services Administration, 1977.

———. The Henry B. Betts Award 1994 Nomination Form.

Coudroglou, Aliki, and Dennis L. Poole. *Disability, Work, and Social Policy: Models for Social Welfare*. New York: Springer Publishing Company, 1984.

Council of Canadians with Disabilities. *Annual Report 1994–1995*. Wmnipeg, Canada: Council of Canadians with Disabilities, 1996.

Covington, George A. "Crippling Images: Educating the Vice President." *Ability Magazine* (Fall 1992): 4–6.

———. "Shattering the Myth of Super Crip." *Home Health Dealer* (March/April 1994): 109–111.

Crewe, Nancy M., and Irving Kenneth Zola, editors. *Independent Living for Physically Disabled People*. San

Francisco: Jossey-Bass Publishers, 1987.

Cunningham, Amy. "Blind Loyalty." *Baltimore Magazine* (July 1992).

Dart, Justin, Jr. Interview. 8 June 1995, 28 June 1996.

"Deaf Man's Hearing Restored by Implant." *Silent News.* Vol. 28, No. 9 (September 1996): 29.

Deegan, M.J., and N. A. Brooks, editors. *Women and Disability: The Double Handicap.* New Brunswick, NJ: Transaction Books, 1985.

Dietl, Dick. "FDR's Living Memorial in Warm Springs, Ga.: A $61.5 Million Tribute Coming True." *Journal of Rehabilitation.* Vol. 51, No. 3 (July/August/September 1985): 13–18.

———. "The Phoenix: From the Ashes and Looking to the Ultimate Barrier: Our Own Attitude." *Journal of Rehabilitation.* Vol. 49, No. 3 (July/ August/ September 1983): 12–17.

Dell Orto, Arthur E., and Robert P. Marinelli, editors. *Encyclopedia of Disability and Rehabilitation.* New York: Simon & Schuster Macmillan, 1995.〔中野善達訳『障害とリハビリテーション大事典』湘南出版社、2000〕

DeLoach, Charlene Poch. "Women in Rehabilitation." In Arthur E. Dell Orto and Robert P. Marinelli, editors. *Encyclopedia of Disability and Rehabilitation.* New York: Simon & Schuster Macmillan, 1995.

Disabled Peoples' International. *DPI Overview.* Winnipeg, Canada: Disabled Peoples' International, 1994.

Donaldson, Kenneth. *Insanity Inside Out.* New York: Crown Publishers, 1976.

Driedger, Diane. "Speaking for Ourselves: A History of COPOH on Its 10th Anniversary." Winnipeg, Canada: Coalition of Provincial Organizations of the Handicapped, 1986.

———. *The Last Civil Rights Movement: Disabled Peoples' International.* New York: St. Martin's Press, 1989.〔長瀬修編訳『国際的障害者運動の誕生——障害者インターナショナル・DPI』エンパワメント研究所、2000〕

Drimmer, Frederick. *Very Special People: The Struggles, Loves and Triumphs of Human Oddities.* New York: Bantam Books, 1973.

Driscoll, John V., Bruce Marquis, Paul J. Corcoran, and Frederick A. Fay. "Second Generation: New England." *American Rehabilitation.* Vol. 3, No. 6 (July/August 1978): 17–21.

DuBrow, Arthur L. "Attitudes towards Disability." *Journal of Rehabilitation.* Vol. 31, No. 4 (July/August 1965): 25–26.

Ducharme, Stanley. Interview. 27 June 1984.

Duffy, Yvonne. *All Things Are Possible.* Ann Arbor, MI: A. J. Garvin and Associates, 1981.

Duncan, Janet, and Kathy Hulgin. *Resources on Inclusive Education.* Syracuse, NY: Research and Training Center on Community Integration and Center on Human Policy, 1993.

Durbano, Art, and Sue Avery Brown. "And the Oscar Goes To..." *People* (17 August 1992): 101.

Dybwad, Gunnar. "The Rediscovery of the Family." Keynote address presented at the Sixth Caribbean Congress on Mental Retardation, Nassau, Bahamas, 17–23 August 1980.

———. "From Feeblemindedness to Self-Advocacy: A Half Century of Growth and Self-Fulfillment." Paper presented at the 118th meeting of the American Association on Mental Retardation, 1994.

———. Interview. 12 March 1996.

Dybwad, Gunnar, and Hank Bersani Jr., editors. *New Voices: Self-Advocacy by People with Disabilities.* Cambridge, MA: Brookline Books, 1996.

Eames, Ed, and Toni Eames. *A Guide to Guide Dog Schools.* Fresno, CA: NHES, 1994.

Ebenstein, Barbara. "The Law and Inclusion." *Exceptional Parent.* Vol. 25, No. 8 (September 1995): 40–43.

Edgerton, Robert B., editor. *Lives in Progress: Mildly Retarded Adults in a Large City.* Washington, DC: American Association on Mental Deficiency, 1984.

Edgington, Eugene S. "Colleges and Universities with Special Provisions for Wheelchair Students." *Journal of Rehabilitation.* Vol. 29, No. 3 (May/June 1963): 14–15.

Edwards, Richard L., editor. *Encyclopedia of Social Work: 19th Edition.* Washington, DC: National Association of Social Workers Press, 1995.〔中野善達監訳『障害とリハビリテーション大事典』湘南出版社、2000〕

Egerton, Marilyn R. Correspondence. 6 April 1995.

Ehman, Joe. "Social Security's New Follies." *Mouth: The Voice of Disability Rights.* Vol. 7, No. 1 (May/June 1996): 6–7.

Eiesland, Nancy L. *The Disabled God: Toward a Liberatory Theology of Disability.* Nashville: Abingdon Press, 1994.

Ennis, Bruce. *Prisoners of Psychiatry: Mental Patients, Psychiatrists, and the Law.* New York: Harcourt Brace Jovanovich, 1972.

Ervin, Michael. "Have Sheltered Workshops Outlived Their Usefulness?" *One Step Ahead—The Resource for Active, Healthy, Independent Living.* Vol. 3, No. 8 (August 1996): 3–4.

———. Interview. 23 August 1996.

———. "Remembering Childhood." *New Mobility.* Vol. 7, No. 36 (September 1996): 32–33.

"F.D.R. Cured!" *Mouth: The Voice of Disability Rights.* Vol. 6, No. 2 (July/August 1995): 39.

Falvey, Mary A., Christine C. Givner, and Christina Kimm. "What Is an Inclusive School?" In R. A. Villa and J. S. Thousands, editors. *Creating an Inclusive School.* Alexandria, VA: Association for Supervision and Curriculum Development, 1995.

Fay, Fred. Interview. 28 February 1994, 21 May 1995.

Feist-Price, Sonja, and Donna Ford-Harris. "Rehabilitation Counseling: Issues Specific to Providing Services to African American Clients." *Journal of Rehabilitation.* Vol. 60, No. 4 (October/November/December1994): 13–19.

Feldblum, Chai R. "Antidiscrimination Requirements of the ADA." In Lawrence O. Gostin and Henry A. Beyer, editors. *Implementing the Americans with Disabilities Act: Rights and Responsibilities of All Americans.* Baltimore: Paul H. Brookes Publishing Co., 1993.

Feldman, David, and Brian Feldman. "The Effect of a Telethon on Attitudes toward Disabled People and Financial Contributions." *Journal of Rehabilitation.* Vol. 51, No. 3 (July/August/September 1985): 42–45.

Fennell, Donald. Interview. 17 April 1996.

Fenton, Joseph. "Research and Training Centers." *American Rehabilitation.* Vol. 2, No. 4 (March/April 1977): 5.

Ferguson, Philip M. *Abandoned to Their Fate: Social Policy and Practice toward Severely Retarded People in America, 1820–1920.* Philadelphia: Temple University Press, 1994.

Fiedler, Leslie A. *Freaks: Myths and Images of the Secret Self.* New York: Simon & Schuster, 1978.〔伊藤俊治ほか訳『フリークス――秘められた自己の神話とイメージ（新版）』青土社、1999〕

Fields, Suzanne. "Rape: The Meaning of Consent." *Boston Herald* (22 March 1993): Op. Ed. page.

"Fighting for Equality." *Middlesex News* (4 December 1992): 1.

Fiorito, Eunice K. Interview. 19 September 1996.

Fleming, Mary Bach. "Scoring a Victory for People with Disabilities: Paralympics CEO Andy Fleming." *In Motion: A Publication of the Amputee Coalition of America.* Vol. 5, No. 3 (Summer 1995): 26–30.

Foderaro, Lisa W. "Mentally Ill Gaining New Rights, With the Ill as Their Own Lobby." *New York Times* (14 October 1995): 1, 24.

Francis, Robert A. "The Development of Federal Accessibility Law." *Journal of Rehabilitation.* Vol. 49,

No. 1 (January/February/March 1983): 29–32.

"Fred Fay 'Opens Doors' for Others with Disabilities." GuneMinuteman ChronicleGune (21 November1992): 1.

Freedman, Joel. *On Both Sides of the Wall: An In-Depth Look at the Inhumane Conditions in Massachusetts' Psychiatric Hospitals and Schools for the Mentally Retarded*. New York: Vantage Press, 1980.

Frieden, Lex. "IL: Movement and Programs." *American Rehabilitation*. Vol. 3, No. 6 (July/ August 1978): 6–7.

———."Independent Living: Houston Experience." *American Rehabilitation*. Vol. 4, No. 6 (July/August 1979): 23–26.

Frieden, Lex, and Joyce Frieden. "Organized Consumerism at Local Level." *American Rehabilitation*. Vol. 5, No. 1 (September/October 1979): 3–6.

Friedman, Ina. *The Other Victim*. Boston: Houghton-Mifflin, 1990.

Frist, William. "The Reauthorization of the IDEA." *Exceptional Parent*. Vol. 25, No. 12 (December 1995): 46.

Frost-Knappman, Elizabeth. *The ABC-CLIO Companion to Women's Progress in America*. Santa Barbara, CA: ABC-CLIO, 1994.

Funk, Robert J. "In Our Court: Decisions by the Supreme Court Make Clear That It's up to Us To Secure Disability Policy Reform." *Mainstream*. Vol. 10, No. 1 (April 1985): 11–15, 44.

———. "A National Workshop: Washington, D.C., the News Media and Disability Issues." Washington, DC: News Media Education Project, 1988.

———. Interview.1 June 1995.

Gainer, Kate. "I Was Born Crippled and Black." *Mouth: The Voice of Disability Rights*. Vol. 3, No. 3 (September/October 1992): 31.

Gallagher, Hugh Gregory. *FDR's Splendid Deception*. New York: Dodd, Mead Co., 1985.

———. *By Trust Betrayed: Patients, Physicians, and the License To Kill in the Third Reich*. New York: Henry Holt and Co., 1990. 〔長瀬修訳『ナチスドイツと障害者「安楽死」計画』現代書館、1996〕

———. "Tiny Tim Goes to the Paralympics." *New Mobility*. Vol. 7, No. 36 (September 1996): 70.

Gallaudet, Edward Miner. *History of the College of the Deaf 1857–1907*. Washington, DC: Gallaudet College Press, 1983.

Galloway, Donald. Interview. 24 September 1996.

Gannon, Jack R. *Deaf Heritage: A Narrative History of Deaf America*. Silver Spring, MD: National Association of the Deaf, 1981.

———. "The Many Names of Gallaudet." *Gallaudet Today*. Vol. 17, No. 2 (Winter 1987): 35–36.

———. *The Week the World Heard Gallaudet*. Washington, DC: Gallaudet University Press, 1989.

Garfinkel, Irwin, and James D. Wright. "Is Mental Illness a Cause of Homelessness?" In Stuart A. Kirk and Susan D. Einbinder, editors. *Controversial Issues in Mental Health*. Boston: Allyn and Bacon, 1994.

Gartner, Alan, and Tom Joe, editors. *Images of the Disabled, Disabling Images*. New York: Praeger, 1987.

Geer, Sarah. "Public Law 94-142: What's a Parent To Do?" *Gallaudet Today, 1987 Special Legal Review Issue*. Vol. 17, No. 4, 7–15.

Gibbs, Nancy R. "Tragic Tug-of-War." *Time* (22 August 1988): 71.

Gilhool, Thomas K. "The Right to Community Services." In Michael Kindred et al., editors. *The Mentally Retarded Citizen and the Law*. New York: The Free Press, 1976.

———. "The Right to an Effective Education: From Brown to PL 94-142 and Beyond." In Dorothy Kerzner Lipsky and Alan Gartner, editors. *Beyond Special Education: Quality Education for All*. Baltimore: Paul H. Brookes Publishing Co., 1989.

———. "Testimony before the Joint Subcommittee Hearings on 'the Events, Forces and Issues That Triggered Enacttnent of the Education for All Handicapped Children Act of 1975." Washington, DC, 9 May 1995.

Gill, Carol. "The Pleasure We Take in Our Community..." *Disability Rag & Resource*. Vol. 16, No. 8 (September/October 1995): 5.

———. "'Right To Die' Threatens Our Right To Live Safe and Free." *Mainstream*. Vol. 16, No. 5 (March 1992): 32–36.

———. Interview. 8 September 1995.

Gillet, Dexter R. *Tools for Empowerment—A Self-Help Resource Guide for the DisAbled*. Dexter R. Gillet, 1993.

Glenn, M., ed. *Voices from the Asylum*. New York: Harper and Row, 1974.

Gliedman, John, and William Roth. *The Unexpected Minority: Handicapped Children in America*. New York: Harcourt Brace Jovanovich, 1980.

Goette, Tanya, and Jack T. Marchewka. "Voice Recognition Technology for Persons Who Have Motoric Disabilities." *Journal of Rehabilitation*. Vol. 60, No. 2 (April/May/June 1994): 38–4l.

Gold, Steven. "Supreme Court Supports ADA Decision Concerning People in Nursing Homes." *DIA Activist*. Vol. 26, No. 2 (June 1996): 11.

Goldberg, Glenn. Interview. 20 August 1993.

Goldberg, Steven S. *Special Education Law: A Guide for Parents, Advocates, and Educators*. New York: Plenum Press, 1982.

Golden, Marilyn. "Title II—Public Services, Subtitle B: Public Transportation." In Lawrence O. Gostin and Henry A. Beyer, editors. *Implementing the Americans with Disabilities Act: Rights and Responsibilities of All Americans*. Baltimore: Paul H. Brookes Publishing Co., 1993.

———. "Damn Straight We're a Real Movement!" *Disability Rag & Resource*. Vol. 17, No. 2 (Marchi/April/1996): 1, 4–5, 15.

———. "Behind the Scenes of Universal Design." *Disability Rag & Resource*. Vol. 17, No. 4 (July/August 1996): 6–10.

Golden, Marilyn, Linda Kilb, and Arlene Mayerson. *The Americans with Disabilities Act: An Implementation Guide*. Berkeley, CA: The Disability Rights Education and Defense Fund, 1991.

Goldman, Charles D. *Disability Rights Guide: Practical Solutions to Problems Affecting People with Disabilities*. 2d edition. Lincoln, NE: Media Publishing, 1991.

———. "Americans with Disabilities Act: Dispelling the Myths: A Practical Guide to EEOC's Voodoo Civil Rights and Wrongs." *University of Richmond Law Review*. Vol. 27, No. 1 (Fall 1992): 73–10l.

Golfus, Billy. "Disconfirmation." *Disability Rag & Resource* (November/December 1989): 1, 4–8.

Goshay, Charita M. "Surviving a Nighttnare: Mental-Health Advocate Criticizes Treatment." *Repository Canton, Ohio* (22 October 1992): A-11.

Gostin, Lawrence O., and Henry A. Beyer, editors. *Implementing the Americans with Disabilities Act: Rights and Responsibilities of All Americans*. Baltimore: Paul H. Brookes Publishing Co., 1993.

Gould, Stephen Jay. "Carrie Buck's Daughter: A Popular, Quasi-Scientific Idea Can Be a Powerful Tool for Injustice." *Natural History* (July 1984): 14–18.

Gould, Tony. *A Summer Plague: Polio and Its Survivors*. New Haven and London: Yale University Press, 1995.

Graden, Hank, Rosemary Lips, and Kenneth Mitchell. "The Campus Scene: Attendants Trained To Aid Handicapped Students. *Journal of Rehabilitation*. Vol. 39, No. 6 (November/December1973): 11–13.

Grandin, Temple. *Thinking in Pictures and Other Reports from My Life with Autism*. New York: Doubleday and Company, 1995.

Grant, Michael. "Jim Abbott Strikes Out His Doubters." *Mainstream*. Vol. 16, No. 7 (April 1992): 14–17, 20.

Griss, Bob. "Health Insurance at Risk." *Word from Washington* (May/June 1991): 13–16.

———. "HHS Rejects Oregon Medicaid Rationing Plan: Violates ADA." *Word from Washington* (August/September 1992): 3–12.

———. "I Thought I Was Covered: Obstacles to Reimbursement for Consumers Who Supposedly Are Insured." Washington, DC: United Cerebral Palsy Associations, 1993.

Grobe, Jeanine, editor. *Beyond Bedlam: Contemporary Women Psychiatric Survivors Speak Out*. Chicago: Third Side Press, 1995.

Groce, Nora Ellen. *Everyone Here Spoke Sign Language: Hereditary Deafness on Martha's Vineyard*. Cambridge, MA: Harvard University Press, 1985.

———. *The U.S. Role in International Disability Activities: A History and a Look towards the Future: A Study Commissioned by the World Institute on Disability, the World Rehabilitation Fund and Rehabilitation International*. New York: Rehabilitation International, 1992.

Gutestam, Monica. "International Year of Disabled Persons: Seeking Self-Reliance." *UN Chronicle*. Vol. 28, No. 2 (June 1991): 76–77.

Gwin, Lucy. "How Independent Living Got Rolling: An Interview with Ed Roberts." *This Brain Has a Mouth*. Vol. 3, No. 2 (July/August 1992): 8–11.

———. "Murder by Charity." *Mouth: The Voice of Disability Rights*. Vol. 4, No. 3 (September/October 1993): 6–11.

———. "America, the Unvisitable: An Interview with Eleanor Smith of Concrete Change." *Mouth: The Voice of Disability Rights*. Vol. 5, No. 2 (July/August 1994): 20–23.

———. Correspondence. 14 April 1995.

———. "Free at Last, Free at Last, Thank God Almighty and the ADA, We're Free at Last." *Mouth: The Voice of Disability Rights*. Vol. 6, No. 1 (May/June 1995): 4–5, 33–34.

———. "Mouth Rejects Utne Award." *Mouth: The Voice of Disability Rights*. Vol. 7, No. 3 (September/October 1996): 42.

———. "Rae Says: An Interview with Rae Unzicker." *Mouth: The Voice of Disability Rights*. Vol. 5, No. 6 (March/April 1995): 4–5, 46–47.

Hagner, David, and Dale Dileo. *Working Together: Workplace Culture, Supported Employment, and Persons with Disabilities*. Cambridge, MA: Brookline Books, 1993.

Hahn, Harlan. "The Politics of Physical Differences: Disability and Discrimination." *Journal of Social Issues*. Vol. 44, No. 1 (Spring 1988): 39–47.

———. "Toward a Politics of Disability: Definitions, Disciplines and Policies." *Social Science Journal*. Vol. 22 (1985): 87–105.

Hairston, Ernest, and Linwood Smith. *Black and Deaf in America: Are We That Different*. Silver Spring, MD: T. J. Publishers, 1983.

Halamandaris, Val J. "Marvelous Max: A Profile of Max Cleland." *Caring People*. Vol. 5 (Spring 1992).

Hamilton, Kenneth W. *Counseling the Handicapped in the Rehabilitation Process*. New York: The Ronald Press Company, 1950.

Hannaford, Susan. *Living Outside Inside: A Disabled Woman's Experience, Towards a Social and Political Perspective*. Berkeley, CA: Canterbury Press, 1985.

Hasbrouck, Amy. Interview. 7 June 1995.

Heath, Dennis. Interview. 11 June 1996.

Heddinger, Richard W. "The Twelve Year Battle for a Barrier Free METRO." *American Rehabilitation*. Vol. 1, No. 4 (March/April 1976): 7–10.

Hendricks, Deborah J., and Anne E. Hirsh. "The Job Accommodation Network: A Vital Resource for the '90s." *Rehabilitation Education*. Vol. 5 (1991): 1–4.

Herold, Rod, and Carmen Johnson. *Self-Advocacy Organizing: A Self-Advocacy Manual for People with*

Disabilities. Boston: Project In Self-Advocacy of the Massachusetts Coalition of Citizens with Disabilities, 1984.

Hershey, Laura. "Pride." *Disability Rag & Resource.* Vol. 12, No. 4 (July/August 1991): 1, 4–5.

———. "Wade Blank, 1940–1993." *Mainstream.* Vol. 17, No. 7 (April 1993): 17–19.

———. "Wade Blank's Liberated Community." In Barrett Shaw, editor. *The Ragged Edge: The Disability Experience from the Pages of the First Fifteen Years of* The Disability Rag. Louisville, KY: Advocado Press, 1994.

Heslinga, K., with A. M. C. M. Schellen and A. Verkuyl. *Not Made of Stone: The Sexual Problems of Handicapped People.* Leyden, the Netherlands: Stafleu's Scientific Publishing Company, 1974.

Hessler, Anthony. Interview. 5 September 1996.

Hessler, Jean. Interview. 12 September 1996.

Hessler, John. "College Education for the Severely Disabled." *American Rehabilitation.* Vol. 1, No. 5 (May/June 1976): 29–33.

Heumann, Judith E. Interview. 29 March 1993.

———. "Lessons for Independence: We've Got the Right IDEA." *Mainstream.* Vol. 20, No. 6 (March 1996): 23–25.

Hillyer, Barbara. *Feminism and Disability.* Norman, OK University of Oklahoma Press, 1993.

Hockenberry, John. *Moving Violations, A Memoir: War Zones, Wheekhairs, and Declarations of Independence.* New York: Hyperion, 1995.

Hoffinan, Susan Thompson, and Inez Fitgerald Storch, editors. *Disability in the United States: A Portrait from National Data.* New York: Springer Publishing Company, 1991.

Hohler, Bob. "Surprise, Anger at BC over ExStudent's Rape Case in N.J." *Boston Globe* (March 25 1993): 1.

Holcomb, Mabs, and Sharon Wood. *Deaf Women: A Parade through the Ages.* Berkeley, CA: Dawn Sign Press, 1989.

Hollis, M. Alverna. "Religion, Catholic." In John Van Cleve, editor. *Gallaudet Encyclopedia of Deaf People and Deafness.* McGrawHill, 1987.

Holmes, Gary E., and Ronald H. Karst. "The Institutionalization of Disability Myths: Impact on Vocational Rehabilitation Services." *Journal of Rehabilitation.* Vol. 56, No. 1 (January/February/March 1990): 20–27.

Hopkins, Thomas. Interview. 6 September 1995.

Horne, Marcia D. *Attitudes toward Handicapped Students: Professional, Peer, and Parent Reactions.* Hillsdale, NJ: Lawrence Erlbaum Associates, 1985.

Hotchkiss, Ralf D. "Ground Swell on Wheels." *Sciences* (July/August 1993): 14–18.

Houppert, Karen. "Baseball Bats and Broomsticks." *Village Voice* (16 March 1993): 29–33.

———. "Glen Ridge Rape Trial: A Question of Consent." *Ms.* (March/April 1993): 86–88.

Howard, Phillip K. *The Death of Common Sense: How Law Is Suffocating America.* New York: Random House, 1994.

Howards, Irving, Henry P. Brehm, and Saad Z. Nagi. *Disability: From Social Problem to Federal Program.* New York: Praeger, 1980.

Hudak, EdwardJohn. "Sex! If You Care about It You Should Read This." *Mainstream.* Vol. 16, No. 7 (April 1992): 34.

Hunter, Richard. Interview. 8 July 1996.

"Implementation of White House Conference Recommendations." *American Rehabilitation.* Vol. 4, No. 3 (January/February 1979): 9–10.

Intergalactic Network of Crazy Folks. "Mad Memoria: Howie the Harp is Gone." *Dendron.* No. 36 (Spring 1995): 6.

"Irving Zola, Brandeis Professor Who Fought for Rights of Disabled." *Boston Sunday Globe* (4 December 1994): 88.

Irwin, Robert B. *As I Saw It*. New York: American Foundation for the Blind, 1955.

Jacobs, Alice E., and Deborah J. Hendricks. "Job Accommodations for Adults with Learning Disabilities: Brilliantly Disguised Opportunities." *Learning Disability Quarterly*. Vol. 15 (Fall 1992): 274–285.

Janes, Michael. "Unified Sports Gains Momentum at '95 World Games." *Exceptional Parent*. Vol. 25, No. 6 (June 1995): 56–57.

Jarrow, Jane E. "Integration of Individuals with Disabilities in Higher Education: A Review of the Literature." *Journal of Postsecondary Education and Disability*. Vol. 5, No. 2 (Spring 1987): 38–57.

Johnson, Ann Braden, and Richard C. Surles. "Has Deinstitutionalization Failed?" In Stuart A Kirk and Susan D. Einbinder, editors. *Controversial Issues in Mental Health*. Boston: Allyn and Bacon, 1994.

Johnson, Mark. Interview. 29 May 1996.

Johnson, Mary. "That Fire-in-the-Belly Passion." *Disability Rag & Resource* (July/August 1989): 32.

———. "Myth & Media: Opportunity Lost." *Disability Rag & Resource* (May/June 1990): 30–31.

———. "The Nursing Home Rip-Off." *New York Times* (2 June 1991): Op. Ed. page.

———. "Universal Man: Architect Ron Mace Leads the Way to Design That Includes Everyone." *Mainstream*. Vol. 18, No. 10 (August 1994): 18–27.

———. "Double Jeopardy: African Americans with Disabilities." *New Mobility*. Vol. 7, No. 32 (May 1996): 37–41.

Johnstone, Mary. "In My Opinion: Views about the Gallaudet Revolution." *Gallaudet Today*. Vol. 18, No. 5 (Summer 1988): 26–29.

Jones, Cyndi. "Claim Your Power: Wade Blank 1940–1993." *Mainstream*. Vol. 17, No. 7 (April 1993): 5.

———. "20 Years: We've Come a Long Way..." *Mainstream*. Vol. 20, No. 6 (March 1996): 17–21.

———. Interview. 19 September 1996.

Jones, Reginald L., editor. *Reflections on Growing Up Disabled*. Reston, VA: Council of Exceptional Children, 1983.

Kael, Pauline. *5,001 Nights at the Movies: A Guide from A to Z*. New York: Holt, Rinehart and Wmston, 1982.

Kaminker, Laura. "The Darker Side of Going for the Gold." *New Mobility*. Vol. 7, No. 35 (August 1996): 26–29.

———. "The Graying of the Games: Where Are the Kids?" *New Mobility*. Vol. 7, No. 35 (August 1996): 22–25.

Kaplan, Deborah. Interview. 2 July 1996.

Karuth, Denise. "If I Were a Car, I'd Be a Lemon." In Alan J. Brightman, editor. *Ordinary Moments: The Disabled Experience*. Baltimore: University Park Press, 1984.

———. Interview.21 November 1995.

Katz, Ephraim. *The Film Encyclopedia*. New York: Thomas Y. Crowell, 1979.

Katzmann, Robert A "Transportation Policy." *Milbank Quarterly*. Vol. 69, Supplement 1/2 (1991): 214–235.

Keller, Helen Adams. *The Story of My Life*. Garden City, NY: Doubleday and Company, 1954 edition. 〔岩橋武夫訳『わたしの生涯』角川書店、1966〕

Kemp, Evan, Jr. "Aiding the Disabled: No Pity, Please." *New York Times* (3 September 1981): Op. Ed. page.

———. Interview. 16 September 1991.

Kennedy, Jae. "Policy and Program Issues in Providing Personal Assistance Services." *ournal of Rehabilitation*. Vol. 59, No. 3 (August/September 1993): 17–23.

Kennedy, Michael, with Bonnie Shoultz. *Thoughts about Self-Advocacy*. Syracuse, NY: Center on Human Policy, 1996.

Kidder, Lynn. "They Fought Disabilities and Won." Antioch, California, *Daily Ledger* (2 May 1982): 1.

Killilea, Marie. *Karen*. New York: Dell Publishing Co., 1952.

Kindred, Michael, et al., editors. *The Mentally Retarded Citizen and the Law*. New York: The Free Press, 1976.

Kirk, Stuart A, and Susan D. Einbinder, editors. *Controversial Issues in Mental Health*. Boston, London: Allyn and Bacon, 1994.

Kleinfield, Sonny. *The Hidden Minority*. New York: Atlantic-Little, Brown, 1979.

Klobas, Lauri. "Hollywood." In Sam Maddox, editor. *Spinal Network, the Total Resource for the Wheekhair Community*. Boulder, CO: Spinal Network, 1987.

Kneedler, Rebecca Dailey, with Daniel P. Hallahan and James M. Knauffinan. *Special Education for Today*. Englewood Cliffs, NJ: Prentice Hall, 1984.

Knowlen, Barbara. "Tim Cook and Disability Rights Law." *Mouth: The Voice of Disability Rights*. Vol. 4, No. 5 (January/Febmary 1994): 26–27.

Kocher, Meg. "I Would Be This Way Forever." In AlanJ. Brightman, editor. *Ordinary Moments*. Syracuse, NY, 1985.

Koestler, Frances A. *The Unseen Minority: A Social History of Blindness in the United States*. New York: David McKay Company, 1976.

——— . *The Ziegler Magazine Story: A History of the Matilda Ziegler Magazine for the Blind*. New York: Matilda Ziegler Magazine for the Blind, 1992, 1995.

Kriegel, Leonard. *The Long Walk Home*. New York: Appleton, 1964.

——— . *Falling into Life*. San Francisco: North Point Press, 1991.

Kugel, Robert B., and Wolf Wolfensberger, editors. *Changing Patterns in Residential Services for the Mentally Retarded*. Washington, DC: President's Committee on Mental Retardation, 1969.

Kuhl, Stefan. *The Nazi Connection: Eugenics, American Racism, and German National Socialism*. New York, Oxford: Oxford University Press, 1994.〔麻生九美訳『ナチ・コネクション――アメリカの優生学とナチ優生思想』明石書店、1999〕

"A Labor of Love: The (Not-So-Secret) History of Deaf Life." *Deaf Life* (July 1993).

LaMay, Colleen. "Ex-Patient Tells Mentally Ill To Run Their Own Lives." *Idaho Statesman* (22 June 1990): 1 C-2C.

Lamb, Lynette. "Selecting for Perfection: Is Prenatal Screening Becoming a Kind of Eugenics?" *Utne Reader*. No. 66 (November/December 1994): 26–28.

Lane, Harlan. *The Wild Boy of Aveyron*. Cambridge, MA: Harvard University Press, 1976.〔中野善達訳編『アヴェロンの野生児研究』福村出版、1980〕

——— . *When the Mind Hears: A History of theDeaf*. New York: Random House, 1984.

——— . *The Mask of Benevolence: Disabling the Deaf Community*. New York: Alfred Knopf, 1992 and Vmtage, 1993.

Lane, Harlan, and F. Philip. *The Deaf Experience: Classics in Language and Education*. Cambridge, MA: Harvard University Press, 1984.

Lane, Nancy J. "Healing of Bodies and Victimization of Persons: Issues of Faith-Healing for Persons with Disabilities." *Disability Rag & Resource*. Vol. 14, No. 3 (September/October 1993).

Lash, Joseph P. *Helen and Teacher: The Story of Helen Keller and Anne Sullivan Macy*. New York: Delacorte Press and Seymour Lawrence, 1980.〔中村妙子訳『愛と光への旅――ヘレン・ケラーとアン・サリヴァン』新潮社、1982〕

Laski, Frank J. "Legal Advocacy, Positive Factor in Rights for Disabled People." *American Rehabilitation*. Vol. 1,

No. 5 (May/June1976): 12–17.

LaSpina, Nadina. "They Don't Want To Be Like Us." *DIA Activist*. Vol. 26, No. 2 (June 1996): 13.

Lathrop, Douglas. "Liberation Man: Neil Marcus Celebrates His Life and Disability as a Work of Theatrical Art." *Mainstream*. Vol. 18, No. 3 (November 1993): 14–17.

Laurie, Gini. *Housing and Home Services for the Disabled: Guidelines and Experiences in Independent Living*. New York: Harper and Row, 1977.

Laurie, Virginia. "Glimpses of Gini and G.I.N.I." *Rehabilitation Gazette*. Vol. 30, No. 1 (January 1990).

Lebovich, William L. *Design for Dignity: Accessible Environments for People with Disabilities*. New York: John Wiley and Sons, 1993.

Leon, Joan. Interview. 15 March 1995.

Levesque, Jack. "A Tribute: Frederick C. Schreiber — The Man." *Interstate*. No. 3 (1979): 6.

Levine, Ervin L., and Elizabeth M. Wexler, *PL 94-142: An Act of Congress*. New York: Macmillan, 1981.

Levine, Karen, and Robert Wharton. "Facilitated Communication: What Parents Should Know." *Exceptional Parent*. Vol. 25, Issue 5 (May 1995): 40–53.

Levine, Robert L. "Steps into Ramps." *DIA Activist*. Vol. 25, No. 4 (December 1995): 16.

Levy, Chava Willig. *A People's History of the Independent Living Movement*. Lawrence, KS: Research and Training Center on Independent Living at the University of Kansas, 1988.

Lewis, Jerry. "If I Had Muscular Dystrophy." *Parade* (2 September 1990).

Liachowitz, Claire H. *Disability as a Social Construct: Legislative Roots*. Philadelphia: University of Pennsylvania Press, 1988.

"Life, Liberty, and the Pursuit of Happiness!" *Valor*. Vol. 1, No. 2 (August 1950): 1.

Lifton, Robert Jay. *The Nazi Doctors: Medical Killing and the Psychology of Genocide*. New York: Basic Books, 1986.

Lippman, Leopold D. *Right to Education: Anatomy of the Pennsylvania Case and Its Implications for Exceptional Children*. New York: Teachers College Press, 1973.

Lipsky, Dorothy Kerzner, and Alan Gartner, editors. *Beyond Special Education: Qualtty Education for All*. Baltimore: Paul H. Brookes Publishing Co., 1989.

——— . "The Current Situation." In Kerzner and Gartner, editors. *Beyond Special Education: Quality Education for All*. Baltimore: Paul H. Brookes Publishing Co., 1989.

Longmore, Paul K. "A Note on Language and the Social Identity of Disabled People." *American Behavioral Scientist*. Vol. 28, No. 3 (January/February 1985): 419–423.

——— . "The Life of Randolph Bourne and the Need for a History of Disabled People." *Reviews in American History* (December 1985): 581–587.

——— . "Elizabeth Bouvia, Assisted Suicide and Social Prejudice." *Issues in Law & Medicine*. Vol. 3, No. 2 (Fall 1987): 141–168.

——— . "Screening Stereotypes: Images of Disabled People in Television and Motion Pictures." In Alan Gartner and Tom Joe, editors. *Images of the Disabled, Disabling Images*. New York: Praeger, 1987.

———. "Uncovering the Hidden History of People with Disabilities." *Reviews in American History* (September 1987): 355–364.

——— . "Crippling the Disabled." *New York Times* (November 26 1988): Op. Ed. page.

——— . "Medical Decision Making and People with Disabilities: A Clash of Cultures." *Journal of Law, Medicine & Ethics*. 23 (1995): 82–87.

——— . "The Second Phase: From Disability Rights to Disability Culture." *Disability Rag & Resource*. Vol. 16, No. 5 (September/October 1995): 4–11.

———. Interview. 16 May 1996.

Louie, Chun, et al. "The Week That Was In Photos." *Gallaudet Today*. Vol. 18, No. 5 (Summer 1988): 8–25.

Low, Wendy. "New Clayton Valli Video Makes ASL Poetry Affordable." *Silent News*. Vol. 28, No. 6 (June 1996): B-7.

Luczak, Raymond. *Eyes of Desire: A Deaf Gay and Lesbian Reader*. Los Angeles: Alyson Publications, 1993.

———. *St. Michael's Fall*. Rochester, NY: Deaf Life Press, 1996.

"'Lynchburg Story' Chronicles Untold Story of Sterilization." *Daily Progress* (of Charlottesville, VA) (2 July 1994): C-4.

McCrone, William P. "Senator Tom Harkin: Reflections on Disability Policy." *Journal of Rehabilitation*. Vol. 56, No. 2 (April/May/June 1990): 8–10.

Mace, Ronald L. "Housing." In Arthur Dell Orto and Robert P. Marinelli, editors. *Encyclopedia of Disability and Rehabilitation*. New York: Simon & Schuster Macmillan, 1995.

———. Interview. 17 September 1996.

McGarry, Bill. "Cruising the Internet." *Exceptional Parent*. Vol. 24, No. 6 (June 1994): 39–44.

McGhehey, M. A., editor. *School Law for a New Decade*. Topeka, KS: National Organization on Legal Problems of Education, 1981.

———. *School Law in Changing Times*. Topeka, KS: National Organization on Legal Problems of Education, 1982.

McKnight, John. "Control: Out of Our Hands...Into Their Pockets." *Mouth: The Voice of Disability Rights*. Vol. 5, No. 5 (January/February 1995): 28–29.

Macurdy, Allan H. "The Americans with Disabilities Act: Time for Celebration, or Time for Caution?" *Boston University Public Interest Law Journal*. Vol. 1, No. 1 (Winter 1991): 21–38.

Maddox, Sam. "Christopher Reeve: Making Sense out of Chaos." *New Mobility*. Vol. 7, No. 35 (August 1996): 58–66, 104–105.

———. *Spinal Network: The Total Resource for the Wheelchair Community*. Boulder, CO: Spinal Network, 1988.

Maine Consumer and Technology Training Exchange, Maine Department of Education. *Theater without Limits: Making Performances Accessible*. Portland, ME: Very Special Arts, Maine, 1994.

"Marlee Matlin To Host Second Season of *People in Motion*." *Silent News*. Vol. 28, No. 4 (April 1996): 34.

Marshall, Helen E. *Dorothea Dix: Forgotten Samaritan*. New York: Russell and Russell, 1937.

Martin, Douglas A. "A Call for Reform: Current Disability Health and Benefits Program Penalize Recipients." *Mainstream*. Vol. 18, No. (5 February 1994): 36–39.

Martin, Edwin W "The Golden Age of Special Education." *Exceptional Parent*. Vol. 26, No. (6 June 1996): 62–66.

Martin, Rosemary M. *People with Multiple Chemical Sensitivity: A New Social Policy for NASW*. Minneapolis: Minnesota Chapter, National Association of Social Workers, 1995.

Massie, Willman A. "The Evolution of Standards for Sheltered Workshops." *Journal of Rehabilitation*. Vol. 34, No. 3 (May/June 1968): 32–33.

Mathews, Jay. *A Mother's Touch: The Tiffany Callo Story*. New York: Henry Holt and Company, 1992.

Matson, Floyd. *Walking Alone and Marching Together: A History of the Organized Blind Movement in the United States, 1940–1990*. Baltimore: National Federation of the Blind, 1990.

Mayerson, Arlene. "The History of the ADA: A Movement Perspective." In Lawrence O. Gostin and Henry A. Beyer, editors. *Implementing the Americans with Disabilities Act: Rights and Responsibilities of All Americans*. Baltimore: Paul H. Brookes Publishing Co.,

1993.

Mayeux, Nancy. "Dwarf Tossing and Dwarf Bowling Now Illegal in Florida." *LPA Today* (September 1989): 4–8.

Medgyesi, Victoria. "Candidate Callahan." *New Mobility.* Vol. 7, No. 35 (September 1996): 76–81.

———. *No More B.S.* Clarkston, WA: People First of Washington, 1992.

Meister, Joan. Interview. 28 March 1996.

Mendelsohn, Steve. "Silence on the Psychiatric Holocaust." In Barrett Shaw, editor. *The Ragged Edge: The Disability Experience from the Pages of the First Fifteen Years of The Disability Rag.* Lousiville, KY: Advocado Press, 1994.

Metzger, Linda, editor. *Contemporary Authors: New Revision Series.* Detroit: Gale Research Company, 1982, 1984.

Mezey, Susan Gluck. *No Longer Disabled: The Federal Courts and the Politics of Social Security Disability.* New York: Greenwood Press, 1988.

Miggims, Charles. "The Workshop Movement Today." *Journal of Rehabilitation.* Vol. 31, No. 1 (January/February 1965): 20.

Milam, Lorenzo Wilson. *The Cripple Liberation Front Marching Band Blues.* San Diego: Mho & Mho Works, 1984.

———. *Crip Zen: A Manual for Survival.* San Diego: Mho & Mho Works, 1993.

Mnookin, Robert H. *In the Interest of Children: Advocacy, Law Reform, and Public Policy.* New York: W H. Freeman and Company, 1985.

Molnar, Michele. "Whose Words Are They Anyway? Controversy Rages over Facilitated Communication." *Mainstream.* Vol. 18, No. 3 (November 1993): 18–22.

Moore, John W "On the Case: At a Time When President Bush's Civil Rights Stance Is Being Questioned, the Equal Employment Opportunity Commission Has Initiated an Aggressive Crackdown on Workplace Discrimination." *National Journal* (2 March 1991): 501–504.

Moore, Matthew S., and Levitan, Linda. *For Hearing People Only: Answers to Some of the Most Commonly Asked Questions about the Deaf Community.* Rochester, NY: Deaf Life Press, 1992.

Moore, Matthew S., and Panara, Robert. *Great Deaf Americans, The Second Edition.* Rochester, NY: Deaf Life Press, 1996.

Moore, Nancy T. "Carrying on the Work: A Newly Established Institute Honors Frederick C. Schreiber." *Gallaudet Today.* Vol. 18, No. 2 (Winter 1987–1988): 18–19.

Moore, Teresa. "Edward Roberts—Advocate for Disabled." *San Francisco Chronicle* (15 March 1995).

Morgan, Sharon R. *Abuse and Neglect of Handicapped Children.* Boston: Little, Brown and Company, 1987.

Moritz, Charles, editor. *Current Biography Yearbook 1990.* New York: H. W. Wilson Company, 1991.

Morris, Jenny, editor. *Able Lives: Women's Experience of Paralysis.* London: The Women's Press, 1989.

"Mothers from Hell: An Interview with Mary-Louise Pasutti." *Mouth: The Voice of Disability Rights.* Vol. 4, No. 5 (January/February 1994): 18–21, 34–35.

Mouth: The Voice of Disability Rights. You Choose. Rochester, NY: Free Hand Press, 1995.

Murphy, Robert F. *The Body Silent.* New York: Henry Holt and Company, 1987.〔辻信一訳『ボディ・サイレント——病いと障害の人類学』新宿書房、1992〕

Murphy, Stephen T., and Patricia M. Rogan. *Closing the Shop: Conversion from Sheltered to Integrated Work.* Baltimore: Paul H. Brookes Publishing Co., 1995.

National Council on the Handicapped. *Toward Independence: An Assessment of Federal Laws and Programs Affecting People with Disabilities—With Legislative Recommendations.* Washington, DC: National Council on the Handicapped, U.S.

Government Printing Office, 1986.

———. *On the Threshold of Independence: A Report to the President and to the Congress of the United States.* Washington; DC: National Council on the Handicapped, 1988.

National Institute of Handicapped Research, Office of Special Education and Rehabilitative Services. *The Influence of Parental Disability on Children.* Pamphlet. Washington, DC: U.S. Department of Education, January 1982.

National Spinal Cord Injury Association. "Vivienne S. Thomson, May 9, 1933 to June 25, 1994." *Spinal Cord Injury Life* (Summer/Fall 1994): 8.

National Spinal Cord Injury Foundation. *National Resource Directory.* Newton Upper Falls, MA: National Spinal Cord Injury Foundation, 1979.

Neisser, Arden. *The Other Side of Silence: Sign Language and the Deaf Community in America.* New York: Alfred A. Knopf, 1983.

Nelson, Jack A., editor. *The Disabled, the Media, and the Information Age.* Westport, CT: Greenwood Press, 1994.

Nelson, Nathan. *Workshops for the Handicapped in the United States: An Historical and Developmental Perspective.* Springfield, IL: Charles C. Thomas, 1971.

Nemeth, Mary, and Bart Johnson. "Nobody Has the Right To Play God: A Woman Goes to Court over Her Forced 1959 Sterilization." *Maclean's.* Vol. 108, No. 26 (26 June 1995): 17.

Newman, Patricia. "Handicapped Concerns." *American Rehabilitation.* Vol. 3, No. 3 (January/February 1978): 8.

Norden, Martin F. *The Cinema of Isolation: A History of Physical Disability in the Movies.* New Brunswick, NJ: Rutgers University Press, 1994.

Nugent, Timothy J. Interview. 13 September 1996.

Obermann, C. Esco. "The Challenge of the Last 40 Years in Vocational Rehabilitation." *Journal of Rehabilitation.*

Vol. 32, No. 1 (January/February 1966): 21.

O'Brien, Mark. "Identity Squared." *Disability Rag & Resource.* Vol. 16, No. 5 (September/October 1995): 9.

O'Brien, Shawn Casey. "A Little History." *Uprising: Unique People's Voting Project* (Fall 1995): 7–8.

O'Day, Bonnie. Interview. 25 March 1996.

Oliphant, Thomas. "A Law To Protect the Disabled." *Boston Globe.* (20 August 1989): A-23.

Olsen, Gary w., editor. *A Kaleidoscope of Deaf America.* Silver Spring, MD: National Association of the Deaf, 1984.

Osmanczyk, Edmund Jan. *The Encyclopedia of the United Nations and International Relations.* New York: Taylor and Francis, 1990.

Oswald, Barbara. Interview. 1 March 1995.

Owen, Mary Jane. "David B. Gray, Ph.D.: Disability Leadership at the Top." *Mainstream.* Vol. 11, No. 2 (May 1986): 9–14.

———. "PVA Leads the Way on Airline Legislation." *Mainstream.* (November 1986): 6–7.

———. "On the Scene—'Wired, Yeah, You're Wired.'" *Horizons* (June 1996).

———. Interview. 6 June 1996.

Pace, Eric. "Irving Kenneth Zola Dies at 59; Sociologist Aided the Disabled." *New York Times* (2 December 1994): D-22.

Packard, Robert T. *Encyclopedia of American Architecture, Second Edition.* New York: McGraw-Hill, 1995.

Padden, Carol, and Tom Humphries. *Deaf in America: Voices from a Culture.* Cambridge, MA: Harvard University Press, 1988.〔森壮也・森亜美訳『「ろう文化」案内』晶文社、2003〕

Panzarino, Connie. *The Me in the Mirror.* Seattle: Seal Press, 1994.

Parent, Wendy S., Mark L. Hill, and Paul Wehman. "From Sheltered to Supported Employment Outcomes: Challenges for Rehabilitation Facilities." *Journal of Rehabilitation*. Vol. 55, No. 4 (October/November/December 1989): 51–57.

Parry, John, editor. *Mental Disability Law: A Primer*. Washington, DC: Commission on the Mentally Disabled, American Bar Association, 1984.

Patterson, Jeanne Boland, and Frank Woodrich. "The Client Assistance Projects: 1974–1984." *Journal of Rehabilitation*. Vol. 52, No. 4 (October/November/December 1986): 49–52.

Pelka, Fred. "Disability Rights in Zimbabwe." *Mainstream*. Vol. 14, No. 3 (October 1989): 21–23.

———. "Who Is Evan Kemp and What Is He Doing Sitting on the Top of the EEOC?" *Mainstream*. Vol. 16, No. 3 (November 1991): 30–37.

———. "Trauma Time: Disability Issues Must Be a Litmus Test for Evaluating the Validity of any Proposal for Health Care Reform." *Mainstream*. Vol. 17, No. 6 (March 1993): 35–41.

———. "Personal Assistance Services: A Critical Element of Health Care Reform." *Mainstream*. Vol. 17, No. 7 (April 1993): 25–31.

———. "Ed Roberts, 1939–1995: Father of Independent Living." *Mainstream*. Vol. 19, No. 8 (May 1995): 24–29.

———. "Rape: Sexual Abuse of Persons with Disabilities Is Considered by Some To Be an Epidemic, but Few Voices from Our Community Are Raised in Outrage. Why?" *Mainstream*. Vol. 18, No. 3, 24–33.

Percy, Stephen L. "The ADA: Expanding Mandates for Disability Rights." *Intergovernmental Perspective* (Winter 1993): 11–14.

———. *Disability, Civil Rights, and Public Policy: The Politics of Implementation*. Tuscaloosa, AL: University of Alabama Press, 1989.

Perske, Robert. *Unequal Justice?: What Can Happen When Persons with Retardation or Other Developmental Disabilities Encounter the Criminal Justice System*. Nashville: Abingdon Press, 1991.

———. *Deadly Innocence?* Nashville: Abingdon Press, 1995.

Pfeiffer, David. Correspondence. 13 August 1996.

———. Interview. 5 September, 6 September 1996.

Phillips, William R. F., and Janet Rosenberg, editors. *Changing Patterns of Law: The Courts and the Handicapped*. New York: Arno Press, 1980.

Piastro, Dianne. "Telethons: Where Do We Go from Here?" *Disability Rag & Resource*. Vol. 16, No. 4 (July/August 1995): 24–25.

Pickens, Donald K. *Eugenics and the Progressives*. Nashville: Parthenon Press, Vanderbilt University Press, 1968.

Pietsch Robert. "Becoming the Kingdom of God; Building Bridges between Religion, Secular Society, and Persons with Disabilities: The Ministry of Harold Wilke." *Journal of Religion in Disability & Rehabilitation*. Vol. 2, No. 4 (1996): 15–25.

Platt, Mary Frances. "'I'm a Radical Crip,' Not a 'Disabled Woman.'" *Sojourner: The Women's Forum* (June 1995): 8–9.

Pohlmann, Kenneth E. "Federal State Programs for the Physically Handicapped." *Valor* (September 1956): 6–7.

Polman, Stoney M. Interview. 16 April 1996.

Pompkins, Joanne. Interview. 12 September 1996.

Porter, Roy. *A Social History of Madness: The World through the Eyes of the Insane*. New York: E. P. Dutton, 1989.

Preiser, Wolfgang E., et al., editors. *Design Intervention: Toward a More Human Archttecture*. New York, 1990.

"President Honors Concordian's Fight for the Disabled." *Concord Journal* (12 November 1992).

President's Committee on Employment of People with Disabilities. *Job Accommodation Network: U.S. Annual*

Report October 1, 1993 through September 30, 1994. Morgantown, WV: West Virginia University, 1994.

President's Committee on Employment of the Handicapped. "A Survey of State Laws To. Remove Barriers." Washington, DC: President's Committtee on Employment of the Handicapped, August 1973.

——— . "The President's Committee, a Forty Year Chronicle." In *1987 Annual Meeting of the President's Committee on Employment of the Handicapped.* Washington, DC: President's Committee on Employment of the Handicapped, 1987.

Prouty, Robert, and K. Charlie Lakin, editors. *Residential Services for Persons with Developmental Disabilities: Status and Trends through 1994.* Minneapolis: Research and Training Center on Community Living, 1995.

"Rachel Wms." *Mainstream.* Vol. 18, No. 10 (August 1994): 11.

Rainbow Alliance of the Deaf. Correspondence. 24 May 1995.

Reed, Heidi, and Hartmut Teuber. Correspondence. December 1996.

Reiskin, Julie. "Suicide: Political or Personal?" In Barrett Shaw, editor. *The Ragged Edge: The Disability Experience from the Pages of the First Fifteen Years of* The Disability Rag. Louisville, KY: Advocado Press. 1994.

Riekenhof, Lottie L. *The Joy of Signing: The New Illustrated Guide for Mastering Sign Language and the Manual Alphabet.* Springfield, MO: Gospel Publishing House, 1978.

Roberts, Edward V. "Independent Living Movement Promotes Self-Determination for Disabled Individuals." *Mainstream.* Vol. 10, No. 1 (April 1985): 23–27, 50.

——— . "How Independent Living Got Rolling." *This Brain Has a Mouth.* Vol. 3, No. 2 (July/August 1992): 9–11.

Roberts, Zona. Interview. 12 September 1996.

Romano, Frank. "White House Conference Report Presented." *American Rehabilitation.* Vol. 3, No. 5 (May/June 1978): 4–5.

———. Interview. 5 September 1996.

Rothman, David, and Sheila Rothman. *The Willowbrook Wars: A Decade of Struggle for Social Change.* New York: Harper and Row, 1984.

Rothstein, Laura F. *Disabilities and the Law* (formerly, *Rights of Physically Handicapped Persons*). Colorado Springs, CO: Shepard's/ McGraw-Hill, Inc., 1992.

Rubenfeld, Phyllis. Interview. 20 July 1995.

Rueda, Robert, and Irene Martinez. "Fiesta Educativa: One Community's Approach to Parent Training in Developmental Disabilities for Latino Families." *Journal of the Association for Persons with Severe Handicaps.* Vol. 17, No. 2 (1992): 95–103.

Ruffner Robert H. "504 and the Media: Legitimizing Disability." *American Rehabilitation.* Vol. 13, No. 2 (April/May/June 1987): 4–7, 25.

Rusk, Howard A. *A World To Care For: The Autobiography of Howard A. Rusk, M.D.* New York: Random House, 1972.

Russell, Harold. Interview. 20 June 1995.

Russell, Harold, with Victor Rosen. *Victory in My Hands.* New York: Creative Age Press, 1949.

Sackett, Susan. *The Hollywood Reporter Book of Box Office Hits.* New York: Billboard Books, 1990.

Salladay, Robert. "Cal's Edward V. Roberts Gave Dignity to Disabled." *Oakland Tribune* (15 March 1995): A-11.

Samuel, Allen T., Jr. "New Horizons: Wagner O'Day Amendments." *Journal of Rehabilitation.* Vol. 39, No. 1 (January/February 1973): 23, 48.

Sands, Jim. *Common Barriers: Toward an Understanding of AIDS and Disability.* Vancouver, British Columbia: The British Columbia Coalition of the Disabled, December 1988.

Saxton, Marsha. "A Peer Counseling Training Program

for Disabled Women." *Journal of Sociology and Social Welfare.* Vol. 8, No. 2 (July 1981): 8, 334–346.

———. "The Disabled Women's Community Responds to 'A Private Matter.'" *Roll Call* (August/Septmember 1992): 8, 18.

———. "What's at Stake? The Right To Bear Young: The Earl Hearing." *Disability Rag & Resource.* Vol. 14, No. 3 (May/June 1993): 3–5.

Saxton, Marsha, et al. *Ableism.* Brookline, MA: Boston Self Help Center, 1995.

Saxton, Marsha, and Florence Howe, editors. *With Wings: An Anthology of Literature by and about Women with Disabilities.* New York: The Feminist Press at the City University of New York, 1987.

Scheerenberger, R. C. *Deinstitutionalization and Institutional Reform.* Springfield, IL: Charles C. Thomas, 1976.

———. *A History of Mental Retardation: A Quarter Century of Progress.* Baltimore: Paul H. Brookes Publishing Co., 1987.

Schein, Jerome D. *A Rose for Tomorrow: Biography of Frederick C. Schreiber.* Silver Spring, MD: National Association of the Deaf, 1981.

———. *At Home among Strangers.* Washington, DC: Gallaudet University Press, 1989.

Schein, Jerome D., and Marcus Welk. *The Deaf Population of the United States.* Silver Spring, MD: National Association of the Deaf, 1974.

Schneider, Marjorie. Interview. 1 April 1996.

Schrauder, Betsy, and Jeannine Villing, editors. *Proceedings of the Supreme Court Davis Decision: Implications for Higher Education and Physically Disabled Students.* Detroit: Wayne State University, 1979.

Scotch, Richard. *From Good Will to Civil Rights: Transforming Federal Disability Policy.* Philadelphia: Temple University Press, 1984.〔竹前栄治監訳『アメリカ初の障害者差別禁止法はこうして生まれた』明石書店、2000〕

Scott, Mildred. "Notes on NEPH Week." In *1987 Annual Meeting of the President's Committee on Employment of the Handicapped.* Washington, DC: President's Committee on Employment of People with Disabilities, 1987.

Sege, Irene. "He Will Not Go Gentle." *Boston Globe* (27 June 1995): 53, 58.

Shapiro, Joseph P. "Disabled and Free at Last." *U.S. News & World Report* (17 May 1993): 50–52.

———. *No Pity: People with Disabilities Forging a New Civil Rights Movement.* New York: Times Books, 1993, 1994.〔秋山愛子訳『哀れみはいらない――全米障害者運動の軌跡』現代書館、1999〕

Shaw, Barrett. "Eugenics Then & Now." *Disability Rag & Resource* (January/February 1994): 23–25.

———. Correspondence. 3 April 1995.

———. editor. *The Ragged Edge: The Disability Experience from the Pages of the First Fifteen Years of* The Disability Rag. Louisville, KY: Advocado Press, 1994.

Shelman, Ralph. Interview. 17 April 1996.

Shilts, Randy. *And the Band Played On: Politics, People, and the AIDS Epidemic.* New York: St. Martin's Press, 1987.

Shirer, William L. *Berlin Diary.* New York: Alfred A. Knopf, 1941.

Shrout, Richard Neil. *Resource Directory for the Disabled.* New York, Oxford: Facts on File, 1991.

Skelley, Richard V. *Insuring Health Care for People with Disabilities.* Columbus, OH: The Ohio Developmental Disabilities Planning Council, 1990.

Smilovitz, Robert. "A Brief History of Pennhurst 1908–1926: Compiled from Superintendents' Documents." Unpublished Manuscript, 1974.

Smith, Eleanor. "Visitability: A Revolution in Housing Development." *Mainstream.* Vol. 18, No. 10 (August 1994): 28–34.

Sobsey, Dick. *Violence and Abuse in the Lives of People with Disabilities: The End of Silent Acceptance?* Baltimore: Paul H. Brookes Publishing Co., 1994.

Sontag, Ed, and Norris G. Haring. "The Professionalization of Teaching and Learning for Children with Severe Disabilities: The Creation of TASH." *Journal of the Association for Persons with Severe Handicaps.* Vol. 21, No. 1 (1996): 39–45.

"Special Writings." *Disability Rag & Resource.* Vol. 10, No. 2 (March/April 1989): 25.

Spungin, Susan J. *Braille Literacy: Issues for Blind Persons, Families, Professionals, and Producers of Braille.* New York: American Foundation for the Blind, 1989.

Stainback, Susan, and William Stainback. *Integration of Students with Severe Handicaps in the Regular Classroom.* Reston, VA: Council for Exceptional Children, 1985.

―――. editors. *Curriculum Considerations in Inclusive Classrooms.* Baltimore: Paul H. Brookes Publishing Co., 1992.

Starr, Paul. *The Social Transformation of American Medicine: The Rise of a Sovereign Profession and the Making of a vast Industry.* New York: Basic Books, 1982.

Stewart, Jean. *The Body's Memory.* New York: St. Martin's Press, 1989.

Stothers, William G. Correspondence. 12 June 1995.

―――. "Jay Rochlin." *Mainstream.* Vol. 20, No. 10 (August 1996): 19.

―――. "Organ Donor Bill." *Mainstream.* Vol. 20, No. 10 (August 1996): 16.

Strachan, Paul A. "The National Conference on Placement of Severely Handicapped." *Valor* (July 1952): 15–16.

Strauss, Karen Peltz. "Signs of Progress: Federal Legislation." *Gallaudet Today.* Vol. 17, No. 4 (1987 Legal Review): 21–25.

―――. "Title IV—Telecommunications." In Lawrence O. Gostin and Henry A. Beyer, editors. *Implementing the Americans with Disabilities Act: Rights and Responsibilities for All Americans.* Baltimore: Paul H. Brookes Publishing Co., 1993.

Strohkendl, Horst, editor, with Armand Thiboutot. *The 50th Anniversary of "Wheelchair Basketball.* New York and Munster, Germany: Waxman, 1996.

Stuckey, Kenneth A. *Samuel Gridley Howe.* Watertown, MA: Perkins School for the Blind, 1994.

Suazo, Antonio C. "On Workshops and Government." *Journal of Rehabilitation.* Vol. 31, No. 1 (January/February 1965): 47–49.

Swindlehurst, Wayne I. Interview. 3 October 1996.

Szasz, Thomas. *The Myth of Mental Illness.* New York: Hoeber-Harper, 1961.

―――. *The Manufacture of Madness.* New York: Dell, 1970.

Task Force on the Rights and Empowerment of Americans with Disabilities. *From ADA to Empowerment: The Report of the Task Force on the Rights and Empowerment of Americans with Disabilities.* Washington, DC, 1990.

Technical Assistance for Parent Programs (TAPP). "The TAPP Network." *Coalition Quarterly.* Vol. 7, No. 1 (Winter 1989–1990).

Tempel, Linda A. Correspondence. 22 July 1996.

TenBroek, Jacobus, and Floyd W. Matson. *Hope Deferred: Public Welfare and the Blind.* Berkeley, CA: University of California Press, 1959.

Thiboutot, Armand. Interview. 4 September 1996.

Thomas, Clayton L., editor. *Taber's Cyclopedic Medical Dictionary, 15th Edition.* Philadelphia: F. A. Davis Co., 1985.

Thompson, Karen. Interview. 30 September 1995.

Thompson, Karen, and Julie Andrzejewski. *Why Can't Sharon Kuwalski Come Home?* San Francisco:

Spinsters/Aunt Lute, 1988.

Thompson, WIlliam C. "Media and the Myth of Mobility." *American Rehabilitation*. Vol. 5, No. 3 (January/February 1980): 12–14.

Thomson, Mildred. *Prologue: A Minnesota Story of Mental Retardation Showing Changing Attitudes and Philosophies prior to September 1, 1959*. Minneapolis: Gilbert Publishing Company, 1963.

Thoreson, Richard. "Disability Viewed in Its Cultural Context." *Journal of Rehabilitation*. Vol. 30, No. 1 (January/February 1964): 12–13.

Thornburgh, Dick. "The Americans with Disabilities Act: What It Means to All Americans." *Boston University Public Interest Law Journal*. Vol. 1, No. 1, 15–20.

Thornburgh, Ginny. "For the Love of Peter." *Guideposts: A Practical Guide to Successful Living*, October 1993.

"Tony Coelho: The New Chairman of the President's Committee for the Employment of People with Disabilities." *Enable Georgia* (Fall 1994).

Traustadottir, Rannveig. *Women with Disabilities: Issues, Resources, Connections*. Syracuse, NY: Center on Human Policy, 1990.

Treanor, Richard Bryant. *We Overcame: The Story of Civil Rights for Disabled People*. Falls Church, VA: Regal Direct Publishing, 1993.

Treese, Joel D., editor. *Biographical Directory of the American Congress 1774–1996*. Alexandria, VA: CQ Staff Directories, Inc., 1997.

Trent, James W., Jr., *Inventing the Feeble Mind: A History of Mental Retardation in the United States*. Berkeley, CA: University of California Press, 1994. 〔清水貞夫・茂木俊彦・中村満紀男監訳『「精神薄弱」の誕生と変貌——アメリカにおける精神遅滞の歴史〈上〉〈下〉』学苑社、1997〕

Trombley, Stephen. *The Right To Reproduce: A History of Coercive Sterilization*. London: Weidenfeld and Nicolson, 1988. 〔藤田真利子訳『優生思想の歴史——生殖への権利』明石書店、2000〕

Turnbull, H. Rutherford, III. *Free Appropriate Public Education: The Law and Children with Disabilities*. Third Edition. Denver, CO: Love Publishing Company, 1990.

Turnbull, H. Rutherford, III, and Ann P. Turnbull. *Parents Speak Out: Then and Now*. Columbus, OH: Charles E. Merrill Publishing Company, 1985, 1978.

Tuttle, Cheryl G., and Gerald A. Tuttle, editors. *Challenging Voices: Writings by, for and about Individuals with Learning Disabilities*. Los Angeles: Lowell House, 1995.

Tutu, Desmond. "As Much a Moral Issue as Apartheid Ever Was." *Disability International* (Spring 1995): 32–34.

Tyor, Peter L., and Leland V. Bell. *Caring for the Retarded in America: A History*. Westport, CT: Greenwood Press, 1985.

United States Code Congressional and Administrative News. St. Paul, MN: West Group, 1953–.

United States Code Congressional and Administrative Service (2 volumes). St. Paul, MN: West Publishing Company, 1952.

United States Code Congressional Service (13 volumes). St. Paul, MN: West Publishing Company, 1942–1951.

United States Commission on Civil Rights. *Civil Rights Issues of Handicapped Americans: Public Policy Implications*. Washington, DC: U.S. Government Printing Office, 1980.

"U.S. Settles 2 Complaints of Bias against Disabled." *Boston Globe* (August 30 1996): A-21.

Unzicker, Rae. E. Interview. 4 October 1995.

Val, Sarah E. Correspondence. 22 February 1995.

Valentine, Victoria. "Being Black and Deaf: Coping in Both Communities." *Emerge: Black America's Newsmagazine*. Vol. 7, No. 3 (December/January 1996): 56–61.

Van Biema, David. "AIDS: In One Community, Silence

Equals Death." *Time* (4 April 1994): 76–77.

Van Cleve, John V., and Barry A. Crouch. *A Place of Their Own: Creating the Deaf Community in America.* Washington, DC: Gallaudet University Press, 1989. 〔土谷道子訳『誇りある生活の場を求めて――アメリカの聾者社会の創設』全国社会福祉協議会、1993〕

Van Cleve, John V., editor. *Gallaudet Encyclopedia of Deaf People and Deafness* (3 volumes). New York: McGraw-Hill, 1987.

Vaughan, C. Edwin. *The Struggle of Blind People for Self-Determination: The Dependency Rehabilitation Conflict: Empowerment in the Blindness Community.* Springfield, IL: Charles C. Thomas, 1993.

"Victory in Landmark 'Full Inclusion' Case." *Disability Rights and Defense Fund News* (September 1994): 1.

Villa, R. A., and J. S. Thousands. *Creating an Inclusive School.* Alexandria, VA: Association for Supervision and Curriculum Development, 1995.

Viscardi, Henry, Jr. *A Man's Stature.* New York: The John Day Company, 1952.

———. *Give Us the Tools: A History of Abilities, Inc.* New York: Paul Erickson, 1959.

———. Interview. 25 September 1996.

Wade, Cheryl Marie. "Other Voices: Creating Crip Text." *Disability Rag & Resource.* Vol. 16, No. 4 (July/August 1995): 34–37.

———. "Flying Solo." *Disability Rag & Resource.* Vol. 16, No. 5 (September/October 1995): 28–38.

Wadleigh, Jonathan. "Major Legal Victory: Class Action Certified; $160 Million Offered by Armour and Baxter." *Common Factor: The Voice of the Committee of Ten Thousand.* Issue 9 (September 1994): 1, 4, 34–36.

Walker, Martha Lentz. *Beyond Bureaucracy: Mary Elizabeth Switzer and Rehabilitation.* New York: University Press of America, 1985.

Walls, Richard T., and Denetta L. Dowler. "Information Resources." In Arthur E. Dell Otto and Robert P. Marinelli, editors. *Encyclopedia of Disability and Rehabilitation.* New York: Simon & Schuster Macmillan, 1995.

Walter, Vickie. "Inside the Madness: An Unusual Exhibit Depicts the Nazi Persecution of Deaf People." *Gallaudet Today.* Vol. 18, No. 2 (Winter 1987–1988): 6–11.

———. "Off and Running: Gallaudet's New President Takes the Helm." *Gallaudet Today.* Vol. 18, No. 5 (Summer 1988): 3–7.

War of the Rebellion: A Compilation of the Official Records of the Union and Confederate Armies. Washington, DC: U.S. War Department, 1902.

Watson, Sara D. "An Alliance at Risk: The Disability Movement and Health Care Reform." *American Prospect* (Winter 1993).

Watson, Sara, and O'Day, Bonnie. "Movement Leadership." *Disability Studies Quarterly.* Vol. 16, No. 1 (Winter 1996): 26–30.

Waxman, Barbara Faye. "Hatred: The Unacknowledged Dimension in Violence against Disabled People." *Journal of Sexuality and Disability.* Vol. 9. No. 3 (Octobe/November 1991): 261–271.

———. "Hate." *Disability Rag & Resource.* Vol. 13, No. 3 (May/June 1992): 4–7.

Weber, Mark C. "Towards Access, Accountability, Procedural Regularity and Participation: The Rehabilitation Act Amendments of 1992 and 1993." *Journal of Rehabilitation.* Vol. 60, No. 3 (July/August/September 1994): 21–25.

Weiss, Nancy R. *The Application of Aversive Procedures to Individuals with Developmental Disabilities: A Call to Action.* Seattle: The Association for Persons with Severe Handicaps, 1991.

Welch, Jane. "Unique College Program for the Severely Handicapped." *Journal of Rehabilitation.* Vol. 30, No. 6 (November/December 1964): 34–35.

Welch, Polly, editor. *Strategies for Teaching Universal*

Design. Boston: Adaptive Environments Center, 1995.

West, Jane. "The Evolution of Disability Rights." In Lawrence O. Gostin and Henry A. Beyer, editors. *Implementing the Americans with Disabilities Act: Rights and Responsibilities of All Americans.* Baltimore: Paul H. Brookes Publishing Co., 1993.

———, editor. *Implementing the Americans with Disabilities Act.* Cambridge, MA: Blackwell Publishers, 1996.

"White House Conference Report." *American Rehabilitation.* Vol. 2, No. 1 (September/October 1976): 30–31.

Whitten, E. B. "A New Legislative Milestone for the Handicapped." *Journal of Rehabilitation.* Vol. 31, No. 6 (November/December 1965): 10–12.

Wilcox, Shennan, editor. *American Deaf Culture: An Anthology.* Burtonsville, MD: Linstok Press, 1989.〔鈴木清史・酒井晴雄・太田憲男訳『アメリカのろう文化』明石書店、2001〕

Wilke, Harold. *Greet the Man.* Cleveland: Pilgrim Press, 1945.

Wilkerson, Arnold M. "The Sheltered Workshop Movement: Management or Muddlement?" *Journal of Rehabilitation.* Vol. 31, No. 2 (March/April 1965): 20–22.

Williamson, David R. "Men and Women Wheelchair Sports Continues Growth and Popularity." *American Rehabilitation.* Vol. 4, No. 1 (September/October 1978): 25–29.

Wills, Garry. "What Makes a Good Leader?" *Atlantic Monthly* (April 1994): 63–80.

Wilson, Dorothy Clarke. *Stranger and Traveller: The Story of Dorothea Dix, American Reformer.* Boston: Little, Brown and Company, 1975.

Winefield, Richard. *Alexander Graham Bell—Edward Miner Gallaudet: Never the Twain Shall Meet-The Communications Debate.* Washington, DC: Gallaudet University Press, 1987.

Winston, Charlie, editor. *America's Telability Media.* Columbia, MO: National Telability Media Center, 1995.

Witte, Edwin E. *The Development of the Social Security Act.* Madison, WI: University of Wisconsin Press, 1962.

Wolfe, Kathi. "The Bible and Disabilities: From 'Healing' to the 'Burning Bush.'" *Disability Rag & Resource.* Vol. 14, No. 3 (September/October 1993): 9–10.

———. "Springtime for Hitler." In Barrett Shaw, editor. *The Ragged Edge: The Disability Experience from the Pages of the First Fifteen Years of The Disability Rag.* Louisville, KY: Advocado Press, 1994.

———. "Tony Coelho." *Mainstream.* Vol. 18, No. 8 (May 1994): 51–55.

———. "Heroes and Holy Innocents: In Portraying Disabled People, Hollywood Hasn't Got a Clue." *Utne Reader* (January/February 1996): 24–26.

Wolfensberger, Wolf. *The Principle of Normalization in Human Services.* Toronto: National Institute on Mental Retardation, 1972.〔中園康夫・清水貞夫編訳『ノーマリゼーション——社会福祉サービスの本質』学苑社、1982〕

———. *The Origin and Nature of Our Institutional Models.* Syracuse: Human Policy Press, 1975.

Woodward, John R. "How CILs Succeed." *This Brain Has a Mouth.* Vol. 3, No. 2 (July/August 1992): 13–15.

———. "When CILs Fail." *This Brain Has a Mouth.* Vol. 3, No. 2 (July/August 1992): 16–17, 34.

———. "Your Right To Squawk." *Mouth: The Voice of Disability Rights.* Vol. 4, No. 5 (January/February 1994): 8–11, 38–39.

World Institute on Disability. "Resolution on Personal Assistance Services." Passed by the participants of the International Personal Assistance Services Symposium convened 29 September to 1 October 1991 in Oakland, California.

———. *Impact! World Institute on Disability SemiAnnual*

Report. Oakland, CA: World Institute on Disability, 1994.

Wright, Patrisha. Interview. 1 October 1996.

Wright, Tennyson J., and Paul Leung, editors. *The Unique Needs of Minorities with Disabilities: Setting an Agenda for the Future.* Conference proceedings co-sponsored by the National Council on Disability and Jackson State University, Jackson Mississippi. Washington, DC: National Council on Disability, 1992.

Ysseldyke, James E., Bob Algozzine, and Martha L. Thurlow. *Critical Issues in Special Education.* Boston: Houghton-Mifflin, 1992.

Zames, Freida. Interview. 12 June 1996.

Ziegler, Martha. "Parent Advocacy and Children with Disabilities: A History." *OSERS News in Print* (Summer 1995): 4–6.

Zinman, Sally. "The Legacy of Howie the Harp Lives On." *National Empowerment Center Newsletter* (Spring/Summer 1995): 1, 9.

———. "Howard Geld, 42, Advocate, Activist and Friend." *Rights Tenet* (Summer 1995): 2.

Zinn, Harlan. *Media Stereotypes of Mental Illness, Their Role in Promoting Stigma, and Advocacy Fforts To Overcome Such Stereotypes and Stigma.* New York: National Stigma Clearinghouse, 1995.

Zola, Irving Kenneth. *Missing Pieces: A Chronicle of Living with a Disability.* Philadelphia: Temple University Press, 1982.

———. "The Language of Disability Dilemmas of Practice and Politics." Paper presented to the 85th annual meeting of the American Anthropological Association in Philadelphia, Pennsylvania, on 4 December 1986.

Zukas, Hale. "CIL History." Berkeley, CA: Center for Independent Living, March 1979. Unpublished manuscript.

監訳者あとがき

　本書は、Fred Pelka, *The Disabilty Rights Movement* (1997) の全訳である。原書は 20 世紀末に刊行された本である。それにもかかわらず邦訳を企画したのは、邦訳するだけの内容のある本であると理解したからである。近年の日本において、障害および障害者（児）をめぐる考え方やその背景は劇的に変わりつつあるが、日本に影響を与えている主要な源であるアメリカ合衆国における障害者運動における基本的な考え方が、本書全体において明示されている。1990 年代というアメリカ障害者運動のピークの淵源を 19 世紀初頭まで遡って、障害に関して横断的かつ網羅的に障害者の社会的地位・生活・教育等に貢献した人物・団体・施設・学校・法律等について、運動論的立場から執筆されている。全編にわたって今日の障害（者）をめぐる成果が、有名無名を問わず、障害者およびその支持者の約 2 世紀にわたる努力・尽力によって形成されてきたことが活き活きと描かれており、感銘を受ける内容は本書の諸処に満ちている。

　この邦訳書を読むのに際して、お断りしておきたい点がある。1 つは訳語や付記についてである。訳語では、現代において使用されないか、使用を忌避されている訳語を用いたことである。白痴、精神薄弱、びっこ等の表記であるが、これは歴史的用語として原書で利用されている用語である。また、developmental disabilities のように、学術的というよりは社会的理由から本書で使用されている語の邦訳は、それぞれの文脈に合わせて訳出した。また、日本の読者の便宜のために、原書に最小限の訳注を付し、本書刊行後に逝去したことが把握できた人物の没年も付記した。もう 1 つは記述の内容についてである。本書の記述は現代の運動論的な観点から書かれており、たとえば人物や学校（施設）については、別の評価もありうるということである。最後に、原書掲載の写真と図が版権の関係で、掲載できなかったことをお断りしておきたい。

　それにしても、翻訳の着手以来、本書の訳了まで思いがけない時間が経過した。何より、福祉・教育・医療から法律・政治・文化・社会に至る幅広い内容であり、翻訳は難航した。また、原著者が書いているようにアメリカ人にとってすら、それほど著名でない、障害者権利擁護運動に貢献した人物や運動が記載されているので、訳者が、詳細な情報を持ち合わせていないために、最大限、正確な訳出に努力したつもりであるが、思わぬ誤りがあるかもしれない。

　最後に、本書の出版にあたってご尽力いただいた方々に感謝を申し上げたい。監訳者 3 人がそれぞれ分担して然るべき方々に翻訳を依頼した。なにぶん大勢の訳者数であったし、監訳者の努力だけでは運営が困難だった。出版に際して、それぞれの班で、とくにお世話になった次の方々に心から感謝を申し上げたい。二文字班では、海外留学で不在であった監訳者に代わって事務連絡を引き受けていただいた石田晋司さん、岡田班では初校点検を全面的にお願いした百瀬優さん、多数の訳稿の再検討をお引き受けいただいた岸美恵子さん、面倒な年表の翻訳を担当してくださった南宮祥子さん、そして中村班では初稿の多数の点検をお引き受けいただいた山田慶子さん、多数の訳者との連絡調整を完遂してくださった大塚美紀さん。

　翻訳の進行が難航したために、明石書店にもご迷惑をおかけした。いったん作業が中断してしまったが、それ以降の作業を牽引してくださった明石書店の伊得陽子さんには、一方ならぬお世話を粘り強くお引き受けいただいたおかげで完成することができた。またいつもながら、明石書店の大江道雅さんには、辛抱強く本書の完成を待っていただいた。心から謝意を申し上げたい。

　原著者のペルカさんに対しても、本書のような内容のある本を完成させ、出版にまで至ったことに敬意を表したい。

2015 年 3 月

監訳者を代表して
中村　満紀男

索 引

【事項索引】

ア

『啞』108
アーヴィン独立学校区対タトロ裁判 94–95, 132, **187**, 379
『愛情と障害』344
『愛すれど心さびしく』114
『愛は静けさの中に』**80**, 220, 224, 380
『アヴェロンの野生児』206
『アウトルック・フォー・ザ・ブラインド』188
アクセシブル・リビング・センター 116, 192
アクセス 216, 376
アクセス安息日 348
アクセス・ナウ 231
『アクセス・バイ・デザイン』97
アクセス・リビング 65
アクセント・オン・リビング **14**, 370
『アサイラム』110
『新しい声——障害者によるセルフ・アドヴォカシー』128
新しい地面を切り拓く 64
『新しいわれらの体とわれら自身』297, 304
アドヴォカシー 66, 265–266
アドヴォケイト・プレス 15, 116, 192–193
アトランティス・コミュニティ 23, 25, **43**–45, 55, 99, 185, 375–376, 378
『あなたにできる——脊髄損傷者のセルフ・ケア・ガイド』259
『あなたのカメラを晴眼者に向けよう——第1回世界盲人写真マニュアル』97

アビリティー社 338, 369
アメリカ医学会 25, 62, 308
アメリカ・インディアン 27, 83, 85, 144–145, 231, 293–294, 382
アメリカ・インディアン障害者立法プロジェクト **27**, 85, 144–145, 231, 294, 382
アメリカ・オリンピック委員会 377
アメリカ学習障害協会 183, 211
『アメリカ合衆国憲法修正第14条における奴隷制度反対の原点』326
アメリカ合衆国東部傷痍軍人協会 22
アメリカ規格協会 27, 37, 138, 217, 236, 249, 271, 370
『アメリカ紀行』267
アメリカ教育研究協会 193
アフリカ系アメリカ人 154
アメリカ建築家協会 37
アメリカ公共交通協会 22–23, 191, 277, 330, 378
アメリカ公共輸送協会 56
アメリカ高齢者向け住宅およびサーヴィス協会 242
アメリカ国際開発庁 357
アメリカ国際リハビリテーション協議会 147, 172
アメリカ雇用機会均等委員会（EEOC）32, 117, 148, 201–202, 227
アメリカ在郷軍人会 52, 248
アメリカ産科婦人科学会 62
アメリカ視覚障害児・者行動基金 191
アメリカ視覚障害弁護士協会 21, 227
アメリカ式点字 63–64, 365–366
アメリカ失明退役軍人 22
アメリカ自閉症学会 371
アメリカ自閉症協会 46–47, 161, 261
『アメリカ社会への参加：自立生活のための個別的

412

索引

援助——合衆国における介護サーヴィス事業に対する全国調査報告』211
「アメリカ社会への参加——自立生活のための個別的援助——合衆国における介護サーヴィス事業に対する全国調査報告」363
『アメリカ社会への参加——自立生活へのパーソナル・アシスタンス』357
アメリカ自由人権協会 135, 169
アメリカ手話（ASL） 20, **28**–30, 34, **40**, 42, 53, 60, 63, 74, 80, 86–87, 103–104, 107, 131, 150–151, 175, 183, 206, 235–236, 244, 253–255, 299, 315, 323, 329, 366–367, 371
アメリカ手話言語 **34**
アメリカ障害者アテンダント・プログラム・トゥデイ（ADAPT）→公共交通のバリアフリーを要求するアメリカ障害者の会
アメリカ障害者協会 **19**, 102, 140, 314, 346, 382
アメリカ障害者雇用機会法 124, **132**, 219, 220, 309, 345, 380
アメリカ障害者市民連合（ACCD） **19**, 21, 59–61, 98, 131, 139–142, 147, 172–174, 179, 196, 209–210, 216, 235–236, 254–255, 258, 272, 277, 279, 286, 300, 314, 330–331, 375
アメリカ障害者スポーツ **121**, 313
『アメリカ障害者ニューズレター』**34**
アメリカ障害者の権利・エンパワメント特別委員会 31, 61, 65–66, 100, 147–148, 154, 227, 297, **321**
『アメリカ障害者の平等権』61
アメリカ障害者法（1990年） 9, 16–19, 21, 23–25, 27, **29**–32, 36–39, 41–43, 50, 56, 58, 66, 68–69, 73–74, 83, 87–88, 90–91, 93, 98, 100–102, 107, 118, 120, 130, 133, 139–141, 147, 154, 160, 168–169, 175, 179, 183, 186, 192, 195, 201–203, 212, 220–222, 227, 232, 234, 236, 238, 240–242, 245–247, 251, 258, 260–264, 269–270, 278–279, 282–284, 286–288, 290, 297, 300–301, 303, 310, 314, 321, 323, 327–328, 330, 333–334, 346–347, 349, 351, 356–359, 374, 380–382
アメリカ障害退役軍人協会 **119**, 248, 271–272, 337, 367
アメリカ上下肢欠損者連合 203
アメリカ小人症協会 **213**, 228, 370
アメリカ少年少女クラブ 242
アメリカ身体障害者連盟 9, **25**–26, 236, 271–272, 316, 368, 370
アメリカ身体まひ退役軍人会 9, 16, 31, 127, 132, 148, 225, 243–244, 249, **258**–259, 311, 313, 337, 368–369,
373–374
アメリカ身体まひ退役軍人会対ウィリアム・フレンチ・スミス裁判 148
『アメリカ・スペクテーター』327
アメリカ精神遅滞学会 34, 47, 265, 351
アメリカ西部障害者権利法律センター 344
アメリカ西部法・障害センター 157, 344
アメリカ赤十字 368
アメリカ先住民 83
「アメリカ先住民の自立生活」83
アメリカ退役軍人管理局 85, 248
アメリカ退役軍人協会 37
アメリカ退職者協会 303
アメリカ知的・発達障害学会 47, 109
アメリカ中途失聴者協会 42, 380
『アメリカ・テラビリティ・メディア』322
アメリカてんかん財団 31, 297
アメリカ点字出版所 63
アメリカ東部身体まひ退役軍人会 120, 184
アメリカ脳性まひスポーツ者協会 313
『アメリカの障害者』61
『アメリカの障害女性』61
『アメリカ初の障害者差別禁止法はこうして生まれた』20–21, 174, 300
アメリカ病院協会 49, 62
アメリカ法曹協会の精神障害に関する委員会 128
アメリカ盲教育者協会 26, 62, 365
アメリカ盲人援護協会 26, 188, 200, 281–282, 367
アメリカ盲人協議会 20–**21**, 31, 64, 91, 97–98, 120, 142, 216, 227, 234, 240–241, 281–282, 330, 370
アメリカ盲聾者協会 **19**, 374
アメリカ郵便労働者組合 107
アメリカ陸上競技連盟 143
アメリカ両足切断者クラブ 258
アメリカ聾学校 28–29, 53, 73, 86, 103, 130, 150–152, 245, 365
アメリカ聾教育教育者会議 150, 193, 350
『アメリカ聾市民新聞』108
『アメリカ聾者紀要』28, 105, 150–152, 365
アメリカ聾者競技協会 311
アメリカ聾者劇団 104, 114–115, **244**, 318, 350
アメリカ聾者口話指導促進会 53
アメリカ盲人教育・福祉職員協会 26, 188, 281
アメリカ労働総同盟 26
『アメリカをリハビリする』60
『アメリカン・リハビリテーション』203, 208, 251

413

「嵐を予測する」218
アラスカ先住民 27
アラミーダ郡精神保健患者ネットワーク 156
『ありのままに話して』257
『ありふれた現象についての会話』125
アルコール依存（症） 17, 109, 212, 309, 331, 354–355, 358, 373, 383
『アルコール、薬物、脊髄損傷について自ら学ぼう』259
アルバータ大学虐待・障害プロジェクト 159
アレクサンダー・グレアム・ベル聾者協会 53, 323
アレクサンダー対チョート裁判 18, 94–95, 118, 221
『哀れみはいらない』 34, 76, 102, 170–171, 174, 246, 290, 304
『憐みを私に示さないで』268
安楽死 89, 134, 136, 320, 383
安楽死と自殺幇助 41, 48–49, 59, 80, 89, 96, 123, **134**, 158, 192, 241, 247, 256, 320, 344
「安楽死の問題――障害者の観点」89

イ

イースターシールズ協会 37, 202
『息の力を生かして――障害女性のアンソロジー』 353–354, 356
イギリス手話 367
「生きる価値なき生命」320
違憲であると判決 369
『石からできているのではない』304
『医師とサヴァイヴァーのためのポリオ後の影響に関するハンドブック』209
イスラエル人聾者協会 235
『偉大な聾のアメリカ人』104
一万人委員会 **90**, 95, 169, 175, 382
「逸脱者たち――障害者の隠れた物語」212
『イッツオーケー！――障害のある成人が、生きること・愛することについて書く』**188**–189, 304
『一歩先へ――活動的で健康な自立生活のリソース』（『一歩先へ――障害リソース』） 158, 169–170, 202, 222, **251**
「移動による自立」179
今こそ車椅子で自立する会 147
「今こそ聾の学長を」運動 54, 59, 104–**105**, 107, 151, 152–155, 175, 194, 236, 283, 361
『入口』92
イリノイ大学アーバナ・シャンペーン校 65, 99, 122, 139, 184, **335**

医療保険相互運用・説明責任法 166
医療保障 163, **166**, 254, 270, 346
インクルーシヴ（教育） 64, 79, 132, 177, **183**, 253–254, 273, 334
インクルージョン 93, 183
インサイト・エンタープライズ 231
インターディペンデント・プロジェクト 66
インターネット 186
インディアン問題局 27
インテグレーション 67, 131, 148, 183, 363
『インデペンデント』212
インフォームド・コンセント 159, 274

ウ

ヴァージニア断種法 144
ヴァコ対クウィル裁判 135
ウィーティーズ 193
ウィスコンシン州障害者連合 22
ウィミンズ・プライス・プレス **356**, 377
ウィロウブルックやペンハーストのような州立施設 111
ウィロウブルック州立施設 66–67, 111, 165, 195, 267, **351**, 360, 373
ウエストサイド自立生活センター 89, 132–133, 219, 344, 376
ヴェトナム戦争 55, 89, 105, 119, 121, 255, 259, 296
ヴェトナム復員兵子弟のアシスタンス・プログラム 294
ウォーム・スプリングス財団 291, 367
ウォーム・スプリングス・ポリオ・リハビリテーション・センター 343
『ウォール・ストリート・ジャーナル』116, 209
『ヴォックス・ノストラ』121
『動いている人々』161, 176, 220
『失われた部分――障害とともに生きる者の記録』362
『内なる子どもを助ける』71

エ

映画『遺伝病』134
映画『外の世界へ――脊髄損傷とその後の人生』95
AIDS 15
HIV/AIDS（ヒト免疫不全ウイルス／後天性免疫不全症候群、エイズ） **15**, 31, 90, 174–175, 296, 299, 373, 382
HIV/AIDS（ヒト免疫不全ウイルス／後天性免疫

索 引

不全症候群、エイズ）と障害 15, 90, 169, **175**, 296, 299
エヴェレスト＆ジェニングズ（E＆J）社 117, 136, 179, 346, 367, 376
エクスプローディング・ミス社 193, 217
『エドマンド・ウィルソン』 204
『FDR の見事なる欺瞞』 149, 292, 342, 367
エリー・ラッカワナ鉄道 92
援助つき雇用 267, 286, 305–306, **316**–**317**, 305, 355
援助つき生活 **111**, 317
エンパワメント 83, 93, 112, 114, 170, 247, 266, 275, 320
「延命治療を望まない重度障害者に対する治療の中断――平等の保護の考察」 89

オ

『オアハカを食べた怪物とその他旅物語』 226
『大きな声で歌え』 315
『大きな声で、声をあげて』 266
オークランド自立支援センター 156
オークランド・ホームレス協会 156
オーストラリア知的障害市民ユニオン 266
オーストラリア知的障害者ネットワーク 186
オープニング・ドアーズ 139
『オール・スィングス・コンシダード』 176
オコナー対ドナルドソン裁判 110–111, 127, 195, **250**, 352–353, 360, 375
『お姫様とドラゴン――障害者の物語』 218
「表舞台に立たせる」 28
親・訓練情報センター 375
親になること 356
親の会の運動 37, 58, 111, 129, 141, 229, 234, **261**, 263, 334
『親の障害が子どもに与える影響』 261
「折り合う」 149
折りたたみ式の車椅子 345, 377
オレゴン州メディケイド割り当て計画 254
『音楽をやめるな』 268
音響カプラー 371

カ

「カーストから集団へ――障害者の人間化」 148
カーブ・カット 44, **98**–99, 140, 248, 301, 313, 345, 363, 374
カーブ・カット法 140
カーブ・ランプ 44, 75, **98**–99, 140, 363
介助アニマル **41**, 187

外傷性脳損傷 132
介助プログラム **86**–87
介助プロジェクト **86**–87, 374
改正児童虐待防止および処遇法（1984 年） 48–49, 62, **79**, 379
解放奴隷局 337, 365
化学的束縛 78
化学的抑制 52, **78**
『鏡の中の私』 257
隠された障害 174
『隠されたマイノリティ』 76
『学習障害――学際的ジャーナル』 211
『学習障害者のためのセルフ・アドヴォカシーの資源』 211
『学習障害児を代弁する――弁護士のための手引き』 211
「格別の芸術」 88, 196, 202
「かくれた天使」 35
「隠れている字幕」 306
『火星の人類学者』 161
ガゼット国際ネットワーキング機関 **155**, 210, 314
『家族の希望――精神遅滞その他の障害者の親の新しい方向』 268
過大な困難 33, 260, 284, 287, 301, 310, **333**
過大な負担 32–33, 260, 283–284, 286–287, 301, 310, **333**, 374
かっこいい障害者 207
合衆国対ニューヨーク州立大学ストーニー・ブルック校大学病院 49
『カナジョーリー・ラディ』 108
カナダ障害者協議会 87, **95**–96, 121, 123, 186, 376
カナダ障害女性ネットワーク（DAWN） 96, **123**, 282, 355–356, 380
『壁を貫いて語れ』 218
『神への嘆願、ミラン－ランズマン嘆願の裏話』 226
『カリカック家』 134, 366
『カリフォルニア州家族法の二重性』 326
カリフォルニア州盲人協会 326
カリフォルニア州リハビリテーション局 75, 170, 172–173, 184, 285, 344, 376
カリフォルニア州聾者カウンセリング・権利擁護・委託機関 105
カルース対ボストン市裁判 59
『彼が言うことをせよ！　彼はどうかしているんだって！』 71
『カレン』 334

『感覚的な車椅子利用者』304
環境病 59, **133**
完全インテグレーション 67
関連サーヴィス 379

キ

『季刊障害学』118–119, 215, 270, 309, 344, 362, 363
『季刊村落特殊教育』83, 147
『帰郷』89, 204, 224, 304
『危機を超えて――アメリカのヘルスケアに立ち向かう』315
『騎士』108
寄宿制聾学校 53, 108
『奇跡の人』114, 200, 244
『基礎構造の構築――電話と障害者』357
『気取ったポーズの下に』226
「キムの世界」196
『逆境の中でたくましく』85
キャプションセンター 73, 372
ギャローデット演劇クラブ 244
『ギャローデット・ガイドと聾唖の友』108, 245, 365
ギャローデット・カレッジ（現ギャローデット大学）29, 53, 60, 122, 151–153, 299, 318, 349–350, 365
ギャローデット（大学）28–29, 53, 74, 86, 102, 104–107, 142, 150, **151**–155, 186, 193–194, 231, 236–237, 244, 251, 253–254, 291, 350, 365, 380
ギャローデットデモ 151
『ギャローデット・トゥデイ』155
『急進派セラピスト』224
教育委員会対アーライン裁判 118
教育改正法（1972年）82, 93, 211, 300–301
教育改正法第9編 82, 93, 300–301
教育省 27, 142, 148, 162, 172, 376
教育リソース情報センター 122
教育を受ける権利 373
『狂気の裏返し』250
『狂気の社会史』52
強制断種 14, 34, 67, 133–134, **143**–144, 261, 320–321, 354, 356, 366–367
『共通のバリア――AIDSと障害の理解に向けて』175
ギラン・バレー症候群 245
ギラン・バレー症候群国際財団 245
ギラン・バレー症候群財団 245
ギルド 141
筋ジストロフィ 117, 169, 175, 201–202, 324–325, 377
筋失調症医学財団 218

「近隣改善の構築」92

ク

クイッキー社製車椅子 280
クイッキー・デザイン社 280, 346
クウィル対ヴァコ裁判 241
苦境の母親たち **229**, 262, 263
グッドウィル・インダストリーズ 304
クラーク聾学校 7, 252, 254
グラフィカル・ユーザー・インターフェイス 91
グラフィカル・ユーザー・インターフェース・ソフトウェア 238
『暗闇から』200
『クリスマス・キャロル』329
『クリップ・ゼン――サヴァイバル手引き』226
『グリンゴランディア』226
クリントンとゴアを支持するアメリカ障害者会 140
グループホーム 58, 71, 81, 94, 110–111, 138, 166, 262, 302, 317, 353, 375, 379
車椅子 41, 75, 98, 120, 138–139, 143, 167, 170–171, 176, 178–179, 185, 192–193, 214, 271, 280, 283, 291, 312, 315, 343, **345**, 365–367, 376, 379
車椅子競技 249
車椅子「クイッキー」377
車椅子障害者センター 179, **346**, 357
車椅子昇降機 376
『車椅子スポーツと余暇ガイド』259
車椅子ダンス団 114, 342, 380
車椅子バスケットボール 89, 143, 249, 311, 313, 324, **345**, 353–354, 369
車椅子リフト 124, 214, 309
グレーター・ロサンゼルス聾協議会 103, 109
クレバーン市対クレバーン生活センター裁判 157–158, 265, 379
グレン・リッジ事件 13, **159**, 282, 344, 382
グローヴ市立大学対ベル（裁判）65, 82, 93, **163**, 301, 381
クローズド・キャプション 61, 73, 326
『軍曹の日記』295

ケ

『ケアする教会をつくる』349
『ケアするための世界』294
ゲイ 203, 281
芸術変性状態 **18**–19, 156, 381
刑務所 125

血友病 90
血友病患者ホロコースト **169**
血液製品助言委員団 90
原因遺伝学協議会 298
嫌忌療法 42, 45, **46–47**, 208
『現行制度下で生き残る――精神遅滞と遅滞させる環境』266
言語障害者 41
『言語理論に即したアメリカ手話辞典』29, 253, 371
健常者優位主義 **13**–14, 45, 107, 125, 134, 168, 207, 223–224, 288, 293, 320, 340, 353, 355, 367
健常者優先主義者 181
『現代の聾者』108
建築・交通バリアフリー遵守委員会 20–21, 32–33, **38**–40, 72, 74, 160, 172, 286–287, 363, 374
建築物のバリアフリー 15, **37**–38, 40–41, 50, 92–93, 99, 138, 180, 217, 249, 272, 335, 371, 374
建築物バリアフリー委員会 37, 371
建築物バリアフリー基準 370
建築物バリアフリー法（1968年）20, 37–**39**, 92, 149, 179, 225–226, 272, 277, 279, 286–287, 372, 374
『建物や設備に関するガイドラインを定めたADAバリアフリー基準』39
健聴者中心主義 13, **45**, 87
憲法修正第14条平等保護条項 164, 307
『権利主義』234
『権利擁護』46

コ

『効果的アドヴォカシー・プログラム立案』60
公共建築物のバリアフリー化 179
公共交通委員会 58
公共交通機関 23, 25, 72, 95, 214, 226, 260, **277**, 328, 331, 336
公共交通のバリアフリー（化）22–23, 55, 93, 160, 185, 193, 214, 259–260, 269, 277–279, 336, 373, 378, 381–382
公共交通のバリアフリーを要求するアメリカ障害者の会（ADAPT）**14,** 22–**23**, 24, 31, 33 44–45, 55–56, 88–89, 116, 120, 160, 185, 191–193, 196, 210, 212, 214, 230, 246, 259–260, 269–270, 279, 327–328, 346–347, 378, 381–382
公共交通のバリアフリーを要求するアメリカ障害者の会（ADAPT）対スキナー裁判 22, 25, 94–95, 160, 208, 214, 336, 381
公共交通への乗車を求めるアメリカ障害者団体（ADAPT）→公共交通のバリアフリーを要求するアメリカ障害者の会
航空機バリアフリー法 **15**–16, 127, 227, 258–259, 379
『公正は平等ではないのか』268
公正労働基準法 **138**, 239, 305, 367, 373
『交通機関のガイドラインを定めたADAバリアフリー基準』39
『交通機関へのアクセス』60
公的扶助プログラム 26
高等教育 122
高等教育法改正法 375
行動する障害者 22, 372, 374
行動する障害者の会 40, 49, 76, 94, **119**, 171–174, 210–211, 277, 285, 287, 300, 325, 330–331, 375
公民権 27, 31, 67–68, 105, 114, 117–118, 127–128, 147–149, 168, 378, 381
公民権運動 28, 35, 55, 60, 75, 82–83, 128, 265, 348, 369
公民権回復法 43, 65, **82**–83, 93, 118, 138, 163, 221–222, 227, 238, 245, 258, 301, 358–359, 381
公民権指導者会議 31, 43, 221, 245, 358
公民権法 30, 32, 68, 82, 102, 137, 214, 284, 300–301, 347, 371, 378, 380–381
公民権問題 160
合理的調整 32–33, **283**, 286–287, 299, 301, 310, 333–374, 377, 381
合理的変更 32–33, **283**, 287, 299, 301, 310, 333, 374, 382
高齢者・障害者の投票におけるバリアフリーに関する法 341, 379
口話主義 20, 29–30, 45–46, 52–54, 63–64, 74, 80, 87–88, 103–104, 150–151, 154, 187, 219, 236, **251**–254, 315, 300, 329, 316, 330, 366
口話法 53, 74, 150, 153, 181, 251–254, 329
口話法聾学校 29, 45, 53–54, 64, 74, 80, 87–88, 104, 150, 154, 187, 236, **251**–253, 329, 315
国際オリンピック委員会 257
国際介助犬協会 41, **187**
国際開発連合 263
国際カトリック聾者協会 103
国際機械運転者協会 174
国際車椅子競技大会 257
国際視覚障害者スポーツ協会 227, 258
国際児童福祉連合 128
国際弱視市民協議会 22
国際障害者年 61, 66, 121, 154, 187, 254, 349, 377–378
国際障害者年、国際障害者の10年 61, 66, 121, 187, 254

417

国際障害者の10年 61, 66, 121, 187, 254, 378
『国際障害者余暇・スポーツ・芸術・雇用フォーラム』 291
国際障害スポーツ組織 258
『国際人工呼吸装置使用者ネットワークニュース』 209
国際ストーク・マンデヴィル車椅子スポーツ連盟 258
国際精神障害者協会連盟 128
『国際生物気象学ジャーナル』 139
『国際的障害者運動の誕生——障害者インターナショナル・DPI』 120–121, 290
国際脳性まひスポーツ・リクリエーション協会 258
国際ポリオ・ネットワーク 209, 379
国際聾教育教育者会議 **187**, 252, 366
国際聾者スポーツ委員会 311
国際聾者チェス委員会 311
黒人の誇り運動 75
国立環境・保健政策センター 232
国立児童保健・人間発達研究所 162
国立障害研究所 208, 285
国立障害・リハビリテーション研究所 15, 97, 148, 162, 238, 250–251
国立保健研究所 58, 162, 298
国立聾工科大学 122, **243**, 299, 318, 371
国立聾者劇場 372
国立聾大学 74, 150–153
国連障害者の10年 66, 121
国連精神遅滞者の権利に関する宣言 58
『心が耳を傾けるとき——聾者の歴史』 206
『個人の能力の範囲に対応する』 68
戸建て住宅のバリアフリー 179
言葉と障害 **207**
『子どもにとってのバリアフリー環境基準』 77
『子どものための賛美歌』 125
コネティカットARC対ソーン裁判 157
コネティカット州精神衛生協会 52
『このうえなく潔白ではないか』 268
『この島では誰もが手話で話す——マーサズ・ヴィニヤード島』 218
『この脳は口をもっている』 4, 229
504条ワークショップ 301, 374
『鼓舞』 327
個別家族支援プログラム 132
個別教育プログラム（IEP）57, 69, 131, 141, **185**, 262, 381

個別障害者教育法 21, 102, 132, 157, 185, 195, 382
コミュニケーション・アクセス 73, **90**
『コミュニケーター』 46
コミュニティ 111
コミュニティ・サーヴィス 371
コミュニティ・サーヴィス法 375
コミュニティ生活援助法 **91**, 270
雇用機会均等委員会 32, **133**, 148, 201, 325, 333
『雇用法における障害者差別』 68
『これ以上妨げるな』 71
コロンビア盲・聾唖院 150, 152–153, 365
コンクリート・チェンジ 38, **92**, 180, 335, 380
『今日の雇用関係』 291
コンピュータ・アクセス **91**, 238
『コンプリート・エレガンス』 218

サ

『さあ、聴聞会へ行きましょう——PL 94-142の適正手続き聴聞会への準備』 211
『サイエンス』 178
在宅介護サーヴィス 43, 363
裁判所通訳法 57, 90
『**サイレント・ニューズ**』 87, 108, **306**, 372
『サヴィ誌——自己訓練カリキュラム』 192
サウスイースタン・コミュニティ・カレッジ対デイヴィス裁判 94, 95, 148, 283–284, 301, **310**, 377
サウスカロライナ州 371
サウスカロライナ州が初の州による建築物のバリアフリー規則 371
『ザ・スキン・ホース』 304

シ

シーイング・アイ（協会）367
『**ジーグラー・マガジン**』 **362**
ジェイコブソン対デルタ航空裁判 82
ジェリー孤児の会 116, **191**, 324, 326, 382
ジェリーの子どもたち 324
ジェリー・ルイス筋ジストロフィ協会テレソン 382
ジェリー・ルイスのテレソン 169
支援技術 14, 18, **41**, 64, 91, 139, 162, 186, 262, 295, 322, 339, 346, 380
支援つき雇用 380
視覚障害者 41
『視覚障害ジャーナル』 26
『視覚障害者のための博物館アクセシビリティ』 97
「視覚障害者向け博物館エイドとしての写真」 97

418

索　引

視覚障害のある有色人種会 154
シカゴ障害研究所 79
シカゴ障害研究センター **79**, 158, 215
自活実現プラン 124, 308, 309
「自己主張——肢体不自由者もアメリカ人である」 204
『自己選択』 102
自殺 135
自殺幇助 41, 88, 134–135, 158, 192, 241, 320, 383
「四肢まひ者の耐えがたい気もち」 139
施設収容 366
施設入所者公民権法 66–67, 82, 94, 377
『肢体不自由者解放戦線マーチングバンド・ブルース』 226
「肢体不自由のイメージ、副大統領を啓発する」 97
「肢体不自由のイメージ——ホワイトハウスの思い出」 97
失読症 64
失明退役軍人協会（BVA） 56, 368
『実力で強くなる』 349
シティズンシップ 377
『私的時間のための黙想』 125
児童虐待防止および処遇法 62
児童虐待防止と処遇に関する旧法 79
死ぬ権利 135, 158, 192, 383
死ぬ権利運動 135, 158
慈悲深き殺人 96, 320, 383
『自分が選択する』 230
自閉症 132
『自閉症研究』 137
『自閉症市民のための社会的正義』 46
『自閉症の人生から映画・報告を考える』 161
司法省 82, 301, 376, 377
字幕クラブ 255
字幕／非表示可能字幕（クローズド・キャプション） 73, 255, 326
ジム・クロウ法 366
『社会生活の論理学——人類学理論における警告と逸脱』 232
『社会の聾者——教育とその利用』 206
社会保障、社会保障障害保険（SSDI）、補足的所得保障（SSI） 26, 124, 133, 220, 292, **308**
社会保障修正法 345, 370–371, 373, 377
社会保障障害改正法 133, 307
社会保障障害給付改革法 **307**–308, 379
社会保障障害給付受給者連合 307, 378

社会保障障害給付に関する特別委員会 307, 378
社会保障障害保険（SSDI） 25–26, 124, 132–133, 165, 212, 219–220, 238, 292, 307–308, 369–371, 373, 377, 380
社会保障庁（SSA） 307
社会保障法 17, 25, 164, 188, 200, 219, 292, 308–309, 339, 367, 369
社会保障法改正 25, 308, 369
社会保障法第 19 編 164
社会保障障害給付受給者連合 307
宗教 256, 287, 349
宗教と障害者 328
「宗教と障害——世界観」 287
修正点字 63, 365–366
「10 代のニンジャ・マザー」 212
住宅 40, 50, 77, 138, **179**, 217, 335
住宅および地域開発計画法 179
住宅機会プログラム拡大法 17
『住宅整備利用者ガイド』 15
『住宅をバリアフリー化するための融資を受ける方法』 77
重度障害者協会（TASH） 42, 46–47, 49, 94, 304–305, **321**, 351, 375
『重度障害者の食事時間』 268
州立アタスカデロ病院対スキャンロン裁判 43
授産施設 42, 46, 138, 141, 239, 240–241, **304**–305, 316–317, 327, 338
授産所 266, 367, 373
『手動車椅子——手引き』 179
首都交通局（メトロ）のバリアフリーキャンペーン 72, 140, **225**, 243, 272
首都聴覚障害者協会 231
首都ワシントン聾者協会 231
主流 304, 377
主流化 20, 132, 183, **218**, 253
『**主流——有能な障害者のための雑誌**』 4, 65, 94, 114, 124, 158, 162, 193, **217**, 226, 284, 303, 315, 375
手話 28–29, 219, 251–252
手話指導者ガイダンス・ネットワーク 255
手話通訳士 333
傷痍軍人 9, 121, 294
傷痍軍人団 187
障害学研究所 7, 314
障害学生支援 122, 249, 271
障害学生支援／高等教育 122
障害学生プログラム 99, 248, 369

障害学会（SDS）119, 149, 215, 220, 270, 293, **309**, 362–363, 380
障害軍人のため 367
障害研究 270
障害児コンピュータ・グループ 18, 119, 378, 380
障害児絶滅政策 320
障害児童保護法 42, **165**, 221–222, 307, 358
『障害児の親』203, 262, 293
障害者インターナショナル（DPI）96, 102, **120**–121, 142, 172, 229, 290, 377
『障害者および慢性疾患者の医療保険ニーズ調査』357
障害者環境改善センター **15**, 38, 180, 270, 376
障害者権利運動 55, 121, 354
障害者権利教育擁護基金（DREDF）31–33, 43, 49, 64–65, 76, 98–99, 113, **117**, 148, 160, 177, 197, 201, 212, 221–222, 256, 297, 301, 357, 359, 377–378
『障害者権利教育擁護基金ニュース』65
障害者権利センター（DRC）117, 179, 197, 201–202, 307, 358, 376, 378
障害者権利訴訟 65, 68, 93–94, 221
『障害者権利の法改正——記事と論文』148
『障害者権利評論』65
障害者権利法 221
障害者高等教育プロジェクト 122
障害者コミュニティ 9–10, 13, 30, 98, 114, 117, 121, 131, 140, 163, 207–208, 221, 226, 228, 230–231, 327, 343, 363, 375–376
障害者雇用ドール財団 169
障害者雇用に関する大統領委員会 25, 256, 342
障害者差別 174
障害者市民連合（CCD）93, 163, 173, 270, 286, 334, 351, 374
障害者州組織連合 87, 95, 121, 376
障害者スポーツ 121
『障害者対応改造住宅仕様書技術手引き』50, 217
障害者電話法 91, 168, **323**, 378
『障害者と高齢者——協調のためにどんな役割があるのか？』60
『障害者のアウトドア活動』313
障害者のアクセシビリティ研究所 196
障害者の権利に関するシカゴ会議 22
障害者のコミュニケーションネットワーク 272
「障害者の雇用——変わりつつある展望」291
障害者の宗教・障害者プログラムに関する全米組織 348

障害者のための技術関連支援法 41–42, 91, 113, 290, **321**, 380
『障害者のための交通機関の設計基準——適切な等価の吟味』72
『障害者のための住宅および家庭サーヴィス——自立生活のガイドラインと経験』209
『障害者の法的アドヴォカシー』169
障害者のメディア・イメージ 54, 89, 114–116, 145, 159, 176, 196, 213, 215, **222**, 284, 295, 316, 322, 329
障害者はしゃれている 207
障害者扶助プログラム 369
障害者への憎悪犯罪 13, 159, 166, 282, 344
障害者保健センター 163
『障害者向け住居と交通機関ガイド』139
障害者用駐車スペース・ステッカー 374
障害者法リソースセンター 76, 117, 148, 221
『障害者をリハビリテーションで社会の主流へ』142
障害少女セクシュアル・ハラスメントに関する研究プロジェクトの顧問委員 158
障害女性 65, 79, 109, 129, 158–159, 166, 189, 193, 274, 282, 293, 304, **353**–356, 359, 378, 382
障害女性劇場 342, **359**
障害女性集団（HOW）**165**–166, 170, 204, 354, 356
『障害女性——心理学、文化、政治についてのエッセイ』40, 222
障害女性のためのドメスティック・ヴァイオレンス・イニシアティブ 170, 355
障害女性への暴力防止プロジェクト 158
障害新生児 62
『障害政策研究ジャーナル』147
障害退役軍人 258
障害当事者による障害者の権利主張 65
『障害と女性——二重障害』354
「障害とともに働く——問題・進歩・将来」291
障害と人間の発達に関する研究所 302
障害とビジネス技術支援センター 186
『障害とリハビリテーション大事典』111, 113, 180, 279, 287, 353
障害に関するグレイパンサー特別委員会 256
『障害についての報告——アプローチと争点』192
『障害のある黒人』61
障害のある市民 367
障害のある囚人正義基金 315
『障害のある女性と誇り！』293, 354
『障害のある人たちの法的権利』68
障害のある弁護士補助員による権利擁護プログラム

117
障害のあるマイノリティ 85
『障害のあるマイノリティの雇用における将来の方向性』 342
障害の違いを超えた意識／反応 21, **98**, 141–142, 300
障害の違いを超えた障害者権利運動 60
『障害の予防、障害のあるマイノリティの独特なニーズを満たす──大統領と連邦議会への報告書』 83
障害文化 **114**–116, 186, 196, 212, 315, 359,
障害文化研究所 115, **186**
『障害文化を研究する』 186
障害をもつ人が親になること 72, 144, **260**
上下肢欠損者連合 203
『常識の死』 260
『障壁から架け橋へ』 328
情報サーヴィス **186**
『勝利の一週間』 104
ジョージア州ウォーム・スプリングス 99, 149–150, 173, 291–292, **342**–343, 367
ジョージア州対マカフィー裁判 135, 192
「ショッキングな真実」 275
職業リハビリテーション 26, 251, 282, 287, 317–318, 327, 340, 349–350, 357
職業リハビリテーション局（OVR） 206, 244, 248, **251**, 281, 289–290, 299, 318, 339–340, 349, 368–369, 372, 374
職業リハビリテーション修正法 206, 318, 339–340, 368–369, 371
職業リハビリテーション、職業リハビリテーション法とその改正 51, 206, **339**
職業リハビリテーション・プログラム 42, 285, 316, 318, 339, 367–368
職業リハビリテーション法 25, 51, 206, 284, 339
職業リハビリテーション法改正（1954年） 25, 209
『植物誌選集』 125
『助言と妨害──外交政策決定における連邦議会上院の役割』 149
『諸州の恥』 110
女性運動 315, 354
女性クラブ総連合 242
女性と障害シンクタンク 274
女性と障害プロジェクト 257, **273**, 297–298, 355–356
『女性とセラピー』 169
『女性の経済的公正のための課題──政府への提案』 65
『女性の健康の再構成』 158

女性有権者連盟 142
初等・中等教育法 35
ジョブコーチ 316–317
ジョン・ドゥー 177
自立生活 50, **59**, 76, 100, 102, 139, 154, 171, 181, 183–184, 209, 251, 270, 313, 376
自立生活運動 **59**, 76, 138, 147, 154, 170–171, 180–181, 183–185, 270, 288, 290, 354, 357, 378
自立生活、自立生活運動 59, 76, 171–172, **183**, 249, 270, 290, 314, 345
自立生活センター（CIL） 23, 50, 55, 58, **74**–76, 89, 116, 132–133, 139, 148, 154, 156, 158, 160, 170–172, 178, 181, 184–186, 192, 212, 219, 221, 229, 231, 238, 255–256, 264, 270–271, 285–286, 288–291, 314–315, 327, 344–345, 363–364, 369, 372–373, 375–376, 378
自立生活センターの協会 238
自立生活のためのパーソナル・アシスタンス法 270
『自立生活──理論と実践』 186
『自立に向けて』 30, 68, 147, 227, 238, 380
「自立への入り口で」 380
神経障害者の職業ガイダンスに関する全米合同会議 334
人権と精神医学的抑圧に関する全国大会 276
人権と精神医学的抑圧に関する大会開催 374
進行性筋ジストロフィ協会 117, 169, 201–202, 324
人工内耳 45, 87, 303
「人種改良の方法」 53
『人生の途中で』 200
身体障害学生プログラム（PDSP） 75–76, 170, 184, **271**, 289, 363, 372
身体障害者行動連盟 192
『身体障害者の出産問題』 162
『身体障害者の自立生活』 297, 363
『身体障害者の法的権利』 169
身体障害者連盟 7, 9, 95, **210**, 215, 272, 367
「身体・精神障害者に対する差別撤廃──法的な青写真」 68
新地開拓リソース・センター 64
心的外傷後ストレス障害 52
『心配するな、彼は自分の足でそんなに遠くへは行けない』 71
「人類の聾の多様性に関する論文」 53

ス

スクィーズ・マシーン 161
『スクラッチサイド・ファミリー』 74

少しの特別な配慮 169, **195**, 338
スティグマ 78, 112, 215
スティグマ化されたアイデンティティ 215
ステイ・プット・ルール 177, 381
スノウデン対バーミンガム・ジェファーソン郡交通局裁判 214, 336, 376
スペシャル・オリンピック 310
『すべては可能である』 304, 354, 378
スポーツ障害者委員会 377
スポーツと運動競技 108, 122, 143, 249, 258, 310–311, 333, 345
『スポーツとスポークス』 259, 313
スミス・シアーズ退役軍人職業リハビリテーション法 339, 366
スミス対ロビンソン裁判 42, 165, 187, 221, **306**, 359
スミス・フェス市民職業リハビリテーション法 339, 367

セ

『生活を始める』 205
正義の車椅子団 24–25, 31, 33, 45, 56, 120, 192, **346**, 381
『正義への愛──ADAと宗教界』 328
性差別 82, 208, 353
精神医学的暴力に反対するネットワーク 276, 373
精神医学的抑圧に関する大会 374
精神医療財団 52, 242
『精神衛生における論点』 111
『精神および身体障害司法通信』 68
精神患者解放プロジェクト 372
精神疾患 366, 373
精神疾患者保護および権利擁護法 234, 235, **274**, 380
精神障害 125
精神障害患者 369
精神障害サヴァイヴァー 19, 52, 78–79, 112, 155–156, 195, 217, 224, 234–235, 239, 242, 250, 262, 274–275, 335–336, 358, 377
精神障害サヴァイヴァー運動 19, 52, 78–79, 112, 155–156, 195, 217, 224, 234–235, 239, 242, 250, 274–**275**, 335–336, 377
精神障害者解放戦線 78, 155, **224**, 275, 372
精神障害者解放プロジェクト 155, 276
『精神障害者としてのあなたの権利』 224
『精神障害者ネットワーク・ニューズ』 374
精神障害者の保護とアドヴォカシー・プログラム 113
『精神障害者自らの手で──今までの保健・医療・福祉に代わる試み』 78–79, 155–156, 276, 335–336, 376
『精神障害法──入門編』 57
精神遅滞 125
精神遅滞児 365
精神遅滞児のための教育権利章典 35
精神遅滞市民協会 36, **42**, 49, 66, 237, 266, 328, 369
『精神遅滞市民と法律』 273
『精神遅滞市民の法的権利』 94
精神遅滞者施設および地域精神保健センター建設法（1963年）35, 58, 273, 371
『精神遅滞者入所施設サーヴィス形態の変革』 273, 372
『精神遅滞と闘うための全米活動計画案』 272
精神遅滞に関する大統領委員会 35, 58, 110
『精神薄弱という重荷』 109
精神薄弱 81, 109
「精神薄弱者の脅威」 134, 366
精神病 78, 110
『精神病ネットワーク・ニューズ』 **217**, 276, 335
『精神保健介助』 242
精神保健制度法 274
『精神保健に向けて』 242
精神保健法プロジェクト 194, **224**, 352
性的虐待 137, 159, 355, 382
『征服されざる者』 200
西部障害者権利法律センター 94, 227, 344
西部障害者法律センター 94
西部法・障害センター 157, 344, 375
『聖ミカエルの転倒』 104
『制約のないコミュニケーション』 137, 382
『世界がギャローデットに耳を傾けた一週間』 106, 154
世界産業労働組合 200
世界障害研究所（WID）121, 144, 162, 172, 197, 203, 220, 229, 269–, 270, 290–291, 314, **357**, 363–364, 378
世界障害者委員会 242
世界障害者スポーツ団体国際調整委員会 258
世界相互扶助基金 67, 190
世界大戦退役軍人法 339
世界盲人連合 142, 191, 229
世界リハビリテーション財団 295
世界聾者会議 236
世界聾者連盟 236, 350
脊髄腫瘍 139
『脊髄損傷後遺症がもたらす経済状況』 259

脊髄損傷（者）66, 138–139, 174
脊髄損傷者教育・訓練財団 259
『脊髄損傷者ネットワーク』223, 246, 304
『脊髄損傷者の生活』243
セクシュアリティ 159, 274, 303–304, 354–355
セクシュアリティと障害 189, 261, **303**, 356, 358
『セクシュアリティの再生』259
『セクシュアリティ、法、発達障害者』68
「セックスと独身の障害者」161
『セックスとラジオ放送――コミュニティ放送局のつくり方ハンドブック』226
セルフ・アドヴォカシー 77, 128, 265–267, 273, **302**
セルフ・アドヴォカシーは自分たちの力を強力にする 77, 266–267, **302**
セルフヘルプ 76, 247, 275–276, 282
セルフヘルプ・グループ 42, 119, 239, 282, 291, 314, 369
『善意の仮面――聾コミュニティを無力にする』206
全国女性障害者会議 123
全国ダウン症候群協会 69
全国法律・障害者センター 68, 157, 208, **237**, 372
全障害学生組織前進連合 122
全障害児教育法（1975年） 20, 21, 36–37, 56–57, 64, 69–70, 93–94, 117–118, **130**–132, 156–158, 172, 177–178, 183, 185, 187, 201, 211, 217–218, 221, 228–229, 247, 253–254, 262–265, 286, 301, 306–307, 310, 334, 338, 358, 373–375, 378–379, 381–382
全障害児教育法修正（1986年）132
『先生』200
戦争神経症 52
『選択――脊髄損傷とそれからの事』95
『セント・オブ・ウーマン／夢の香り』114
全米アクセスセンター 97
全米アメリカ・インディアン議会 27, 83, 144
全米イースターシール協会 68
全米医療的依存者・障害者法律センター 136, **241**
全米エンパワメント・センター 78, 156, **239**, 276
全米および世界チェストーナメント 311
全米車椅子競技会 143, 311
全米車椅子競技大会 311, 370
全米車椅子バスケットボール協会 249, 311, 313, 369
全米車椅子バスケットボール・トーナメント 374
全米血友病財団 90
全米権利保護・擁護協会 234
全米黒人手話通訳連合 237
全米黒人聾者協会（NBDA） 109, 231, 236, **237**, 378

全米個人住宅リソース協会 47
全米コミュニティ統合リソース・センター 77
全米視覚障害者サーヴィス提供機関認定協議会 240
全米肢体不自由児（者）協会 271
全米児童保健・人間発達協会 58
全米自閉症委員会 **45**–46, 382
全米弱視市民協議会 97
全米重要プログラム・プロジェクト 15
全米手話研究・指導シンポジウム 255
全米障害協議会 33, 287
「全米障害者運動の軌跡」246
全米障害者協議会 33, 65–66, 68–69, 83, 91, 100, 102, 147–148, 163, 168–169, 203, 220, 227, 230, 263, 270, 286, 291, 301, 314, 335–336, 376, 378–380
全米障害者雇用啓発月間 272
全米障害者雇用促進週間 368
全米障害者サーヴィスセンター 338–339
全米障害者組織 88, **242**, 288, 328, 348–349
全米障害者の親ネットワーク 262, 381
全米障害者評議会 30, 31, 68, **237**
全米障害者リハビリテーション建築物バリアフリー委員会 371
全米障害情報ディレクトリー 186
『全米唱道者』108
全米小児科学会 49, 62
全米女性車椅子バスケットボール・トーナメント 354
全米女性組織 142, 197
全米自立生活協議会 31, 49–50, 65–66, 144, 154, 172, 185, 220, **238**, 291, 314, 378
全米進行性筋ジストロフィ協会 117, 201–202
全米身体障害児・者協会 37
全米身体障害者協会 26, **236**, 370
全米身体障害者雇用促進週間 271, 368
全米スティグマ情報センター 224, 243
全米精神衛生協会 52, 242, 366
全米精神障害サヴァイヴァー協会 78, **235**, 276, 335–336, 379
全米精神障害者家族連合会 **234**, 261, 263, 377
全米精神遅滞児親の会 31, 34–36, **42**, 57, 110, 112, 127, 130, 234, 261, 272, 369, 370
全米精神遅滞市民協会（The Arc） **34**–36, 42, 44, 47, 57–58, 93, 127, 129, 158, 165, 234, 261–262, 265–266, 328, 334, 353, 369
全米精神保健協会 52, 242
全米精神保健サーヴィス・センター 113

全米精神保健財団 52, **242**, 368
全米精神保健法（1946年）52
全米製造業者協会 308
全米脊髄損傷財団 243
全米脊髄損傷者協会 139, **249**, 243, 257–259
全米脊髄損傷情報センター 243
全米ソーシャルワーカー協会 232
全米対まひ財団 43, 50, 139, 191, 225, **243**, 249, 258, 277, 303, 314, 369, 373–374
全米多発性硬化症協会 98
全米低所得者用住宅財団 88
全米テラビリティ・メディア・センター 322
全米テレコミュニケーション政策プロジェクト 314
全米脳性まひ財団 333, 369
全米パートナーシップ・プログラム組織 242
全米ヒスパニック聾・難聴者協議会 231
全米ホームビルダー協会 38
全米法律・聾者センター 377
全米マーチ・オブ・ダイムズ慈善財団 184, 292
全米盲人・身体障害者サーヴィス諮問委員会 191
全米盲人大学生連合 22, **234**
全米盲人連合（NFB）9, 21–22, 40–41, 64, 91, 154, 190–191, 216, 220–221, **239**, 281, 285, 287, 305, 326, 330, 367
全米盲人連盟 327
全米盲聾青年・成人センター 286
全米ユダヤ教聾者会議 103
『全米リソース名簿——脊髄損傷・その他の身体障害者のための情報ガイド』95
全米リハビリテーション情報センター 122, 186
全米リハビリテーション病院 88
全米聾者友愛協会／聾者保険 241
全米聾唖者会議 235, 366
全米聾者会議 142
全米聾者協会（NAD）9, 19–20, 31, 98, 103, 108–109, 142, 155, **235**, 237, 245, 253–254, 299–300, 306, 323, 330, 350, 366, 371
全米聾者友愛協会 241, 350, 366

ソ

増悪犯罪 159, 166
『走行中の交通違反』176
『ソーシャル・アクション』348
阻害要因 26, **124**, 132–133, 184, 220, 309, 344, 357, 359, 377, 380
「蘇生を拒否する」383

『空言はもう要らない！　障害者権利活動家として生きるためのガイド』266
『ソロモンの山に向かって』218
『村落交流』294
『村落実態』294
村落障害研究所 27, 83, 85, 144–145, **293**–294
村落リハビリテーション研究・訓練センター 83

タ

退役軍人援護法 37
退役軍人管理局 17, 84–86, 248, 331
退役軍人局 119
退役軍人省 119, 259, 339, 376
退役軍人障害者 119
大統領委員団 37, 58, **272**
大統領障害者雇用委員会 26, 37, 54, 61, 66, 87–88, 94, 96–97, 100, 102, 142, 147–148, 225, **271**–272, 290–291, 295, 316, 342, 370, 379, 381
大統領身体障害者雇用委員会 37, 249, 271, 326, 369–370
大統領精神遅滞委員会 37, 58, 128, 247, **272**–273, 371–372
大統領精神遅滞委員団 272, 370
大統領精神保健委員会 276
大統領全米身体障害者雇用促進週間委員会 271, 369
タイニー・ティム **328**–329
『タイム』175
ダウン症（候群）48, 69
多種化学物質過敏症 59, 133, 174, **232**
脱施設（化）36, 66–67, 77, 81, **109**–111, 126, 156, 158, 165, 182, 208, 242, 247, 250, 262, 273, 275, 305, 318, 353, 359–360, 368, 371–372, 374
建物への身体障害者のアクセスを可能にし、利用可能にするためのアメリカ基準仕様 370
『タトラー』281
「他の人たちの声ワークショップ」212
多文化 141
多文化委員会 49, 85, 144, 154
多文化問題 85
多文化問題、障害のあるマイノリティ 27, 50, 85, 141, 154, **230**, 237, 342
タルムート 28
「誰がそのスペースに駐車するのか」212
『誰もが礼拝できるために』328
断種 9, 135
『誕生から5歳まで——早期特殊教育』61

チ

『ちいさき神の作りし子ら』80
チェリー対ジョンソン裁判 192
痴愚 143, 164
知的障害 366
中絶 71, 136
中絶とリプロダクティブ・ライツ 13, 40, 123, 134, 136, 144, 213, 274, 298, 356
中等教育以降の教育 271
聴覚障害児 56
『聾児と聴児』206
『聴者だけのために——聾コミュニティについて最もよく聞かれる質問に対する答え』104
超人的肢体不自由者 54, 313, **316**
聴導犬 138
チルマーク・コミュニティ 80
『沈黙の反対側』28

ツ

通学制聾学校 53, 235
通常学級 113
『翼をもって——障害女性文献アンソロジー』297, 315, 354

テ

『ディー・シー・アイズ』299
T-4 障害者安楽死政策（T-4）13, 48–49, 67, 134, 136, 150, **320**
デイヴィス対ブッカー裁判 17
デイヴィッド・L・バゼロン判事記念精神保健法センター 51, **194**, 224, 352, 373
ディスアビリティ・プライド 115, 184, 211, 363
『ディスアビリティ・インターナショナル』121
ディスアビリティ・ブラックフェイス 54, 80, **114**, 224
『ディスアビリティ・ラグ（・アンド・リソース）』 13, 15, 78, 87, 114, **116**, 123, 136, 192–193, 212, 287, 329, 342, 344, 377
W・ティモシー対ニューハンプシャー州ロチェスター学校区裁判 131, 208
テキサス州クレバーン市対クレバーン生活センター 81, 94, 157, 158, 265
テキサス州障害者連合 22
テキサス州身体まひ退役軍人協会 328
テキサスリハビリテーション調査研究所 180

テクノロジー・アクセス連盟 **18**, 119, 380
鉄の肺ポリオ支援 209
デフ・シアター 104
デフ・スポーツ 108
デフプライド **109**, 299
『デフ・ライフ』**104**, 108, 380
『テラビリティ・メディア』**322**
デルタ・シグマ・オミクロン 249
テレコミュニケーション法 61, 73, 90
テレソン 117, 119, 169–170, 191, 201–202, 206, 262–263, **324**–326, 334, 375, 377, 382
テレタイプライター（TTY）33, 41, 91, **321**, **322**–324, 371, 378
『手を伸ばす——精神保健患者の助け合い』156
『手を伸ばす（続）——絆の維持／成長への挑戦』156
デンヴァー市交通局 376
点字 **62**, 188, 356, 362, 365
テネシー州ピープル・ファースト対州立アーリントン発達センター裁判 270
「点字戦争」63, 188, 365
『点字フォーラム』22, **64**
点字（盲児）学級 188
点字モニター 240
『デンドロン』**112**, 276

ト

『トゥーミーヴィル・ガゼット』209, 370
『トゥーミー・j・ガゼット』209
トゥーミー・パビリオン・リハビリテーション・センター 208
統合鉄道会社対ダロン裁判 92–93, 118, 148, 221
当事者自身を主張せよ 266
同性愛 204
道徳的精神薄弱 67
道徳的痴愚 144
「道徳的白痴」144
「動物園の檻の中の狼」204
東部ヨーロッパ障害者会議 238, 328
トゥレット症候群 331
『トゥレット症候群を生きる——止めどなき衝動』331
トータル・コミュニケーション 253, 254, **329**
特殊学級 177
特殊教育 130, 229, **310**
特殊教育・リハビリテーション局 172

読唇法 199, 252, 310
特別なニーズのある子ども連盟 262
都市間バス交通介助プログラム 279
都市大量輸送機関局 272
都市大量輸送機関における援助関法 336, 372
都市大量輸送機関法（1964年）336
ドナルドソン対オコナー裁判 127, 352
「どの子も拒否しない」原則（"zero-reject" principle）130
「トムおじさんとちっぽけなティム——黒人肢体不自由者論」204
ドメスティック・ヴァイオレンス 217, 282, 354–355
ドラグ依存 17, 212
トランスバス 20–21, 60, 117, 119–120, 157– 158, 178–179, 277, 279, **330**, 375
トランスバス連盟 178
『トリビューン』226
トレイナー対ターネージ裁判 211–212, 331
トレイナー対ターネージ裁判とマッケルヴィ対ターネージ裁判 17–18, 212, **331**

ナ

ナーシング・ホーム 313
ナーリー・ボーンズ・プロダクション 342
「なかなかの人」161
『ナショナル・オブザーバー』108
『ナショナル・ジャーナル』202
『なぜシャロン・コワルスキーは自宅に帰れないのか』204
ナチ 127, 133, 149
『ナチスドイツと障害者「安楽死」計画』134, 136, 149–150, 321
ナチ・ドイツ 13, 133–134, 200, 320
ナッソー郡教育委員会対アーライン裁判 94–95, 175, 221, **298**, 380
軟骨形成不全遺伝子 213
難聴者セルフヘルプ（SHHH）303, 377

二

『虹の彼方へ』229
『2ドルのチャンスにかけるための覚え書き』205
日本 50, 100, 102
ニューイングランド・ギャローデット聾者協会 28, 86, **245**, 365
ニューイングランド脊髄損傷財団 243
ニューイングランド盲院 181, 267
『入館者の中には障害のある人もいる』97
『ニューズウイーク』107
『ニューズと見解』69
『ニュー・モビリティ』95, 226, **246**, 313, 325
ニューヨーク ARC 対ロックフェラー 373
ニューヨーク式点字 62–63, 362, 365–366
ニューヨーク社会サーヴィス局およびニューヨーク市警察裁判 212
ニューヨーク市精神保健サーヴィス利用者連合 156
ニューヨーク市脳性まひ協会 333, 368
ニューヨーク市脳性まひ連合会 333
ニューヨーク自由人権協会 49
ニューヨーク州脳性まひ協会 333
ニューヨーク州立精神障害者入所施設保護者会連合 352
ニューヨーク市YWCA障害女性のネットワーキング・プロジェクト 293
ニューヨーク精神遅滞児親の会 351
ニューヨーク精神遅滞市民協会対ケイリー裁判 262
ニューヨーク精神遅滞市民協会対ロックフェラー裁判 110, 195, 352, 360
『ニューヨーク・タイムズ』48, 82, 192, 201, 295, 325, 377
『ニューヨーク・ヘラルド・トリビューン』333
ニューヨーク・ユダヤ系聾者協会 244
ニューヨーク聾啞者口話院 251
ニューヨーク聾者劇場組合 244
『ニューヨーク聾者ジャーナル』108
『人間の芸術』218

ネ

年齢差別禁止法 82

ノ

『脳シリーズ』161
脳性まひ協会連合（UCPA）31, 34, 36, 43, 58, 98, 110, 112, 119, 132, 163, 167, 202–203, 261–263, 325, 330, **333**, 345, 351, 368–369, 375
脳性まひ連合研究・教育財団 334
脳性まひ連合テレソン 375
ノースカロライナ州建築条令における障害条項 216
ノーマライゼーション 77, 110–111, **246**–247, 268, 273, 316, 352, 372–373
『ノーマリゼーション——社会福祉サーヴィスの本質』247
『ノット・デッド・イエット』88, 135, 158, **247**, 383

索　引

ハ

『ハーヴァード公民権と市民の自由法律評論』 227–228
パーキンス盲院 267, 365
パーキンス盲学校 62–64, 109, 130, 181–182, 197, 199–200, 252, **267**, 304, 365
バークレー自立生活センター 117, 154, 172, 184–185, 212, 221, 255, 375
『バークレー自立生活センターの歴史』 363
パーソナル・アシスタンス・サーヴィス（PAS） 25, 45–46, 56, 59, 72, 75–76, 91, 120, 124, 133, 148, 160, 181, 185, 210, 230, 238, 257, 261, **263**, 269–270, 289, 302, 344, 351, 354, 357, 363, 372, 382
パーソナル・アシスタント・サーヴィス諮問委員会 144
『パートナーズ・フォーラム』 41
バーリントン教育委員会対マサチューセッツ州教育省裁判 **69**, 132, 379
パイオニア財団 134
梅毒 199
白杖法 240, 367
白痴 143, 164
白痴および精神薄弱者のためのアメリカ施設長協会 109
『バス停留所の途中で起こった奇妙な出来事』 72
バゼロン・センター **51**
パターナリズム 40
バック対ベル裁判 **67**, 81, 134, 144, 367
『パッション・フィッシュ』 114, 222–223
発達障害 15, 36, 58, **112**–113
発達障害協議会 15
発達障害局 **15**, 85, 294, 351, 382
発達障害支援および権利章典法（1975 年） 36, 58, 93, 112–**113**, 165, 262, 266, 273–275, 374–375
発達障害者サーヴィスおよび施設設置改正法（1970 年） 58, 112, 372
発達障害者保護とアドヴォカシー・プログラム 15, 275
発達障害法 36
発達評価・調整機関 103
パラクアッド **259**, 313–314, 372
パラクアッド社 313–314
ハラスメント 303
パラリンピック 122, 143, 192, **257**–258, 313, 370
パラリンピック運動 122, 143, 192, **257**, 313

バリアフリー 50, 122, 140, 179, 180–181
バリアフリー化 22, 59, 278, 381–382
バリアフリー改善運動 371
バリアフリー環境デザイン社 38, **50**, 77, 180, 216–217, 301, 335, 358, 374
バリアフリー建築物 216
バリアフリー個別交通システム 20, 22–23, 59, 72, **259**–261, 279, 336
バリアフリー住宅 77, 180
『バリアフリー住宅カタログ』 77
バリアフリー住宅センター **74**, 76, 381
バリアフリー住宅に関する改正法（FHAA; 1988 年） 18, 38, 40, 50, 77, 92, 118, **137**–138, 179–180, 217, 221, 227, 238, 245, 258, 358–359, 380
『バリアフリー住宅のデザイン集』 50
バリアフリー生活連合 147, 160, 181, 196
バリアフリー・デザイン 15
バリアフリー法 216
パリ王立聾唖院 28, 29
ハルダーマン対ペンハースト（州立施設・病院）裁判 110, 113, 157–158, **164**, 208, 262–264, 267, 360, 374
『ハワード大学研究・研修センター 1995 年連邦政府の多文化プログラムへのアクセスのための資料集』 342
反健常者優位主義 204
ハンディキャップ主義 207
『ハンディを負わせるアメリカ』 39, 59–60, 318, 377
万民のための正義団 102, 140, 195, 382

ヒ

ピア・カウンセラー 50
ピア・カウンセリング 59, 75–76, 154, 185, **263**–264, 291, 297–298, 367
ピアサポートグループ 165
ビーザー対ニューヨーク交通局裁判 211
ピープル・ファースト（・インターナショナル） 36–37, 48, 77, 129, 190, 247, 262–263, **265**–266, 302, 317, 374, 318
『引き延ばされた希望——社会福祉と盲人』 305, 326
ヒスパニック大学連盟 242
ヒトゲノム計画 40
『人に挨拶をする』 349
『人の器量』 338
ヒューストン共同生活居住プロジェクト 148, **180**, 185, 373
ヒューマン政策センター **47**, 77, 208

ヒューマン・ポリシー・プレス社 77
病院調査・建設法 368
『平等への接近』 61
『開かれた教会』 349
『ビリーが首を骨折した日……その他の驚異の物語』 160–161, 329, 340, 382
ヒル−バートン法 368

フ

ファシリテイテッド・コミュニケーション 54, **137**, 382
フィエスタ・エデュカティーヴァ 140–141, 231, 261, 263, 376
フィエスタ・エデュカティーヴァ親の会 **140**, 376
フィラデルフィア公益法律センター 94, 119, 157, 197, 208, 301, 330, 375
『フェセンデン・レヴュー』 226–227
フェミニスト 40, 142, 153, 200, 282, 304, 353, 356, 377
『フェミニストの子育て』 158
フェミニズム 75, 123
不確認 116, **123**, 161
復員兵援護法 331
『普通の瞬間——障害の経験』 77, 115, 253–254, 297–298
普通の生活 254
『普通の生活——障害と疾病の声』 363
不妊手術 67
不平等な扱いの歴史——平等保護条項下で『疑いのある集団』としての障害者の資格 68
ブラウン対（トピーカ）教育委員会裁判 35, 128, 177, 231, 265, 369
『フラット』 241
フリークス 164
ブリティッシュ・コロンビア州障害者連合 175
『ブリムストーン・ブリティン』 229
『フル・モビリティ——他の移動方法の費用計算』 72
『ブロードキャスター』 236
『プログレッシブ』 169, 192
フロリダ州ナッソー郡教育委員会対アーライン裁判 94–95, 118, 175, **298**, 380
『文化・社会人類学——序章』 233
『分割されざる国家——公民権運動1990年代の課』 69
『文明の中枢』 133
分類 124

ヘ

『ベイビーMの後の問題——代理母の法的、倫理的、社会的重要性 40
併用法 150, 252
平和と自由のための国際女性連合 318
ヘッド・スタート 375
ベネディクト会修道士 28
ベビー・ジェイン・ドゥー（裁判） 14, **48**–49, 62, 79–80, 241, 298, 320, 379
ベビー・ドゥー（裁判） 14, **48**–49, 62, 79–80, 118, 241–242, 298, 320, 378–379
『蛇の穴』 110
ベルヴュー病院 294
『ヘルスケアへのアクセス』 163
ヘレンL. 対カレン・F・スナイダー裁判 160, 270, 382
ヘレンL., ビヴァリーD., フローレンスH., アイリーンF., イデルS. およびアメリカ障害者アテンダント・プログラム・トゥデイ対カレン・F・スナイダー裁判 169
『偏見、戦争、憲法』 326
ペンシルヴェニア州行動する障害者 22, 330, 375
ペンシルヴェニア州行動する障害者の会対コールマン裁判 330, 375
ペンシルヴェニア州精神遅滞児親の会（PARC） 37, 42, 128–130, 132, 157–158, 164, 228–229, 231, 264–265, 267
ペンシルヴェニア州精神遅滞児親の会（PARC）対ペンシルヴェニア州裁判 35, 37, 42, 128, 130, 157–158, 228–229, 231, 262–**264**, 267, 334, 373, 375
ペンシルヴェニア州精神遅滞児親の会裁判 132
ペンシルヴェニア州精神遅滞児親の会他対ペンシルヴェニア州裁判 129
ペンシルヴェニア DIA 対コールマン裁判 117, 119–**120**
『ペンチャ』 142
ヘンドリック・ハドソン中央学校区教育委員会対ロウリー裁判 56
『ペンハースト施設小史 1908–1926』 164
ペンハースト施設保護者・家族の会 164
ペンハースト州立施設・病院 111, 113, 129, 157–158, 164, 208, 374
ペンハースト州立施設・病院対ハルダーマン裁判 111, 129, 353
ペンハースト判決 164, 264

索引

ヘンリー・ロビンソン複合サーヴィスセンター 156

ホ

ボウウェン対アメリカ病院協会（他裁判） 48–49, **61**, 94–95, 298, 379
『法の下の平等』 326
訪問教育 219
法律サーヴィス組合 117, 169, 241, 376
法律サーヴィス組合改正法 376
『法律と医学の争点』 241
ホーニッグ対ドゥー裁判 132, **177**, 381
ホームワード・バウンド社対ヒッソム・メモリアル・センター裁判 157
保健・教育・福祉省 319, 376
保健・障害センター 77
保護者訓練・インフォメーション（PTI）・センター 262, 381
保護とアドヴォカシー 113, 274
『誇りある生活の場を求めて——アメリカ聾者社会の創設』 28
母子保健および精神遅滞計画法修正法 35, 273
補助犬 41, 138
ボストン障害者法律センター 59, 257
ボストン自立生活センター 58, 139–140, 181, 184–185, 270, 374
ボストン・セルフヘルプ・センター 59, 128–129, 204, 232, 257, 264, 270, 297–298, 362–363
ボストン・ディスアビリティ・プライド・デイ 59
補足的所得保障（SSI） 17, 26, 58, 110, 124, 132–133, 141, 165, 212, 219–220, 238, 292, 308–309, 334, 363, 373, 377, 380
補聴器互換法 **168**, 324
『ボディ・サイレント——病いと障害の人類学』 232, 233
『ボディズ・メモリー』 **57**, 315
ポピュリズム 40
ホランド対サクラメント市統合学校区裁判 113, 118, 132, **176**, 222, 263, 382
ポリオ 14, 100, 149, 174, 212, 288, 291–292, 343, 367
ポリオ後遺症候群 209, 379
『ポリオ生活』 14
『ポリオ・ネットワーク・ニューズ』 209
『塀の中の虐待——刑務所の障害者抑圧』 315
ホロコースト 90, 149, 169, 171, 175
ホワイトハウス障害者会議 29, 33, 115, 270, 338–339, **347**, 376

マ

『本をもつ妙な人々』 192
『マーキン・ペイパーズ』 226
マーサズ・ヴィニヤード島 80, 104, 218, 219, 245
マーサズ・ヴィニヤード島の聾コミュニティ 80, **218**
マイノリティ 9, 49, 75, 80, 114, 141, 154, 167, 175, 183, 232, 264
マイノリティ協会 154
「マインド・コントロール」 275
『マウス——障害者権利の声』 4, 92, 102, 124, 161, **229**, 269, 304, 381
マウススティック 91, 369
『マウスと男らしさ』 205
マサチューセッツ州リハビリテーション委員会 50, 58
マサチューセッツ州聾・聴覚障害者委員会 105
マサチューセッツ障害市民連合 266
マサチューセッツ障害者市民連合 50, 98, 139, 173, 270
マサチューセッツ障害者組織協議会 50, 139
マサチューセッツ対まひ協会 50, 139
マサチューセッツ盲人委員会 91
『マックスと魔法のくすり』 314
マッケルヴィ対ターネージ裁判 17–18, 331
『マティルダ・ジーグラー・マガジン』 366
『マティルダ・ジーグラー盲人向け雑誌』 362
『マニュアル法基礎コース』 255
マネジドケア 120, 166–167
『万華鏡』 196
万華鏡——健康と障害番組チャンネル 196, 218

ミ

『見える者による覚書』 104
見事なる欺瞞 292
『ミズ』 172, 212
『ミズ・マガジン』 169
見世物 145
見世物小屋（サイド・ショウ）の演技者としての「フリークス」 145, 213
『見つめ返す——障害のある著作者アンソロジー』 315
南アフリカの障害者 186
ミネソタ州肢体不自由児（者）協会 99
ミネソタ自由人権協会 203

429

ミルズ対（ワシントンD.C.）教育委員会裁判 36–37, 130, 132, **228**, 262–263, 373

ム

無限障害相談サーヴィス協会 293
無償で適切な公教育 130, 250
無力な障害者 222

メ

メインストリーム 355
メディケア 17, 132, 167, 220, 308, 371
メディケイド 17–18, 34, 120, 124, 132–133, 163, 167, 192, 254, 269, 308, 344, 371
メディケイド規則 34
メトロポリタン聾シアター団体 244
メンサ 134
メンターの配置 75

モ

『もう凝視するな』 212
盲人 64
『盲人ニューズ・ダイジェスト』 186
盲人労働者 367
盲導犬 41, 63, 138, 367
盲導犬利用者協会 22
盲聾児 199
盲聾者 19
『盲聾のアメリカ人』 19
文字通訳 41
文字電話（TT） 33, 91, 321, **322**–324
「最も偉大な話は語られることがない」 212
最も制約の少ない環境 131, 164
「もっともな疑問」 220
モビリティ・インターナショナル USA 229
『モンタナ・レスパイト・トレーニング・リソース・サーヴィス・ニューズレター』 294

ヤ

『やり通すこと——都市の大学の中での我が人生』 205

ユ

『友愛の輪——障害者とその友人が相互の生活を豊かにする方法』 268
『勇敢』 26
『夕暮の時間』 125

優生学 14, 34, 52–53, 67, 80–81, 109, 111, **133**–136, 143–144, 213, 261, 268, 320–321, 366
優生学運動 34, 67, 81, 109, 133, 143–144, 268, 320, 366
優生学記録事務所 67
優生学者（社会ダーウィニスト） 53, 67, 133–134, 144, 367
『優生学と革新主義者』 144
ユダヤ盲人ギルド 141
ユニヴァーサル・デザイン 15, 38, 50, 74, 76–77, 96–97, 99, 180, 186, 216–217, **334**–**335**, 381
ユニヴァーサル・デザイン・センター 50, 74, **76**–77, 180, 216–217, 335, 381
『ユニヴァーサル・デザインへの戦略啓発』 15
『ユニヴァーサル・デザイン・リソース・ノートブック』 15
ユニファイド・スポーツ 313, 333
指文字 199
『夢を追いかけろ』 257

ヨ

ヨーロッパ精神障害者協会連盟 128
予備役傷痍軍人団 187, **337**, 365

ラ

ラーニング・ハウ本部 166
ライアン・ホワイト包括AIDS救急リソース（CARE）法 **296**, 347, 382
ライ・クリップス 114–115, 355–356, 358–**359**, 379
ライス対聖マリー病院裁判 224
『ラグド・エッジ』 4, 116, 193
ラジオ・イア・ティーチング・セット 252
『ラジオ・ペーパー』 226
ラッセル対サルヴェ・レジーナ州立大学裁判 83
ラテンアメリカ系住民 140, 141
ラフォーレーバーデン法 **206**, 292, 339, 368
『卵管を検査する——母性の将来』 297
ランドルフーシェパード法 216, 281, 367
ランドルフーシェパード法および修正案 216, **281**
ランドルフーシェパード法販売者の会 216, 282

リ

リーガル・アクション・センター 18, **211**, 373
リーダーシップ会議教育基金 245
リヴァース対カッツ 224
理学療法 203
リトル・ペーパー・ファミリー 108, **212**

索　引

リハビリテーション　338, 359
リハビリテーション医学　295, 368
リハビリテーション医学研究所　294, 369
リハビリテーション・インターナショナル　120
リハビリテーション改正法　91, 238, 263–264, 376, 380
『リハビリテーション・ガゼット』　208–210, **287**, 370
『リハビリテーション教育』　147
リハビリテーション・サーヴィス庁　20, 61, 76, 100, 250–251, 291, 349
リハビリテーションと経済的機会利用のための研究・訓練センター　342
リハビリテーション分野　294
リハビリテーション法（1973年）　16–18, 20–23, 30, 32–33, 38–39, 42–43, 48–50, 60–62, 65, 82–84, 86–87, 90, 92–94, 97, 100, 117–120, 122, 130, 139–140, 142, 156–157, 164, 171–172, 174–175, 185, 187, 192, 201–203, 213–214, 217, 219, 221, 237, 247, 256, 262, 271–272, 277, 279, 283–**284**, 286–287, 290, 295, 298–301, 306–307, 310, 314, 317, 322, 330–331, 333–334, 340, 347–348, 358, 371, 373–374, 376–378, 380–381
リハビリテーション法第504条（1973年）　16–18, 20–23, 32–33, 43, 48–50, 60–62, 65, 82–83, 87, 90, 92–94, 97, 117–118, 122, 139–140, 142, 156–157, 164, 172, 174–175, 187, 192, 201–202, 213, 214, 217, 221, 247, 256, 279, 283–284, 386–287, 298–**300**, 301, 306–307, 310, 330–331, 333, 340, 348–349, 358, 374, 376–378, 381
『リハビリテーション・レコード』　251
両者はまったく合わない──A. G. ベルとE. M. ギャローデットの聾者コミュニケーション論争』　253
良心的兵役拒否者　242, 368

ル

『ルールの変更』　173
ルビー・ロジャーズ・センター　78, 224
ルメーレ対バーンリィ裁判　17

レ

レイバーデイ・テレソン　206
レイプ　67, 71, 159, **282**, 382
レイプ救済センター　355
レイプ／性的暴力およびドメスティック・ヴァイオレンス　123, 137, 158–159, 166, **282**, 356
レインボー聾者同盟　109, 281
『歴史を振り返る──聾コミュニティと手話の歴史論文選集』　206

レズビアン　129, 166, 203–204, 281, 354, 356, 378
『レズビアン、障害と女』　**129**
レッチワース・ヴィレッジ施設　127
『レディース・ホーム・ジャーナル』　199, 366
『レベッカは新しい道をみつける』　257
『レモン・ブック』　179
『煉獄のクリスマス』　77, 80–81, 110–111, 266, 371
『連邦アクセス法による公的障害者施設へのアクセス・ハンドブック』　94
連邦安全局　206
連邦議会障害者の権利・エンパワメント特別委員会　381
連邦コミュニケーション委員会　33, 61, 227, 323
連邦雇用促進局　210
連邦就労調整ネットワーク　186, 272, 379
連邦職業教育委員会　339
連邦政府助成幹線道路改正法（1974年）　99, **140**, 374
連邦政府助成幹線道路計画　140
連邦特殊教育・リハビリテーション・サーヴィス局　15, 122, **250**, 251
連邦保健・教育・福祉省（HEW）　20–22, 60–61, 73, 75, 93–94, 110, 117, 142, **172**, 206, 221, 255–256, 285–287, 300–301, 348, 358
連邦保健・教育・福祉省デモ　20–21, 61, 142, **172**, 256, 287, 300–301
連邦保健・教育・福祉省（HEW）デモ行進　255
保健福祉省　62
連邦保健福祉省　15, 24–25, 61–62, 351
連邦保健福祉省児童・家庭局　15

ロ

ロイド対地域交通局裁判　157–158, **213**, 279, 376
『聾啞』　108
『聾啞ジャーナル』　108, 235
『聾啞者の前進』　108
聾啞国　105
「聾共同体──手話法者コミュニティ」　155
『聾児の日記──ローレン・クラークの歴史』　206
聾者　28
『聾者および聾に関するギャローデット百科事典』　53, 288, 350
聾者刊行物　**108**, 212, 306
聾者クラブ　73, **103**
『聾者コミュニティ・ニューズ』　108
聾者新聞　**108**, 306
聾者組織　28, 103, 109, 245, 350

431

聾者同士の結婚 53
聾者の学長選出 380
『聾者のギャローデット大学の歴史——1857–1907』150
聾者向け字幕付映画 73, 350
聾者用電話機器（TDD）33, 91, **321**–324, 371, 378
聾者余暇協会 103
聾女性連合 **108**–109
『聾スペクトラム』108
『聾世界への旅』206
聾通訳者登録会 350
労働災害補償 124, **356**, 366
『聾の遺産——アメリカ手話共同体のナラティヴによる歴史』154
『聾の心理学』244
『聾のネブラスカ州民』155
聾の俳優 244
『聾の労働者』108
聾文化 28–30, 86–87, **103**, 105, 107, 109, 116, 155, 183, 206, 219–220, 244, 254–255, 300, 315, 366
聾ポエム 104
ローカル・オプション 214
ローズヴェルト・ウォーム・スプリングス・リハビリテーション研究所 343
ローテンバーグ判事記念教育センター 46
ローリング・クワッズ 75, 122, 170, 184, 289, **291**, 363, 371
録音図書 41
ロジャーズ対オクリン裁判 224
ロジャーズ対精神保健局長官裁判 224, 276
ロチェスター工科大学 243, 371
「ロンドン協約」367
ロンドン精神遅滞者キャンペーン 266

ワ

ワールウィンド 178
ワールドワイドウェブ 186
ワイアット対スティックニー裁判 36–37, 82, 267, **359**, 372
『わが魂にあうまで』52, 78, 110, 366
ワシントン建築物バリアフリープロジェクト 139
ワシントン首都交通局 225, 373
『ワシントン・ジョブライン』291
『ワシントン・スター』299
ワシントン対グラックスバーグ裁判 135, 241
『ワシントン便り』167, 334

ワシントン D.C. 373–374
ワシントン D.C. の新しい数十億ドルをかけた地下鉄システムの計画にバリアフリー 373
ワシントン D.C. 聾者協会 231
ワシントン D.C. 聾者の会 231
『ワシントンポスト』94, 102, 226
『私が会った人たち——ジョージ・コヴィントン写真集』97
『私が住む世界』200
『私たち自身のイメージ——障害女性が語る』354, 377
『私たちのニーズを充足する』123
『私たちは自分のために発言できる』266
『私達は乗り越えた——障害者の公民権の物語』226
私たちは１人ではない 275
『私に栄光を』54
『わたしの生涯』199–200, 366
『私の性の歴史』218
『わたしの手の中の勝利』295
「私は人魚だと彼らに話して」212
『我等の生涯の最良の年』**54**, 89, 223–224, 295, 368

【事項索引（A-Z）】

『ADA-LAW』186
『ALDA ニューズ』43
『DEAF』186
D.E.A.F. 社 103, 299
「KTV ニューズ」196
『LDA ニューズブリーフ』211
『NAD ブロードキャスター』299
『NAMI 権利擁護』234
『NAPH ナショナル・ニューズレター』236
『NCIL ニューズレター』239
PALIL あるいは自立生活のためのパーソナル・アシスタンス法 257
『PN／パラプレジア・ニューズ』259
『SHHH ジャーナル』303
T.J. パブリッシャーズ 255
『US ニューズ＆ワールド・レポート』229, 246
TV クローズド・キャプション・デコーダ搭載法 326
WID ネット 357
WILDA 274

索引

【人名索引】

ア

アーヴィン，マイク 251, 324
アーウィン，ロバート・ベンジャミン 26–27, 63–64, **188**, 367
アーキン，アラン 114
アーチボルド，レマー 21
アービン，キャス 116, 192
アーメイ，ディック 33, 102
アーライン，ジーン・H 298
アヴェリル，クラレンス 236
アセヴェド－フランコ，ジゼル 140
アダムズ，ブロック 330
アッシュ，アンドリアン 14, **40**, 293, 309, 353
アップダイク，ランドール 368
アドラー，エドナ・P 350
アナグノス，マイケル 63, 197, 199, 267
アリディ，ジョー 268
アレン，エドワード・E 267
アンガー，ジョージ 146
アンジッカー，レイ・E 234–235, 262, 276, **335**
アンソニー，ヘンリー・ボウエン 152
アンダーソン，ジャック 60, 173
アンダーソン，ハスパー 80
アントニッチ，インゴ 43

イ

イーグルトン，トーマス 314
イースランド，ナンシー・L 287–288
ジョン・イェー 107, **361**
イスラエル，パット 123

ウ

ヴァレンタイン，ヴィクトリア 237
ヴァンダーハイデン，グレッグ 91
ウィギンズ，ジュリアス 306
ウィギンズ，ハリエット 306
ウィギンズ夫妻（ジュリアスとハリエット）372
ヴィスカーディ，ヘンリー・ジュニア 169, 195, 272, 287, 295, **337**–338, 347–348, 369
ウィックス，ランディ 346
ヴィラ，マーサ 63
ウィラード，トム 306
ウィリアムズ，チャールズ 236
ウィリアムズ，バーバラ 229
ウィリアムズ，ハリソン 172
ウィリアムズ，ボイス・ロバート 244, **349**, 368
ウィリアムズ，ポール 266
ウィリアムズ，ロバート 15, 114, **350**, 382
ウィルキーソン，ライアン 96
ウィルキンス，マイケル 352
ウィルク，ハロルド・H 288, **348**–349, 370
ウィル，マデライン・C 251, 328
ウィンストン，チャールズ 322
ウィンター，ラルフ 49
ウェイト，ウィリアム・ベル 62
ウェイド，シェリル・マリー 114–115, 223, 342, 353
ウェイトブレクト，ロバート・H 41, 322, 371
ウェイドリー，ジョナサン 90
ウェスト，ジェーン 300
ウェスト，モウリーン 31
ヴェディッツ，ジョージ・ウィリアム 53, 253
ウェルド，ウィリアム 59
ウェルド，ルイス 252
ヴォイト，ジョン 89
ウォーカー，シルヴィア 231, **342**
ウォード，M・J 110
ウォダッチ，ジョン 31, 173
ウォッシュバーン，エリュー・B 153
ウォリス，ジョージ 360
ウォルフ，ジャネット・B 213
ヴォルフェンスベルガー，ヴォルフ 77, 247, 351, 373
ウッド，バーバラ・ジーン 105
ウッドレン，アン・C 275
ウッドワード，ジェームズ 29, 103

エ

エアーズ，バーバラ 183
エイブラモーウィッツ，ハイマン 210
エイブル，コーラ・B 15
エヴェレスト，ハーバート・A 345, 367
エーデルスタイン，レナード 242
エーマン，ジョー 124
エスタブルック，アーサー 67
エニス，ブルース 36, 194, 352, 360
エバート，ロジャー 89
エレン，メアリー 191
エンゲルスマン，バーナード 251

433

オ

オーウェンズ，メイジャー・R 321, 381
オーウェン，メアリー・ジェーン 76, 162, 173–174, **255**, 288, 354
オーグル，ベッキー 102, 139, 195
オーバーガー，マイケル（マイク）・W 25, 44–**45**, 346–347
オカモト，ジム 346, 377
オクスナー，アルバート 143
オコナー，フラナリー 115
オストロフ，イレイン 15
オズワルド，バーバラ 98
オッソリニーク，キャロリン 31
オデイ，ボニー 7, 91
オデット，キャスリン 129
オドネル，ポール 139
オブライエン，ジョン 317
オブライエン，マーク 115
オルーク，テレンス・ジェームズ 173–174, **254**
オルシャンスキー，サイモン 247

カ

カー，ゲイリー 346
カーシュバウム，メーガン・ライト 72
カーステッド，ポーラ 123
カーター，ジミー 30, 60, 85, 173, 376
カーター姉妹（ソフィーとアビー） 365
カーネギー，アンドリュー 134
ガーフィンクル，アーウィン 111
カーリン，ジョン 73, 152
クローンバーグ，カール 29, 253, 371
カトラー，ウィリアム 303
カトリン，ジョン・H 74
カフカ，ボブ 270
カフカ，ロバート 25, **196**
カプラン，デボラ 61, 91, 117, **197**, 201
カプラン，フレッド 80, 110, 371
カラベロ，バーナード 352
カリファーノ，ジョセフ・A 60, 142, 172, 300, 376
カルース，デニス 7, 277
カンター，マッキンレー 54

キ

キダー，リン 170
キックライター，ジェリー 83
ギャノン，ジャック・ランドル 29, 106, 108, **154**–155, 214, 253, 329
キャノン，デニス・M 72
ギャラハー，ヒュー・グレゴリー 7, 39–40, **149**, 209, 214, 291–292, 309, 313, 324, 342
キャラハン，ジョン 71
キャリロ，アン・キューボラ 212
ギャロウェイ，ドナルド（ドン） 76, **154**, 321
ギャローデット，エドワード・マイナー 29, 53, 86, **150**–153, 251–252, 254, 329
ギャローデット，ソフィア 150
ギャローデット，トーマス・ホプキンズ 28–29, 86, 150, **151**–152, 154, 245
キャロ，ジェシー 71
キャロ，ディヴィッド 71
キャロ，ティファニー・アン 71–72, 260–261
キャロル，キャスリン 206
キャロル，ジョン・A 149
キャンプリング，ジョー 354, 377
キリー，ディヴィッド 311
キリィレア，マリー 334
ギル，キャロル・J 114, 135–136, **158**, 251, 284
ギルフール，トーマス・K 35, 37, 127, 131, **156**–157, 164–165, 173, 178, 237, 264–265
キルブ，リンダ・D 117
キング，マーチン・ルーサー・ジュニア 10, 24, 55, 100, 231, 348
ギングリッチ，ニュート 33, 102

ク

グウィン，ルーシー 229
クウェール，ダン 96–97, 321
グエレロ，アマリア 141
クック，ティモシー・M 93
グッドウィン，メアリー・ステュワート 352
グットマン，ルードヴィッヒ 257
クナウブ，ジム 313
クラーク，シャーマン 345
クラーク，ルイ・ローレント・マリー 28–29, **86**, 151–152
クライン，スタンレー・D 262
クラブトゥリー，リンダ 189
クランソン，アラン 43, 85
グランディン，テンプル 46, **161**
クリーゲル，レナード 204, 207
クリーランド，マックス 376, 383

グリス，ロバート 7, 77, **162**, 167–168
クリントン，ビル 65–66, 74, 127, 140, 163, 172, 270, 336, 383
グレアム，ビル 42
クレイ，サリー 19
クレイ，ジュリー・アン 27, 83
グレイ，ディヴィッド・B 161
グレイ，ボイデン 32, 201, 301, 328
クレイトン，ジョン 24
クレインフィールド，ソニー 76
クレランド，マックス 84–85
グロウス，ノラ・エレン 210, 218–219, 272, 292, 318
クロバス，ローリー 223
クロフォード，チャールズ 91
クロンカイト，ウォルター 176

ケ

ケイル，ポーリン 89
ケヴォーキアン，ジャック 88, 135, 176, 256, 383
ケーブルーブルックス，キャンディス 311
ケーラー，エドウィン 143
ケネディ，エドワード・M 31, 35, 140, 222, 295
ケネディ，ジョン・F 35, 84, 140, 202, 240, 272, 370
ケネディ，ローズマリー 272
ケネディ，ロバート・F 351
ケラー，ヘレン・アダムズ 7, 26–27, 54, 63–64, 114, **197**–198, 200, 268, 316, 354, 365–366, 367
ケリー，ウォルター・P 104
ケリー，コリーン 314
ゲルド，ハワード（「ハウイー・ザ・ハープ」）7, 19, 78, **155**, 276
ケンドール，エイモス 150, 152
ケント，マーガレット・S 329
ケンプ，エヴァン（・ジュニア） 33, 117, 148, **201**–202, 246, 325–326, 346, 358–359, 377–378
ケンプ，ジョン・D 19, **202**, 334

コ

ゴア 66, 140
コヴィントン，ジョージ・A 96–97, 223, 316
コエロ，トニー 30, 33, **87**–88, 272, 287, 381
コーヴェル，ジェリー 106
コー，クリック 146
コーコラン，ポール 58, 248
コーソン，ハーヴィー・J 193
コート，ダイアン 19

コーベット，キャサリン 212
コーベット，バリー 95, 246
ゴーペン，スチュアート 104
ゴールデン，マリリン 31, 118, **160**, 381
ゴールドウィン，サミュエル 295
ゴールド，ステファン・F 159
ゴールトン，フランシス 133, 366
コールマン，ウィリアム・T・ジュニア 330
コールマン，ダイアン 88, 135–136, 158
コグウェル，メイソン 151
ゴダード，ヘンリー・H 134, 366
コッカー，メグ 115
コップ，トレイシー 318
ゴフマン，アーヴィング 110–111
ゴルファス，ビリー 123–124, 160, 223, 329, 340
コワルスキー，シャロン 59, 166, **203**–204, 257, 328, 354, 356, 378–379
コンドルズ，カーサ・コリナ 311
コンドン，トム 268

サ

サイモン，ポール 107
サヴェージ，エリザベス（リズ） 31, 33, **297**, 381
サクストン，マーシャ 59, 254, 263–264, 274, **297**
サックス，オリヴァー 161
サリヴァン，アン 197, 244, 268, **316**, 366
サンガー，マーガレット 133
サンズ，ジム 175

シ

シーガル，スーザン 229
ジーグラー，エレクタ・マティルダ 362
ジーグラー，マーサ 262
シーザー，ジュリアス 115
ジェニングス，ハリー・C 345, 367
シェルマン，ラルフ 231
ジェンセン，サンドラ 67, **190**, 193, 267, 383
シカール，アベ・ロシャンブロワーズ 28–29, 86, 151
シブリー，ジョン・T 63
シフレット，ドロシー 329
シモンズ，エリザ・グレース 53
シャートフ，マイケル・A 57
ジャーニガン，ケネス 190–191, 220, 240–241
シャープ，ヴァレリー 265
シャープ，ハリー・C 143
シャイン，アンドレア 7, 173

ジャクソン，ジェシー 106–107, 231
ジャッド，オーリン 352
シャピロ，ジョセフ・P 170, 246, **304**
シュースター，バド 347
ジュエル，ジェリ 355
シュナイダー，マージ 356
シュピーゲル，アレン 142
シュライバー，フレデリック（フレッド）・C 20–21, 173, 235–236, **299**, 371
シュライバー，ユーニス・ケネディ 272
シュライファー，マクセル・J 262
シュルツ，ボニー 266
ショウ，ロドニー 180
アーヴィング・キング・ジョーダン 107, 193, 194
ジョーダン，アーヴィング・キング 104, 107, 153, **193**–194, 321, 346, 380
ジョーンズ，シンシア（シンディ）・A 7, 190, **193**, 217, 246, 311, 313
ジョンソン，アン・ブレーデン 111
ジョンソン，フランク 359
ジョンソン 192
ジョンソン，マーク 191
ジョンソン，メアリー 116, 136, **192**, 269, 320
ジョンソン，リンドン・B 54, 149, 191, 273, 295, 308, 319, 371
シルヴァースタイン，ロバート 31
ジンサー，エリザベス・アン 106, 153, 193
ジンマン，サリー 156

ス

スウィッツァー，メアリー・エリザベス 185, 208, 288, **318**–319, 339–340, 350, 369
ズーカス，ヘイル・J 76, 184–185, **363**, 372
スキナー，プラット・H 152
スキャンロン，ダグラス・ジェームズ 43
スキャンロン，ティム 244
スコッチ，リチャード・K 300
スザッズ，トーマス 111
スタークロフ，マックス・J 259, **313**, 372
スティア，フィル 242
ステュワート，ジーン 57, 114–115, 268, **315**, 355–356
ストール，エレン 223
ストーン，エリザベス 275
ストーン，ハワード・(E・)「ロッキー」 303, 377
ストコー，ウィリアム・C 29, 253, **315**, 371
ストザース，ウィリアム・G 217, **315**

ストック，ディヴィッド・D 180
ストラチャン，ポール・A 25–26, 271, **316**. 368
スノウ，ランディ 313
スピネット，ステファン 254
スピルマン，ジェーン・バセット 106
スミス，エレノア 92, 180, 192, 335
スミス，ジャック・F 177, 347
スミス，ジョエル・W 62, 365
スミス，トーマス・F・3世 306
スミス，リンウッド 231, 237
スミロヴィッツ，ロバート 164
スメッド，フレッド 368

セ

セイシャス，ディヴィッド 74

ソ

ソーンバーグ，ジニー 288, **328**
ソーンバーグ，リチャード 328
ソブシー，ディック 159, 282
ゾラ，アーヴィング・ケネス 59, 118–119, 196, 254, 309, **362**

タ

ダート，ジャスティン・ジュニア 19, 30–33, 58, 68–69, **100**–102, 139, 190, 195, 202, 231, 238, 246, 258, 272–273, 321, 346, 359, 381
ダート，ヨシコ・サジ 100, 102, 190
ターナー，ダン 213
ターナー，ローラー・シェルトン 213
ダグラス，チャック 234
ダシャーム，スタンレー 261
タスラー，アンソニー 284
ダッフィー，イボンヌ 304, 354, 378
ダロン，リー・アン・レストランジェ 92
ダンデス，ドロシー・ウォッシュバーン 275
ダンフォース，パット 123

チ

チーヴァー，グレース 14
チーヴァー，レイ 14
チェリー，ジェームズ・L 173, 192
チェンバレン，ウィリアム・M 105, 245
チェンバレン，ジュディ 77, 79, 111, 155, 234–235, 275–276, 335–336, 354, 376
チャールトン，ジェームズ・I 287

索引

チャイテン，ローレル 331
チャトレイン，レオン・ジュニア 37
チュルザノウスキ，レイ・J 222, 251

テ

ディーガン，メアリー・ジョー 353
ディーン，ジョージ 360
デイヴィス，フランシス・B 310
デイヴィッドソン，デイナ 287
デイヴィラ，ロバート 251
ディクソン，アナ 213
ディケンズ，チャールズ 267, 329
ディックス，ドロシア・リンド 110, **125**, 181–182, 365
ディバット，ガンナー 35, 37, 59, **127**–128, 158, 263, 265, 267, 309, 370
ディバット，ローズマリー 128–129, 268
ディマイケル，サルヴァトア 35
ティリッヒ，ポール 348
ディレオ，デイル 317
テニー，スコット 87
デニソン，ジェームズ 153
デューゼンベリー，ジョセフ 30
テューバー，ハートマット 45, 103
デュカキス，マイケル 31
デュバス，アンドレ 196, 246
デュレンバーガー，デイヴ 245
デローチ，シャーリーン・ボック 353–354
テンブローク，ジェイコブ 191, 239, 241, 281, 305, 326, 367

ト

ドイッチュ，アルバート 110
トゥトゥ，デスモンド 121
トーマス，クラレンス 202
トーマス，ステファニー・K 25, **327**
ドール，ロバート・ジョセフ 16, 31, 126, 359, 383
ドッジ，ローウェル 179
ドナヒュー，フィル 72, 336
ドナルドソン，ケネス 36, 250
ドノヴァン，レスリー 355
トラウスタドッティル，ランベイグ 353–354
ドラプター，フィル 76
ドラロッシュ，イッポリト・ポール 74
ドリージャー，ダイアン 120

トリーナー，リチャード・ブライアント 226, 258
ドリスコル，ジーン 311
トルーマン，ハリー 271, 295, 368
トレイナー，ユージン 331
ドレイパー，フィル 170
ド・レペ，アベ・シャルル・ミシェル 28–29
トレンチェリ，エミール 267
キャスターライン，ドロシー 29, 253, 371
トンプソン，カレン 59, 166, **203**–204, 257, 328, 356, 379
トンプソン，ポリー 200
トンプソン，リン 133

ナ

ナイサー，アーデン 28

ニ

ニース，ラルフ・G・ジュニア 43, **245**
ニーバー，ラインホールド 348
ニィリエ，ベンクト 247, 372
ニクソン 119, 171, 285, 373
ニップス，リンダ 345
ニュージェント，ティモシー（ティム）・J 37–38, 99, 122, 139, 185, **248**, 311, 313, 335, 369

ネ

ネイグル，ジョン 285
ネイダー，ラルフ 116, 179, 201, 376

ノ

ノークス，E・H 225
ノートン，アンドレ 244
ノーマン，サラ 220

ハ

パーキンス，トーマス・ハンダシッド 181, 267
バートルズ，エルマー・C 50, 340
パーキンソン，ジョセフ・G 153
ハーキン，トーマス 31, 222
パーク，クリストファー・ジョセフ 69
パークス，サミュエル・D 145
パークス，ブラッドリー 313
パークス，ローザ 24
バーグドーフ，ロバート・L・ジュニア 30, 33, **68**, 140, 237–238, 265, 336
ハーシー，ローラ 55, 115, **169**–170, 196

パーシ，ステファン・L 310
パースキー，マーサ 268
パースキー，ロバート 247, **268**, 315
パースタイン，ジェラルド 105
パーソン，ブラッドリー 21
バーティ，ウィリアム 213
バートラム，ジャニーン 190
バートルズ，エルマー・C 50–51, 340
バートルズ，ジョン・R 352
バートレット，E・L 149
バートン，ハロルド 242
バートン，フィリップ 256
バーナム，P・T 145–146
バーネット，サンドラ 345
バーハン，ベン 132, 329
バーワイオレック，アラン 306
バーンバウム，ディヴィッド 54, 107
バーンバウム，モートン 352
ハーン，ポール・G 19, **168**–169
ハイド，サリー 89
ハウ，サミュエル・グリッドリィ 109, **181**, 197, 252, 267–268, 304–305, 365
バウ，フランク・G 7, 20–21, 39, **59**–60, 90, 173–174, 176, 300, 318, 321. 330, 355, 375, 377
ハウ，フローレンス 297
ハスケル，フローレンス 210–211
バゼロン，ディヴィッド・L 51, 194, 224, 250, **352**
パチーノ，アル 114
パッカード，エリザベス 275
バッカス，リーバイ・S 108
バッキス，ディヴィッド 104
バック，ヴィヴィアン 67
バック，キャリー 67, 144
バック，ドリス 67
ハッチ，オリン・G 296
パッデン，キャロル 103, 255
バディッド，ムースタファ 312
バトラー，ベンジャミン 153
バナラ，ロバート・F 80, 104
パニーコ，マイケル 69
ハバード，ガーディナー・グリーン 53, 252
ハバード，メイベル 53, 253
バプティスト，ジェラルド・シニア 49, 231
ハミット，ジム 217
ハミルトン，マリリン 165, 346, 377
バラード，メルヴィル 153

バリー，ジョン 57
バリー，デイヴ 71
パリーノ，サンドラ・スウィフト 30, 238, **263**
パリッシュ，ホーマー 54
ハルダーマン，テリ・リー 164
ハルパーン，チャールズ 194, 360
バレット，アニタ 352
パワーズ，キム 196
ハワード，フィリップ・K 260
バンクーミッケルセン，ニールス・エーリック 247, 372
バンクロフト，アン 244
ハンセン，リック 311
パンツァリーノ，コンセッタ（コニー）59, 204, 257, 355
ハント，バーバラ・モリス 237
ハンドラー，ローウェル 331
ハンナ，ブルース 97
ハンプトン，ウェイド 337
ハンフリーズ，トム 103, 255
ハンマーシュミット，ジョン・ポール 16

ヒ

ビアーズ，クリフォード・ホイティンガム 51, 78, 110–111, 276, 366
ピアース，フランクリン 126, 161
ピアソン，ドリュー 60, 201
ヒース，デニス 317
ピーチ，ロバート 348
ピート，I・L 252
ビーマ，ディヴィッド・ヴァン 175
ビクレン，ダグラス 54, 137, 382
ピケンズ，ドナルド 144
ビショップ，メアリー 144
ピメンテル，アル 20
ヒュダック，エドワード・ジョン 303
ヒューマン，ジュディス（ジュディ）・E 7, 40, 76, 119–120, **171**, 173–174, 246, 251, 285, 287, 290, 354, 357–358, 372, 378
ビューロー，ヴォルタ 53
ピルチャー，F・ホイト 143
ヒルボック，グレッグ 106, **175**

フ

ファーナルド，ウォルター 109
ファイファー，ディヴィッド 59, **270**, 309, 348

438

ファイン，ミッチェル 353
ファウラー，ソフィア 150–151
ファウラー，ラドンナ・G（カーカルディー） 144
ファンク，ロバート・J 31, 33, 76, 118, **148**, 187
フィードラー，レスリー 145
フィールズ，ジュリー 244
フィールド，ジェーン 189
フィオリート，ユーニス・K 20–21, 60, **141**–142, 173–174, 285, 287
フィッシャー，R 206
フィッシャー，アンジェリン・A・フラー 142, 153
フィッシャー，ジョン・ディックス 181
フィッシャー，D・アーミン 209
フィッシュ，ハミルトン・ジュニア 31
フィンガー，アン 114, 223, 353
フーヴァー，ハーバート 134
ブーヴィア，エリザベス 59, 135, 214, 215
ブース，エドマンド 235
フェイ，ジャネット・キャロライン・ライト 138
フェイ，フレデリック（フレッド）・A 7, 20–21, 33, 58–59, 91, 102, **138**–140, 142, 173–174, 185, 190, 195 249, 303, 343
フェルド，ロバート 352
フォード，ジェラルド 126, 130, 173
フォーリー，トム 347
フォガタ，ハーマン 141
フォンダ，ジェーン 89
ブッシュ，ジョージ 31, 32, 140, 191, 201, 272, 301, 314, 321, 349, 381
フライ，ジェームズ・B 337
ブライトマン，アラン・J 254
ブライユ，ルイ 62
ブラウン，ジェリー 170, 172–173, 289
ブラウン，スティーヴン・E 186
ブラウン，トーマス 245
ブラウン，リリアン・ゴンザレス 186
ブラッグ，バーナード 244
ブラット，バートン 77, 80, 110, 371
ブラドック，ディヴィッド 302
ブラムバーグ，リーサ 320
ブランク，ウェイド 25, 45, **55**, 185, 231, 321
フランク，バーニー 107
フランコ，ヴィクトル 141
ブランダイス，ルイ・D 221
ブランバーグ，リサ 13
フリーデン，レックス 30, **147**, 181, 184, 251, 321

ブリスト，マーカ 65–66, 258, 270
ブリッジマン，ローラ 181, 197, 267
ブリュアー，ジュディ 91
プリングル，ジョン 267
ブルーバード，ゲイル 19
フルールノア，ジョン 105
ブルック，エドワード・W 245
ブルックス，ナンシー・A 353
ブレア，ウィリアム 287
ブレイディ，ジェームズ 242, 346
フレクサー，シルヴィア 210
ブレスリン，メアリー・ルー 64–65, 76, 118, 249
フレミング，G・アンドリュー 143, 313
フレリック，フィリス 244
ブロデリック，レイモンド・J 164
ブロンストン，ウィリアム 66, 190, 351, 353

ヘ

ヘアストン，アーネスト 237
ヘイズ，ディヴィッド 244
ヘーゲル，スーザン 311
ベーテンバウ，ヘレン・R 288
ベートーヴェン，ルードヴィッヒ・フォン 115
ベーハン，ベン 104
ヘグナー，ディヴィッド 317
ヘスラー，ジョン 75–76, **170**–171, 184–185, 251, 371, 372
ベッカー，ナンシー 253
ベックマン，アン 173
ヘッツェル，ウィラード 242
ヘッディンガー，リチャード・W 225, 277, 373
ベテンバウ 288
ヘニー，ネッラ・ブラッディ 199
ヘリング，キャシー・スカイヤー 42
ベル，アレクサンダー・グレアム 29, **52**–53, 134, 150, 153, 197, 251, 254, 322, 323
ベル，アレクサンダー・メルヴィル 53
ベル，クリス 68
ベルサーニ，ハンク・ジュニア 128
ヘルセル，イルセ 112
ヘルマン，ドン 346, 377
ヘルムズ，ジェシー 17
ペレス，アルフォンゾ 141
ペン，アーサー 244
ヘンリー，ジョセフ 153

ホ

ホイヤー, ステニー 31, 88, 347
ボーヴ, リンダ 244
ポーター, ロイ 52
ボートナー, エドモンド 73
ホームズ, ウォルター・G 362
ホームズ, オリヴァー・ウェンデル 67
ホーリス, M・アルヴァーナ 288
ボーリング, メアリー 21
ホール, パーシヴァル 153
ボール, マーティ 346
ホール, ロバート 346
ボーン, ブリジェッタ 59, 106
ボッグズ, エリザベス・モンロー 31, 35–36, **57**, 112–113, 272–273, 321, 381
ボッグズ, フィッツヒュー・ウィレッツ 57
ホッケンベリー, ジョン 176
ホッジソン, エドウィン・アラン 108, 235
ホッチキス, ラルフ・デイヴィッド 178, 346, 357
ホプキンズ, ハリー 211
ポラック, サイモン 62, 365
ホランド, レイチェル 113, 176, 177
ボルト, ビル 114
ボレッテ, テレサ・サミング 141
ホワイト, バイロン 331
ホワイト, ライアン 296, 347, 382
ポンス・デ・レオン, ペドロ (またはパブロ) 28

マ

マーカス, ニール 114–115, **218**
マーカス, ロジャー 218
マーシャン, ポール・A 93
マース, メルヴィン 271
マーティンソン, ジム 346
マーティン, ダグラス・A 124, 132–133, **219**, 345
マーティン, ルーク 89
マーフィー, ステファン 304
マーフィー, ロバート・F 232
マイケル, ロバート 347
マイスター, ジョーン 123
マイヤーソン, アーリーン・B 43, 93, 117–118, **221**, 358–359
マイヤー, マーセラ・M 109
マイヤー, ルアーナ・H 183
マウラー, マーク 220, 240

マカフィー, ラリー 135, 192
マクガイア, ジェームズ・C 152
マクダニエル, デュワード・K 20–21, **216**
マクドネル, メアリー 114
マクヒュー, ロバート 58
マクレガー, トニー・ランドン 104
マクレガー, ロバート・P 235
マケイン, ジョン・S 31
マシューズ, デイヴィッド 173
マッキーサン, デボラ・クラウチ 165–166, 354
マッキンタイア, ロス・T 271
マックローン, デイヴィッド・G 48
マッケルヴィ, ジェームズ・P 331
マトソン, フロイド 191
マドックス, サム 246, 304
マトリン, マーリー 80, 107, **220**, 223, 244, 380
マリンガ, ジョシュア・T 258
マルティネス, イレーネ 141
マルドナード, ホセ 174
マレイ, ジョージ 193, 311, 379
マンフィールド, グレゴリー 278

ミ

ミネタ, ノーマン 16
ミラー, オーラル・O 227
ミラー, ポール・スティーヴン 227
ミラン, ロレンゾ・ウィルソン 114–115, 149, 226, 343
ミルトン, ジョン 115
ミレティック, ヴィンセント 46

ム

ムーア, W・ジョン 202
ムーア, マシュー・S 80, 104

メ

メイス, ロナルド・L 38–39, 50, 77, 138, 179–180, **216**, 334–335, 358, 374, 381
メイソン, ローウェル 267
メイナード, フレデリック・M 209
メイ, モートン・D 314
メジェシ, ヴィクトリア 266
メドフ, マーク 80
メンデルスゾーン, スティーヴ 320

索　引

モ

モスコーン，ジョージ 174, 256
モス，ディヴィッド 173
モス，ロバート 243
モリス，マーク 77
モルナー，マイケル 137

ラ

ライオス，アンソニー 71
ライス，ミラード 271
ライダー，ヘンリー・C 108
ライト，ジェームズ・D 111
ライト，パトリシア・A 7, 31, 33, 43, 65, 76, 107, 113, 118, 174, 177, 201–202, 221, 297, 354, **357**, 378, 381
ラスキ，フランク・J 164, 173, **208**, 237
ラスク，ハワード 169, **294**, 318, 338–339, 368, 369
ラックザック，レイモンド 104
ラッジオ，ジェームズ 173
ラッシュ，ジョセフ・P 197, 199–200
ラッセル，ハロルド 54, 272, **295**, 368
ラティマー，トレイシー 96
ラフォージ，ジョーディ 223
ラフリン，ハリー 67
ラミエール，メアリー 232
ランディアン，プリンス 145

リ

リーヴ，クリストファー 246, **284**
リーヴス，トロイ 196
リー，エリザベス 352
リー，ジェリー・C 105, 153
リード，ハイディ 7, 45
リーバイ，ディヴィッド 177
リヴェラ，ジェラルド 66, 352
リクティ，ハワード 362
リッチ，アドリアンヌ 355
リプトン，ダイアン・J 113, 117, 177
リフトン，ロバート・ジェイ 320
リューカイザー，ミュリエル 355
リンカーン，エイブラハム 152, 337, 365
リンゼイ，ジョン 141

ル

ルイス，ヴィクトリア・アン 115, **212**, 353
ルイス，ジェリー 117, 169, 201–202, 324–326, 377
ルース，フィリップ 247
ルービン，エレノア 77
ルソー，ハリリン 293

レ

レイスィム，ロッド 218
レイスキン，ジュリー 135, 320
レイノルズ，ブラッド 43, 82, 301
レイビン，バリー 304
レイモンド，ジュディ 209
レイラス，ティム 106, **283**
レイン，ナンシー・J 287
レイン，ハーラン **206**
レヴィン，エドナ・S 244
レヴェスク，ジャック 105
レーガン，ロナルド 16, 21, 30, 39, 43, 48, 61–62, 82–83, 94, 100, 118, 147, 201, 221, 286, 301, 307–308, 314, 328, 358, 378, 381
レーマン，オーリン 338
レオン，ジョーン 76, 172, 290, 357, 378
レストランジェ，トーマス 92
レンプリー，ブリー・ウォーカー 13, 227

ロ

ロイド，ジョージ・A 213
ロイレス，トム 343
ロウリー，エイミー 56
ローガン，パトリシア 304
ロークリン，ジェイ・F **290**
ローズヴェルト，エレノア 338, 343, 368
ローズヴェルト，セオドア 134, 200
ローズヴェルト，フランクリン・デラノ 7, 115, 149–150, **291**, 342–343, 367, 383
ローズ，マックス 313
ローズマン，シーラ・M 352
ローズマン，ディヴィッド・J 352
ローゼン，ジェフ 105–106
ローマ法王ピウス9世 126
ローリー，ヴァージニア・グレース・ウィルソン（「ジニー」） 155, 185, **208**, 210, 314, 370, 379
ローリー，ジョセフ・スコット（3世）208, 210
ロジャーズ，デイル・エヴァンズ 35
ロバーツ，（エドワード）エド・V 67, 75–76, 170–174, 184–185, 209, 246, 285, 287–**288**, 289, 291, 340, 344–345, 357, 370–372, 375–376, 378
ロバーツ，ゾナ 290

ロバーツ，ロン 289
ロメロ，エマーソン 73
ロング，エド 254
ロングモア，ポール・K 7, 54, 114–115, 207, 210–211, **214**, 222, 240, 309

ワ

ワーサム，フレデリック 320
ワース，ジーン 75

ワイアット，リッキー 359
ワイカー，ローウェル 30, 82, 88, 381
ワイス，ナンシー・R 46–47
ワイラー，ウィリアム 295
ワインフィールド，リチャード 253
ワックスマン，バーバラ・フェイ 124, 159, 166, 282–283, **343**
ワトソン，サラ・D 167

【著 者】

フレッド・ペルカ（Fred Pelka）

マサチューセッツ州ノーサンプトンに基盤を置くフリーランスの著作家である。彼は、立法、ヘルス・ケア、障害者の権利、その他の多くの問題について論文を書いてきた。障害者向けの全国的な月刊ニュース誌『主流』の寄稿編集者でもある。

【監訳者】

中村　満紀男（なかむら　まきお）

福山市立大学教育学部 教授、筑波大学 名誉教授
専門分野：障害原理論、障害児教育学
主要著書：『優生学と障害者』（編著）、明石書店、2005 年。『アメリカ合衆国障害児学校史の研究』風間書房、1987 年。

二文字　理明（にもんじ　まさあき）

大阪教育大学 名誉教授
専門分野：北欧学
主要著書・訳書：『ノーマライゼーション思想を源流とする スウェーデンの教育と福祉の法律』桜井書店、2011 年。『見て！聞いて！分かって！知的障害のある人の理解と支援とは──スウェーデン発 人間理解の全体的視点』（岩崎隆彦・二文字共訳）、明石書店、2009 年。

岡田　英己子（おかだ　えみこ）

首都大学東京人文科学研究科 客員教授
専門分野：社会福祉史、知的・発達障害の社会史、ドイツ語圏が主
主要著書：『社会福祉思想史入門』（吉田久一・岡田共著）勁草書房、2000 年。『ドイツ治療教育学の歴史研究』勁草書房、1993 年。

【訳者一覧】

青柳 まゆみ	愛知教育大学 准教授
石田 晋司	四天王寺大学 准教授
石橋 正浩	大阪教育大学 准教授
大塚 美紀	東京福祉専門学校 講師
岡 典子	筑波大学 教授
岡部 耕典	早稲田大学 教授
堅田 香緒里	法政大学 講師
狩谷 明美	県立広島大学 准教授
岸 美恵子	大阪外語大学卒
衣笠 広美	筑波大学大学院人間総合科学研究科
木村 素子	宮崎大学 准教授
下司 優里	流通経済大学 准教授
佐々木 順二	九州ルーテル学院大学 准教授
山東 純子	愛仁会看護助産専門学校 専任教員
高野 聡子	聖徳大学 准教授
髙栁 瑞穂	東京福祉大学 講師
田辺 昌吾	四天王寺大学 講師
趙 源逸	京畿大学校 副教授
角田 慰子	立教大学 助教
長塚 修一	東京都立立川ろう学校 教諭
長沼 葉月	首都大学東京 准教授
中野 聡子	国立民族学博物館 外来研究員（2015年6月からプロジェクト研究員）
名川 勝	筑波大学 講師
奈良 精悟	横浜市立盲特別支援学校 教諭
南宮 祥子	日本社会事業大学大学院博士課程前期修了
西﨑 緑	福岡教育大学 教授
秦 康宏	大阪人間科学大学 准教授
濵口 育秀	阪南市役所福祉部副理事兼市民福祉課 課長
半田 こづえ	明治学院大学 非常勤講師
古田 弘子	熊本大学 教授
洪 浄淑	大邱大学校師範大学 副教授
本間 貴子	筑波大学附属大塚支援学校 教諭
松田 義康	元大阪教育大学 大学院生
松村 成子	社会福祉法人水仙福祉会風の子そだち園 主任
宮内 久絵	筑波大学 助教
百瀬 優	流通経済大学 准教授
山岸 倫子	法政大学 非常勤講師
山田 慶子	筑波大学大学院心身障害学研究科中途退学
米田 宏樹	筑波大学 准教授

障害者権利擁護運動事典

2015 年 5 月 31 日　初版第 1 刷発行

著　者	フレッド・ペルカ
監訳者	中　村　満紀男
	二　文　字　理　明
	岡　田　英己子
発行者	石　井　昭　男
発行所	株式会社　明石書店

〒101-0021　東京都千代田区外神田 6-9-5
　　　　　　電話　03（5818）1171
　　　　　　FAX　03（5818）1174
　　　　　　振替　00100-7-24505
　　　　　　http://www.akashi.co.jp

装丁	明石書店デザイン室
印刷	モリモト印刷株式会社
製本	モリモト印刷株式会社

ISBN978-4-7503-4184-2

（定価はカバーに表示してあります）

オックスフォード・ハンドブック
デフ・スタディーズ
ろう者の研究・言語・教育

A5判／上製
896頁
◎15,000円

【編】
マーク・マーシャーク
Marc Marschark

パトリシア・エリザベス・スペンサー
Patricia Elizabeth Spencer

【監訳】
四日市 章、鄭 仁豪、澤 隆史

ろう教育の論点、ろうの子どもたちのリテラシー、手話言語の起源から発達、聴覚スクリーニングとアセスメントの方法、ろう者の認知研究まで、歴史的概念に対する認識の深い、教育学、心理学、言語学、遺伝学、行動科学各分野の専門家が多様な視点から学際的に論じる。初学者はもとより、実践の理論的背景を学ぼうとする教育者、専門性を深めようとする研究者にも有用な、本邦初の「デフ・スタディーズ」ハンドブック。

本書の特長

1. 編者・執筆者は、当事者であるろう者、難聴者を含め、さまざまな国・地域・文化・背景と専門性を有する総勢65名があたっている。
2. 子どもの発達と脳・認知の関連、教育的介入・科学技術の進歩といった科学的な観点と、ろう社会や手話言語の特性にみられる社会・文化的な観点とを総合的に取り入れた、デフスタディーズのグローバルな概念を的確に示している。
3. 歴史、教育、文化から音声言語、手話言語、読み書き、情緒・社会性の発達、認知・記憶、聴覚生理、聴覚活用、手話通訳まで幅広いトピックを取り上げている。
4. 当事者中心の立場から、ろう・難聴の人々の言語、ろうの人々の生活に関連する貴重で価値のある研究と実践を提示している。

〈価格は本体価格です〉

ダイレクト・ソーシャルワーク ハンドブック 対人支援の理論と技術
ディーン・H・ヘプワース、ロナルド・H・ルーニーほか著
武田信子監修 北島英治、澁谷昌史、平野直己、山野則子監訳
●25000円

アメリカ初の障害者差別禁止法はこうして生まれた
リチャード・K・スコッチ著
竹前栄治監訳、尾崎毅、金子てつぶ、金蘭丸、杉蘭章子、本間恵子、山本礼子訳
●2000円

障害者自身が指導する 権利・平等と差別を学ぶ研修ガイド
障害者平等研修とは何か
キャス・ギャレスピー=セルズ、ジェーン・キャンベル著 久野研二訳
●1500円

障害者の自立支援とパーソナル・アシスタンス、ダイレクト・ペイメント
英国障害者福祉の変革 小川喜道
●2000円

CBR 地域に根ざしたリハビリテーション
障害のある人の完全参加を目指すシステムづくり
マルコム・ピート著 田口順子監訳 JANNET訳
●2400円

障害児の教育と余暇・スポーツ
ドイツの実践に学ぶインクルージョンと地域形成
安井友康、千賀愛、山本理人
●2700円

障害をもつ人と社会保障法
ノーマライゼーションを越えて
高藤昭
明石ライブラリー125
●3300円

「社会モデル」による新たな障害者介助制度の構築
障害者のエンパワメントを実現するために
橋本眞奈美
●4800円

ポスト障害者自立支援法の福祉政策
生活の自立とケアの自律を求めて 岡部耕典
●2000円

知的障害者の一般就労
本人の「成長する力」を信じ続ける支援
●3300円

精神障害のある人の権利擁護と法律問題
関東弁護士会連合会編
●3800円

聴覚障害者へのソーシャルワーク
専門性の構築をめざして 原順子
●2800円

障害者ソーシャルワークへのアプローチ
その構築と実践におけるジレンマ
横須賀俊司、松岡克尚編著
●2500円

聴覚障害児の読み書き能力を育てる
家庭でできる実践ガイド
デイヴィッド・A・スチュワート、ブライアン・R・クラーク著
松下淑、坂本幸訳
●2500円

聴覚障害児の学力を伸ばす教育
ドナルド・F・ムーアズ、デイヴィッド・S・マーティン編
松藤みどり、長南浩人、中山哲志監訳
●3800円

盲ろう者として生きて
指点字によるコミュニケーションの復活と再生
福島智
●2800円

〈価格は本体価格です〉

ダウン症の歴史
デイヴィッド・ライト著　大谷誠訳　日本ダウン症協会協力
●3800円

障害児教育の歴史 [オンデマンド版]
中村満紀男、荒川智編著
●3000円

アメリカのろう者の歴史 写真でみるろうコミュニティの200年
ダグラス・C・ベイントン、ジャック・R・ギャノン、ジーン・リンドキスト・バーギー著　松藤みどり監訳　西川美樹訳
●9200円

「ろう文化」の内側から アメリカろう者の社会史
キャロル・パッデン、トム・ハンフリーズ著　森壮也、森亜美訳
●3000円

障害学への招待 社会、文化、ディスアビリティ
石川准、長瀬修編著
●2800円

イギリス障害学の理論と経験 障害者の自立に向けた社会モデルの実践
ジョン・スウェイン、サリー・フレンチ、コリン・バーンズ、キャロル・トーマス編著　竹前栄治監訳　田中香織訳
●4800円

障害の政治 イギリス障害学の原点
マイケル・オリバー著　横須賀俊司、三島亜紀子、山岸倫子、山森亮訳
●2800円

優生学と障害者
中村満紀男編著
●10000円

障害科学とは何か
シリーズ障害科学の展開1
筑波大学障害科学系責任編集　中村満紀男、四日市章編著
●4000円

特別支援教育を創造するための教育学
シリーズ障害科学の展開2
筑波大学障害科学系責任編集　安藤隆男、中村満紀男編著
●4800円

生活支援のための障害福祉学
シリーズ障害科学の展開3
筑波大学障害科学系責任編集　奥野英子、結城俊哉編著
●4200円

障害理解のための医学・生理学
シリーズ障害科学の展開4
筑波大学障害科学系責任編集　宮本信也、竹田一則編著
●6000円

障害理解のための心理学
シリーズ障害科学の展開5
筑波大学障害科学系責任編集　長崎勤、前川久男編著
●4200円

障害科学の研究法
シリーズ障害科学の展開6
筑波大学障害科学系責任編集　前川久男、園山繁樹編著
●5600円

盲・視覚障害百科事典
ジル・サルデーニャ、スーザン・シェリー、アラン・リチャード・ルッツェン、スコット・M・ステイドル編著　中田英雄監訳
●9000円

聾・聴覚障害百科事典
キャロル・ターキントン、アレン・E・サスマン著　中野善達監訳
●7500円

〈価格は本体価格です〉